Gerd Jüttemann (Hrsg.)

Wegbereiter der Psychologie

Gerd Jüttemann (Hrsg.)

Wegbereiter der Psychologie

Der geisteswissenschaftliche Zugang
Von Leibniz bis Foucault

2. Auflage

BELTZ

PsychologieVerlagsUnion

Anschrift des Herausgebers:

Prof. Dr. Gerd Jüttemann
TU Berlin
Institut für Psychologie
Dovestr. 1–5
10587 Berlin

Die Deutsche Bibliothek - CIP-Einheitsaufnahme

Wegbereiter der Psychologie / Gerd Jüttemann (Hrsg.)
– Weinheim : Psychologie Verlags Union. - 2. Aufl. 1995.
    1. Aufl. u.d.T.: Jüttemann, Gerd (Hrsg.): Wegbereiter der Historischen Psychologie
    ISBN 3-621-27299-2
NE: Jüttemann, Gerd [Hrsg.]

1. Auflage 1988 u.d.T.: Jüttemann, Gerd (Hrsg.): Wegbereiter der Historischen Psychologie.
    Psychologie Verlags Union, München–Weinheim
2. Auflage 1995, Psychologie Verlags Union, Weinheim

Umschlaggestaltung: Dieter Vollendorf, München
Druck und Bindung: Druckhaus Thomas Müntzer, Bad Langensalza
Printed in Germany
Gedruckt auf säurefreiem Papier

ISBN 3-621-27299-2

Inhalt

V

Vorbemerkungen des Herausgebers

„Bloße Tatsachenwissenschaften machen bloße Tatsachenmenschen."
                                                            (*Edmund Husserl*, 1936; 1977, S. 4)

„Was der Mensch sei, das erfährt er ja doch nicht durch Grübelei über sich, auch nicht durch psychologische Experimente, sondern durch die Geschichte."
                                                            (*Wilhelm Dilthey*, 1894; GS V, S. 180)

Der Mensch ist ein „Naturprodukt", und deshalb muß sein Verhalten letztendlich auf naturgesetzlicher Basis erklärt werden, sagen die einen, und entscheiden sich für den *experimentellen* Zugang zum Gegenstand der Psychologie. Der Mensch ist, zumindest seinem Wesen nach, „Produzent" und „Produkt" seiner eigenen Geschichte, und darum ist es erforderlich, den *historischen* Zugang zum Gegenstand der Psychologie in den Vordergrund zu stellen, sagen die anderen.

Die an erster Stelle genannte Position wird heute von einem Großteil vor allem der wissenschaftlich tätigen Psychologen eingenommen. Aber es gibt sicher auch eine möglicherweise immer wichtiger werdende Gruppe von Psychologen, die keiner der hier umrissenen Auffassungen, die als „experimentalistisch" bzw. „historistisch" apostrophiert werden können, zustimmen würden, sondern die Überzeugung vertreten, daß *beide* Ansätze notwendig sind, weil Natur *und* Geschichte nicht zu leugnende Ursprünge des Psychischen bilden.

Diese Gruppe würde sich zugleich der Forderung stellen, daß demgemäß auch die Bedeutung *beider* Ursprünge auf der Grundlage wissenschaftlicher Analysen geklärt werden muß. Das aber setzt voraus, einerseits die in der gegenwärtigen Psychologie bestehende Einseitigkeit der experimentellen Orientierung zu kritisieren und zu überwinden und andererseits den Ausbau der *Historischen Psychologie* zu betreiben, d.h., den völlig verschütteten „historischen Zugang zum Gegenstand der Psychologie" (Jüttemann, 1986a) freizulegen.

Diese Intention stellt eine tragende Zielsetzung des vorliegenden Bandes dar.

Historische Psychologie ist keineswegs ein neuer Begriff. Im deutschsprachigen Raum erscheint er u.a. 1935 bei Karl Mannheim (1958, S. 18f.), und zwar verknüpft mit dem Ausdruck des Bedauerns und der Verwunderung darüber, daß es eine so zu nennende Disziplin noch nicht gibt. Norbert Elias, ein Freund und Schüler Mannheims, verwendet ebenfalls diesen Begriff und hebt Einzelgegenstände hervor, die im Rahmen einer derartigen Disziplin zu bearbeiten wären. Hierzu führt er unter anderem aus: „Der geschichtliche Prozeß der Rationalisierung ist ein Musterbeispiel für eine Art von Vorgängen, die bisher von dem geordneten, wissenschaftlichen Denken kaum oder nur in sehr vager Form erfaßt worden sind. Er gehört – wenn man sich an das herkömmliche Schema der Wissenschaften halten will – in den Bereich einer Wissenschaft, die noch nicht existiert, in den Bereich einer historischen Psychologie" (Elias, 1979, Bd. 2, S. 385). Auf Karl Mannheim bezieht sich auch der Holländer Jan Hendrik van den Berg. „Historische Psychologie" bedeutet für ihn die Preisgabe des in der traditionellen Psychologie geltenden *Postulats der Unveränderlichkeit* des Verhaltens bzw. der Psyche des Menschen und die Forderung, dieses Postulat durch das *Postulat der Veränderlichkeit* zu ersetzen (vgl. van den Berg, 1960, S. 11).

Historische Psychologie spielt, und zwar nicht nur als Begriff, sondern auch als Forschungsansatz, eine vergleichsweise große Rolle in Frankreich. Der Begriff wird hier bereits kurz nach der Jahrhundertwende von Henri Berr, einem den Geschichtswissenschaften nahestehenden Philosophen, favorisiert (Burguière, 1987, S. 38f.). Lucien Febvre und Marc Bloch, die Gründer der seit 1929 bestehenden Zeitschrift *Annales* (vgl. Honegger, 1977; Raulff, 1986a), verfolgen das gelegentlich auch „historisch-psychologisch" definierte Ziel eines Studiums der Mentalitäten. *Mentalitätengeschichte* und *Historische Psychologie*[1]) gelten in Frankreich als eng verwandte Begriffe. So erklärt sich, warum im Lehrprogramm der „École des Hautes Études en Sciences Sociales" (E. H. E. S. S.) in der Abteilung „Histoire" bereits seit Jahren regelmäßig Veranstaltungen angeboten werden, die unter dem Titel „Psychologie historique" laufen. Das läßt vermuten, daß es hier bis zur Begründung eines eigenständigen Fachs dieses Namens nicht mehr weit sein dürfte, auch wenn diese Veranstaltungen bisher noch nicht zum Lehrprogramm der akademischen Psychologie gehören. Tatsächlich ist nicht zu bestreiten, daß die in Frankreich zahlreich durchgeführten mentalitätengeschichtlichen Untersuchungen zu einem Teil ebensogut als psychologische Arbeiten angesehen werden können.

Im deutschsprachigen Raum ist eine vergleichbare Entwicklung nicht erkennbar. Historische Psychologie besitzt hier zur Zeit in Forschung und Lehre eine äußerst geringe Bedeutung, auch wenn der Kreis der Interessierten, vor allem unter Psychologen und Geschichtswissenschaftlern, offenbar zunimmt. Ein Forschungsprojekt „Zivilisationsgeschichte und Historische Psychologie", das in den Jahren 1982 bis 1985 an der TU Berlin bestand[2]), führte allerdings noch nicht zur Eröffnung von Perspektiven in Richtung einer deutlichen Bereitschaft zur Förderung historisch-psychologischer Forschungsaktivitäten, so daß zunächst einmal weitere Vorarbeit geleistet werden muß, um eine zunehmende Einsicht in die Notwendigkeit der Historischen Psychologie und in die Dringlichkeit der Entwicklung von Initiativen zum Ausbau eines umfassenden historisch-psychologischen Ausbildungs- und Forschungsprogramms herbeizuführen.

Zu dieser Vorarbeit einen Beitrag zu leisten, ist die besondere Zielsetzung des vorliegenden Bandes und zugleich der Ausgangspunkt für die Idee, die Besinnung auf eine Reihe von *Wegbereitern der Historischen Psychologie* zu lenken;

denn die Unverzichtbarkeit eines historisch-psychologischen Ansatzes wurde bereis *vor* Karl Mannheim und Lucien Febvre von vielen Forschern außerhalb und z. T. auch innerhalb der Psychologie gesehen, auch wenn dabei in früherer Zeit nicht von den Begriffen „Mentalität" und „Zivilisation", sondern vor allem vom Kulturbegriff ausgegangen wurde. Bedenkt man jedoch, daß bereits für Wilhelm Dilthey der Eintritt in das Zeitalter der Technik und Industrie das Ende der „Kulturgeschichte" (vgl. U. Herrmann, 1986, S. 59; Dilthey, 1886) bedeutete, und nimmt man hinzu, daß sich der Begriff „Kulturgeschichte" sehr leicht auf *nationale* Kulturen anwenden läßt, während im Begriff „Zivilisation" eher der Vorgang einer zunehmenden Vergesellschaftung der Menschheit anklingt, dann wird verständlich, warum der Begriff „Kulturpsychologie" zugunsten einer stärkeren Thematisierung des *historischen* Aspekts psychischer Veränderungen, die sich im Rahmen der *zivilisierungsgeschichtlichen* Menschheitsentwicklung vollziehen, in den Hintergrund getreten ist[3]). Dennoch läßt sich das Programm jener *Kulturpsychologie*, deren Bedeutung mit dem Eintritt der deutschsprachigen Psychologie in die behavioristische Phase, also etwa seit 1959 (Beginn der sogenannten „Ostertreffen" in Marburg; vgl. Thomae, 1977, S. 41; Jüttemann, 1988a, S. 516f.), rasch dahinschwand, in das Programm einer modernen Historischen Psychologie übernehmen, wie die Ausführungen zum Stichwort „Kulturpsychologie" in dem traditionsbewahrenden *Psychologischen Wörterbuch* von Hehlmann (1974) zeigen. Dort heißt es (a. a. O., S. 279): „*Kulturpsychologie*, die Wissenschaft von den psychischen Bedingungen des kulturellen Lebens. *Kultur* (‚Ackerbau'; doch schon bei Cicero: ‚Seelenbildung', ‚Veredlung') heißt hier die Gesamtheit der von Menschen hervorgebrachten Gehalte (in Religion, Gesittung, Sprache, Recht, Kunst, Wissenschaft, Erziehung; nach Dilthey: *Kultursysteme*), und zugleich der Prozeß des Aufnehmens, Ergänzens, Umschreibens, Hervorbringens. Die Gesamtheit seiner Erzeugnisse tritt dem Menschen in der Kultur als Objektives und Eigengesetzliches gegenüber (Hegel: *objektiver Geist*), prägt sein Fühlen, Denken, Handeln, zwingt ihm bestimmte Regeln auf und entfaltet Systeme von Verhaltensnormen.

Die zahllosen Einzelprobleme der Kulturpsychologie ergeben sich einmal aus diesem Doppelverhältnis (Landmann − 1961, d. Verf. −: ‚Der Mensch als Schöpfer und Geschöpf der Kultur'), zum anderen aus der unübersehbaren Fülle der Einzelkulturen und ihrer Sonderbereiche . . ."). Hier zeigt sich als Erkenntnisweg einer systematisch vorgehenden Kulturpsychologie, bei den Einzelkulturen anzusetzen und kulturenvergleichend zu arbeiten.

Ein besonderer Vorteil des Begriffs „Historische Psychologie" gegenüber dem Begriff „Kulturpsychologie" besteht darin, daß er nicht von einem Gegenstand („Kultur"), sondern unmittelbar vom *historischen Erklärungsansatz* abgeleitet wird und er es daher in hervorragender Weise gestattet, Historische Psychologie von der Gegenwartspsychologie abzugrenzen, die sich als *Nomologische Psychologie*[4]) versteht, also sich einem *naturgesetzlichen Erklärungsansatz* verpflichtet fühlt. Bereits dadurch wird letztere zu einer biologisch-biometrischen Wissenschaft[5]); denn der „Rückzug" auf den nomologischen

Erklärungsansatz impliziert die Absicht, sich auf die Untersuchung eines „Naturgegenstands" zu konzentrieren, der im Hinblick auf den Entstehungsvorgang lediglich die Perspektive einer *naturgeschichtlichen* Betrachtung eröffnet. Eine derartige Betrachtung ist jedoch *nicht* — im engeren Sinne — *historisch*, sondern *biologisch*.

Eine scharfe Abgrenzung zwischen der Nomologischen Psychologie einerseits und der Historischen Psychologie andererseits läßt sich somit dadurch erreichen, daß man im Hinblick auf den Menschen eine strikte Trennung zwischen der Naturgeschichte oder Evolution einerseits und der Zivilisierungsgeschichte andererseits vornimmt. Naturgeschichte und Zivilisierungsgeschichte sollen jedoch nicht als *Phasen* einer Gesamtentwicklung verstanden werden, sondern als andauernde *Prozesse*, die gleichsam auf verschiedenen *Ebenen* ablaufen. Unterscheidungskriterium ist dabei die Veränderung der genetischen Ausstattung, die den naturgeschichtlichen, evolutionären Vorgang kennzeichnet, während Zivilisierungsgeschichte nicht in einem vergleichbaren Vorgang der *biologischen* Anpassung besteht, sondern als eine eigenständige, gesellschaftlich-kulturelle Entwicklung aufzufassen ist. Die *Gegenüberstellung* der Ebenen *Naturgeschichte* und *Zivilisierungsgeschichte* soll allerdings nicht bedeuten, daß zwischen diesen Ebenen keine Verbindung bestünde.

Der Gegenstand der Historischen Psychologie läßt sich somit dadurch näher bestimmen, daß er ausschließlich aus dem Prozeß der Zivilisierungsgeschichte „abgeleitet" wird. Dann geht es aber auch nicht um die *Psychogenese* des Menschen in *allen* ihren Aspekten, sondern „lediglich" um jene Entstehungs- und Veränderungsdynamik des Psychischen, die innerhalb der zivilisierungsgeschichtlichen Entwicklung des Menschen in Erscheinung tritt und diese gleichzeitig auch trägt. Zur Aufgabenstellung der Historischen Psychologie würde dann vor allem auch die Verdeutlichung der Tatsache gehören, daß die Dichotomie von „Natur und Geschichte" auf *zwei grundlegend verschiedene Ursprünge des Psychischen* verweist, nämlich zum einen auf den naturgeschichtlichen bzw. biologisch-genetischen und zum anderen auf den zivilisierungsgeschichtlichen bzw. soziokulturellen Ursprung. Damit gehört aber zum Gegenstandsbereich der Historischen Psychologie auch die Behandlung der entwicklungspsychologischen Frage, in welcher Weise sich das Psychische trotz aller „Vermischtheit" der Entstehungsbedingungen auf diese beiden Ursprünge zurückführen läßt. Diese Frage, die als die „gegenstandskritische Frage" der Psychologie bezeichnet werden soll, wird in dem herausgebereigenen Beitrag am Schluß des Bandes näher untersucht.

Die *gegenstandskritische Frage* läßt zugleich erkennen, in welchem Maße das Unternehmen der Historischen Psychologie notwendigerweise auch darauf hinausläuft, an der monistischen Haltung der Vertreter der experimentell orientierten Gegenwartspsychologie und vor allem an den „Bekenntnissen" zu dieser methodologischen Einseitigkeit harte Kritik zu üben. Dieser Aspekt ist vor allem dann von besonderer Bedeutung, wenn Historische Psychologie nicht, wie z. B. historisch-psychologische Ansätze im Bereich der Mentalitätengeschichte, *außerhalb*, sondern explizit *im Rahmen* einer weitgehenden Neuorientierung der traditionellen Psychologie ausgebaut werden soll. Die Defizite der Nomologischen Psychologie wären dann gleichsam die Begründungsbasis für einen derartigen Erneuerungsprozeß, in dem der Ausbau der Historischen Psychologie zunächst zu einer „Vervollständigung"[6]) der Psychologie und darüber hinaus zur Entwicklung einer *integrativen* Psychologie führen müßte.

Eine Vervollständigung ist dann unerläßlich, wenn man bereit ist anzuerkennen, daß Psychologie einen Gesamtgegenstand („das Psychische") besitzt, dessen „gegenstandsangemessene" Untersuchung die grundlagenwissenschaftliche Aufgabenstellung *der* Psychologie bildet. Die *Gegenstandsangemessenheit* eines Vorgehens kann dabei immer nur vom Gegenstand her abgeleitet werden, so daß jede Vorentscheidung zugunsten der *ausschließlichen* Anwendung eines speziellen Erklärungsansatzes oder einer bestimmten Methode als *unzulässig* zu gelten hat[7]). Insofern kann für die Nomologische Psychologie ebensowenig ein „Alleinvertretungsanspruch" erhoben werden wie für die Historische Psychologie. Für beide Ansätze erscheint jedoch eine relative Eigenständigkeit zeitweilig unverzichtbar, und zwar solange, bis das Desiderat einer *integrativen* Psychologie „in gegenstandskritischer Absicht" (Jüttemann, 1988a) in ein konkret anwendbares Programm umgesetzt werden kann. *Gegenstandskritisch* bedeutet in diesem Zusammenhang nichts anderes als *gegenstandsangemessen*, und zwar insofern, als in differenzierender Weise beachtet werden soll, ob ein zu untersuchender Einzelgegenstand als *naturgegeben* oder als *historisch produziert* bzw. als *teilweise* naturgegeben und *teilweise* historisch produziert anzusehen ist, damit die *adäquate* Untersuchungsmethode bestimmt werden kann.

Es ist somit die Zielsetzung einer Vervollständigung der Psychologie, die das Vorhaben einer systematischen Entwicklung der Historischen Psychologie in besonderer Weise begründet. Dieser Anspruch, der zugleich mit der Vorstellung verbunden ist, ein Gegengewicht zu der zur Zeit allein vorherrschenden Nomologischen Psychologie herzustellen, soll sich u. a. in der *Großschreibung* des Begriffs „Historische Psychologie" (u. des Begriffs „Nomologische Psychologie") ausdrücken. Die dadurch vorgenommene Betonung des Gegensatzes erscheint – vorübergehend – zweckmäßig, weil eine derartige Opposition die Aufmerksamkeit auf die bisher praktisch „fehlende Hälfte" der Gegenstandsbearbeitung in der Psychologie lenken kann und dadurch außerdem verdeutlicht wird, daß hier zwei grundlegend verschiedene Arbeitsansätze einander gegenüberstehen, die sich zwar in einem Ergänzungsverhältnis zueinander befinden, sich aber nicht *direkt* miteinander verknüpfen lassen. Außerdem erlaubt die Großschreibung eine bessere Unterscheidung der Historischen Psychologie von einer reinen Wissenschaftsgeschichte der Psychologie als Geschichte der Disziplin, da Wissenschaftsgeschichte nur insoweit zum Gegenstandsbereich der Historischen Psychologie gehört, als jede wissenschaftliche Psychologie immer auch – gewollt oder ungewollt – einen Einfluß auf die Sozialgeschichte des Psychischen ausübt. Indem sich Historische Psychologie mit dem Zustandekommen und der Wirksamkeit derartiger Einflüsse beschäftigt, stellt sie als Wissenschaftsgeschichte — im Foucaultschen Sinne — eine Geschichtsschreibung „von außen" dar.

Die Großschreibung des Begriffs „Historische Psychologie" soll zugleich auf ein Problem der Identitätsentwicklung verweisen. So haben die Vertreter der Nomologischen Psychologie ihre Identität über eine besondere Art der methodologischen Orientierung gewonnen, und zwar vor allem über die Beherrschung und den ausschließlichen Einsatz einer naturwissenschaftlich begründeten Forschungsstrategie, worauf vor allem Otto Ewert (Ewert, 1983, S. 32ff.) aufmerksam gemacht hat. Diese Identität schließt einerseits ausgezeichnete Kenntnisse in der Statistik- und Computeranwendung ein, scheint aber andererseits auch zu allgemeinen Bildungsdefiziten (Jaeggi, 1984) zu führen, und zwar als Folge einer gewollt einseitigen Sozialisation (Köckeis-Stangl, 1980, S. 341ff.) und einer damit einhergehenden Verherrlichung des Spezialistentums. Von entscheidender Bedeutung für den Prozeß der Identitätsentwicklung ist in diesem Zusammenhang die Entstehung eines besonderen Solidaritätsgefühls „experimentell arbeitender Psychologen"[8]. Man gewinnt zuweilen den Eindruck, daß die *mangelnde Attraktivität* der Forschungsergebnisse, die experimentell arbeitende Psychologen erzielen, diese Solidarität eher noch steigert, weil sie wenigstens im Kreis der Insider eine wechselseitige Anerkennung der vollbrachten Einzelleistungen sicherstellt. Außerdem ist verständlich, daß die intensive Arbeit mit einer unter Naturwissenschaftlern sehr angesehenen gemeinsamen Methode auch dadurch Identität erzeugt, daß das Bewußtsein der Zugehörigkeit zu einer elitären Forschergemeinschaft entsteht.

Vielleicht ist es deshalb notwendig, auch für den *nicht* naturwissenschaftlich ausgerichteten, *historisch* vorgehenden Psychologen die Möglichkeit zu eröffnen, ein Zugehörigkeitsgefühl und eine Identität auszubilden, die gleichsam *in Abhebung* von der Identität des *nomologisch* orientierten, experimentell arbeitenden Psychologen aufgebaut wird, da für die Identitätsfindung von Psychologen offenbar einstweilen noch die *methodologische Zuordnung* ausschlaggebend ist, wie u. a. auch an der Figur des „Klinischen Psychologen" erkennbar wird, der seine Identität weitgehend aus einer *therapeutischen Methodenbeherrschung* ableitet. Auch wenn nicht zu übersehen ist, daß eine methodenspezifische Identitätsbegründung sehr leicht zu Distanzierungen oder sogar Konflikten zwischen verschiedenen Gruppen von Psychologen zu führen vermag, stellt sich die Frage, ob die Psychologie in ihrer jetzigen Entwicklungsphase nicht auf konkurrierende Auseinandersetzungen zwischen Gruppen unterschiedlicher methodologischer Orientierung angewiesen ist, damit die „festgefahrene" Gegenwartssituation überwunden werden kann.

Wenn hier somit die Meinung vertreten werden soll, daß die relative Eigenständigkeit der Historischen Psychologie zunächst einmal betont werden muß, so ist das dennoch kein Plädoyer für den Ausbau von zwei unabhängigen Psychologien. Es wäre sogar sehr verhängnisvoll, wenn es innerhalb der als *Einzelwissenschaft* einzuordnenden Psychologie zur Ausbildung von unüberwindlichen Gegensätzen kommen würde, etwa jenen philosophischen Traditionen vergleichbar, die u. a. als „Naturalismus" versus „Historismus" oder „Anthropologie" versus „Geschichtsphilosophie"[9]) gekennzeichnet werden. Mögen sich derartige Gegenströmungen oder Positionsunterschiede innerhalb der Philosophie anregend auf die Diskusison und die Entwicklung des Denkens ausgewirkt haben, so wären im Hinblick auf die Psychologie positive Konsequenzen kaum zu erwarten, und zwar allein deshalb nicht, weil die Psychologie als Einzelwissenschaft die Verpflichtung übernommen hat, den ihr zugewiesenen Gesamtgegenstand *adäquat zu analysieren*. So bedingt die oben hervorgehobene Notwendigkeit einer *Trennung der Ursprünge* zugleich das Erfordernis, diese Analyse zum einen auf *naturwissenschaftlichem* und zum anderen auf *historischem* Wege zu betreiben. Ein Verzicht auf eine dieser beiden Analysestrategien hätte die Konsequenz, daß die Psychologie, vielleicht ohne es zu wollen, *ideologieproduktiv* werden und damit als Einzelwissenschaft ein dubioses Unternehmen darstellen würde, da jede unvertretbare *Einseitigkeit* der Analyse unvermeidbarerweise auch den Gegenstand in einem falschen, d. h. die Gefahr der Ideologiebildung heraufbeschwörenden Licht erscheinen läßt.

Tatsächlich birgt die vorhandene Situation diese Gefahr in sich. *Nomologische Psychologie ist einseitige und damit prinzipiell ideologieverdächtige Psychologie*. Außerdem produziert die ausschließliche Konzentration auf die Suche nach naturgesetzlichen Erklärungen ein *anthropologisch* inadäquates Gegenstandsverständnis: *das anthropologische Selbstmißverständnis der Nomologischen Psychologie*[10]). Dieses besteht jedoch nur solange, bis die Nomologische Psychologie die Ergänzungsnotwendigkeit ihres Ansatzes erkennt und die Entwicklung der Historischen Psychologie — als Teil einer Gesamtpsychologie — systematisch zu fördern beginnt.

Angesichts der bereits erläuterten *integrativen Relevanz* der Historischen Psychologie besteht möglicherweise gerade für die europäische Psychologie die Aufgabe (oder die besondere Chance), sich um die Ergänzung des fehlenden „historischen Teils" der Gegenwartspsychologie zu bemühen. Nachdem der Ausbau der Nomologischen Psychologie in erster Linie auf das Konto der von den USA ausgehenden behavioristischen Bewegung geht und im Zuge dieses Ausbaus wichtige europäische Traditionen „verschüttet" worden sind, wäre es zumindest naheliegend, wenn die Entwicklung der Historischen Psychologie im Sinne des Prozesses einer Wiederentdeckung der „verlorenen Gegenstandshälfte" gerade von Europa ausgehen würde. In diesem Zusammenhang ist es vielleicht kein Zufall, daß die im vorliegenden Band vorgestellten Wissenschaftler fast ausnahmslos europäischen Traditionslinien zuzuordnen sind, obwohl es nicht in der Absicht des Herausgebers lag, hier eine Eingrenzung vorzunehmen.

Die integrative Relevanz einer Historischen Psychologie, die gleichermaßen als Kulturgeschichte, Sozialgeschichte (Sozialisationsgeschichte) oder — vielleicht am besten — als Zivilisierungsgeschichte *des Psychischen* charakterisiert werden könnte, tritt insbesondere in der Aufgabenstellung hervor, *innerhalb* der Psychologie die Begründung einer *kollektiven Entwicklungspsychologie*[11]) *auf zivilisierungsgeschichtlicher Basis* vorzubereiten und zu vollziehen. Die dazu notwendig erscheinende Neukonzeption der gesamten Entwicklungspsychologie müßte sich vor allem an den Zielen orientieren, stärker als bisher die Differenzen zwischen *angeborenen* und *erworbenen* Bedingungsgrundlagen psychischer Entwicklung zu beachten, diese Differenzen zum einen auf der Ebene der Menschheitsentwicklung und zum anderen auf der Ebene der individuellen Sozialisation (in der Gegenwart) zu untersuchen und außerdem die auf beiden Ebenen gewonnenen Ergebnisse miteinander zu vergleichen.

Hervorzuheben ist, daß der Ansatz der Historischen Psychologie jedoch nicht nur eine zentrale grundlagenwissenschaftliche Bedeutung *für die Psychologie* besitzt, sondern auch für eine *geschichtswissenschaftliche* Forschung unentbehrlich ist, die die Ergänzung einer rein beschreibenden Darstellung durch eine erklärende Rekonstruktion anstrebt. Allerdings ist die Frage nach dem Erfordernis einer *explikativen Strategie* in den Geschichtswissenschaften noch weitgehend umstritten, nicht zuletzt deshalb, weil die Gewinnung von Erklärungen das Eindringen in die Interessensphäre der Psychologie erfordert, da Geschichte (auch) von Menschen „gemacht" wird [12]). Es fehlt jedoch nicht an Klagen über den „Quellenfetischismus" oder die „Theorieferne" der Historiker. Das gilt vor allem auch für den Bereich der Mentalitätengeschichte [13]).

Eine Historische Psychologie, die sich nicht auf *Beschreibungen* psychischer Veränderungen — für den intradisziplinären Gebrauch — beschränken will und die schon gar nicht, wie die Mentalitätengeschichte, dazu tendiert, Form und Inhalt der Beschreibungen im Sinne einer „historischen Ästhetik" [14]) zu verfeinern, sollte in der Konzeptualisierung einer *explikativen Strategie* ein besonderes Anliegen sehen. Damit geht die Forderung einher, das Verhältnis zu den Geschichtswissenschaftlern nicht lediglich im Sinne einer *additiven* Interdisziplinarität auszubauen, die eine historisierende Psychologie oder eine psychologisierende Historiographie ermöglicht, sondern eher im Sinne einer *komplementären* Interdisziplinarität, die systematisch zu entwickeln wäre. Es ist gerade diese Perspektive, die zu der Vermutung Anlaß gibt, daß das Thema „Psychologie und Geschichte" (oder: „Geschichte und Psychologie") eine rasch zunehmende Bedeutung erlangen dürfte, wenn unter Geschichtswissenschaftlern *und Psychologen* erst einmal Einigkeit darüber hergestellt werden würde, daß sich diese Zielsetzung bei näherer Betrachtung als ebenso lohnenswert wie unausweichlich erweist.

Anregungen zum Ausbau einer explikativen Strategie kann die Historische Psychologie weniger aus den Ideen und Werken der „älteren" Wegbereiter gewinnen, sondern vor allem aus den neueren Ansätzen, die im Abschitt V des vorliegenden Bandes („Ansätze von unmittelbarer Bedeutung für die Entstehung der Historischen Psychologie") behandelt werden, und darüber hinaus — wenn auch unter Vorbehalt — aus einzelnen Arbeiten ableiten, die der „Psychohistory-Bewegung" oder „Psychohistorie" (Deutsch, 1986) zuzuordnen sind.

Unter den jüngeren „Vorläufern" der Historischen Psychologie verdient, im Zusammenhang mit der Frage nach einem möglichen Explikationswert historischer Rekonstruktionen, Michel Foucault besondere Aufmerksamkeit, da er sich konsequent darum bemüht hat, die Ebene der rein beschreibenden Geschichtsbetrachtung zu transzendieren, d. h., von der übergeordneten Position einer Geschichtsschreibung „von außen" aus nicht nur die Frage zu stellen, welche Kräfte die Geschichte bewegt haben, sondern auch die Aufgabe in Angriff zu nehmen, den Prozeß des Wirksamwerdens dieser Kräfte näher zu untersuchen (Foucault, u. a. 1974, 1977; referierend Dreyfuß & Rabinow, 1987). Bei diesen Arbeiten imponiert vor allem die Strategie der weitgehend unvoreingenommenen Prüfung konkreter Hypothesen anhand eines breit gestreuten historischen Materials [15]. Demgegenüber leiden die Forschungsergebnisse, die die *Psychohistorie* hervorgebracht hat, sehr häufig darunter, daß sie wissenschaftlich nicht genügend vertrauenswürdig erscheinen, weil sie allzu direkt auf die *psychoanalytische* „Rahmentheorie" bezogen worden sind. Gelegentlich wird diese Bezugnahme sogar verschleiert, um theoretische Unvoreingenommenheit der Interpretationsarbeit vorzutäuschen. Nyssen (1984) hat hier beispielhaft an einer Untersuchung von Lloyd de Mause (de Mause, 1974) dargetan, welches zunächst undurchschaubare Vorgehen dabei zur Anwendung kommt.

Hier liegen auch die Gründe dafür, warum die Vorbildwirkung der meisten Arbeiten, die in der „Psychohistory-Bewegung" oder „Psychohistorie" entstanden sind, eher niedrig veranschlagt werden muß und warum der gesamte Ansatz inzwischen in eine Krise geraten ist (Blasius, 1977; Stannard, 1980). Wenn auch die von vielen Seiten geäußerte Kritik trotzdem nicht auf *alle* Werke bezogen werden sollte, die diese vor allem in den USA zeitweise sehr mächtig gewordene Bewegung hervorgebracht hat, so ist doch unverkennbar, daß in der überwiegenden Zahl der Untersuchungen die Tendenz verfolgt wird, einerseits einen bestimmten geschichtlichen Ablauf auf eine relativ einfache Weise „psychologisch" zu erklären und andererseits gleichzeitig die Gültigkeit der für die Interpretation in Anspruch genommenen psychoanalytischen Grundlagentheorie zu belegen oder sogar zu demonstrieren. Die allzu zirkuläre Funktion derartiger Arbeiten ist dabei einigen Autoren offenbar nicht bewußt geworden (Hutton, 1987 — über Erikson 1958 —). Trotz der eher negativen Vorbildwirkung mancher Arbeiten, die aus der Psychohistory-Bewegung hervorgegangen sind, darf die Bedeutung dieser Tradition und damit auch die Bedeutung Freuds für die Entwicklung der Historischen Psychologie nicht unterschätzt werden. Es ist vor allem der Begriff des Über-Ich, der sich in diesem Zusammenhang als fruchtbringend erwiesen hat (Marcus, 1987; vgl. hierzu auch die Beiträge von Rath und Rudolph in diesem Band).

Es kann nicht zweifelhaft sein, daß vor allem die *historisch-psychologische Denkweise* durch die Psychohistorie stark gefördert worden ist. Wenn Vertreter dieser Richtung — mit Ausnahme des „Ahnherrn" Freud — im vorliegenden Sammelband dennoch nicht oder nur am Rande erwähnt werden, dann liegt das vor allem daran, daß sich die Historische Psychologie von dieser Tradition bewußt absetzen will, um eine historisch-psychologische Forschung *nicht*-psychoanalytischer Provenienz zu begründen, die dem allgemeinen Exaktheitsanspruch traditioneller Psychologie entgegenkommt. Dennoch darf nicht unerwähnt bleiben, daß die Arbeiten der Psychohistoriker neben jenen vielfältigen Untersuchungen, die aus dem Bereich der Mentalitätengeschichte vorliegen, eine der beiden wichtigen Entwicklungslinien markieren, die zum gegenwärtigen Stand der historisch-psychologisch einzuordnenden Forschung hinführen. Allerdings gibt es, wie P. H. Hutton (1987) etwa im Gegensatz zu R. Deutsch (1986) hervorhebt, zwischen der Psychohistorie und der Mentalitätengeschichte, „obgleich sich beide Ansätze zu einer historischen Psychologie über einen gewissen Zeitraum parallel entwickelt haben, ... doch nur äußerst wenige Berührungspunkte ... und so gut wie gar keine wechselseitige Kritik" (Hutton, 1987, S. 147).

Für die zukünftige Entwicklung *der* Historischen Psychologie dürfte sich vor allem die Mentalitätengeschichte als besonders wichtig erweisen, auch wenn die lange Reihe der Wissenschaftler, die sich diesem Ansatz verpflichtet fühlen, in dem vorliegenden Band — mit Ausnahme des Mitbegründers der Annales, Lucien Febvre — ebensowenig berücksichtigt werden konnte wie die große Zahl der psychohistorisch ausgerichteten Forscher.

Der Band enthält 53 Beiträge, die sich auf Einzelautoren oder auf „einschlägige" Wissenschaftsentwicklungen beziehen und unter verschiedenen — insgesamt fünf — Gesichtspunkten zusammengefaßt worden sind.

Für die Einbeziehung eines Autors in die getroffene Auswahl war vor allem ausschlaggebend, daß der betreffende Wissenschaftler die Beachtung des nichtbiologischen, hier als „zivilisierungsgeschichtlich" gekennzeichneten Ursprungs des Psychischen für unverzichtbar hält, auch wenn seine Einsicht in die psychologische Relevanz dieses Ursprungs möglicherweise nicht zu forschungsspezifischen Aktivitäten führte. Generell unberücksichtigt blieb, ob ein Autor gleichzeitig auch als Vorkämpfer der Experimentellen Psychologie anzusehen ist oder in einem der zahlreich vorhandenen Werke über die Geschichte der Psychologie [16]) sogar wegen seiner besonderen Verdienste um die Entwicklung des nomologischen Ansatzes in der Psychologie hervorgehoben wird. Veranschaulicht werden sollte vor allem, daß es gerade im deutschen Sprachraum vor Beginn und während der Aufbauphase der herkömmlichen Psychologie, und zwar insbesondere auch in der Zeit vor der vollen Übernahme der behavioristischen Orientierung, sowohl innerhalb als auch außerhalb der Psychologie eine Reihe von Wissenschaftlern gab, die eine mehr oder weniger präzise Vorstellung von einer „vollständigen" Psychologie besaßen und erkannt hatten, daß die „Doppelrolle" des Menschen als *Produzent* und *Produkt* seiner Geschichte bzw. seiner gesellschaftlich-kulturellen Verhältnisse grundlegende psychologische Fragestellungen berührt, die auf keinen Fall ausgeklammert werden dürfen.

Der *erste* Abschnitt des Bandes enthält Darstellungen über Wissenschaftler, vornehmlich über Philosophen, die in der Zeit *vor* Entstehung der akademischen Disziplin „Psychologie" bzw. im Aufbruchstadium dieser Wissenschaft einen Einfluß ausgeübt haben, der als das Eintreten für ein Programm interpretiert zu werden vermag, das nicht das Programm einer rein naturwissenschaftlichen Psychologie sein sollte.

Der *zweite* Abschnitt faßt die Beiträge der Autoren zusammen, die in der Aufschwungphase der Psychologie, und zwar vor allem auch in der Zeit nach dem ersten Weltkrieg, gleichsam „von außen" angeregt haben, das Forschungskonzept der zu ihrer Zeit vorliegenden Psychologie in Richtung einer kulturpsychologischen Orientierung zu erweitern, oder die zumindest Positionen vertreten haben, aus denen sich die Annahme ableiten läßt, daß diese Wissenschaftler von einer in *historischer* Hinsicht bestehenden Erweiterungs*bedürftigkeit* der einzelwissenschaftlichen Aufgabenstellung der Psychologie ausgegangen sind. Diese Autoren sind auch heute noch wichtig, insoweit sie in ihren Werken zu Schlußfolgerungen gelangt sind, deren Konsequenz die Begründung einer Historischen Psychologie wäre.

Im *dritten* Abschnitt geht es um Beiträge über Wissenschaftler, die entweder der akademischen Disziplin der Psychologie direkt angehörten bzw. angehören und die aufgrund ihrer Publikationen oder ihres beruflichen Standorts *als Psychologen* anzusehen sind. Auch wenn die Reihe dieser Autoren im Rahmen des vorliegenden Bandes unverhältnismäßig lang erscheint und außerdem sicher unvollständig ist, darf nicht übersehen werden, daß diese Gruppe unter den wissenschaftlich tätigen Psychologen stets eine Minderheit bildete. Das gilt vor allem dann, wenn man die Zeit *nach* Beginn der im deutschsprachigen Raum ungefähr 1959[17]) einsetzenden Vorherrschaft der Nomologischen Psychologie berücksichtigt. Dieses Jahr markiert zugleich den Anfang einer neuen „Sozialisationsvorstellung" für die akademische Ausbildung von Psychologen, da etwa von diesem Zeitpunkt an das Studium dem Ideal einer streng naturwissenchaftlich-biometrischen Ausrichtung angenähert und die bis dahin geltende Leitfigur des vielseitig gebildeten Psychologen durch die „Zielvorstellung" eines tatsachenwissenschaftlich geschulten Spezialisten abgelöst wird.

Der *vierte* Abschnitt umfaßt Beiträge, die nicht das Lebenswerk eines einzelnen Autors bzw. die wegbereitende Bedeutung dieses Lebenswerks für die Historische Psychologie zum Thema haben, sondern bei denen es um die Darstellung von Entwicklungen geht, die sich als *Ansätze* oder *Zeitströmungen* zum Konzept der Historischen Psychologie in Beziehung setzen lassen. Aus den oben bereits genannten Gründen unberücksichtigt geblieben sind in diesem Zusammenhang einzelne Entwicklungen, die eine *unmittelbar* wegbereitende Bedeutung für die Historische Psychologie besitzen, wie z. B. die Psychohistory-Bewegung und die Mentalitätengeschichte.

Die letztgenannten Traditionslinien werden jedoch im *fünften* Abschnitt im Rahmen von Beiträgen berührt, in denen es u. a. um Sigmund Freud und Lucien Febvre als „Gründungsväter" relevanter Entwicklungen geht. Hier stehen Horkheimer und Adorno für die Frankfurter Schule und Norbert Elias für das grundlegend bedeutsam gewordene Zivilisationstheorem. Wenn am Ende dieses Abschnitts G. Treusch-Dieter die Frage stellt, ob *Foucault* ebenfalls zu den Wegbereitern der Historischen Psychologie gezählt werden kann oder nicht, dann erhebt sich diese Frage vor dem Hintergrund der Tatsache, daß Foucault schwerlich Wert darauf gelegt hätte, den Wegbereitern der Historischen Psychologie zugeordnet zu werden, da er im Laufe seiner Entwicklung ein sehr distanziertes Verhältnis zur Psychologie gewonnen hatte (Seitter, 1974, S. 141; Treusch-Dieter in diesem Bd.). Dennoch ist dem Urteil nicht auszuweichen, daß sein Werk für das Unternehmen der Historischen Psychologie eine fundamentale Bedeutung besitzt. Insofern ist es angemessen, daß er die Reihe der in diesem Band vorgestellten Wegbereiter beschließt. Gerade die im fünften Abschnitt erscheinenden Beiträge lassen erahnen, wie begrenzt die getroffene Auswahl der Wegbereiter im Grunde ist und um wievieles größer sich allein die Zahl der nur einigermaßen wichtigen Befürworter und Förderer einer historisch-psychologischen Denkweise tatsächlich darstellt. Damit sind nicht nur Autoren gemeint, die der Psychohistorie oder der Mentalitätengeschichte zugerechnet werden können.

So fehlen in diesem Buch auch Namen aus der großen Gruppe der Historiker, die sich möglicherweise selbst nicht als Mentalitätengeschichtler bezeichnen würden, obwohl sie teilweise Themen bearbeitet haben, die sich ebensogut als Mentalitätengeschichte ausweisen ließen. Das gilt vor allem für Untersuchungen, die — vergleichsweise spezieller oder allgemeiner — den Bereichen „Familiengeschichte", „Alltagsgeschichte", „Geschichte von unten" oder „Nouvelle histoire" zugeordnet werden. Die in diesem Rahmen hervorgetretenen Wissenschaftler bleiben im vorliegenden Band teilweise deshalb unbeachtet, weil sie bereits eine *sehr aktuelle* Bedeutung für die Historische Psychologie besitzen und insofern eher „Ausführende" als „Wegbereiter" darstellen. Allerdings sind auch viele „klassisch" zu nennende Wegbereiter in diesem Band nicht vertreten, zum Teil auch deshalb nicht, weil kompetente Autoren nicht zu finden waren. Insofern ist die Weglassung des Artikels zum Substantiv „Wegbereiter" im Titel des Buches dahingehend zu interpretieren, daß lediglich *einige* Wegbereiter vorgestellt werden sollen.

Die Zahl der ingesamt „berücksichtigungsfähigen" Wegbereiter ist im übrigen unüberblickbar groß, wenn man bedenkt, daß etwa die relativ große Gruppe der Autoren, die die Philosophen Gerhard Funke und Norbert Rath in ihren grundlegenden Werken über die „Gewohnheit" (Funke, 1958, 1974, 1984) bzw. über die „zweite Natur" (Rath, 1984, 1988; vgl. Jüttemann 1988a, S. 518ff.) behandeln, wahrscheinlich ebensogut als Wegbereiter der Historischen Psychologie gelten können wie die lange Liste der Wissenschaftler, die bei Werner Sombart (1956, S. 89ff.; in diesem Band: Klotter sowie Jüttemann, S. 521) die von ihm gezeichnete Traditionslinie des „Hominismus" repräsentieren, auch wenn natürlich erst für alle „Einzelfälle" nachgewiesen werden müßte, worin der — möglicherweise sehr kleine — Beitrag eines Autors zu einer u. U. sehr langfristigen Wegbereitung für die Historische Psychologie, d. h. zur Verbreitung der Einsicht in die Unverzichtbarkeit einer historisch-psychologischen *Denkweise* eigentlich besteht. Die ungewöhnlich große Zahl der grundsätzlich in Betracht kommenden Namen verdeutlicht zugleich, wie weit letzten Endes die Geschichte der Historischen Psychologie zurückreicht, wie modern der Ansatz *außerhalb* der Psychologie immer schon gewesen ist und in welchem Maße die Ignorierung der historisch-psychologischen Thematik den Befürwortern einer einseitig nomologisch ausgerichteten akademischen Gegenwartspsychologie als wissenschaftliche Kurzsichtigkeit ausgelegt werden muß.

Die erforderliche Konzentration auf eine noch überschaubare Menge von Beiträgen zwang auch dazu, den Zeitraum zu begrenzen, der für die Auswahl der zu behandelnden Autoren maßgebend war. Hier wurde ein zeitlicher Rahmen gesetzt, der bis zu den Entstehungsprozessen *der Idee* einer akademischen Disziplin „Psychologie" zurückreicht. Es ist in diesem Zusammenhang nicht ohne Bedeutung, daß es Wilhelm Wundt (1917) war, der eine ausführliche Abhandlung über *Leibniz* geschrieben hat, mit dem die Reihe der hier vorgestellten (möglichen) Wegbereiter der Historischen Psychologie beginnt. Wundts Beschäftigung mit Leibniz fiel übrigens in eine Zeit, in der die Mehrzahl der 10 Bände seiner „Völkerpsychologie" bereits erschienen war.

Es dürfte verständlich sein, daß eine *vollständige* Berücksichtigung selbst der *ganz wichtigen* Wegbereiter schon aus Raumgründen nicht realistisch erscheinen konnte. Hinzu kommt, daß keine *Geschichte der Historischen Psychologie*, sondern ein *Arbeitsbuch* geplant war, das eine *einführende Funktion* besitzen sollte und von dem möglicherweise Impulse für eine weitergehende Auseinandersetzung mit den Publikationen der behandelten Autoren und vor allem mit dem Projekt einer Historischen Psychologie bzw. mit einzelnen historisch-psychologischen Fragestellungen ausgehen.

Kritisch hinterfragt werden könnte die *Angemessenheit* der getroffenen Auswahl der behandelten Autoren und außerdem die Reihenfolge der Beiträge. In diesem Zusammenhang wird eingeräumt, daß einige der nicht erscheinenden Autoren möglicherweise *besonders* wichtige Wegbereiter der Historischen Psychologie gewesen sind. Außerdem soll keineswegs der Anspruch erhoben werden, daß es sich bei den tatsächlich berücksichtigten Wissenschaftlern gleichsam *erwiesenermaßen* um Wegbereiter der Historischen Psychologie handelt. Es könnte durchaus passieren, daß sich herausstellt, wie anfechtbar die Entscheidung war, den einen oder anderen Autor in die Reihe der Wegbereiter aufzunehmen. Das gilt selbst für Wissenschaftler, denen man — zunächst wenigstens — eine besondere Bedeutung für die Historische Psychologie zuschreiben würde. Ein Beispiel von vielen ist hier Wilhelm Dilthey. Der Autor des Buchs „Der Aufbau der geschichtlichen Welt in den Geisteswissenschaften" (1910, 1981) muß einerseits als Vertreter einer Position gesehen werden, für die eine weitreichende Beachtung der Geschichtlichkeitsdimension kennzeichnend ist. Andererseits hat Dilthey aber auch in einer nur schwer nachvollziehbaren Weise versucht, „die Geschichtsphilosophie der Anthropologie anzupassen" (Marquard, 1971, S. 369), indem er „Geschichte" gleichsam in „Naturgeschichte" überführt. So meint er zwar: „Was der Mensch sei, sagt ihm nur die Geschichte" (zit. nach Marquard, 1971, S. 369). Aber Dilthey interpretiert diesen Satz im Sinne eines besonderen Aufklärungswerts der Geschichte, der darin bestehen soll, daß sie uns mitteilt, daß „die Natur des Menschen ... immer dieselbe" ist (zit. nach Marquard, 1971; Dilthey, 1894).

Auch Riedel (1981, S. 78), der sich hier zugleich auf Lieber (1965, S. 703 ff.)

beruft, gelangt im Rahmen einer Untersuchung über den Geschichtlichkeitsbegriff bei Dilthey zu einer Kritik an „der für seinen (Diltheys, d. Verf.) Ausgangspunkt in der historischen Schule paradoxen Ansicht einer geschichtlichen Welt ohne eigentliche Geschichtlichkeit".

So wäre es verständlich, wenn nicht sonderlich wohlmeinende Kritiker des Versuchs, Wegbereiter der Historischen Psychologie auszumachen, selbst gegen die „Einordnung" Diltheys in diesen Band Einwände erheben würden. Was für Dilthey prinzipiell möglich erscheint, gilt für andere der hier behandelten Wissenschaftsvertreter u. U. sogar in einem sehr viel höheren Maße. So z. B. für William Stern, dessen − für seine Zeit − fortschrittliche Auffassungen die Frage entstehen ließen, ob er sich möglicherweise auch für die Beachtung eines historischen Zugangs zum Gegenstand der Psychologie eingesetzt haben könnte. Werner Deutsch untersuchte diese Frage (zusammen mit H. Behrens und Ch. Bittner) und gelangte zu der Feststellung, daß offen bleiben muß, ob William Stern zu den Wegbereitern der Historischen Psychologie gezählt werden kann oder nicht. Da das Ergebnis der Untersuchung aber weitere Auseinandersetzungen mit der aufgeworfenen Frage nahelegt und für die Autorengruppe immerhin unstrittig war, daß Stern als „Vorläufer einer integrativen Psychologie, in der der psychobiologische und der psychokulturelle Ansatz zusammengeführt werden" (vgl. S. 254 in diesem Band), gelten kann, wurde der Beitrag in den Sammelband aufgenommen.

War das Resultat vergleichbarer Untersuchungen zur Frage der potentiellen Wegbereiterrolle eines Autors eher *negativ* ausgefallen, wurde auf den Abdruck des betreffenden Beitrags verzichtet. Das gilt für Darstellungen über Franz Brentano, William James, Edmund Husserl, Ludwig Klages und Kurt Lewin. Den Kolleginnen und Kollegen, die diese Studien durchgeführt haben, sei für die − keineswegs vergeblich geleistete − Arbeit und für ihre Bereitschaft zum Verzicht auf die Einbeziehung ihrer Beiträge in diesen Band sehr herzlich gedankt.

In bezug auf viele der hier veröffentlichten Essays wird die Vermutung ausgesprochen, daß es vielleicht gerade die in den Werken der betreffenden Wegbereiter hervortretenden Widersprüche und die daraus ableitbaren Auffassungsunterschiede sein dürften, die u. U. interessante Diskussionen auslösen und insofern auch von wissenschaftsgeschichtlicher Seite her einen belebenden Einfluß auf die weitere Entwicklung der Historischen Psychologie ausüben könnten. Im übrigen ist zu bedenken, daß die Antwort auf die Frage nach dem Wegbereitertum eines Wissenschaftlers für die Historische Psychologie nicht oder nicht nur aus seinen Schriften abgeleitet werden darf, da sich die Frage ja auf die *Wirkungsgeschichte*, und zwar nicht nur der Schriften, sondern des betreffenden Wissenschaftlers „im ganzen" bezieht. Es konnte jedoch nicht eine Aufgabenstellung dieses Sammelbandes sein, die Wirkungsgeschichte der behandelten Autoren darzustellen, und zwar ebensowenig wie es möglich war, die Frage nach der „Vernetzung" der einzelnen Wirkungsgeschichten bzw. die Frage nach Art und Verlauf der *Tradierung* jener Auffassungen, Ideen und Begriffe zu klären, die möglicherweise zur Entstehung der Historischen Psychologie beigetragen haben oder für die weitere Entwicklung dieses Ansatzes erst noch bedeutsam werden dürften. Es muß späteren Versuchen einer systematischen Wissenschaftsgeschichtsschreibung vorbehalten bleiben, Fragen dieser Art nachzugehen.

Zu berücksichtigen ist außerdem, daß der Zwang, äußerst kurze Darstellungen zu schreiben, die Mitwirkenden an dem vorliegenden Projekt bereits daran hinderte, die Frage eines möglichen Wegbereitertums der von ihnen vorgestellten Autoren für die Historische Psychologie auch nur einigermaßen ausführlich zu diskutieren.

Deshalb erscheint es richtig, im vorliegenden Zusammenhang lediglich von einer Bildung *erster Hypothesen* über die wegbereitende Bedeutung der behandelten Wissenschaftler zu sprechen, wobei nicht auszuschließen ist, daß diese Bedeutung zum Teil erst in Zukunft, d. h. nach Wiederentdeckung der Relevanz einzelner Werke und nach Wiederbelebung versunkener Traditionen erkennbar wird.

Wenn sich die in diesem Band vorgestellten Wissenschaftler auch weitaus überwiegend noch nicht von der Absicht leiten ließen, *Wegbereiter* einer Historischen Psychologie sein zu wollen, so ging es ihnen doch teilweise bereits um den Entwurf bzw. die Verwirklichung eines unverkürzten Forschungsprogramms der Psychologie. Die Frage eines (eventuellen) Wegbereitertums ergibt sich somit aus der heutigen, zurückblickenden Sicht, die von der Erkenntnis getragen wird, daß nach Ablauf einer Periode sehr einseitiger Wissenschaftsentwicklung in der Psychologie heute möglicherweise die Voraussetzungen für eine grundlegende Veränderung der bestehenden Verhältnisse vorliegen. So besteht Hoffnung, daß die Bemühungen um eine Freilegung des fehlenden historischen Zugangs zum Gegenstand der Psychologie intensiviert werden und — als Voraussetzung hierfür — die Einsicht in die Unverzichtbarkeit eines derartigen Zugangs zunimmt. Insofern bilden die in diesem Band behandelten Autoren auch eine Art Legitimationsbasis für das Vorhaben, mit aller Konsequenz die Historische Psychologie auszubauen.

Ebenso wie die getroffene Auswahl der Autoren könnte die auf der Grundlage der Arbeitsbuchkonzeption (oder auch Lesebuchkonzeption) gebildete *Reihenfolge* der behandelten Autoren Fragen auslösen, zumal das chronologische Anordnungsprinzip immer nur ansatzweise zur Anwendung kam. Hierzu ist anzumerken, daß die „Aneinanderreihung" der Beiträge vor allem auch unter dem didaktischen Gesichtspunkt einer möglichst problemlosen Einführung in die Thematik und deshalb nicht immer streng systematisch vorgenommen wurde.

Der Herausgeber ließ sich dabei — vor allem im Hinblick auf studentische Leserinnen und Leser — von der Überlegung leiten, daß von der gewählten Anordnung möglicherweise eine Anregung zum kontinuierlichen Weiterlesen ausgehen könnte.

Den fünf Abschnitten, in denen Wegbereiter der Historischen Psychologie behandelt werden, folgt („Anstelle eines Epilogs") ein abschließender Beitrag

15

des Herausgebers, in dem die Idee einer „Historischen Psychologie in gegenstandskritischer Absicht" vorgetragen und erste Umrisse eines Programms entwickelt werden. Damit soll die Betrachtung dessen, was in der bisherigen historisch-psychologischen Tradition *schon vorhanden* ist, um eine *perspektivische* Dimension erweitert werden.

Der vorliegende Band wurde ursprünglich als Band 1 einer Reihe „Historische Psychologie" geplant, die im Verlag Beltz erscheinen sollte. Infolge der Gründung der Psychologie Verlags Union konnte das Reihenprojekt nicht mehr realisiert werden.

Ich bedanke mich bei den Autorinnen und Autoren für die kollegiale Zusammenarbeit. Hinweise zur Gestaltung des Bandes erhielt ich von Ulrich Herrmann und Roland Asanger. Ihnen bin ich für ihre Anregungen sehr verbunden. Sunnar Becsi und Iris Kammerer unterstützten mich bei der Bewältigung schreibtechnischer und organisatorischer Probleme. Ihnen sei für diese Hilfestellung herzlich gedankt.

Berlin, im Frühjahr 1988   Gerd Jüttemann

Anmerkungen

[1] Vgl. U. Raulff, 1987, insbes. S. 12, u. G. Jüttemann 1988c.

[2] Das Projekt ging auf eine Initiative zurück, die der Verfasser zusammen mit Michael Sonntag ergriffen hatte. An der Konzeptualisierung und Durchführung des Projekts waren Viola Altrichter, Udo Castedello und Martin Reuter beteiligt. Vgl. auch G. Jüttemann 1986b, S. 8.

[3] Die Hervorhebung des Zivilisationstheorems erfolgt vor allem bei N. Elias, 1939, 1979.

[4] Vgl. T. Herrmann, 1979, S. 17. Dort heißt es: „Überblickt man dasjenige, was in West und Ost in den psychologischen Forschungsinstitutionen de facto geschieht, durchblättert man die bekanntesten Handbücher der Psychologie usf., so wird deutlich, daß Psychologie überall in der Welt vorwiegend als eine *nomologische Wissenschaft* betrieben wird" (Herv. i. Original).

[5] Zum Stichwort „Biologie und Psychologie" formuliert K. E. Großmann (1971): „Die psychologische Statistik steht in enger Beziehung zur Biometrie. Die Anwendung rein biologischer Methoden auf das Studium menschlichen Verhaltens und Erlebens wird ‚Biologismus' genannt ..." (S. 291).

[6] Anstelle der dringend notwendigen Bemühungen um eine „Vervollständigung" der Psychologie sind — paradoxerweise — eher Teilungsbestrebungen zu beobachten. Vgl. T. Herrmann, 1979, und kritisch hierzu: G. Jüttemann, 1983.

[7] Diese Vorentscheidung, d. h. die unzulässige Umkehrung des Verhältnisses von Gegenstand und Methode, wurde vom Verfasser als „das Inversionsprinzip" bezeichnet; vgl. Jüttemann, 1983, S. 36f.

[8] Über die im 2-Jahres-Rhythmus stattfindenden Kongresse der experimentell ausgerichteten Deutschen Gesellschaft für Psychologie und die jährlich stattfindenden Zusammenkünfte experimentell orientierter Forscher in einzelnen Fachgebieten (wie z.B. in der Entwicklungspsychologie) hinaus existieren nach wie vor die ebenfalls jährlich abgehaltenen „Ostertreffen" (als „Tagungen experimentell arbeitender Psychologen"), von denen eine starke solidaritätsbildende Wirkung ausgeht. Vgl.

H. Thomae, 1977 und W. Traxel, 1985, S. 117–119. Hier heißt es über die Wirkung der ersten, 1959 durchgeführten Tagung: „Die Tagung wurde von den Beteiligten allgemein als ein Erfolg erlebt, und es bestand Einmütigkeit darüber, daß solche Treffen alljährlich stattfinden sollten. Das wichtigste Ergebnis war, daß sich die bis dahin eher verstreut arbeitenden Anhänger der Experimentellen Psychologie enger zusammenschlossen. Das Bewußtsein, als Gruppe auch eine Macht darstellen zu können, ließ die Zukunft in günstigerem Licht erscheinen.

Nach außen hatte das Treffen eine deutliche Signalwirkung, die sich mit jeder weiteren Tagung verstärkte. Man erfuhr, daß Experimentalpsychologen keine unmodernen Außenseiter waren, daß sie – auch fachpolitisch – zusammenarbeiten konnten, daß sie bemüht waren, den Anschluß an die internationale Forschung wieder zu finden und daß in diesem Kreis jüngere Wissenschaftler den größten Anteil bildeten und zu Wort kamen" (S. 118).

[9]) Vgl. u. a. die Ausführungen von G. Gawlick zum Stichwort „Naturalismus", 1984, und von G. Scholtz zum Stichwort „Historismus, Historizismus", 1974. Zum Verhältnis von „Anthropologie" und „Geschichtsphilosophie", vgl. O. Marquard, 1965 und 1982 (Wiederabdruck). Den Versuch einer Ableitung von Folgerungen (insbes. aus den Marquardschen Arbeiten) enthält der Beitrag von G. Jüttemann, 1988 b.

[10]) Freud hielt den psychoanalytischen Weg der Erkenntnisgewinnung für eine *naturwissenschaftliche* Methode. Habermas nennt diese Annahme „das szientistische Selbstmißverständnis der Metapsychologie" (vgl. Habermas, 1977[4], S. 300 ff.). Wenn die Nomologische Psychologie die naturwissenschaftliche Methode für allein gegenstandsangemessen hält, „deformiert" sie, ohne dies zu erkennen, den Menschen zu einem reinen Naturwesen und produziert insofern ein anthropologisches Selbstmißverständnis.

[11]) „Vorläufer" eines derartigen Ansatzes finden sich u. a. bei W. Dilthey und F. Krueger. Über Dilthey berichtet in diesem Zusammenhang U. Herrmann, 1986, S. 55 ff. und 63 f. (dort auch Angaben zur Original-Literatur), u. a. über „seine genetische Entwicklungspsychologie (für die Geschichte des Psychischen) und sein Generationen-Konzept (für die Geschichtlichkeit der Lebenswelt und menschlicher Handlungssysteme in ihr)" (S. 55). Zum Ansatz von Krueger vgl. F. Krueger, 1915. Zur Bedeutung Diltheys und Kruegers für die Historische Psychologie vgl. auch die Beiträge von Chr. Hubig bzw. B. H. E. Niestroj in diesem Band.

[12]) Hier ist sowohl an den Einfluß einzelner Persönlichkeiten (die aber stets aus „Kollektiven" hervorgegangen sind) als auch an die Wirksamkeit von sozialen Bewegungen u. ä. zu denken. Moscovici (1979) hat in diesem Zusammenhang die besondere Bedeutung von Minoritäten nachgewiesen (siehe auch den Beitrag von M. Sommer über Moscovici in diesem Band).

[13]) R. Rürup hebt in diesem Zusammenhang „die wachsende Einsicht in die viel berufene ‚Theoriebedürftigkeit' der Geschichtswissenschaft" hervor, und zwar in der Einführung zu R. Rürup (1977). H. Schultze (1985) betont „die oft beobachtete und kritisierte Theorieferne der Mentalitätshistorie" (S. 261).

[14]) U. Raulff (1986 b) versucht die „neue Geschichte" (und insbesondere die Mentalitätengeschichte) als „historische Ästhetik" zu charakterisieren.

[15]) Von den Werken Foucaults sind in diesem Zusammenhang von besonderer Bedeutung: Wahnsinn und Gesellschaft (1969); Überwachen und Strafen (1976). Siehe hierzu auch den Beitrag von G. Treusch-Dieter in diesem Band.

[16]) Vgl. die kritische Auseinandersetzung mit einigen dieser Werke bei M. Sonntag in G. Jüttemann, 1986 a, S. 116 ff.

[17]) Im deutschsprachigen Raum seit 1959; Traxel (1985) schildert die Situation so: „Die jüngeren Experimentalpsychologen orientierten sich indessen in ihrer Mehrheit an der amerikanischen Forschung allein, übernahmen deren methodologische und theoretische Konzepte und bezogen von nun an aus ihr die Themen ihrer Untersuchungen" (S. 119).

Traxel berichtet weiterhin: „1961 ... wurde auf einer außerordentlichen Mitglieder-Versammlung der DGfPs ein Vorstand gewählt, der — erstmals wieder seit Jahrzehnten — ausschließlich aus Vertretern der Experimentellen Psychologie bestand (Metzger, Düker, Lienert, Arnold, Gottschaldt)" (S. 118).

Literatur

Arnold, W., Eysenck, H., J. & Meili, R. (Hg.) (1971–1974). Lexikon der Psychologie, 3 Bde. Freiburg: Herder.

Berg, J. H. van den (1960). Metabletica. Über die Wandlungen des Menschen. Grundlinien einer historischen Psychologie. Göttingen: Vandenhoeck & Ruprecht, 8. Aufl.

Blasius, D. (1977). Psychohistorie und Sozialgeschichte. Archiv für Sozialgeschichte, 17, 383–403.

Burguière, A. (1987). Der Begriff der „Mentalitäten" bei M. Bloch und L. Febvre: zwei Auffassungen zwei Wege. In U. Raulff (Hg.), Mentalitäten-Geschichte. Berlin: Wagenbach.

Deutsch, R. (1986). Die Psychohistorie als Geschichte einer Innovation. Schweizerische Zeitschrift für Geschichte, 36, 215–230.

Dierse, U. & Scholtz, G. (1974). Geschichtsphilosophie. In J. Ritter & K. Gründer (Hg.), Historisches Wörterbuch der Philosophie, Bd. 3. Basel: Schwabe.

Dilthey, W. (1886). Nachruf auf Wilhelm Scheerer. In ders., Gesammelte Schriften XII (S. 236ff., 237f.). Göttingen: Vandenhoeck & Ruprecht.

Dilthey, W. (1894). Ideen über eine beschreibende und zergliedernde Psychologie. In ders., Gesammelte Schriften V. Göttingen: Vandenhoeck & Ruprecht.

Dilthey, W. (1910). Der Aufbau der geschichtlichen Welt in den Geisteswissenschaften. Abhandlungen der preußischen Akademie der Wissenschaften. Philosophisch-Historische Klasse. Berlin/Frankfurt/M.: Suhrkamp 1981.

Dreyfuß, H. L. & Rabinow, P. (1987). M. Foucault. Jenseits von Strukturalismus und Hermeneutik. Frankfurt/M.: Athenäum.

Elias, N. (1939). Über den Prozeß der Zivilisation. Sozialgenetische und psychogenetische Untersuchungen, 2 Bde. Frankfurt/M.: Suhrkamp, 6. Aufl. 1979.

Erikson, E. H. (1958). Young man Luther. A study in psychoanalysis and history. New York: Norton (dt.: Der junge Mann Luther. Eine psychoanalytische und historische Studie. München/Frankfurt/M.: Szczesny 1975).

Ewert, O. (1983). Ansprache zur Eröffnung des XXXIII. Kongresses der Deutschen Gesellschaft für Psychologie 1982 in Mainz. In G. Lüer (Hg.), Bericht, 2 Bde. Göttingen: Hogrefe.

Foucault, M. (1969). Wahnsinn und Gesellschaft. Frankfurt/M.: Suhrkamp.

Foucault, M. (1974). Nietzsche, die Genealogie, die Historie. In M. Foucault, Von der Subversion des Wissens, hg. v. W. Seitter. München: Hanser.

Foucault, M. (1976). Überwachen und Strafen. Frankfurt/M.: Suhrkamp.

Foucault, M. (1977). Die Ordnung des Diskurses. Frankfurt/M.: Ullstein.

Funke, G. (1958). Gewohnheit. In E. Rothacker (Hg.), Archiv für Begriffsgeschichte. Bausteine zu einem historischen Wörterbuch der Philosophie, Bd. 3. Bonn: Bouvier.

Funke, G. (1974). Gewohnheit. In J. Ritter & K. Gründer (Hg.), Historisches Wörterbuch der Philosophie, Bd. 3. Basel: Schwabe.

Funke, G. (1984). Zweite Natur bzw. Natur, zweite. In J. Ritter & K. Gründer (Hg.), Historisches Wörterbuch der Philosophie, Bd. 6. Basel: Schwabe.

Gawlick, G. (1984). Naturalismus. In J. Ritter & K. Gründer (Hg.), Historisches Wörterbuch der Philosophie, Bd. 6. Basel: Schwabe.

Großmann, K. E. (1971). Biologie und Psychologie. In W. Arnold, J., Eysenck & R. Meili (Hg.), Lexikon der Psychologie, 3 Bde., Bd. 1. Freiburg: Herder.

Habermas, J. (1968). Erkenntnis und Interesse. Frankfurt/M.: Suhrkamp, 4. Aufl. 1977.

Hehlmann, W. (1974). Wörterbuch der Geschichte. Stuttgart: Kröner, 12. Aufl.

Herrmann, T. (1979). Psychologie als Problem. Stuttgart: Klett-Cotta.

Herrmann, U. (1986). Über den Gang der Geschichte in der Natur des Menschen. – Einführende Überlegungen zur Geschichtlichkeit des Seelischen. In G. Jüttemann (Hg.), Die Geschichtlichkeit des Seelischen. Weinheim: Beltz.

Honegger, C. (1977). M. Bloch, F. Braudel, L. Febvre. Schrift und Materie der Geschichte. Vorschläge zur systematischen Aneignung historischer Prozesse. Frankfurt/M.: Suhrkamp.

Husserl, E. (1936). Die Krisis der europäischen Wissenschaften und die transzendentale Phänomenologie. Philosophia, 1. Neudruck (1977) Hamburg: Felix Meiner.

Hutton, P. H. (1978). Die Psychohistorie Erik Eriksons aus der Sicht der Mentalitätengeschichte. In U. Raulff (Hg.), Mentalitäten – Geschichte. Berlin: Wagenbach.

Jaeggi, E. (1984). Macht die Psychologie (wieder) interessant! Psychologie heute, 11 (4), 64–69.

Jüttemann, G. (1983). Psychologie am Scheideweg: Teilung oder Vervollständigung? In G. Jüttemann (Hg.), Psychologie in der Veränderung. Perspektiven für eine gegenstandsangemessenere Forschungspraxis. Weinheim: Beltz.

Jüttemann, G. (Hg.) (1986a). Die Geschichtlichkeit des Seelischen. Der historische Zugang zum Gegenstand der Psychologie. Weinheim: Beltz.

Jüttemann, G. (1986b). Vorbemerkungen des Herausgebers. In ders. (Hg.), Die Geschichtlichkeit des Seelischen. Der historische Zugang zum Gegenstand der Psychologie. Weinheim: Beltz.

Jüttemann, G. (1988a). Historische Psychologie in gegenstandskritischer Absicht. In G. Jüttemann (Hg.), Wegbereiter der Historischen Psychologie. München, Weinheim: Psychologie Verlags Union.

Jüttemann, G. (1988b). Reduktionismen der Modellbildung in der traditionellen Persönlichkeitspsychologie. In M. Amelang & H.-J. Ahrens (Hg.), Brennpunkte der Persönlichkeitsforschung, Bd 2. Göttingen: Hogrefe.

Jüttemann, G. (1988c). Historische Psychologie. In R. Asanger & G. Wenninger (Hg.), Handwörterbuch der Psychologie. München, Weinheim: Psychologie Verlags Union, 4. völlig neu bearbeitete Aufl.

Köckeis-Stangel, E. (1980). Methoden der Sozialisationsforschung. In K. Hurrelmann & D. Ulich (Hg.), Handbuch der Sozialisationsforschung. Weinheim: Beltz.

Krueger, F. (1915). Über Entwicklungspsychologie. Leipzig: Wilhelm Engelmann.

Landmann, M. (1961). Der Mensch als Schöpfer und Geschöpf der Kultur. Geschichts- und Sozialanthropologie. München, Basel: Ernst Reinhardt.

Lieber, H. J. (1965). Geschichte und Gesellschaft im Denken Diltheys. Kölner Zeitschrift für Soziologie und Sozialpsychologie, 17.

Mannheim, K. (1935). Mensch und Geschichte im Zeitalter des Umbaus. Neudruck Darmstadt 1958.

Marcus, St. (1987). Psychoanalytischer und kultureller Wandel. In Psyche, 41 (2) 97–128.

Marquard, O. (1965). Zur Geschichte des philosophischen Begriffs „Anthropologie" seit dem Ende des 18. Jahrhunderts. In Collegium Philosophicum. Basel: Schwabe.

Marquard, O. (1971). Anthropologie. In J. Ritter & K. Gründer (Hg.), Historisches Wörterbuch der Philosophie, Bd. 1. Basel: Schwabe.

Marquard, O. (1982). Zur Geschichte des philosophischen Begriffs „Anthropologie" seit dem Ende des achtzehnten Jahrhunderts. In ders., Schwierigkeiten mit der Geschichtsphilosophie. Eine Aufsatzsammlung. Frankfurt/M.: Suhrkamp (Taschenbuchausgabe).

Mause, L. de (Hg.) (1974). The History of Childhood. New York: Psychohistory Press (dt.: Hört ihr die Kinder weinen. Eine psychogenetische Geschichte der Kindheit. (Taschenbuchausgabe) Frankfurt/M.: Suhrkamp 1980.

Moscovici, S. (1979). Sozialer Wandel durch Minoritäten. München: Urban & Schwarzenberg.

Nyssen, F. (1984). Die Geschichte der Kindheit bei L. de Mause. Frankfurt/M.: Lang.

Rath, N. (1984). Zweite Natur bzw. Natur, zweite. In J. Ritter & K. Gründer (Hg.), Historisches Wörterbuch der Philosophie, Bd. 6. Basel: Schwabe.

Rath, N. (1988). Zweite Natur. Begriff und Problem. Unveröffentliche Habilitationsschrift. Bochum.

Raulff, U. (1986a). Die Annales E. S. C. und die Geschichte der Mentalitäten. In G. Jüttemann (Hg.), Die Geschichtlichkeit des Seelischen. Weinheim: Beltz.

Raulff, H. (Hg.) (1986b). Vorwort zu Vom Umschreiben der Geschichte. Berlin: Wagenbach.

Raulff, U. (Hg.) (1987). Vorwort zu Mentalitäten—Geschichte. Berlin: Wagenbach.

Riedel, M. (1981). Einleitung. In Wilhelm Dilthey, Der Aufbau der geschichtlichen Welt in den Geisteswissenschaften. Neuausgabe. Frankfurt: Suhrkamp.

Rürup, R. (Hg.) (1977). Historische Sozialwissenschaft. Göttingen: Vandenhoeck & Ruprecht.

Scholtz, G. (1974). Historismus, Historizismus. In J. Ritter & K. Gründer (Hg.), Historisches Wörterbuch der Philosophie, Bd. 3. Basel: Schwabe.

Schultze, H. (1985). Mentalitätsgeschichte — Chancen und Grenzen eines Paradigmas der französischen Geschichtswissenschaft. In Geschichte in Wissenschaft und Unterricht, 4, 245–270.

Seitter, W. (1974). Michel Foucault — Von der Subversion des Wissens. In Michel Foucault — Von der Subversion des Wissens. München: Hanser.

Sombart, W. (1956). Vom Menschen. Versuch einer geisteswissenschaftlichen Anthropologie. Berlin: Duncker & Humblot, 2. Aufl.

Sonntag, M. (1986). „Zeitlose Dokumente" — Von der Abschaffung der Geschichte in der Geschichtsschreibung der Psychologie. In G. Jüttemann (Hg.), Die Geschichtlichkeit des Seelischen. Weinheim: Beltz.

Stannard, D. E. (1980). Shrinking history. On Freud and the failure of psychohistory. Oxford: University Press.

Thomae, H. (1977). Psychologie in der modernen Gesellschaft. Hamburg: Hoffmann & Campe.

Traxel, W. (1985). Die Wiederherstellung der experimentellen Psychologie in der Bundesrepublik Deutschland. In D. Albert, Bericht über den 34. Kongreß der deutschen Gesellschaft für Psychologie in Wien 1984, 2 Bde., Bd. 1. Göttingen: Hogrefe.

Wundt, W. (1917). Leibniz. Leipzig: Alfred Kröner.

I.

Frühe Einflüsse auf die Entwicklung der Psychologie

Konzeption des Psychischen und der Psychologie zwischen Leibniz und Wolff

Hans-Jürgen Engfer

In den Geschichten der Psychologie und Philosophie gelten Gottfried Wilhelm Leibniz (1646–1716) und Christian Wolff (1679–1754) gleichermaßen als Wegbereiter der neuzeitlichen Psychologie: Der eine habe in seiner Monadologie den Bereich des Psychischen oder Geistigen zum Fundament seines philosophischen Systems gemacht, der andere habe auf dieser Grundlage die Psychologie als eigenständige Wissenschaft etabliert, beide zusammen haben daher – so lautet eine verbreitete These – den ersten Siegeszug der Psychologie in der deutschen Popularphilosophie des 18. Jahrhunderts ausgelöst und eingeleitet. Diese Charakterisierung der beiden philosophischen Positionen hat – was die Einschätzung ihres Einflusses auf die Entwicklung der neuzeitlichen Psychologie angeht – ihr Recht, aber sie verdeckt, daß sich hinter der gemeinsamen Betonung der Bedeutung des Psychischen Unterschiede im grundsätzlichen verbergen, die in der späteren Entwicklung der Psychologie immer wieder hervorgebrochen sind und bis heute als alternative Konzeptionen dieser Wissenchaft diskutiert werden; insofern stellt der Übergang von der Leibnizschen Monadologie zur Wolffschen Psychologie eine jener Wendungen in der Geschichte der Psychologie dar, die für diese an Umkippungen nicht arme Wissenschaft charakteristisch zu sein scheint. Daß sich beim Übergang von Leibniz zu Wolff eine solche grundsätzliche Wende in der Bestimmung des Seelischen und in der Konzeption der Wissenschaft der Psychologie vollzieht, wird zwar duch die irreführende und von Wolff mit Recht immer zurückgewiesene Rede von der „Leibniz-Wolffschen Philosophie" verdeckt und darüber hinaus dadurch verschleiert, daß Wolff zahlreiche Termini und Einzelthesen von Leibniz übernimmt, läßt sich aber durch eine Reflexion auf die unterschiedliche Stellung des Psychischen in den philosophischen Systemen beider Autoren zeigen.

Die Leibnizsche Monadologie (1714a) stellt – so kann man sie vielleicht zusammenfassend charakterisieren – den groß angelegten Versuch dar, die Eigengesetzlichkeit des Psychischen gegen den universalen Geltungsanspruch des kausalmechanischen Denkens der neuzeitlichen Naturwissenschaft unter Rückgriff auf Grundkategorien der antiken Psychologie zu verteidigen. Und die Bedeutung der Leibnizschen Position besteht darin, daß dies nicht einfach durch Zurückweisung des Anspruchs der neuzeitlichen Naturwissenschaft geschieht, sondern dadurch, daß Leibniz beide Ansätze durch eine ontologische Ebenenunterscheidung miteinander zu versöhnen sucht: Die kausalmechanische Erklärung hat für Leibniz ihr uneingeschränktes Recht im Bereich der Körper in Raum und Zeit, aber dieser Bereich der kausal determinierten Körperwelt ist für

23

Leibniz bloß Erscheinungsform und Phänomen des wirklich Seienden, der selbst körperlosen Monaden oder Geister, die alles beseelen. Und diesen ontologisch also grundlegenden Bereich der Monaden oder Geister sieht Leibniz nicht durch die Wirksamkeit von Kausalursachen, sondern durch das Prinzip der eigengesetzlichen Selbsttätigkeit der einzelnen Monade bestimmt, die Leibniz — im Rückgriff vor allem auf Bestimmungen der aristotelischen Psychologie — mit Hilfe der Begriffe der Entelechie und des zielgerichteten Strebens nach Zweckursachen näher charakterisiert. Mit Hilfe dieser Ebenenunterscheidung gelingt es Leibniz, neben oder hinter dem durch Kausalursachen determinierten Bereich des Körperlichen einen Bereich des Psychischen zu identifizieren, der für ihn die Sphäre des wirklichen, jeweils individuell bestimmten Seins darstellt.

Dies zeigt sich in den näheren Bestimmungen der Monade, mit denen Leibniz — wenn auch in metaphysischer Sprache — einen Begriff des Individuums entwickelt, der erst später in der deutschen Klassik wieder aufgenommen und populär wird: Die Monade ist für Leibniz erstens die individuelle Substanz, die keinen Einflüssen von außen unterliegt, sondern deren Veränderungen selbsttätig aus ihrem eigenen inneren Gesetz folgen, durch daß sie sich von allen anderen individuellen Substanzen unterscheidet; insofern umfaßt der Monadenbegriff bei Leibniz die Vorstellung der sich aus sich selbst entwickelnden besonderen Individualität eines jeden Einzelnen. Die Identität des Individuums besteht dieser Bestimmung zufolge daher zweitens nicht in bestimmten, sich durchhaltenden „Eigenschaften", sondern darin, daß in der Natur der individuellen Substanz das Gesetz ihrer aufeinanderfolgenden Handlungen und alles enthalten ist, was ihr widerfahren ist, widerfährt und widerfahren wird; insofern ist jedes Individuum durch seine besondere Vergangenheit, Gegenwart und Zukunft bestimmt. Obwohl die Monade fensterlos und äußeren Einflüssen nicht zugänglich ist, enthält sie drittens als „lebendiger Spiegel" — wenn auch zumeist in Form bloß unbewußter Vorstellungen — das Ganze des Universums in sich: Mit diesem Bild drückt Leibniz einerseits die ursprüngliche Weltbezogenheit des Individuums aus und führt andererseits den Begriff des Unbewußten ein, der später in der Psychologie des 19. Jahrhunderts grundlegende Bedeutung gewinnt. Und obwohl jede Monade nur durch ihr eigenes, individuelles Gesetz bestimmt ist, stehen die Monaden viertens nicht fremd und unverbunden nebeneinander, sondern sind von Anfang an durch die prästabilisierte Harmonie aufeinander bezogen, aneinander angepaßt und bilden so ein gemeinsames Reich der Geister oder Zwecke; mit dieser letzten Bemerkung verweist Leibniz darauf, daß die vernünftigen Seelen nicht einzeln und isoliert, sondern gemeinsam in einer „moralischen Welt" leben.

Vor dem Hintergrund eines so bestimmten Bereichs des Psychischen, in dem die Individualität und Besonderheit jeder einzelnen Substanz oder Seele erfaßt wird, erscheinen die allgemeinen Erklärungsansätze der neuzeitlichen Naturwissenschaft für Leibniz bloß als die abstrakt bleibenden Bestimmungen, mit deren Hilfe unser diskursives Denken die nur phänomenale Körperwelt erfaßt und dadurch gerade die individuelle Bestimmtheit des dahinterstehenden wirklichen Seins der Monaden, der Seelen oder der Geister, verfehlt: In diesem Sinne stellt Leibniz die Abstraktheit und Allgemeinheit des kausalmechanischen Denkens der neuzeitlichen Naturwissenschaft in bewußten und gewollten Gegensatz zu einer Psychologie oder Monadologie, die das Besondere und Individuelle jeder Seele und ihre konkrete Bezogenheit auf das Ganze der Welt thematisiert.

Christian Wolff nimmt in seiner Metaphysik viele Einzelbestimmungen der Leibnizschen Monadologie auf: Auch er setzt die Monade oder das „einfache Ding" als letzte Einheit an, sieht das einfache Ding wie Leibniz durch ein inneres Streben bestimmt und definiert die Seele als die Kraft, sich die Welt vorzustellen. Aber hinter diesen Entsprechungen im einzelnen verbergen sich zentrale Unterschiede im grundsätzlichen, durch die Wolff die von Leibniz eingeführte Ebenenunterscheidung zwischen der kausalmechanisch determinierten Körperwelt und dem durch die individuellen Gesetze der Monaden bestimmten Bereich des Psychischen einebnet. Das wird daran deutlich, daß Wolff den Begriff des „einfachen Dinges" nicht nur — wie Leibniz den Begriff der Monade — zur Bestimmung der Seele, sondern auch zur Bestimmung der letzten Elemente der körperlichen Dinge benutzt: Dadurch wird die ontologische Differenz zwischen Körper und Seele, mit deren Hilfe Leibniz das kausalmechanische Denken der Naturwissenchaft auf den Bereich des Körperlichen eingegrenzt und ihm die Sphäre des Psychischen versperrt hatte, aufgehoben. Die Gegenstände der Physik und die Gegenstände der Psychologie erscheinen jetzt bei Wolff als ontologisch gleich gut fundiert im Begriff des — wenn auch unterschiedlich bestimmten — einfachen Dinges; beide, Physik und Psychologie, werden daher hier bei Wolff auch als grundsätzlich gleich berechtigte Wissenschaften behandelt, die ihre — obzwar unterschiedlichen — Gegenstände mit Hilfe derselben Methoden erforschen. Wie in der Physik zunächst einzelne Beobachtungen und Experimente angestellt werden, deren Ergebnisse dann zusammengefaßt und in ein System gebracht werden, so beginnt auch die Psychologie für Wolff als „empirische Psychologie" (1738) mit den Beobachtungen und Wahrnehmungen, die wir in der täglichen Erfahrung mit uns selbst machen, und gelangt von dort zur systematischen Darstellung der Ergebnisse in der „rationalen Psychologie" (1740), deren Thesen für Wolff „Hypothesen" darstellen, die „in der Erfahrung begründet" sind. Auf diese Weise wird die Psychologie bei Wolff zu einer empirischen Wissenschaft, die im Grundsätzlichen dem Paradigma der Naturwissenschaften folgt.

Dementsprechend sind die Gesetze, die sie ermitteln will, auch nicht mehr die individuellen Gesetze der Leibnizschen Monaden, sondern die allgemeinen Gesetze des Vorstellens, Denkens und Begehrens, denen jede Seele ebenso folgt, wie jeder Körper als Gegenstand der Physik sich nach den Gesetzen der Mechanik oder Dynamik bewegt: Wenn die Seele sinnliche Vorstellungen produziert, ist sie für Wolff dem „Gesetz der Empfindungen" verpflichtet, wenn sie Phantasmen produziert, folgt sie dem allgemeinen „Gesetz der Einbildungskraft", und wenn sie Begriffe bildet, Urteile fällt oder Schlußfolgerungen zieht, beobachtet sie die ihr eigentümlichen Gesetze des Schließens. Diese aus der Beobachtung der Seele und ihrer Operationen gewonnenen Regeln der Psychologie erklären für Wolff — und das ist die aus dem Voranstehenden folgende, nächste Abweichung von Leibniz — die Abfolge unserer Vorstellungen und Begehrungen kausal: Sie geben jeweils „den Grund der Veränderungen in unserer Seele" an und sind die Gesetze, durch die wir begreifen, wie jeweils ein Gedanke „in unverrückter Reihe" aus dem anderen hervorgeht und wie man von allen Gedanken den „Grund anzeigen kann". Wie eng und buchstäblich sich Wolff die Erfaßbarkeit der Abfolge unserer Vorstellungen mit Hilfe solcher allgemeiner psychologischer Gesetze denkt, zeigt seine Rekonstruktion des Vorgangs eines zeitigen Aufstehens als einer ununterbrochenen Schluß- und Vorstellungskette, in der das Vorhergehende jeweils der Grund des Folgenden ist: Titus hört es fünf Uhr schlagen, urteilt, es ist fünf, besinnt sich seines Vorsatzes: wenn es fünf ist, will ich aufstehen, und „daraus schlüsset er: jetzund will ich aufstehen" usw. bis zum Ankleiden und über das Morgengebet zum Bücherstudium: Die Gedanken folgen für Wolff nach den allgemeinen Gesetzen, die die empirische Psychologie ermittelt, aufeinander, und sie müssen das tun, weil für Wolff „ein jeder Gedancke seinen zureichenden Grund haben" muß.

Damit hat Wolff — gemessen an den Grundbestimmungen der Leibnizschen Monadologie — trotz der Übernahme von einzelnen Begriffen und Thesen eine entscheidende Kehrtwendung vollzogen, die die Geschichte der Psychologie im 18. Jahrhundert weitgehend prägt. Verfolgte Leibniz mit seiner ontologischen Unterscheidung zwischen dem phänomenalen Bereich des Körperlichen und der Sphäre des individuell bestimmten und teleologisch orientierten Psychischen die Absicht, das kausale Denken der neuzeitlichen Naturwissenschaft auf den Bereich der bloß phänomenalen Körperwelt zu beschränken, um sich dadurch in der Sphäre des Psychischen den Raum für eine ganz andere Sicht auf die Individualität des Lebendigen zu sichern, so hat die erneute Parallelisierung beider Ebenen in der Wolffschen Metaphysik zur Folge, daß die Psychologie dann doch wieder nach dem Muster der Naturwissenschaften konzipiert wird und — wie die Physik die Natur der körperlichen Welt — die Natur der menschlichen Seele untersucht und die Regeln, denen sie folgt, als allgemein geltende Naturgesetze ermittelt und begreift.

Diese Wolffsche Konzeption der empirischen Psychologie als eine die gegebene Natur des Menschen erforschende Wissenschaft bestimmt die Philosophie und Psychologie der Popularaufklärung, sie wird nicht nur von Wolffianern wie Baumgarten, Bilfinger und Meier aufgenommen, prägt nicht nur die Schriften von Crusius, Darjes und Reimarus, sondern beherrscht durch Sulzer, Garve, Feder, durch Formey und Merian, durch Tetens, Meiners, Eberhard, Platner und Irwing die „Erfahrungsseelenlehre" der zweiten Hälfte des 18. Jahrhunderts fast mit Ausschließlichkeit; ihre Wirksamkeit wird erst gegen Ende des Jahrhunderts einerseits durch die Philosophie des kritischen Immanuel Kant und andererseits durch den neuen Begriff des Individuums gebrochen, den die deutsche Klassik entwickelt: Beide aber, sowohl Kant als auch die deutsche Klassik, greifen bei ihren Neuansätzen — wenn auch in unterschiedlicher Weise und mit unterschiedlichen Interessen — über die vom Wolffschen Ansatz beherrschte empirische Psychologie der deutschen Aufklärung auf diejenigen philosophischen Ansätze bei Leibniz zurück, die bei und durch Wolff verschüttet worden sind.

Literatur

Leibniz, G. W. (1686). Metaphysische Abhandlung. Hauptschriften zur Grundlegung der Philosophie II, übers. v. A. Buchenau. Leipzig: Dürr 1906, 135–188.
Leibniz, G. W. (1714a). Monadologie. Hauptschriften zur Grundlegung der Philosophie II, a. a. O., 435–456.
Leibniz, G. W. (1714b). Die Vernunftprinzipien der Natur und der Gnade. Hauptschriften zur Grundlegung der Philosophie II, a. a. O., 423–434.
Wolff, Chr. (1720). Vernünftige Gedanken von Gott, der Welt und der Seele des Menschen, auch allen Dingen überhaupt. Gesammelte Werke I 2. Hrsg. v. J. Ecole, J. E. Hoffmann, M. Thomann & H. W. Arndt. Hildesheim: Olms 1962 ff.
Wolff, Chr. (1738). Psychologia empirica. GW II 5, a. a. O.
Wolff, Chr. (1740). Psychologia rationalis. GW II 6, a. a. O.

Herders Kulturanthropologie und die Frage nach der Geschichtlichkeit des Seelischen

Fritz Wefelmeyer

In Herders Werk hat bis heute eine Reihe von Wissenschaften Anregungen und Anknüpfungspunkte gefunden (vgl. Kantzenbach, 1979, S. 142–156; Koepke, 1982). Die wissenschaftliche Psychologie hat hingegen Herder kaum wahrgenommen und das trotz gewisser psychologischer Einsichten und Überlegungen, die für seine Zeit geradezu unerhört und weit vorausblickend waren[1]). Ein zaghaftes Interesse an Herders Werk wird dort wach, wo die Arbeit mit komplexen Modellen der menschlichen Psyche zu den Forschungsmitteln wissenschaftlicher Tätigkeit gehört wie etwa in der Entwicklungs- und Persönlichkeitspsychologie (vgl. Thomae, 1987, S. 4f.). Hier könnte die Psychologie in der Tat ihre Vorgeschichte aufarbeiten und ihr eigenes Erkenntnisideal schärfer formulieren, denn Herder besitzt, vergleicht man ihn mit den Autoren des 18. Jahrhunderts, einen entwickelten Begriff von der menschlichen Persönlichkeit (vgl. Gidion, 1954). Diesen Persönlichkeitsbegriff kann man unter Forschungsgesichtspunkten entwickelt nennen, weil der Begriff nicht darauf beschränkt ist, die menschliche Psyche durch Merkmale zu definieren, die im Sinne einer anthropologischen Konstanten ein für allemal gegeben sind. Nicht an der Bestimmung eines ahistorischen „Menschenbildes" ist Herder gelegen, so wie es etwa in der Geschichte der Philosophie immer wieder zur Begründung von Ethik und Vertragstheorie vorausgesetzt worden ist. Herder will mit seinem *Modell* der menschlichen Psyche, wenn man einmal diesen modernen Begriff gebrauchen darf, vielmehr die Forschung anleiten, selbst dieses Modell genauer zu differenzieren und modifizieren (Bd. 8, S. 180). Interessanterweise enthält bei Herder dieser Versuch, ein solches Modell zu entwickeln, gleichzeitig eine Begründung, wie menschliche und damit natürlich auch psychologische Erkenntnis überhaupt möglich ist. Man kann diese Begründung auch im Kontakt unseres Themas als Antwort auf die Frage verstehen, wie überhaupt das Seelische in seiner Geschichtlichkeit erkennbar ist. Hier sind vor allem zwei Schriften Herders von Bedeutung: „Auch eine Philosophie der Geschichte zur Bildung der Menschheit" von 1774 und „Vom Erkennen und Empfinden der menschlichen Seele" von 1778.

Herder hat sich in der Schrift von 1778 stark an die physiologischen Arbeiten von Albrecht Haller („Elementa physiologiae corporis humani", 1757–1766, 8 Bde.) angelehnt. In Hallers Werk fand er die geniale Möglichkeit, seinen eigenen erkenntnistheoretischen Subjektivismus mit dem Anspruch auf Objektivität der menschlichen Erkenntnis zu verhindern. Er argumentiert hier wie folgt: Wesenserkenntnis der Natur ist nicht möglich, wir wissen immer nur von der

Natur nach dem Maß der Ähnlichkeit, das wir zwischen uns und der Natur erkennen. Das Prinzip der Analogie, d. h. der Ähnlichkeit, gilt im übrigen auch für die psychologische Erkenntnis des anderen Menschen. Je mehr es uns gelingt, uns in die Erkenntnisgegenstände einzufühlen, desto tiefer ist unsere Erkenntnis. *Einfühlung* ist hier insofern der richtige Ausdruck, weil alle Begriffe unserer Erkenntnis ein physiologisches Substrat haben, das sich aus körperlichen und sinnlichen Zuständen und Vorgängen bildet. Unsere Begriffe sind Abbilder unserer Seele, aber die Seele ist in jedem Augenblick an den Zusammenhang leiblicher Kräfte gebunden. Selbst in den abstraktesten Begriffen der Erkenntnis scheint noch jene seelisch leibgebundene Form durch, in der der Mensch sich zuallererst und ausschließlich erfährt: „Wie unsere ganze Psychologie aus Bildwörtern bestehet, so wars meistens Ein neues Bild, Eine Analogie, Ein auffallendes Gleichnis, das die größten und kühnsten Theorien geboren"[2]).

Wer also die Grundlagen unserer Erkenntnisfähigkeit studieren will, muß Psychologie betreiben. Diese aber ist ohne Kenntnis der Physiologie nicht möglich. Es ist von entscheidender Bedeutung für Herders Ansatz, daß er bereits erkenntnistheoretische Fragen — die ja zu den Grundlagenfragen der Wissenschaft gehörten — durch eine Analyse des Erkenntnisorgans *in seiner leiblich seelischen Gebundenheit* zu beantworten sucht. Er fordert eine Untersuchung des Aufbaus der Nervenfaser, der Stimulation der Nerven, der Struktur des Nervensystems, der Arbeit der Sinne und der damit verbundenen Leistungen der Einbildungskraft und des Bewußtseins. Am Beispiel psychologischer Beschreibungen von inneren Zuständen wie dem des *Schreckens*, des *Zorns* und des *Schmerzes* zeigt Herder das physiologische Äquivalent in den körperlichen Vorgängen auf. Der physiologische Tatbestand drückt sich in der Sprache, in der psychologischen Beschreibung aus. Überhaupt erweist sich im Fortgang von Herders Überlegungen bald, daß er alle inneren und äußeren Phänomene nach der Form der *Sprache* oder *Schrift* organisiert sieht. Die Erfahrung der äußeren Welt ist dem Menschen möglich, weil Gott oder die Natur im Menschen und für den Menschen die sinnliche Wirkung der Gegenstände in eine dem Menschen verständliche Sprache übertragen hat (Bd. 8, S. 188–191). Diese Sinnes- und Nervensprache, diese Schrift des Nervensystems, die die innere Erfahrung eines Äußeren möglich macht, ist analog zur gesprochenen Sprache des Menschen. Aber erst die gesprochene Sprache erlaubt, die der sinnlichen Wahrnehmung analogen intellektuellen Fähigkeiten zu beherrschen und mit Hilfe des Verstandesurteils rationale Erkenntnis der Natur zu vollziehen. Auch die Vernunft ist an Sprache gebunden, nur in der Sprache kann Vernunft sich äußern.

Was Herder hier mit Sprache oder Schrift meint, wirft ein bezeichnendes Licht auf seinen Begriff der menschlichen Seele. Sprache, vor allem wenn Herder sagt, daß die Natur unseren Sinnen die Welt „buchstabiert", bezeichnet die Tatsache, daß die Natur die Fähigkeit hat, auf unsere Organe so zu wirken, daß sie wahrnehmen und arbeiten können. Sprache drückt die Tatsache aus, um es in einem Bild zu sagen, daß der Schlüssel zum Schloß paßt und dadurch etwas in Bewegung gesetzt werden kann. Man könnte auch weitergehend und schon vorwegnehmend formulieren: Der sich verwirklichende Mensch ist alles durch die Welt, in die er gestellt ist. Sein humanes Potential kann er entwickeln durch eine Welt, die zu ihm in natürlichen und menschlichen Sprachen „spricht" und die er versteht. Folgendes Zitat mag diese Formulierung verdeutlichen: Das Licht kommt dem Auge zu Hilfe, „daß es sehe, der Schall dem Ohr, daß es höre. So wie diese äußeren Medien für ihre Sinne würklich Sprache sind, die ihnen gewisse Eigenschaften und Seiten der Dinge vorbuchstabiren: so, ... mußte Wort, Sprache zu Hülfe kommen, unser innigstes Sehen und Hören gleichfalls zu wecken und zu leiten (gemeint sind die intellektuellen Funktionen, F. W.). So, sehen wir, sammlet sich das Kind, es lernt sprechen wie es sehen lernt, und genau dem zu Folge denken" (Bd. 8, S. 197). Es war Herders Idee, daß die äußere Welt, Natur und Kultur, hier vor allem die menschliche Sprache, dem Menschen die innere Welt erschließt. Durch diese Erschließung wird der Mensch seiner eigenen Naturgaben und Kulturfähigkeit inne. Man könnte die Richtung von Herders Denken auch als *finalistisch* bezeichnen: Die Umwelt wirkt auf den Menschen, *damit* er sein individuelles wie auch gattungsspezifisches Potential ausbildet.

Psychologische Wissenschaft verfolgt die Frage, wie Erkenntnis der Welt und Handeln in ihr durch die leibgebundenen Formen unserer Erfahrung vermittelt ist. Das ist ihre erste Aufgabe, und hier ist sie auch eine Tochter der Physiologie. Man muß sich dieses physiologische, im weitesten Sinne anatomisch biologische Fundament in Herders Begriff vom Menschen vor Augen halten, um besser verstehen zu können, welcher Anteil der menschlichen Psyche der Geschichte unterliegt. Herder hat dieses Fundament nie verlassen, und sein Chef d'œuvre, „Ideen zur Philosophie der Geschichte der Menschheit", 1784-1791, zeigt deutlich, wie bestimmend dieses Fundament auch in der Betrachtung der Kulturgeschichte war[3]. So läßt Herder, als er die besondere Stellung des Menschen unter den Lebewesen zu bezeichnen sucht, alle Spekulationen über die Abstammung des Menschen vom Tier beiseite: „Wir setzen alle Metaphysik beiseite und halten uns an Physiologie und Erfahrung. 1. Die Gestalt des Menschen ist aufrecht, er ist hierin einzig auf der Erde. 2. Der aufrechte Gang des Menschen ist ihm einzig natürlich; ja er ist die Organisation zum ganzen Beruf seiner Gattung und sein unterscheidender Charakter" (Herder, 1985, S. 98). Aus dem Gattungsmerkmal leitet Herder jene besonderen Qualitäten des Menschen ab, die zu einer weiteren Bestimmung des Menschlichen dienen können. So die Fähigkeit zur Vernunft, zur Sprache, zur Sinnesbildung, zur instrumentellen Weltbeherrschung und zur Freiheit. Herder will die dem Menschen zugesprochenen Eigenschaften an dessen Erscheinung in der Geschichte binden. Keineswegs geht es ihm um eine kausale Erklärung. So verändert oder verursacht nicht der aufrechte Gang die zum Tier unterschiedliche Gehirnbildung und größere Handlungsfreiheit der Hände. Die den Menschen charakterisierenden Qualitäten sind gleichursprünglich[4].

Herders Betrachtungsweise möchte den Begriff des Menschen sowohl von geschichtsphilosophischen als auch von theologisch spekulativen Motiven freihalten. Diese Betrachtungsweise ist aus Schwierigkeiten hervorgegangen, die Herder bereits mit solchen Motiven bei einer früheren Darstellung der Kulturgeschichte gehabt hatte (Bd. 5, S. 501 ff.; Schmidt, 1985, S. 17–24; Gulyga, 1978, S. 45–80). Es zeigt sich, daß Herder hier Überlegungen angestellt hat, die weiterentwickelt werden können, um eine originelle Antwort auf die Frage nach der Geschichtlichkeit des Seelischen zu geben. Worum ging es, in aller Kürze, bei den Schwierigkeiten, die zu Herders physiologischer Betrachtungsweise führten? Die geschichtsphilosophischen und kulturgeschichtlichen Abhandlungen, mit denen sich Herder beschäftigte und die für seine Zeit prägend waren, kreisen um die Frage, ob der Verlauf der Geschichte die These zuließ, daß sich die menschliche Gesellschaft einen Besitz immer größeren Wissens und leuchtenderer Aufklärung erwerbe. Die eine Seite reklamierte für das 18. Jahrhundert den (bisherigen) Höhepunkt an Aufklärung und sah in den vorangegangenen Jahrhunderten, wenn überhaupt, mehr oder weniger defiziente Stufen auf dem Weg zur Vollkommenheit von menschlicher Glückseligkeit, Vernunft und Sitte. Die andere Seite machte geltend, daß andere Zeitalter und Völker größeres Glück und vollkommenere Einrichtungen ihrer Gesellschaft geschaffen hätten als das Europa des 18. Jahrhunderts. Herder sieht in dieser Auseinandersetzung, zu der Namen wie Voltaire, Iselin, Lessing, Adelung, Möser und Winckelmann zählen, das *Erkenntnisproblem*. Wie ist ein Volk, so fragt er, oder eine Gesellschaft, wie die psychische Situation eines Menschen oder einer Gruppe, die einer anderen Zeit angehören und möglicherweise unter anderen geografischen und klimatischen Bedingungen leben, überhaupt mit der eigenen Situation vergleichbar? Wer von „griechischer Freiheitsliebe" und „römischer Seelenstärke" spricht und behauptet, man selbst oder die eigene Zeit besitze sie in einem genauso vollkommenen oder gar gesteigerten Maße oder, ganz im Gegenteil, habe einen großen Mangel an diesen Eigenschaften, der gebraucht nur ein Wort, der unterliegt einem Fehlschluß der Abstraktion. Was er mit dem Griechen und Römer teilt, ist das menschliche *Antriebspotential* und seine prinzipielle Fähigkeit zur instrumentellen Weltbeherrschung (Bd. 5, S. 502). Dieses physiologisch zu beschreibende *Potential* des Menschen kann aber nicht in seiner *Verwirklichungsform* verglichen werden, vor allem dann nicht, wenn die Personen des Vergleichs in verschiedenen Zeiten und an verschiedenen Orten der Geschichte stehen. Die leiblich seelischen Möglichkeiten, die der Mensch aufgrund seiner Natur besitzt, werden immer unter bestimmten geografisch klimatischen und kulturellen *Bedingungen*, wozu auch Traditionen zählen, in denen Verwirklichungsformen vorangegangener Generationen wirksam sind, realisiert.

Menschliche Potentiale können nicht wie im Naturexperiment unter Laborbedingungen verglichen werden, weil sie als solche nicht greifbar sind und dort, wo sie verwirklicht erscheinen, die Laborbedingungen, nämlich gleiche Ausgangslage für jeden am Vergleich Teilnehmenden, prinzipiell nicht gegeben sind. Selbst der Isolierung einzelner psychischer Qualitäten zu Zwecken des Vergleichs stand Herder skeptisch gegenüber. Er rechnete vielmehr damit, daß die psychischen Qualitäten *einheitlich* bestimmt sind durch die Form der Verwirklichung und untereinander in einem komplexen Verhältnis gegenseitiger Abhängigkeit stehen. Zwar kann man durch intellektuelle Operationen, durch Abstraktion, Qualitäten isolieren, aber damit löst man sie aus dem für sie wesenhaften Zusammenhang. Er schreibt: Die menschliche Natur „muß alles lernen, durch Fortgänge gebildet werden, im allmählichen Kampf immer weiter schreiten, natürlich wird sie also von den Seiten am meisten, oder alleingebildet, wo sie dergleichen Anläße zur Tugend, zum Kampf, zum Fortgange hat — in gewissem Betracht ist also jede menschliche Vollkommenheit National, Säkular, und am genauesten betrachtet, Individuell. Man bildet nichts aus, als wozu Zeit, Klima, Bedürfnis, Welt, Schicksal Anlaß gibt: vom übrigen abgekehrt: die Neigungen und Fähigkeiten, im Herzen schlummernd, können nimmer Fertigkeiten werden; die Nation kann also bei Tugenden der erhabensten Gattung von Einer Seite, von Einer andern Mängel haben, Ausnahmen machen, Wiedersprüche und Ungewißheiten zeigen, die in Erstaunen setzen ... Für jeden, der Menschliches Herz aus dem Elemente seiner Lebensumstände erkennen will, sind dergleichen Ausnahmen und Widersprüche vollkommen Menschlich: Proportion von Kräften und Neigungen zu einem gewißen Zwecke, der ohne jene nimmer erreicht werden könnte: also gar keine Ausnahme, sondern Regel" (vgl. Bd. 5, S. 505).

Wenn man die Seele eines Menschen oder einer Gruppe begreifen will, dann muß man — das vorangegangene Zitat sagt es deutlich — sich in all die Bedingungen einfühlen und einleben, denen das Seelische seine Gestalt verdankt. Wer einzelne Qualitäten isoliert und ihre Vollkommenheit bzw. Normalität oder psychopathologische Form zum ausschließlichen Kriterium der Beurteilung einer Person oder Gruppe macht und gar solche isolierten Qualitäten zu interkulturellen Vergleichen heranzieht, verfehlt gerade die menschliche Verwirklichungsform der menschlichen Möglichkeiten, m.a.W. die Geschichtlichkeit der menschlichen Existenz. Das war Herders Antwort auf die Auseinandersetzungen in seiner Zeit. Die menschliche Geschichte bewegt sich ebensowenig auf einen Zustand größeren Glücks und sittlicher Vollkommenheit wie auf einen Zustand der immer größeren Verderbtheit und Unvernunft zu. Die Art und Weise, wie der Mensch sich verwirklicht, läßt einen Vergleich gar nicht zu. Will man es in Begriffen der spekulativen Tradition ausdrücken: Die Geschichte ist nicht das Werden zum Sein, sondern das Werden des Seins (Schmidt, 1985, S. 20ff.). Was der Forscher mittels des Instruments der Einfühlung beobachten kann, ist wie sich menschliches Sein und damit natürlich auch psychisches Sein unter der Bedingung leiblicher *Naturausstattung* in der Geschichte, also unter geophysikalischen Bedingungen von Klima, Bodenbeschaffenheit u.a. und unter kulturellen Bedingungen, entwickelt. Herder hat die Betrachtung der menschlichen Geschichte freigemacht von externen Kriterien, die sich aus einer unzulässigen Verallgemeinerung von Gesichtspunkten ergeben, die relevant sein mögen für denjenigen, der sie erhebt, aber nicht per se für alle geschichtlichen Wesen. Das geschichtliche Sein des Menschen ist aus sich heraus zu verstehen, das Instrument des Verstehens ist die Einfühlung. Die erkenntnistheoretische

Bedeutung der Einfühlung für eine empirisch verfahrene Wissenschaft vom Menschen hat Herder als erster gesehen. Diese Bedeutung prägt bis heute das Selbstverständnis ganzer Wissenschaftszweige der Psychologie[5]).

Gleichwohl hält Herder daran fest, daß es sowohl eine aller Geschichte vorausgesetzte innere Naturausstattung des Menschen als auch eine *irreversible* Entwicklung in der Geschichte gibt. Die Voraussetzungen, die der Mensch von seiner Natur her mitbringt, und die Notwendigkeit von äußeren Bedingungen, damit er sein humanes Potential verwirklichen kann, erlauben erst die Annahme, daß die Einfühlung überhaupt den Gegenstand der Erkenntnis erfassen kann. Weil der Sicheinfühlende mit dem Gegenstand der Einfühlung, dem Menschen in der Geschichte, die gleichen *Voraussetzungen* und die gleiche *Notwendigkeit* (nicht die gleichen Bedingungen!) teilt, ist Objektivität der Erkenntnis möglich. Diese Voraussetzungen hat Herder vor allem in den „Ideen zur Philosophie der Geschichte der Menschheit" beschrieben[6]). Zu den Voraussetzungen der menschlichen Natur gehören neben dem aufrechten Gang und den damit verbundenen Qualitäten die Tatsache der im Vergleich zum Tier geringeren Orientierung des menschlichen Verhaltens durch Instinkte. Hinzu kommt auch noch die Tatsache, daß der Mensch ein extremer Nesthocker ist: Aufgrund seiner spezifischen Unfähigkeit, ohne fremde Hilfe in den ersten Lebensjahren für das eigene Überleben sorgen zu könen, ist er auf die Fürsorge anderer Menschen angewiesen. Mit dem Angewiesensein auf andere ist auch die weitere Tatsache der Vergesellschaftung des Menschen gegeben: „Der Naturzustand des Menschen ist der Stand der Gesellschaft; denn in dieser wird er geboren und zu ihr führt ihn der aufwachende Trieb seiner schönen Jugend und die süßesten Namen der Menschheit Vater, Kind, Bruder, Schwester, Geliebter, Freund Versorger sind Bande des Naturrechts, die im Stande jeder ursprünglichen Menschengesellschaft stattfinden. Mit ihnen sind also auch die ersten Regierungen unter den Menschen gegründet: Ordnungen der Familie ohne die unser Geschlecht nicht bestehen kann; Gesetze, die die Natur gab und auch durch sich selbst genugsam einschränkte" (vgl. Herder 1985, S. 239; Bd. 13, S. 375).

Freilich spricht Herder hier von einer „ursprünglichen Menschengesellschaft", und es ist vom Kontext her nicht ganz klar, ob er sich auf die phylo- oder ontogenetische Seite der menschlichen Entwicklung bezieht. Phylogenetisch hat sich die Form der Familie durchgesetzt, aber ontogenetisch gesehen ist natürlich auch eine andere Form der fürsorgenden Umwelt als die der Familie möglich. Aber Herders Formulierung „Freund, Versorger" und die Hinzufügung zu den „Gesetzen", daß diese die Natur „durch sich selbst genugsam einschränkte", zeigen, daß Herder hier vor allem unterstreichen wollte, daß der Mensch aufgrund seiner Naturausstattung bei der Geburt auf Kultur, auf eine stützende Umwelt angewiesen ist. Wird dieser Notwendigkeit Rechnung getragen, dann ist die Frage nach der Form der Vergesellschaftung, ob Familie oder eine andere Form, durch die Geschichte bzw. die praktischen Entscheidungen der verantwortlichen Menschen zu beantworten. Mit der Notwendigkeit einer stützenden Umwelt ist aber auch gleichzeitig dem Individuum eine Richtung seiner Entwicklung vorgegeben, die, wie schon zu Beginn des vorigen Abschnitts angedeutet, irreversibel ist. Doch will Herder mit dem Begriff der Irreversibilität nicht unter der Hand geschichtsphilosophische Motive verfolgen. Vielmehr möchte er mit diesem Begriff die *kulturanthropologische Tatsache* ausdrücken, daß der Mensch in seiner Kindheit mit Hilfe der Kultur psychische und andere Qualitäten ausbilden muß, die ihn schrittweise von einer besonderen Form der Kultur, der fürsorgenden Umwelt, unabhängig machen. Auf der nächsten Stufe seiner Entwicklung stellen sich neue und andere Aufgaben und Bedingungen, deren Entwicklung aber die auf der vorangegangenen Stufe der Kindheit erworbenen Qualitäten voraussetzt[7]).

Der Mensch bringt eigene, natürliche Voraussetzungen in die Geschichte mit. Diese Voraussetzungen sind so geartet, daß sie den Menschen nicht auf eine bestimmte Beschaffenheit der natürlichen oder kulturellen Welt festlegen, aber daß sie doch von der Kultur, in der er dann tatsächlich aufwächst, verlangen, daß sie seiner Natur Rechnung trägt. Die Freiheit, auf keine besondere Umwelt festgelegt zu sein, bzw. Umwelten wechseln zu können, schließt aber gleichzeitig den Zwang ein, sich an die Umwelt anzupassen. Sprache bzw. Spracherwerb und Fähigkeit zur Nachahmung gehören zu den Mitteln, die es dem Menschen erlauben, in einer bestimmten Umwelt zu leben und sein Potential auszubilden. Durch Spracherwerb und Nachahmung entsteht das „Band" der Tradition, das eine Generation an die vorhergehende Generation bindet. Was dem Kind in seiner Umwelt gegenübertritt, ist sein Schicksal. Das Kind kann nicht wählen, sondern nur übernehmen. Es ist zunächst einmal an den Gegenstand der Nachahmung und an die Sprache *ausgeliefert*. Traditionen werden nicht in Freiheit übernommen. „Menschliche Gesellschaften und Kulturen", so heißt es in einer modernen Kulturanthropologie, „dauern nicht, weil sie von denen, die in ihnen leben, an die nachfolgende Generation ‚weitergegeben' werden. Menschliche Kulturen ... dauern, weil die nachfolgende Generation in ihrem Aufbauprozeß ... die Eigentümlichkeiten schon konstituierter Welten als Realitäten vorfinden und verarbeiten muß" (Dux, 1982, S. 71). Zur Illustration dieses Umstandes findet sich bei Herder folgende Beobachtung: „Ein Kind hält seine Kleider schmutzig, seine Strümpfe nachlässig, seine Haare unordentlich, ‚Schäme dich!' ist der allgemeine Zuruf der Mutter; und das Kind ... lernt sich im Ernste schämen und mußte es lernen: denn, als Naturempfindung lag solche Scham nicht in ihm. Es lernte es bloß aus dem Worte: von da stieg sie ins Ohr, in die Seele, und zur Gesellschaft auch in die Wangen: mit dem Worte ward endlich auch der Begriff, mit dem Begriffe die Empfindung selbst geläufig" (Bd. 3, S. 289; Grawe, 1967, S. 106 ff.).

Kontrolle und Anpassung ist eine Aufgabe des Spracherwerbs. Die notwendige Rolle, die die Sprache bei der intellektuellen Transformation von Empfindung und Wahrnehmung in rationale Erkenntnis übernimmt, ist schon erwähnt worden. Herder geht aber so weit, daß er schließlich auch die Sinnesempfindungen als irrelevant für die Entwicklung des Menschen ansieht, wenn der Spracherwerb unterbleibt. Durch Spracherwerb und damit durch Erwerb der in der Sprache sedimentierten kulturellen Leistungen der Menschheit „hob sich unsere Kraft empor, lernte sich fühlen und brauchen; lange, und oft Lebenslang gehen wir an den uns gereichten Stäben frühester Kindheit, denken selbst, aber nur in Formen, wie andere dachten, erkennen, worauf uns der Finger solcher Methoden winkt; das andere ist für uns, als ob es gar nicht wäre" (Bd. 8, S. 198). Aber der Spracherwerb ist *kein* verläßliches Mittel dafür, daß der Mensch seine Naturanlagen optimal ausbildet und sein Fortleben unter den gegebenen Bedingungen von Natur und Kultur sichern kann. Das Gegenteil kann der Fall sein, und das hängt mit dem Wesen der Sprache selbst zusammen. Weil die Sprache nicht das Wesen der Dinge ausdrückt, sondern nur Merkmale mit „willkürlichen" Zeichen verbindet, ist nicht sichergestellt, daß der Mensch richtig erkennt und handelt. Auch in der Betrachtung der Kulturgeschichte bleibt Herder seinem erkenntnistheoretischen Subjektivismus treu: „Trüber Blick auf die Geschichte des Menschengeschlechts! Irrtümer und Meinungen sind unsrer Natur also unvermeidlich, nicht etwa nur aus Fehlern des Beobachters, sondern der Genesis selbst nach, wie wir zu Begriffen kommen und diese durch Vernunft und Sprache fortpflanzen ... Lauter Unvollkommenheiten, die in unserm einzigen Mittel der Fortpflanzung menschlicher Gedanken liegen; und doch sind wir mit unserer Bildung an diese Kette geknüpft; sie ist uns unentweichbar" (Herder, 1985, S. 232f.; Bd. 13, S. 359f.).

Am Schluß des vorangegangenen Zitats gibt Herder mit dem Begriff der „Kette" — der in verschiedenen Wendungen, etwa als „Kette der Tradition" und „Kette der Kultur", immer wieder in seinem Werk auftaucht — der weit bis ins 18. Jahrhundert reichenden Vorstellung einer *Kette der Wesen* eine neue, ironische Bedeutung (Lepenies, 1978, S. 41 ff.). Zwar gilt auch weiterhin, daß Gott oder die Natur, ganz im Sinne dieser Vorstellung, alle Wesen geschaffen hat und diese in Arten und Gattungen sich in der Geschichte *kontinuierlich* entwickeln, aber der Zusammenhang unter den Wesen der Gattung Mensch, ihre Kontinuität, ist, zumindest teilweise, die Folge eines Irrtums oder einer Täuschung. Die Ursache dafür ist einmal in der Notwendigkeit begründet, daß der Mensch sich aufgrund seiner besonderen Naturausstattung in einer bestimmten Weise an seine Umwelt anpassen muß — und zu dieser Anpassungsleistung gehört auch der Spracherwerb. Zum anderen ist aber die Sprache selbst so angelegt, daß sie kein sicheres und irrtumfreies Bild der Umwelt bietet, an die sich der Mensch mit Hilfe der Sprache anpassen will. Hatte Herder zunächst gezeigt, daß sich das Seelische des Menschen, eben Empfindung, Gefühl, innere und äußere Wahrnehmung und Verstand, nur durch Anpassung entwickeln kann, so geht er jetzt einen Schritt weiter, indem er die *Zweideutigkeit* der Anpassungsleistung analysiert. Die Leistung der Anpassung ist nämlich auch Fehlanpassung. Zwar kann die Anpassung eines Menschen an seine Umwelt oder einen Teil der Umwelt gelingen, aber die Umwelt oder ein Teil der Umwelt kann so geartet sein, daß die adäquate Anpassung an andere Teile oder andere Umwelten verhindert oder zumindest gefährdet wird. Das gilt nicht nur für den Spracherwerb, sondern auch für andere Anpassungsleistungen.

Am Beispiel von Mythologien, die ein offensichtlich falsches Bild der Wirklichkeit entwerfen, kann man die Zweideutigkeit und das Zusammenspiel von sprachlichen und anderen Anpassungsleistungen studieren: „Gewöhnlich siehet man die Angekoks, die Zauberer, Magier, Schamanene und Priester als die Urheber dieser Verblendungen (die durch die erwähnten Mythologien entstehen, F. W.) des Volks an und glaubt, alles geklärt zu haben, wenn man sie Betrüger nennet. An den meisten Orten sind sie es freilich; nie aber vergesse man, daß sie selbst Volk sind, und also auch Betrogene älterer Sagen waren. In der Masse der Einbildungen ihres Stammes wurden sie erzeugt und erzogen; ihre Weihung geschah durch Fasten, Einsamkeit, Anregung der Phantasie, Abmattung des Leibes und der Seele; daher niemand ein Zauberer ward, bis ihm sein Geist erschien und also in seiner Seele zuerst das Werk vollendet war, das er nachher lebenslang mit wiederholter ähnlicher Anstrengung der Gedanken und Abmattung des Leibes für andre treibet. Die kältesten Reisenden mußten bei manchen Gaukelspielen dieser Art erstaunen, weil sie Erfolge der Einbildungskraft sahen, die sie kaum möglich geglaubt hatten und sich oft nicht zu erklären wußten. Überhaupt ist die Phantasie noch die unerforschteste und vielleicht die unerforschlichste aller Seelenkräfte; denn da sie mit dem ganzen Bau des Körpers, insonderheit mit dem Gehirn und den Nerven zusammenhangt, wie so viel wunderbare Krankheiten zeigen, so scheint sie nicht nur das Band und die Grundlage aller feinern Seelenkräfte, sondern auch der Knoten des Zusammenhangs zwischen Geist und Körper zu sein, gleichsam die sprossende Blüte der ganzen sinnlichen Organisation zum weiteren Gebrauch der denkenden Kräfte ... abscheulich aber wars, wenn Betrug oder Despotismus es (die Einbildungskraft, F. W.) mißbrauchte und sich des ganzen, noch ungebändigten Ozeans menschlicher Phantasien und Träume zu seiner Absicht bediente" (Herder, 1985, S. 206; Bd. 13, S. 307 f.).

Dieses Beispiel kann dazu dienen, einige der wichtigsten Ergebnisse der bisherigen Überlegungen zu illustrieren. Zunächst einmal versucht Herder die Betrugstheorie der Aufklärung zu differenzieren. Hatte es die Aufklärung dabei belassen, die Unmündigkeit des Volkes durch das betrügerische Verhalten der Priester, die das Volk ausnutzen wollen, zu erklären, so geht Herder weiter. Die Priester selbst sind Betrogene der Tradition. Sie sind als gesellschaftliche Wesen in einer kulturellen Umwelt aufgewachsen, deren „Einbildungen" sie in der Erziehung unterworfen waren. Zur Erlangung ihrer ‚Berufsrolle' ist offenbar ein mehr oder weniger festgelegtes psychophysiologisches Training und Verhaltensprogramm, eine physische und psychische ‚Kur', verlangt („Weihung"!). Der geweihte Priester zeigt, daß er sich sowohl in seiner allgemeinen Erziehung als auch in seiner besonderen ‚Berufsausbildung' erfolgreich an seine kulturelle Umwelt angepaßt hat — obwohl diese Umwelt nach psychopathologischen Begriffen der Wahnbildung beschrieben werden müßte. Weiter zeigt Herder, wie für den Betrachter, den „kältesten Reisenden", unerklärliche Phänomene einer fremden Kultur durch Einfühlung in die kulturellen Bedingungen und eine allerdings schwierige Analyse der Naturvoraussetzungen der Phantasietätigkeit verstanden werden können.

Fehlanpassungen stellen allerdings *nicht* den Normalfall dar. Es war Herders optimistische Überzeugung, daß der Mensch *von dieser Welt für diese Welt gemacht ist*. Diese an eine Tautologie grenzende Aussage, Herders „lächelnder Positivismus" (Schmidt, 1985, S. 13), sollte der Überzeugung Ausdruck geben, daß der Mensch unter den *Voraussetzungen seiner eigenen Natur* und den *Bedingungen der äußeren Natur und Kultur* das Richtige tun werde, d. h. sein Fortleben sichern und sein humanes Potential verwirklichen. Zwar sind Fehlanpassungen unvermeidlich, aber 1. besteht die Kulturgeschichte nicht nur aus Fehlanpassungen und 2. sind auch die Fehlanpassungen Realisierungen eines humanen Potentials, die verstanden und eventuell korrigiert werden können. In diesem Sinne hat er auch psychische Erkrankungen wie den Wahnsinn als *verstehbare* Resultate einer Realisierung des Menschlichen aufgefaßt, die der Schonung bedürfen und die, wenn schon nicht dem Kranken, so doch anderen in ihrer Suche nach Erkenntnis dienlich sein können (Bde. 17, S. 233). So fordert er das systematische Studium der Geisteskrankheiten, um die Wissensbasis für die Erforschung der menschlichen Seele zu erweitern. Und er zögert in dem Zusammenhang auch nicht, dieses Studium gleichrangig neben das von ihm geforderte psychologische Studium von großen Dichtern und ihrer Werke und das Studium der Autobiografie zu stellen (Bd. 8, S. 180 ff.).

Es war aber gerade das Studium der *Autobiografie*, von dem Herder sich Aufschluß über die Frage versprach, wie die Naturvoraussetzungen bei einem *Individuum* wirken und wie der Mensch unter ganz *spezifischen* Bedingungen sein Humanum realisiert. Hier konnte man genau das Zusammenspiel von Natürlichem und Kulturellem studieren. Im Medium der Sprache verbanden sich sinnfällig Physiologie und Geschichte. Der Autobiograf wird zum Kronzeugen für Herders Kulturanthropologie, wenn er zeigt, „daß kein Mangel und keine Kraft an Einem Ort bleibe, sondern fortwürke, und daß die Seele nach solchen gegebnen Formeln unvermuthet fortschließe: zeigte, wie jede Schiefheit und Kälte, jede falsche Kombination und fehlende Regung notwendig immer vorkommen und in jeder Würkung man den Abdruck seines ganzen Ich mit Kraft und Mangel liefern müsse" (Bd. 8, S. 181). Die Forderung aber, die Herder an den Autobiografen stellt, daß er nämlich das Wechselspiel zwischen Anlage und Bedingungen im Zeitraum einer ganzen Lebensgeschichte als Identität der einen Person, des einen Ichs darstellt, gibt der Frage nach der Geschichtlichkeit des Seelischen eine neue Wendung. Herder verwandelt die Frage nach der Geschichtlichkeit des Seelischen in die Frage nach den *Geschichten der Seele*. Das ‚Seelische' ist eigentlich schon eine Abstraktion. Wir kennen immer nur die Geschichte eines Menschen, letztlich nur unsere eigene Geschichte, aber wir schließen nach dem Analogieprinzip von uns auf andere, und wir haben gute Gründe dafür: Herder hat diese Gründe im Begriff der Einfühlung analysiert.

Doch bleibt die Tatsache bestehen, daß das Studium der Geschichte eines einzelnen Menschen, besser: das Studium unserer eigenen Geschichte, das Studium des Seelischen par excellence ist. Das Studium der Geschichte eines einzelnen Menschen ist die Geschichte seiner Seele oder seines Ichs oder seiner Identität oder welche Ausdrücke, alte und neue, wir dafür kennen. Denn was gerade die Geschichte eines Menschen ausmacht, ist daß wir ihn als diesen einen und unverwechselbaren Menschen erkennen können, daß man, wie Herder ja selbst sagt, „in jeder Würkung den Abdruck seines ganzen Ich" erkennt. Es gilt dieser Umstand aber nicht nur für unsere *Erkenntnis* der Geschichte eines Individuums, vielmehr ist dieser Umstand schon *Prinzip* der Lebensgeschichte selbst. Denn das Individuum muß sich in den Wechselfällen seiner Geschichte als das bewahren und ausbilden, was es ist. Es war der Gedanke einer irreversiblen Entwicklung der Lebensgeschichte, der Herder bei seinem frühen Plan aufging, die Abfolge der Kulturen nach dem Prinzip der ontogenetisch verbindlichen Abfolge der *Lebensalter* zu analysieren und darzustellen (Wefelmeyer, 1984, S. 115ff.). Den Plan hat er später aufgegeben, aber an der Idee hat er festgehalten, daß sich auf jeder Stufe der individuellen wie allgemein kulturellen Entwicklung eine andere Aufgabe stellt, die aus dem Umstand folgt, daß auf der vorangegangenen Stufe Tatsachen geschaffen worden sind, mit denen jetzt unter der Bedingung der Zukunft gelebt werden muß. Wie in der individuellen Lebensgeschichte durch das Älterwerden, den Eintritt in das Berufsleben u. a. neue Tatsachen geschaffen werden, die auf jeder Lebensstufe zur Einheit der Lebensgeschichte *integriert* werden müssen, so geschieht Ähnliches auch bei der Richtung, die eine Gesellschaft ihrer Entwicklung gibt.

Es ist bezeichnend, daß Herder seine Kulturgeschichte so angelegt hat, daß er überwiegend die Geschichte einzelner Völker oder Völkergemeinschaften beschreibt, man könnte auch sagen: biografiert, weil hier für ihn Quasisubjekte oder Makrosubjekte der Kulturgeschichte auftreten, die den Subjekten der individuellen Lebensgeschichte analog sind. Die Lebensgeschichte des Individuums gibt das *Modell* für die Kulturgeschichte ab. Was aber eine Lebensgeschichte ausmacht, das wissen wir nur durch Darstellung oder Erzählung dieser Geschichte. Nur die Darstellung oder Erzählung kann vergegenwärtigen, was sonst in die Momente des lebensgeschichtlichen Zusammenhanges zerfallen würde: die Seele des Menschen (oder die Einheit, Kohärenz, Identität, Funktionsweise der Person, des Ichs, des psychischen Systems ...). Von diesem Umstand macht der Autobiograf Gebrauch und zeigt damit, daß er sich durch das Erzählen seiner Geschichte in ein reflexives Verhältnis zu eben dieser Geschichte bringt. Das Erzählen der Lebensgeschichte wird Teil der Lebensgeschichte. Selbstreflexion wird zu einem Prinzip der Lebensbewältigung. Aber hiermit gehen wir schon von Herder zu Dilthey über, der über 100 Jahre später an Herder angeschlossen hat (Dilthey, 1958, Bd. VII).

Anmerkungen

[1]) Siehe als Beispiel die Äußerungen über Träume, Unbewußtes, Wahnsinn und den Einfluß des Mutterleibs auf die menschliche Entwicklung, in: Herders Sämtliche Werke, hg. v. Bernhard Suphan, Berlin 1877–1913, Bd. 8, S. 170–235. Im folgenden wird Band und Seitenzahl zitiert, hier: Bd. 8, S. 170–230.

[2]) Vgl. Bd. 8, S. 170. Herder steht übrigens mit seiner Lehre von der Ähnlichekit in einer langen Tradition, siehe auch Foucault (1966). Doch versteht sich seine Psychophysiologie als ein empirisch verfahrendes Forschungsprogramm. Crollius' Beschreibung des Menschen von 1624, „sein Fleisch ist eine Scholle, seine Knochen sind Felsen, seine Adern große Flüsse. Seine Harnblase ist das Meer und seine sieben wichtigsten Glieder sind die sieben in der Tiefe der Minen verborgenen Metalle" (zit. nach Foucault, S. 52), würde Herder trotz des verwendeten Analogieverfahrens den Wert einer wissenschaftlichen Aussage absprechen. Es fehlt der Beweis, daß die verglichenen nicht-menschlichen Teile untereinander in einer Beziehung stehen, die es erlaubt, die Beziehung der menschlichen Teile untereinander plausibel zu erklären.

[3]) Die „Ideen" werden im folgenden nach der Ausgabe des Fourier-Verlags zitiert. Diese Ausgabe folgt der Ausgabe der „Ideen" von Suphan, ist aber seitens der Orthographie und Interpunktion modernisiert. Bei Seitenangaben erfolgt jeweils eingerückt die Band- und Seitenangabe aus der Ausgabe „Suphan". Vgl. für den Hinweis im Text Ausgabe „Fourier" S. 89, S. 98, S. 106–108, S. 125–127, S. 139, bzw. Ausgabe „Suphan" Bd. 13, S. 92, S. 110, S. 121–123, S. 156–158.

[4]) Über ihren gemeinsamen Ursprung macht Herder keine Angaben. Eine Abstammung vom Tier hält er für unmöglich.

[5]) Vgl. Kohut (1971), der die Einfühlung als stellvertretende Introspektion bestimmt und ihr eine grundsätzliche Erkenntnisfunktion in der Psychoanalyse einräumt. Der Gebrauch der Einfühlung verlange vom Wissenschaftler, so argumentiert Kohut ganz im Geiste Herders, daß er bei der Beobachtung des Patienten ganz von wertenden Gesichtspunkten absehe.

[6]) Übrigens war diese Beschreibung anscheinend so umfassend, daß ein Anthropologe des 20. Jahrhunderts anmerken konnte, daß die moderne Anthropologie bei Herder ansetzen müsse, da nach Herder keine nennenswerten neuen Einsichten gewonnen worden seien. Vgl. Gehlen (1974).

[7]) Es würde an dieser Stelle zu weit führen, im einzelnen zu klären, wo Herders Anthropologie Konstanten der menschlichen Natur beschreibt, die zumindest als Gattungsmerkmal keiner Veränderung unterliegen (z.B. der aufrechte Gang) und wo solche Konstanten, die immer schon in ihrer kulturell geprägten Form vorliegen (z.B. Teile der Sinneswahrnehmung). So sind möglicherweise eine Reihe von Qualitäten des Nervensysems, die Herder noch zu den physiologischen Voraussetzungen der Sinneswahrnehmung rechnete, überhaupt erst kulturell, wenn auch über einen langen Zeitraum hin entstanden. Das berührt natürlich die Frage nach dem Unterschied von Bio- und Kulturanthropologie.

Literatur

Dilthey, W. (1958). Der Aufbau der geschichtlichen Welt in den Geisteswissenschaften. In ders., Gesammelte Schriften, Bd. 7. Stuttgart: Vandenhoeck & Ruprecht.

Dux, G. (1982). Die Logik der Weltbilder: Sinnstrukturen im Wandel der Geschichte. Frankfurt/M.: Suhrkamp.

Foucault, M. (1974). Die Ordnung der Dinge. Frankfurt/M.: Suhrkamp.

Gehlen, A. (1974). Der Mensch. Seine Natur und Stellung in der Welt. Frankfurt/M.: Athenaion.

Gidion, J. (1954). Herders Persönlichkeitsbegriff. Göttingen. Unveröffentlichte Dissertation.

Grawe, Ch. (1967). Herders Kulturanthropologie. Bonn: Bouvier.

Gulyga, A. (1978). Johann Gottfried Herder: Eine Einführung in seine Philosophie. Frankfurt/M.: Röderberg.

Haller, A. (1757–1766). Elementa physiologiae corporis humani, 8 Bde. Lausanne.

Herder, J.G. (1877–1913). Herders Sämtliche Werke, hg. v. Bernhard Suphan. Berlin: Weidmann.

Herder, J.G. (1985). Ideen zur Philosophie der Geschichte der Menschheit. Mit einem Vorwort von G. Schmidt. München: Fourier.

Kantzenbach, F.W. (1979). Johann Gottfried Herder. Reinbek: Rowohlt.

Koepke, W. (Hg.) (1982). Herder: Innovator through the ages. Bonn: Bouvier.

Kohut, H. (1971). Introspektion, Empathie und Psychoanalyse. Psyche, 25, 831–855.

Lepenies, W. (1978). Das Ende der Naturgeschichte. Wandel kultureller Selbstverständlichkeiten in den Wissenschaften des 18. und 19. Jahrhunderts. Frankfurt/M.: Suhrkamp.

Schmidt, G. (1985). Vorwort zu den „Ideen". In J. G. Herder, Ideen zur Philosophie der Geschichte der Menschheit. München: Fourier.

Thomae, H. (1987). Zur Geschichte der Anwendung biographischer Methoden in der Psychologie. In G. Jüttemann & H. Thomae (Hg.), Biographie und Psychologie. Heidelberg: Springer.

Wefelmeyer, F. (1984). Glück und Aporie des Kulturtheoretikers. Zu Gottfried Herder und seiner Konzeption der Kultur. In H. Brackert & F. Wefelmeyer (Hg.), Naturplan und Verfallskritik. Zu Begriff und Geschichte der Kultur. Frankfurt/M.: Suhrkamp.

Georg Christoph Lichtenberg.
Die Psychologie des „Selbstdenkers"

Paul Mog

Der kleine, bucklige Georg Christoph Lichtenberg (1742–1799), Professor für Naturwissenschaft an der Universität Göttingen, zugleich Literat und Philosoph, hat Schriften hinterlassen, die uns das 18. Jahrhundert erstaunlich naherücken. Vernunftgläubigkeit, Fortschrittsoptimismus und rationalistische Regelgewißheit sind bei diesem Spätaufklärer längst vom Prozeß tiefreichender Erosion erfaßt; an den „Ausgang des Menschen aus seiner selbstverschuldeten Unmündigkeit" (Kant) hat zumindestens der von echten und eingebildeten Krankheiten gezeichnete Lichtenberg der 90er Jahre nicht mehr geglaubt.

Als Vorläufer und Wegbereiter wurde er vielfach und auf den unterschiedlichsten Problemfeldern in Anspruch genommen: für die Psychoanalyse Sigmund Freuds, die Anthropologie, für den Neu-Kantianismus und die Sprachphilosophie Ludwig Wittgensteins. Er selbst hat es in keiner Denkordnung seiner Zeit lange ausgehalten, der „Selbstdenker" Lichtenberg, als den ihn Arthur Schopenhauer (1947, S. 529 f.) rühmte, dachte weder systematisch noch systemkonform, sondern vor allem aphoristisch und für sich selbst. Zum Psychologen im weitesten Sinne des Wortes wurde Lichtenberg aufgrund seiner ungewöhnlichen Fähigkeit zur psychologischen Selbstanalyse, die ihm die konstitutive Erfahrung von der Nicht-Eliminierbarkeit des Ich als problematischer Bedingung der Erkenntnis aufzwang.

Über die Ursprünge dieser zugespitzten Selbsterfahrung ist sich die Lichtenberg-Forschung nicht einig. Individualpsychologische Faktoren, wie etwa die zwergenhaft-verkrüppelte Gestalt des Göttinger Professors, verbinden sich mit der prägenden Vorgabe epochentypischer Gefühlsmodellierungen und Denkweisen. Der Hinweis auf den Zusammenhang von Mikroskopie und Psychologie, „den Transfer eines naturwissenschaftlich geprägten Aufmerksamkeitstyps auf den Bereich der Wissenschaft vom Menschen" (Müller, 1986, S. 198) erhellt Lichtenbergs auffällige Hinwendung zu den psychischen und moralischen Minima, seine Entdeckung der winzigen oder unsichtbaren Handlungsmotive. Zugleich behält jedoch auch die geistesgeschichtliche Einordnung des Autors in den Kontext des säkularisierten Pietismus und der englischen Empfindsamkeit (Requadt, 1964) ihre Gültigkeit, aus dem sich Lichtenbergs wissenschaftliche Neugier auf sich selbst ebenso plausibel ableiten läßt wie seine Hypochondrie und Melancholie.

Von dem komplizierten Innenleben des Göttinger Professors wußten seine Zeitgenossen wenig oder nichts. Man kannte den im gelehrten Europa hoch geachteten Naturwissenschaftler, den damals erfindungsreichsten Experimentalphysiker der deutschen Universitäten, man schätzte ihn als witzigen Kopf und Verfasser populärwissenschaftlicher Aufsätze, als sachkundigen Erklärer der Kupferstiche Hogarths und gefürchteten Satiriker. Aber es gab — unterhalb der öffentlichen Rollen des Autors — noch den geheimen Lichtenberg, sein Gespräch mit sich selbst, die „Bemerkungen", die er von 1764 bis zu seinem Tode in den von ihm so genannten „Sudelbüchern" niederschrieb[1]). Sie haben — erst allmählich vollständig ans Licht gebracht — den heutigen Ruhm Lichtenbergs begründet. In den Sudelbüchern wird experimentiert: mit Gedanken! Einfälle, Ideen, Beobachtungen, Zitate, Zweifel, Wortspiele, Selbstermahnungen, zahlreiche Fragmente zu geplanten und nie vollendeten Werken bilden zusammen das erste Werk der deutschen Aphoristik. Scheinbar mühelos, sprunghaft und ungeordnet, rühren die „Sudelbücher" bereits an all jene Grunderfahrungen und Probleme, die das 19. und 20. Jahrhundert umtreiben werden. Mit ihnen wurde Lichtenberg, wie es Helmut Heißenbüttel pointiert formulierte, zu „einem Autor des 20. Jahrhunderts" (Heißenbüttel, 1974, S. 80).

Die hier interessierenden psychologischen Erkenntnisse Lichtenbergs sind in einer „öffentlichen" Streitschrift zur Physiognomik zusammengefaßt. Wie sich diese Einsichten in den Sudelbüchern vorbereiten — dort und in thematisch benachbarten Werken —, wieder aufgegriffen und in unterschiedlichen Perspektiven weitergeführt werden, kann ich nur andeuten. — Kennzeichnend für die psychologische Neugier des späten 18. Jahrhunderts erlebte das bis in die hellenistische Zeit zurückzuverfolgende Interesse an der Physiognomik zur Zeit Lichtenbergs eine erstaunliche Renaissance. Auslöser der leidenschaftlichen Physiognomik-Debatten war der Pfarrer Johann Kaspar Lavater, der in den Jahren 1775–1778 vier reich illustrierte Riesenbände mit dem Titel „Physiognomische Fragmente zur Beförderung der Menschenkenntniß und Menschenliebe" veröffentlichte. Physiognomik ist für Lavater „die Fertigkeit durch das Aeußerliche eines Menschen sein Innres zu erkennen" und wird von ihm im engeren Sinn vor allem als „Kenntniß der Gesichtszüge und ihrer Bedeutung" (Lavater, 1968, S. 13) definiert. Der für die Begründung der Wissenschaften im 18. Jahrhundert zentrale Übergang von metaphysischer Spekulation zu empirischer Beobachtung hat sich in den „Fragmenten" nicht konsequent durchgesetzt. Trotz aller Berufung auf die Empirie ist der Pfarrer Lavater missionarisch um den Nachweis bemüht, wie sehr alles Äußere Verkörperung und Analogie eines Inneren, Geistigen und letztlich Göttlichen sei. Physiognomik in diesem Sinn entspringt der weder lehr- noch lernbaren Intuition und äußert sich in den „Fragmenten" in dem Lichtenberg so verhaßten Stil enthusiastischen Gestammels. Anderseits jedoch hat Lavater den Ehrgeiz, der Physiognomik durch Klassifizierung und Regeln wissenschaftliche Geltung und Anwendbarkeit zu verschaffen, was den Protest seines Kritikers ebenso herausfordern mußte wie der theologische Idealismus Lavaters.

Lichtenbergs Gegenschrift, zunächst als Kalenderaufsatz, dann in erweiterter Form im Jahre 1778 unter dem Titel „Über Physiognomik; wider die Physiognomen. Zu Beförderung der Menschenliebe und Menschenkenntnis" erschienen, wandelt Lavaters Untertitel um. Die ‚Menschenliebe' ist nun der ‚Menschenkenntnis' vorangestellt, eine subtile Anspielung darauf, daß der Verfasser sich als der bessere Sachwalter der Menschen- und Nächstenliebe ansieht. Dahinter steckt die scharfsinnige Erkenntnis der Möglichkeiten des Mißbrauchs einer normativen, klassifizierenden Psychologie (vgl. Zimmermann, 1984), die Lichtenberg in satirischer Übertreibung seinem Sudelbuch anvertraut:

Wenn die Physiognomik das wird, was Lavater von ihr erwartet, so wird man die Kinder aufhängen ehe sie die Taten getan haben, die den Galgen verdienen (...) Ein physiognomisches Auto da Fe. (F 521)

Die physiognomisch Identifizierten, Etikettierten, Klassifizierten sind die Gezeichneten, in deren Namen Lichtenberg mit großer Schärfe diejenigen attackiert, die sie zeichnen, die Nicht-Gezeichneten.

Hüte dich vor den Gezeichneten ist ein Schimpfwort, dem die Gezeichneten, von einer gewissen Klasse der Nicht-Gezeichneten in der Welt seit jeher ausgesetzt worden sind. Mit größerem Recht können also die Gezeichneten sagen: hüte dich vor den Nicht-Gezeichneten (S. 278 f.).

Eine grundsätzliche Frage, die hinter der Auseinandersetzung um das Phänomen des Ausdrucks und die Deutung des „Äußeren" steht, ist erst vor einiger Zeit ins Blickfeld gerückt worden: Es ist das Problem der „Lesbarkeit der Welt" (Blumenberg, 1981, S. 199–213), das sich, wie Lichtenberg konstatiert, von der Deutung der „Zeichen am Himmel" auf die der „Zeichen an der Stirne" (S. 258) verlagert hat. − „An dieser absoluten Lesbarkeit von allem in allem zweifelt niemand" (S. 265), erklärt Lichtenberg. Aber: Das Postulat einer universalen Lesbarkeit aufgrund eines lückenlosen Ursache-Wirkung-Konnexes gilt nur prinzipiell, überschreitet jedoch faktisch das eingeschränkte Entzifferungsvermögen des Menschen. Dieser ist auf die Oberfläche angewiesen,

und alles andere sind Schlüsse daraus. Besonderes Tröstliches folgt hieraus für Physiognomik, ohne nähere Bestimmung, nichts, da eben dieses Lesen auf der Oberfläche die Quelle unserer Irrtümer, und in manchen Dingen unserer gänzlichen Unwissenheit ist (S. 265).

Eine solche, freilich nicht immer durchgehaltene Skepsis steckt den Horizont der ganzen Streitschrift ab. Es ist eine sonderbare Konstellation. Ausgerechnet ein Aufklärer und Experimentalphysiker verteidigt gegenüber dem „Irrationalisten" Lavater die menschliche „Welt von Chamäleonism mit Freiheit" (S. 258), die irreduzible und nicht generalisierbare Individualität menschlicher Körperlichkeit und ihrer Relation zur Psyche. Man darf freilich nicht vergessen, daß ohne Lavaters aufreizende Verquickung von religiöser Spekulation und wissenschaftlicher Ambition Lichtenbergs erkenntniskritische Bedenken weniger kategorisch ausgefallen wären. Noch im Jahre des Erscheinens seiner Schrift „Über Physiognomik" erweist er sich in den „Erklärungen" der Kupferstiche Chodowieckis als virtuoser Deuter menschlicher Ausdrucksbewegungen (Mautner, 1968, S. 206). Merkliche Schwankungen der Argumentation in der Auseinandersetzung mit Lavater, die trotz aller grundsätzlichen Kritik schrittweise das physiognomische Beobachtungsfeld erweitert und komplexere Deutungsmöglichkeit entwirft, verraten faszinierte Kennerschaft und Übung.

Für falsche Lesarten liefert Lavater dem Göttinger Professor hinreichend Beispiele. Nicht nur aus Gründen persönlicher Betroffenheit setzt er sich gegen die Gleichsetzung von körperlicher und seelischer Schönheit zur Wehr. Die einzige Beziehung von Innen und Außen, die Lichtenberg hier gelten läßt, ist die, daß Tugend schöner, das Laster häßlicher macht. Schönheit kann dabei nicht jenseits aller Kulturspezifik die von Winckelmann idealisierte sein, weil dann „jeder ehrliche deutsche Bauer darin von jedem neapolitanischen Dieb übertroffen werden wird" (S. 292). Ein anderer zentraler Einwand richtet sich gegen Lavaters Bevorzugung der festen Teile des Gesichts, etwa die von ihm so überaus phantasievoll gedeuteten Nasen. Als aufschlußreichere Grundlage der Ausdrucksdeutung stellt Lichtenberg das Verstehen der unwillkürlichen Gebärdensprache, die „Pathognomik", heraus. Was selbst Elefanten und Hunde lesen lernen, nämlich das Mienenspiel ihrer Herrn — und was in der Pantomime und Schauspielkunst allgemeine Verständlichkeit erreicht, kann nicht gänzlich trügen. Immerhin hatte Lichtenberg selbst im dritten der „Briefe aus England" die Gebärdensprache des berühmten Schauspielers Garrick kaum überbietbar in Sprachkunst „übersetzt". Im Bereich des beweglichen menschlichen Ausdrucks tritt nun auch die Lebensgeschichte als lesbare „Schrift" und Vergegenwärtigung des Vergangenen in den Blick.

So steht unser Körper zwischen Seele und der übrigen Welt in der Mitte, Spiegel der Wirkungen von beiden; erzählt nicht allein unsere Neigungen und Fähigkeiten, sondern auch die Peitschenschläge des Schicksals, Klima, Krankheit, Nahrung und tausend Ungemach (...) (S. 266).

Der Körper ist nicht mehr wie bei Lavater statischer Ausdruck der Heilsgeschichte, sondern erzählt seine Zurichtung durch die Realgeschichte, den Wirkungszusammenhang der Lebensbedingungen. Bleibenden Ausdruck verschaffen sich auch seelische Dispositionen: Pathognomische Zeichen können sich durch Wiederholung zu physiognomischen Eindrücken verfestigen, die lebensgeschichtlich geprägte Eigenschaften verraten.

Daher entsteht zuweilen das Torheits-Fältgen, durch alles bewundern und nichts verstehen; das scheinheilige Betrüger-Fältgen, die Grübchen in den Wangen, das Eigensinns-Fältgen, und der Himmel weiß was für Fältgen mehr (S. 281).

Generalisierbar und eindeutig sind jedoch auch solche Zeichen für Lichtenberg nicht. Die unterschiedliche Qualität der Fibern bringt es mit sich, „daß der eine gleich gezeichnet wird für etwas, was dem andern tausendmal unbezeichnet hingeht" (S. 282). Zudem überspielen die trügerischen Mechanismen der Assoziation leicht die Unvergleichbarkeit und Singularität des Individuums und führen beim Anblick eines Menschen dazu, „daß uns die nächstähnliche Figur, die wir gekannt haben, sogleich in den Sinn kommt, und gemeiniglich auch unser Urteil sogleich bestimmt" (S. 283). Lichtenberg erwähnt auch die Nachahmung als das Bestreben, zum Abbild eines Vorbildes zu werden. Die humoristisch gefärbte Beschreibung solcher Oberflächenimitationen verschweigt die fundamentalere entfremdende Identifikation, die das Ich bereits im Prozeß seiner frühkindlichen Genese zum Spiegelbild der anderen, des Anderen macht. Das ahnende Wissen davon blitzt im Kommenar zu einem Kupferstich von Chodowiecki auf, der eine Familienszene darstellt:

Ein allerliebst-gnädiges Paar Kinder, von der Fußsohle bis auf den Scheitel voller Ausdruck von Papas Torheit und Mamas geschmackloser Eitelkeit (Mautner, 1968, S. 206).

Auch die Pathognomik, wenngleich als Überbietung der Lavaterschen Physiognomik eingeführt, erscheint somit letztlich als ein unsicheres und vieldeutiges Beobachtungsfeld. Lichtenberg bleibt jedoch bei seinen Einschränkungen und Zweifeln nicht stehen. Fast beiläufig lenkt er die Debatte über ihre zeittypischen Grenzen hinaus und skizziert Verfahren und Dimensionen einer Psychologie, wie sie erst im 20. Jahrhundert entwickelt werden konnte.

Nützlicher wäre ein anderer Weg den Charakter der Menschen zu erforschen, und der sich vielleicht wissenschaftlich behandeln ließe: Nämlich aus bekannten Handlungen eines Menschen, und die zu verbergen er keine Ursache zu haben glaubt, andere nicht eingestandene zu finden (S. 293).

Ein solches Konzept verwandelt die Ausdruckspsychologie in Tiefenpsychologie, die die eigentliche Wirklichkeit hinter der Oberfläche, hinter der manifesten Lebensäußerung sucht. Wie so oft in den Sudelbüchern praktiziert Lichtenberg diesen Zugriff vor allem als Demaskierung, deren Opfer in der Streitschrift z. B. der mit demütigen Bekundungen seiner Unwissenheit nicht geizende Lavater wird:

(...) der fromme Schwärmer, der jeden Augenblick ausruft, ich bin ein schwaches Werkzeug, würde sich unversöhnlich beleidigt glauben, wenn man ihm antwortete: das haben wir längst gedacht (ebd.).

Zu diesem Ansatz tritt eine weitere Grenzerweiterung der Physiognomik: Die Beobachtung umfaßt nicht mehr nur das menschliche Gesicht, die menschliche Figur mit ihren Ausdrucksbewegungen, sondern die Person in der von ihr anverwandelten und auf sie zurückwirkenden Lebenswelt und entziffert so die Seele in ihrer sozio-kulturellen Modellierung und „Gestalt".

So schließt man von Ordnung in der Wohnstube auf Ordnung im Kopf, (...) von Farben und Schnitt der Kleider in gewissen Jahren auf den ganzen Charakter mit größerer Gewißheit, als aus hundert Silhouetten von hundert Seiten von eben demselben Kopf (ebd.).

Lichtenberg konnte nicht ahnen, wie sehr sein soziologisch differenziertes[2]) Programm einer psychokulturellen Ausdrucksforschung Gedanken Goethes entsprach, der in seiner namentlich nicht gekennzeichneten „Zugabe" in Lavaters „Fragmenten" für eine Ausweitung des Wortes Physiognomik plädiert hatte.

Diese Wissenschaft schließt vom Äußern aufs Innere. Aber was ist das Äußere am Menschen? Wahrlich nicht seine nackte Gestalt, unbedachte Geberden, die seine innern Kräfte und deren Spiel bezeichnen! Stand, Gewohnheit, Besitzthümer, Kleider, alles modificirt, alles verhüllt ihn. (...) So lassen Kleider und Hausrath eines Mannes sicher auf dessen Charakter schließen. Die Natur bildet den Menschen, er bildet sich um, und diese Umbildung ist doch wieder natürlich (...) (Goethe, I. Abth. 37. Bd., S. 329).

Am scheinbar nebensächlichen Kleiderthema läßt sich zeigen, daß auch Lichtenberg Kultur im weitesten Sinne als zweite Natur des Menschen versteht. In den Sudelbüchern heißt es: „(...) sobald aber jemand an seinem eigenen Leib die Sachen eigener Wahl trägt, so ist das Kleid nicht mehr Decke sondern Hieroglyphe" (F 334). Kleidung ist das „adoptierte Fell" (J 1210) des Menschen, und eine längere Reflexion über die alten Trachten in den „Briefen aus England" vermerkt: „Unsere französischen Röcke sind längst zur Würde einer Haut, und ihre Falten zur Bedeutung von Mienen gediehen (...)" (S. 348).

Auf die grundsätzliche Frage, wie der Mensch als Grenzwesen zwischen Körper und Geist in seinem Verhältnis zu Natur und Kultur zu bestimmen sei, antwortet Lichtenberg auf seine Weise. Eine prägnante Aufzeichnung aus den Sudelbüchern konstatiert die Abhängigkeit sowohl von der Natur als auch vom sozial-kulturellen Bildungsprozeß, führt jedoch im Beharren auf der Freiheit und Selbstbestimmung des Subjekts über sie hinaus:

Der Mensch als Naturprodukt; als Produkt seines Geschlechtes (der Gesellschaft); das Produkt seiner selbst, der gebildete, gesittete, wissende Mensch (L 296).

Anmerkungen

[1]) Einen vollständigen Abdruck dieser „Bemerkungen" liefert erst die Edition von Wolfgang Promies: Georg Christoph Lichtenberg. Schriften und Briefe. Die Seitenangaben im Text beziehen sich ausschließlich auf Bd. 3 dieser Edition, die Numerierung der Sudelbucheintragungen bezieht sich auf Bd. 1 und Bd. 2 der Ausgabe.
[2]) Im zweiten der „Briefe aus England" heißt es z. B.: „Ich sollte denken, der Advokat, der Gastwirt, der Kaufmann, der Krämer, der Barbier, der Ladendiener, der Konsul im Städtchen, alle hätten ihre eigene Staatsklugheit, (...) ihre eigene Physiognomik (...) (S. 345).

Literatur

Blumenberg, H. (1981). Die Lesbarkeit der Welt. Frankfurt/M.: Suhrkamp.
Goethe, J. W. v. (Weimarer Ausgabe). 1. Abth. 37. Bd.
Heißenbüttel, H. (1974). Georg Christoph Lichtenberg − der erste Autor des 20. Jahrhunderts? In Aufklärung über Lichtenberg (S. 76–92). Göttingen: Vandenhoeck.
Kant, I. (1965). Beantwortung der Frage: Was ist Aufklärung? In O. H. v. d. Gablentz (Hg.), I. Kant. Politische Schriften (S. 1–8). Köln/Opladen: Westdeutscher Verlag.
Lavater, J. C. (1968). Physiognomische Fragmente zur Beförderung der Menschenkenntniß und Menschenliebe. Bd. 1. Faksimiledruck nach der Ausgabe 1775–1778. Zürich: Orell Füssli.
Lichtenberg, G. Chr. (1777). Schriften und Briefe, hg. v. W. Promies. München: Hanser 1968–1972.
Mautner, F. H. (1968). Lichtenberg. Geschichte seines Geistes. Berlin: De Gruyter & Co.
Müller, L. G. (1986). Mikroskopie der Seele. Zur Entstehung der Psychologie aus dem Geist der Beobachtungskunst im 18. Jahrhundert. In G. Jüttemann (Hg.), Die Geschichtlichkeit des Seelischen. Der geschichtliche Zugang zum Gegenstand der Psychologie. S. 185–208, Beltz, Weinheim.

Requadt, P. (1948). Lichtenberg. Stuttgart: Kohlhammer, 2. Aufl. 1964.

Schopenhauer, A. (1937–1941). Sämtliche Werke. (Parerga und Paralipomena, § 270). Neu bearb. und hg. v. A. Hübscher. Bd. 1–7. Wiesbaden: Brockhaus, 2. Aufl. 1946–1950.

Zimmermann, J. (1984). Wer ist dieser Ich? Georg Christoph Lichtenberg – Psychologiekritik und Existenzreflexion. In Lichtenbergs Aufklärung: Experimenteller Blick und beobachtende Vernunft. In Freiburger Universitätsblätter, Jg. 23 (1984) 11–22.

Karl Philipp Moritz –
Die „innere Geschichte" des Menschen

Ulrich Herrmann

In der deutschen Kultur- und Geistesgeschichte hat das 18. Jahrhundert unterschiedlich akzentuierte Charakterisierungen erfahren. Es ist nicht nur das Jahrhundert des Rationalismus, der Aufklärung – besonders in ihrer späten europäischen Blüte im Werk Immanuel Kants – und der frühen Romantik, sondern vor allem auch dasjenige Jahrhundert, das die geschichtliche Welt entdeckte und in organischen Entwicklungen denken lernte (Herder); es ist das Jahrhundert der Anthropologie und der religiös-pietistisch inspirierten Introspektion und ihrer säkularisierten Version, der „Erfahrungsseelenkunde" (vgl. Bezold 1984) (in Anlehnung an Wolffs „Psychologia empirica"); es ist die erste große Epoche der Biographie und der Autobiographie, der Reflexion des menschlichen Lebenszusammenhangs in den Kategorien von Bildung, Entwicklung, Individualität. Das 18. Jahrhundert versteht den Menschen (und seinen Lebenslauf) im Wechselverhältnis zu Kultur und Gesellschaft, als Schöpfer und Geschöpf der Kultur, im Prozeß der Bearbeitung der Natur und der Aneignung der Geschichte; es interpretiert Geist und Seele nicht mehr nur als „göttlichen Funken" oder – in den Abstraktionen der „rationellen Psychologie" – als „Kräfte" und „Vermögen" in ungeschichtlichen Systematiken, sondern als das sich entwickelnde und entfaltende „Innere" des Menschen: dem hellen Licht des sich aufklärenden Verstandes nur bedingt zugänglich, der selbstgewissen Reflexion großenteils entzogen, mit einer unbegreiflichen und zuweilen ängstigenden „Nacht"-Seite, in seinen Anfängen am Lebensmorgen gänzlich unbekannt, erst nach und nach in vagen Konturen hervortretend, geheimnisvoll in seinen inneren Wirkungsmechanismen und Verkettungen – und doch zugleich für den Menschen das einzige Organon des unmittelbaren Inneseins seiner selbst und der Evidenz seines Ichselbst und auch zugleich der innere Zusammenhang „hinter" allen Erfahrungen und Erinnerungen, der dem Menschen in den vielfältigen und nicht immer verständlichen Umständen seines Lebens und Erlebens – wie Dilthey sagte – das Bewußtsein von der „Selbigkeit der Person" ermöglicht, ein „erworbener Zusammenhng des Seelenlebens" (Dilthey, GS V, S. 176f., 189f., 217ff.), ohne den es dem Menschen vor allem an einem mangeln würde – an Identität. Wie findet man einen Weg ins Labyrinth dieses Inneren, zur Innenansicht gelebten Lebens?

„Von dem Leben des Menschen, dessen Geschichte beschrieben ist, kennen wir nur die Oberfläche. Wir sehen wol, wie der Zeiger der Uhr sich dreht, aber wir kennen nicht das innre Triebwerk, das ihn bewegt. Wir sehen nicht, wie die ersten Keime von den Handlungen des Menschen sich im Innersten seiner Seele entwickeln ... Damit ist aber nicht ausgemacht, daß wir es nicht bemerken könnten. Dies ist eben noch das unbearbeitete Feld." Max Dessoir nannte den Verfasser dieser Zeilen „bald Mystiker, bald Rationalist, bald Wertherianer, bald Romantiker", der sich auf das „unbearbeitete Feld" besonders mit einem Buche begab, „welches vorzüglich die *innere* Geschichte des Menschen schildern soll", um „den Blick der Seele *in sich selber* [zu] schärfen" (zit. n. Schrimpf, 1980, S. 9). Die Rede ist von Karl Philipp Moritz (1756–1793) und seinem autobiographischen Roman, den er selber einen „psychologischen" nannte: „Anton Reiser", in 4 Teilen 1785–1790 erschienen (ed. Martens, 1972; Günther, 1980). Wer war Moritz, und was charakterisiert seine Stellung in der Entwicklung der modernen Psychologie im 18. Jahrhundert?

1.

Die Stationen von Moritz' ebenso kurzem wie außergewöhnlichem Lebenslauf sind rasch aufgezählt (vgl. Martens, 1972; Schrimpf, 1980; Günther, 1980). 1756 in Hameln geboren und in ärmlichen Verhältnissen aufgewachsen; die Hutmacherlehre in Braunschweig – vom Herbst 1768 bis zum Frühjahr 1770 – endet mit einem Selbstmordversuch; seit 1771 als Stipendiat Schüler am Hannoverschen Gymnasium, das er 1776 verläßt, um sich einer wandernden Schauspieltruppe anzuschließen; Theologiestudium in Erfurt und Wittenberg (1776/78); und schließlich der Entschluß, sich als Lehrer durchzubringen: zuerst an Basedows „Philanthropinum" in Dessau, dann am Potsdamer Militär-Waisenhaus, schließlich am Berlinischen Gymnasium zum Grauen Kloster, wo er seit 1784 als Professor und Konrektor wirkt. Moritz gehört zum engeren Kreis der Berliner Aufklärer um die „Berlinische Monatsschrift". Es hält ihn nicht: Im Sommer 1782 unternimmt er eine mehrmonatige Fußwanderung durch England, 1785 durch Deutschland, an die sich ein Italien-Aufenthalt anschließt (1786–88). In Rom trifft er mit Goethe zusammen, dessen Gast er bei der Rückkehr in Weimar ist. In Berlin wird er 1789 Professor der Theorie der schönen Künste und der Altertumskunde an der Akademie der Künste, 1791 Königlich Preußischer Hofrat und Mitglied der Akademie der Wissenschaften. Ein Lungenleiden setzt seinem Leben im 37. Jahr ein Ende.

Aber welch eine *biographie intellectuelle!* Essayist und Romancier; Reiseschriftsteller, Redakteur (der Vossischen Zeitung) und Zeitschriftenherausgeber; Verfasser pädagogischer und psychologischer Abhandlungen; Ästhetiktheoretiker und Altertumsforscher; Freund Goethes, Entdecker und Mentor Jean Pauls, Lehrer Alexander von Humboldts und der jungen Frühromantiker Tieck und Wackenroder. „Rationalismus und Empfindsamkeit, pietistische Mystik, Sturm und Drang, exzentrischer Geniekult und strenge klassizistische Kunstgesinnung verbinden und durchkreuzen sich in seinem Geiste vielfältig und unausgeglichen bis zu seinem Tode" (Schrimpf, 1980, S. 9). Moritz' Existenz zeigt alle modernen Symptome der Zerrissenheit und Selbstentfremdung:

Fortschrittsglaube und Hypochondrie, Harmoniestreben und Entgrenzung, Lebenshunger und Todessehnsucht, Hingabe und Weltflucht. War es diese Disposition, war es das Gewahrwerden der mehr als nur prekären inneren Balance, die sein Interesse und seine Aufmerksamkeit auf die „*innere* Geschichte des Menschen" (Vorspruch zum 1. Teil des „Anton Reiser") lenkte? „Ist der einzelne Mensch eine unnatürliche Zerstückelung", ist er bestimmt durch einen „innerliche[n] Krieg, eben das ewige Mißverständniß mit sich selber"? Und woher kommen diese Mißverständnisse, aus welchen inneren und äußeren Mißverhältnissen?

„Fakta, und kein moralisches Geschwätz" – das ist Moritz' Leitsatz als (Mit-) Herausgeber des „Magazin für Erfahrungsseelenkunde" (Berlin 1783–93, dazu Schrimpf, 1980, S. 35 ff.), einer Sammlung von Beschreibungen und Analysen vornehmlich zur „Seelennaturkunde, Seelenkrankheitskunde, Seelenzeichenkunde [Semiotik], Seelendiätetik, Seelenheilkunde", und zwar mit einem dezidiert sozialpsychologischen Interesse – zur Seelenkrankheitskunde finden sich die meisten Beiträge – an den „von der Norm Abweichenden: Taubstummen, Sprach- und Verhaltensgestörten, Exzentrikern, Psychopathen, Verelendeten, Verzweifelten, Suizidgefährdeten und Verbrechern", wie Schrimpf resümiert (1980, S. 35 ff.). Des weiteren: Lebensbeschreibungen und Selbsterfahrungsberichte, Tagebuchaufzeichnungen und (Moritz' eigene) Kindheitserinnerungen.

Was ist natürlich und gesund, normal oder krank? Wenn nicht „moralisches Geschwätz", sondern „Fakta" Auskunft geben sollen, dann sind dies die Lebensumstände und Lebensverläufe, die dem Nachempfinden und Miterleben zugänglich gemachen Seelenzustände und ihre lebensgeschichtliche Bedeutung im Horizont eines Lebenszusammenhangs, einer Biographie. Das „innere Triebwerk" eines Menschen wird vor allem erkennbar und verständlich durch die Kenntnis der äußeren Umstände, die ein Leben disponieren: den Lebensentwurf und seine Realisierungen oder Verhinderungen, die jeweils mögliche Lebensdeutung und -bedeutung, die ein Ich sich als Subjekt seines Lebensvollzugs zueignen kann. Der Psychologe Moritz, mit dem Selbstverständnis eines „moralischen Arztes", ist einer der frühen Sozialpsychologen und ein Theoretiker der gesellschafts- und lebensgeschichtlich-genetisch verstandenen Subjektivität und Identität, und dies begründet seine herausragende Stellung in der Geschichte der Anthropologie und Psychologie des 18. Jahrhunderts. Aber er war nicht nur Theoretiker, sondern auch Analytiker, und mit seinem autobiographischen, psychologisch-analytischen Roman „Anton Reiser" wurde Moritz *der* Klassiker der modernen Psychologie im 18. Jahrhundert.

2.

Die Vorrede zum Vierten Teil enthält in Moritz' Formulierungen einen Schlüssel zum Verständnis der „inneren Geschichte" des Protagonisten. Es heißt dort: „Aus den vorigen Teilen dieser Geschichte erhellet deutlich: daß Reisers unwiderstehliche Leidenschaft für das Theater eigentlich ein Resultat seines Lebens und seiner Schicksale war, wodurch er von Kindheit auf, aus der wirklichen Welt verdrängt wurde, und da ihm diese einmal auf das bitterste verleidet war, mehr in Phantasien, als in der Wirklichkeit lebte − das Theater als die eigentliche Phantasiewelt sollte ihm also ein Zufluchtsort gegen alle diese Widerwärtigkeiten und Bedrückungen sein. − Hier allein glaubte er freier zu atmen, und sich gleichsam in seinem Element zu befinden.

Und doch hatte er hiebei ein gewisses Gefühl von den reellen Dingen in der Welt, die ihn umgaben, und worauf er auch ungern ganz Verzicht tun wollte, da er doch einmal, so gut wie die andern Menschen, Leben und Dasein fühlte.

Dies machte, daß er mit sich selbst im immerwährenden Kampfe war. Er dachte nicht leichtsinnig genug, um ganz den Eingebungen seiner Phantasie zu folgen, und dabei mit sich selber zufrieden zu sein; und wiederum hatte er nicht Festigkeit genug, um irgendeinen reellen Plan, der sich mit seiner schwärmerischen Vorstellungsart durchkreuzte, standhaft zu verfolgen.

Eigentlich kämpften in ihm, so wie in tausend Seelen, die Wahrheit mit dem Blendwerk, der Traum mit der Wirklichkeit, und es blieb unentschieden, welches von beiden obsiegen würde, woraus sich die sonderbaren Seelenzustände, in die er geriet, zur Genüge erklären lassen.

Widerspruch von außen und von innen war bis dahin sein ganzes Leben. − Es kömmt darauf an, wie diese Widersprüche sich lösen werden."

Sie sind *unlösbar*. Dieses Leben muß in einer Katastrophe enden; denn es ist bestimmt von „mancherlei Arten von Selbsttäuschungen". Sie sind dem Autor in Reisers Innenleben wohl vertraut − es ist ja sein eigenes. Und deshalb kann Moritz auch minutiös reflektierend rekonstruieren und analysierend nachvollziehen, welche Voraussetzungen, Umstände, Erfahrungen und ihre geistig-seelische Verarbeitung einen Menschen so geformt haben, daß uns sein Leben, voll anrührender Trauer und Melancholie und tragischer Vergeblichkeit des Hoffens auf eine bessere Zukunft, „zur Genüge erklärt ist". Moritz schreibt eine genetische Entwicklungs- und Sozialpsychologie mißlingender Identität, oder, wie Schrimpf es treffend genannt hat, einen *Anti-Bildungsroman*, eine *Autobiographie als Pathographie* (1980, S. 49, 54).

Werfen wir zunächst einen Blick auf Moritz' Verfahren. Sein Augenmerk ist auf das unwichtig, unbedeutend, nebensächlich Scheinende gerichtet − ein hartes Wort, ein strafender Blick, eine unbedachte Geste − , auf all die Kleinigkeiten also, aus denen sich das Alltagsleben zusammensetzt, die aber als weiterwirkende Erlebnisse Bedeutung haben und die in ihrer inneren Verflechtung schließlich die innere Tendenz eines Charakters ausmachen können. Moritz entwirft kleine Szenarios und bedeutsame Situationen, so wie sie in der Erinnerung eines jeden Menschen tatsächlich gegeben sind; denn der Lebenszusammenhang im ganzen ist uns weder in jedem Moment gelebten Lebens noch in der Erinnerung präsent, sondern immer nur in schlaglichtartig beleuchteten Szenen und Situationen. Erst eine Erzählung, die Form sprachlicher Strukturierung, konstituiert den Zusammenhang, und erst sie erlaubt − im autobiogra-

phischen Blick zurück und nach vorwärts — die Rekonstruktion von Wirkungsmechanismen. „Wer auf sein vergangnes Leben aufmerksam wird, der glaubt
zuerst oft nicht als Zwecklosigkeit, abgerißne Fäden, Verwirrung, Nacht und
Dunkelheit zu sehen; je mehr sich aber sein Blick darauf heftet, desto mehr verschwindet die Dunkelheit, die Zwecklosigkeit verliert sich allmählich, die abge-
rißnen Fäden knüpfen sich wieder an, das Untereinandergeworfene und Ver-
wirrte ordnet sich." Der Bedeutungszusammenhang seines Lebens erschließt
sich nämlich dem Heranwachsenden selber erst allmählich und aspekthaft, und
weil er ihn selber kaum durchschaut, kann er sich selber auch nicht raten und
helfen, wenn er in innere Schwierigkeiten gerät. Normalerweise helfen dann Eltern, Geschwister, Freunde; was aber, wenn diese Hilfe fehlt?

Betrachten wir exemplarisch Reisers Kindheit (denn eine Analyse des gesamten Romans würde den hier gegebenen Rahmen sprengen). Das kleine Kind befindet sich in einer — wörtlich zu nehmenden — beklemmenden Situation: zwischen Mutter und Vater herrscht Unfriede. Daraus resultiert eine frühe Veräng-
stigung und Verstörung, Anton fühlt sich „unterdrückt", d. h. sein Herz kann
sich nicht in Urvertrauen den Eltern öffnen, die er zugleich doch auch gern hat.
Er erlebt eine innere Zwiespältigkeit und Zerrissenheit, die er weder mitteilen
noch beheben kann; „denn er wußte nicht, an wen er sich anschließen, an wen
er sich halten sollte, da sich beide haßten, und ihm doch einer so nahe wie der
andre war." „So schwankte seine junge Seele beständig zwischen Haß und
Liebe, zwischen Furcht und Zutrauen, zu seinen Eltern hin und her", und so
wird ihm die Erinnerung an die Kindheit „oft zu einem Sammelplatze schwar-
zer Gedanken"; sein Verlangen nach einem „belohnenden Lächeln", „nach
einer liebreichen Behandlung" wurde nie erfüllt, er stumpft ab und wird traurig
und einsam und dadurch unfähig, Freundschaften zu schließen. Er flüchtet sich
in die Welt der Phantasien und Tagträume, in die er sich durch Lektüre immer
mehr hineinsteigert, um sich in ihr zu verlieren. „So ward er schon früh aus der
natürlichen Kinderwelt in eine unnatürliche idealische Welt verdrängt, wo sein
Geist für tausend Freuden des Lebens verstimmt wurde, die andre mit voller
Seele genießen können." Es ergeben sich Konsequenzen, die seine innere und
äußere Lage immer bedenklicher werden lassen: Sein Verhältnis zum Leben und
zur Welt wird destruktiv, die Vorstellung seiner eigenen Zerstörung „verur-
sachte ihm sogar eine Art von wollüstiger Empfindung"; ungerechte Behand-
lung macht ihn menschenfeindlich und „finster"; ihn reizt das Verbotene; das
Zentrum seines Lebens und Erlebens ist die Einbildungskraft, die Quelle seiner
Freuden und Leiden *zugleich*. Die „Seligkeit der Einschränkung" — sie wird
später Goethes Credo im „Wilhelm Meister" sein, dem Gegenentwurf zu
„Anton Reiser" — bleibt ihm versagt, er kommt aus der Welt der Träume und
Phantasien nicht mehr heraus; seine „Verstimmung" besteht darin, daß er den
Bezug zur Realität verliert. Und dies ist lebensbedrohend: Denn wer Traum und
Wirklichkeit nicht mehr auseinanderhalten kann, wird orientierungslos; die
Trennung von Wirklichkeit, Selbsttäuschung und Einbildung ist aufgehoben:
„ein erschrecklicher Gedanke", und Reiser „fürchtet sich vor sich selber". Er

leidet an dem, was Kindheit und Jugendalter auszeichnen: Einbildungskraft. Angesichts der kleinen Widerwärtigkeiten und Enttäuschungen im Alltagsleben versinkt er immerfort in seine „romanhaften Ideen", seine „krankhaften Phantasien". Einmal aus der Welt verdrängt, verdrängte er nunmehr die Welt. „So war Anton in seinem dreizehnten Jahre ... ein völliger Hypochondrist geworden, von dem man im eigentlichen Verstande sagen konnte, daß er in jedem Augenblick *lebend starb.*" Denn er fühlte sich nicht an die „Teilnehmung" anderer Menschen geknüpft; er war überflüssig, also gab er sich selber auf; „Seelenlähmung" und „Selbsthaß" stellen sich ein, er kann nicht lieben und geliebt werden; das Leben ist „kalt", es ist ein Leben zum Tode: „Der Gedanke von Auflösung, von gänzlichem Vergessen seiner selbst, von Aufhören aller Erinnerung und alles Bewußtseins war ihm so süß ...; kein Traum von täuschender Hoffnung schwebte ihm mehr vor – alles war nun vorbei, und endigte sich in die ewigstille Nacht des Grabes."

Um sein Inneres zu ordnen, den Grund seiner „Verstimmung" zu finden, hatte Reiser Tagebuch geführt: „Was ist mein Dasein, was mein Leben?" Reiser-Moritz machte drei fürchterliche Entdeckungen, die ihn vollends in seine melancholische Verzweiflung stürzten: „Ichheit und Selbstbewußtsein", als Merkmale von Individualität i. S. des *„Vollkommen-sich-selbst-gleich-Seins"* – Moritz' Formulierung für Ich-Identität – kann nur ein göttliches Wesen haben. Der lebende Mensch hat nur ein „Dasein" an einer „Kette von Erinnerungen", und am Ende „dünkte ihm sein eigenes Dasein, eine *bloße Täuschung*, eine *abstrakte Idee*"; er fing an, „sein eigenes Dasein zu fühlen, das ihm ohnedem unter den Händen zu verschwinden, ohne Zweck, abgerissen, und zerstückt zu sein schien." – Ein einsamer Spaziergang eröffnet ihm, „daß verdrängt zu werden von Kindheit an sein Schicksal gewesen war", aber das Bewußtsein von seiner Misere stürzt ihn in die nächste: die Zweifel „über den in undurchdringliches Dunkel gehüllten Ursprung und Zweck, Anfang und Ende seines Daseins – über das Woher und Wohin bei seiner Pilgramschaft durchs Leben – *die ihm so schwer gemacht wurde, ohne daß er wußte, warum?"* – Er wußte es bald: „Im Grunde war es das Gefühl, *der durch bürgerliche Verhältnisse unterdrückten Menschheit* [Menschlichkeit], das sich seiner ... bemächtigte, und ihm das Leben verhaßt machte – ... was hatte er vor seiner Geburt verbrochen, daß er nicht auch ein Mensch geworden war, um den sich eine Anzahl anderer Menschen bekümmern, und um ihn bemüht sein müssen – warum erhielt er gerade die Rolle des *Arbeitenden* und ein andrer des *Bezahlenden?* – Hätten ihn seine Verhältnisse in der Welt *glücklich* und *zufrieden* gemacht, so würde er allenthalben Zweck und Ordnung gesehen haben, jetzt aber schien ihm alles Widerspruch, Unordnung, und Verwirrung." Sein Leben im ganzen war der „Mord des Selbstgefühls" gewesen; Leben hieß für Reiser „dem Grabe zuwelken".

Moritz zeigt uns einen Menschen, der nicht geliebt worden war, den man „unterdrückt" und „verdrängt" hatte, den man demütigte und verspottete, für den sich kaum jemand interessierte, dessen Inneres man nicht verstand (oder verstehen wollte), dessen Zukunftshoffnungen vergeblich blieben, der immer in der Zwickmühle saß (man nenne sie auch *double bind*). Schließlich konnte er keine organisierende Mitte in seinem Leben mehr finden, „weil er durch den langwierigen ununterbrochenen Druck der Umstände verlernt hatte, seinen Wert geltend zu machen, und gerade die Kraft, wodurch er in der Welt festen Fuß fassen, und seinen Platz behaupten mußte, bei ihm gelähmt war". Damit hat sich alles „zur Genüge erklären lassen": Verkümmerung des prosozialen Verhaltens und der Liebesfähigkeit, Unfähigkeit zu stabilen emotionalen Beziehungen (besonders zum anderen Geschlecht), Realitätsfremdheit und Weltflucht, in sich widersprüchliche Bindung an Illusionen, Unfähigkeit, sich auf Menschen und Umstände so einzustellen, daß — die immer unvermeidlichen — Enttäuschungen nicht katastrophisch enden. Im Rhythmus seines Lebens: die ständige Wiederholung von Hoffnung und Erwartung, Enttäuschung und Flucht, schafft Reiser vor allem eines nicht: zu lernen. Weil er nicht angeleitet und angelernt worden war, im Leben fürs Leben zu lernen — durch liebevolles Angenommenwerden, durch Ermunterung und Bestärkung, Unterstützung und Freundlichkeit —, konnte er mit seinem Leben nicht zurechtkommen und mußte sich selber in Phantasiewelten verfehlen.

Auf dem Hintergrund des sensualistischen Anthropologie- und Psychologiemodells gelang Moritz der kühne Entwurf einer genetischen, verstehenden Psychologie, die sich an der Selbsterfahrung gelebten Lebens orientierte, getreu der Devise, die Alexander Pope dem Jahrhundert auf den Weg gegeben hatte: *the proper study of mankind is man!*

3.

Goethe erfuhr in Rom von Reisers Lebensgeschichte. Sie bewog ihn, den vor der Flucht nach Italien abgebrochenen „Wilhelm Meister" in der ursprünglichen Konzeption ganz liegen zu lassen: Er sah, worin auch Wilhelm Meister durch seine „theatralische Sendung" geführt werden würde. Er setzte, wie er später in hohem Alter sagte, eine andere Auffassung von einem Leben dagegen — durchaus in der Absicht einer programmatischen Konfession —, das den inneren und äußeren Widersprüchen und Zerwürfnissen entgehen sollte: Wilhelm Meisters Lehr- und Wanderjahre — ein Leben nicht der „schwarzen Phantasie" und übersteigerten Einbildungskraft, der Melancholie und des Lebensüberdrusses, sondern ein Leben der Tüchtigkeit und des bürgerlichen Realitätssinnes, dessen Preis allerdings — die Entsagung, die Selbstbegrenzung ist.

Goethe erfuhr in Rom von Moritz' Lebensgeschichte. Sie berührte sein Innerstes, wie seine Briefe an Frau von Stein bezeugen; zu offenkundig waren die Parallelen und Gemeinsamkeiten: „Moritz wird mir wie ein Spiegel vorgehalten." Goethe setzte ihm ein ungewöhnliches Denkmal, indem er ihn im Verhältnis zu sich als „von derselben Art", einen „Bruder" nannte. Und er sah auch, was sie ohne eigenes Verdienst und Zutun bisher im Leben unterschieden hatte:

Moritz ist „da vom Schicksal verwahrlost und beschädigt, wo ich begünstigt und vorgezogen bin" (zit. n. Martens, 1972, S. 545). Aber dies war es wohl auch, was vor allem Moritz befähigt hatte, vor 200 Jahren der klassische Psychograph beschädigter Identität zu werden.

Literatur

Bezold, R. (1984). Popularphilosophie und Erfahrungsseelenkunde im Werk von K. Ph. Moritz. Würzburg: Königshausen & Neumann.

Dilthey, W. (1894). Ideen über eine beschreibende und zergliedernde Psychologie. GS V, S. 139–240.

Günther, H. (Hg.) (1980). Karl Philipp Moritz – Wer ist das? Insel-Almanach auf das Jahr 1981. Frankfurt/M.: Insel 1980.

Moritz, K. Ph. (1785–1790/1981). Werke. Bd. 1–3, hg. von H. Günther. Frankfurt/M.: Insel, 2. Aufl. 1981.

Moritz, K. Ph. (1785–1790/1972). Anton Reiser. Ein psychologischer Roman. Mit Textvarianten, Erläuterungen und einem Nachwort hg. von W. Martens. Stuttgart: Reclam 1972.

Schrimpf, H. J. (1980). K. Ph. Moritz. Stuttgart: Metzler.

Johann Gottlieb Fichte.
Zur Entwicklung des bürgerlichen
Selbstbewußtseins beim Mann

Stefan Miller

Wenn man die Philosophie Johann Gottlieb Fichtes[1]) daraufhin untersucht, welches Konzept des Seelischen ihr zugrunde liegt, muß man sich zunächst damit auseinandersetzen, daß Fichte selbst sich von jeder Psychologisierung seines Systems und seiner Begriffe distanziert hat. Darauf hat bereits Oskar Buncsak (1981, S. 51) zu Recht hingewiesen. Dennoch sieht er bei Fichte wesentliche Begriffe einer phänomenologisch orientierten Psychologie vorweggenommen. Wie kommt das?

Fichte unterscheidet im Laufe seiner Abhandlungen ein empirisches von einem absoluten Ich, vereinigt beide aber auch immer wieder, je nach dem Standpunkt seiner Reflexion, denn sie stehen in Wechselwirkung miteinander. Dabei handelt es sich also nicht um eine plumpe Äquivokation, sondern um eine systematische Notwendigkeit. Je nachdem, ob Fichte die produktive schöpferische Seite von Subjektivität betont oder Subjektivität selbst zum Objekt seiner Reflexion macht, betrachtet er das Ich als absolut frei (ideal) oder als in der Realität gesetztes, d.h. von realen Einflüssen abhängig. Beide Seiten hängen in einem komplexen Mechanismus zusammen:

„So steht das Ich, als Ich ursprünglich in Wechselwirkung mit sich selbst; und dadurch erst wird ein Einfluß von aussen in dasselbe möglich ... Das Ich fordert, daß es alle Realität in sich fasse, und die Unendlichkeit erfülle. Dieser Forderung liegt notwendig zum Grunde die Idee eines schlechthin gesetzten unendlichen Ich; und dieses ist das *absolute* Ich, ... (Hier erst wird der Sinn des Satzes: *das Ich setzt sich selbst schlechthin,* völlig klar. Es ist in demselben gar nicht die Rede von dem im wirklichen Bewußtsein gegebenen Ich ... sondern von einer Idee des Ich, die seiner praktischen unendlichen Forderung nothwendig zu Grunde gelegt werden muß, die aber für unser Bewußtseyn unerreichbar ist, und daher in demselben nie unmittelbar, [wohl aber in der philosophischen Reflexion] vorkommen kann.)" (I, 2, 409).

Wozu aber nun ein absolutes Ich? Warum reicht ein reales Ich nicht aus?

Versuchen wir uns die erkenntnistheoretische Situation Fichtes zu vergegenwärtigen. Fichte reflektiert in seiner 1794 erschienenen „Grundlage der gesamten Wissenschaftslehre" (GWL) auf die Grundsätze des menschlichen Wissens. Warum?

Vor ihm hatte Kant die Bedingungen der Möglichkeit von Erfahrung untersucht. Ausgehend von einem Erfahrungsbegriff, wie ihn die Newtonsche Physik zugrunde gelegt hatte. Newton hatte die Physik systematisiert und mathematisiert. Kant sucht die Denknotwendigkeiten eines solchen Systems auf, schließt auf die dazugehörige Vernunft. Diese verknüpft die Mannigfaltigkeit der Einzelphänomene mit Hilfe von Verstandeskategorien wie etwa Kausalität zu gesetzmäßigen Zusammenhängen. Eine Freiheit des Willens ist da nicht zu beobachten. Kant verweist sie jenseits der erfahrbaren Welt in das Reich der Moral. Diese beiden Auffassungen von der Welt, a) die Welt als Kette von Naturnotwendigkeiten, die erklärt werden können, und b) die Welt freier Individuen, die moralisch handeln können, will Fichte in einer Tathandlung des Ich vereinigen. Fichte war bis zur Lektüre Kants selbst in einem deterministischen Weltbild gefangen (vgl. Medicus, 1914, S. 22). Erst nachdem er bei diesem die Idee der Freiheit als Grundlage moralischen Handelns entdeckt hat, versucht er die wissenschaftliche Erfahrung ausgehend von dem Grundsatz freier, selbstbestimmter Tätigkeit zu rekonstruieren. Erzählt würde die (methodisch) erste „Tathandlung" des menschlichen Geistes ausgedrückt werden mit den Worten: „Das Ich sezt ursprünglich schlechthin sein eignes Seyn" (I, 2, 261). Im weiteren Verlauf der Reflexion werden die Kantschen Kategorien immer auch als Handlungen verstanden, operationalisiert. Naturgesetze und praktische Gesetze werden auf ein handelndes (gedachtes) Subjekt zurückgeführt. Relativ dazu werden sie eins. Das hat politische Konsequenzen. Fichte fordert denn auch unter dem Einfluß der französischen Revolution nicht nur die Denkfreiheit von den „Fürsten Europens" zurück, die sie einst unterdrückten, er dehnt die Ansprüche einer selbstbestimmten Vernunft, wie sie in den Naturwissenschaften von ihm vorausgesetzt wird, auf alle Gebiete des sozialen Lebens aus.

Zurück zum Seelischen. Indem der Philosoph auf die Grundlage aller Wissenschaften reflektiert, kann er natürlich kein materielles Bild einer Seele entwerfen:

„Dies ist denn auch wirklich die augenscheinliche ... Quelle alles *Selbstbewußtseyns*. Alles, von welchem ich abstrahiren, was ich wegdenken kann ... ist nicht mein Ich, und ich setze es meinem Ich blos dadurch entgegen, daß ich es betrachte als ein solches, das ich wegdenken kann. Je mehreres ein bestimmtes Individuum sich wegdenken kann, desto mehr nähert sein empirisches Selbstbewußtseyn sich dem reinen; − von dem Kinde an, das zum ersten Male seine Wiege verläßt, und sie dadurch von sich selbst unterscheiden lernt, bis zum popularen Philosophen, der noch materielle Ideen-Bilder annimmt, und nach dem Sitz der Seele fragt, und bis zum transzendentalen Philosophen, der wenigstens die Regel, ein reines Ich zu denken, sich denkt, und sie erweiset" (I, 2, 383).

Psychologie in einem empirischen Sinne kann natürlich immer erst da beginnen, wo ein konkretes Individuum gesetzt ist. D. h. wo es sich relativ zu seiner Umwelt selbst bestimmt hat.

Die Idee, durch Reflexion und Selbstbeobachtung die denknotwendigen Bestimmungen eines Erkenntnissubjekts zu gewinnen, wird bei Fichtes Sohn, Immanuel Hermann, auf empirische Subjekte angewandt. Er arbeitet eine vollständige Psychologie aus. Diese versteht er im sogenannten „Materialismusstreit" als Ergänzung zu einer Psychologie, die bloß auf physikalisch-chemische Bedingungen rekurriert:

„Gibt nun auch die neueste physiologische Richtung der Erklärung der einzelnen Vorgänge aus rein physikalisch-chemischen Gesetzen, soweit diese nur immer sich anwendbar zeigen, den entschiedensten Vorzug, so hat sie damit jene dynamisch-teleologische Grundanschauung doch nicht zerstört, noch weniger wissenschaftlich widerlegt oder außer Kraft gesetzt. Wie sich ... erwies, stehen beide Grundansichten in Wahrheit keineswegs in gegensätzlichem Verhältnis eines Entweder-Oder, sondern im Ergänzenden eines Sowohl-Alsauch. Jene Untersuchungsweise muß erkennen, daß wenn sie den äußeren Apparat und die physikalisch-chemischen Bedingungen der Lebenserscheinung in allen Teilen genau zu erforschen sucht, sie über den letzten Grund derselben ebenso wenig unterrichtet ist als vorher. Ja, daß sie bloß auf ihrem Wege ihn gar nicht bekommen kann" (Fichte, I. H., in Mehlich, 1935).

Rose Mehlich sieht I. H. Fichte damit als Vorläufer einer geisteswissenschaftlichen Psychologie im Gegensatz zu einer naturwissenschaftlichen; und sie sieht vieles bei ihm angelegt, was C. G. Jung präzisiert hat.

Aber auch aus der Reflexion von J. G. Fichte folgt schon einiges über die psychischen Verhältnisse empirischer Individuen. Wichtig erscheint zunächst, daß Bewußtsein bei ihm genetisch rekonstruiert wird. (D. h. aus seiner Genese heraus.) Bei allen Erkenntnisvorgängen wird eine Wechselwirkung des Erkenntnissubjekts mit der Umwelt vorausgesetzt, derart, daß von den Erfahrungen auch die Selbstdefinition des Subjekts abhängt. Indem ich meine Aufmerksamkeit auf die Gegenstände richte, entwerfe ich meine Grenzen in Abhängigkeit von diesen. Durch die Reflexion auf die jeweils besonderen Bedingungen solcher Entwürfe befreie ich mich aus der Abhängigkeit, einer bloß an diese bestimmten Verhältnisse angepaßten Selbstdefinition. Durch Reflexion wird die Realität als konstituierte erfahren.

Man kann hier Parallelen zu Piagets Begriff der Reflexion individueller kognitiver Schemata herstellen. Bei ihm ist eine solche Reflexion verbunden mit einer „Dezentrierung" des Weltbildes:

„Eine Dezentrierung besteht immer darin, daß gewisse objektive Erkenntnisse durchschaut werden als vom Erkenntnissubjekt selbst gesetzt. Dieser Prozeß der Dezentrierung der Stellung des Subjektes in der Sozialwelt ist immer die Zunahme einer Operativität, durch die die Beziehung von Subjekt und Objekt neu koordiniert wird. Diese Koordination setzt jeweils an die Stelle einer relativ phänomenistisch-egozentrischen Weltsicht eine durch Erkenntnisoperationen abgesicherte relativierte Weltsicht, die den Absolutismus der egozentrischen Erkenntnisweise einen Schritt aufhebt" [2].

Dieses Durchschauen objektiver Erkenntnisse als vom Erkenntnissubjekt selbst gesetzt, kann man als den Fortschritt des reflektierten Weltbildes Fichtes gegenüber einem bloß auf Gegenstände bezogenen begreifen. Fichte weist immer wieder auf die damit neu gewonnene Freiheit hin, die diese Zunahme an Operativität erlaubt.

„Wer in dem alten natürlichen Sinne eingekerkert ist, der glaubt, und kann nicht anders glauben, als daß er die Dinge unmittelbar *wahrnehme*; ... Die Freiheit aber dehnt das Selbstbewußtsein aus über diese Gränze des Gegebenen, wodurch es nun nicht mehr als Wahrnehmung erscheint, sondern als Vermitteltes" (SW IX, 16).

Die Konsequenz dieses neuen Natur- und Selbstverständnisses ist: Das Subjekt lernt sich als bestimmbares kennen, es lernt, sich selbst zu entwerfen. Die bürgerlichen Intellektuellen konnten darin eine Grundlage sehen, die Verhältnisse ihrer Zeit nach den Prinzipien bürgerlicher Freiheit zu bestimmen. – Der Freiheitsbegriff gewinnt jetzt eine allgemeinere Gestalt. Während im Feudalismus von Freiheiten etwa des Fischfangs oder der Jagd im Sinne besonderer Privilegien die Rede war, wird nun „Freiheit" auf alle Individuen gleich ausgedehnt. Theoretisch! Praktisch waren freilich nicht alle Menschen als Subjekte anerkannt (Schlumbohm, 1975).

In der romantischen Kunst wird dieses Hinausgehen Fichtes über eine unreflektierte Realität uminterpretiert. Das Ungenügen Fichtes an einer unreflektierten Realität naturwissenschaftlicher Erfahrung wird bei einigen Romantikern zu einem „Ungenügen an der Normalität", der sogenannten Philister beispielsweise, die borniert und unreflektiert in den Tag hineinleben und die Dinge so lassen wie sie sind (Pikulik, 1979)[3].

Die Kritik an dem zirkulären Charakter des reflexiven Ich-Konzepts bei Fichte hat Dieter Henrich (1967) (und in Anlehnung an diesen Ernst Tugendhat [1979]) formuliert. Beide scheinen mir aber nicht wesentlich darüber hinauszugehen, die Paradoxien der Zirkel aufzuweisen, auf die Fichte selbst schon aufmerksam gemacht hat. Wesentlicher erscheint mir, die fatalen praktischen Konsequenzen aufzuzeigen, die damit verbunden waren, daß Fichte ein Subjekt-Objekt-Verhältnis, das an der Newtonschen Mechanik sein Vorbild nahm, zum Schema nicht nur der theoretischen, sondern auch der praktischen Vernunft zu machen und damit auch zur Grundlage einer „vernünftigen" Erziehung.

Die Befreiung von einem deterministischen Weltbild war ja schon in den GWL nur der Ausgangspunkt gewesen, um ein so befreites Subjekt der bürgerlichen Moral unterwerfen zu können. Ziel dieser erkenntnistheoretischen Befreiung ist die Durchsetzung bürgerlicher Sittlichkeit.

„Hieraus erfolgt denn auch auf das einleuchtendste die Subordination der Theorie unter das Praktische; ... es erfolgt die absolute Freiheit der Reflexion, und Abstraktion auch in theoretischer Rücksicht, und die Möglichkeit *pflichtmäßig* seine Aufmerksamkeit auf etwas zu richten und von etwas anderem abzuziehen, ohne welche gar keine Moral möglich ist" (I, 2, 424).

Diese Betonung der Pflicht und später des Gehorsams gewinnt in den Schriften Fichtes im Laufe der Zeit zunehmend an Bedeutung. In den „Thatsachen des Bewußtseins" von 1813 wird dann auch vor einer gesetz- und zwecklosen, bloß spielenden Einbildungskraft gewarnt:

„Ein Ich, welches in dieser spielenden Einbildungskraft beharrte, würde aufgehen in Schatten und Schemen, in Schwärmerei und *Träumen*, ... und dieses kann enden, und müßte der Regel nach sich endigen in *Wahnsinn*" (SW IX, 499).

Klaus Theweleit (1977, S. 444 u. S. 465) hat darauf aufmerksam gemacht, daß die Propaganda für eine neue Sittlichkeit bei den beamteten und angestellten Bürgern typisch ist, für eine Schicht, die vom direkten Zugang zur Herrschaft ausgeschlossen ist. Damit werde auch die Kontinuität des Herrschaftszusammenhangs gewährleistet, wenn diese Schicht späterhin an der Macht teilhabe. Die Entwicklung der neuen Sittlichkeit ging einher mit der psychischen Spaltung des Individuums von seinen Affekten, einem Vorverlegen der Scham- und Peinlichkeitsgrenze, der Spaltung des Individuums in ein ‚Innen' und ‚Außen' (S. 395). – Auch Fichte macht immer wieder von der Unterscheidung eines inneren von einem äußeren Sinn Gebrauch. – Parallel dazu verläuft die Geometrisierung des weiblichen Körpers und eine „falsche Maschinisierung der Produktionsfähigkeit der höheren Frauen" (S. 452).

Die Frau wird aufgespalten in eine abstrakte, aus der Ferne zu liebende, und eine, die auf das mechanische Objekt reduziert, leiblich geometrisiert ist. Die Objekthaftigkeit der Frau gilt bei Fichte vor allem für die verheiratete Frau. Denn mit dem Ehevertrag büßt sie ihre Subjekthaftigkeit weitgehend ein. Hannelore Schröder hat dies anhand von Fichtes Naturrecht herausgearbeitet. Der Ehemann übernimmt als gedoppeltes Subjekt die Erfüllung der Wünsche, die sie sich selbst überlassen hätte.

„… er ihre Wünsche ausspäht, um als seinen eigenen Willen sie vollbringen zu lassen, was sie, sich selbst überlassen am liebsten thun würde" (zit. n. Schröder, 1979, S. 166).

Der Mann also wird in der Beziehung zur Frau bei Fichte zum Subjekt im Quadrat:

„Das Verhältnis Mann – Frau stellt sich in Fichtes Bewußtsein dar als Verhältnis Herr und Ding: Subjekt und Objekt. Nun aber ist die Frau nicht tote Materie, Ding, sondern *nicht-anerkanntes Subjekt*, denn die Frau wird ihres Subjektcharakters beraubt, durch *Nicht-Anerkennung von seiten des Mannes*. Wenn dieser sie jedoch nicht als Subjekt erkennt, so negiert er zugleich sein eigenes *Objektsein*, er legt sein Objektsein ab, eignet sich das Subjektsein der Frau an: d. h. er *verdoppelt sein Subjektsein*, und verdoppelt zugleich das *Objektsein der Frau*. Dadurch entsteht die totale, die *doppelte Negation*, die totale, *doppelte Affirmation*, die totale Trennung von Subjekt und Objekt, die ein Verhältnis von Subjekt/Subjekt zu Objekt/Objekt, also die totalste Entfremdung darstellt, im Sinne von Nicht-Eins-Sein. Fichte spricht tatsächlich vom ‚Ich Ich'" (S. 179).

Auch in der Pädagogik hat Fichtes Freiheitslehre fatale Konsequenzen, weil auch hier Menschen ihr Subjektstatus aberkannt wird. Unter dem Etikett der Erziehung zu freier Selbstbestimmung wird das Kind zum Gehorsam gedrillt. Die Berechtigung der Eltern, die Freiheit des Kindes zu beschränken, leitet Fichte daraus ab, daß das Kind ja noch kein moralisch ausgebildetes Wesen ist (I, 5, 295), das noch gebildet werden muß. Ziel dieser Bildung ist blinder Gehorsam, „freier Gehorsam":

„Dieser freie Gehorsam besteht darin, daß die Kinder ohne Zwangsmittel und ohne Furcht derselben, freiwillig tun, was die Eltern befehlen, freiwillig unterlassen, was sie verbieten, *darum, weil* sie es verboten oder befohlen haben. Denn sind die Kinder selbst von der Güte und Zweckmäßigkeit des Befohlenen überzeugt, daß schon ihre eigene Neigung sie dahin treibt, so ist kein Gehorsam da, sondern Einsicht. Gehorsam gründet sich nicht in die besondere Einsicht in die Güte desjenigen, was nun befohlen wird, sondern auf den kindlichen Glauben an die höhere Weisheit und an die Güte der Eltern überhaupt" (I, 5, 295 f.).

Ziel dieser Bildung zum Gehorsam ist der pflichttuende Untertan:

„Wir sollen schlechthin tun, was die Pflicht gebeut, ohne über die Folgen zu klügeln" (I, 5, 296).

Das Ergebnis dieser Erziehung ist der Automatenmensch, ein

> „Kunstwerk, das nicht etwa auch anders gehen könne, denn also, wie es durch sie gestellt worden, ... das durch sich selbst nach seinen eigenen Gesetzen fortgeht" (SW VII, 296).

In der Nachfolge Fichtes hat Daniel Gottlob Moritz Schreber, einer der berühmtesten Pädagogen des 19. Jahrhunderts, Techniken entwickelt, den „immer höher steigenden Sieg der geistigen Natur über die Körpernatur" (Schatzmann, 1978, S. 73) endgültig zu erringen. Eine Pädagogik von Triebunterdrückung wird bei ihm gerechtfertigt mit dem Ziel der freien Selbstbestimmung des Individuums.

> „Unterdrücke im Kind alles, halte von ihm fern alles, was es sich nicht aneignen soll; leite es aber beharrlich hin auf alles, was es sich angewöhnen soll ... Die Gewohnheit ist nur die notwendige Vorbedingung, um die entsprechende Richtung der Selbstbestimmbarkeit des freien Willens ... zu ermöglichen und zu erleichtern" (S. 25).

Die Triebunterdrückung wird mit Mitteln vorangetrieben, die denen der Folter ähneln. Ein „Geradhalter" zupft das Kind an den Haaren, wenn es nicht gerade sitzt. Speziell konstruierte Gurte fesseln das Kind im Bett, so daß es auf den Rücken zu liegen kommt. Mit Hilfe von Eisbädern wird das Kind ab dem 4. bis 5. Lebensjahr „abgehärtet", und 10 bis 13 Grad kalte Wasserklistiere sollen es vom Onanieren entwöhnen. Überhaupt wird jede sexuelle Regung brutal unterdrückt (S. 75).

Am Ende soll das Kind lernen, daß ihm zwar immer mehr die physische Möglichkeit gegeben ist, anders zu wollen als seine Eltern, „daß es aber aus freier Selbständigkeit sich zu der moralischen Unmöglichkeit erhebe, anders zu wollen und zu handeln" (S. 28).

Der Erfolg dieser vorprogrammierten Schizophrenie des dressierten freien Willens läßt sich an Schrebers Kindern zeigen. Der älteste Sohn beging Selbstmord, der zweite ging als der berühmteste Fall von Paranoia in die Geschichte der Psychoanalyse ein, wenigstens eine der drei Töchter Schrebers litt an einer progressiven Neurose.

Letztlich war diese Folterpädagogik schon im Fichteschen System angelegt. Denn da wo die Vernunft bloß tätig definiert ist, fallen die Leidenden und Bedürftigen (hier die Kinder und getreu patriarchalischer Tradition die Frauen) nur in den Status des manipulierbaren Objekts. Diese Vernunft baut zwar auch bei Fichte auf einem Trieb auf, aber es ist der „Trieb nach realer Tätigkeit (I, 2, 419), dem ein Gefühl dann lediglich zum defizienten Modus wird: „Die Äußerung des Nicht-Könnens im Ich heißt *ein Gefühl*" (I, 2, 419).

Zwar setzt Fichte jedes empirische Ich als bloß leidend voraus, und nur das absolute Ich wird „schlechthin setzend" gedacht, aber im Verlaufe seiner Reflexion wird ja immer wieder die Einheit des Ich hervorgehoben und damit eine Identifikation dieser beiden Momente durch einen Reflexionsvorgang begründet. Von dem durch solche Reflexion erreichten Bewußtseinsstandpunkt aber wird bürgerliche Sittlichkeit begründet und Pädagogik als Stratgegie zur Einführung derselben formuliert. Ein Konzept zur Emanzipation des bürgerlichen

Mannes, zur Übernahme der Macht für die Unterwerfung der territorialen wie der menschlichen Natur.

Anmerkungen

[1]) Die Werke Johann Gottlieb Fichtes werden zitiert, soweit sie erschienen sind, nach der J. G. Fichte-Gesamtausgabe der Bayerischen Akademie der Wissenschaften. Die Ausgabe hat vier Reihen: I Werke, II Nachlaß, III Briefe, IV Nachschriften. Nach einer römischen Zahl folgt dabei eine arabische für den jeweiligen Band sowie eine weitere arabische für die Seite.
Ansonsten wird Fichte zitiert nach Johann Gottlieb Fichtes Sämtliche Werke, hg. v. I. H. Fichte 1845–1846. Zitiert als SW I–VIII und Seitenangabe. Als SW IX–XI werden zitiert Johann Gottlieb Fichtes nachgelassene Werke, hg. v. I. H. Fichte Bonn 1834–1835.
[2]) Vgl. zum Konzept der neuzeitlichen Wissenschaften, Böhme G., 1977, S. 102.
[3]) Den Begriff der Empfindsamkeit, den Pikulik zugrunde legt, hat Gerhard Sauder (1974, S. 170 ff.) zu Recht kritisiert. Um so mehr scheint mir Pikuliks These zur Ficht'schen Philosophie, die auf diesem Begriff aufbaut, falsch zu sein: „Denn es sieht ganz danach aus, daß der Kerngedanke der Ficht'schen Philosophie, die Begründung des ganzen Systems auf dem Begriff des Ich, aus empfindsamer Tradition erwächst. Der Verdacht liegt nicht fern, daß diese Philosophie im wesentlichen nicht viel anderes ist, als die Empfindsamkeit in ideologisierter Form" (Pikulik, a. a. O., S. 88).

Literatur

Böhme, G. (1977). Experimentelle Philosophie. Frankfurt/M.: Suhrkamp.

Buncsak, O. (1981). The relevance of transcendental philosophy of the scientific theory of psychology. Idealistic Studies, 11, 49–61.

Fichte, I. H. (1864). Psychologie I. Leipzig: Brockhaus.

Fichte, I. H. (1873). Psychologie II. Leipzig: Brockhaus.

Fichte, J. G. (1962–). J. G. Fichte-Gesamtausgabe der Bayerischen Akademie der Wissenschaften, hg. v. R. Lauth, H. Jakob & H. Gliwitsky. Stuttgart-Bad Cannstatt: Frommann-Holzboog.

Fichte, J. G. (1845–1846). Johann Gottlieb Fichte Sämtliche Werke (SW), hg. v. I. H. Fichte, 8 Bde. Berlin: Gruyter.

Fichte, J. G. (1834–1835). Johann Gottlieb Fichtes nachgelassene Werke, hg. v. I. H. Fichte. Bonn: Marcus.

Henrich, D. (1967). Fichtes ursprüngliche Einsicht. Frankfurt/M.: Suhrkamp.

Medicus, F. (1914). Fichtes Leben. Leipzig: Meiner.

Mehlich, R. (1935). Immanuel Hermann Fichtes Seelenlehre. Zürich: Rascher.

Pikulik, L. (1979). Romantik als Ungenügen an der Normalität. Am Beispiel Tiecks, Hoffmanns, Eichendorffs. Frankfurt/M.: Suhrkamp.

Sauder, G. (1974). Empfindsamkeit I. Stuttgart: Reclam.

Schatzmann, M. (1978). Die Angst vor dem Vater. Langzeitwirkungen einer Erziehungsmethode. Eine Analyse am Fall Schreber. Reinbek: Rowohlt.

Schlumbohn, J. (1975). Freiheit. Die Anfänge der bürgerlichen Emanzipationsbewegung in Deutschland im Spiegel ihres Leitwortes. Düsseldorf: Pädagogischer Verlag Schwann.

Schröder, H. (1979). Die Rechtlosigkeit der Frau im Rechtsstaat. Frankfurt/M., New York: Campus.

Theweleit, K. (1979). Männerphantasien, Bd. 1. Frankfurt/M.: Rowohlt.

Tugendhat, E. (1979). Selbstbewußtsein und Selbstbestimmung. Frankfurt/M.: Suhrkamp.

Seelisches Geschehen als „Kampf der Affekte". Gestaltentwicklung und Geschichte als Grundbegriffe der Psychologie Friedrich Nietzsches

Wolfgang Baßler

Geschichte und Psychologie dürften heute als Wissenschaften gelten, die kaum etwas miteinander gemein haben, wenn man einmal davon absieht, daß der Historiker hinsichtlich des Abfassens einer historischen Biographie sogenanntes psychologisches Einfühlungsvermögen haben sollte.

Das war nicht immer so: Spätestens ab Mitte des 19. Jahrhunderts wurde vermehrt darum gerungen, ob die sogenannten Geisteswissenschaften neben den Naturwissenschaften das Recht auf Anerkennung als Wissenschaft beanspruchen können.

Die Neukantianer sahen dabei die *Geschichtswissenschaft* als Prototyp einer eigenständigen Geisteswissenschaft an, da nur die Geschichtswissenschaft sich methodisch — im Sinne des Kantschen Programms und d. h. in Parallele zu den Naturwissenschaften — im Rekurs auf unsere Erkenntnisweise von Gegenständen begründen läßt. Windelbands (8. Aufl. 1921) bekannte Unterscheidung in nomothetisch und idiographisch bestimmt sich rein formalmethodologisch ohne empirisch-inhaltliche Konnotationen (vgl. Schnädelbach, 1974, S. 139f.). Die Allgemeingültigkeit und damit Wissenschaftlichkeit ist begründet in der Hinordnung des geschichtlich individuellen Werdens auf „allgemeingültige Wertinhalte" (vgl. Windelband, 1883, Bd. II, S. 20f., S. 130f., S. 144; Baßler, 1988). Daraus entwickelt sich später bei Rickert, vor allem aber bei Max Weber die für die Jasperssche Psychologie so zentrale methodologische Lehre von den Idealtypen.

Dilthey und seine Schule hingegen räumten der *Psychologie* den ersten Platz ein: Die Psychologie nämlich begründe die tragenden Grundbegriffe des seelisch-geistigen Lebens.

Bei Nietzsche nun spielen beide Wissensgebiete gleichermaßen eine hervorragende Rolle. Zumindest die Bedeutung der Geschichte wurde auch in der Sekundärliteratur zu Nietzsche ausreichend gewürdigt (z. B. Volkmann-Schluck, 1968, S. 15ff.; Löwith, 1939; Salaquarda, 1984; Schröter, 1982). Wohingegen — außer bei Nietzsche selbst — von der großen Bedeutung der Psychologie kaum die Rede ist (vgl. aber Klages, 1926; Seidmann, 1976; Kaufmann, 1978). Nietzsche selbst hatte sich ja unmißverständlich als den „ersten großen Psychologen" (II S. 1104) bezeichnet [1]) — das hätte eigentlich Anlaß sein müssen, über Nietzsches Konzept von Psychologie eingehender nachzudenken.

Welche Rolle spielt nun die Psychologie in einem Werk, in dem nach der üblichen Auskunft der meisten Interpreten „Vom Willen zur Macht", „Vom Nihilismus", „Vom Übermensch", „Von der Umwertung aller Werte", „Vom Ressentiment in der Moral", — das alles heißt nach Heidegger (1986, Bd. 48, S. 52) — von einer „Anthropologie" und „Metaphysik des Menschen" die Rede ist, in dem es aber nicht um Psychologie geht? Und ferner: hat diese Psychologie etwas mit dem Problem der Geschichte zu tun, wie Nietzsche es sieht?

Kommen wir zur ersten Frage. Alle die dazu aufgezählten Titel lassen sich verstehen als Nietzsches Kennzeichnung seiner spezifischen Art von Psychologie: Die Psychologie nämlich — so heißt es bei Nietzsche — „ist ... der Weg zu den Grundproblemen" (II, S. 587). Diesen Weg zu den Grundproblemen aber kann nur *eine* Psychologie zeigen, wie Nietzsche sie zu fassen versucht, nämlich „als *Morphologie* und *Entwicklungslehre* des Willens *zur Macht*" (II, S. 586f.). Will man also wissen, was Psychologie nach Nietzsche ist, so muß man aufzeigen, was er unter der „Morphologie und Entwicklungslehre des Willens zur Macht" versteht.

Der „Wille zur Macht" ist nun beileibe nicht einfach ein Wille nach Steigerung des Lebens bzw. der Lebenskraft, wie dies oft vereinfacht dargestellt wird (Volkmann-Schluck, 1968, S. 67ff.), sondern der „Wille zur Macht" ist nach Nietzsches eigener, eben zitierter Auskunft 1. eine Entwicklungslehre und 2. eine Formenlehre (= Morphologie). Was versteht Nietzsche darunter?

Greifen wir die erste Bestimmung auf: Wieso ist das seelische Leben als Entwicklungslehre zu fassen? Um das zu sehen, ist es notwendig, daß das, was sich im menschlichen Erleben abspielt, nicht einfach als eine Abfolge oder ein Zusammen von Akten der einzelnen seelischen Vermögen gesehen wird: erst eine Wahrnehmung, dann eine Empfindung oder ein Gefühl, ferner ein Gedanke, daraufhin ein Wille und schließlich eine Handlung. Vielmehr sieht Nietzsche das, was sich stets grundlegend ereignet, zunächst einmal als ein Ensemble der Affekte, ein „Spiel der Triebe" (II, S. 571) an. Diese Triebe bzw. Affekte, wie Haß, Neid, Habsucht, Gier, Freude, Liebe, Begeisterung, stehen in einer ständigen Auseinandersetzung. Jeder dieser Affekte versucht die Oberhand zu gewinnen und sich dann als „berechtigten *Herrn* aller übrigen Triebe darzustellen ...", denn jeder Trieb ist herrschsüchtig" (II, S. 571). Darin liegt der Gedanke der Entwicklung notwendig beschlossen: Es gibt keine „glatten" Lösungen: Alles ist Auseinandersetzung und schließlich Produkt einer solchen, indem es einmündet in eine festere Form (Morphe). Das leitet bereits über zum zweiten Punkt. Es kann nicht nur bei dem Hin und Her der stetigen Auseinandersetzung bleiben, sondern in dieser Auseinandersetzung versucht nun jeder Affekt, Terrain und Halt oder Form zu gewinnen und am Ende seine Gewichtigkeit durch letztgültige Argumente zu befestigen. Dies geschieht vor allem durch Philosophie, insbesondere Moralphilosophie, die zeigt, daß mit Notwendigkeit dieser Affekt das moralische Recht hat zu herrschen (II, S. 571 u. S. 587).

Ist es also zunächst so, daß auf einer seelisch ganz elementaren Ebene die Affekte im Widerstreit liegen, so versuchen sie im weiteren, „sich klug zu machen" und sozusagen die Auseinandersetzung auf eine neue Ebene zu bringen, in der man die Kraft der Argumente und der moralischen Einschüchterung gegen die bloß körperliche Kraft und Gewalt setzt (vgl. II, S. 779 ff.). Der anfänglich sozusagen „blinde" Affekt wird „klug", indem er mit Drohungen, Angst, Geheimnistuerei und schließlich mit mehr oder weniger vernünftigen Argumenten zu arbeiten beginnt: Er fängt an zu philosophieren — moderner und mit dem Vokabular der Psychoanalyse gesagt, zu rationalisieren (vgl. II, S. 571 f.). Sowohl um seine Herrschaft durchzusetzen, als auch um sie zu befestigen, ist der Affekt bestrebt, die Wirklichkeit nur noch in seinem Sinne erfahrbar werden zu lassen: d. h. er versucht, die Wirklichkeit, einschließlich der eigenen, nur als die seine zu gestalten: Der Neid *verdächtigt* am Ende *jeden*, die Lust will *immer genießen*, die Habsucht läßt *keinen* Besitz dem *anderen*, der Ekel kann *nie* die *Nähe* ertragen, die Liebe *breitet* sich auf *alles* aus.

Das also heißt zum einen: jeder Trieb bzw. jeder Affekt versucht, diese Entwicklung in seinem Sinne zu gestalten. Dieser gestaltende „Wille" entwickelt dabei geradezu eine Eigendynamik: wir wollen die „Macht in die Hand bekommen, um die Dinge nach *unserem Belieben zu gestalten*. Die Lust am Gestalten und Umgestalten (ist) eine Urlust!" (III, S. 424). Der Wille zur Macht erweist sich so als eine elementare Tendenz, zu handhabbaren, lebbaren Gestaltungen und Formen zu gelangen, die die ursprünglichen Affekte weiterführen, absichern, ergänzen, verfeinern etc. Auf diese Weise geht Nietzsche stets der Frage nach, welcher seelische Zustand aus welchem anderen geworden ist, was sozusagen von Anfang an „drin gesteckt" hat, was sich mit was arrangiert und amalgamiert hat, was sich danach schließlich sichtbar herausgestellt hat, aber auch, wie es sich wieder auflöst, untergeht und neu rüstet. „Formenlehre (Morphologie) des Willens zur Macht" heißt also, die Möglichkeiten des seelischen Lebens, dessen Interessen und Tendenzen sehen und deren Differenzierungen und Organisationen bis hin zu festen Gestalten verfolgen zu können.

Um solche seelischen Strategien nun besser und erfolgreicher durchführen zu können, schaffen wir uns Kunst, Wissenschaft, Sprache, Philosophie, Moral, kurzum das gesamte Arsenal der Kultur. Einmal entstanden, wird dieses eingesetzt im Dienst seines Auftrages: „Sobald () eine Philosophie anfängt, an sich selbst zu glauben, schafft (sie) immer die Welt nach ihrem Bilde, sie kann nicht anders ..." (II, S. 573; vgl. auch Müller-Lauter, 1971, S. 29 f.). Mit dieser Lehre vom Kampf der Affekte — der späteren Freudschen Rede vom Seelischen als einem „Spiel der Kräfte" nicht unähnlich (vgl. Freud, 1916/17, S. 86 u. S. 95) ist das Grundgerüst, das Nietzsche vom seelischen Geschehen entwirft, skizziert. Von da aus muß alles andere, was Nietzsche über das seelische Geschehen lehrt, gesehen werden.

So ist vor allem Nietzsches These, daß „Bewußtsein Oberfläche" sei und daß es gelte, „sich in die (unbewußte) Tiefe" zu wagen (II, S. 587 u. S. 1095; auch S. 743), nicht einfach eine Behauptung bzw. ein Postulat. Es handelt sich auch keineswegs um ein intuitives Vorausahnen bzw. Vorwegnehmen psychoanalytischer Erkenntnisse (Wehr, 1976, S. 9 ff.), sondern es hat gemäß dem eben dargestellten Modell vom Seelischen durchaus einen *systematischen Ort*: die neuzeitliche Philosophie von Descartes über Kant bis Hegel hatte doch stets das Sein mit dem Bewußtsein mehr oder weniger gleichgesetzt, Bewußtsein aber als etwas bestimmt, das sich ausschließlich im Rahmen und unter der Vorherrschaft des Denkens und Vorstellens abspielt. Das sich seiner selbst bewußte, vorstellende Denken ist damit zugleich das einzige und *autonome* Prinzip der Erfahrbarkeit von Wirklichkeit. Andere Bewußtseinsgegebenheiten wie Wahrnehmung, Phantasie, Affekt sind demzufolge von untergeordneter Bedeutung. Sie wurden daher von der traditionellen Philosophie zum einen wenig gewürdigt, zum anderen quasi durch die Brille des Verstandesdenkens gesehen, nicht aber in ihrem Eigenrecht, geschweige denn als Vorgänge, die ihrerseits das bewußte Verstandesdenken bedingen.

Läßt sich aber zeigen — und genau das ist Nietzsches Intention —, daß das Verstandesdenken nicht nur in seinen empirischen Verläufen, sondern auch in seinen formalen Strukturen Ergebnis, Produktion und Weiterführung affektiver Auseinandersetzung mit der Wirklichkeit ist, so ist es nur konsequent, von grundlegenderen — und im Kontrast zur philosophischen Bewußtseinsdefinition — *unbewußten* Vorgängen zu sprechen.

Läßt sich in diesem Zusammenhang sogar die viel zitierte und als grundlegend herausgestellte, d.h. voraussetzungslose Einheit des „Ich" als etwas aufweisen, das gar keine Einheit ist, sondern als *solche* Voraussetzungen hat und zustande gekommen ist, um das Leben zu organisieren und übersichtlicher zu gestalten, sozusagen ein ökonomisches Prinzip der Selbsterhaltung darstellt, dann sind diese Voraussetzungen folgerichtig dem vorstellenden bewußten Verstandesdenken nicht verfügbar bzw. entzogen, müssen also als unbewußt bezeichnet werden. Wohlgemerkt: Nietzsche leugnet nicht das zeitweise Vorhandensein des Faktums „Einheit des Ich", vielmehr erkennt er dieses Prinzip nicht als etwas *schlechthin* voraussetzungslos Erstes an: Vereinheitlichung stellt sich her als Differenzierungsvorgang zwischen chaotisch erlebter Fülle von vielerlei Einzelzügen und ebenso erlebter Notwendigkeit, dieser Fülle Herr zu werden [2]. Das ist der Tatbestand, der allein die Wirklichkeit beschreibt: Es gibt ein Hin und Her, eine Bewegung zwischen auflösender, zerfließender Vielfalt und vereinheitlichender Gestalt, die gelegentlich „Ich" genannt werden kann. Phänomene der sogenannten „Bewußtseinsspaltung" sind dabei nicht bloß pathologisch im Sinne der Psychose, sondern alltäglich: wir haben *stets* „Gegenbilder", „Gegenvorstellungen", „Auflösungstendenzen", *stets* etwas im „Hinterkopf" [3]. Wenn dies aber *stets* so ist, kann das Vereinheitlichungsprinzip des „Ich denke" nur ein Abstraktionsprodukt sein, ohne sich dessen bewußt zu sein.

Diese „Erkenntniskritik" Nietzsches wurde in jüngster Zeit häufiger aufgegriffen (vgl. Grimm, 1977; Lück, 1985; Baßler, 1988). Daß ihre Konsequenz wie ihre Grundlage aber in einer Psychologie, nämlich in einer bestimmten Psychologie der Affekte besteht, ist noch kaum gewürdigt worden.

Wird aber in diesem Sinne verfahren, so ist jeder Vorgang des Bewußtseins, der mit einem bloße Objektivität feststellenden Begriff belegt werden kann und fälschlicherweise auch wurde, stets wieder in seinen Kontext zu stellen. Das gilt nicht nur für das „Ich denke" als der Einheit der Apperzeption − hier ist es nur philosophisch besonders gravierend − , sondern das gilt für *alle* bewußt werdenden Erfahrungen: es ist stets zu fragen, welcher unbewußte affektive Hintergrund bzw. Kontext kommt ihnen zu? Dies soll am Beispiel des Mitleids illustriert werden. Mitleid könnte man auch als *„festes"* moralisches Vermögen ansetzen, das den Menschen als Menschen auszeichnet und das empirisch gelegentlich als emotionale Regung verspürt wird. Differenziert man das mit diesem Wort Gemeinte jedoch genauer, dann läßt sich zeigen: Mitleid ist „in Wahrheit" kein seelischer Status, bei dem man „nicht mehr an sich (denkt)", sondern ein *Vorgang*, in den vieles „eingeht": im Mit-leiden am Leiden eines anderen liegt auch „ein Fingerzeig der Gefahr für uns", nämlich daß wir in Gefahr sind, einem vergleichbaren Schicksal prinzipiell nicht enthoben zu sein. Das wirkt unter Umständen peinlich und kränkend auf uns. Die Peinlichkeit weisen wir desto energischer zurück und konzentrieren ein solches Schicksal auf den Bemitleideten. Mitleid kann dann „eine feine Notwehr oder auch Rache sein", psychoanalytisch gesprochen: eine „Reaktionsbildung". Besonders deutlich wird dies, wenn wir in der Situation des Leidens des anderen als die Helfenden und damit *Mächtigeren* hinzukommen können, „des Beifalls sicher, ... unseren Glücksgegensatz empfinden wollen" oder − noch simpler − uns einfach aus der eigenen Langeweile herausreißen lassen können. Die Sensationsneugier bei Unfällen belegt Nietzsches These jeden Tag hundertfach. Niemand der „Neugierigen" würde wohl auf Befragung seine moralisch „unlauteren" Motive zugestehen. Das „Mitleid", das wir in dem Augenblick erleben, ist *„unser"* Mitleid, das wir *einsetzen*, um des Lobes, der Anerkennung und des eigenen „Enthobenseins" gewiß zu sein. Die Empörung gegen das eigene, irgendwo einmal erlittene Unrecht oder Mißgeschick legen wir zudem noch allzu gerne in die moralische Empörung hinein, die wir im Angesicht des „fremden" Schicksals empfinden: Mitleid hat eine seelische Entlastungsfunktion! Nietzsches Fazit: „... letztendlich tun (wir) etwas der Art nie aus *einem* Motiv" (I, S. 1105).

Auch die Analyse des Willens, der üblicherweise als eines der geistig höchsten Vermögen gilt, zeigt ähnliche Ergebnisse. Der „Wille" ist nämlich kein einfaches, einheitliches Vermögen, sondern eine Gegensatzeinheit, in der vieles und Widersprüchliches, Heterogenes zusammenkommt. „Hinter" solchen Begriffen wie Mitleid oder Wille steht ein „polyphones Wesen" (I, S. 1106), das durch feste Definitionen in seinem Vollzug als seelische Formenbildung nur verkannt wird[4]). Anhand dieses Beispiels muß auf die anfänglich gestellte Frage zurückgegriffen werden, was nun Psychologie mit Geschichtlichkeit zu tun habe? − Wenn man nicht einfach davon ausgeht, daß der für die Beschreibung des Seelenlebens notwendige Gedanke der „Entwicklung" bei Nietzsche schon Beleg genug für die geschichtliche Betrachtung des Seelischen ist − und das ist in der Tat so − , dann wäre an dieser Stelle noch hinzuzufügen, daß Geschichtlichkeit bzw. Zeit für Nietzsche die Voraussetzung des seelischen Erlebens selbst ist. Hätten wir keinen Zeitbezug, gegeben sowohl als Erinnerung (= Vergangenheit) wie auch als Erwartung und Hoffnung (= Zukunft), würden wir das seelische

Geschehen ebenfalls leben, aber nicht erleben. Erst dadurch wird das Erlebte nicht einfach als fortströmende Aneinanderreihung von neutralen Momenten erfahren, sondern als Differenzierung, als Störung — z. B. im Schmerz —, als Enttäuschung etc., wie als Aufhebung derselben, also als Lücke und Schließung (vgl. Lück, 1985, S. 200 ff.).

Von der Warte der heute — im akademischen Bereich jedenfalls — einseitig vorherrschenden naturwissenschaftlich-experimentellen Psychologie nehmen sich diese Überlegungen Nietzsches zumindest als überholt, wenn nicht gar als krude aus. Geht es doch in dieser akademischen Psychologie um die Probleme der kausalanalytischen Untersuchung von isolierten Variablen mit Hilfe von Experiment, Test und Statistik. Die Legitimation dieser Forschung beruht — ob eingestanden oder nicht — in allererster Linie auf der kausalanalytischen Methode nach dem Vorbild der klassischen Physik. Die Selbstverständlichkeit, mit der diese psychologische Richtung Exklusivität in puncto Wissenschaftlichkeit exerziert, wäre aber von Nietzsche niemals akzeptiert worden: schon früh hatte er vor der einseitig unreflektierten Vorherrschaft der Methode über die Sache gewarnt: „Nicht der Sieg der *Wissenschaft* ist das, was unser 19. Jahrhundert auszeichnet, sondern der Sieg der wissenschaftlichen *Methode* über die Wissenschaft" (III, S. 814). Eine objektive Methode kann es in der Psychologie nicht geben, ebensowenig wie es eine „in Formeln gebrachte ... ‚wissenschaftliche‘ Abschätzung der Musik" geben darf (II, S. 249). Eine solche Methode in der Psychologie lenkt von der „Sache" des lebendigen seelischen Geschehens ab, da „hinter" ihr der Wille steht zu beobachten, um zu beobachten, also einzuschränken auf das „Feststellbare" und nicht dem Beobachtbaren als solchem in einem Freiraum der Entwicklung nachzugehen. Diese Methode geht dem eigenen Seelenleben gerade aus dem Wege; sie verfehlt damit ebenso ihr Ziel wie „das Maler-Auge entartet ist, hinter dem der *Wille* steht, zu sehn um zu sehn" (III, S. 791). Ein solcher „Maler" überließe sich nicht seinen „Einfällen", seinen „Bildern", die vor sein Auge kommen und die er „ausmalen" und entwickeln kann, sondern steht in Versuchung, dies alles durch eine bloße Technik des Sehens zu ersetzen. Demgegenüber plädiert Nietzsche für Inhalt und Reflexion, für die Psychologie einer lebendigen Seele und gegen Schematisierungen in Formeln. Erleben durch Gestaltung in Bildern und Geschichten ist nicht durch Technik einzufangen oder gar zu ersetzen.

Anmerkungen

[1]) Es wird nach der Nietzsche-Ausgabe von K. Schlechta „Werke in drei Bänden" zitiert; die römische Ziffer bezieht sich auf den Band, aus dem zitiert wird.
[2]) „Alle Einheit ist nur als Organisation und Zusammenspiel Einheit ...", zitiert nach Müller-Lauter (1971). Vgl. zum Problem der Erkenntniskritik Nietzsches die Dissertation von K. H. Dickopp (1965).
[3]) Vgl. Nietzsche, „Morgenröte" (I, S. 1095): „... daß all unser sogenanntes Bewußtsein ein mehr oder weniger phantastischer Kommentar über einen ungewußten, vielleicht

unwißbaren, aber gefühlten Text ist ...". Vgl. dazu auch H. von Kleist (1898, S. 52 ff.) Über die allmähliche Verfertigung der Gedanken beim Reden.
[4]) Zu Nietzsches Analyse des Willens vgl. u. a. II, S. 581 f.; sowie Baßler (1988).

Literatur

Baßler, W. (1988). Ganzheit und Element. Zwei kontroverse Entwürfe einer Gegenstandsbildung in der Psychologie. Göttingen: Hogrefe.

Dickopp, K. H. (1965). Nietzsches Kritik des ,Ich denke'. Dissertation Bonn.

Freud, S. (1916–1917). Vorlesungen zur Einführung in die Psychoanalyse, Bd. 1, hg. v. A. Mitscherlich. Frankfurt/M.: Fischer 1969, 5. Aufl. 1974.

Grimm, R. (1977). Nietzsche's theory of knowledge. In Monographien und Texte zur Nietzsche Forschung, Bd. 4, hg. v. Montinari, Müller-Lauter & Wenzel. Berlin, New York: de Gruyter.

Heidegger, M. (1986). Nietzsche: Der europäische Nihilismus. In Gesamtausgabe, Bd. 48. Frankfurt/M.: Vittorio Klostermann.

Kaufmann, W. (1978). Nietzsche als der erste große Psychologe. In Nietzsche-Studien, Bd. 7, pp. 261–287, hg. v. Behler, Montinari, Müller-Lauter & Wenzel. Berlin, New York: de Gruyter.

Klages, L. (1926). Die psychologischen Errungenschaften Nietzsches. Bonn: Bouvier, 3. Aufl. 1958.

Kleist, H. v. (1878). Über die allmähliche Verfertigung der Gedanken beim Reden. Stuttgart: Reclam 1976.

Löwith, K. (1939). Von Hegel zu Nietzsche. Stuttgart: Fischer, 2. Aufl. 1950.

Lück, G. (1985). Nietzsches Kritik der Erkenntnis als Verfestigung. Dissertation Köln.

Müller-Lauter, W. (1971). Nietzsche. Seine Philosophie der Gegensätze und die Gegensätze seiner Philosophie. Berlin, New York: de Gruyter.

Nietzsche, F. (1954). Werke in drei Bänden, hg. v. K. Schlechta. München: Hanser, 5. Aufl. 1966.

Salaquarda, J. (1984). Studien zur zweiten unzeitgemäßen Betrachtung. In Nietzsche-Studien, Bd. 13, pp. 1–45, hg. v. Behler, Montinari, Müller-Lauter & Wenzel. Berlin, New York: de Gruyter.

Schnädelbach, H. (1974). Geschichtsphilosophie nach Hegel. Freiburg, München: Karl Alber.

Schröter, H. (1982). Historische Theorie und geschichtliches Handeln. Zur Wissenschaftskritik Nietzsches. In Kunsterfahrung und Zeitkritik, Bd. 3, hg. v. Jähnig. Mittenwald: Mäander.

Seidmann, P. (1976). Die perspektivische Psychologie Nietzsches. Eine geistesgeschichtliche Studie. In Die Psychologie des 20. Jahrhunderts, Bd. I. Die europäische Tradition, hg. v. H. Balmer. Zürich: Kindler.

Volkmann-Schluck, K.-H. (1968). Leben und Denken. Interpretationen zur Philosophie Nietzsches. Frankfurt/M.: Vittorio Klostermann.

Wehr, G. (1976). Nietzsche als Tiefenpsychologe. In Du sollst werden, der du bist. Friedrich Nietzsche. Psychologische Schriften. München: Kindler.

Windelband, W. (1883). Präludien. Aufsätze und Reden zur Philosophie und ihrer Geschichte, Bd. I & II. Tübingen: J. C. B. Mohr, 8. Aufl. 1921.

Die Hermeneutik bei Schleiermacher und Dilthey und ihre Bedeutung für die Psychologie

Christoph Hubig

Friedrich Daniel Ernst Schleiermachers (1768–1834) Beitrag zur Begründung einer modernen Hermeneutik sowie – im Kontext dieses Buches – zum Problem des Verhältnisses der Psychologie zur Geschichte kann darin gesehen werden, daß er divergierende Tendenzen der damals vorliegenden Hermeneutiken in einem einheitlichen Paradigma zusammengeführt hat, wobei dem Begriff des Psychischen sowie des psychologischen Verstehens eine zentrale Funktion zukam. Die Verstehenslehren aus dem Horizont der humanistischen und aufklärerischen Philosophie hatten das Problem zu lösen, wie trotz der erkannten historischen Distanz zum Auszulegenden das Verstehen nicht in einen philologischen Relativismus mündet, sondern seine Resultate unter beurteilende Instanzen gebracht werden können, die in allgemeiner Gültigkeit die Erträge des philologischen Bemühens bewerten und dadurch überhaupt interessant machen. Ob nun als solche Instanz des „lumen naturale" (Erasmus, Melanchthon) als allgemeiner natürlicher Menschenverstand, die Lebendigkeit der Religiosität (Flacius), die kritische Vernunft (Spinoza), die überhistorische Kenntnis der Sachen (Chladenius) angesehen wurde – letztlich blieb die Philologie als Sache der Sprache von jenen Instanzen abgeschnitten, und die Frage, wie sie selbst ermöglicht würde, ausgeklammert. Jene Trennung führte schließlich dazu, daß die Philologie als eine Kunst idiographischer, historisch-adäquater Interpretation sich auf sich selbst zurückzog und Frontstellung gegen die philosophischen Ansprüche an die Interpretation bezog (Friedrich August Wolff, 1759–1824), und auf der anderen Seite in philosophischer Überspitzung der menschliche Geist als universaler Prozeß, der sich eigentlich nicht fremd sein könne, zum Argument reklamiert wurde, daß sich die Probleme der Philologie philosophisch-spekulativ lösen lassen (Friedrich Ast, 1778–1841). Diese Problemsituation fand Schleiermacher vor. Wilhelm Dilthey (1833–1911) knüpfte an Schleiermachers Hermeneutik an und bemühte sich, sie von den Resten eines romantischen Idealismus zu befreien, indem er das Konzept des Psychischen in zweierlei Weise weiterentwickelte: Eine Einbettung in die Geistesgeschichte als Abfolge historisch-psychologischer Typen sollte das Konzept des Psychischen selbst historisieren, und eine Verankerung in der Evidenz psychischen Erlebens sollte der Hermeneutik ein Korrespondant zur empirischen Basis in den Naturwissenschaften, den erklärenden Disziplinen, verschaffen.

Die Konzeptionen des Psychischen bei Schleiermacher und Dilthey waren innerhalb und außerhalb der hermeneutischen Diskussion heftiger Kritik ausgesetzt. Hans Georg Gadamer (1965, S. 274), der seine Hermeneutik auf der Instanz des wirkungsgeschichtlichen Bewußtseins aufbaute und Verstehen als „Einrücken in das Überlieferungsgeschehen" begreift, warf Dilthey einen verfehlten Objektivismus vor, der das Psychische jenseits seiner Präsentation durch die Überlieferungstradition erfassen wolle. Seitens des kritischen Rationalismus wird die angebliche Irrationalität des psychologischen Verstehens, die angemaßte Evidenz als ungeeigneter Ausgangspunkt wissenschaftlicher Methode angegriffen. Es wird demgegenüber zu zeigen sein, daß gerade dadurch, daß — bei allen Unterschieden — Schleiermacher und Dilthey das Psychische und das psychologische Verstehen im Blick auf seine Historizität begriffen, der subjektivistische Ausgangspunkt im Nachhinein objektivierenden Verfahren überantwortet wird, die seine Interpretationsleistungen überprüfen. Medium dieser Überprüfung ist die Analyse der Sprache, in der sich die Geschichtlichkeit ausdrückt.

1. Nachdem Schleiermacher (1826) in der „Einleitung"[1]) zu seiner Hermeneutik in erster Annäherung das Verstehen als aus zwei Momenten bestehend, dem grammatischen und dem psychologischen, charakterisiert hat (These 5 der „Einleitung"), erläutert er das „Ineinandersein" dieser beiden Momente (These 6) *erstens* dadurch, daß die „Rede als Tatsache des Geistes nicht verstanden (sei), wenn sie nicht als Sprachbeziehung verstanden ist, weil die Angeborenheit der Sprache den Geist modifiziert"(HF S. 79). Dabei geht Schleiermacher davon aus, daß es die angeborene Sprache ist, die ein Denken, das als Geist nur ein Mögliches ist, zur Wirklichkeit bringt. Die Angeborenheit der Sprache scheint also die nicht mehr hinterfragbare Instanz, die diesen Prozeß initiiert. Das unendliche Denken wird zur endlichen Tatsache nur in der Form des Sprachlichen.

Daß Geist andernorts als Totalität charakterisiert wird, und diese dem zeitgenössischen Wortgebrauch folgend, als Inbegriff der Möglichkeit, „Totalität des Möglichen" verstanden wird (HF S. 177 u. a.), fügt sich in jene Architektonik. Die „Tatsache des Geistes" ist eine endliche, die ihre Form durch die Sprache als „System der Modifikationen" erhalten hat. (Daß Sprache hier als System oder „Schema" von Bedeutungen als den Regeln der Hervorbringung der wirklichen Ausdrücke bestimmt wird (HF S. 78), ist eine Antizipation des Paradigmas der gegenwärtigen Sprachphilosophie.) *Zweitens* wird (neben der noch zu behandelnden These, daß die Rede die Sprache modifiziert) vom Geist gesagt, daß in „diesem der Grund von allem Einflusse des Einzelnen auf die Sprache liegt, welche selbst [erst] durch das Reden wird" (HF S. 79). „Die individuelle Natur der Sprache ist Darstellung einer bestimmten Modifikation des Anschauungsvermögens", „die Elemente der Sprache als Darstellungen eines besonders modifizierten Anschauungsvermögens kann nicht apriori konstruiert werden ..." (HF S. 172). Durch den Geist und die Modifikation des Anschauungsvermögens sind individuelle Natur und die Elemente der Sprache erst als wirkliche gegeben. Sprache ist offenbar kein Apriori, wenngleich angeboren. Angeboren ist sie demnach nicht als wirkliche, sondern nur als mögliche, als Kompetenz.

Wenn die Sprache eine Instanz wäre, die hinreichende Bedingung dafür ist, daß der Geist als Totalität sich in einer Rede aktualisiert, wäre es nicht nötig, anzunehmen, daß der Geist selbst Grund dafür sei, daß die Sprache, ihrerseits von Schleiermacher als objektive Totalität charakterisiert (HF S. 78 u. S. 326), also selbst nur Möglichkeit, sich in der Rede verwirklicht. Wir haben also zunächst zwei Totalitäten, Sprache und Geist, die wechselseitig notwendige Bedingungen zu ihrer Verwirklichung in der Rede sind. Eine Verwirklichung kann jedoch nur eine wirkliche, nicht eine ermöglichende „Ursache" haben — denn eine solche wäre eine bloße Disposition. Zur Verwirklichung muß also ein Drittes hinzukommen.

Sprache als Totalität, als System von Bedeutungen, kommt nur in der Rede „zum Vorschein" (HF S. 78). In dieser Formulierung Schleiermachers ist impliziert, daß er Bedeutung nicht als Reales auffaßt, sondern als Schema (HF S. 32ff.) von Bezeichnungen. Schemata oder Systeme sind erst als ausgefüllte oder ausgeführte real. Um die Sprache aus dem Status ihrer Möglichkeit herauszuführen, bedarf es der Rede. Diese ist von Schleiermacher als Akt charakterisiert. Wodurch kommt dieser Akt zustande? (Bisher sind nur notwendige, keine hinreichenden Bedingungen angeführt.) Er gründe in der Individualität des Autors, der „schriftstellerischen Totalität" (HF S. 171). „Zusammengesetztes durch den Menschen. Also auch aus dem Menschen" (HF S. 171). Erst die Individualität des Menschen, die sich als Binnenbeziehung zwischen Stil und Charakter darstellt, vermag durch Herstellung Sprache in der Rede zu aktualisieren.

In seinen Anmerkungen zur technischen Interpretation charakterisiert Schleiermacher den Menschen einerseits als Organ der Sprache, andererseits diese nur als Organ des Menschen, im Dienste seiner Individualität. Neben der notwendig wechselseitigen Bedingung zwischen Sprache und Geist finden wir hier also einen wechselseitig notwendigen Bedingungszusammenhang zwischen Sprache und Individualität dergestalt, daß das Individuum mittels der Sprache sich verwirklicht, andererseits dadurch, daß es damit auch Sprache zum Vorschein bringt, Sprache verwirklicht (so wie jede Regel zu ihrer Befolgung eines handelnden Menschen bedarf, dieser aber durch sein Handeln implizit die Gültigkeit der Regel bestätigt).

Dem entspricht Schleiermachers Forderung, daß Sprache nicht bloß als neutrales Medium und Geschichte nicht nur als die „Modalitäten der Existenz von Personen" betrachtet werden dürfen. Denn damit verfehlt man die Eigenschaft der Sprache als modifizierender Kraft in der Geschichte sowie inbesondere die modifizierende Leistung der Personen selbst (HF S. 319). Wenn die Rekonstruktion jener Modifikationen durch bloße Beobachtung ersetzt wird, ist das Verstehen auf diejenigen Personen beschränkt, die sich ihm am willigsten aufschließen (ebd.). Dieser Hinweis ist von verblüffender Aktualität hinsichtlich der gegenwärtigen Probleme qualitativer Analyse, insbesondere der Rationalitätskriterien der Verhaltensklassifikation (Hubig, 1985a).

Bis zu diesem Punkt unserer Rekonstruktion werden also von Schleiermacher zunächst Sprache und Geist als unbestimmte Instanzen der Ermöglichung von

Rede angenommen und ihnen die grammatische respektive psychologische Interpretation zugeordnet. Per se sind sie nicht zugänglich, sondern lediglich ihre Konkretisierung in der Rede ist Gegenstand der Auslegung. Da diese als Modifikation in der Geschichte erscheint, also einem Veränderungsprozeß ausgesetzt ist, läßt sich außer den abstrakten und formalen Bemerkungen über ihren Zusammenhang von ihnen nichts aussagen. Daher ist auch der abstrakte Geist als Denkvermögen nicht Gegenstand der Psychologie und des psychologischen Verstehens. Andererseits liegt gerade in dem Faktum, daß die Rede ein ständig variierendes Modifikationsresultat ist, begründet, daß zu dieser Rede eine Distanz besteht, daß der historische Abstand eine Fremdheit bedingt, denn unsere Modifikationen von Sprache und Geist können nicht einfach für ferne und zeitlich zurückliegende Reden als gleiche unterstellt werden. Dies macht die grundsätzliche „Fremdheit zum Auszulegenden" aus.

Indem nun Schleiermacher die Individualität des Sprachverwenders ins Spiel bringt, erweitert er das Problemfeld in Richtung der Psychologie im heutigen Sinne. Was ist jedoch Individualität? Mit Humboldt versteht er unter ihr eine „Kraft", die vorgefundene Ausdrucksformen oder Schemata „bewegt", indem sie ihnen einen persönlichen Stil aufprägt und sie damit verwirklicht. Dabei wird sie ihrerseits angetrieben durch den „Stoff als darzustellendes Problem auf der einen und durch den „Charakter" auf der anderen Seite. Die psychologische Betrachtungsweise muß sich also auf die Stoffe ausweiten (HF S. 167), und als „Ins-Werk-Setzen" wird „der Stil nur verstanden durch die völligste Kenntnis des Charakteres" (HF S. 172), was dann die technische Seite der Interpretation ausmache. Ein Charakter wird nun von Schleiermacher seinerseits als „Modifikation des Denkvermögens" (HF S. 172) begriffen. Da ihm dieser Charakter als individuelle Natur erscheint, betrachtet er diesen Modifikationsprozeß als Werk der Natur. Historische Lebensumstände, der „Totalzusammenhang des bestimmten Lebens" (HF S. 338) werden zwar ebenfalls als Instanzen dieser Modifikation angesprochen, jedoch nicht in dem Maße behandelt, wie dies später Dilthey tun wird. Hier liegt ein entscheidender Unterschied zwischen beiden Ansätzen. Damit hat Schleiermacher zunächst sein Problemfeld abgesteckt. „Geist" erscheint nur in seinen geschichtlichen Modifikationen, abhängig von den Stoffen, der Sprache, der individuellen Natur derjenigen, die ihn in ihrer Rede konkretisieren. Das Hervorbringen dieser „Rede" wird als Akt begriffen. (Im Blick auf die Sprachabhängigkeit des Handelns läßt sich von diesem Punkte aus Schleiermachers Überlegung auch auf das Handlungsverstehen ausweiten.) Auf dieser Basis läßt sich nun seine Aufgabenstellung für das Verstehen und seine Binnengliederung der einzelnen Verstehensarten begründen, des Verstehens, das seinerseits als Akt aufgefaßt wird.

2. Indem Schleiermacher das Verstehen als „das allmähliche Sichselbstfinden des denkenden Geistes" (Über den Begriff der Hermeneutik, HF S. 328) bestimmt, das der Aufgabe folgt, „den Menschen als Erscheinung aus dem Menschen als Idee zu verstehen" (HF S. 235), wodurch der Mensch über sein „höch-

stes Interesse" (HF S. 235) klar wird, bestimmt er das Verstehen als Reflexion. Aufgabe ist es, „die Totalität des Möglichen durch beständiges Vergleichen zu ermitteln und wiederzugewinnen" (HF S. 177). Während die Modifikation durch Tätigkeit aus der unendlichen Totalität des Möglichen, von der keine Anschauung gegeben ist, das Wirkliche bildet, bezieht das Verstehen diese Wirklichkeit als Tatsache auf die Totalität zurück, indem es die „Differenz" zwischen der Totalität und der „konkreten Kombinationsweise" (HF S. 92) auf die „Identität" zurückführt, d. h. das Wirkliche als Mögliches erfaßt, und somit auch die Art seiner Spezifikation.

Dabei zielt das Verstehen nicht auf die historische Individualität als solche. Vielmehr soll die historische Konstruktion „unser Selbst und andere" befruchten (HF S. 340), nur ein Mittel zur „objektiven Betrachtung" sein; die „verkleinernde Kleinlichkeit" ist mit dieser „großartigen" Aufgabe zu verbinden (ebd.). Jene Forderung markiert sogleich den Unterschied zu Hegels Reflexionsphilosophie: Die Bestimmtheit des Endlichen wird nicht etwa durch den Prozeß der Reflexion *aufgehoben*, sondern *in* der Endlichkeit des Individuellen wird erkannt, daß es ein Unendliches ist, da es den Akt, das Tun als unendliche Möglichkeit ausdrückt. „Das Letzte ist ein Unendliches" (HF S. 130), und dementsprechend ist auch „jede Anschauung des Individuellen unendlich" (HF S. 80). Die Unendlichkeit der Anschauung qua Unendlichkeit, Nichtabschließbarkeit des Verstehens als Akt dokumentiert die Unendlichkeit des zu verstehenden Individuellen bzw. sein Hervorgebrachtsein – sie erkennt es als Aufweis von Kompetenz, Verfügung über die Fähigkeit, Mögliches in Wirklichkeit zu überführen.

Unendlich ist es im Blick auf sein Anders-Sein-Können. Verstehen ist somit „Umkehrung der Modifikation" (HF S. 76), da es die Aktualisierung von Unendlichem (Intentionalität) durch ihren Aufweis als Teil des Unendlichen erscheinen läßt. Und da die Modifikation ein Akt ist, gilt dies auch für ihre Umkehrung, das Verstehen, das einen einzelnen Ausdruck in seiner Spezifik als intentional auf die Totalität des Möglichen zurückbezieht und ihn dadurch als Resultat einer bestimmten Wahl rekonstruiert. „Verstehen ist somit die Konstruktion eines endlichem Bestimmten aus einem unendlichen Unbestimmten" (HF S. 80). Daher steht das Verstehen vor einer unendlichen Aufgabe, und eine „Tatsache des Geistes" kann immer neu verstanden werden. Auch bestehe niemals Sicherheit in Aussagen bezüglich der zugrundeliegenden Totalität (HF S. 81).

Hier wird nun der romantische Hintergrund der Schleiermacherschen Hermeneutik besonders deutlich. Die Universalisierungsphilosophie, die auch Schleiermachers Freund Friedrich Schlegel vertrat, will die Begrenzungen der menschlichen Erscheinung transzendieren und durch jenen „Geschmack für das Unendliche", wie Schleiermacher die Religion charakterisierte, dem Menschen seine Freiheit als Gottähnlichkeit wiedererschließen. Das Unbegrenzte, Unbestimmte soll dasjenige Unendliche sein, auf dessen Hintergrund der menschliche Akt die Individualität des einzelnen Menschen begründet. Hier ist der Kantianer Dilthey anders orientiert. Ihn interessieren die *Bedingungen* der Möglichkeit menschlichen Seins, und deshalb versucht er, analog zu Kants Rekonstruktion der Erkenntnisbedingungen der Natur, solche für das Erleben und das Verstehen zu gewinnen.

Von jenem Ansatz Schleiermachers aus lassen sich nun die drei großen Spezifikationen der Schleiermacherschen Hermeneutik systematisieren:

a) der Verstehensarten des grammatischen, psychologischen und technischen Verstehens lassen sich als jeweilige Umkehrungen der Modifikation der Sprache durch den Geist, des Geistes durch die Sprache (notwendige Bedingung) und beider durch den Akt der Herstellung (hinreichende Bedingung) begreifen.

b) der Verstehensmethoden, der divinatorischen und der komparativen, von denen erstere *nacherlebend* die Reflexion *implizit* bei der begrifflosen Totalität und der Beziehung des Einzelnen zu dieser anheben läßt, letztere *begrifflich* das Allgemeine als Hypothese des Vergleiches setzt und die Totalität *explizit* „wiedergewinnt", aus der der spezifische Ausdruck hervorging, und beide dadurch die Differenz Möglichkeit-Wirklichkeit auf ihre Identität zurückführen (HF S. 169).

Auf dem Hintergrund der Modifikationsbeziehungen erhellt sich zudem zweierlei: Erstens müssen die beiden Verstehensarten des grammatischen (etwas „herausgenommen aus der Sprache") und des psychologischen Verstehens, etwas als „Tatsache im Denken", „aus der eigentümlichen Einheit des Geistes" (HF S. 79) zu verstehen, als „völlig gleich" erachtet werden. Zweitens ist das technische Verstehen, das auf die Mittel der Herstellung zielt, nicht kategorial neben die beiden anderen Verstehensarten zu stellen, sondern setzt sie voraus. Mittel der Herstellung können als sinnvoll verstanden werden nur im Blick auf das Ziel, den Ausdruck der Rede, die ihrerseits, wie die Mittel, Modifikation des Geistes und der Sprache ist.

Wie kann aber nun ein einzelner Ausdruck, eine „Tatsache des Geistes", als spezifischer erfahren werden? Dieser Frage geht Schleiermacher von zwei Seiten her nach: Auf der einen Seite fordert er, daß der Auslegende ein *Talent* haben müsse, das ihm erlaube, Identität und Differenz festzustellen. Dieses Talent als extensives gebärde sich komparierend, d. h. es sucht durch das Vergleichen Übereinstimmungen (HF S. 82). Als intensives Talent hingegen verfahre es divinatorisch, d. h. es sucht die Eigenart des Individuellen als Spezifizierung der allgemeinen Totalität (Sprache/Geist) zu erahnen (divinari). Daß dieses divinatorische Vorgehen *selbst* nicht begrifflich fundiert sein kann, hat es zum Angelpunkt der Schleiermacher-Kritik, insbesondere des Psychologismusvorwurfes, gemacht. Verfolgen wir diese Divination daher weiter. Sie wird möglich durch ein Vergleichen des Auszulegenden mit dem Ausleger. Das fremde Auszulegende darf also nur *relativ* fremd sein, sonst ist ein Vergleich nicht möglich (HF S. 170).

Zunächst ist genauer nach dem Gegenstand dieser Divination zu fragen. „Einen Nullwert hat, was weder Interesse hat als Tat noch als Bedeutung für die Sprache", nämlich die gemeine Rede, das gemeine Leben. Hier falle keine Abweichung auf, hier gebe es auch nichts zu konstruieren. (Ähnlich sagte z. B. Whorf (1963), daß allgemeine Regeln erst dann ins Bewußtsein treten, wenn

Abweichungen von ihnen dadurch erfahren werden, daß sie sich nicht mehr identifizieren lassen, d. h. man ihnen verständnislos gegenübersteht.) Zum Gegenstand einer Auslegung, also einem Verstehensversuch, werde erst ein Etwas, wenn es entweder *originell* oder *klassisch* oder beides, d. h. *genial* sei. Dies sind drei Typen von Abweichungen. Ihnen ist gemeinsam, daß sie zunächst Gegenbegriffe zur „Wiederholung" sind, modern ausgedrückt: zur Redundanz (HF S. 82).

Das „Originelle" ist definiert als bloße Eigentümlichkeit, die nicht gemein ist. Als Beispiel führt Schleiermacher hier Hamann an, an dem alles auffalle. Das „Klassische" ist ebenfalls nicht wiederholend, jedoch produktiv: Die Abweichung vom Allgemeinen, die der Klassiker vorführt, wird selbst zur Regel. Cicero sei ein Klassiker, der jedoch nicht originell sei. Während das Originelle durch seine Vereinzelung zur Nichtigkeit werde, könne das Klassische seinerseits zum leeren Mechanismus entarten. Das „Genialische" hingegen vereine die Vorteile beider im Gleichgewicht. Wenn man diese Charakterisierungen liest, fällt auf, daß hier allgemeine Prinzipien der Beobachtung angesprochen werden, ohne daß der Begriff der Beobachtung zunächst selbst fällt. Denn jede Beobachtung ist zunächst durch eine Erwartung definiert, die den Standpunkt des Beobachtenden ausmacht und sein Beobachtungsfeld begrenzt. Zweitens ist sie durch seine Sensibilität bestimmt (Schleiermachers intensives Talent), Abweichungen in diesem Feld wahrzunehmen, die, eben weil sie abweichen von dem sich Wiederholenden, auffallen. Drittens ist sie dadurch gekennzeichnet, welchen Status der Beobachtende dieser Abweichung einräumt: Als vereinzelte wird sie für ihn keine Folgen haben, d. h. sein Ensemble gemachter Beobachtungen nicht umstrukturieren, sondern erst dann, wenn er in dieser Abweichung selbst wieder eine Regelmäßigkeit, ein Prinzip entdeckt zu haben vermeint (Schleiermachers extensives Talent). Ist nun die Annahme eines Standpunkts, nach Schleiermacher die Annahme eines allgemeinen Begriffs, im Blick auf welchen das Einzelne überhaupt als solche Differenz erscheint, mehr oder weniger willkürlich? Und gilt dies nicht auch für die Einschätzung des Erfahrenen als originell oder klassisch? Die Annahme einer „Allgemeinheit des Individuellen" als implizitem Ausgangspunkt der Divination hat jedoch zwei Seiten: eine sprachliche und eine psychologische. Über letztere macht Schleiermacher in der Tat keine weiterführenden Angaben, außer allgemeine Bemerkungen zur Menschenkenntnis. Die sprachliche Seite hingegen läßt sich operationalisieren: Denn selbst wenn die *Sprache* als Ganze niemals vollständig gekannt werden kann, so sind in ihr jedoch bestimmte *Sprachkreise* als erste Modifikationen zu isolieren, in diesen wieder bestimmte *Redetypen*, innerhalb dieser wieder bestimmte *Stile* und *Techniken*, schließlich einzelne konkrete *Ausdrücke*. Und dieser gesamte Apparat von Modifikationsbeziehungen ist gerade derjenige, so Schleiermacher, der das Denken modifiziert, d. h. den Zusammenhang zwischen dem Geist als Möglichkeit und dem Denkakt als Wirklichkeit ausdrückt. Andererseits bleibe nichts außer dem Denken seinerseits als Ursache dafür anzunehmen, wenn wir fragen, wie denn die jeweilige sprachliche Einzelheit aus dem Bereich der Sprache sich herausdifferenziert. Daher kann im *Nachhinein* erwiesen werden, wann die Konstruktion einer bestimmten Einzelheit als Basis einer dann beginnenden Auslegung von Wert war, dann nämlich, wenn sowohl das divinatorische wie das komparative Verfahren *und* die sprachlichen und psychologischen Modifikationen sich nicht mehr wechselseitig korrigieren, sondern dieser Prozeß vorläufig abgeschlossen ist. (Dabei sei darauf hingewiesen, daß Divination eben nicht gleichzusetzen ist mit Psychologie, vielmehr meint das divinatorische Verfahren die für sich unthematisierbare und nicht rechtfertigbare Feststellung einer Eigentümlichkeit, die durch das komparative Verfahren, den Vergleich eines explizit Gegebenem mit einer explizit formulierten Hypothese über seine Bezugsallgemeinheit, im Nachhinein abgesichert wird.) Eine divinatorische Erfassung eines Individuellen ist also gerechtfertigt, wenn eine Komparation in diesem Falle versagt: Wir haben dann eine Spezifik beobachtet. Diese muß nun jedoch im Blick auch auf die Sprache erwiesen werden. Ist sie für diese ebenfalls spezifisch und vereinzelt, so liegt eine Originalität „als Nichtigkeit" vor – die Auslegung wird sich die Zähne ausbeißen. Ist die Spezifik im Blick auf Nachfolgendes lediglich als erstes Vorbild eines Mechanismus auszumachen, dem alles spätere sklavisch folgt, finden wir etwas Klassisches. Unsere Divination ist ebenfalls relativiert. Erst wenn für alle vier Faktoren ein Sowohl-als-auch gilt, sie also sich „im Gleichgewicht" befinden, liegt eine echte Abweichung vor, die den Anspruch auf das Absolute oder Genialische, wie Schleiermacher es nennt, erheben könne. Nach diesen Kriterien könnte man also den Streit entscheiden, ob das, was ein Geisteswissenschaftler „gesehen" habe, für die Auslegung von Wert sei oder vernachlässigbar ist. „Gesehen" heißt hier also, als spezifische Handlung aus Freiheit konstruiert.

Um Mißverständnisse zu vermeiden, sollte hier in Erinnerung gerufen werden, daß das Genialische gerade nicht als individuelle Sonderleistung emporstilisiert wird (daher die Abgrenzung zum Originellen), sondern im Sinne Bodmer/Breitingers, Schillers, Kants, Jean Pauls und Humboldts als gelungener und nachvollziehbarer Ausdruck menschlicher Verwirklichung von Freiheit in bewußter Auseinandersetzung mit den Möglichkeiten begriffen wird, die dem Individuum jeweils zur Verfügung stehen und es jeweils begrenzen. Daß im Umgang mit historischen Ausdrücken nur die Beobachtung eines Genialischen gewürdigt wird, ist für Schleiermacher durch die Aufgabe des Verstehens überhaupt bestimmt, die „höchsten" Interessen der Menschen diesen vorzuführen, so daß der menschliche Geist zu seiner „Selbstfindung" gelangt. Die Erkenntnis des Individuellen hat also nur eine exemplifizierende Funktion, die am ehesten durch das Genie erfüllt wird. Geschichte hat keine Eigendynamik, sie ist bloßes Material als Konkretisierung des Geistes. Eine historisch-psychologische Auslegung ermöglicht die Verfahren der grammatischen Auslegung, die ihrerseits im Nachhinein jenen unmittelbaren Ausgangspunkt bestätigen muß.

3. Schleiermachers idealistische Grundannahme, daß im Historisch-Individuellen der immer gleiche menschliche Geist sich in unterschiedlicher Weise konkre-

tisiert, wird von Wilhelm Dilthey nicht mehr geteilt. Seine Historisierung der Hermeneutik Schleiermachers führt zu einer Transformation der Theorie des Verstehens. Daß er allerdings Schleiermachers Voraussetzung teilt, neben dem Bereich des Sprachlichen eine psychische Dimension anzunehmen, die nicht in der Sprache aufgeht, hat ihm den Vorwurf des Psychologismus eingetragen, wie er am schärfsten von der Stegmüller-Schülerin Heide Göttner (1973) im Anschluß an Gilbert Ryles (1949) und Ludwig Wittgensteins (1958) Zurückweisung des Mentalismus vorgetragen wurde. Schleiermacher und Dilthey seien letztlich Verfechter der alten cartesianischen dualistischen Theorie, die neben der äußeren beobachtbaren Welt eine innere geistige annehme (S. 75).

Zunächst kritisiert Göttner Diltheys Ausgangsthese, die er in seinen „Ideen über eine beschreibende und zergliedernde Psychologie" (1894) gemacht habe. Basis seiner Begründung des geisteswissenschaftlichen Verstehens ist das *Erlebnis*, das jedem einzelnen Menschen qua innere Betrachtung in seiner Totalität gegeben sei. (Dies entspräche der Schleiermacherschen Wahrnehmung einer Differenz.) Der Einzelne erfahre es qua innerer Wahrnehmung, die für sich Evidenz besitze und erst nachträglich zergliedert werden könne. Die Übertragung der Resultate einer solchen Zergliederung auch auf die Ausdrücke anderer Menschen erlaube uns, deren Erlebnisse zu verstehen. Die Feststellung von Regelmäßigkeiten, die hier induktiv gewonnen werden, sind nicht ihrerseits als Hypothesen zu formulieren und mit der einzelnen Beobachtung zu konfrontieren, sondern haben in der inneren Wahrnehmung eine sichere Basis. Diesem Ansatz wird von Göttner die Unsicherheit seiner Übertragung auf Beobachtungen am Text vorgeworfen sowie sein metaphysischer Hintergrund, der darin bestehe, jenseits der äußeren Erscheinungswelt eine innere Welt des Psychischen anzunehmen. Dies wird als dogmatisch abgelehnt. Nun bleibt es jedem unbenommen, auf Strohmänner einzuprügeln. Überflüssig wird diese Kraftanstrengung dann, wenn sie ignoriert, daß genau diesen Fragen sich Dilthey selbst gestellt hat, der deshalb seinen Ansatz, eben um jene beiden Probleme zu lösen, weiterentwickelt hat. Während bekanntlich nach Dilthey für das elementare Verstehen im Alltagsleben gültige Regeln dieses Nacherleben leiten (z.B. bei Grußhandlungen), ist für die Fälle, in denen jenes Nacherleben überhaupt zum Problem wird, ein höheres Verstehen nötig, das Dilthey als „Aufstieg zur Individuation" begreift. Um etwas als Individuelles zu erfahren, ist vorab eine Leistung zu erbringen. Dabei richtet man sich auf solche Momente, „in denen ein (intentionaler) Zusammenhang realisiert ist". Woran aber ist dieser Zusammenhang zu erkennen?

Zur Beantwortung dieser Frage geht Dilthey ebenfalls von der inneren Beobachtung persönlichen Erlebens aus („Die Abgrenzung der Geisteswissenschaften" 1907/10 in Dilthey, 1958, S. 78-79). Zum Aufweis der Möglichkeit dieser Beobachtung rekurriert er jedoch auf die Sprache — macht also genau das, was die sprachanalytische Philosophie zur Beantwortung dieser Frage ebenfalls vorschlägt. Erlebnisse werden also auch für den Einzelnen überhaupt nur dadurch thematisierbar, daß sie ausgedrückt sind. Der Rückgang auf die Sphäre des Psychischen ist also vermittelt über die Sprache.

Eine Kette ausgedrückter Erlebnisse ist eine Biographie. Diese Biographie verlangt ihrerseits nach einem Kriterium, nach dem die Erlebnisausdrücke zusammengefügt werden. An ihr kann man überdies ablesen, welche Kriterien hierfür relevant sind. Dilthey unterscheidet drei Typen am Beispiel der Selbstbiographien, was dann für Biographien überhaupt auch gilt, und zwar 1. extern gestiftete Biographien – als Beispiel dient ihm diejenige des Augustinus – auf der Basis eines extern herbeigeführten Erlebnisses (Bekehrung), 2. intern gestiftete, die ihre Rechtfertigung durch die Entgegensetzung zu externen Kriterien finden – Dilthey vermeidet also eine Klärung des Internalitätsproblems; derlei Biographisches finde sich z.B. bei Rousseau. Und 3. unterscheidet er schließlich solche, die harmonisch Internalität auf Externalität bezögen, wie es in Goethes Dichtung und Wahrheit vorfindlich sei. Die Kriterien der Erlebnisverknüpfung manifestieren sich also in den objektiven sprachlichen Äußerungen, die bestimmte Strukturen aufweisen und die insofern bestimmte Wertideen exemplifizieren. Erst auf dem Umweg dieses „objektiven Geistes", der dasjenige ausmacht, was überhaupt als *Bedeutung* in Frage kommt, und auf dem Umweg über die Untergliederungen dieses Geistes, die Dilthey als historische Typen bezeichnet und die die *Arten der Bedeutung* festlegen, kann die *Bedeutsamkeit* eines einzigen Erlebnisses ausgemacht werden, was mit dem Erlebnis selbst gleichkommt, da es ja evidente Bedeutung – und nichts anderes – ist. Die Arten der Bedeutung finden sich in den Selbstbiographien – der eigenen und der anderer Autoren – manifestiert. Mit Schleiermacher gilt also auch für Dilthey, daß eine geisteswissenschaftliche Feststellung eine Wertidee voraussetzt, auf deren Basis das einzelne Erlebnis als in einem einzelnen Erlebnisausdruck vorfindlich überhaupt erst greifbar wird (eben Schleiermachers Differenz). Es wird eben nicht, ausgehend von einer eigenen determinierten Innenwelt, deren Erlebnisinhalt auf ein Fremdes übertragen, sondern umgekehrt „ein weites Reich von Möglichkeiten eröffnet, das in der Determination des wirklichen Lebens (des geisteswissenschaftlichen Subjektes) nicht vorhanden war" (Dilthey, 1958, S. 215). Hier deckt sich die Zielbestimmung für das Verstehen mit derjenigen Schleiermachers. Die Erlebnisausdrücke werden also erst dann aus ihrer Zufälligkeit entlassen und für das Verstehen interessant, wenn durch die Hervorhebung einiger ihrer Merkmale gezeigt werden kann, daß sie in eine Biographie integrierbar sind. Daß jene psychische Innenwelt sich nun in der Sprache äußert, impliziert keineswegs eine Metaphysik des Geistes. Denn wenn man nicht davon ausgeht, daß Sprache sich selbst bewegt und sich selbst äußert, bleibt nichts anderes, als hinter ihr etwas zu vermuten, was zwar nur über die Sprache zugänglich ist, andererseits aber durch die Sprache hindurch durchaus beobachtet werden kann. Wir haben uns daher nun genauer der Frage zuzuwenden, welche Beziehung zwischen einem Erlebnisausdruck und dem Erlebnis selbst besteht.

Das Erleben, so Dilthey, schließt bereits in sich elementare Denkleistungen ein. Es ist zwar evident, *nicht* jedoch, wie Heide Göttner unterstellt, *unmittelbar*. Vermittelt ist es vielmehr dadurch, daß jedes Erleben erst eines wird, wenn ein Bewußtsein des Unterschiedes vom Vorhergehenden und vom Nachfolgenden vorausgesetzt ist (Schleiermachers Differenz). Und dies gilt erst recht, wenn man sich eines Erlebnisses zu erinnern sucht. Zu diesem Zweck müsse es festgehalten werden, was vermittels einer Aufmerksamkeit geschieht, die das Erlebnis von seinem Erlebnisstrom, also der zeitlichen Reihenfolge abtrennt und fixiert. *Diese Operation ist die Beobachtung.* (An dieser Stelle verwendet Dilthey explizit den Begrif der Beobachtung, aus analogen Bestimmungen geht jedoch hervor, daß er diesen Begriff äquivok mit „innerer Erfahrung" und „Innewerden" behandelt.) Die Beobachtung setzt daher bestimmte „reale Kategorien" voraus, z. B. Raum- und Zeitgefühl eines historischen Typs, unter denen Erlebnisse qua Erlebnis-Ausdrücken abgetrennt werden können. Diese Erlebnis-Ausdrücke sind jedoch den Erlebnissen nicht willkürlich zuzuordnen. Abgesehen davon, daß wir wissen, daß Ausdrücke von Erlebnissen in der Dichtung beim Leser selbst diese Erlebnisse evozieren können, kann ein solches Abtrennen offenbar nur dann erfolgen, wenn es durch jene realen Kategorien geleitet wird. Denn ohne diese wäre ein Erlebnis zwar vielleicht willkürlich abzuspalten, etwa wie ein Traumfetzen oder eine traumatische Erfahrung sich jemandem in der Erinnerung festsetzt, jedoch wäre das Erlebnis nicht wieder einzuordnen, was in den Selbstbiographien bzw. der Therapie geschieht. Welche Folgen eintreten, wenn diese Selbstbiographien dem Subjekt dunkel und unmöglich erscheinen, kennen wir aus den Problemen der Identitätsbildung, mit denen sich die Psychologen auseinanderzusetzen haben. Erlebnis und Erlebnisausdruck sind also nicht identisch, markieren auch nicht unterschiedliche Ebenen der Spache und eines ominösen dahinterstehenden Geistes, sondern sind *funktional*, wie Mittel und Zweck aufeinander bezogen. Erlebnisausdrücke sind, wie Dilthey es formuliert, Leistungen der Intentionalität, mittels derer diese Erlebnisse beobachtbar werden, indem sie sich isolieren lassen. Die Beobachtung folgt daher Kriterien, „realen Kategorien", die allererst ersichtlich machen, was ein Erlebnis sein könne, und die sich ihrerseits in den Selbstbiographien ablesen lassen. Gerade daher sieht sich Dilthey zu einer Descartes-Kritik veranlaßt, die dessen Dualismus trifft. Bis zu dieser Stelle ist Heide Göttner, die ihm Cartesianismus vorwirft, offenbar nicht vorgedrungen. Denn die Erlebnisse liegen nicht *hinter* ihren Ausdrücken, sondern letztere sind die Voraussetzungen für sie. Die Begriffe, mittels derer sie ausgedrückt werden, sind in der Geschichte als Regeln realisiert.

4. Mit diesen Feststellungen verabschiedet Dilthey — dies sei hier angemerkt — die bisherige hermeneutische These von der Selbstprivilegierung der inneren Erfahrung. Denn was für die Angewiesenheit des Erlebens auf Erlebnisausdrücke gilt, gilt unterschiedslos sowohl für das Selbst als auch für die anderen Subjekte. Es wäre allerdings ein Mißverständnis, hier im Lichte der Sprachauffassung Wilhelm von Humboldts (1836) etwa zu vermuten, daß die Begrifflichkeit ein Mittel sei, mittels derer das Subjekt seine Gedanken vor sich hinstellen könne, um sich distanzierend von ihnen mit diesen Gedanken, die durch die Begriffe quasi festgehalten weren, auseinanderzusetzen (vgl. Johann Heinrich

Lamberts Sprachtheorie, 1771). Das Problem einer derartigen Sprachauffassung, die Dilthey nicht unterstellt werden darf, liegt darin, daß auch der „Gedanke" oder das „Gegenüberstehen" selbst gedacht werden müßte, es also niemals möglich ist, sich vermittels der Sprache von etwas innerem geistigen Nichtsprachlichen zu distanzieren (Seebaß, 1981). Die Funktionalität der Beziehung eines Erlebnisausdruckes auf ein Erlebnis darf also nicht so begriffen werden, daß der Erlebnisausdruck ein bloßes Mittel ist, das Erlebnis als eigenständige Qualität irgendwie „hinzustellen". Vielmehr ist diese Beziehung so zu verstehen, daß einzig im Erlebnisausdruck das Erlebnis sich als solches präsentiert und lediglich die Tatsache, daß es aus einer Selbstbiographie herausholbar oder in eine solche integrierbar ist, zeigt, daß es von seinem sprachlichen Ausdruck selbst verschieden ist. Die realen Kategorien der Geisteswissenschaften sind eben nicht Oberbegriffe, unter denen sich die Erlebnisausdrücke subsumieren ließen, sondern sie sind im Kantschen Sinne Regeln, nach denen das Subjekt selbst die Synthesis zwischen Erlebnisausdruck und dem ansonsten unidentifizierbaren Erlebnis stiftet. Es gilt somit eine Mittel-Zweck-Beziehung für die Beziehung zwischen Erlebnisausdruck und Erlebnis anzunehmen, die ihre Einheit in den Kategorien findet, ganz analog der Kantschen Auffassung von Kategorien, wie sie von Kant (1781) im Kapitel über die Amphibolie der Reflexionsbegriffe der Kritik der reinen Vernunft auf ihren praktischen Gehalt hin untersucht werden.

Wir finden also bei Dilthey in Weiterführung des Ansatzes von Schleiermacher, daß man sich durch Vergegenwärtigung der Strukturprinzipien der Zusammenstellung der Erlebnisausdrücke, also der Biographien, darüber inne werden kann, welche realen Kategorien jemanden dazu veranlaßt haben könnten, etwas (für sich nicht Identifizierbares) Individuelles aus dem Strom seines Lebens abzugrenzen. Mittels der Kriterien seiner Ausgrenzung umschreiben wir dann dieses Etwas als Erlebnis — so wie das Bekehrungserlebnis des Augustinus, das Verfolgungserlebnis des Rousseau oder das Paestumerlebnis Goethes. Eine Beobachtung in den Geisteswissenschaften hätte sich also der Kategorien zu versichern, mittels derer ein Erlebnis als solches vor uns tritt, nach Dilthey man seiner inne wird. Die Auffassung des Singularen, Individuellen ist also an solche Kategorien gebunden. Nur durch jenes Äußere sei ein Inneres zum Verständnis zu bringen. Und nur dadurch kann man einen Autor „besser verstehen als dieser sich selbst" (Schleiermacher), weil man sich auf umfänglicheres Ausdrucksmaterial stützen könne, als es diesem zum Zeitpunkt, da er sein Erlebnis zum Ausdruck brachte und es damit erst selbst als einzelnes erlebte, zugänglich war.

Ein Vergleich von Schleiermachers und Diltheys Hermeneutik im Blick auf die Historizität des Psychischen als Begriffenem erbringt folgendes:
1. Gegenstand einer Auslegung wird ein historisch Abweichendes, das in einem Ausdruck vorliegt und als Differenz (Schleiermacher) bzw. Abgesondertes (Dilthey) *konstruiert* werden muß.
2. Als ein solches Abweichendes kann es erst „beobachtet" werden, wenn be-

stimmte Verstehensleistungen erbracht sind. Das Verstehen geht also, was die Annahme interpretativer Vorannahmen betrifft, der Beobachtung voraus.

3. Diese Verstehensleistungen liegen nicht etwa in einer irrationalen psychischen Divination oder unmittelbar-evidenter Selbstbeobachtung und ihrer Übertragung auf Fremdes, sondern müssen sprachlich operationalisiert sein.

4. Diese Operation besteht darin, diejenigen Kategorien anzuwenden, mittels derer das Spezifisch-Abweichende als etwas identifizierbar wird. Für Schleiermacher sind es Kategorien der Originalität, Klassizität oder Genialität, die den Informationswert der Abweichung festlegen. Für Dilthey sind es historisch reale Kategorien, nach denen in Biographien Erlebnisse verkettet und somit erst voneinander gesondert werden können, was eine Historisierung impliziert.

5. Die sprachliche Operation bezeichnet dabei nicht irgendein Geistiges oder Nichtsprachliches, sondern drückt es aus in dem Sinne, daß ein Geistiges sich hier exemplifiziert, ohne daß wir je — wegen seiner Unendlichkeit — hiervon einen Begriff gewinnen könnten.

6. Der Geisteswissenschaftler beobachtet also eine Abweichung, die sich ihm als Erlebnis präsentiert, das er dadurch ausgrenzen kann, daß er die Kategorien kennt, mittels derer er den Erlebnisausdruck aus dem biographischen Zusammenhang zu isolieren vermag.

An der Frage, wie er nun jene Kategorien kennen soll, die Dilthey in historischen Typen bündelt, setzt Hans-Georg Gadamers (1965, S. 205 ff.) Kritik an. Diltheys „Verstrickung" in den Historismus sei darin begründet, daß er zwar eine dogmatisch-spekulative Geschichtsauffassung verwarf, seinerseits jedoch jenseits der real erlebenden Individuen noch ein „logisches Subjekt" annehmen muß als Träger des geschichtlichen Zusammenhangs analog zum transzendentalen Subjekt Kants, als Träger einer durch die materialen Kategorien geprägten „Strukturiertheit des Seelenlebens". In welcher Weise ist diese „gegeben", wenn sie nicht erfahrbar ist, sondern Erfahrung ermöglicht? Sind es Rekonstruktionen des Wissenschaftlers oder Produkte des „realen Lebens"? Für Dilthey sind es Resultate des Vergleichens, das „größere Allgemeinheiten" erschließe. Damit ist ihr Status jedoch nicht geklärt. Nach Dilthey wurzeln sie schließlich in der Selbsterkenntnis. Deren Endlichkeit irritiert ihn jedoch nicht. Denn die Standortgebundenheit, die durch die hermeneutische Reflexion rekonstruiert wird, ist gerade Teil dessen, was dann als historisches Bewußtsein erscheint. Es wird, so Dilthey, nicht erfahren, sondern entziffert (VII, S. 291), es ist selber ein Text. Damit relativiere Dilthey seinen eigenen Ausgangspunkt. Allerdings scheint mir die durch Reflexion gewonnene Erkenntnis, daß ein scheinbar ursprüngliches Erleben sich letztlich als Entzifferung eines Textes, vorgefundener Schemata von Erlebnisausdrücken herausstellt, als wichtigstes Resultat hermeneutischer Reflexion Dilthey gerade von dem Objektivismusvorwurf zu entbinden. Gadamer seinerseits hat mit dem Prinzip der Wirkungsgeschichte, dem die einzelnen Subjekte unterliegen und in die sie durch ihre Verstehens„ereignisse" „einrücken" (S. 274 f.), eine objektive Instanz für die Hermeneutik reklamiert, von der man sich zu fragen hat, von welchem Standpunkt sie sich selbst als Instanz überhaupt aufschließt. Um diesen Punkt kreist seine Kontroverse mit Jürgen Habermas (Apel, 1971).

Anmerkungen

[1]) Schleiermachers Hermeneutik und Kritik wird nach der Ausgabe Frank, abgekürzt HF, zitiert.

Literatur

Apel, K.O. et al. (Hg.) (1971). Hermeneutik und Ideologiekritik. Frankfurt/M.: Suhrkamp.

Dilthey, W. (1957). Die geistige Welt. Einleitung in die Philosophie des Lebens. Gesammelte Schriften, Bd. 5. Stuttgart: Teubner.

Dilthey, W. (1958). Der Aufbau der geschichtlichen Welt in den Geschichtswissenschaften. Gesammelte Schriften, Bd. 7. Stuttgart: Teubner.

Frank, M. (1977). Das individuelle Allgemeine. Frankfurt/M.: Suhrkamp.

Gadamer, H.G. (1965). Wahrheit und Methode. Tübingen: Mohr.

Göttner, H. (1973). Logik der Interpretation. München: Fink.

Hubig, Ch. (1985). Handlung − Identität − Verstehen. Weinheim: Beltz.

Hubig, Ch. (1985). Rationalitätskriterien inhaltlicher Analyse. In Gerd Jüttemann (Hg.), Analytische Forschung in der Psychologie. Weinheim: Beltz − Psychologie Verlags Union.

Hubig, Ch. (1986). Ideographische und nomothetische Forschung in wissenschaftstheoretischer Sicht. In G. Jüttemann & H. Thomae (Hg.), Biographie und Psychologie. Berlin: Springer.

Humboldt, W.v. (1836). Über die Verschiedenheit des menschlichen Sprachbaues. Berlin: Lambert & Schneider 1935.

Lambert, J.H. (1771). Philosophische Schriften. Hildesheim: Olms 1965.

Orth, E.W. (Hg.) (1985). Dilthey und die Philosophie der Gegenwart. München, Freiburg: Alber.

Ryle, G. (1949). Der Begriff des Geistes. Stuttgart: Reclam 1969.

Schleiermacher, F.D.E. (1822). Dialektik. Hg. v. R. Odebrecht. Darmstadt: Wissenschaftliche Buchgesellschaft 1976.

Schleiermacher, F.D.E. (1826). Hermeneutik und Kritik. Hg. v. Manfred Frank. Frankfurt/M.: Suhrkamp 1977.

Seebaß, G. (1981). Das Problem von Sprache und Denken. Frankfurt/M.: Suhrkamp.

Whorf, B.L. (1963). Sprache − Denken − Wirklichkeit! Reinbek: Rowohlt.

Wittgenstein, L. (1958). Philosophische Untersuchungen. Frankfurt/M.: Suhrkamp 1971.

Georg Simmel.
Die Soziologie und das Seelenleben

Lothar Müller

> Ein Mann, der die Wahrheit will, wird Gelehrter;
> ein Mann, der seine Subjektivität spielen lassen will,
> wird vielleicht Schriftsteller; was aber soll ein Mann tun,
> der etwas will, das dazwischen liegt?
>
> (*Robert Musil,* Der Mann ohne Eigenschaften)

I. Umrisse der Figur

Vielleicht, weil er sowohl hinsichtlich der Gegenstände wie der Art seines Denkens zu den Sphären des „Dazwischen" so lebhafte Beziehungen unterhielt, erscheint Georg Simmel (1858–1918), verglichen etwa mit Max Weber oder Emile Durkheim, als die schillerndste Figur unter den Klassikern der Soziologie. Als am Abend des 19. Oktober 1910 sich die Teilnehmer des „Ersten Deutschen Soziologentages" in Frankfurt zur Begrüßung zusammenfanden, hielt Simmel den Vortrag zum Auftakt. Sein Thema hatte er mit Bedacht gewählt. Den Mitgliedern der 1909 gegründeten „Deutschen Gesellschaft für Soziologie", unter ihnen Ferdinand Tönnies und Max Weber, Werner Sombart und Ernst Troeltsch, Eberhard Gothein und Alfred Kantorowicz, die nun darangingen, die noch junge Disziplin als ernstzunehmenden wissenschaftlichen Neuzugang im akademischen Kollegium zu profilieren, hielt er nicht etwa eine programmatische Rede zum Begriff „Gesellschaft". Vielmehr sprach er zur „Soziologie der Geselligkeit", und indem er diese als eine „Spielform der Vergesellschaftung" erläuterte, in deren Sphäre die objektive Bedeutung der Individuen („Reichtum und Stellung, Gelehrsamkeit und Berühmtheit") zugunsten eines gewissermaßen schwerelosen In-Beziehung-Tretens zurückzustehen habe, setzte er nicht nur einen feinsinnigen, selbstreflexiven Kontrapunkt zur wenig spielerischen Form des wissenschaftlichen Kongresses, sondern gab zugleich seine intellektuelle Visitenkarte ab. Denn die perspektivische Brechung der theoretischen Großkategorie „Gesellschaft" durch ihre leichtgewichtige kleine Schwester, die „Geselligkeit", mit ihren Unterthemen der Koketterie und der Kunst des Sich-Unterhaltens, der Regeln des Takts und Formenvielfalt der Konvention ist über den Anlaß hinaus charakteristisch für den Reflexionstyp von Simmels Soziologie insgesamt. Eine „Soziologie für den literarischen Salon" hat Leopold von Wiese sie genannt und mit dieser eher abschätzig gemeinten Bemerkung etwas Richtiges insofern getroffen, als Simmels Denken der intellektuellen Geselligkeit im Kreis der ausgewählten Teilnehmer seiner Privatissima ebensosehr verpflichtet war wie dem Hörsaal und dem Katheder[1]). Eher der Habitus seines Denkens als ein bestimmter, kraft innerer Zentralgewalt alle anderen ordnender Gedankeninhalt gibt dem facettenreichen Oeuvre Georg Simmels seine Einheit. Seine Intellektualität ist im Kern die des Essayisten, dies freilich unter Einschluß, nicht Ausschluß benachbarter Figuren des Wissens. Der Ästhetiker, den Reiz einer Ruine oder die Bedeutung des Rahmens für das Bild erläuternd, zitiert zwanglos den Psychologen der innerseelischen Rhythmik herbei, der Interpret des sozialen Details, über den symbolischen Unterschied zwischen Schüssel und Teller für die Soziologie der Mahlzeit nachdenkend, hat den Sachwalter der überlieferten Fragen klassischer Metaphysik zum publizistischen Nachbarn. Im zeitdiagnostischen Feuilleton über Mode und Schmuck, Geld und Geschlechterbeziehung, Takt und Stil ist neben dem Theoretiker der Vergesellschaftungsformen zugleich der Philosoph der Individualität anwesend, und dem kantgeschulten Ethiker, der den Begriff des Sollens zergliedert, schaut der moderne Soziologe über die Schulter. Das essayistische Temperament prägt nicht nur die Form von Simmels Schriften bis in seine umfangreichsten Bücher, etwa die große „Soziologie" von 1908, hinein, sondern bewirkt darüber hinaus die für sein Gesamtwerk charakteristische Streuung der einzelnen Teile an den heterogensten Publikationsorten. In den wissenschaftlichen Periodika der jungen Soziologie, der Psychologie wie der Philosophie, im „Archiv für Sozialwissenschaft" wie im „Jahrbuch für Gesetzgebung, Verwaltung und Volkswirtschaft" ist Simmel vertreten, doch ist er als Autor mit wachem Sinn für die Gegenwart zugleich ein produktiver Beiträger zur außerakademischen Öffentlichkeit der Zeitungen und Zeitschriften, der Sonntagsbeilagen und Kunstblätter. In der „Zukunft" und im „Morgen", in der Wiener „Zeit", der Münchner „Jugend" und im Berliner „Tag" und „Zeitgeist" sind Simmels Essays erschienen. Mit den Organen der nervösen Außenhaut des Zeitgeistes ist er aus inneren Gründen so eng verbunden, gehörte doch zu seinen methodischen Maximen die Einsicht, „daß sich von jedem Punkt an der Oberfläche des Daseins, so sehr er nur in und aus dieser erwachsen scheint, ein Senkblei in die Tiefe der Seele schicken läßt, daß alle banalsten Äußerlichkeiten schließlich durch Richtungslinien mit den letzten Entscheidungen über den Sinn und den Stil des Lebens verbunden sind" (1984, S. 195). Simmel hat nach einem Studium der Völkerpsychologie, Geschichte und Philosophie in Berlin 1881 mit einer Schrift über „Das Wesen der Materie nach Kants Physischer Monadologie" promoviert. Eine im äußeren Sinne erfolgreiche akademische Karriere hat er anschließend nicht gemacht. Auffällig lange, von 1885 bis 1901, blieb er Privatdozent, und auch dann wurde er nur zum Extraordinarius für Philosophie ernannt. Ordentlicher Professor der Berliner Universität ist er nie gewesen, obwohl er vom Fin de siècle bis zum Vorabend des Ersten Weltkriegs eine ihrer Hauptattraktionen und ein Anziehungspunkt für die philosophisch interessierte intellektuelle Jugend war. Weder seine beeindruckenden Hörerzahlen noch sein über Berlin herausreichender Ruf in Fachkreisen Deutschlands wie des Auslands haben daran etwas ändern können. Mehrmals ist er in Berlin bei Berufungen übergangen worden, und obwohl sowohl Max Weber wie Heinrich Rickert ihn gern in Heidelberg gesehen hätten, scheiterten auch hier entsprechende Pläne auf dem Weg durch die Instanzen. Aus den Akten geht hervor, daß dabei die Denunzierung seiner „israelitischen Geistesart" durch einen Berliner Kollegen ebenso eine Rolle spielte wie der generelle konservative Vorbehalt gegenüber der Soziologie als einer Wissenschaft, die weder im „Staat" noch in der „Kirche", sondern in der „Gesellschaft" ihren begrifflichen Orientierungspunkt hatte[2]). Erst 1914, vier Jahre vor seinem Tod, wurde Simmel, inzwischen 56jährig, als ordentlicher Professor an die philosophische Fakultät der Universität Straßburg berufen.

Für viele Intellektuelle der jüngeren Generation, man denke etwa an Bernhard Groethuysen, Ernst Bloch oder Georg Lukács, ist Simmel Anreger und philosophischer Lehrer gewesen, doch gehört es zum Profil seiner geistigen Existenz, daß er zwar viele Schüler gehabt, aber nicht im eigentlichen Sinne Schule gemacht hat. Seine Wirkungsgeschichte ist aus Akklamation und Ablehnung, Vergessen und periodischer Wiederentdeckung widersprüchlich zusammengesetzt. Vieles von dem, was er in seinen Publikationen und im Hörsaal öffentlich gedacht hat, dürfte eher indirekt und anonym als mit Quelle und Verweis versehen in die Geistesatmosphäre seiner und der auf ihn folgenden Zeit eingegangen sein[3]).

In der vor allem in den letzten Jahren intensivierten Forschung zum Werk Simmels hat sich ein Drei-Phasen-Schema seiner Entwicklung durchgesetzt. In der *ersten Phase*, vom Beginn der 80er bis Mitte der 90er Jahre, geht Simmel, Schüler von Moritz Lazarus und Heyman Steinthal, den Weg von der Völkerpsychologie seiner Lehrer zur Soziologie. Es entsteht, im Anschluß an Herbert Spencers Evolutionismus, die Studie „Über sociale Differenzierung" (1890), sodann die zweibändige, in durchaus positivistischem Elan geschriebene „Einleitung in die Moralwissenschaft" (1892/93), die programmatisch die „Beschreibung der wirklichen Vorgänge des sittlichen Lebens" gegen philosophische Ethik und idealistische Normbegründung setzt, und parallel hierzu die Abhandlung „Die Probleme der Geschichtsphilosophie" (1892). Deren Kritik am Historischen Materialismus zeigt, daß Simmel trotz einer gewissen Annäherung an die Sozialdemokratie in den frühen 90er Jahren dem theoretischen Credo der II. Internationale durchaus fernsteht[4]).

Im Zentrum der *zweiten Phase* steht die Entfaltung und materiale Füllung der anvisierten Konzeption von Soziologie. Komplementär hierzu entwickelt Simmel in Anlehnung an den südwestdeutschen Neukantianismus seine Kulturphilosophie einer auf Natur und Geschichte nicht reduzierbaren „Dritten Welt" objektiver Werte: aus dem Lebensfluß erwachsene Kristallisationen wie Kunst und Religion, Recht und Wissenschaft, Philosophie und Technik, die kraft autonomer Eigenlogik dem Leben, aus dem sie stammen, als Instanz „objektiver Kultur" fordernd gegenübertreten. Die im Prozeß der Geschichte sich entfaltende Spannung zwischen der „subjektiven Kultur" der Individuen und dieser „objektiven Kultur", derer sie zur Ausprägung ihrer Individualität bedürfen, wird zum Leitmotiv in Simmels Denken. Seine variationsreiche Formulierung findet es in den zahlreichen Essays dieser Periode, die zu einem nicht geringen Teil in die „Philosophie des Geldes" (1900) und in die „Soziologie" (1908) eingehen.

Die *dritte Phase* schließlich, beginnend 1908 mit der intensiven Rezeption Henri Bergsons, gilt in der Regel als endgültige Hinwendung Simmels zur „Lebensphilosophie". Vorbereitet war sie durch Publikationen wie „Kant und Goethe" (1906) oder den Vortragszyklus „Schopenhauer und Nietzsche" (1907), in denen die für Simmel charakteristische Denkfigur einer „Dialektik ohne Synthese" (Landmann, 1968 u. 1976, S. 3–11) bereits im Dienste des Anspruchs steht, die Antinomien des Lebens philosophisch nicht aufzuheben, sondern zu formulieren. Die Insistenz übrigens, mit der Simmel in den Monographien „Goethe" (1913) und „Rembrandt" (1916) sowie in dem kurz vor seinem Tod fertiggestellten Buch „Lebensanschauung" (1918) das Verhältnis von „Leben" und „Form" in immer engeren Kreisbewegungen zu erfassen sucht, die in der Idee des „individuellen Gesetzes" schließlich ihr Zentrum finden, ist nicht, wie gelegentlich zu lesen, mit einer systematischen Abwendung von der Soziologie verbunden. Zwar tritt sie in den Hintergrund, doch bleibt sie in Simmels Denken, wie die 1917 erschienenen „Grundfragen der Soziologie" zeigen, auch in dieser Phase präsent[5]).

II. Der Aufmerksamkeitstyp in Simmels Soziologie und seine psychologische Dimension

Die Affinität Simmels zu psychologischen Fragestellungen ist schon von den Zeitgenossen bemerkt und als Charakteristikum seines Denkens hervorgehoben worden. „Seine Schriften", merkt Siegfried Kracauer in seiner 1920 im „Logos" erschienenen Studie über Simmel an, „sind eine wahre Fundgrube für den Psychologen. Mit zarten Fingern greift er behutsam tastend in die Seele hinein, legt das Verdeckte frei, macht die geheimste Regung offenbar und entwirrt das rätselverhäkelte Geflecht unserer Gefühle, Sehnsüchte und Begehrungen" (Kracauer, 1977, S. 209–248)[6]).

Es sind nicht einzelne Texte Simmels, die Kracauer im Auge hat. Das Werk insgesamt ist die Fundgrube. Doch ist es weder das Werk eines Psychologen noch eines Systematikers. Eher en passant, in Beispielen, Nebensätzen und Analogien, die wie feine Adern die philosophische oder soziologische Argumentation durchziehen, ist die psychologische Dimension in Simmels Schriften anwesend. Den einen handlichen Aufsatz, der die Essenz seiner psychologischen Einsichten auf wenigen Seite enthielte, gibt es nicht. Zur Fundgrube, von der Kracauer spricht, führt daher vor allem der Weg extensiver Lektüre. Er wird dann produktiv beschritten, wenn nicht nur einschlägige Fundstücke gesammelt werden, sondern zugleich im methodischen Sinn nach dem Aufmerksamtkeitstyp gefragt wird, der Simmels Soziologie immer wieder in die Nähe der Psychologie führt.

„Die rätselhafte Einheit der Seele", heißt es in der „Philosophie des Geldes" (1900), „ist unserm Vorstellen nicht unmittelbar zugängig, sondern nur, wenn sie sich in eine Vielheit von Strahlen gebrochen hat, durch deren Synthese sie dann erst wieder als diese eine und bestimmte bezeichenbar wird" (Simmel, 1900, 1977, S. 312). Zur wissenschaftlichen Psychologie seiner Zeit steht Simmel in Distanz. Die Seele, von der er nicht nur hier mit deutlichem Respekt vor ihrer unauslotbaren Tiefe spricht, ist auch dort, wo er von der „vollen psychologischen Wirklichkeit des Menschen" handelt, mit der Psyche moderner Psychologie nicht deckungsgleich, sondern terminologisch wie gedanklich verwandt mit der älteren Seele aus Religion und Philosophie. Kein Zufall ist es daher, daß Simmel sich der Seele stilistisch eher in asymptotischen Umschreibungen nähert, als daß er sie im Handstreich definitorisch zu fixieren suchte. Denn es ist die Überzeugung des Philosophen, daß sie sich der restlosen Erkennbarkeit, des Soziologen, daß sie sich der restlosen Vergesellschaftung entzieht. Was als Rest bleibt, ist freilich nicht Natur.

Die Kritik am Ideal einer den Naturwissenschaften nachgebildeten Psychologie ist in die Fundamente von Simmels Werk eingelassen. Schon in seiner Studie „Über sociale Differenzierung" (1890), deren Untertitel „sociologische und psychologische Untersuchungen" verspricht, zieht er gegen die erkenntnistheoretisch naive begriffliche Schematisierung psychischer Funktionen zu Felde und begründet unter systematischem Verweis auf die „Kompliziertheit" und den „Nuancenreichtum" der innerseelischen Prozesse, „weshalb die Psychologie keine Gesetze im naturwissenschaftlichen Sinne erreichen kann" (1890, Bd. 10, Erstes Heft, S. 7). Ähnlich deutlich wie diese auch in seinen Beiträgen und Rezensionen für die „Zeitschrift für Psychologie und Physiologie der Sinnesorgane" formulierte Kritik an den „hergebrachten rohen Allgemeinbegriffen der Psychologie, die mit der unendlich differenzierten Wirklichkeit des Seelenlebens kaum noch Berührungspunkte haben" (1896, S. 301 f.), ist Simmels Skepsis gegenüber den Theoremen einer möglichen physiologischen Lokalisierung des Psychischen, wie sie im Kontext der Konjunktur des psychophysischen Parallelismus virulent waren. Die Vorstellung, „daß irgendwo in uns ein bestimmtes Wesen säße, das der alleinige und einfache Träger der psychischen Erscheinungen wäre", gilt ihm als „ein völlig unbewiesener und erkenntnistheoretisch unhaltbarer Glaubensartikel" (1890, S. 11). Die komplizierte Seele mit ihren „unendlichen Nuancierungen in Form und Inhalt", wie er sie etwa in seiner „Skizze einer Willenstheorie" (1896, S. 219) gegen naturalistisch-biologistische Triebtheorien verteidigt, überführt Simmel nach ihrer Herauslösung aus dem Erkenntnismodell psychophysischer Gesetzmäßigkeit mit einfachen Kausalreihen in den Gegenstandsbereich seiner Soziologie. Nicht soweit sie Natur, sondern soweit sie fait social ist, gerät sie dort ins Blickfeld, und die Form ihrer Objektivierung ist nicht das Experiment, sondern die Beobachtung. Der Soziologe und der Psychologe sind verwandte Schattierungen der Figur des Beobachters. Beider Gegenstandsbereiche können sich überschneiden, doch bleiben die Disziplinen voneinander getrennt. Ihre Differenz liegt bei vergleichbarer Beobachtungsintensität im Blickwinkel. Den des Soziologen begründet Simmel im Einleitungskapitel seiner „Soziologie" (1908). Er hebt dort im Begriff der Gesellschaft, der zuständig ist, wo Individuen in „Wechselwirkung" miteinander treten, die „Formen der Vergesellschaftung" analytisch von ihrem je konkret-empirischen „Material" ab. Als Bedingung der Möglichkeit, daß aus der Wechselwirkung der Individuen das synthetische Gebilde Gesellschaft entsteht, bilden diese „Formen der Vergesellschaftung", also etwa Über- und Unterordnung, Konkurrenz, Nachahmung und Arbeitsteilung ganz unabhängig von ihrem jeweiligen Schauplatz (Familie, Religionsgemeinschaft, Verschwörerbande) den spezifischen und distinkten Gegenstandsbereich der Soziologie. Realabstraktionen, nicht lediglich Erkenntnismodelle sind diese Formen für Simmel, und ihre Funktionsmechanismen untersucht er weniger an den großen Institutionen und sozialen Makrogebilden als vielmehr an den unscheinbaren Nuancen und Details, aus denen sich die Sphäre der Vergesellschaftung im Kleinen zusammensetzt. Es ist diese Hinwendung zur Feinstruktur des Sozialen, die die Affinität seiner Soziologie zur Psychologie bewirkt.

Daß die Menschen sich gegenseitig anblicken, und daß sie aufeinander eifersüchtig sind; daß sie sich Briefe schreiben oder miteinander zu Mittag essen; daß sie sich, ganz jenseits aller greifbaren Interessen, sympathisch oder antipathisch berühren; daß die Dankbarkeit der altruistischen Leistung eine unzerreißbar bindende Weiterwirkung bietet; daß einer den anderen nach dem Weg fragt und daß sie sich füreinander anziehn und schmücken − all die tausend, von Person zu Person spielenden, momentanen oder dauernden, bewußten oder unbewußten, vorüberfliegenden oder folgenreichen Beziehungen, aus denen diese Beispiele ganz zufällig gewählt sind, knüpfen uns unaufhörlich zusammen. Hier liegen die nur der psychologischen Mikroskopie zugänglichen Wechselwirkungen zwischen den Atomen der Gesellschaft, die die ganze Zähigkeit und Elastizität, die ganze Buntheit und Einheitlichkeit dieses so deutlichen und so rätselhaften Lebens der Gesellschaft tragen. Es handelt sich darum, das Prinzip der unendlich vielen und unendlich kleinen Wirkungen ebenso auf das Nebeneinander der Gesellschaft anzuwenden, wie es sich in den Wissenschaften des Nacheinander: der Geologie, der biologischen Entwicklungslehre, der Geschichte als wirksam erwiesen hat. Vielleicht wird von dieser Erkenntnis aus für die Gesellschaftswissenschaft erreicht, was für die Wissenschaft vom organischen Leben die Mikroskopie bedeutete (1908, S. 19f.).

Schon im 18. Jahrhundert war die Mikroskopie Orientierungsparadigma für die Wissenschaften vom Menschen. Beförderten damals Anthropologie und Erfahrungsseelenkunde die empirische Psychologie als Erhellung der inneren „Natur" des Menschen, so wird diese nun durch den methodisch kultivierten Blick auf das Soziale am „Natürlichen" zum instabilen Korrelat wechselnder Formen der Vergesellschaftung verflüssigt. Die „psychologische Mikroskopie" freilich, die Simmel seiner Soziologie einschreibt, integriert er nicht *als* Psychologie, sondern lediglich als perspektivische Nuancierung des soziologischen Blicks. Die methodologische Trennungslinie formuliert er in dem Satz, „daß die wissenschaftliche Behandlung seelischer Tatsachen noch keineswegs Psychologie zu sein braucht" (1908, S. 21; Müller. 1986, S. 185−208). In der Differenz von Psychologie und Soziologie spiegelt sich die zwischen dem empirisch-historischen „Material" und den ihm innewohnenden „Formen" der Vergesellschaftung.

So also sind die Gegebenheiten der Soziologie seelische Vorgänge, deren unmittelbare Wirklichkeit sich zunächst den psychologischen Kategorien darbietet; aber diese, obgleich für die Schilderung der Tatsachen unentbehrlich, bleiben außerhalb des Zweckes der soziologischen Betrachtung, die vielmehr nur in der von den psychischen Vorgängen getragenen und oft nur durch sie zu schildernden Sachlichkeit der Vergesellschaftung liegt (Simmel, 1908, S. 24).

Simmels Physiognomik der sozialen Existenz ist von einer Psychologie individueller Handlungsmotive streng geschieden. Doch indem er die Frage nach den sozialen Bedingungen und Implikationen der „Wechselwirkung" als der Keimzelle von Gesellschaft an die „psychologische Wirklichkeit" richtet, um in ihr durch den analytischen Röntgenblick des Soziologen die Vergesellschaftungsformen als regulative Instanz sichtbar zu machen, produziert Simmel als strukturellen Nebeneffekt seines genuin soziologischen Erkenntnisinteresses minutiöse Deskriptionen psychologischer Konstellationen, die in seinen Texten gegenüber den kristallinen Formen der Vergesellschaftung gewissermaßen die „Materialität" des Lebens vertreten. Vor allem zahlreiche seiner Essays, die in mikroskopischer Perspektive die Zentralkategorien „Differenzierung", „Wechselwirkung" und „Vergesellschaftung" erproben, führen die Psychologie im Titel. Sie versprechen nicht eine Psychologie der Individuen, sondern eine Psychologie sozialer Figuren und Phänomene, die das gesellschaftliche Allgemeine im Individuellen als dessen Formbestimmung aufsucht. Hierher gehören die „Psychologie der Mode" (1895) und die „Psychologie des Geldes" (1889), die „Psychologie des Schmuckes" (1908) und die „Psychologie der Diskretion" (1906), die „Psychologie der Scham" (1901) und die „Psychologie der Koketterie" (1909). Die „Soziologie der Sinne" (1907) erläutert die Implikationen der elementaren Schicht wechselseitiger Wahrnehmung durch Auge und Ohr, Nase und Tastsinn für das Leben der Menschen in Gesellschaft[7]). In der großen „Soziologie" (1908) enthalten nicht nur diejenigen Abschnitte, die Figuren wie den „Armen" oder den „Fremden" im Titel führen, Beispiele für die psychologische Dimension des von Simmel kultivierten Aufmerksamkeitstyps, sondern auch die Kapitel mit abstrakteren Themen wie „die quantitative Bestimmtheit der Gruppe" oder „Über- und Unterordnung", die konflikttheoretisch bedeutsame Untersuchung über den „Streit" oder die detailreiche Erörterung über „das Geheimnis und die geheime Gesellschaft"[8]). Stets verbindet Simmel die Untersuchung der Formen von Vergesellschaftung mit dem Blick auf ihre Innenseite, die „psychologische Konstellation".

III. Innenansichten der Moderne

Zu den großen Mißverständnissen, die die Rezeption Simmels erschwerten, gehört die Rubrizierung seines Ansatzes unter das Etikett einer „formalen Soziologie", die ihre Konstruktion eines statischen Reiches abstrakter Kristallisationen des Sozialen mit einer systematischen Vernachlässigung der historischen Dimension von Gesellschaft erkaufe (vgl. Nedelmann, 1980, S. 559; Maus,

1959, S. 180–200; Böhringer & Gründer, 1976, S. 175–230). Simmel selbst hat dieser Kritik durch gelegentliche Verwendung der Analogie von Soziologie und Geometrie Vorschub geleistet, allerdings in der Regel einschränkend den „Unterschied des historisch-seelischen Geschehens mit seinen nie ganz zu rationalisierenden Fluktuierungen und Kompliziertheiten" gegenüber den „absoluten" Formen der Geometrie betont. Dem entspricht, daß nicht die „Gesellschaft", sondern die „Vergesellschaftung" Simmels eigentliche Zentralkategorie ist. Die damit gegebene Dynamisierung des Gesellschaftsbegriffes erfaßt auch die kristallinen *Formen* der Vergesellschaftung. Sie sind nicht starr, sondern porös und von der „fluktuierenden" Sphäre der „materialen Totalität" nicht restlos zu trennen. In ihren Poren wirkt die Geschichte als verflüssigendes Element, das zu immer neuen Auflösungen und Zusammensetzungen der kristallinen Struktur führt. So läßt der „heraklitische" Zug in Simmels philosophischem Temperament in seine Soziologie das Meer der historischen Empirie einströmen. Doch ist sie nicht nur in diesem methodischen Sinn imprägniert mit Historischem. Sie ist zudem in ihren wichtigsten thematischen Motiven von der Reflexion ihres eigenen geschichtlichen Ortes geprägt, den sie immer wieder zum perspektivischen Fluchtpunkt des mikroskopischen Blicks auf die Vergesellschaftsformen macht. Simmels „formale" Soziologie ist ihrer historischen Signatur nach materiale Theorie der Moderne[10]). Diese hat zwei thematische Kristallisationspunkte: das Geld als abstrakt-universalen Vergesellschaftungsfaktor, als „Kategorie substanzgewordener Sozialfunktionen" (Simmel, 1900, S. 159), und die moderne Großstadt als Ort der Konzentration all dessen, wodurch und worin das Geld – nicht nur metaphorisch ein Element des Flüssigen und der Verflüssigung – seine dynamisch-traditionszersetzende Potenz entfalten und zur Herausbildung der Kultur der Moderne beitragen kann.

Zwar knüpft Simmel in seinem Essay „Die Großstädte und das Geistesleben" (1903) an die zeitgenössischen Diskussionen über Neurasthenie und Nervosität an, wenn er als sinnliches Fundament für den Typus großstädtischer Individualität die „Steigerung des Nervenlebens" diagnostiziert, doch steht seine eigene Skizze der Physiognomie des Großstädters in erkennbarer Distanz zur latent anti-urbanen physiologischen Pathographie der Moderne. Gilt dieser die Großstadt in der Regel als Aggregat krisenhafter Überbelastung und Erschütterung des Menschen, der auf diese Denaturierung seines Sinnenapparates mit den krankhaften Zuckungen der Nervosität reagiert, so gilt Simmels Interesse den vergleichsweise abstrakten, komplizierter und weniger eindeutig zu analysierenden Seiten der Verdichtung und Konzentration des sozialen Verkehrs in der Großstadt. Die „Blasiertheit" und „Reserviertheit", die er als Charakteristika im Habitus des Großstädters hervorhebt, führen zwar als eine Art unsichtbarer Schutzhülle gegen das Übermaß städtischer Nervenreize einen physiologischen Index mit sich, doch sind sie für Simmel nicht lediglich Reflexe auf die „Technik des großstädtischen Lebens", sondern vor allem der subjektive Niederschlag spezifisch urbaner Vergesellschaftungsformen. Deren Spezifikum ist die Konjunktion von „Geldwirtschaft und Verstandesherrschaft", die den „intellektualistischen Charakter" des Großstädters prägt (1984, S. 192–204; vgl. Hellpach, 1902).

Von den bisweilen grellen und resolut spekulativen Texten der Sozialpathologen, denen eine gewisse Tendenz zum wissenschaftlichen Schauerroman eignet, hebt sich Simmels Großstadt-Essay nicht zuletzt durch den Verzicht auf Eindeutigkeit ab. Nicht nur ist sein begriffliches Instrumentarium feiner und sein Blick theoretisch anspruchsvoller, sondern vor allem seine Haltung zum Gegenstand ambivalenter. Er zitiert die Großstadthasser Nietzsche und Ruskin, aber schließt sich ihnen nicht an. Er diagnostiziert die Großstadt als Nährboden für die „Atrophie der individuellen durch die Hypertrophie der objektiven Kultur" – doch nimmt er sie zugleich als Ort gelockerter Sozialkontrolle gegen die Kleinstadt, als Sitz des Kosmopolitismus gegen philiströse Vorurteile in Schutz und entdeckt schließlich in ihrer „funktionellen Größe jenseits ihrer physischen Grenzen" ein Möglichkeitsreservoir für die Gestaltung des Lebens, aus dem gegenläufig zum kulturkritischen basso ostinato das Motiv „individuelle Freiheit" erklingt (1984, S. 201).

Simmel selbst hat in einer Anmerkung darauf verwiesen, daß sein Essay über die Großstadt als Extrakt seiner umfangreichen „Philosophie des Geldes" (1900) gelesen werden kann. Dieses Buch, von dem ein zeitgenössischer Rezensent schrieb, „daß es die Seele des modernen Berlin projiciert auf einen universalen Horizont" (Joel, 1901, S. 812–826), ist das bedeutendste Dokument für die zeitdiagnostischen Qualitäten des skizzierten Aufmerksamkeitstypus von Simmels Soziologie. Ausdrücklich nicht nationalökonomisch gemeint, untersucht es im Horizont der Vergesellschaftungskategorie die synthetischen Leistungen des Geldes unter systematischer Einbeziehung ihrer psychologischen Effekte. Entwickelt werden die Paradoxien des Umschlags, der das Geld aus einem universalen Mittel kraft seiner Universalität zum letzten Glied teleologischer Reihen werden läßt; die Befunde des modernen „Zynismus" und der „Blasiertheit" erfahren hier ihre vertiefte Analyse; die distanzierenden und differenzierenden Leistungen des Gelds werden erörtert wie auch seine Gleichgültigkeit gegenüber Inhalten und seine Verstärkung aller Abstraktionstendenzen. Vor allem aber zeigen die Kapitel über das „Geldäquivalent personaler Werte" und den „Stil des Lebens", daß Simmel nicht dem Begriff, wohl aber der Sache nach Vorarbeiten zu einer Mentalitätsgeschichte der Moderne geleistet hat[11]. Das gilt etwa für seine Hinweise zu einer Geschichte der Pünktlichkeit, für seine Überlegungen zur „Bedeutung des Geldes für das Tempo des Lebens", für seine Theoretisierung der kulturellen Ausprägung von sozialer Nähe und Distanz, vor allem aber für seine methodische Anregung, jene Sphäre, die im Kontext der Mentalitätsgeschichte als „outillage mental", als „geistig-kulturelle Infrastruktur einer Zeit" gefaßt wird, durch die Aufmerksamkeit auf die gewissermaßen „klimatischen-atmosphärischen" Dimensionen der Vergesellschaftungsformen zu erhellen, denen das Interesse seiner Soziologie gilt (Simmel, 1900, S. 500; vgl. Frisby, 1984). Die Grunddiagnose nicht nur von Simmels Theorie der Moderne, sondern seiner Theorie der Entwicklung von Gesellschaft überhaupt ist

die einer Zunahme von Intellektualität, Abstraktionsprozessen und Distanzie-
rungsmechanismen in den Formen der „Wechselwirkung". Der Prozeß der
„Differenzierung" ist nun aber nicht nur der Weg vom Einfachen zum Komplizierten im logischen Sinn zunehmender Komplexität der sozialen Gebilde, sondern zugleich der Weg vom „Rohen" zum „Verfeinerten" im Sinne der psychischen Komplizierung der Individuen. Beobachtungen zum Prozeß der kulturellen „Verfeinerung" durchziehen Simmels soziologische Schriften und ergeben
Verbindungslinien zum „Prozeß der Zivilisation", wie ihn Norbert Elias gefaßt
hat [12]. Diese Verwandtschaft sowohl zur Mentalitätsgeschichtsschreibung wie
zur historischen Soziologie der Zivilisation läßt vermuten, daß Simmels Werk
die „Fundgrube", von der Kracauer spricht, vor allem für diejenigen Psychologen sein dürfte, die sich durch eine Verflüssigung und theoretische Historisierung der „Natur" des Menschen nicht unbedingt um ihren Gegenstand gebracht sehen.

Anmerkungen

[1]) Georg Simmel, 1911, S. 1–16. Simmel hat diesen Text leicht verändert als „Beispiel
der Reinen oder Formalen Soziologie" in seine „Grundfragen der Soziologie" (1917)
übernommen. Sie sind als Band 1101 der Sammlung Göschen 1970 wieder aufgelegt
worden (dort S. 46–48). Über Simmel und die Berliner Intellektuellenzirkel vgl.
D. Frisby, 1984, S. 34ff. Zur amerikanischen Soziologie vgl. Böhringer & Gründer,
1976, S. 175–230.

[2]) Vgl. hierzu Michael Landmann, 1958, S. 11–33; Vgl. über das Verhältnis Simmels
zum Judentum Hans Liebeschütz, 1970, Kap. 3.

[3]) Vgl. hierzu das Material in K. Gassen & M. Landmann, 1958. Nicht zuletzt wegen
ihrer Bibliographie ist auf diese Publikation für jede nähere Beschäftigung mit Simmel nicht zu verzichten. Eine Vielzahl von Aufsätzen zu Struktur und Wirkungsgeschichte von Simmel vereinigt das amerikanische Pendant von Kurt H. Wolff (Hg.),
1959. Einen Überblick über die neuere Entwickung der Simmel-Rezeption erlauben
am besten die Sammelbände von H. Böhringer & K. Gründer (Hg.), 1976, sowie H.-J.
Dahme & O. Rammstedt (Hg.), 1984. In beiden Bänden finden sich zahlreiche biblio-
graphische Ergänzungen zum Werk von Simmel und weiterführende Hinweise zur
Simmel-Literatur.

[4]) Zur Anknüpfung des jungen Simmel an G. Fechners physikalisch-positive Atomistik
vgl. H. Böhringer, 1976, S. 105–114. Zu dieser Phase insgesamt den materialreichen
Aufsatz von Kl. Ch. Kröhnke, 1984, S. 388–429. Zur Charakterisierung der größeren
Publikationen D. Frisby, 1984, Kap. 4.

[5]) Zum Drei-Phasen-Schema vgl. M. Landmann, 1968, sowie ders. 1976, S. 3–11.
Außerdem H.-J. Dahme, 1984, S. 202–231. Dahme problematisiert die Heterogenität
in Simmels Werk als Komplikation einer angemessenen Rezeption und stellt die
Frage, „wie sich seine wissenschaftlich-soziologischen Interessen mit seinen metaphy-
sisch-lebensphilosophischen vereinbaren lassen, da man gewöhnlich unterstellt, daß
ein positivistischer Wissenchaftler eigentlich gegenüber metaphysischen Fragestellungen, weil sie angeblich ‚sinnlos' sind, immun sein müßte" (1984) S. 205. Zur Kontinuität des soziologischen Interesses siehe H.-J. Dahme & O. Rammstedt, 1983,
S. 7–36. Dort auch eine nützliche Bibliographie zum Soziologen Simmel. Monogra-
phisch: H.-J. Dahme, 1981, sowie D. Frisby, 1981.

[6]) Wie eine Simmel-Paraphrase liest sich der erste Satz zum Titel-Essay der Sammlung
„Das Ornament der Masse": „Der Ort, den eine Epoche im Geschichtsprozeß ein-

nimmt, ist aus der Analyse ihrer unscheinbaren Oberflächenäußerungen schlagender zu bestimmen als aus den Urteilen der Epoche über sich selbst (1977, S. 50).

[7]) Zahlreiche von Simmels Essays sind wieder zugänglich in der Neuauflage der „Philosophischen Kultur", Berlin 1984, sowie in dem bereits zitierten Sammelband „Schriften zur Soziologie", hg. v. H.J. Dahme & O. Rammstedt, 1983. Der Essay „Zur Soziologie der Sinne" findet sich in „Die Neue Rundschau", 1907. Er ist als Exkurs in die „Soziologie" eingegangen.

[8]) Zu Simmels Begründung der thematischen Heterogenität und des „bruchstückhaften und unvollendeten Charakters" seiner „Soziologie" s. Simmel, 1908, S. 17, Anm. 1.

[9]) Zur Abgrenzung des Simmelschen Blicks auf die Seele vom Projekt einer „Sozialpsychologie" vgl. den „Exkurs über Sozialpsychologie" in der „Soziologie". Für Simmel ist Schauplatz des psychischen Geschehens immer das Individuum. Ein spezifisches Objekt im Sinne „einer neuen, überindividuellen psychischen Einheit" spricht er der Sozialpsychologie ab. Ihre einzig legitime Frage bleibt: „Welche Modifikation erfährt der seelische Prozeß eines Individuums, wenn er unter bestimmten Beeinflussungen durch die gesellschaftliche Umgebung verläuft? Dies aber ist ein Teil der allgemeinen psychologischen Aufgabe, die – was ein identischer Satz ist – eine individualpsychologische ist" (1908, S. 561). Simmels Begriff von Psychologie impliziert immer schon das vergesellschaftete Individuum.

[10]) Zu Simmels prozessualer Dynamisierung des Gesellschaftsbegriffs vgl. B. Nedelmann, 1984. Von den in diesem Band versammelten Beiträgern stellt vor allem D. Frisby, wie schon in seinen Büchern 1981 und 1984, Simmel in den Kontext einer auch ästhetisch orientierten Theorie der Moderne, die bei Baudelaire beginnt und über Simmel zu Walter Benjamin führt. Vgl. Frisby, 1984, S. 7–79.

[11]) Rolf Reichardt lokalisiert die „Mentalität" am „Ort zwischen Ideen und Verhalten; Doktrin und Stimmung, an der Verbindungsstelle von Individuellem und Kollektivem, Absichtlichem und Unwillkürlichem". „Histoire des Mentalités". Die neue Dimension der Sozialgeschichte am Beispiel des französischen Ancien Régime, 1978, S. 131. Vgl. auch U. Raulff, Die Annales E.S.C. und die Geschichte der Mentalitäten, 1986, S. 145–166.

[12]) Vgl. Norbert Elias, 1969, S. 312 ff. Simmels „Philosophie des Geldes" ist als Theorie der Rationalisierung und Versachlichung der Vergesellschaftungsformen in der Moderne zugleich eine Theorie der Dämpfung der Triebe und des Abbaus unmittelbar physischer Gewalt in den Soialbeziehungen. Vgl. etwa „Philosophie des Geldes", S. 127 f. Simmels Diagnose der „Intellektualisierung" des Lebens im Zuge der Entfaltung der Geldwirtschaft berührt sich in vielen Punkten mit Elias' Theoremen über die Herausbildung von „Selbstzwang", „Langsicht", „Psychologisierung" und „Rationalisierung". Freilich differieren bei beiden Autoren nicht nur die jeweiligen historisch-materialen Bezugspunkte, sondern auch die methodischen Perspektiven. Was bei Simmel en passant abfällt, ist bei Elias Produkt und integrierender Bestandteil einer systematischen Konzentration auf den Zivilisationsprozeß.

Literatur

Böhringer, H. & Gründer, K. (Hg.) (1976). Ästhetik und Soziologie um die Jahrhundertwende: Georg Simmel. Frankfurt/M.: Klostermann.

Böhringer, H. (1976). Spuren von Spekulativem Atomismus in Simmels formaler Soziologie. In Böhringer & Gründer (Hg.), Ästhetik und Soziologie um die Jahrhundertwende: Georg Simmel. Frankfurt/M.: Klostermann.

Dahme, H.-J. (1981). Soziologie als exakte Wissenschaft. Georg Simmels Ansatz und seine Bedeutung in der gegenwärtigen Soziologie. 2 Bde. Stuttgart: Enke.

Dahme, H.-J. & Rammstedt, O., (1983). Georg Simmel, Schriften zur Soziologie. Eine Auswahl. Frankfurt/M.: Suhrkamp.

Dahme, H.-J. & Rammstedt, O. (Hg.) (1984). Georg Simmel und die Moderne. Neue Interpretationen und Materialien. Frankfurt/M.: Suhrkamp.

Elias, N. (1969). Über den Prozeß der Zivilisation. Soziogenetische und psychogenetische Untersuchungen. Band 2: Wandlungen der Gesellschaft. Entwurf zu einer Theorie der Zivilisation. Bern, München: Francke, 2. Aufl.

Frisby, D. (1981). Sociological impressionism. A reassessment of Georg Simmel's social theory. London: Heinemann.

Frisby, D. (1984). Georg Simmel. Chichester/New York: Harwood.

Frisby, D. (1984). Georg Simmels Theorie der Moderne. In H. J. Dahme & O. Rammstedt (Hg.), Georg Simmel und die Moderne. Neue Interpretationen und Materialien. Frankfurt/M.: Suhrkamp.

Gassen, K. & Landmann, M. (Hg.) (1958). Buch des Dankes an Georg Simmel. Briefe, Erinnerungen, Bibliographie. Berlin: Duncker & Humblot.

Hellpach, W. (1902). Nervosität und Kultur. Berlin: Johannes Bäde.

Joel, K. (1901). Eine Zeitphilosophie. In Neue Deutsche Rundschau, Jg. XII, 812–826.

Kracauer, S. (1977). Georg Simmel. In Das Ornament der Masse. Essays. Frankfurt/M.: Suhrkamp.

Kröhnke, Kl. Chr. (1984). Von der Völkerpsychologie zur Soziologie. Unbekannte Texte des jungen Georg Simmel. In H.-J. Dahme & O. Rammstedt, Georg Simmel und die Moderne. Neue Interpretationen und Materialien. Frankfurt/M.: Suhrkamp.

Landmann, M. (1958). Bausteine zu einer Biographie. In K. Gassen & M. Landmann (Hg.), Buch des Dankes an Georg Simmel. Briefe, Erinnerungen, Bibliographie. Berlin: Duncker & Humblot.

Landmann, M. (1968). Einleitung. In Georg Simmel: Das individuelle Gesetz. Philosophische Exkurse. Frankfurt/M.: Suhrkamp.

Landmann, M. (1976). Georg Simmel: Konturen seines Denkens. In H. Böhringer & K. Gründer (Hg.), Ästhetik und Soziologie um die Jahrhundertwende: Georg Simmel. Frankfurt/M.: Klostermann.

Levine, D., Carter, E. & Gorman, E. (1981). Simmel's influence on american sociology. In H. Böhringer & K. Gründer (Hg.), Ästhetik und Soziologie um die Jahrhundertwende: Georg Simmel. Frankfurt/M.: Klostermann.

Liebeschütz, H. (1970). Von Georg Simmel zu Franz Rosenzweig. Studien zum jüdischen Denken im deutschen Kulturbereich. Tübingen: Mohr.

Maus, H. (1959). Simmel in German Sociology. In Wolff, K. H., Georg Simmel, 1858–1918. Columbus: Ohio Press.

Müller, L. (1986). Mikroskopie der Seele: Zur Entstehung der Psychologie aus dem Geist der Beobachtungskunst im 18. Jahrhundert. In G. Jüttemann (Hg.), Die Geschichtlichkeit des Seelischen. Der historische Zugang zum Gegenstand der Psychologie. Weinheim: Beltz.

Nedelmann, B. (1984). Georg Simmel als Klassiker soziologischer Prozeßanalysen. In H.-J. Dahme & O. Rammstedt (Hg.), Georg Simmel und die Moderne. Neue Interpretationen und Materialien. Frankfurt/M.: Suhrkamp.

Raulff, U. (1986). Die Annales E. S. C. und die Geschichte der Mentalitäten. In G. Jüttemann (Hg.), Die Geschichtlichkeit des Seelischen. Der historische Zugang zum Gegenstand der Psychologie. Weinheim: Beltz.

Reichardt, R. (1978). Histoire des Mentalités. Eine neue Dimension der Sozialgeschichte am Beispiel des französischen Ancien Regime. In Internationales Archiv für Sozialgeschichte der deutschen Literatur, 3, 130–166.

Simmel, G. (1890). Über sociale Differenzierung, (= Staats- und Socialwissenschaftliche Forschungen, hg. v. Gustav Schmoller, Bd. 10. 1. Heft. Leipzig: Duncker & Humblot).

Simmel, G. (1896). Skizze einer Willenstheorie. In Zeitschrift für Psychologie und Physiologie der Sinnesorgane, Bd. 9, 206–220.

Simmel, G. (1896). Rezension von Theodor Elsenhans. Wesen und Entstehung des Gewissens. In Zeitschrift für Psychologie und Physiologie der Sinnesorgane, Bd. 9, 301 f.

Simmel, G. (1900). Philosophie des Geldes. Berlin: Duncker & Humblot, 7. Aufl. 1977.

Simmel, G. (1903). Die Großstädte und das Geistesleben. In ders., Das Individuum und die Freiheit. Essays, S. 192–204. Berlin: Wagenbach 1984.

Simmel, G. (1907). Soziologie der Sinne. In Die Neue Rundschau, 18, 1025–1036. Berlin: S. Fischer.

Simmel, G. (1908). Soziologie. Untersuchungen über die Formen der Vergesellschaftung. Leipzig: Duncker & Humblot.

Simmel, G. (1911). Soziologie der Geselligkeit. In Verhandlungen des I. Deutschen Soziologentages 1910. Frankfurt/M.: Sauer u. Auvermann 1969 (Nachdruck).

Simmel, G. (1917). Beispiel der Reinen oder Formalen Soziologie. Sammlung Göschen, Bd. 1101. Berlin: Göschen.

Simmel, G. (1984). Das Individuum und die Freiheit. Essays. Berlin: Wagenbach.

Simmel, G. (1984). Philosophische Kultur. Berlin: Wagenbach.

Emile Durkheim.
Die Seele als soziales Phänomen

Jürgen Gerhards

Emile Durkheim gebührt sicherlich zu Recht das Attribut, Klassiker der Soziologie zu sein[1]); neben Max Weber gehört er zu den bedeutendsten Persönlichkeiten, die das Fach Soziologie sowohl durch seine Etablierung als selbständige
wissenschaftliche Disziplin als auch durch eine paradigmatische Fundierung
vermittels einer Theorie der Soziologie auf den Weg gebracht haben.

Durkheim wurde nach seinen Studien an der École Normal Supérieur und
einem Studienaufenthalt in Deuschland u. a. bei Wundt in Leipzig 1887 an die
Faculté des Lettres der Universität Bordeaux berufen. Er lehrte dort Soziologie
und Pädagogik und war damit der erste, der an einer französischen Universität
Soziologie unterrichtete. 1898 gründete Durkheim eine eigene Fachzeitschrift,
die L'Année Sociologique und konsolidierte damit den Prozeß der Institutionalisierung der Soziologie; 1902 wurde er an die Sorbonne berufen, 1913 wurde
sein dortiger Lehrstuhl in einen Lehrstuhl für Pädagogik und Soziologie umbe-
nannt. Damit war der Grundstein der Etablierung der Soziologie gelegt[2]).

Paradigmatisch fundierte Durkheim die Soziologie vor allem durch seine methodologischen Arbeiten. René König (1976, S. 21) vergleicht die Bedeutung der
Durkheimschen Schrift „Die Regeln der soziologischen Methode" von 1894 für
die Ausrichtung der Soziologie mit der von Descartes „Discours de la méthode"
von 1637 für die allgemeine Philosophie und dies mit gutem Grund. Gegenstand der Analyse der Soziologie sind nach Durkheim soziale Phänomene bzw.
soziale Tatsachen. „Ein sozialer Tatbestand ist jede mehr oder minder festge-
legte Art des Handelns, die die Fähigkeit besitzt, auf den einzelnen einen äußeren Zwang auszuüben; oder auch, die im Bereich einer gegebenen Gesellschaft
allgemein auftritt, wobei sie ein von ihren individuellen Äußerungen unabhän-
giges Eigenleben besitzt" (Durkheim, [1894], 1976, S. 114).

Gegenstand der Soziologie sind demnach soziale Phänomene, die ‚außerhalb'
des individuellen Bewußtseins existieren, deren Gestaltung der Kultur und der
Erziehung obliegt und die entsprechend kulturell verschieden sind und die Handlungen des einzelnen mit normativer Kraft regulieren. Soziale Phänomene verkörpern damit nach Ansicht Durkheims einen eigenständigen Bereich, die sich
weder auf die Psychologie (in seinem damaligen Verständnis) noch auf die Biologie reduzieren lassen. „Mit organischen Erscheinungen sind sie nicht zu ver-
wechseln, denn sie bestehen aus Vorstellungen und Handlungen, ebenso wenig
mit psychischen Erscheinungen, deren Existenz sich im Bewußtsein des einzelnen erschöpft. Sie stellen also eine neue Gattung dar und man kann ihnen mit
Recht die Bezeichnung ‚sozial' vorbehalten" (Durkheim, [1894], 1976, S. 107).

Die Bemühungen der Durkheimschen Studien sind nun darauf gerichtet, eine solche paradigmatische Fundierung auch zur Anwendung zu bringen, die formende Wirksamkeit des Sozialen in verschiedenen Bereichen zu dokumentieren. Allein ein Blick auf die Bibliographie der Schriften Durkheims (vgl. Lukes, 1973; König, 1976) genügt, um zu verstehen, daß eine Gesamtdarstellung des vielschichtigen und reichhaltigen Werks hier nicht gelingen kann. Stattdessen möchte ich mich — in exemplarischer Absicht — auf die Darstellung eines Teilaspektes, die soziale Formung des Seelischen, beschränken, wie sie von Durkheim vor allem in seiner Studie über den Selbstmord ([1897], 1972) ausgearbeitet worden ist.

Durkheim läßt keinen Zweifel, daß das Seelische selbst ein sozial geformtes Phänomen ist, entsprechend in verschiedenen sozialen Zusammenhängen auch eine recht unterschiedliche Kontur erhält. Der Mensch wird zum Menschen vermittels der Internalisierung der durch die Erziehung vermittelten Normen und Verhaltensregeln. „Der Mensch, den die Erziehung in uns verwirklichen muß, ist nicht der Mensch, den die Natur gemacht hat, sondern der Mensch, wie ihn die Gesellschaft haben will; und sie will ihn so haben, weil ihn ihre innere Ökonomie so braucht" (Durkheim, [1925], 1984, S. 44). Damit ist keinem puren Soziologismus das Wort geredet, denn Durkheim betont auf der anderen Seite, daß erst im Zusammenspiel zwischen sozialen Bedingungsfaktoren und „allgemeinen Eigenschaften der menschlichen Natur" ([1894], 1976, S. 189) sich die spezifisch historische Ausprägung des Menschen ergibt. Ist es die Aufgabe der Soziologie, die Struktur der sozialen Bedingungsfaktoren zu erhellen, so fällt in den Aufgabenbereich der Psychologie, die Vermittlung dieser Bedingungen in psychische Strukturen zu beleuchen (Durkheim, [1925], 1984, S. 51). So wie sich auf der Ebene der Gegenstände Sozialstruktur und Psychostruktur in einem Verhältnis der Komplementarität befinden, so stehen auf der Ebene der wissenschaftlichen Disziplinen auch Soziologie und Psychologie in einem sich ergänzenden Verhältnis zueinander.

Durkheim hat eine soziale Formung des Seelischen nicht nur theoretisch behauptet, sondern auch versucht, empirisch dingfest zu machen. Die *Untersuchungen zum Selbstmord* gelten nicht zu Unrecht als Musterbeispiel soziologischer Analyse. Selbstmord gilt gemeinhin als die Privatangelegenheit überhaupt; Durkheim versucht den empirischen Beweis, daß sich die Selbstmordwahrscheinlichkeit aus sozialen Parametern erklären läßt. Des weiteren gelingt es Durkheim, die hohe Selbstmordrate als Indikator für pathologische Erscheinungen der Moderne zu deuten und damit Rückschlüsse auf das Strukturmuster arbeitsteiliger Gesellschaften überhaupt zu ziehen (Durkheim, [1897], 1972, S. 20). Noch in einem dritten Punkt besitzt die Studie Beispielcharakter: Entsprechend seiner Definition von Soziologie als einer empirischen Wissenschaft versucht Durkheim, jede theoretische Spekulation empirisch abzusichern. Mit der Methode der ‚konkominanten (parallelen) Variation' (Durkheim, [1894], 1976, S. 205) untersucht er die Abweichung von einer durchschnittlichen Selbstmordrate bei einzelnen Völkern, religiösen und sozialen Gruppierungen, und versucht auf diesem Wege die sozialen erklärungskräftigen Variablen für das Auftreten von Selbstmord herauszufiltern. Weil die Selbstmordstudie Beispielcharakter für das Gesamtwerk Durkheims und für die hier zur Diskussion stehende Fragestellung hat, sei auf sie näher eingegangen.

Durkheim legt die soziale Selbstmordrate, wie sie in der amtlichen Statistik festgehalten ist, als abhängige Variable zugrunde und fragt nach den Ursachen für ihre Schwankungen. In einer Art Ausschlußverfahren dokumentiert er im ersten Schritt, daß Faktoren wie Geistesgestörtheit, Rasse, Klima, Temperatur und Nachahmung die Variation von Selbstmordraten nicht erklären können, soziale Phänomene scheinen allein in Frage zu kommen.

Drei verschiedene Selbstmordtypen, die mit unterschiedlichen sozialen Beziehungskonstellationen in einem ursächlichen Zusammenhang stehen, lassen sich unterscheiden: der egoistische, der altruistische und der anomische Selbstmord. Soziale Bedingungen auf der einen Seite und Selbstmordhandlungen auf der anderen Seite werden vermittelt durch eine subjektive Motivationsebene in Form von subjektiven Befindlichkeiten. Die intervenierende Variable der Emotionen, gleichsam das psychische Anschlußstück der sozialstrukturellen Auslösebedingungen, wird von Durkheim nur fragmentarisch behandelt, allein, sie ist konzeptionell vorhanden. „Wir glauben nicht, daß man uns nach diesen Erklärungen noch vorwerfen kann, daß wir in der Soziologie das Innere durch das Äußere ersetzen wollen. Wir gehen von dem Äußeren aus, weil es als einziges unmittelbar gegeben ist, aber mit der Absicht, zu dem Inneren zu kommen" (Durkheim, [1894], 1976, S. 187).

Wie lassen sich die Wirkungsketten ‚soziale Determinanten, emotionale Motive und Selbstmordhandlungen‘ für die drei Selbstmordtypen spezifizieren?

Der *egoistische Selbstmord* steht in Beziehung zum Maß der Integration in die Institutionen Familie, Ehe und Religionsgemeinschaften und dem Ausmaß politischer und nationaler Krisen. Je geringer das Maß der Integration in Sozialverbände — so die allgemein formulierbare These —, desto höher die Selbstmordrate.

Für den Bereich der Religionsgemeinschaften geht Durkheim von der Beobachtung aus, daß die Selbstmordraten von Protestanten höher sind als die von Katholiken. Eine Erklärung dieses Tatbestandes liegt in der unterschiedlichen Integrationsleistung der beiden Religionen und Kirchen. Während im Protestantismus das Verhältnis des Gläubigen zu Gott ohne Vermittlung der Institution der Kirche erfolgt, der einzelne also unmittelbar, allein seinem Gewissen verantwortlich seinen Weg zu Gott sucht, erfolgt die Vermittlung zur Transzendenz im Katholizismus durch die Vermittlung der Kirche. Entsprechend ausgeprägter ist die Einbindung in die Institution der Kirche und deren Gewissens- und Kontrollhierarchien, entsprechend gering ist der Bereich der Selbstbestimmung und der Freiheit. Umgekehrt aber gilt, daß die Integrationskraft der protestantischen Kirchen geringer ist, und dies erklärt nach Durkheim die höhere Selbstmordrate der Protestanten.

Ein ähnlicher Zusammenhang läßt sich für den Grad der Integration in Familie, Ehe und Staat herstellen, denn Verheiratete sind in geringerem Maße selbstmordanfällig als Alleinstehende (Ledige, Verwitwete und Geschiedene), Familien mit Kindern geringer gefährdet als Ehen ohne Kinder. Ähnliches gilt für die Wirkung von nationalen und politischen Krisen: Kriege und Revolutionen stärken die Kohäsion innerhalb der Gesellschaft und wirken damit integrierend und „selbstmordverhindernd". Läßt sich eine erhöhte Selbstmordwahrscheinlichkeit als ein Mangel sozialer Integrationskraft interpretieren, so bilden die emotionalen Lagen ein verbindendes Zwischenglied und das subjektive Motiv für die Selbsttötung. Im Falle des egoistischen Selbstmords beschreibt Durkheim die emotionale Lage „als apathische Schwermut mit Selbstbemitleidung" (Durkheim, [1897], 1972, S. 339), als Depression und Melancholie. Allerdings bleiben die Beschreibungen der subjektiven Motive recht bruchstückhaft.

Läßt sich der egoistische Selbstmord als Resultat einer Unterintegration des einzelnen in die Gesellschaft verstehen, so ist der Typus des *altruistischen Selbstmords* das Ergebnis einer Überintegration. Wenn die Verhaltensweisen der Mitglieder einer Gesellschaft fast ausschließlich durch die Interessen des Kollektivs definiert sind, Individualität kaum entwickelt ist, dann kann die Selbsttötung zur gesellschaftlichen Pflicht werden. Durkheim findet für diesen Selbstmordtypus zum einen Beispiele in archaischen Gesellschaften, in denen die Witwe eines Verstorbenen sich mit dem Leichnam des Mannes verbrennen läßt, zum anderen in der Pflicht zur Selbstopferung in modernen Armeen. In beiden Fällen wird die Selbstopferung durch die Verflechtung in ein sozial enges Erwartungs- und Verpflichtungsgefüge zur sozialen Obligation. Die emotionalen Lagen, die als vermitteltes Glied zwischen den sozialen Bedingungsfaktoren und der dadurch verursachten Selbstmordhandlung fungieren, sind im Falle des altruistischen Selbstmords entsprechend anders gelagert als beim egoistischen Selbstmord. „Der Betreffende tötet sich, weil sein Gewissen ihm dies befiehlt, er folgt einem Befehl. Auch herrscht bei der Tat jene heitere Festigkeit vor, die das Gefühl der erfüllten Pflicht verleiht" (Durkheim, [1897], 1972, S. 327).

Im Gegensatz zu dem egoistischen Selbstmord, der mit denen als unangenehm empfundenen Gefühlen der Depression und der Melancholie einhergeht, liegt dem altruistischen Selbstmord eher eine positive Gefühlstönung zugrunde, die Durkheim „als ruhiges Gefühl erfüllter Pflicht beschreibt" (S. 339). Während im Falle des egoistischen Selbstmords sich das Individuum in Diskrepanz und Spannung zwischen eigenen Wünschen, Möglichkeiten und Erwartungen der sozialen Umwelt befindet, harmonieren im Falle des altruistischen Selbstmords beide Seiten miteinander.

Den Typus des *anomischen Selbstmords* erläutert Durkheim auf der Basis der Statistiken von Konjunkturzyklen. Sowohl wirtschaftliche Krisen als auch rapides Wirtschaftswachstum korrelieren mit erhöhten Selbstmordraten. In beiden Fällen geraten die sozialen Regulationen der menschlichen Bedürfnisse und Ansprüche in Unordnung, Desorientierung ist die Folge.

„Jede Störung des Gleichgewichts, sogar wenn sie einen größeren Wohlstand zur Folge hat oder eine Stärkung der allgemeinen Vitalität, treibt die Selbstmordzahlen in die Höhe" (Durkheim, [1897], 1972, S. 278 f.).

Der anomische Selbstmord ist die für die moderne Gesellschaft typischste Variante. In einer nur wenig geregelten Marktwirtschaft und in einer Kultur, die auf Fortschritt und Entwicklung basiert und in der Erfolg alles bedeutet, sind die Erwartungen entsprechend hoch, so daß Mißerfolg mit emotionalen Krisen beantwortet wird. Die emotionale Befindlichkeit, die dem anomischen Selbstmord zugrunde liegt, beschreibt Durkheim mit Zorn und Wut als Resultat von Enttäuschungen. Der Zustand der Gereiztheit ist oft verbunden mit Anklagen gegen eine als schuldig interpretierte Umwelt.

Das folgende Schaubild faßt die verschiedenen Bedingungsfaktoren, emotionalen Lagen und Selbstmordformen zusammen:

Soziale Konstellationen	Emotionale und handlungsmäßige Reaktionen	
	Emotionale Befindlichkeit	Selbstmordtypen
Unterintegration von ‚Ego‘ in das soziale Kollektiv	Melancholie, Depression, Apathie	egoistischer Selbstmord
Überintegration von ‚Ego‘ in das soziale Kollektiv	„ruhiges Gefühl erfüllter Pflicht"	altruistischer Selbstmord
Unterregulation der Bedürfnisse von ‚Ego‘	Gereiztheit, Wut, Zorn	anomischer Selbstmord

Gegen die Durkheimsche Analyse des Selbstmords lassen sich vom Standpunkt heutiger Kenntnisse sowohl empirische als auch theoretische Einwürfe geltend machen. So ist die Beschreibung des psychischen Anschlußstücks der sozialen Bedingungen in Form von emotionalen Motiven eher aus einem Alltagsverständnis gewonnen als aus einem theoretischen Zusammenhang abgeleitet. Entscheidend scheint mir aber zu sein, daß das konzeptionelle Arrangement mit der Unterscheidung zwischen sozialen Bedingungsfaktoren, psychischen Motiven und unterschiedlichen Handlungstypen so offen angelegt ist, daß sich Spezifizierungen und Ergänzungen integrieren lassen. Insofern stellt „Der Selbstmord" einen sowohl theoretisch als auch empirisch wichtigen Beitrag zur Begründung der These der sozialen Formung des Seelischen dar, der aufzugreifen und zu erweitern lohnt.

Die Gestaltungs- und Formungskraft des Sozialen aufzuzeigen, ist aber nicht nur das Thema des ‚Selbstmordes‘, sondern − und darauf kann am Ende nur noch hingewiesen werden − das strukturbildende Prinzip des Gesamtwerkes Durkheims und findet sich entsprechend auf unterschiedliche Gegenstandsbereiche bezogen in allen seinen Hauptwerken: In seiner Dissertation ‚Über die Teilung der sozialen Arbeit‘ ([1893], 1977) analysiert er, wie sich mit der Strukturveränderung von Gesellschaften in Richtung auf eine arbeitsteilige Gesellschaft erst Individualität entwickelt und neue Formen der Integration bedeutsam werden; die wissenssoziologischen und religionssoziologischen Arbeiten ([1922], 1981; zusammen mit Marcel Mauss [1903], 1963) zeigen, daß selbst die basalen Formen des Denkens und des religiösen Lebens einen ursprünglichen sozialen Charakter haben; die pädagogischen Schriften ([1922], 1972; [1925], 1984; [1938], 1977) gelten dem Versuch, die Bedeutung der Übermittlung sozialer Kompetenz durch die Sozialisationsinstanzen zu erläutern und zugleich die Notwendigkeit des Wandels der Institutionen und der Inhalte entlang den Bedürfnisanforderungen der Gesellschaft.

Anmerkungen

[1]) In das Literaturverzeichnis sind nur die in deutscher Übersetzung vorliegenden Arbeiten Durkheims und aus der Sekundärliteratur nur grundlegende Gesamtdarstellungen aufgenommen worden. Eine ausführliche Bibliographie findet man in Steven Lukes (1973) und in René König (1976). Gute Gesamtdarstellungen des Werks Durkheims bieten darüber hinaus Aaron (1971), Coser (1971), Tiryakian (1978), Müller (1983) und Parsons (1937).

[2]) Zur Biographie Durkheims vgl. vor allem Steven Lukes (1973).

Literatur

Aaron, R. (1971). Emile Durkheim. In ders., Hauptströmungen des soziologischen Denkens, Band 2. Köln: Kiepenheuer & Witsch.

Coser, A.L. (1971). Emile Durkheim. In ders., Masters of sociological thought. New York: Harcourt Brace.

Durkheim, E. (1893). Über die Teilung der sozialen Arbeit. Frankfurt/M.: Suhrkamp 1977.

Durkheim, E. (1894). Die Regeln der soziologischen Methode, hg. und eingel. von R. König. Neuwied: Luchterhand 1976.

Durkheim, E. (1897). Der Selbstmord. Neuwied: Luchterhand 1972.

Durkheim, E. (1912). Die elementaren Formen des religiösen Lebens. Frankfurt/M.: Suhrkamp 1981.

Durkheim, E (1914). Der Dualismus der menschlichen Natur und seine sozialen Bedingungen. In F. Jonas, Geschichte der Soziologie, Bd. II. Reinbek: Rowohlt 1969.

Durkheim, E. (1922). Erziehung und Soziologie. Düsseldorf: Schwan 1972.

Durkheim, E. (1925). Erziehung, Moral und Gesellschaft. Frankfurt/M.: Suhrkamp 1984.

Durkheim, E. (1938). Die Entwicklung der Pädagogik. Weinheim, Basel: Beltz 1977.

Durkheim, E. (1981). Frühe Schriften zur Begründung der Sozialwissenschaft, hg., eingel. u. übers. v. L. Heisterberg. Darmstadt, Neuwied: Luchterhand.

Durkheim, E. & Mauss, M. (1903). Primitiv classification. Chicago: The University of Chicago Press 1963.

König, R. (1976). Emile Durkheim. Der Soziologe als Moralist. In D. Käsler (Hg.), Klassiker des soziologischen Denkens, Bd. 1. München: Hanser.

Lukes, St. (1973). Emile Durkheim. His life and work. London: Penguin Books.

Müller, H.P. (1983). Wertkrise und Gesellschaftsreform: Emile Durkheims Schriften zur Politik. Stuttgart: Enke.

Parsons, T. (1937). The structur of social action. New York: The Free Press of Glencoe.

Tiryakian, A. (1978). Emile Durkheim. In T. Bottomore & R. Nisbet (eds.), A history of sociological analysis. New York: Basic Books.
Wolff, K. H. (1960). Emile Durkheim, 1858–1917. Columbus/Ohio: The Ohio State University Press.

Karl Lamprecht. Psychische Gesetze als Basis der Kulturgeschichte?

Jörn Sieglerschmidt und Rainer Wirtz

I. Der „unverstandene" Lamprecht

Wohl kaum ein Historiker hat die Mitglieder seiner akademischen Disziplin so in Aufregung versetzt wie Karl Lamprecht (1856–1915)[1]. Der Methodenstreit, der mit seinem Namen verbunden ist, kann wohl erst in der jüngsten Gegenwart angemessen beurteilt werden, denn die Sieger in dieser Auseinandersetzung, eher auf die individualisierende Denkungsart des Historismus festgelegt, beherrschten die deutsche Geschichtsschreibung bis in die 60er Jahre unseres Jahrhunderts (vgl. Weber, 1984). Lamprecht forderte zwischen 1890 und 1900 viele seiner Kollegen heraus, weil er versuchte, „die psychologische Erforschung von Kollektivphänomenen auf der historischen Methode zu begründen, um so zu einer Sozialpsychologie zu gelangen, die zum einen eine inhaltliche Geschichtstheorie sein sollte und zum anderen eine methodologische Anleitung zur (Fort-)Entwicklung einer solchen Theorie" (Metz, 1982, S. 95). Die Zeitgenossen verurteilten ihn als ‚Positivist' oder ‚Materialist' und als dem ‚Psychologismus' verfallen. Lamprecht, der nach Steinberg (1971) eine Sozialgeschichte im Gewand einer Kulturgeschichte schreiben und theoretisch begründen wollte, wird bis in die Lexika unserer Tage (z. B. Meyers, 1981) als ein Wissenschaftler bewertet, der das Vordringen der Sozialgeschichte in der deutschen Geschichtswissenschaft eher gehemmt als gefördert hat. Solch ein Urteil hieße jedoch in der Tat, Ursache und Wirkung zu verkehren. Auf die Notwendigkeit einer gründlichen Beschäftigung mit den Werken Karl Lamprechts hat Karl-Georg Faber ausdrücklich hingewiesen (Faber, 1979).

Die Dissertationen von Viikari (1977) und von Schorn-Schütte (1984), ferner der Aufsatz von Metz in Saeculum (1982) machen den Weg zu einer vorurteilsfreien Betrachtung der Lamprechtschen Geschichtsschreibung und ihrer theoretischen Begründung frei. Über dieser Entwicklung sollte man nicht vergessen, daß es die Zeitgenossen in der Person Lamprechts mit einer schwierigen Persönlichkeit zu tun hatten, die in wissenschaftlicher Eitelkeit und Überheblichkeit den Karikaturen wilhelminischer Ordinarienherrlichkeit nahekam und so der wissenschaftlichen Rezeption der eigenen Werke nicht sonderlich hilfreich war. Umso erfolgreicher wirkte er durch seine Streitbarkeit an der Popularisierung seiner Werke mit, denn den Versuchen einer vernichtenden Kritik durch die deutsche Geschichtswissenschaft stand eine Massenlektüre der Lamprechtschen Geschichtsschreibung gegenüber. Um die Jahrhundertwende war er wohl der meistgelesene deutsche Historiker. Überwiegend positiv war die Aufnahme der Lamprechtschen Geschichtsschreibung in der ‚scientific community' des westeuropäischen Auslandes und der USA. Unterstützung gegen seine Kritiker erhielt er von den Franzosen Berr und Blondel und von dem Belgier Pirenne.

II. Psychologisierung der Geschichtswissenschaft – Historisierung der Psychologie

Es läßt sich im nachhinein beim besten Willen kein geschlossener theoretischer Entwurf einer Lamprechtschen Historik konstruieren. Aus der Menge der methodologischen Äußerungen und Absichtserklärungen wie aus seiner Geschichtsschreibung lassen sich aber immer wieder zentrale Elemente einer zu entwickelnden Historik erkennen. Ausgangspunkt aller Überlegungen ist dabei die Psychologie, freilich eine exakte Psychologie, die eine kausal genetische Betrachtungsweise der geschichtlichen Vorgänge erlaubt. Mit Hilfe einer solchen Psychologie wird es erst möglich, die Geschichtswissenschaft zu verwissenschaftlichen, weil durch die Psychologie (historische) empirische Gesetze von den Naturgesetzen der menschlichen Psyche ableitbar werden. Lamprecht glaubte, auf dem Wege „psychologisch induktiver Durcharbeitung eines massenhaft, in sich wesentlich gleichartigen Materials zur vollkommen wissenschaftlichen Wahrheit zu gelangen" (1896, S. 18). Er stellte der seiner Meinung nach in der Geschichtswissenschaft vorherrschenden individualpsychologischen Betrachtungsweise eine sozialpsychologische entgegen – nicht auf die historischen Persönlichkeiten und ihre Motive kam es ihm an, sondern auf die jeweils prägenden Zustände.

In seiner Adaptation der Psychologie bezog sich Lamprecht vor allem auf Wilhelm Wundt, der sich seinerseits von den Forschungen Lamprechts bestätigt sah. In seiner „Logik der Geisteswissenschaften" (1908) bezieht er sich mehrfach auf den damals sehr umstrittenen Lamprecht und stimmt mit ihm ausdrücklich darin überein, daß die Beschreibung der „sozialen Zustände" Aufgabe einer Geschichtsschreibung zu sein hat. Völkerpsychologische sowie volkskulturelle und damit kollektive Motivationen sind als Erklärungsmuster heranzuziehen, um z. B. das wachsende Selbstbewußtsein und das daraus resultierende Handeln einzelner Nationen zu erklären (geschrieben sechs Jahre vor dem Ersten Weltkrieg!). Für Wundt ist Lamprechts „Deutsche Geschichte" (1891–1909) das gelungene Beispiel einer Geschichtsschreibung, die aufgrund der Analyse materieller Bedingungen zu kulturgeschichtlichen Deutungen gelangt. Kritiker von links sahen darin allerdings weniger eine Hinwendung zum Materialismus als vielmehr zum Eklektizismus. Lamprechts und Wundts gemeinsame Vorstellungen laufen etwa darauf hinaus, daß es, verursacht durch die verschiedensten Umwelt- oder Raumfaktoren im weitesten Sinn (Klima, Boden, Sprache, Kultur), so etwas gibt wie eine kollektive Sozialisation all derer, die diesen Faktoren im großen und ganzen gleichermaßen unterworfen sind. Zur Erklärung historischer Prozesse kommt es nun darauf auf, den Wandel des menschlichen Verhaltens in bezug auf oben genannte Umweltbedingungen zu erfassen und die Folgen des Wandels für die Individuen zu erkennen.

Den natürlichen Faktoren kommt insofern eine besondere Rolle zu, als sie von Lamprecht als im allgemeinen konstant angesehen werden, daher auch als dauernde Ursache für geschichtliche Abwandlung, die durch die Anpassung des Menschen gegeben ist (1974, S. 259). Bemerkenswert ist, daß die Raumfaktoren im engen Sinne sich wenig verändern, eine Meinung, die Lamprecht zwar mit Braudel teilt, die aber wohl nicht den Intentionen seines befreundeten Kollegen F. Ratzel entspricht, der, abgesehen von starken Zügen eines raumbedingten Determinismus, auch die Wirkung des Menschen auf den Raum berücksichtigt (Overbeck, 1954, S. 187–197; Thomale, 1972, S. 22ff.; Rabe, Göttmann & Sieglerschmidt, 1978, S. 116ff.). Bemerkenswert ist mit Blick auf die historische Psychologie außerdem, daß die Biologie des Menschen als unveränderlich angesehen wird. Der von Lamprecht in diesem Zusammenhang benutzte Begriff der Anthropologie umfaßt mit der Biologie im engeren, naturwissenschaftlichen Sinne auch den gesamten Bereich der Ethologie, der (menschlichen) Verhaltenslehre. Ein solcher, von der Humanbiologie bis zur Sozialanthropologie reichender Begriff der Anthropologie findet sich heute vornehmlich noch in Deutschland (Lamprecht, 1974, S. 293; Rudolph & Tschohl, 1977, S. 19ff.).

Neben die natürlichen treten die kulturellen Faktoren, die in ihrer Anordnung bereits eine gewisse zeitliche Abfolge zeigen. Sämtliche sozialpsychologischen Faktoren ergeben den Rahmen für die kollektivistisch-notwendige Seite historischer Betrachtung und bilden einen fast mythisch zu nennenden begrifflichen Kosmos (Lamprecht, 1974, S. 293, S. 303ff.):

Sozialpsychologische Faktoren des historischen Verlaufs			
kulturelle			natürliche
materiell	ideell		Bodenbeschaffenheit Klima Flora Fauna Biologie des Menschen
Wollen Erfahrung	Vorstellen Anschauung	Fühlen Erkenntnis	
Wirtschaft (Produktion und Reproduktion: Nahrung und Bevölkerung)	Sprache	Kunst	
Sitte	Mythos/Religion	ornamental-symbolische Kunst	
Recht	Wissenschaft	bildend-redende Kunst	

Ein Instrument war für Lamprecht dabei der Umgang mit Massendaten, vor allem ökonomischen, die er mit Hilfe historischer Statistik aufbereitete. Dies gelang ihm besonders erfolgreich in seinem „Deutschen Wirtschaftsleben im Mittelalter" (1885–1886). Seine Überzeugung faßt Lamprecht wie folgt zusammen: „Das geschichtliche Leben, soweit es nicht eminent individualistisch angeregt ist, verläuft in der Entwicklung der sozialpsychologischen Faktoren der Sprache, der Wirtschaft und der Kunst, der Sitte, der Moral und des Rechts; und bestimmte Entwicklungsstufen dieser Faktoren charakterisieren die Entwicklung des regulären nationalen Lebens" (Lamprecht, 1974, S. 144). Insofern kann Lamprecht diese (historischen) Entwicklungsstufen psychologisieren, als die gesamte Kulturentwicklung als eine fortschreitende Differenzierung der menschlichen Seele aufgefaßt wird. Die einzelnen feststellbaren Kulturzeitalter sind dann „höchste Begriffe zur ausnahmslosen Subsumtion aller seelischen Entwicklungserscheinungen menschlicher Gemeinschaften" (Lamprecht, 1900, S. 28). Die Interpretation der einem Kulturzeitalter zugrundeliegenden Kulturfaktoren erlaubt es schließlich, das Typische herauszuarbeiten, und das heißt für Lamprecht das psychisch Dominante. Derartige Interpretationen zogen Kritik und Spott nach sich, insbesondere wenn Lamprecht die wilhelminische Epoche als das Zeitalter der „Reizsamkeit" bezeichnet (1914). Gewiß beruhten solche Etikettierungen oft auf skurriler Deutung von Alltagsphänomenen, dennoch ist ex post an solchen mentalitätsgeschichtlichen Verallgemeinerungen weniger Spott angebracht.

Nach Lamprecht ist Psychologie die eigentliche Konstituante von Geschichtswissenschaft. Weil sie die „Wissenschaft von den allgemein gültigen Formen dieser unmittelbaren Erfahrung und ihrer gesetzmäßigen Verknüpfung ist" (1896/97, S. 77), sollte die Psychologie die Grundlage der Geschichtswissenschaft sein. In seiner „Modernen Geschichtswissenschaft" (1905) geht Lamprecht noch einen Schritt weiter: „Geschichte ist an sich nichts als angewandte Soziologie; und so versteht es sich, daß die theoretische Psychologie zu ihrem inneren Verständnis abgeben muß" (S. 16). Alles Handeln ist letztlich ein Niederschlag seelischer Vorgänge. Die sich daraus ergebende sozialpsychologische Stadientheorie, identisch mit den erwähnten Kulturzeitaltern, verschafft „sich ihren (Ausdruck) in einem je spezifischen Habitus, d.h. einem gesellschaftlichen Durchschnittsverhalten" (Metz, 1982, S. 99).

Die Entwicklung vollzieht sich von einem Gesamthabitus zum darauf folgenden Gesamthabitus in einer genetischen Stufenfolge. Dabei kann es zu Ungleichzeitigkeiten in der jeweiligen Ausprägung der typischen Grundfaktoren kommen. Eine gleichgerichtete chronologische Ordnung wird also nicht notwendig eingehalten. Grundsätzlich ist die genannte Entwicklung durch eine Gewichtsverlagerung von den materiellen, d.h. der unmittelbaren Lebenssicherung dienenden zu den ideellen, höhere psychische Intensität ausdrückenden Faktoren gekennzeichnet. Die einzelnen Grundfaktoren verschwinden im übrigen nicht beim Übergang von einem Zeitalter zum nächsten, von einem Gesamthabitus zum folgenden, sondern sind jeweils darin aufgehoben, überformt von einer höheren Kulturstufe, die die in gewisser Weise unzeitgemäßen Grundfaktoren zur Lebensform niederer Schichten gerinnen läßt. Sie weisen so ein

107

Evolutionsprinzip auf: Jeder Gesamthabitus unterscheidet sich vom vorhergehenden durch eine höhere Intensität sozialpsychischen Lebens (Lamprecht,
1974, S. 320–324).

Indem also ein bestimmtes gesellschaftliches Verhalten in einem jeweils defi-
nierten Zeitraum nachgewiesen wird, kann auch von einer Historisierung der
Psychologie die Rede sein. Denn die Psychologie oder genauer die Sozialpsychologie wird als „psychologische Mechanik mit einem zeitlichen Funktionsbe-
griff verkoppelt und dadurch gleichsam variabel ...: und diesen Funktionsbe-
griff muß die Geschichtswissenschaft liefern" (1905, S. 20). Die auf diese Weise
in die Psychologie eingeführte Zeitdimension führt zu ihrer Historisierung.

Auf der anderen Seite verschaffte die Orientierung an einer exakten Psychologie der „modernen Geschichtswissenschaft" Abstand und Rationalität gegenüber einer Geschichtsschreibung, die von Ereignissen und Staatsaktionen auf
die Motive der großen, einsamen Handelnden schloß. Mit Hilfe der Erforschung der „sozialen Zustände" und ihrer Verknüpfung mit „psychischen Gesetzen" verweist er diesen Typus der „alten Geschichtsschreibung" in den Bereich der Unwissenschaftlichkeit und Spekulation. Und auch der bis dahin eingeführte Begriff der Völkerpsychologie wird zugunsten einer Psychologie der
Kollektive (Sozialpsychologie) erweitert, so daß auch die gängige Betrachtung
der „Kulturvölker" weiter differenziert werden konnte.

III. Wissenschaftstheoretische und -geschichtliche Orientierungen

Zunächst ist zu der oben beschriebenen, schwer zugänglichen historischen Kos-
mologie Lamprechts zu bemerken, daß ihr ein wesentliches wissenschaftstheo-
retisches Prinzip zugrundeliegt: die holistische Annahme, daß das Ganze mehr
sei als die Summe der Teile. Ein Holismus dieser Art spielt fächerübergreifend
in der wissenschaftlichen Diskussion auch der Zeitgenossen Lamprechts eine
wesentliche Rolle (Beck, 1974). Für Wundt, dessen Psychologie als subjektlos
bezeichnet wird (Graumann, 1984, S. 235), dann — im Anschluß an diesen —
Lamprecht wird die holistische Konstruktion zum Schlüssel für das Verhältnis
von Individuum und Kollektiv, aber auch für die historische Entwicklung: Das
Gesetz der historischen Resultanten besagt ja, daß der Gesamthabitus einer Zeit
durch den von den Individuen geschaffenen Überschuß die historische Entwickung vorantreibe (Schorn-Schütte, 1984, S. 125).

Eng verknüpft mit diesem Holismus ist die Erhebung von Ganzheiten zu
selbsttätigen Lebewesen, eine Tendenz, die Lamprecht wiederum mit zahlreichen weiteren Zeitgenossen teilt. Nicht nur der Kreislauf von Werden und Vergehen, auch Prozesse kultureller Beeinflussung, schließlich das Problem der
Generationen- bzw. Kulturstufenfolge als Wiederholung der Phylogenese in der
Ontogenese, der Gattungsgeschichte durch die Lebensgeschichte, zeigen den

Glauben an biomorphe Mythen gesellschaftlicher Entwicklung (Lamprecht, 1974, S. 296). Die Nähe solcher organologischen Auffassungen zur deutschen Romantik zeigt eine der wesentlichen Wurzeln der Geschichtsauffassung Lamprechts (Cassirer, 1973, S. 285; Schorn-Schütte, 1984, S. 110). Das beweist nicht nur die Ausgestaltung des Gegensatzes von Natur und Kultur in den Vergesellschaftungsformen, sondern auch die zentrale Bedeutung der Nation. Die Art, wie hier Begriffe zu Agenten gesellschaftlicher Prozesse und damit zu einem Teil historischer Wirklichkeit werden, kann wohl als ein besonders gelungenes Beispiel begriffsrealistischer Konstruktion gelten (Lamprecht, 1974, S. 275). Für die Beurteilung des organologischen Holismus Lamprechts ist allerdings zunächst wichtiger, daß Lamprecht denselben rationalistisch umbildet, indem er solchen Ganzheiten den Gesetzesbegriff der Naturwissenschaften unterlegen will (Cassirer, 1973, S. 285).

Eine weitere wesentliche geistesgeschichtliche Wurzel Lamprechts ist in dem Bemühen zu sehen, eine Antwort auf die technisch so erfolgreiche und damit methodologisch beherrschende Naturwissenschaft zu finden (Oestreich, 1969). Lamprecht stellt sich in dieser Auseinandersetzung auf die Seite der Monisten, die eine einheitliche Methode für die Geistes- oder Kultur- und für die Naturwissenschaften gelten lassen. So will Lamprecht auch den Unterschied von analytischer und synthetischer Methode nicht auf den von Natur- und Geisteswissenschaften projiziert sehen (1974, S. 266ff.). Beide Bereiche unterscheiden sich vielmehr durch die Möglichkeit kausaler Verknüpfung. Was die Gültigkeit von Vohersagen angeht, sieht Lamprecht selbst die Mechanik, die für ihn die fortgeschrittenste aller Wissenschaften ist, noch nicht am Ziel (S. 270f.). Auch für sie bestehe das Problem, daß die vereinte Wirkung verschiedener Ursachen nicht identisch mit der Summe der Wirkungen sei, daß ein unerklärbarer Rest bleibe, der die Unzulänglichkeit kausalen Denkens zeige (S. 275). Das gelte in besonderem Maße für die Geschichtswissenschaft, in der kausale Verknüpfungen lediglich als Schluß von den Wirkungen auf Ursachen möglich sei, während in den Naturwissenschaften das umgekehrte Verfahren angewandt werden könne (S. 276f.). Ein lückenloser Kausalzusammenhang lasse sich in der Geschichtswissenschaft sowieso nicht konstruieren. Hier trete die erzählende Kunst des Historikers ein (vgl. Dreitzel, 1981, S. 283).

Daß der naturwissenschaftliche Gesetzesbegriff ein Vorbild bleibt, zeigt sich bei Lamprecht in der Formulierung seiner Kulturstufentheorie, allerdings mit einer gewichtigen Einschränkung: Ebenso wie sein Lehrer Bernheim sieht Lamprecht für die historische Entwicklung lediglich eine Art statistischer Kausalität als gegeben (1974, S. 315ff.; Bernheim, 1908, S. 119ff.; Wise, 1983). Es bleibt festzuhalten, daß Lamprecht im Gegensatz zur deutschen wissenschaftstheoretischen Diskussion kausale Zusammenhänge zwischen Kollektiv und Individuum sieht, Zusammenhänge, die im Rahmen seiner Kulturstufenentwicklung in einer vom Fortschrittsglauben geprägten Evolution ihre Richtung erhalten. Selbst Bernheim, der ihm in vielen Dingen unter Bezug vornehmlich auf die zeitgenössische französische Diskussion folgt, betont die Bedeutung der individuellen, intentionalen Handlung im historischen Prozeß wie auch die Wert- und Zeitgebundenheit des Historikers sehr viel stärker (Bernheim, 1908, S. 665 ff., S. 758 ff.). Das Problem der im Rahmen kollektiver, sozialpsychologischer Entwicklung fragwürdigen individuellen Willensfreiheit wird von Lamprecht folgerichtig gelöst: Die im Rahmen kausalen Denkens verbleibenden Erklärungsreste ließen der individuellen Entscheidung genügend Spielraum (Lamprecht, 1974, S. 271 f.). Damit wird Willensfreiheit zu einer Restkategorie solange, bis wissenschaftliche Erklärung die fehlenden Glieder der Kausalkette nachliefern kann.

Die am Beispiel der Naturwissenschaften ausgerichtete Wissenschaftsauffassung Lamprechts zeigt sich schließlich in dem erwähnten Bestreben, die Geschichtswissenschaft durch den Einsatz der Psychologie zu verwissenschaftlichen. Er befindet sich zwar in Übereinstimmung mit Bernheim insofern, als dieser die Identität menschlichen Verhaltens zu einem kategorialen Erfordernis historischer Erkenntnis erhebt (Bernheim, 1908, S. 136, S. 192), geht aber weiter, wenn er die Psychologie zur Protohistorie erklärt: So wie die Naturwissenschaften von den Fortschritten der Mathematik und Mechanik abhängig seien, so sei die Geschichtswissenschaft auf diejenigen der Psychologie angewiesen (Lamprecht, 1974, S. 259). Wenn uns auch dieses Bedingungsverhältnis heute fragwürdig erscheinen mag, deutlich treten die Absichten der Bemühungen Lamprechts zutage: zu einer natürliche und kulturelle Entwicklung umfassenden historischen Anthropologie zu gelangen, die auch und gerade in kritischer Distanz zum herrschenden Wissenschaftsbetrieb der Historie neben den geistesgeschichtlichen besonders die materiellen Bedingungen zum Gegenstand wissenschaftlicher Arbeit macht. In der Wirksamkeit freilich sollte Lamprecht weniger an seinen theoretischen Leistungen gemessen werden als daran, daß er durch die Erschließung neuer Quellen und neuer Methoden der landesgeschichtlichen Forschung einen Weg gewiesen hat. Sie wird für längere Zeit in Deutschland zum institutionellen Rahmen kulturgeschichtlicher Forschung.

IV. Bemerkungen zur Wirkungsgeschichte

Da sich Lamprecht mit seinem Versuch eines Paradigmenwechsels in der Geschichtswissenschaft nicht durchsetzen konnte, dieser Versuch vielmehr als „ein klassisches Beispiel eines mißlungenen Paradigmenwechsel[s]" (Metz, 1982, S. 96) angesehen wurde, muß die Wirkungsgeschichte Lamprechts alles in allem als gering angesehen werden, auch wenn sich an dem Streit, den er auslöste, wesentliche Grundpositionen der vergangenen und gegenwärtigen Geschichtswissenschaft markieren lassen. Genau dies macht den besonderen Wert des „Lamprecht-Streits" für eine wissenschaftsgeschichtliche Betrachtung aus. Die Frage nach seinem Beitrag zur Psychologie bzw. ihrer Historisierung muß zunächst unbeantwortet bleiben, denn dieser Aspekt wurde — abgesehen von dem Aufsatz von Metz (1982) — kaum behandelt. Durch die mangelnde Stringenz und

Konsistenz seiner theoretischen Entwürfe machte es Lamprecht seinen Gegnern im Grunde leicht. Und so konnte einer seiner gewichtigsten Gegner mit ironischem Untertun behaupten, daß Lamprecht da, wo andere schlicht von Anschauungen sprechen, das Wort „Psychologie zu gebrauchen liebt" (v. Below, 1898, S. 244). Psychologie, man soll dies nicht verkennen, war ein Modewort der Jahrhundertwende, und Lamprecht lag gewissermaßen voll im Trend, nur eben nicht im Trend seiner Wissenschaft.

Lamprecht hat also nur bedingt Schule machen können. Die Rede von einem mißlungenen Paradigmenwechsel berücksichtigt aber zum einen die Leistungen der zeitgenössischen historisch gewendeten Sozialwissenschaft zu wenig, zum anderen die tiefe Zäsur, die die Vertreibung kritischer Wissenschaft aus den deutschen Universitäten in der Zeit nationalsozialistischer Herrschaft mit längerfristigen Nachwirkungen bedeutet hat. In den angelsächsischen Ländern und in Frankreich sind es gerade diese Jahrzehnte, in denen die systematisch betriebene Sozial- und Wirtschaftsgeschichte ihren Anfang nimmt. Es bleibt freilich angesichts der mangelnden Nachwirkung Lamprechts zu bemerken, daß sein Verständnis historischer Psychologie zu linear und zu deterministisch gewesen ist. Das gilt auch in Hinsicht auf die zeitgenössische Diskussion, die das Problem des Verhältnisses von Individuum und Kollektiv über den Begriff intentionaler Handlung sehr viel angemessener erfaßt.

Der Begriff des jeweils in eine Handlung hineingelegten Sinnes wird bereits 1932 im Anschluß an Überlegungen Husserls von Schütz zur Aussage erweitert, daß die soziale Wirklichkeit, die zuvor als zur Geschichte geronnener Prozeß, als dem Individuum in Institutionen gegenübertretender Tatbestand angesehen worden ist, laufend (re)konstruiert wird (Schütz, 1974). Ein darauf aufbauender Kulturbegriff, der menschliches Verhalten, menschliche Einstellungen und deren Veränderlichkeit zum Gegenstand hat, kommt ohne das Individuum als Zentrum nicht aus. Kehren wir damit zu einem neohistoristischen Individualismus, ja Relativismus zurück auf dem Umweg über ethno(methodo)logische Fragestellungen? Diese Frage kann hier nurmehr gestellt werden. Ihre Beantwortung hätte die neueren Bemühungen sowohl um eine historische Anthropologie wie auch eine Alltagsgeschichte bzw. -soziologie zu berücksichtigen (Bergmann & Srubar, 1984; Immelmann & Immelmann, 1985; Flohr, 1985; Luckmann, 1979). Sicher ist, daß histoire des mentalités methodisch Lamprecht einiges zu verdanken hat, methodologisch wird sie aber andere Wege beschreiben müssen, um unsere Einsichten in die historische Psychologie zu befördern.

Das Reizvolle an der gegenwärtigen Beschäftigung mit Lamprecht liegt darin, daß er zu seiner Zeit viel angesprochen hat, was heute in der Geschichtswissenschaft wesentlich offener diskutiert wird als damals: im einzelnen sind dies u. a. Probleme des Quantifizierens und der historischen Statistik, der ethnologischen Methoden in der Geschichtswissenschaft, der Typen-Bildung und der Frage nach „Gesetzen", schließlich das der Diskussion des ‚Habitus'-Begriffs. Darüber hinaus wurden einige Probleme angesprochen, die sich auch bei den zur Zeit zu beobachtenden Bemühungen um eine Historisierung der Sozialwissenschaften einstellen. Trotz all dieser „Modernität" von Lamprecht muß nun nicht auf ihn „zurückgegangen werden", denn wenn auch seine weitreichenden Absichtserklärungen viele Hoffnungen weckten, so konnten seine Beiträge zur Sozialpsychologie wie zur historischen Wissenschaftslehre die geweckten Hoffnungen nicht erfüllen (Metz, 1982, S. 100). Insofern ist durchaus ein, wie Metz sagt, „Rückerinnern" an einen streitbaren Geist angebracht, durch das viel Zeitgeist der Jahrhundertwende und ein Stück Wissenschaftsgeschiche der Fächer Geschichte und Psychologie, auch in ihren Beziehungen zueinander, erschlossen wird.

Anmerkungen

[1]) Es ist versucht worden, zu dieser Fragestellung eine Bibliographie zu erstellen, die über die zitierte Literatur hinausgeht.

Literatur

Beck, H. (1974). Ganzes / Teil. In Historisches Wörterbuch der Philosophie. Darmstadt: Wissenschaftliche Buchgesellschaft.

Below, G. v. (1898). Die neue historische Moderne. Historische Zeitschrift, 81, 193–273.

Berger, P. L. & Luckmann, T. (1964). Die gesellschaftliche Konstruktion der Wirklichkeit: Eine Theorie der Wissenssoziologie. Frankfurt/M.: Fischer, 4. Aufl. 1974.

Bergmann, J. R. & Srubar, I. (1984). Die Entdeckung des Alltags: — Zur Entstehung und Wirkung ‚phänomenologischer' Soziologie. Konstanz. Unveröffentliches Manuskript.

Bernheim, E. (1908). Lehrbuch der Historischen Methode und der Geschichtsphilosophie. Leipzig, 5. und 6. Aufl.

Cassirer, E. (1950). Das Erkenntnisproblem in der Philosophie und Wissenschaft der neueren Zeit. Bd. 4, von Hegels Tod bis zur Gegenwart (1832–1932). Darmstadt: Wissenschaftliche Buchgesellschaft 1973.

Dreitzel, H. (1981). Die Entwicklung der Historie zur Wissenschaft. Zeitschrift für historische Forschung, 8, 257–284.

Droysen, J. G. (1863). Die Erhebung der Geschichte zum Rang einer Wissenschaft. Historische Zeitschrift, 9, 1–22.

Durkheim, E. (1901). De la méthode objective en sociologie. Revue de synthese historique, 2, 3–17.

Engelberg, E. (1965). Zum Methodenstreit um Karl Lamprecht. In I. Streisand (Hg.), Studien über die deutsche Geschichtswissenschaft, Bd. II. Die bürgerliche deutsche Geschichtsschreibung von der Reichseinigung von oben bis zur Befreiung Deutschlands vom Faschismus. Schriften des Instituts für Geschichte des Rechts 1, Bd. 21, S. 136–152. Deutsche Akademie der Wissenschaften zu Berlin.

Faber, K. G. (1979). Geschichtslandschaft — Region historique — Section in History. Ein Beitrag zur vergleichenden Wissenschaftsgeschichte. Saeculum, 30, 2–21.

Flohr, H. (1985). Geschichtswissenschaft und Biologie: Überlegungen zur biowissenschaftlichen Orientierung des Historikers. Saeculum, 36, 80–97.

Gale, S. & Olsson, G. (Eds.) (1978). Philosophy in geography. In Theory and Decision Library, 20. Dordrecht: Reidel.

Gothein, E. (1909). Die Aufgaben der Kulturgeschichte. Leipzig: Duncker & Humblot.

Graumann, C. F. (1984). Bühler–Wundt–Mead. Zur Sozialität und Sprachlichkeit menschlichen Handelns. In ders. & T. Herrmann (Hg.), Karl Bühlers Axiomatik. Fünfzig Jahre Axiomatik der Sprachwissenschaft (S. 217–247). Frankfurt/M.: Klostermann.

Immelmann, K. & Immelmann, T. (1985). Historische Anthropologie aus biologischer Sicht. Saeculum, 36, 70–79.

Lamprecht, K. (1885–1886). Deutsches Wirtschaftsleben im Mittelalter: Untersuchungen über die Entwicklung der materiellen Kultur des platten Landes. 3 Bde. Leipzig: A. Dürr.

Lamprecht, K. (1891–1909). Deutsche Geschichte. 12 Bde. Leipzig: Weidmann.

Lamprecht, K. (1896). Alte und neue Richtungen in der Geschichtswissenschaft. Berlin: Gaertner.

Lamprecht, K. (1900). Die kulturhistorische Methode. Berlin: Gaertner.

Lamprecht, K. (1905). Moderne Geschichtswissenschaft. Freiburg: H. Heyfelder.

Lamprecht, K. (1914). Krieg und Literatur: Drei vaterländische Vorträge. Zwischen Krieg und Frieden, 7.

Lamprecht, K. (1974). Ausgewählte Schriften zur Wirtschafts- und Kulturgeschichte und zur Theorie der Geschichtswissenschaft. Aalen: Scientia.

Luckmann, T. (1979). Personal identity as an evolutionary and historical problem. In M. v. Cranach, K. Foppa, W. Lepenies & D. Ploog (Eds.), Human ethology: claims and limits of a new discipline. Cambridge: University Press, 56–74.

Metz, K. H. (1982). Historisches ‚Verstehen‘ und Sozialpsychologie. Karl Lamprecht und seine ‚Wissenschaft der Geschichte‘. Saeculum, 33, 95–104.

Oestreich, G. (1969). Die Fachhistorie und die Anfänge der sozialgeschichtlichen Forschung in Deutschland. Historische Zeitschrift, 208, 320–363.

Oexle, G. O. (1985). Gruppenbindung und Gruppenverhalten bei Menschen und Tieren: Beobachtungen zur Geschichte der mittelalterlichen Gilden. Saeculum, 36, 28–45.

Olsson, G. (1978). Social science and human action or an hitting your head against ceiling of language. In S. Gale & G. Olsson (Eds.), Philosophy in geography (S. 287–307), a. a. O.

Overbeck, H. (1954). Die Entwicklung der Anthropogeographie (insbesondere in Deutschland) seit der Jahrhundertwende und ihre Bedeutung für die geschichtliche Landesforschung. Blätter für deutsche Landesgeschichte, 91, 187–197.

Rabe, H., Göttmann, F. & Sieglerschmidt, J. (1984). Regionale Transformation von Wirtschaft und Gesellschaft. Forschungen und Berichte zum wirtschaftlicen und sozialen Wandel am Bodensee vornehmlich in der frühen Neuzeit. 1. Theoretische und methodische Grundprobleme. Schriften des Vereins für Geschichte des Bodensees, 102, 115–130.

Rehberg, K.-S. (1981). Philosophische Anthropologie und die ‚Sozialisierung‘ des Wissens vom Menschen: Einige Zusammenhänge zwischen einer philosophischen Denktradition und der Soziologie in Deutschland. In R. Lepsius (Hg.), Soziologie in Deutschland und Österreich 1918–1945. Materialien zur Entwicklung, Emigration und Wirkungsgeschichte. Kölner Zeitschrift für Soziologie und Sozialpsychologie. Sonderheft, 23, 160–198.

Rickert, H. (1926). Kulturwissenschaft und Naturwissenschaft. Tübingen: J. C. B. Mohr, 6. und 7. Aufl.

Rudolph, W. & Tschohl, P. (1977). Systematische Anthropologie. München: Fink.

Schönbaum, H. (1955–1956). Zum Hundertsten Geburtstag Karl Lamprechts am 25. Februar 1956: Lamprechtiana. Wissenschaftliche Zeitschrift der Karl-Marx-Universität Leipzig, Gesellschafts- und Sprachwissenschaftliche Reihe, 5 (1), 7–21.

Schütz, A. (1932). Der sinnhafte Aufbau der sozialen Welt: Eine Einleitung in die verstehende Soziologie. Frankfurt/M.: Suhrkamp 1974.

Siegel, M. (1970). Henri Berr's Revue de Synthèse Historique. History and Theory, 9, 322–334.

Steinberg, H. J. (1976). Lamprecht, K. In H. U. Wehler (Hg.), Deutsche Historiker, Bd. 1 (S. 58–68). Göttingen: Vandenhoeck & Ruprecht.

Thomale, E. (1972). Sozialgeographie: Eine disziplingeschichtliche Untersuchung zur Anthropogeographie. Marburger geographische Schriften, 53.

Viikari, M. (1977). Die Krise der ‚historischen' Geschichtsschreibung und die Geschichts-methodologie Karl Lamprechts. Helsinki: Suomalainen Tiedeakatemia.

Weber, W. (1984). Priester der Klio: historisch-sozialwissenschaftliche Studien zur Herkunft und Karriere deutscher Historiker und zur Geschichte der Geschichtswissenschaft 1800–1970. Frankfurt/M.: P. Lang.

Wise, M. N. (1983). Social statistics in a Gemeinschaft: the idea of statistical causality as developed by Wilhelm Wundt and Karl Lamprecht. In M. Heidelberger, L. Krüger & R. Rheinwald, Probability (S. 97–129).

Wundt, W. (1898). Grundriß der Psychologie. Leipzig: Engelmann, 3. Aufl.

Wundt, W. (1908). Logik, III. Bd.: Logik der Geisteswissenschaften. Leipzig: Engelmann, 3. Aufl.

Max Weber und die Historische Psychologie

Alois Hahn

1. Historizität und Gesetzmäßigkeit

Max Weber dürfte kaum als Anwalt für eine „Historische" Psychologie zitiert werden. Jedenfalls gilt das, wenn man sich an seine Äußerungen über die „Psychologie" oder das „Psychische" hält. Die Begründung der wissenschaftlichen Eigenständigkeit der Soziologie implizierte für ihn stets die Zurückweisung jeden Versuchs, Soziales auf Psychisches zu gründen. Das Psychische als solches war für Weber identisch mit dem selbst nicht historischen, unveränderbar anthropologischen Mechanismus des Trieblebens oder der Denkgesetze, die beide als unverstehbarer Basiszusammenhang von der Soziologie als bloße Naturtatsache in Rechnung gestellt werden müssen.

Ausdrücklich erklärt Weber es für irrig, „... als die letzte ‚Grundlage' der verstehenden Soziologie irgendeine ‚Psychologie' anzusehen" (Weber, 1922a, S. 14).

Er leugnet zwar nicht, daß die Ergebnisse psychologischer Forschungen im Einzelfall für eine soziologische Fragestellung relevant sein können, bestreitet aber, daß die Soziologie zur Psychologie nähere Beziehungen als zu anderen Wissenschaften habe. Auch die Fallgesetze oder die Gesetze, die erklären, warum in einer bestimmten Epoche in einer bestimmten Gegend aufgrund astronomisch bestimmbarer Gegebenheiten eine Eiszeit eintritt, können als Umstände menschliches Handeln beeinflussen. Aber sie machen es als solche nicht verstehbar. „Der Irrtum liegt im Begriff des ‚Psychischen': Was nicht ‚physisch' sei, sei ‚psychisch'. Aber der Sinn eines Rechenexempels, den jemand meint, ist doch nicht ‚psychisch'. Die rationale Überlegung eines Menschen: ob ein bestimmtes Handeln bestimmt gegebenen Interessen nach den zu erwartenden Folgen förderlich sei oder nicht, und der entsprechend dem Resultat gefaßte Entschluß werden uns nicht um ein Haar verständlicher durch ‚psychologische' Erwägungen. Gerade auf solchen rationalen Voraussetzungen aber baut die Soziologie (einschließlich der Nationalökonomie) die meisten ihrer ‚Gesetze' auf. Bei der soziologischen Erklärung von Irrationalitäten des Handelns dagegen kann die verstehende Psychologie in der Tat unzweifelhaft entscheidende Dienste leisten. Aber das ändert an dem methodischen Grundverhalt nichts" (S. 14).

Die Webersche Abgrenzung von Psychologie und Soziologie basiert offenkundig auf der Annahme, daß die Soziologie, die den subjektiv gemeinten Sinn eines Handelns zu erfassen hat, gerade nicht auf etwas zurückgreifen darf, was sich diesem per definitionem zu entziehen scheint; nämlich auf unbewußte Regelmäßigkeiten, die den faktischen Ablauf des Handelns determinieren mögen, ohne in irgendeiner Weise intendiert zu sein. Im strengen Sinne kann man dann nach Weber gar nicht mehr von ‚Handeln' sprechen. Vielmehr haben wir es mit bloßen ‚Verhalten' zu tun, das gegenüber wissenschaftlicher Verstehensbemü-hung genauso resistent ist wie physische Reflexe oder die Tatsache des Blut-kreislaufes: Sie sind nicht selbst sinnhaft. Die Differenz von physisch oder phy-siologisch bedingter „Sinntranszendenz" gegenüber sozialer ist für Weber in diesem Zusammenhang unerheblich. Die Psychologie nun hat es — immer nach Max Weber — auf letztlich ahistorische Gesetzmäßigkeiten abgesehen. Diese will sie eruieren. Diese bilden die letzten Evidenzen, zu denen sie zu gelangen strebt. Als Beispiel für den hier unterstellten Typus von Gesetzen und Fakten erwähnt Weber den Geschlechtstrieb, der zwar einfühlungsmäßig erlebbar, aber letztlich doch nicht verstehbar sei. Insofern rekurriere die Psychologie in ihren Erklärungen also eigentlich auf "... Gegebenheiten, welche im Prinzip ganz ebenso wie jede andere, auch eine ganz sinnfremde, Konstellation von Faktizitä-ten einfach hinzunehmen sind" (Weber, 1922b, S. 432).

Die Frage, ob Weber die Psychologie seiner Zeit oder gar die Psychologie überhaupt auf diese Weise fair charakterisiert, kann hier gänzlich außer Be-tracht bleiben. Man wird jedenfalls sagen müssen, daß die von ihm als Abgren-zungskriterium angegebene ‚Verstehbarkeit' heute kaum noch zwischen Sozio-logie und Psychologie zu unterscheiden erlauben würde. In beiden Disziplinen geht es wohl um die Konstruktion allgemeiner Gesetzmäßigkeiten. Wo die So-ziologie historisch verfährt, tut sie das tpyischerweise gerade nicht, um die nur begrenzte Gültigkeit allgemeiner soziologischer Theorien zu demonstrieren. Vielmehr erscheint ihr das historisch Besondere als ein besonderer Fall univer-saler Gegebenheiten, nicht als prinzipiell Einmaliges, sondern als individuelle Konstellation von generalisierbaren Tendenzen. Es geht ihr als Hauptaufgabe nicht darum, das einzelne in seiner Einzigartigkeit zu verstehen, sondern darum, hinter dem wirklich oder vermeintlich Singulären das Allgemeine sicht-bar zu machen, als dessen an sich nicht interessante zufällige Variation es durch generalisierende Begriffe „abgearbeitet" wird. Dies mag man begrüßen oder be-klagen. Am Tatbestand selbst ist kaum zu zweifeln. Aus Weberscher Sicht wäre die moderne Soziologie methodologisch nicht dadurch von der Psychologie zu unterscheiden, daß nur die Soziologie subjektiv gemeinten Sinn zu erfassen sucht.

2. Max Weber: ein historischer Psychologe wider Willen?

Wenn man Webers eigenen Begriff von Psychologie zugrunde legt, dann wäre er selbst nie ein Psychologe gewesen. Aber das Gleiche könnte man angesichts der heute dominierenden soziologischen Theorieintention vielleicht auch für die Soziologie behaupten. Immerhin könnte man sich fragen, ob Weber nicht „historischer Psychologe" war, wenn man dabei einen Begriff von Psychologie verwendet, der freilich nicht dem Weberschen entspricht. Hat uns Max Weber nicht gezeigt, daß die ‚Psyche' des Menschen keineswegs eine ahistorische

Größe ist? Der von ihm als solche angeführte Geschlechtstrieb ist dies ja ganz gewiß auch nicht. Vielmehr ‚versteht' man Geschlechtlichkeit nur, wenn man weiß, mit welchen Bedeutungen sie im konkreten Fall verknüpft ist. Die Geschlechtlichkeit der Trobriander ist nicht eine bloße Spielart der gleichen Triebgegebenheit, die man auch bei einer Dame des viktorianischen Zeitalters konstatieren könnte. Und dies nicht bloß, weil die jeweiligen Gebote und Verbote verschieden waren. Die Empfindungen selbst, die in diesem Bereich wirken, sind nicht unabhängig von den Vorstellungsgehalten, von denen sie getragen werden, vor allem von den „nicht-sexuellen" Inhalten, mit denen sie zu einer Erlebniseinheit verschmelzen.

Max Webers Religionssoziologie — sie vor allem — führt uns exemplarisch die Historizität des ‚Psychischen' vor Augen. Die Beschreibung des Seelenlebens des puritanischen Unternehmers, der um der Heilsgewißheit wegen rastlos tätig ist und seinen Gewinn, statt ihn zu genießen, reinvestiert und selbst ein — verglichen mit seinen Möglichkeiten — karges Leben führt, ist eine solche historische Psychologie. Die materialen Arbeiten Webers sind insofern ein Hinweis auf die Möglichkeit historischer Psychologie, die er allerdings selbst nicht so genannt hätte.

Der Grund dafür hängt damit zusammen, daß Weber den Sinn, den verstehende Soziologie zu erfassen hat, nicht als „psychisch" ansieht. Das gilt aber natürlich fürs Soziale analog. Der Richtigkeitssinn eines Rechenexempels ist — wie Husserl in den „Logischen Untersuchungen" (1901) eindringlich gezeigt hat, nicht auf psychische Voraussetzungen zu reduzieren, aber er ist es auch nicht auf die sozialen. Denn die logische Geltung des Pythagoras hat weder mit der Psyche des Erfinders noch mit den sozialen Bedingungen etwas zu tun, unter denen der Satz entdeckt wurde.

Wenn man sich indessen entschlösse, als Aufgabe der verstehenden Psychologie nicht die unwandelbaren Naturgesetze des Trieblebens anzusehen, sondern ihr die Aufgabe stellte, die Vorgänge, die sich „in" der Psyche abspielen, verständlich oder nachvollziehbar zu machen, dann würde die Kluft zwischen verstehender Soziologie und verstehender Psychologie weitgehend eingeebnet. Der zu verstehende Sinn selbst wäre in jedem Fall nur historisch zu rekonstruieren. Er könnte zwar hinsichtlich seiner Bedeutungsgehalte im Einzelfall verschieden sein, je nachdem, ob man nach dem von einem konkreten Individuum aktuell gemeinten Sinn oder nach dem in einer bestimmten sozialen Situation kommunizierten Sinn fragt. In beiden Fällen ginge es aber um Sinnverstehen. Die Psychologie würde ihn allerdings unter dem Aspekt des individuellen Kontextes, die Soziologie eher als Kommunikationszusammenhang erforschen.

3. Sinn und Verstehen als Basis einer historischen Psychologie

Weber selbst hat den Sinnbegriff zum Angelpunkt seiner methodologischen Erörterungen gemacht. Seine Überlegungen lassen sich vielleicht wie folgt rekonstruieren: Sein Ausgangspunkt ist die Differenz zwischen bloßen Regelmäßigkeiten des Verhaltens und verständlichen Abläufen des Handelns. Regelmäßigkeiten als solche finden sich aber nicht nur im Bereich des Menschlichen, sondern auch im sonstigen Geschehen. Für den Menschen charakteristisch, und zwar ausschließlich für ihn, ist, daß sein Verhalten durch Verstehen deutbar ist.

„Menschliches (‚äußeres‘ oder ‚inneres‘) Verhalten zeigt sowohl Zusammenhänge wie Regelmäßigkeiten des Verlaufs wie alles Geschehen. Was aber, wenigstens im vollen Sinne, nur menschlichem Verhalten eignet, sind Zusammenhänge und Regelmäßigkeiten, deren Ablauf verständlich deutbar ist" (S. 427 f.).

Max Weber weist der Soziologie nun die Aufgabe zu, den Sinn fremden Handelns zu erfassen. Verstehen und Sinn entsprechen einander insofern, als das Verstehen den Sinn erfaßt, den der Handelnde seinem Handeln zugrundelegte. Verstehen taucht natürlich nicht erst mit der Soziologie auf, auch alltägliches Miteinander basiert auf Verstehensleistungen, auf richtiger oder falscher Unterstellung von Sinn. Wir gehen davon aus, daß jemand mit einer Handlung etwas gemeint hat, daß hinter dem äußeren Vorgang ein gemeinter Sinn steckt. Was also schon im Alltag unvermeidlich ist, nämlich das Verstehen von gemeintem Sinn, das soll in der Soziologie wissenschaftlich geschehen. Das ist Webers berühmtes Programm der „Verstehenden Soziologie". „Soziologie ... soll heißen: eine Wissenschaft, welche soziales Handeln deutend verstehen und dadurch in seinem Ablauf ursächlich erklären will" (S. 542).

„Handeln‘ soll dabei ein menschliches Verhalten (einerlei, ob äußeres oder innerliches Tun, Unterlassen oder Dulden) heißen, wenn und insofern als der oder die Handelnden mit ihm einen subjektiven Sinn verbinden" (S. 542). „Soziales Handeln aber soll ein solches Handeln heißen, welches seinem von dem oder den Handelnden gemeinten Sinn nach auf das Verhalten anderer bezogen wird und daran in seinem Ablauf orientiert ist" (S. 542).

Wir sehen also, daß der Sinnbegriff bei Max Weber als konstitutiv für Handeln einerseits, für Verstehen andererseits angesetzt wird. Allerdings mit einer wichtigen Differenz: Der Sinn liegt der Handlung voraus, er ist ihre Ursache. Das Verstehen hat aber keinen direkten Zugang zum gemeinten Sinn. Für das Verstehen ist zunächst die Handlung gegeben, von der aus auf den dahinterliegenden Sinn zurückgegriffen werden muß. Es ist sogar möglich, daß das, was aus der Perspektive des Verstehenden als Handeln − also sinnhaft verursacht − erscheint, in Wirklichkeit bloßes Verhalten war, also nicht durch gemeinten Sinn bedingt, z.B. eine bloße Reflexbewegung. Ein zweites Problem hängt damit ebenfalls zusammen: Es ist möglich, daß ein Verstehender ein bestimmtes Motiv als gemeinten Sinn unterstellt, weil ihm der unterstellte Zusammenhang plausibel erscheint. In Wirklichkeit aber waren ganz andere Motive am Werke, die u. U. für den Verstehenden höchst unplausibel sind.

Max Weber formuliert das so: „Daß eine Deutung ... Evidenz in besonders hohem Maße besitzt, beweist an sich noch nichts für ihre empirische Gültigkeit. Denn ein nach seinem äußeren Ablauf und Resultat gleiches Sichverhalten kann auf unter sich höchst verschiedenartigen Motiven beruhen, deren verständlich-evidenteste nicht immer auch die wirklich im Spiel gewesene ist. Immer muß viel mehr das ‚Verstehen‘ des Zusammenhangs noch mit sonst gewöhnlichen Methoden kausaler Zurechnung, soweit möglich, kontrolliert werden, ehe eine noch so evidente Deutung zur gültigen ‚verständlichen Erklärung‘ wird“ (S. 428).

Der Sinn, den Max Weber meint, kann sein entweder „a) der tatsächlich in einem historisch gegebenen Fall von einem Handelnden oder durchschnittlich und annähernd in einer gegebenen Masse von Fällen von Handelnden oder b) in einem begrifflich konstruierten reinen Typus von dem oder den als Typus gedachten Handelnden subjektiv gemeinte Sinn. Darin liegt der Unterschied der empirischen Wissenschaften vom Handeln: der Soziologie und der Geschichte, gegenüber allen dogmatischen: Jurisprudenz, Logik, Ethik, Ästhetik, welche an ihren Objekten den ‚richtigen‘, ‚gültigen‘ Sinn erforschen wollen“ (S. 542).

Es geht der Soziologie also z. B. nicht darum herauszufinden, ob ein Gedanke, den, sagen wir, ein von ihr untersuchter Schamane hat, richtig ist, sondern vielmehr möchte er wissen, was der Schamane meint, wenn er einen bestimmten Ritus vollzieht. Die Schwierigkeit liegt oft gerade darin, etwas oder jemanden zu verstehen, dessen Auffassungen man nicht teilt. Diese Schwierigkeit kann unüberwindlich sein. Dann wird für uns ein in Wirklichkeit mit subjektivem Sinn ausgestattetes Verhalten evtl. fälschlich als mit einem subjektiv gemeinten Sinn nicht verbundenes Sichverhalten eingestuft. Max Weber bindet übrigens die Sinnhaftigkeit des Handelns nicht an die tatsächliche Orientierung des Handelnden an einen gemeinten Sinn, sondern an dessen Verstehbarkeit. Anders jedenfalls wäre Max Webers Formulierung nicht zu begreifen, wenn er schreibt: „Sinnhaftes, d. h. verstehbares Handeln liegt in manchen Fällen psychologischer Vorgänge gar nicht, in anderen nur für den Fachexperten vor; mystische und daher in Worten nicht adäquat kommunikable Vorgänge sind für den solchen Erlebnissen nicht Zugänglichen nicht voll verstehbar“ (S. 542 f.).

D. h. also, Max Weber spricht auch dann von nicht sinnhaftem Verhalten, wenn ein Handeln an sich einen subjektiv gemeinten Sinn besitzt, aber für einen bestimmten Interpreten nicht sinnhaft deutbar ist. Die Sinnhaftigkeit eines untersuchten Handelns wird also abhängig von der Deutungskompetenz des Interpreten, sinkt oder steigt mit ihr, wandelt sich historisch usw.

Allerdings hat man bisweilen den Eindruck, daß Max Weber nicht immer zwischen beiden Formen von Nicht-Sinnhaftigkeit reinlich unterscheidet: dem Fall wirklich ohne gemeinten Sinn ablaufenden rein reaktiven Verhaltens einerseits, dem Fall bloß unverstehbaren Handelns andererseits. Der von Weber angeführte Fall des mystischen Erlebnisses wird deshalb ähnlich wie „manche Fälle psychophysischer Vorgänge" als Grenzfall sinnhaften Handelns vorgeführt; die Differenz besteht nun für Max Weber nur darin, daß im letzteren Fall ein Verstehen grundsätzlich nicht möglich ist, im ersten hingegen nur für bestimmte Interpreten. Grundsätzlich gilt also für Max Weber, daß Grenzen der Verstehbarkeit Grenzen der Sinnhaftigkeit des Handelns selbst markieren.

Allerdings geht Max Weber nicht so weit, das Verstehen daran zu binden, daß man sich vollständig an die Stelle des anderen versetzen kann und gleichsam stellvertretend für ihn handeln könnte. „Dagegen ist die Fähigkeit, aus Eignem ein gleichartiges Handeln zu produzieren, nicht Voraussetzung der Verstehbarkeit: ‚man braucht nicht Caesar zu sein, um Caesar zu verstehen.' Die volle ‚Nacherlebbarkeit' ist für die Evidenz des Verstehens wichtig, nicht aber absolute Bedingung der Sinndeutung. Verstehbare und nicht verstehbare Bestandteile eines Vorganges sind oft untermischt und verbunden" (S. 543).

Sinnhaftigkeit eines untersuchten Handelns fällt also bei Max Weber, streng genommen, mit Verstehbarkeit zusammen. Deshalb entwickelt er die Typen des Handelns auch entlang einer Skala abnehmender Verstehbarkeit, ohne die Frage ausführlich zu klären, ob nicht das für uns unverständliche Verhalten eines Fremden aus dessen eigener Perspektive höchst deutlich mit subjektivem Sinn verknüpft ist. Es verschwimmt also die Sphäre des den Handelnden selbst kaum Bewußten mit der des für den Beobachter nicht Aufklärbaren.

Das Höchste, was Verstehen erreichen kann, ist Evidenz. Sie kann nach Max Weber entweder rationalen oder einfühlend nacherlebenden Charakters sein. Die rationale Evidenz findet sich im Bereich des Logischen oder Mathematischen. Evident ist dort aber „das in seinem gemeinten Sinnzusammenhang restlos und durchsichtig intellektuell Verstandene" (S. 543).

Als Beispiel führt Max Weber an, daß wir ganz eindeutig verstehen, „was es sinnhaft bedeutet, wenn jemand den Satz $2 \times 2 = 4$ oder den pythagoräischen Lehrsatz denkend oder argumentierend verwertet, oder wenn er eine logische Schlußkette — nach unseren Denkgepflogenheiten: ‚richtig' vollzieht. Ebenso, wenn er aus uns als ‚bekannt' geltenden ‚Erfahrungstatsachen' und aus gegebenen Zwecken die für die Art der anzuwendenden ‚Mittel' sich (nach unseren Erfahrungen) eindeutig ergebenden Konsequenzen in seinem Handeln zieht. Jede Deutung eines derart rational orientierten Zweckhandelns besitzt — für das Verständnis der angewendeten Mittel — das Höchstmaß von Evidenz" (S. 543).

Neben der rationalen Evidenz erwähnt Max Weber allerdings auch die einfühlend nacherlebende. Sie sieht Max Weber auf emotionalem und künstlerischem Gebiet als möglich an. Sie gilt für das am Handeln „in seinem erlebten Gefühlszusammenhang voll Nacherlebte" (S. 543).

Gerade diese Form des Evidenzerlebnisses könnte im Kontext einer historisch verstehenden Psychologie natürlich von besonderer Wichtigkeit sein. Allerdings geht Weber auf sie nicht eindringlicher ein. Grundsätzlich gesteht er im übrigen auch Formen des Verstehens ein wissenschaftliches Daseinsrecht zu, die nicht die volle Evidenz erreichen und doch, wenn auch in abgeschwächter Weise, als mehr oder weniger hinlänglich empfunden werden können.

Der Evidenzverlust zeigt sich am deutlichsten bei manchen letzten Zwecken und Werten anderer Menschen. „Je radikaler sie von unseren eigenen letzten Werten abweichen, desto schwieriger (ist es, sie) uns durch die einfühlende Phantasie nacherlebend verständlich zu machen. Je nach Lage des Falls müssen wir uns dann begnügen, sie nur intellektuell zu deuten, oder: u. U., wenn auch das mißlingt, geradezu: sie als Gegebenheiten einfach hinzunehmen, und aus ihren soweit als möglich intellektuell gedeuteten oder soweit als möglich einfühlend annäherungsweise nacherlebten Richtpunkten den Ablauf des durch sie motivierten Handelns uns verständlich zu machen" (S. 544).

In vielen Kulturen wird subjektiv gemeinter Sinn nicht nur Menschen unterstellt, weil nicht nur Menschen als Handelnde behandelt werden. Auch heute noch kann man ja vor allem bei Kindern diesen Vorgang beobachten: die Welt der Dinge scheint belebt, die Gegenstände sind Mitspieler, man kann nach ihren Absichten und Motiven fragen. Noch die wissenschaftliche Auffassung von der Kausalität enthält vielleicht einen letzten Rest von − wenn auch gänzlich verdünnter − Intentionalität.

Was hier für die Transposition des subjektiv gemeinten Sinns in die Dinge ausgeführt wurde, läßt sich auch auf den Begriff des Lebenssinns oder des Sinns der Existenz ausdehen. Auch hier sieht Max Weber, daß Menschen danach fragen, welchen Sinn ihr Leben hat. Er sieht auch, daß u. U. die Antwort negativ ausfällt. So verweist er darauf, daß für religiöses Denken, die Sinnlosigkeit des Lebens, das rein innerweltlicher Selbstvervollkommnung gewidmet ist, bereits aus der offenbaren Sinnlosigkeit des Todes folge. Denn die Kulturgüter vermehrten sich durch immer weiterreichende Differenzierung, so daß der Einzelne immer weniger davon erlangen könne im Laufe seines endlichen Lebens: „Gewiß bestand ‚Kultur' für den einzelnen nicht im Quantum des von ihm an ‚Kulturgütern' Errafften, sondern in einer geformten Auslese daraus. Aber dafür, daß dieser für ihn − ein sinnvolles Ende gerade mit dem ‚zufälligen' Zeitpunkt seines Todes erreicht habe, bestand keine Gewähr" (S. 570).

Sinn realisiert sich hier also dadurch, daß das Ganze des Lebens so erscheint, als habe es ein Subjekt geplant, nach verstehbaren Motiven gelenkt. Hinter der Kette der aufeinander folgenden Handlungen muß ein subjektiv gemeinter Sinn entschlüsselbar sein. Ob man als dieses Subjekt nun Gott oder das Schicksal oder gar sich selbst ansetzt, ist zunächst zweitrangig. Entscheidend ist, daß das Leben als Ganzes analog zum subjektiv gemeinten Sinn einzelner Handlungsfolgen auffaßbar ist. Nur dann hat es einen Sinn, ist es mehr als eine pure Folge von Zufällen. Das Zufällige erscheint hier also als sinnlos, weil absichtsfrei. In dem Maße nun, wie das Leben als Ganzes nicht mehr verständlich ist, wird es sinnlos. Sinnverlust kann demnach sowohl die Welt wie auch die Kultur und das Einzelleben bedrohen. Freilich kann das nur geschehen, wenn zunächst der Anspruch erhoben wird, daß nicht nur einzelne Taten − eigene und fremde − , sondern auch Geschehensabläufe und Daseinszusammenänge als verstehbare bzw. motivierte Einheiten aufzufassen seien. Für Max Weber ist eine wesentliche Voraussetzung dafür die Existenz von intellektuellen Weltbildern, in denen Konsistenzpostulate entstehen. Da für ihn das Verständliche mit dem Rationalen besonders eng verschwistert ist, sieht er, daß die Unterstellung, die Welt sei vernünftig (und in diesem Sinn „sinnvoll"), mit der Existenz von rationalen Weltdeutungen eng zusammenhängt. Nur da, wo Intellektuelle die allgemeine – vermutlich anthropologisch gegebene – Neigung, dem äußeren Geschehen innere Absichten zu unterstellen, ins Systematische überspannen, kann so etwas wie Weltsinn oder Lebenssinn als vom gelebten Leben abgehobene Erfahrungswirklichkeit eindringlich plausibel werden und dann als – u. U. – nicht einlösbarer Anspruch zur vitalen Erwartung an Welt und Leben sich verdichten. „Auch das Rationale im Sinne der logischen und teleologischen ,Konsequenz' einer intellektuell-theoretischen oder praktisch-ethischen Stellungnahme hat nun einmal (und hatte von jeher) Gewalt über die Menschen, so begrenzt und labil diese Macht auch gegenüber anderen Mächten des historischen Lebens überall war und ist. Gerade die der Absicht nach rationalen, von Intellektuellen geschaffenen, religiösen Weltdeutungen und Ethiken aber waren dem Gebot der Konsequenz stark ausgesetzt" (Weber, 1920, S. 537). Schaut man sich rückblickend die – vor allem für den Vergleich mit späteren Entwicklungen – wichtigsten Aspekte des Sinnbegriffs von Max Weber an, so lassen sich u. a. folgende Charakterzüge unterstreichen:

1. Sinn verweist stets auf Subjekt. Es geht immer um „subjektiv gemeinten" Sinn.
2. Sinn verweist stets auf Handlungen. Diese werden durch jenen konstituiert.
3. Obwohl Max Weber abwechselnd von Handeln und Handlung spricht, hat man doch den Eindruck, daß er vornehmlich einzelne Handlungen im Blick hat. Nicht der unentwegte Strom des Erlebens und Handelns interessiert ihn, sondern die – gleichsam herausgehobene – Einzelhandlung, der ein mehr oder weniger ausdrücklicher Sinn zugesprochen wird. Die Perspektive entspricht am ehesten der, wie sie bei Beschreibungen von Vorgängen üblich ist. Auch dort können wir ja nicht alles wirklich Geschehene aufzählen, sondern Einzelnes unter Weglassung von anderem. Vor allem erhält die Darstellung von Handeln (sei es ex post oder ex ante) immer den Charakter der Aufzählung bestimmter Handlungen, die dann aufeinander oder auf ein benennbares Motiv bezogen werden können. Das Geschehen fließt kontinuierlich, seine Rekonstruktion greift auf diskrete Akte zurück.
4. Sinn verweist stets auf Handlungsverstehen. Sinngrenzen sind folglich Verstehensgrenzen. Im Vordergrund steht also nicht die Frage, wie Subjekte den Prozeß der Sinnstiftung in bezug auf ihr Handeln gestalten, wie Sinninvestitionen zustande kommen, wie bewußte und ausdsrückliche Intentionen und Motive, Zwecksetzungen und Mittelwahlen hervorwachsen aus eher unabsichtlichen, nur undeutlichen, jedenfalls unausdrücklichen Orientierungen und Präferenzen. Stattdessen geht es primär um die Prüfung der Bedingungen der Möglichkeiten von Sinnverstehen. Dabei wird kaum (jedenfalls nicht

systematisch) die Frage erörtert, ob die Analyse der Sinnerzeugung, der „Sinngebung", nicht anders vorgehen müßte als die Analyse des Verstehens. Alles was über Sinnhaftigkeit ausgeführt wird, wird am Leitfaden der Verstehbarkeit orientiert. Aber mein Handeln kann mir in vielen Punkten gerade deshalb verständlich sein, weil es Fremden unverständlich ist. Jedenfalls ist Sinnhaftigkeit im Sinne des Vorhandenseins eines subjektiv gemeinten Sinns und im Sinne seiner Verstehbarkeit nicht dasselbe. Das behauptet Max Weber freilich auch so nicht, aber er geht der Differenz nicht systematisch nach.

5. Im Zentrum der Weberschen Analysen steht der maximal verständliche Typus des Handelns, eben der zweckrationale. Die Entscheidung für diesen rationalen Typus ergibt sich nicht aus seiner (auch von Weber ausdrücklich bestrittenen) Häufigkeit, sondern aus seiner größeren Verständlichkeit. Dabei begründet Max Weber die These von der Primärverständlichkeit des Rationalen nicht explizit. Er scheint von ihr auszugehen. Sieht man genauer zu, so zeigt sich aber, daß die Evidenz des Rationalen eine kulturspezifische ist. Für uns oder vielleicht sogar nur für uns Wissenschaftler ist das Rationale maximal verständlich. Max Weber betont auch immer wieder, daß es um Rationalität „nach unseren Denkgepflogenheiten" geht oder daß Einfühlung sich auf unsere eigenen Empfindungserfahrungen bezieht. Sinn wird − so könnte man vielleicht sagen, wenn man Max Weber eine ihm fremde Terminologie überstülpt − vom intersubjektiv Nachvollziehbaren ausgelegt.

Außerdem gilt gerade für die Zweck-Mittel-Charakterisierung, daß sie nur dann als besonders verständlich wirkt, wenn es sich um Darstellungen einzelner herausgehobener Akte handelt, wie sie typischerweise erst für eine reflexive (oder prospektive) Einstellung gilt. Handeln selbst vollzieht sich meist anders. Die Frage bleibt dann, ob man gut daran tut, es mittels Sinnkategorien verständlich zu machen, in denen nur das verständlich ist, was so gerade (auch nach Meinung von Max Weber) selten oder nie vorkommt, wohingegen das, was geschieht, unverständlich bleibt und lediglich als Abweichung vom Verständlichen eine abgeleitete Sekundärverständlichkeit erfährt.

Für Max Weber ist objektive Wissenschaft in dem Sinne nicht möglich, daß sie die Relevanzkriterien für die Stoffauswahl diesem selbst entnimmt. Alle Wissenschaft geht aus von dem, was uns interessiert, und zwar aufgrund *unserer* Werte. Auch Kulturwissenschaft kann fremde Gesellschaften nicht so beschreiben, wie diese das selbst getan hätten. Das Verstehen besteht gerade nicht in der Rekonstruktion des Gesamtzusammenhangs des Sinns, wie er im Objektbereich ursprünglich gegeben war, sondern in einer unseren Wertbeziehungen entspringenden Selektion.

Der Sinn der Kulturwissenschaft besteht darin, Orientierung im Kontext der eigenen kulturellen Gegenwart zu stiften. Auch wenn fremde Kulturen und Epochen zum Gegenstand der Forschung werden, so doch nie um ihrer selbst willen oder gar wegen der Ableitung allgemeiner Gesetze. Es geht um Selbstaufklärung der erkennenden Gesellschaft. Der subjektiv gemeinte Sinn der Forschungsobjekte ist nur insoweit rekonstruierbar, als er es auch für den Forscher sein könnte. Wo das nicht gelingt und in dem Maße, wie es nicht gelingt, versinkt fremder Sinn in die Distanz bloßer sinnfremder Gegebenheiten.

Wie immer man Webers Explikation des Sinnbegriffs heute beurteilen mag, dadurch, daß er auf dem Verstehen als Aufgabe der Kulturwissenschaften insistiert, weist er ihnen die Historisierung ihrer Theorien als unaufgebbare Pflicht zu. Selbst wenn er Sinn nicht als Eigenschaft der Seele ansieht, so ist doch klar, daß man Seelenleben nur verstehend erfassen kann. Das aber heißt, sich auf dessen Historizität einzulassen. Gewiß ist Verstehen niemals eine Spiegelung fremden Seelenlebens, sondern eine Auswahl, die nach Relevanz- und Richtigkeitskriterien des Verstehenden vorgenommen wird. Niemals aber wird sich Verstehen auf die Erfassung jener Minima beschränken, die ahistorisch universal sind.

Literatur

Husserl, E. (1901). Logische Untersuchungen. Tübingen: Wiemeyer, 2. Aufl. 1913.
Weber, M. (1920). Gesammelte Aufsätze zur Religionssoziologie, Bd. 1. Tübingen: Mohr, 4. Aufl. 1947.
Weber, M. (1922a). Wirtschaft und Gesellschaft. Tübingen: Mohr, 4. Aufl. 1956.
Weber, M. (1922b). Gesammelte Aufsätze zur Wissenschaftslehre. Tübingen: Mohr, 3. Aufl. 1968.

Aby Warburg.
Ikonische Prägung und Seelengeschichte

Ulrich Raulff

In einer autobiographischen Notiz von 1929 hat sich der Kunst- und Kulturhistoriker Aby Warburg als „Psychohistoriker der Schizophrenie des Abendlandes" (Gombrich, 1981, S. 406) apostrophiert; seine Studien sah er selbst als Pionierarbeiten zu einer „historischen Psychologie des menschlichen Ausdrucks (Warburg, 1932, Bd. II, S. 478) an. Der Nachwelt gilt er als Begründer der modernen Ikonologie (die sich indes mit besserem Recht auf Erwin Panofsky und Emile Mâle beruft) und als (Wieder-)Entdecker der unruhigen, pathetisch bewegten Antike, ein an Jakob Burckhardt und Friedrich Nietzsche anknüpfender Antipode Johann J. Winckelmanns. In seiner maßgeblichen „intellektuellen Biographie" Warburgs hat Ernst H. Gombrich darauf hingewiesen, daß Warburgs Neuinterpretation der Renaissance − als eines komplizierten und schmerzhaften Prozesses, Gegenbild zum vermeintlich mühelosen, selbstgewissen Erwachen aus dem dogmatischen Schlaf des Mittelalters − in ihrer Zeit nicht allein stand (Gombrich, S. 26 f.). Ganz und gar eigentümlich war dagegen der Ansatzpunkt dieser Interpretation: von eher ephemeren Motiven in der bildenden Kunst der Renaissance, dem sogenannten „bewegten Beiwerk" von Gewand, Ornament und Haartracht ausgehend, verfolgte Warburg die Rezeption der von der Antike geprägten bildlichen Formeln bewegten und leidenschaftlich erregten Lebens („Pathosformeln") durch die Künstler der Renaissance. Langjährige Archivstudien zu den geistigen und sozialen „Milieus" der Kunstentstehung, an die Forschungen zur Astrologie und Dämonengläubigkeit der Renaissance- und Reformationszeit anschlossen, führten ihn zu Entdeckungen, die, weit über die Kunstgeschichte und -soziologie hinausreichend, Einblicke in die „Psychomachien" bei der Herausbildung der modernen Seele eröffneten. Seine Studien beschränkten sich nicht darauf, „die Metamorphose der ‚europäischen Mentalität' am jeweiligen Grad des Einflusses der heidnischen Antike zu messen" (Maikuma, 1985, S. 29), sondern legten komplexe geistig-seelische Spannungsfelder frei. Mit Recht steht Aby Warburg unter den Vorläufern und Gründern einer historischen Psychologie; ihre spezifische Ausprägung wird nun zu zeigen sein.

Einige Worte zum Bildungsgang (Gombrich, 1981, S. 42 ff.). 1866 als ältester Sohn einer Hamburger Bankiersfamilie geboren, entschloß sich Aby Warburg früh gegen den Eintritt in das Familienunternehmen, auch gegen das Ansinnen einer Ausbildung zum Rabbiner und für die Verfolgung seiner geisteswissenschaftlichen Interessen; 1886 begann er in Bonn das Studium der Kunstgeschichte und der Klassischen Archäologie. Mit Ausnahme vielleicht von Carl

Justi (1832–1912) teilten sämtliche Lehrer, die in den folgenden Jahren War-
burgs intellektuelle Entwicklung beeinflussen sollten, wie August Schmarsow,
Hubert Janitschek, Hermann Usener und Karl Lamprecht, ein deutliches Inter-
esse an der psychologischen Erklärung kultureller und historischer Tatsachen.
Gemeinsam war diesen Erklärungsversuchen, ob sie auf der Assoziationspsy-
chologie aufbauten (Tito Vignoli [Gombrich, 1981, S. 47 u. S. 94ff.]) oder den
Begriff des Symbols mit einer Lehre von der Einfühlung verbanden (Friedrich
Theodor und Robert Vischer [vgl. Gombrich, 1981, S. 99f.; Buschendorf, 1985,
S. 184f.]), die evolutionistische Perspektive, die sich auch Warburg zu eigen
machte; erst ab etwa 1907 ersetzte er sie allmählich durch das Konzept einer
„Polarität" konstanter psychischer Anlagen (Gombrich, 1981, S. 241ff.). Von
Hermann Usener (1834–1905), der Mythologie als „Kunde von der Vorstellung
eines Volkes über das Transzendente" verstand, lernte Warburg, Mythenbildung
als ein psychologisches Problem zu sehen, zu dessen Beantwortung aber auch
anthropologische Erkenntnisse über noch existentes „Heidentum" heranzuziehen waren. Karl Lamprecht (1856–1915) prägte durch seine „wissenschaftliche
Sozialpsychologie", welche die Epochen der Geschichte als Tatsachen der Kol-
lektivpsychologie in Erscheinung treten ließ, die Geschichtsauffassung und Begriffsbildung des jungen Warburg. Auch dessen Aufmerksamkeit für Beziehungen zwischen Kunst und Gebärde, Gesichtsausdruck etc. – und damit indirekt
seine Auffassung von der Kunstausübung als besonderem Teil des allgemeinen
Problems menschlichen Ausdrucks – wurde durch Lamprecht angeregt. Insofern förderten bereits Usener und Lamprecht jene anthropologische und psychologische Erweiterung der Kunstgeschichte zur Kulturgeschichte, die sich
später mit Warburgs Namen verbinden sollte. Hinzu kamen direkte Kontakte
Warburgs zur europäischen und amerikanischen Anthropologie, die Auseinandersetzung mit den Werken Bastians und Frazers, schließlich, 1895, eine Reise
nach Neu-Mexiko, in deren Verlauf Warburg Gelegenheit zu eigener kulturpsy-
chologischer Feldforschung fand (Saxl, 1980, S. 317ff.). Jan Bialostocki hat das
erkenntnispolitische Novum dieses Vorgehens betont: „Ein halbes Jahrhundert
vor Lévi-Strauss erforschte Warburg die magischen Wurzeln der menschlichen
Erfahrung, und er suchte nach den Spuren einer primitiven Geisteshaltung in
dem Denken und in dem Verhältnis der Florentiner des späten Quattrocento zu
den Lebensproblemen. (...) die Tatsache, daß ein Gelehrter am Ende des 19.
Jahrhundert nach New Mexico gegangen ist, um die Lebensweise und die Denkweise der Indianer zu erleben, war für einen Kunsthistoriker in der Zeit Beren-
sons, Riegls und Bodes unglaublich. (...) Das war ein Abstieg in die Tiefe der
menschlichen Psyche, in die Dunkelheit ihrer geschichtlichen Entwicklung"
(Bialostocki, 1981, S. 35f.).

In der Beschäftigung mit der florentinischen Renaissance, aus der bereits die
Dissertation über Botticelli (Warburg, 1893) hervorgegangen war, stieß Warburg zunächst auf ästhetische und bald auf psychologische Phänomene, die ihn
das Bild der antikischen, „heidnischen" Renaissance (wenn nicht den Begriff
„Renaissance" insgesamt) in Zweifel ziehen ließen. Das erste, noch ästhetische,

betraf die Vorliebe der gebildeten Florentiner für die nordische, spätmittelalterliche Kunst Flanderns; es war, schreibt Gombrich, „nicht mehr möglich, die Kunst des gotischen Nordens und die Renaissancekunst des Südens absolut voneinander abzuschotten" (Gombrich, 1981, S. 177). Das Verhältnis von Gotik und Renaissance wies Verschränkungen auf, die Warburg durch historica Rekonstruktion zu klären suchte. Erschien es ihm zunächst noch, als sei die Gotik nur der zu überwindende Widerstand für die Ausbildung der neuen Kunst gewesen, so zeigte sich bald eine kompliziertere Dialektik: der Realismus der flandrischen und burgundischen Kunst hatte wesentlich zur Ausbildung des neuen Stils beigetragen, und die Gotik als Verbündete fungiert; „... als solche Mitkämpfer in der friedlichen Campagne zur Eroberung der Welt im Bilde empfanden die Florentiner die Meisterwerke aus Flandern ..." (Gombrich, 1981, S. 211). Warburg ging daran, in sozialhistorischer Kleinarbeit das Spannungsfeld zu rekonstruieren, innerhalb dessen der neue ästhetische Ausdruck möglich geworden war. Was für das Nebeneinander der Stile gegolten hatte, zeigte sich nun auch in der Betrachtung einzelner Individuen: in ein und derselben Person konnten ganz unvereinbare geistige Strömungen existieren; daß es gelang, sie zum Ausgleich zu bringen, sie „kompatibel" zu machen, darin sah Warburg die entscheidende kulturelle und individuelle Leistung: „Gegensätze der Lebensanschauung, wenn sie, die einzelnen Mitglieder der Gesellschaft mit einseitiger Leidenschaft erfüllend, zum Kampfe auf Leben oder Tod anstacheln, sind die Ursache des unaufhaltsamen, gesellschaftlichen Verfalls und doch zugleich die zur höchsten Kulturblüte treibenden Kräfte, wenn eben dieselben Gegensätze innerhalb eines Individuums abschwächen, ausgleichen und, anstatt sich gegenseitig zu vernichten, sich wechselseitig befruchten und damit den ganzen Umfang der Persönlichkeit zu erweitern lernen. Aus diesem Grund erwächst die Kulturblüte der florentinischen Frührenaissance (Warburg, 1932, Bd. II, S. 534). Ihren exemplarischen Typus fand diese „Ausgleichspsychologie" in der Gestalt des Francesco Sassetti, eines reichen florentinischen Kaufmanns, aus dessen Testament und Grabschmuck sowohl seine traditionelle „mittelalterliche" Frömmigkeit und Treue gegenüber der Familie wie auch ein neues humanistisch-neopaganes Lebensgefühl sprachen (Warburg, 1907, 1980, S. 137 ff.). Wurde hier der zugrundeliegende Mentalitätenkonflikt noch individuell-heroisch und im Sinne einer fortschreitenden Gesamtkultur aufgelöst, so wiesen die Porträts der Reformatoren Luther und Melanchthon, die Warburg ein Jahrzehnt später zeichnete, stärker ironische, auch tragische Züge auf; Warburgs Fortschrittsglaube war dahin. Wie die Seele des Einzelnen, so schien ihm die Kultur von einer letztlich unaufhebbaren „Polarität" zwischen den Mächten der Vernunft und denen der Unvernunft: Aberglauben, Dämonenfurcht, Magie, Vorurteilsstrukturen („Zwang zur Ursachensetzung") durchzogen; die Befreiung der Ratio vom Zugriff des Irrationalen wurde zu einer Aufgabe ohne Ende, Aufklärung zur Tagespflicht: „Athen will eben immer wieder neu aus Alexandrien zurückerobert sein" (1932, Bd. II, S. 534). Für Warburg hieß das in erster Linie Bewahrung des Differenzierungsvermögens; sowenig er anstand, in der Astrologie, der Magie und dem Hermetismus der frühen Neuzeit nur die Gegner der modernen Ratio und nicht deren Geburtshelfer zu sehen, sowenig verkannte er die Bedrohung, die von der entfesselten Rationalität der modernen Technik ausging; diese „Dialektik der Aufklärung" war ihm bereits bewußt. Aufklärung, wie er sie verstand, besorgte die Gewinnung und Erhaltung des „Denkraums der Besonnenheit" gegen das, was Raum und Zeit der vernünftigen Reflexion zu vernichten drohte, zwanghafte Denkstrukturen und vor allem die Außerkraftsetzung des Denkens durch die Angst.

Für Warburg standen die Symbole, welche die Kunst schafft, zwischen magischem und logischem Denken. Als solche stellten sie prekäre Gebilde dar, in denen menschliche Urängste und Leidenschaften gebannt, aber auch gespeichert und wiederbelebbar waren. Der „Psychohistoriker" Warburg unterschied sich darin vom Kunsthistoriker klassischen Zuschnitts, daß er sich weniger für Stil- und Zuschreibungsfragen als vielmehr für die den Bildwerken, auch den trivialen und alltäglichen, eigene Energie interessierte. Wie kaum ein Kunsthistoriker vor oder nach ihm hat Warburg dergestalt die Frage nach dem Eigenleben und der Wirksamkeit der Bilder gestellt und sie durch die Schichten der Geistesgeschichte und der epochalen Mentalitäten hindurch bis in den Bereich des Religiösen hinein verfolgt. Seine Antworten, sofern er sie nicht völlig der Erörterung historischer Detailfragen unterordnete, formulierte er, von vereinzelten Anspielungen auf Nietzsche abgesehen, in einer eher naturwissenschaftlichen Metaphorik. Analog dem „Engramm" im Zentralnervensystem des Individuums galten ihm Bilder, Symbole, Metaphern und gestische Ausdrücke, kurz sämtliche kulturell geprägten Formen als Aufzeichnungen oder Einschreibungen von Energien, die, im kollektiven Gedächtnis gespeichert, wieder abrufbar, aber auch neuer Besetzung und Umprägung fähig waren. Das „Urprägewerk" solcher energetisch erfüllter Formen sah Warburg in der griechischen, das heißt heidnischen Antike; hier war eine Art „stock" geschaffen worden, mit dem die spätere europäische Zivilisation fortwährend variierend und uminterpretierend ihren Gefühlsausdruck bestimmte, das heißt ihre psychischen Energien modellierte. Ihren Kulminationspunkt fand diese Ikonologie in dem unvollendeten Projekt eines „Bilderatlas" unter dem Titel „Mnemosyne", dem sich Warburg während der letzten Jahre seines Lebens widmete. „Im Kern", heißt es bei Gombrich, „bestand es aus Bildtafeln, die die zwei Hauptinteressen Warburgs illustrieren sollten — das Schicksal der olympischen Götter in der astrologischen Überlieferung und die Rolle der antiken Pathosformel in der nachmittelalterlichen Kunst und Kultur" (Gombrich, 1981, S. 375). Mit dem „Atlas", dessen Tafeln die historischen Geschicke der antiken Bildvorstellungen gleichsam räumlich-sinnlich dartun sollten, suchte Warburg das Darstellungsproblem zu lösen, das ihm die Vielschichtigkeit der Bildüberlieferung und -verwendung aufgab und für das ihm eine lineare diskursive Behandlung nicht mehr zureichend schien. Hinter der Absicht, die Bilder selbst untereinander zum Sprechen zu bringen, stand wieder Warburgs energetische Auffassung des Bildes: die in den Bildern gebundenen Intensitäten sollten sich in der Betrachtung reaktivieren und so einen intelligiblen Zusammenhang eigener Art stiften.

Ließen sich für die dem „Mnemosyne"-Projekt zugrundeliegende Theorie des kollektiven Gedächtnisses noch Referenzen ausmachen — Gombrich nennt die Schriften Ewald Herings und Richard Semons (1981, S. 325 f.), Warnke verweist auf Emile Durkheim und Maurice Halbwachs („mémoire sociale") (1980, S. 118) —, so war das Vorhaben selbst, anhand bildlicher Prägungen eine Art Phänomenologie der europäischen Seele in den Momenten ihrer schöpferischen Unruhe zu entwickeln, war die zum förmlichen „Nacherleben" radikalisierte Einfühlung in diese Seelengeschichte zu eng an die spezifische Sensibilität Warburgs gebunden, als daß nach dessen Tod im Jahre 1929 noch an eine Fortsetzung des Vorhabens zu denken gewesen wäre.

Sowohl in der praktischen Durchführung seiner Studien wie in der eigentümlichen Anlage seiner Forschungsbibliothek (auf die hier nicht weiter eingegangen werden kann; Saxl, 1981, S. 433 ff.) realisierte Warburg bereits manches von dem, was heute die Kultur- und Mentalitätengeschichte nach Foucault, Ginzburg u. a. propagiert. Dazu gehört seine Einbeziehung trivialen Bildwerks (Werbung, Briefmarken, Reportagefotos), seine metikulös eindringliche Forschungsweise („Der liebe Gott steckt im Detail"; vgl. Ginzburgs „Indizienparadigma" [1983]), sein Interesse für neue Bildträger und Reproduktionstechniken (Bildteppiche, Flugblätter, Fotografie), die er nicht allein in mediengeschichtlicher Perspektive sah, sondern in Bezug setzte zu den Propagandatechniken dieses Jahrhunderts (vgl. Warnke, 1980, S. 75 ff.). Aus eigener Erfahrung mit den Nachrichtenmedien seiner Zeit wußte Warburg, welchen Einfluß derartige „Medien" auf das Entstehen von Weltbildern und Mentalitäten nehmen konnten. Schließlich ist noch auf die Konfliktorientierung seiner Studien hinzuweisen: „Er, der selbst ein Opfer von Konflikten war, reagierte nicht auf die oberflächliche Einheit, sondern auf die Konflikte vergangener Zeiten" (Gombrich, 1981, S. 421).

„Wir mögen heute", sagt ein anderer Interpret, „Schwierigkeiten haben mit Warburgs Sicht weiter historischer Prozesse als eine Art *psychomachia*, aber es läßt sich nicht leugnen, daß er diese Konflikte menschlicher Erfahrung und Geschichte an sehr spezifischen und breit dokumentierten Fällen zu belegen suchte. Kunstgeschichtliche Analyse, wie Warburg sie auffaßte, gäbe den gefrorenen und isolierten Bildern der Vergangenheit die Dynamik ihres Entstehungsprozesses zurück" (Forster, 1976, S. 173). Warburg sah, wie Gombrich zu Recht betont, bildliche Darstellungen jeder Art nicht primär als Objekte ästhetischer Betrachtung, sondern als „Widerspiegelung von ‚Vorstellungen' im Medium der Malerei, der dekorativen Kunst oder des Festwesens" (Gombrich, 1981, S. 427). Sein erstes Anliegen war insofern das einer historischen Semantik, die den Sinn, den ein Bildwerk zu seiner Zeit gehabt hat, zu eruieren sucht. Dabei versuchte Warburgs sensible Rekonstruktion auch diejenigen feineren, stimmungsmäßigen Valeurs zu erfassen, die mit der Zeit verlorengegangen und in den Quellen explizit kaum enthalten waren (S. 427); seine Geschichte der Kunst umfaßte, mit Roland Barthes zu reden, auch eine Geschichte der „Konnotation". Zugleich aber, und darin unterscheidet sie sich grundlegend von der historischen Ikonographie, wie sie, eher beiherspielend, heute von Mentalitätshistorikern wie Ph. Ariès und M. Vovelle betrieben wird, implizierte Warburgs Kunstgeschiche ethische Postulate: „Was er schätzte, war ... nicht das Kunstwerk, das ein Produkt seiner Umgebung zu sein schien, sondern das Kunstwerk, das eine moralische Entscheidung implizierte" (S. 426).

Abschließend sei die Vermutung geäußert, daß auch Warburgs Kulturpsychologie ihre „Hintergründe" hat; es dürften dies bildertheologische und religionsgeschichtliche Konflikte sein. Indizien sind Warburgs problematisches Bild der christlichen Neuzeit, seine historisch fragwürdige Konstruktion des „Paganen" (S. 411), schließlich die persönliche wie kulturelle Problematik des seiner Religion entfremdeten Juden (Gay, 1976, S. 269–273).

Literatur

Bialostocki, J. (1981). Aby M. Warburgs Botschaft. Kunstgeschichte oder Kulturgeschichte? Vorträge und Aufsätze, hg. v. Verein für Hamburgische Geschichte, 23, 35 f.
Buschendorf, B. (1985). War ein sehr tüchtiges gegenseitiges Fördern: Edgar Wind und Aby Warburg. In IDEA. Jahrbuch der Hamburger Kunsthalle, IV, 184 f.
Forster, K. W. (1976). Aby Warburg's history of art: collectiv memory and the social meditation of images. Daedalus, Vol. 105, 1, 173.
Gay, P. (1976). Begegnungen mit der Moderne. Deutsche Juden in der deutschen Kultur. In W. E. Mosse (Hg.), Juden im wilhelminischen Deutschland, 1890–1914. Tübingen: Mohr.
Ginzburg, C. (1983). Kunst und soziales Gedächtnis. In ders., Spurensicherungen. Über verborgene Geschichte, Kunst und soziales Gedächtnis. Berlin: Wagenbach.
Gombrich, E. H. (1981). Aby M. Warburg: Eine intellektuelle Biographie. Frankfurt/M.: Europäische Verlagsanstalt.
Maikuma, Y. (1985). Der Begriff der Kultur bei Warburg, Nietzsche und Burckhardt. Königstein/Ts.: Athenäum.
Saxl, F. (1980). Warburgs Besuch in Neu-Mexico. In Aby M. Warburg: Ausgewählte Schriften und Würdigungen, hg. v. Dieter Wuttke in Verbindung mit Carl Georg Heise. Baden-Baden: V. Körner, 2. Aufl.
Saxl, F. (1981). Die Geschichte der Bibliothek Warburgs. In Ernst H. Gombrich, Aby M. Warburg. Eine Intellektuelle Biographie. Frankfurt/M.: Europäische Verlagsanstalt.
Warburg, Aby M. (1932). Gesammelte Schriften. 2 Bde. Leipzig, Berlin: Teubner.
Warburg, Aby M. (1893). Sandro Botticellis „Geburt der Venus" und „Frühling". Eine Untersuchung über die Vorstellungen von der Antike in der italienischen Frührenaissance. Hamburg, Leipzig: Leopold Voss. Wiederabgedruckt in Aby M. Warburg, Ausgewählte Schriften und Würdigung, hg. v. D. Wuttke. Baden-Baden: V. Körner, 2. Aufl. 1980.
Warburg, Aby M. (1907). Francesco Sassettis letztwillige Verfügung. In Aby M. Warburg: Ausgewählte Schriften und Würdigungen, hg. v. Dieter Wuttke in Verbindung mit Carl Georg Heise. Baden-Baden: V. Körner, 2. Aufl. 1980.
Warnke, M. (1980). Der Leidschatz der Menschheit wird humaner Besitz. In Werner Hofmann, Georg Syamken & Martin Warnke. Die Menschenrechte des Auges. Über Aby Warburg. Frankfurt/M.: Europäische Verlagsanstalt.
Warnke, M. (1980). Vier Stichworte. In Werner Hofmann, Georg Syamken & Martin Warnke. Die Menschenrechte des Auges. Über Aby Warburg. Frankfurt/M.: Europäische Verlagsanstalt.

II.
Anstöße „von außen" in der Auf-schwungphase der Psychologie

Eduard Sprangers „Geisteswissenschaftliche Psychologie"

Ernst Plaum

Zur Biographie Eduard Sprangers

Eduard Spranger lebte von 1882 bis 1963. Obgleich er die neueste deutsche Kulturgeschichte in entscheidender Weise mitgeprägt hat, ist sein Lebenswerk heute schon weitgehend vergessen. Die Gründe hierfür sind recht vielfältig, einige davon lassen sich der folgenden Darstellung entnehmen. An dieser Stelle fehlt der Raum, um eine Biographie Sprangers zu geben (siehe hierzu Bähr & Wernke, 1964; Bräuer & Kehrer, 1983)[1]). Es sollen jedoch einige wenige Punkte angesprochen werden, die kursierende Fehleinschätzungen zu korrigieren mögen.

Spranger entstammt dem geistigen Milieu des preußischen „Kulturprotestantismus". Obgleich er teilweise mit liberalistischem und sozialistischem Gedankengut sympathisierte, war ihm ein ausgeprägt national-konservativer Zug eigen. Dies führte ihn zeitweilig in die Nähe nationalsozialistischen Gedankengutes. Nach der Machtergreifung Hitlers beantragte er jedoch aus Protest gegen antisemitische Aushänge in der Berliner Universität seinen Rücktritt als Ordinarius. Spranger mußte feststellen, daß die damit verbundene Hoffnung, zahlreiche Kollegen würden seinem Vorbild folgen, leider unbegründet war. Sein Entschluß, weiterhin zu lehren, weil er die Studenten nicht mit der nationalsozialistischen Ideologie alleine lassen wollte, verdient es, entsprechend gewürdigt zu werden. Dem herrschenden Regime wäre ein offener Konflikt mit Spranger — der damals bereits internationales Ansehen genoß — ungelegen gewesen, und so ergab sich ein Arrangement, demzufolge der Gelehrte als Austauschprofessor nach Japan ging. Nach seiner Rückkehr wurde er im Zusammenhang mit den Ereignissen des 20. Juli 1944 inhaftiert, auf Betreiben des japanischen Botschafters aber bald wieder freigelassen. Nach Kriegsende, das er in Berlin erlebte, wurde Spranger kommissarischer Rektor der dortigen Universität; Differenzen mit den Besatzungsmächten führten bereits nach kurzer Zeit zu seiner Entlassung. Als Ordinarius und Emeritus wirkte er bis 1963 in Tübingen und nahm maßgeblichen Einfluß auf das kulturelle Leben der neugegründeten Bundesrepublik Deutschland.

Ob gelegen oder ungelegen hat Spranger zu jeder Zeit seine vielfach sehr pointierten Überzeugungen vertreten. Heute wirken diese vielfach antiquiert, zumal auch die Sprache seiner Publikationen in der Gegenwart nicht mehr so zu faszinieren vermag, wie in der ersten Hälfte unseres Jahrhunderts. Spranger stellt sich als der typische preußisch-deutsche Gelehrte einer vergangenen Epoche dar. Dennoch wäre es voreilig, ihm jede bleibende Bedeutung absprechen zu wollen.

Die Geisteswissenschaftliche Psychologie

1. Mensch und Kultur

Es dürfte schwierig, wenn nicht unmöglich sein, zu entscheiden, ob Spranger hauptsächlich als Psychologe, Pädagoge oder als Philosoph zu gelten habe. Als Schüler Diltheys ist er zweifellos von der Kulturphilosophie geprägt und auf diesem Gebiet hat er sich auch besonders engagiert. Dabei geht Spranger von der Unterscheidung Person — Umwelt aus; die letztere stellt sich einmal als eine physische dar, zum anderen findet man dort den „objektiven Geist" in Form von Gebieten, Institutionen und bleibenden Gestaltungen der Kultur, die unabhängig von individuellen Personen (und in diesem Sinne „objektiv" zu nennen) sind. Diese stellen wesensmäßig den Bereich des Subjektiven dar, stehen aber in Zusammenhang und Wechselbeziehung mit der Umwelt, sowohl der physischen (biologische Komponenten des Menschen) als auch der „objektiv-geistigen": Das einzelne Individuum muß sich im Laufe seiner Entwicklung die jeweilige Kultur aneignen, kann an dieser aber auch selbst mehr oder weniger mitwirken. Dies bedeutet, daß das (subjektive) Erleben einerseits durch die kulturelle Umwelt beeinflußt wird, andererseits aber auch eine aktive Mitgestaltung derselben ermöglicht. Deshalb hält Spranger die Begründung einer „geisteswissenschaftlichen Psychologie" für unumgänglich. Er weist darauf hin, daß er selbst diesen Begriff geprägt habe und nicht sein Lehrer Dilthey (dem allerdings wesentliche Vorarbeiten zu verdanken seien).

Die der Naturwissenschaft zugängliche Seite des Psychischen wird von Spranger vernachlässigt. Er streitet ihr zwar keineswegs die Berechtigung ab, betrachtet aber die Wechselwirkungen zwischen Mensch und Kultur als die für den Psychologen eigentlich interessanten Gegebenheiten. Zu dieser Auffassung kommt Spranger aufgrund einer bestimmten nichtelementaristischen, ganzheitlichen Sichtweise: Die Einheit der Psyche ist zunächst gegeben durch die Beziehung aller einzelnen Akte und Erlebnisse auf ein Ich. Dieses läßt sich jedoch ganz wesentlich vom Werterleben her charakterisieren, so daß letztlich die Sinnbestimmung einheitsstiftend wirkt, denn „sinnvoll" heißt „als wertvoll erlebt" (Spranger, 1922, S. 305). Werte jedoch sind durch die Kultur vorgegeben, da diese auf letzten Wertüberzeugungen beruht (Ein lediglich naturhaftes Körper-Ich rechnet Spranger nicht der Wertsphäre zu). Psychologie ist daher in erster Linie geisteswissenschaftlich zu konzipieren, d.h. sie wird durch die objektiv vorgegebenen Bereiche der Kultur strukturiert, nämlich Wirtschaft, Politik, Kunst, Wissenschaft, soziale Gemeinschaften und Religion. Da sich jedem dieser „Geistesgebiete" ein bestimmter Sinnhorizont zuordnen läßt (nämlich Nutzen, Macht, Schönheit, Wahrheit, Liebe und Sittlichkeit, in der Reihenfolge der

Aufzählung) und dementsprechend der dazugehörige Wert (ökonomisch, politisch, ästhetisch, theoretisch, sozial und religiös), stellen die Kulturbereiche gleichzeitig Strukturierungsgesichtspunkte des Psychischen dar. Der Mensch wird also in erster Linie als Kulturwesen gesehen. Da die in dieser Hinsicht entscheidenden Werte Normen implizieren, ist Psychologie ohne den normativen Aspekt nicht denkbar. Diesem kommt durchaus auch eine intersubjektive Bedeutung zu, denn er muß immer auf den „objektiven Geist" bezogen werden.

2. Objektive Werte und Normen

Spranger setzte sich in diesem Zusammenhang mit dem Problem des Relativismus auseinander. Besondere Schwierigkeiten entstanden für Spranger durch die Tatsache, daß Kultur im Laufe der Geschichte entstanden ist. Eine historische Betrachtungsweise (Spranger hatte sie von Dilthey übernommen) tendiert immer zu einer Relativierung von Werten und Normen. Durch den Rückgriff auf das „Objektive" wollte Spranger dem Relativismus entgehen; er meinte, bei der Betrachtung historischer Entwicklungen könne man überdauernde, allgemeingültige (geistige) Strukturen — weitgehend gleichbedeutend mit Wert- und Sinnbezügen — erkennen. Inwieweit eine solche Sicht zu überzeugen vermag, sei dahingestellt; unserem Autor war diese Problematik zeitlebens bewußt.

Noch schwerer werden sich Psychologen heute mit dem religiösen Aspekt bei Spranger tun. In den „Lebensformen" (1922), seinem grundlegenden Werk, behandelt er diese Thematik in nicht ganz konsistenter Weise: Religion ist für ihn einerseits die Domäne des Sittlichen, welches vom „Totalsinn" des Daseins her bestimmt wird, andererseits kann auch jeder andere Wertebereich (außerhalb des eigentlich Religiösen) derart dominant werden, daß das gesamte Leben danach seine Ausrichtung erfährt. Dies würde bedeuten, daß z.B. die totale politische Orientierung eines „Machtmenschen" dessen „Religion" zu nennen wäre. Die Möglichkeit einer derart einseitigen Ethik hat Spranger offensichtlich beunruhigt und er entwickelte im Ansatz bereits in den Lebensformen die Vorstellung, daß „Religion" zu einer harmonischen Synthese der verschiedenartigen Wertbezüge aufgrund eines übergeordneten *objektiv*-normativen Prinzips der Ganzheit führen müsse. Dieses kennzeichnet dann den Bereich des Religiösen in einem höheren und eigentlichen Sinne. Wir begegnen hier dem Versuch, den Werterelativismus zu überwinden. Nach dem Zweiten Weltkrieg bewegte sich Spranger auf die christliche Offenbarungsreligion zu, wobei er allerdings nicht — wie die Theologie — den Weg von Gott zum Menschen nachzuzeichnen versuchte, sondern umgekehrt diesen als Ausgangspunkt seiner Überlegungen nahm. Es sollte auf diese Weise eine „Propädeutik des Christentums" entstehen.

3. Die Methode des „Verstehens"

Die einer geisteswissenschaftlichen Psychologie angemessene Methode ist nach Spranger das „Verstehen" (deswegen hat man in diesem Zusammenhang auch von der „verstehenden Psychologie" gesprochen). Zunächst mag man dabei an ein „Sichhineinversetzen" oder ein „Nachvollziehen" bezüglich eines fremden Seelenzustandes denken. Damit ist aber noch nicht das eigentlich Charakteristische erfaßt, denn − so Spranger − etwas bloß Subjektives ist im Grunde nicht „verstehbar", sondern nur erlebbar. „Verstehen" wird vielmehr als das Erfassen von ganzheitlichen und sinnhaften Zusammenhängen definiert. Es ist genau im gleichen Sinne „objektiv" wie das „Geistige", nämlich indem es sich auf überindividuelle, kulturgebundene Gegebenheiten bezieht. Verstehen als die „Methode der Auffassung und erkenntnismäßigen Formung der Geistesstrukturen" bezieht letztlich auch normative Gesichtspunkte mit ein und ist nur aus einer „weltanschaulichen Grundhaltung" heraus möglich; sie führt zur „Gesetzlichkeit des Geistes" (zum „Objektiven"). Die hierbei zur Anwendung kommenden Kategorien sind zeitlos und ewig (ähnlich wie dies Immanuel Kant im Hinblick auf die Erkenntnis der Natur postuliert hat).

Es ist nicht ganz leicht, bei dem heute vorherrschenden, naturwissenschaftlichen Verständnis von „objektiver Erkenntnis" klar zu machen, was Spranger wirklich mit der Methode des Verstehens meinte. Dies wird vielleicht etwas deutlicher, wenn man sich vergegenwärtigt, daß damit eine Gegenposition zur damaligen Elementenpsychologie aufgebaut werden sollte. Einzelne „Elemente", für sich genommen, kann man nicht „verstehen" („Ein Satz besteht nicht aus Buchstaben, Musik nicht aus Tönen"). Entscheidend ist somit die Einordnung in einen ganzheitlichen Zusammenhang, so wie in der Gestaltpsychologie die Teile erst vom Ganzen her ihren Stellenwert erfahren, man könnte auch sagen, ihren „Sinn" finden. Spranger geht nun aber insofern über die Gestaltpsychologie hinaus, als er diesen „Sinn" teleologisch zu verstehen sucht und ihn gleichzeitig unter kulturbedingten, letztlich weltanschaulichen Gesichtspunkten betrachtet. Der ganzheitliche Bezug, den Spranger damit anzielt, ist gleichbedeutend mit einer Hin- bzw. Einordnung eines Einzelaspektes in einen (kulturell vorgegebenen und daher „geistigen") Zusammenhang, der einen umfassenden Sinn des Lebens, eine grundlegende Wertorientierung darstellt. „Verstehen" heißt, die Bedeutung bzw. den Stellenwert im Hinblick auf den „objektiven" (und „normativen") Geist erfassen.

Eine solche ganzheitliche Suche nach einem letzten Sinn hat als Ziel die Auffindung übergeordneter Perspektiven. Teilaspekte, die, für sich allein betrachtet, ohne Zusammenhang nebeneinander stehen, ja sogar widersprüchlich erscheinen mögen, werden auf einer höheren Ebene in ein Ganzes integriert. Hier zeigt sich eine Beziehung Sprangers zum dialektischen Denken, die in der Vergangenheit sicher zu wenig beachtet wurde. Auch wenn dieser Gesichtspunkt das Gesamtwerk unseres Autors nicht in entscheidender Weise kennzeichnet, so kann er doch kaum übersehen werden. Von daher betrachtet Spranger das Gegeneinander wissenschaftlicher Grundauffassungen und letztlich auch Weltanschauungen als notwendig. Im Anschluß an Hegel versucht er schließlich auch das Göttliche als einen letzten und umfassenden Sinnhorizont dialektisch zu fassen: „Gibt es eine göttliche Denkform, so kann sie nur der dialektischen verwandt sein. Die Aufhebung der Gegensätze von Subjekt und Objekt, von Allgemeinem und Besonderem, von Form und Inhalt in einer Ureinheit scheint in der Tat allein über die geteilte, endliche Welt des Menschen hinauszuführen" (Eisermann, 1974, Bd. 4, S. 302).

Spranger und die heutige Psychologie

Noch nicht einmal 25 Jahre nach seinem Tod spricht von dem zu seiner Zeit weithin bekannten und geschätzten Gelehrten Eduard Spranger zumindest in der heutigen Psychologie fast niemand mehr. Sein Name taucht noch relativ häufig in der Fachliteratur der Vereinigten Staaten auf — meist im Zusammenhang mit der Allport-Vernon-Lindzey-Study of Values, einem Testinstrument zur Erfassung von Wertorientierungen, dem die Sprangersche Typologie zugrundeliegt. Deren Urheber hat sich nur beiläufig und keineswegs positiv zu solchen Versuchen geäußert, Werte psychometrisch faßbar zu machen. An den eigentlichen Anliegen Sprangers geht die moderne Psychologie vorbei.

Am ehesten könnte heute ein neuer Zugang zu unserem Autor über die zunehmend aktuell werdende Wertethematik erfolgen (Plaum, 1986). Sein eindeutig religiöser Bezug in diesem Zusammenhang wird gewiß wenig Zustimmung erfahren, obgleich es bereits wieder Stimmen gibt, die eine „transpersonale" Psychologie befürworten (Fittkau, 1980). Die Diskussion um die Berechtigung einer kulturwissenschaftlichen Sichtweise ist auch heute nicht verstummt und wird teilweise wieder aktualisiert (siehe etwa Aschenbach, 1982; Jüttemann, 1986); die Grenzen naturwissenschaftlich orientierter Forschung in der Psychologie sind kaum zu verbergen (Zellinger, 1979 u. Lenk, 1981). Doch Spranger weist ebenfalls auf Grenzen des „Verstehens" hin: „Das Ganze des Weltzusammenhanges ist ... nicht ... wissenschaftlich ... zugänglich" und die „untere Sinngrenze" ist erreicht, wenn „ein Sinnganzes in solche Elemente zerschlagen wird, die nicht mehr sinnkonstituierend in bezug auf das Ganze sind. ... Das Recht der erklärenden Psychologie wird von der verstehenden nicht angefochten" (ed. Eisermann, 1974, Bd. 4, S. 205). So einseitig und problematisch Sprangers „geisteswissenschaftliche Psychologie" auch sein mag, sie hat dennoch zu einer ganzheitlichen Perspektive besonderer Art geführt. Dieser Gesichtspunkt ist auch unter den gegenwärtigen Bedingungen immer wieder zu bedenken (vgl. etwa Dieterich, 1981 u. Lenk, 1981). Zu wenig beachtet wurde in diesem Zusammenhang die Beziehung zu einem dialektischen Denken (siehe Weinberger, 1980). Die gegenwärtige Bedeutung des „Werdens" (Psychisches als Prozeß) legt eine derartige Vorgehensweise durchaus nahe (Overton und Gallagher, 1977 u. Sameroff & Harris, 1979).

Die Betonung von Veränderungen (im Gegensatz zu einem statischen „Sein") führt zwangsläufig zu der von Spranger gewählten historischen Betrachtungsweise, die selbst so allgemeingültig und zeitlos erscheinende Gegebenheiten wie die Mathematik einschließt (Kline, 1980 u. Spalt, 1981). Die Bedeutung Sprangers für eine historische Psychologie, vielleicht auch eine historistische Wissenschaftstheorie (Hübner, 1978), liegt somit auf der Hand. Aufgrund unterschiedlicher Wertekonstellationen ist der psychologische Gegenstand in verschiedenen Epochen bei Spranger ein jeweils anderer. Die Frage, ob und wie man dabei dem „Gespenst des Relativismus" begegnen mag, hatte er sich bereits gestellt. Inwieweit seine Antwort überzeugend ausgefallen ist, sei dahingestellt. Vielleicht bietet auch hier eine dialektische Sicht des Gegensatzes „Sein und Werden" einen Ausweg (vgl. Riegel, 1980). Es wäre keineswegs völlig abwegig, hierauf eine umfassende, ganzheitliche und überdauernde Psychologie begründen zu wollen.

Anmerkungen

[1]) Die angeführte Literatur wurde vollständig benutzt. Zitiert nur ein geringer Teil, dieser aber mit Seitenangaben im Text.

Literatur

Aschenbach, G. (1982). Zu einer handlungstheoretisch orientierten Diagnostik — einige grundlagentheoretische Überlegungen. In E. Plaum (Hg.), Diagnostik zwischen Grundlagenforschung und Intervention (S. 55–79). Weinheim: Beltz.

Bähr, W. (Hg.) (1980). Eduard Spranger. Gesammelte Schriften, Bd. 6. Grundlagen der Geisteswissenschaften. Tübingen: Max Niemeyer.

Bähr, W. & Wenke, H. (Hg.) (1964). Eduard Spranger. Sein Werk und Leben. Heidelberg: Quelle & Meyer.

Bräuer, G. & Kehrer, F. (Hg.) (1983). Eduard Spranger zum 100. Geburtstag am 27. Juni 1982. Ludwigsburger Hochschulschriften 1.

Dieterich, R. (1981). Integrale Persönlichkeitstheorie. Paderborn: Schöningh.

Eisermann, W. (Hg.) (1974). Eduard Spranger. Gesammelte Schriften, Bd. 4. Psychologie und Menschenbildung. Tübingen: Max Niemeyer.

Fittkau, B. (1980). Die Bedeutung des Transpersonalen in der Humanistischen Psychologie. In U. Völker (Hg.), Humanistische Psychologie (S. 77–107). Weinheim: Beltz.

Huschke-Rhein, B. (1979). Das Wissenschaftsverständnis der geisteswissenschaftlichen Pädagogik. Stuttgart: Klett Cotta.

Hübner, K. (1978). Kritik der wissenschaftlichen Vernunft. Freiburg/Br.: Karl Alber.

Jüttemann, G. (Hg.) (1986). Die Geschichtlichkeit des Seelischen: Der historische Zugang zum Gegenstand der Psychologie. Weinheim: Beltz.

Kline, M. (1980). Mathematics. The loss of certainty. New York: Oxford University Press.

Lenk, H. (Hg.) (1981). Handlungstheorien interdisziplinär III, 1. Halbband. München: Wilhelm Fink.

Overton, W.F. & Gallagher, J.McC. (1977). Knowledge and development, Vol. I. New York: Plenum Press.

Plaum, E. (1986). Psychologie der Werte — antiquiert oder aktuell? Eichstätter Hochschulreden 52. München: Minerva.

Riegel, K. (1980). Grundlagen der dialektischen Psychologie. Stuttgart: Klett-Cotta.

Sameroff, A.J. & Harris, A.E. (1979). Dialectical approaches to early thought and language. In M. Bornstein & W. Kessen (Eds.), Psychological development from infancy: image to intention (pp 339–372). Hillsdale, N.J.: Lawrence Erlbaum.

Spalt, D. D. (1981). Vom Mythos der mathematischen Vernunft. Darmstadt: Wissenschaftliche Buchgesellschaft.

Spranger, E. (1922). Lebensformen. Geisteswissenschaftliche Psychologie und Ethik der Persönlichkeit. Halle a. S.: Max Niemeyer.

Strecker, D. (1973). Religion und Metaphysik im Denken Eduard Sprangers. Unveröffentlichte Dissertation, Tübingen.

Weinberger, O. (1965). Dialektik und philosophische Analyse. In E. Topitsch (Hg.), Logik der Sozialwissenschaften (S. 278–309). Königstein/Ts.: Athenäum, Hain, Scriptor, Hanstein, 10. Aufl. 1980.

Zellinger, E. (1979). Die empirische Humanwissenschaft im Umbruch: München: Johannes Berchmans.

Geschichte und Geschichtlichkeit.
Arnold Gehlens institutioneller Blick

René Weiland

Geschichte, als Idee eines sich selbst vollbringenden, wenngleich auch unserer tätigen Mithilfe bedürftigen Allgemeinen verstanden, ist immer schon auf einen Horizont der Versöhnung bezogen. Hier, innerhalb dieses Umkreises, steht sie jeweils ein für den Versuch, einen produktiven Ausgleich von Naturrecht und menschlicher Autonomie, Ontologie und Politik zu finden, indem sie das eine in der Balancierung mit seinem je anderen zu entfalten sucht. — Geschichte, so verstanden, unterhält mithin ein bevorzugtes Verhältnis zur Utopie: Sie ist, als Idee, spekulativ; doch begrenzt sie darüber, daß sie uns einen Aufriß anzustrebender Versöhnung vorzeichnet und uns an deren Auftrag bindet, zugleich unsere Erwartungen „an die Geschichte". Denn „die Geschichte" existiert nicht eigentlich, sondern dient als Metapher für den Versöhnungsdruck, den wir selber spüren und der unseren Handlungen und Wahrnehmungen eine Richtung gibt, auf die hin es jeweils gilt, unterwegs zu sein und die ‚Geschichtszeichen' zu deuten.

Sobald indes Geschichte aufhört, auf Versöhnung bezogen zu sein, kehrt sich unser Blick nach innen, in die Immanenz der materialen Selbstverwirklichung unserer jeweiligen Gegenwart. Diese fungiert dann nicht mehr als Ort einer Auseinandersetzung *im Hinblick* auf Versöhnung, sondern verfestigt sich selber zu einem „Ende der Geschichte", d. h. sie tut sich lediglich in ihrem faktischen Gewordensein, in Abzug jedes utopischen Bezuges, kund. Insofern erscheint Geschichte hier weniger als Idee denn als Begriff — sie wird zum Historismus. Sie funktioniert nur mehr *als* Geschichte, tautologisiert sich zu einem Automatismus, um kraft dessen dann einen Faktizismus auszubreiten, der nichts als seine eigenen Verdoppelungen gelten lassen wird, und auf die Art schließlich in einen, wie es Helmuth Plessner ausgedrückt hat, „antiprogressiven Realismus" (1976, S. 8) zu münden.

So wird Geschichte, als Begriff genommen, zum Ideologem und Legitimationsmodell einer jeweiligen Gegenwart. Das ‚dynamische Denken', das Karl Mannheim einst enthusiastisch dem Historismus bescheinigte, ist da eher ein Euphemismus für ein heftiges Denken der Invarianz, das im Konstatieren der Geschichtlichkeit von allem und jedem seine Ruhe finden kann. Ausdruck dieses agierenden Ruhebedürfnisses ist denn auch stets ein starker Institutionalismus, der sich in aller Regel zum Historismus — als deren andere, höchst positivistische Seite — hinzugesellt. — Und so kann es leicht kommen, daß im Namen von ‚Geschichtlichkeit' ein eigentlich ungeschichtliches, d. h. an der Idee der Versöhnung uninteressiertes Denken sich mitteilen kann; ein Denken, das der Geschichte eher zubilligt, was ihrer Selbstverwirklichung, denn was ihrer Utopie zukäme – um schließlich, begründungstheoretisch und sachzwanglogisch, an der Untermauerung gegenwärtiger Institutionen mitzuarbeiten, für deren Legitimation es gleichwohl immer wieder „die Geschichte" bemühen muß.

Nun ist auch Arnold Gehlens Verständnis von Geschichte, wie mir scheint, geprägt von einem allzu dominanten Institutionalismus, wobei er gleichzeitig aber ausdrücklich der Geschichtlichkeit unserer Lebensformen, Fühl- und Denkweisen das Wort redet – so daß wir in diesem Widerspruch sowohl eine doppelte Strategie als auch eine Halbherzigkeit zu erkennen genötigt werden, die wohl charakteristisch ist für gewisse konservativistische Konzeptionen von Geschichtlichkeit.

Vom Mangel zu den Institutionen

Arnold Gehlen geht zunächst, mit Herder, davon aus, daß der Mensch ein Mängelwesen sei. Instinktarm und organisch mittellos, sei dieser in keine ihm gemäße, artspezifische Umwelt hineingeboren; morphologisch eher ein Ausnahmefall, eine biologische Anomalie gleichsam – abzulesen an seiner retardierten Physiologie (Haarlosigkeit, Schädelwölbung mit untergestelltem Gebiß usw.), gemäß den Beobachtungen Louis Bolks –, verbleibe er zeitlebens, wie Gehlen mit Adolf Portmann sagt, in einer Art ‚foetalem Zustand'. So sei auch das menschliche Neugeborene geradezu als „normalisierte, typisierte Frühgeburt" (Gehlen, 1961, S. 20) anzusehen, als ein extrauteriner Foetus, der noch ein weiteres Embryonaljahr außerhalb des Uterus verbringen muß.

Aufgrund dieser biologisch eher widrigen Voraussetzungen erweise sich der Mensch denn auch als grundsätzlich den Außenweltkräften schutzlos ausgeliefert. Kraft seiner prinzipiellen Versehrbarkeit werde er aber gleichzeitig zu einem ‚lernenden Wachstum' gedrängt: Anstelle tierischer Erbmotorik trete bei ihm eine Erwerbmotorik. Weltoffen, sei er zwar beständig der Überflutung durchs Außen preisgegeben, dadurch jedoch zu Listen genötigt, die auf eine aneignende Veränderung seiner ihm bedrohlichen Umweltverhältnisse abzielen – denn nur über die tätige Veränderung seiner Außenverhältnisse, nur über Handlung also, vermöge solch ein Mängelwesen überhaupt zu überleben.

Was ihm zunächst an Instinkten und Umweltvertrautheit fehlt, müsse er nun durch seine technische Intelligenz, die Fähigkeit, sich Werkzeuge zurechtzumachen, ausgleichen; wobei ihm dieser Ausgleich ironischerweise sofort zur Überbietung gereiche: Der Organersatz wird zur Organverstärkung. So ersetze und ergänze beispielsweise der Schlagstein in der Hand nicht nur das praktische Vermögen der bloßen Faust, sondern verstärke deren Kraft und Funktion zudem – ähnlich, wie heute Telefon und Mikroskop unsere natürlichen Fähigkeiten des Sprechens, Hörens und Sehens potenzieren. Schließlich gehen die Ergänzungs- und Verstärkungstechniken in regelrechte Entlastungstechniken über, die auf Organentlastung und -ausschaltung abzielen und für die der Räderwagen, der uns ja buchstäblich das körperliche Schleppen von Lasten abnimmt, gleichsam ein Urbild darstellt.

Die Natur biete sich dem Menschen mithin nur als ein bearbeitbares Material dar; immer schon sei sie für ihn *nature artificielle*. Analog dazu sei der Mensch ‚von Natur aus‘ ein Kulturwesen, dessen Lebensgrenzbedingungen weniger von der Natur als von seinen eigenen Überlebens-Techniken diktiert würden. „Es ist dabei keine ‚Umwelt‘, kein Inbegriff natürlicher und urwüchsiger Bedingungen angebbar, der erfüllt sein muß, damit ‚der Mensch‘ leben kann, sondern wir sehen ihn überall, unter Pol und Äquator, auf dem Wasser und auf dem Lande, in Wald, Sumpf, Gebirge und Steppe ‚sich halten‘“ (Gehlen, 1961, S. 47). Durch dessen projektives Vermögen, der Fähigkeit voraussehend-planenden Handelns, schaffe er es, aus allen möglichen Naturlagen sich Mittel für sein eigenes Überleben zurechtzubasteln, sich also unter den jeweiligen Bedingungen stets als ‚Kulturwesen‘ zu behaupten.

Da er sich in einer natürlichen, d. h. unumgestalteten und nicht-vermenschlichten Umgebung als schlechthin lebensunfähig erweise, sei er also angehalten, sich sein „Nest“ in diese unwirtliche Umwelt hineinzubauen, ja, diese eigens in ein Nest zu verwandeln. So transformiere der Mensch die Natur in eine ‚Natur zweiten Grades‘, eine ‚Ersatzwelt‘ und ‚Kultursphäre‘, welche seinen Mangel an Umweltvertrautheit ausgleichen und ihm eine ‚sekundäre Vertrautheit‘ ermöglichen soll.

Diese Ersatzwelt und Kultursphäre nun, in der das Überleben des und der Menschen geregelt werde, ist die Welt der *Institutionen*. Arnold Gehlen versteht darunter, ausgehend vom Hegelschen Begriff des ‚objektiven Geistes‘, überpersönlich funktionierende Kristallisationsformen menschlichen (Zusammen-)Lebens wie „Recht“, „Moral“, „Eigentum“, „Familie“, „Staat“ usw. Zum einen verkörpern die Institutionen objektiv gewordene Formen gelungener Lebens- und Situationsbewältigungen, zum anderen fungieren sie als Stabilisatoren und Orientierungsraster für den Einzelnen in seiner Instabilität und Affektüberlastetheit. Wobei indes die Stabilisierungsfunktion der Institutionen nicht nur auf das Äußerliche des gesellschaftlichen Zusammenlebens beschränkt bleibe, sondern darüber hinaus bis ins Innenleben des Einzelnen hineinwirke, um ihn dort, in seinem Innern, von immer neuen affektiven Konflikten mit der Außenwelt zu entlasten; d. h. sie regeln nicht nur unser Verhalten, sondern prägen zudem unsere „Wertgefühle“ und „Willensentschlüsse“, derart, daß sie uns „mit der Überzeugungskraft des Natürlichen“ vor Zweifel und Unsicherheit bewahren und in unserem Innern eine „wohltätige Fraglosigkeit oder Sicherheit, eine lebenswichtige Entlastung“ bewirken (1961, S. 71 f.).

Doch so sehr die Institutionen produzierte sind, so überwindbar sind sie auch. So sei eine Institution, nach Gehlen, nur solange ungebrochen und gültig, solange sie als Selbstverständlichkeit empfunden werde könne. Dagegen haben die erschütterten und „überständig“ gewordenen Institutionen die Tendenz, zu Konventionen zu erstarren, zu willkürlichen Geltungsansprüchen, die eben nicht mehr als selbstverständlich empfunden werden können und von denen man sich dann, bewußt oder unbewußt, zu distanzieren beginne. Und so komme es, daß in dem Augenblick, da eine Institution nicht mehr als genuin erscheine und sich nur mehr auf sich selbst beziehe, sich im Namen einer ‚neuen Natürlichkeit‘ andere Ansprüche geltend machen. Allein, auch diese ‚neue Natürlichkeit‘ trage wiederum einen institutionellen Keim in sich bzw. ist immer schon Produkt der ‚Kultursphäre‘, denn was „jetzt den Charakter des Natürlichen erreichen kann, das wird doch wieder zuletzt von dem System der Standpunkte dieser betreffenden Kultur bestimmt, die also letztlich nur einen Satz kulturell geformter Verhaltensweisen, die den Anschein der Natürlichkeit verloren haben, gegen einen anderen austauscht, die diesen Anschein neu gewinnen" (1961, S. 84).

Nun ist aber die Überwindung von „überständigen" Institutionen so notwendig wie schmerzvoll, wie gefährlich. Stets mußte, wie nicht nur die jüngere Geschichte lehrt, für jede ‚neue Natürlichkeit‘, die antrat, die zu Konventionen erstarrten Institutionen zu brechen und mit ihrer „Natur" zu überschwemmen, ein hoher Preis entrichtet werden. Denn mit jeder Zerschlagung institutionellen Porzellans werde immer zugleich auch „die ganze elementare Unsicherheit, die Ausartungsbereitschaft und Chaotik im Menschen freigesetzt" (1961, S. 24). Daher empfiehlt Gehlen ein „Allmählichkeitspostulat" – und dies wohl nicht zuletzt unter dem Eindruck des nationalsozialistischen Natürlichkeits-Hasards (der aber nichtsdestoweniger zutiefst institutionell war), den er gleichwohl nicht beim Namen nennt und stillschweigend, in heroischer Geschichtsperspektive, unter „Krieg" und „Revolution" subsumiert (1961, S. 73).

Institution und Resonanz

Es herrscht also eine Art Konfliktverhältnis zwischen dem einzelnen historischen Menschen und den geschichtlich gewordenen Institutionen – zumindest eine differentielle Beziehung, die Gehlen ‚die Außen-Innenverschränkung‘ nennt, bei der es sich um eine „Verschränkung oder Vermischung dessen, was von innen, und dessen, was von außen kommt", handele und welche „beim Menschen unendlich tief und wohl bis in den Kern seiner Substanz" gehe (1961, S. 56).

Doch wie sieht diese Verschränkung und Vermischung von Innen und Außen im Vollzug aus? Arnold Gehlen versucht dies in Anlehnung an das verhaltenspsychologische Auslöser-Antriebs-Modell von Konrad Lorenz zu veranschaulichen bzw. darin von diesem abzusetzen: „Wir denken als Auslöserreiz ein ‚unwahrscheinliches‘, ungewohntes, scharfes Geräusch, auf das man mit ‚Erschrecken‘ reagiert. Die tierische, echt instinktive Reaktion wäre die Flucht. Der Mensch aber behält die Auslöserwirkung, nämlich den erregten Gefühlsstoß, innen, und dieses Innenbehalten schafft den ‚Hiatus‘, die Lücke zwischen aktueller Erregung und aufgeschobener Handlung, in die das Bewußtsein einspringt, um die mögliche Bedeutung der Situation sich auszulegen" (1961, S. 112). Dies daraus resultierende „einzigartige Phänomen des ‚Antriebsüberschusses'" beschreibt Gehlen als einen „fundamental menschlichen Zug"; so habe uns die Tiefenpsychologie Modelle dieser für den Menschen charakteristischen „Selbstverarbeitung daueraktiver Antriebsquanten" vorgeführt, wie auch der Freudsche Begriff der Verdrängung ein weiterer Ausdruck sei für die gleichsam intelligente Hemmung, die der Mensch seinen eigenen Handlungen auferlegt — wo „ein Triebimpuls einen anderen davon ausschließt, ‚in normaler Weise zu Ende geführt zu werden'" (1961, S. 115 f.).

Aus dem ‚Hiatus' ergibt sich nun, wie Gehlen an anderer Stelle formuliert hat, „eine weitgehende Unabhängigkeit der Handlungen sowie des wahrnehmenden und denkenden Bewußtseins von den eigenen elementaren Bedürfnissen und Antrieben" (1940, S. 56). Darüber hinaus ermögliche der ‚Hiatus' jene Umkehrung der Antriebsrichtung, die erst ‚Subjektivität' ermögliche. „Diese Fähigkeit, die Antriebe ‚bei sich zu behalten', das einsichtige Verhalten unabhängig von ihnen zu variieren, legt überhaupt *ein ‚Inneres' erst bloß*, und dieser Hiatus ist, genau gesehen, die vitale Basis des Phänomens Seele (...) Wenn so die elementaren Bedürfnisse nicht an feste Auslöser angepaßt sind, sondern ihr Verhältnis zu den Erfüllungsobjekten in der beschriebenen Weise gelockert ist, so versteht sich eben daraus die Notwendigkeit, sie an der Erfahrung zu *orientieren*, sie in ihrer zunächst gestaltlosen Offenheit zu ‚prägen' oder *mit Bildern zu besetzen*. Die *Hemmbarkeit* des Antriebslebens, seine *Besetzbarkeit mit Bildern* und die ‚Verschiebbarkeit' oder *Plastizität* sind also Seiten desselben Tatbestandes, und in gewöhnlicher Rede nennen wir ‚Seele' zunächst die Schicht der in Bildern und Vorstellungen sich meldenden Antriebe, bewußten Bedürfnisse und orientierten Interessen" (1940, S. 58).

Nun schlägt Gehlen anstatt des Begriffs „Seele" den Ausdruck „innere Welt" oder genauer „innere Außenwelt" bzw. „Fakteninnenwelt" vor. Dabei definiert er „dieses Hineinwachsen der Welt in uns", das die „Fakteninnenwelt" auszeichne und von der bloßen Subjektivität unterscheide, als „ein Werk der Sprache" (1940, S. 278 f.), was zur Folge hat, daß sich aus ihr erst, und nicht aus einem ‚Innen', das Denken ableite. Sprache, als „ein nach außen gewendetes System von Deutungen und Beziehungen", steuere unser Handeln und Planen und diene darüber hinaus, indem sie „unmittelbare, bildhafte Gehalte" entsinnlichend abbaue, als Entlastungsorgan. — Wenn die Subjektivität für die Selbstverständlichkeit des Sich-selbst-Fühlens einstehe, so vermöge die Fakteninnenwelt selber hingegen zum „Gegenstand einer empirisch-analytischen Psychologie" zu werden. Sie ist auslegbar, lesbar und sagbar, ja, sie selbst scheine sich sogar, sofern sie Sprache *ist*, „zunehmend den Theorien der Psychologie selbst" anzupassen (1956, S. 122). Wenn die Subjektivität, als „der unmittelbar gelebte Zustandsmodus des neutralisierten Innenlebens" (1956, S. 124), unübersetzbar bleibt, so bietet sich die Fakteninnenwelt als ein lesbares Gewordensein, als ein Analogon zur Historizität der Faktenaußenwelt, ein Resonanzphänomen der Wandlungen dieses Außens und mithin der Institutionen, an.

Darüber, daß Gehlen das Seelische als ein Resonanzphänomen einer stetig sich verändernden Außenwelt begreift, kann er es als historisch Gewordenes deuten. Dabei unterscheide sich unser Seelenleben nicht nur inhaltlich von dem früherer Zeiten, darin, *was* wir denken, fühlen und wollen, „sondern auch strukturell und formal (...), in den Qualitäten und dem Wie des Erlebens" (1957, S. 59). Doch werden seine Folgerungen daraus wiederum eine Wendung zum Ahistorischen nehmen, wenn er nämlich eine Psychologie in Form einer „Naturwissenschaft der Fakteninnenwelt" fordert; denn, so Gehlen, ist sie keine Naturwissenschaft, dann müssen ihr ihre Kompetenzen abgesprochen und an die psychologischen Romane von Proust, Musil, Flaubert oder Dostojewski abgetreten werden − wobei Freud, diesem „Galilei der Fakteninnenwelt", das Verdienst zukomme, „den anscheinend unüberbrückbaren Abstand des Niveaus zwischen der Psychologie zur Zeit Wundts und jenen Künstlern fast auf Sprungbreite verengt" zu haben (1956, S. 130).

‚Geschichtlichkeit'

Sicher, für Gehlen ist die Seele immer schon eine geschichtliche; aber sie *ist* es eben nur. Denn dadurch, daß sie ein Resonanzphänomen institutioneller Geschichte abgibt, wird ihr gleichzeitig der Charakter zwanghafter Naturmäßigkeit gegeben. So verwundert es einen auch nicht, daß Gehlen ‚das Seelische' eigentlich als ein luxuriöses Spätzeitphänomen geringschätzt − und dergestalt wird es für ihn auch erst in Korrespondenz zur Krise jeweils bestehender Institutionen virulent, als Signum eines dekadenten Überschusses, als Bakterienkultur inmitten des institutionellen Verfalls gleichsam. Analog dazu sieht er auch in der Psychoanalyse, trotz seines − wiederum heroistischen − Lobes für Freud, einen bloßen Spiegel gesamtgesellschaftlicher Dekadenz: „der Daseinskampf verliert an Härte, die von der frühindustriellen, noch geringen Produktivität erzwungene Anstrengung und Arbeitsdisziplin erschlaffen, man darf sich mit Arbeitszeiten begnügen, die unseren Großvätern als sündhafte Verweichlichung erschienen wären, der Wohlfahrtsstaat setzt den Apparat der Reichtumsverteilung in Gang − und zugleich herrscht der Subjektivismus unbeschränkt, in dem reichsten Kontinent der Welt erreicht eine komplizierte psychologische Theorie − die Psychoanalyse − den Rang einer Weltanschauung" (1957, S. 64).

Es zeigt sich: Geschichte, als Paradigma, kann kein Wert an sich sein. Sie ist immer von den Handlungsperspektiven bewußtseinsfähiger Subjekte abhängig. Wo Geschichte sich selbst genügt, zeugt dies wiederum auch von einer spezifischen Interessenlage − der nämlich, in der Geschichte und ihrem institutionellen Rahmen eine Einheit, ja, womöglich einen ‚metabiologischen Vorgang' erblicken zu wollen (Habermas, 1971, S. 343). Auf diese Weise wird die Geschichte, als Erfahrungs- und Versöhnungsmedium, aus dem historischen Geschehen vertrieben, werden ihm Qualität und Würde genommen, um es statt-

145

dessen zur Geschicht*lichkeit* zu formalisieren und zu einem Prozeß festzuschreiben, innerhalb dessen nichts mehr verhandelt und entschieden wird, sondern wo die Akteure, ganz nach verhaltenspsychologischem Muster, immer schon Re-Akteure sind und deren Historizität lediglich Ausdruck ist für die Bewegungen ihrer Überdeterminiertheit.

Geschichte, so — als ‚Geschichtlichkeit‘ — verstanden, reflektiert, wie Jürgen Habermas gezeigt hat, jenes immer schon konservativistische Verständnis der Moderne, das diese nur als gesellschaftliche — institutionell eben — , nicht aber auch zugleich als kulturelle — d. h. auf Autonomie und Demokratisierung, so auch des ‚Geistigen‘, abzielende — gelten lassen will. Bestenfalls sei da die kulturelle Moderne in Form ihrer *Stillegung* affirmierbar — in Korrespondenz zu jenem Zustand der „Kristallisation“, in dem Gehlen das ‚Ende des Zeitalters der Aufklärung‘, bei deren gleichzeitigem Fortleben im Funktionieren gewordener Institutionen, besiegelt glaubt (Habermas, 1985, S. 36, S. 44). Auch hier zeigt sich, daß die Abwesenheit einer Idee der Versöhnung in Zwanghaftigkeit mündet — im Fall Gehlens in einen Institutionalismus, demzufolge nur mehr die ‚Askese‘ als Derektive modernen Lebens übrigbleibt [1]) und in dem jede politisch-künstlerische Avantgarde, die eine anschaubare, gelungene Versöhnung verkörpert (der Avantgardist ist so denn auch eher an seiner *Freundlichkeit* denn an einer *Drohung*, die von seiner „Botschaft“ ausginge, erkennbar), als eitel abgetan oder als gefährlich denunziert werden kann.

Nicht zufällig gerät Arnold Gehlens Lehre in eine solche Indifferenz: Von vornherein sind seine anthropologischen Prämissen, wie Helmuth Plessner aufgezeigt hat, zu wenig ausbalanciert. So genüge es beispielsweise nicht, Weltoffenheit allein für den Menschen zu beanspruchen und ihm jedwede Umweltbezogenheit abzusprechen: Einerseits müsse jeder Organismus, um leben zu können, in einem gewissen Maß weltoffen sein, genauso wie sich dem Menschen die Welt erst als sinnfreier Hintergrund seiner eigenen, mit Sinn besetzter Umweltlichkeit abhebe. Auch erkläre die Voraus-Setzung eines „Mangels“ zwar die faktische Notwendigkeit, nicht aber die Qualität menschlicher Kompensationsleistungen: Wie sehr beispielsweise die Tatsache des extrauterinen Frühjahrs dem Menschen jene Differenz von Körpersein und Leibhaben erfahrbar mache, die ihn denn auch befähige, sich selbst zu verdinglichen und zu versachlichen und kraft dieser Entfremdung einen Prozeß der Verschiebung in Gang zu setzen, der erst Zivilisation ermöglicht (Plessner, 1976, S. 54, S. 57f.). So lassen sich auch mit Nietzsche, auf den sich Gehlen ja, neben Herder, in seiner Mängelwesen-Theorie stützen zu können glaubt, die ‚Institutionen‘ (welche als solche immer schon den Menschen zu einem kompensatorisch-paranoischen, sich zum Maß aller Dinge setzenden Wesen erniedrigend erhöhen) sehr wohl anders deuten: als jene kulturellen Symbolsysteme, die den Menschen mit einem Horizont von Fiktionen und Illusionsbildungen umgeben, über die dieser sich das Dasein auslegt und Handlungsimperative „empfängt“ und über die er sich mithin als ein Wesen des Überflusses und der Verschwendung erwiese; als ein Wesen, daß *gleichermaßen* vermag, sich über seine Fiktionsbildungen zu bestätigen, wie auch sich selbst als Mitte aller Dinge wieder zu verflüssigen und zu überwinden (Lypp, 1980, S. 203 ff.).

Es reicht also nicht aus, den Menschen zu definieren, ohne auch zugleich eine Idee lebendiger Humanität herauszuarbeiten; genausowenig, wie es genügt, Geschichtlichkeit auszumachen, solange die Erfahrung der Dekadenz, der Schmerz über die Unwiederholbarkeit des Gelebten, nicht nach vorne, in Richtung Versöhnung, übersetzt wird. Denn, was ist Geschichte anderes als Dekadenz *im Vollzug*?

Anmerkungen

[1]) „Der Zusammenhang von Wissenschaft, technischer Anwendung und industrieller Auswertung bildet längst auch eine Superstruktur, die selbst automatisiert und ethisch völlig indifferent ist. Eine durchgreifende Änderung ist fast nur so vorstellbar, daß sie an den extremsten Enden angreift: beim Wissenwollen, dem Anfangspunkt oder dem Konsumierenwollen, dem Endpunkt des Prozesses. In beiden Fällen wäre die *Askese*, wenn sie irgendwo aufträte, das Signal einer neuen Epoche." (A. Gehlen, 1957, S. 54).

Literatur

Gehlen, A. (1940). Der Mensch, seine Natur und seine Stellung in der Welt. Bonn: Athenäum, 4. Aufl. 1950.

Gehlen, A. (1956). Urmensch und Spätkultur. Bonn: Athenäum.

Gehlen, A. (1957). Die Seele im technischen Zeitalter. Reinbek: Rowohlt.

Gehlen, A. (1961). Anthropologische Forschung. Reinbek: Rowohlt.

Habermas, J. (1971). Praktische Folgen des wissenschaftlich-technischen Fortschritts. In Theorie und Praxis. Frankfurt/M.: Suhrkamp.

Habermas, J. (1985). Die Kulturkritik der Neokonservativen in den USA und in der Bundesrepublik. In ders., Die Neue Unübersichtlichkeit. Frankfurt/M.: Suhrkamp.

Lypp, B. (1980). Über drei verschiedene Arten Geschichte zu schreiben. In R. Koselleck & P. Widmer (Hg.), Niedergang: Studien zu einem geschichtlichen Thema. Stuttgart: Klett-Cotta.

Plessner, H. (1976). Die Frage nach der Conditio humana. Frankfurt/M.: Suhrkamp.

Ludwig Wittgenstein. Zur Fundierung des Psychischen in Sprachspiel und Lebensform

Jörg Zimmermann

Die Beziehungen zwischen dem Ansatz einer sozialhistorisch akzentuierten Psychologie und der Philosophie Ludwig Wittgensteins[1]) sind indirekter Art. Dennoch können sie ein besonderes Interesse beanspruchen, weil sie einige der wesentlichen methodologischen Streitpunkte betreffen, die für die Fundierung der Psychologie als wissenschaftlicher Disziplin charakteristisch sind. Nun hat Wittgensteins Denken mehrere Phasen durchlaufen, die wiederum einen Wandel seiner Einstellungen zur Psychologie zur Folge hatten. Dabei haben Anfang und Ende relativ klare Konturen, während die Bestimmung der Übergangsperiode noch immer Schwierigkeiten bereitet. Wir werden sie hier nur als Vorbereitung der späten Position betrachten, die in der Kritik an den eigenen Anfängen zu radikalen Konsequenzen gelangt. Zwei Zitate mögen beleuchten, wie die Psychologie in diese Spannung einbezogen ist. Das erste steht in jenem 1918 geschriebenen *Tractatus-logico-philosophicus*, der beansprucht, die Probleme der Philosophie „im Wesentlichen endgültig gelöst zu haben". Dies geschieht in der paradoxen Weise einer Begrenzung dessen, was „sich klar sagen läßt", nämlich „Sätze der Naturwissenschaft", so daß die eigene, auf keinerlei empirischen Sachverhalt bezogene Rede schließlich als „unsinnig" verworfen werden muß (Wittgenstein, 1960; vgl. Vorwort sowie T 6.53, T 6.54). Was folgt daraus für die Psychologie?

„Die Psychologie ist der Philosophie nicht verwandter als irgendeine andere Naturwissenschaft. Erkenntnistheorie ist die Philosophie der Psychologie. Entspricht nicht mein Studium der Zeichensprache dem Studium der Denkprozesse, welches die Philosophen für die Philosophie der Logik für so wesentlich hielten? Nur verwickelten sie sich meistens in unwesentliche psychologische Untersuchungen und eine analoge Gefahr gibt es auch bei meiner Methode" (T 4.1121).

Wittgenstein scheint hier der Idee einer am Vorbild der Physik orientierten *Einheitswissenschaft* anzuhängen, wie sie später vor allem von Philosophen des Wiener Kreises vertreten wurde, zu denen der Verfasser des Tractatus 1927 Kontakt aufnimmt. Ein solcher Zugang zur Psychologie legte sich auch durch die Ausbildung nahe, die Wittgenstein genossen hatte: Er beginnt 1906 ein Ingenieurstudium in Berlin und wechselt 1911 nach Cambridge, um dort Logik und Mathematik zu studieren. Die Fragestellungen spezifisch historischer Disziplinen liegen außerhalb seines Blickfeldes. Die Beziehung zur psychologischen Forschung ist ohnehin eher negativ, da es ihm im Tractatus ja gerade darum geht, die Psychologie aus der Philosophie zu verbannen und damit die ältere, der Tradition des englischen Empirismus verpflichtete quasi-psychologische Untersuchung von „Denkprozessen" (vgl. z. B. Mill, 1829) durch eine logisch-grammatische Analyse der strukturellen Bedingungen möglicher Erkenntnis zu ersetzen. Sie soll jeder Empirie vorausgehen, einer Empirie, die nur zu „unwesentlichen" kontingenten Aussagen gelangen kann. Erinnert ein solcher Ansatz an den transzendentalphilosophischen Begründungsanspruch Immanuel Kants, so entspricht die Forderung nach einer *Entpsychologisierung* der Logik, Grammatik und Erkenntnistheorie analogen Bestrebungen bei Frege und Husserl. Von der Phänomenologie trennt Wittgenstein allerdings der Verzicht auf eine konstitutive Rolle der Subjektivität. Konzepte wie „Subjekt", „Ich" oder „Seele" seien Sache einer „oberflächlichen Psychologie" (T 5.5421), woraus wiederum zu schließen ist, daß die einzig noch relevante Psychologie auf eine streng experimentelle Analyse des Verhaltens bzw. der mit psychischen Phänomenen korrelierten physiologischen Prozesse eingeschränkt werden muß. Insoweit erscheint Wittgenstein lediglich als Repräsentant eines weit verbreiteten Szientismus (Apel, 1973, Bd. II, S. 96 ff.). Dem widerspricht allerdings eine vor allem am Schluß des Tractatus zum Ausdruck kommende Tendenz zur Distanzierung von jener Sphäre naturwissenschaftlicher Rationalität, der auch die Psychologie zugeordnet wird. Gezeigt werden soll, daß „selbst, wenn alle *möglichen* wissenschaftlichen Fragen beantwortet sind, unsere Lebensprobleme noch gar nicht berührt sind" (T 6.52). Deshalb sei der Sinn seiner Abhandlung eigentlich ein „ethischer": als Lehre, die Welt „richtig" zu sehen, indem die Grenze zu jenem „Unaussprechlichen" markiert wird, das existentiell allein bedeutsam ist (Wittgenstein, 1980)[2]. Es verwundert nun nicht mehr, daß sich Wittgenstein im Entwurf eines Vorworts zu den 1929/30 niedergeschriebenen *Philosophischen Bemerkungen* vehement vom „großen Strom der europäischen und amerikanischen Zivilisation" distanziert[3]. Im 1933/34 diktierten *Blauen Buch* beklagt er „unsere Voreingenommenheit für die naturwissenschaftliche Methode" und die „unwiderstehliche Versuchung, Fragen nach der Art der Naturwissenschaften zu stellen und zu beantworten" (S. 37 ff.). Das richtet sich hier zwar gegen bestimmte Philosophen, könnte aber auch an Psychologen adressiert sein. Sie werden dann in dem späten Hauptwerk, den unvollendet gebliebenen *Philosophischen Untersuchungen* (geschrieben zwischen ca. 1935 und 1949), explizit angesprochen. Diese — fast schon populär gewordene — Passage lautet:

„Die Verwirrung und Öde der Psychologie ist nicht damit zu erklären, daß sie eine ‚junge Wissenschaft' sei; ihr Zustand ist mit dem der Physik z. B. in ihrer Frühzeit nicht zu vergleichen. (Eher noch mit dem gewisser Zweige der Mathematik. Mengenlehre.) Es bestehen nämlich, in der Psychologie, experimentelle Methoden *und Begriffsverwirrung*. (Wie im andern Fall Begriffsverwirrung und Beweismethoden.) Das Bestehen der experimentellen Methode läßt uns glauben, wir hätten das Mittel, die Probleme, die uns beunruhigen, loszuwerden; obgleich Problem und Methode windschief aneinander vorbeilaufen. Es ist für die Mathematik eine Untersuchung möglich, ganz analog unsrer Untersuchung der Psychologie. Sie ist ebensowenig eine *mathematische* wie die andere eine *psychologische* (PhU, 2. Teil, Kap. XIV).

Fragen wir zunächst, welche Art von Psychologie Wittgenstein bis zu diesem ebenso ironischen wie ernüchternden Urteil überhaupt kennengelernt hat. Es sind im wesentlichen fünf verschiedene Ansätze:

1. Über die um die Jahrhundertwende in Wien besonders einflußreichen Schriften von Ernst Mach (1900) wird Wittgenstein mit der Konzeption der *Psychophysik* als einer frühen Form experimenteller Psychologie vertraut gemacht. Theoreme wie das Weber-Fechnersche Gesetz verwendet er während seiner Lehrtätigkeit in Cambridge als Unterrichtsbeispiel (Wittgenstein, 1968, S. 73). Im Labor des dortigen Instituts für Experimentelle Psychologie hat er 1912 als Student selbst Versuche über die Grundlagen der Rhythmus-Empfindung durchgeführt (Nedo & Ranchetti, 1983, S. 84). Gegenüber Rush Rhees deklariert er solche Psychologie als „Zeitverschwendung" (Wittgenstein, 1968, S. 73). Sie bleibt aber mit den Extremen des Physiologismus und Behaviorismus ein wesentlicher Bezugspunkt jener Überlegungen, die 1980 unter dem Titel *Bemerkungen über die Philosophie der Psychologie* (entstanden zwischen 1946 und 1949) aus dem Nachlaß herausgegeben worden sind.

2. In ganz persönlicher Weise wird Wittgenstein in Wien mit der *Psychoanalyse* konfrontiert: Seine Schwester Margarete war mit Sigmund Freud befreundet und organisierte 1938 dessen Ausreise aus Österreich. Wittgensteins Einstellung zu Freud bleibt widersprüchlich. Er hält ihn für einen der wenigen lesenswerten Autoren und bezeichnet sich sogar als „Schüler Freuds" (1968, S. 73). Andererseits ist er der Meinung, daß „diese ganze Denkweise bekämpft werden muß". Es handele sich lediglich um eine „neue Mythologie" (1968, S. 73). Doch gibt es auch Äußerungen, die eine Analogie zwischen dem eigenen sprachanalytischen und dem psychoanalytischen Verfahren konstatieren (Zimmermann, J. 1975, S. 152 ff.). In beiden Fällen geht es um die therapeutische Auflösung quälender Probleme bzw. Symptome durch reflexives „Durcharbeiten". Freud mißverstehe jedoch sein Verfahren, indem er es als Konsequenz einer kausal erklärenden Theorie betrachte.

3. Eine kritisch-therapeutische Funktion beansprucht auch die *Psychologie der Sprache*, die Fritz Mauthner unter Berufung auf die Tradition des Nominalismus entwickelt hat (1906, 1982, Bd. 1-3; Janik & Toulmin, 1984, S. 163 ff.). Wittgenstein akzeptiert im Tractatus die Zielrichtung: Alle Philosophie sei „Sprachkritik" (T 4.0031). Die These „Alles am Denken ist psychologisch" wird jedoch ebenso zurückgewiesen wie die *historisch-genealogische Methode*, die im Rekurs auf den „psychologischen Ursprung" von Begriffen − also auch auf ihre jeweilige soziokulturelle Einbettung − nachweisen möchte, daß es unmöglich sei, den „Inhalt" solcher Begriffe „auf die Dauer festzuhalten" (Mauthner, 1906, 1982, Bd. 3, S. 389; Bd. 1, S. 97). Dies erläutert Mauthner u. a. an dem Wort „Seele". Destruiert werden soll die Annahme, daß es überhaupt so etwas wie eine „psychologische Terminologie" geben könne (1906, 1982, d. 1, S. 235, S. 321). Was für den Autor des Tractatus nicht akzeptabel ist, kann allerdings für den Autor der Philosophischen Untersuchungen neue Aktualität beanspruchen. Das Beispiel Mauthners zeigt jedenfalls ebenso wie das Beispiel Freuds, daß das experimentelle Paradigma kaum jemals das abdecken konnte, was faktisch unter Psychologie verstanden wurde. Erinnert sei in diesem Zusammenhang an die „Cha-

rakteristik der Lage", die Karl Bühler – nicht zuletzt mit Bezug auf das „Wiener Milieu" – im Jahre 1927 formuliert hat: „Soviele Psychologien nebeneinander wie heute, soviele Ansätze auf eigene Faust sind wohl noch nie gleichzeitig beisammen gewesen. Man wird mitunter an die Geschiche vom Turmbau zu Babel erinnert" (1929, 1978, S. 1). Es ist verständlich, daß angesichts dieser psychologischen Sprachverwirrung das experimentelle Paradigma in seiner scharf geschnittenen Kontur für Wittgenstein zunächst einmal das einzig legitime war. Das ändert sich mit seiner Wendung von einer logisch-konstruktivistischen zu einer pragmatisch-kontextualistischen Betrachtungsweise, die von der „unsäglichen Vielfalt aller der tagtäglichen Sprachspiele" (PhU, 2. Teil, Kap. XI) ihren Ausgang nimmt.

4. Einer der beiden Psychologen, mit denen sich Wittgenstein im Rahmen seiner Sprachspiel-Hermeneutik intensiver auseinandersetzt, ist William James, dessen *Pragmatismus* ihm in manchem nahesteht und der auch einiges von dem vermittelt, was die phänomenologisch-intentionalistische Richtung in die Psychologie eingebracht hat (James, 1910)[4]. Mit ironischer Sympathie behandelt er James' Versuche, den „Strom des subjektiven Lebens" zu gliedern und der taxonomischen Ordnung einer psychologischen Terminologie zu unterwerfen. Er kritisiert die physiologistischen und behavioristischen Auswege, ohne damit einem traditionellen Dualismus das Wort reden zu wollen. Dies zeigt andererseits, wie schmal der Grat ist, auf dem Wittgenstein selbst zu wandern versucht[5]).

5. Der andere von Wittgenstein häufiger erwähnte Psychologe ist Wolfgang Köhler[6]). Vor allem der umfangreiche Abschnitt XI des zweiten Teils der „Philosophischen Untersuchungen" dokumentiert eine unmittelbare Nähe zur *Gestaltpsychologie*. Daß das einzelne Element nur in einem bestimmten Kontext Bedeutung hat, markiert die gemeinsame Voraussetzung. Umso wichtiger ist die Feststellung der Differenz. In den 1950/51 verfaßten *Bemerkungen über die Farben* heißt es: „Ich sage hier nicht, was die Gestaltpsychologen sagen: daß der *Eindruck des Weißen* so und so zustande komme. Sondern die Frage ist gerade: was der Eindruck des Weißen sei, was die Bedeutung dieses Ausdrucks, die Logik des Begriffes ‚weiß' ist" (Wittgenstein, 1950/51, 1979, S. 97). Damit wird unterstrichen, daß es Wittgenstein stets um die Art und Weise geht, in der Psychisches – im zitierten Beispiel die Wahrnehmung von Farben – in „Sprachspiele" eingebettet ist. Der generelle Vorwurf gegenüber der Psychologie läuft also darauf hinaus, daß sie die prinzipielle Verwobenheit ihres Gegenstandes mit der lebensweltlich verwendeten Sprache nicht erkennt oder aufgrund ihrer Voreingenommenheit für die experimentelle Methode nicht anerkennen will. Was die *Sprachspiel-Hermeneutik* (Zimmermann, J., 1975) dagegen setzt, hat freilich nicht den Charakter einer ausgearbeiteten Theorie. Vielmehr handelt es sich um exemplarische Analysen, die ihrerseits weniger Fragen beantworten als Probleme offenhalten wollen. Das erschwert wiederum den Versuch, Wittgensteins eigene Ansicht vom Charakter des Psychischen zu bestimmten Thesen zu-

sammenzufassen. Also sind die folgenden Abschnitte eher als Akzentsetzungen innerhalb eines nie im ganzen zu überblickenden Problemfeldes zu verstehen.

Gegenstand der Psychologie

„Irreführende Parallele: Psychologie handelt von den Vorgängen in der psychischen Sphäre, wie die Physik in der physischen. Sehen, Hören, Denken, Fühlen, Wollen, sind nicht *im gleichen Sinne* die Gegenstände der Psychologie, wie die Bewegungen der Körper, die elektrischen Erscheinungen, etc., Gegenstände der Physik. Das siehst du daraus, daß der Physiker diese Erscheinungen sieht, hört, über sie nachdenkt, sie uns mitteilt, und der Psychologe die *Äußerungen* (das Benehmen) des Subjekts beobachtet" (PhU § 571).

Wittgensteins Kritik richtet sich hier offensichtlich gegen die Tendenz, den Gegenstand der Psychologie nach dem Modell eines „inneren Zeigens" zu rekonstruieren, das sich seinerseits am Modell des „äußeren Zeigens" orientiert. Betroffen sind damit drei Typen psychologischer Theoriebildung: 1. eine mentalistisch begründete Psychologie, die sich mittels *Introspektion* auf eine „Innenwelt" psychischer Akte, Ereignisse und Zustände bezieht, die einer Observation von außen gar nicht zugänglich ist, 2. eine behavioristisch begründete Psychologie, die diese Innenwelt für eine bloße Fiktion hält und daher Psychisches allein mittels *Observation* manifester Verhaltensmerkmale bestimmen möchte, 3. eine „beide Seiten" miteinander kombinierende Psychologie, die — etwa durch vermittelnde Begriffe wie Disposition oder Motivation — zwischen „innerer" und „äußerer" Kausalreihe Verbindungen herzustellen versucht, wobei wiederum zwischen stärker mentalistisch und stärker behavioristisch begründeten Varianten eines *psychophysischen Parallelismus* unterschieden werden kann.

Kritik des Mentalismus

Wittgenstein sieht in der Rede von psychischen Akten wie Denken, Glauben, Wünschen, Wollen etc. die Gefahr einer Verdinglichung, die zu entsprechend simplifizierten Beschreibungs- und Erklärungsmodellen führt. Er wendet dagegen ein, daß die Differenzierung dieser Sphäre nur durch den Rekurs auf die Kriterien möglich ist, nach denen sie immer schon in der Sprache ausgelegt ist. Damit aber steht sie in einem Netz von Bedeutungsbezügen, das nicht auf ein den naturwissenschaftlichen Klassifikationssystemen analoges psychologisches Klassifikationssystem reduziert werden kann. „Was ist eine *tiefe* Empfindung? Könnte Einer eine Sekunde lang innige Liebe oder Hoffnung empfinden, — *was immer* dieser Sekunde voranging, oder ihr folgt? — Was jetzt geschieht, hat Bedeutung — in dieser Umgebung. Die Umgebung gibt ihm die Wichtigkeit" (PhU § 583). Gefordert ist der Übergang vom psychischen Akt bzw. Zustand zu einem Ausdruck in der Sprache, vom isolierten Element zum spezifischen Kontext, von der vermeintlich so unabhängigen Introspektion zu den Bedingungen öffentlicher Kommunikation über Psychisches: „Ein ‚innerer Vorgang' bedarf äußerer Kriterien" (PhU § 580).

Kritik des Behaviorismus

Wenn Wittgenstein *Äußerungen* zum eigentlichen Gegenstand der Psychologie erklärt, dann richtet sich das ebenso gegen den Versuch des Behaviorismus, die Annahme psychischer Akte und Zustände durch den Rekurs auf experimentell beobachtbare *Symptome* überflüssig zu machen. Zielpunkt der Kritik sind jene Operationalisierungen, die die Bedeutung der Begriffe, die zur Charakterisierung des fraglichen Phänomens verwendet werden, entscheidend verändern: Eine Vielfalt hermeneutisch relevanter *Sinnkriterien* wird auf ein bestimmtes experimentell zu handhabendes Merkmalbündel reduziert. Dieser Übergang wird allerdings durch das „schillernde" Wesen psychologischer Begriffe begünstigt.

„In der Wissenschaft ist es üblich, Phänomene, die genaue Messungen zulassen, zu definierenden Kriterien eines Ausdrucks zu machen; und man ist dann geneigt zu meinen, nun sei die eigentliche Bedeutung *gefunden* worden. Eine Unmenge von Verwirrungen ist auf diese Weise entstanden. Es gibt z. B. Grade des Vergnügens, aber es ist dumm, von einer Messung des Vergnügens zu reden. Es ist wahr, daß in gewissen Fällen ein meßbares Phänomen den Platz einnimmt, den vor ihm ein nicht meßbares hatte. Das Wort, das diesen Platz bezeichnet, wechselt dann seine Bedeutung, und seine alte Bedeutung ist mehr oder weniger obsolet geworden. Man beruhigt sich dann damit, der eine Begriff sei der genauere, der andere der ungenauere; und beachtet nicht, daß hier in jedem besonderen Fall ein anderes Verhältnis zwischen dem ‚genauen' und dem ‚ungenauen' vorliegt" (Zettel Nr. 438).

Die theoretischen und praktischen Implikationen des hier kritisierten Verfahrens lassen sich sehr gut am Beispiel der Messung „intelligenten" Verhaltens demonstrieren: Intelligenztests operationalisieren ein Phänomen, das in seiner lebensweltlichen Fundierung außerordentlich vielschichtig ist und je nach Kontext verschieden verstanden wird. Die nicht zuletzt der Forderung nach einem bürokratisch tauglichen Selektionsinstrument entsprechende Operationalisierung kann dazu führen, daß nunmehr auch die betroffenen Subjekte ihr eigenes Verhalten im Lichte von IQ-Werten beurteilen. Ihre lebensweltliche Erfahrung ist in einer bestimmten Richtung „modelliert" worden, und es entsteht durch die Autorität eines nicht mehr in Frage gestellten Ideals von Wissenschaftlichkeit der Schein, daß es sich um die einzig angemessene Definition von Intelligenz handelte.

Kritik des psychophysischen Parallelismus

Die Annahme einer Entsprechung zwischen psychologischen und physiologischen Phänomenen ist für Wittgenstein „eine Frucht primitiver Auffassungen unserer Begriffe". Das Denken in den Begriffen physiologischer Vorgänge sei für die Klarstellung der begrifflichen Probleme in der Psychologie „höchst gefährlich". Es spiegele uns „manchmal falsche Schwierigkeiten, manchmal falsche Lösungen" vor (Wittgenstein, Psych I, Nr. 1063). Um einem solchen Denken zu entgehen, macht Wittgenstein den überraschenden Vorschlag, bei der Klärung psychologischer Probleme so zu tun, als wisse man gar nicht, daß Menschen ein Nervensystem haben[7]). Exemplifiziert wird dies gerade am Beispiel der *Wahrnehmung*, also jener Aktivität, die die Nachbarschaft von Psychologie und Physiologie besonders plausibel erscheinen läßt. Das „Aufleuchten eines Aspekts" im Sehen oder Hören läßt sich nicht als klar abgegrenztes kausal bestimmtes Ereignis beschreiben. „Man könnte von einem sagen, er sei für den *Ausdruck* in einem Gesicht blind. Aber fehlte deshalb seinem Gesichtssinn etwas? Aber das ist natürlich nicht einfach eine Frage der Psychologie. ... Wer den Ernst einer Melodie empfindet, was nimmt der wahr? – Nichts, was sich durch die Wiedergabe des Gehörten mitteilen ließe. Von einem beliebigen Schriftzeichen (...) kann ich mir vorstellen, es sei ein streng korrekt geschriebener Buchstabe irgendeines fremden Alphabets. Oder aber es sei ein fehlerhaft geschriebener ... Und je nach der Erdichtung, mit der ich es umgebe, kann ich es in verschiedenen Aspekten sehen. Und hier besteht enge Verwandtschaft mit dem ‚Erleben der Bedeutung eines Wortes'" (PhU, 2. Teil, Kap. XI). Diese Verwobenheit von Wahrnehmen, Deuten und Verstehen läßt sich durch keine rein experimentelle Versuchsanordnung beschreiben und erklären. Sie verdeutlicht andererseits mit all ihren historischen und sozialen Implikationen, welche tieferliegende Bedeutung es hat, wenn von Menschen gesagt wird, daß sie „sehen" und „hören" können. Hier zeigt sich im übrigen auch die *Grenze zwischen Psychologie und Ethologie* (Zimmermann, J., 1975, S. 224 ff.). „Man kann sich ein Tier zornig, furchtsam, traurig, freudig, erschrocken vorstellen. Aber hoffend? Und warum nicht? Der Hund glaubt, sein Herr sei an der Tür. Aber kann er auch glauben, sein Herr werde übermorgen kommen? – Und *was* kann er nun nicht? – Wie mache denn ich's? – Was soll ich darauf antworten? Kann nur hoffen, wer sprechen kann? Nur der, der die Verwendung einer Sprache beherrscht. D.h., die Erscheinungen des Hoffens sind Modifikationen dieser komplizierten Lebensform" (PhU, 2. Teil, Kap. I).

Sprachspiel und Lebensform

Wittgensteins Kritik zielt also darauf, die komplexe Einbettung des Psychischen in Sprachspiel und Lebensform gegen gängige Verfahren der Hypostasierung, Isolierung und Reduzierung zu verteidigen und in ihren spezifischen hermeneutischen Voraussetzungen zur Geltung zu bringen. Seiner Abwehr jeder Theoriebildung treu bleibend verzichtet er darauf, seine Gesichtspunkte zu systematisieren und mit eindeutigen Definitionen zu verknüpfen. So kann sich der Begriff *Sprachspiel* auf die Kriterien eines einzelnen Wortgebrauchs, auf ein explikatives Modell, auf einen bestimmten Sprachbereich, schließlich aber auch auf „das Ganze" beziehen: „der Sprache und der Tätigkeiten, mit denen sie verwoben ist" (PhU § 7). Dieser praktisch-soziale Rahmen wird auch als *Lebensform* bezeichnet. Dazu gehören „die menschlichen Gepflogenheiten und Institutionen", wie sie durch „Gewohnheit" und „Erziehung" geprägt sind (PhH §§ 23, 206, 337; PhU, 2. Teil, Kap. XI). Einer Lebensform korrespondiert eine bestimmte *Darstellungsform*. Beide sind in ihrem wechselseitigen Zusammenhang zu analysieren[8]). Über derartige Andeutungen geht Wittgensteins Argumentation nicht wesentlich hinaus. Er betrachtet sie als *Bemerkungen zur Naturgeschichte des Menschen* oder als Beitrag zur *Anthropologie* (PhU § 415, S. 192), wobei hier der Naturbegriff ersichtlich „gegen den Strich" verwendet wird. Denn durch die Verschränkung von Sprachspiel und Lebensform ist ja die Welt des Menschen grundsätzlich von der Welt des Tieres unterschieden. „Es kommt darauf hinaus: man könne nur vom lebenden Menschen und was ihm ähnlich ist (sich ähnlich benimmt) sagen, es habe Empfindungen; es sähe; sei blind; höre; sei taub; sei bei Bewußtsein, oder bewußtlos. ,Aber im Märchen kann doch auch der Topf sehen und hören!' (Gewiß; aber er *kann* auch sprechen)" (PhU §§ 281/282). Die Argumentation kommt also stets darauf zurück, daß Psychisches nur in Verbindung mit dem Verstehen einer Sprache zum Ausdruck kommen kann, und diese *Sprache des Psychischen* reicht von der Konstatierung eines Sinneseindrucks bis zu subtilen charakterologischen Beurteilungen, deren besondere Treffsicherheit in einer vielfach erprobten lebensweltlichen Erfahrung gründet. „Was man erlernt, ist keine Technik; man lernt richtige Urteile. Es gibt auch Regeln, aber sie bilden kein System, und nur der Erfahrene kann sie richtig anwenden. Unähnlich den Rechenregeln. Das Schwerste ist hier, die Unbestimmtheit richtig und unverfälscht zum Ausdruck zu bringen. ... Zur unwägbaren Evidenz gehören die Feinheiten des Blicks, der Gebärde, des Tons" (PhU, 2. Teil, Kap. XI).

Der zunächst so einleuchtenden Alternative von mentalistisch begründeter Introspektion „innerer" psychischer Zustände, Vorgänge und behavioristisch begründeter Observation „äußerer" Symptome und Verhaltensmerkmale versucht Wittgenstein die Konzeption eines am Zusammenhang von Sprachspiel und Lebensform orientierten *physiognomischen Verstehens und Deutens* entgegenzusetzen[9]), das sich nur „von Fall zu Fall" bewähren kann. Ein solches Verstehen bezieht sich auf das „Ineinander" von Psychischem und Physischem im ganzen menschlichen Ausdrucksverhalten.

„Und wenn uns nicht nur *ein* solcher Zug interessiert, sondern ihrer mehrere, so mag jeder von ihnen uns einen besonderen, seiner Art nach von allen andern verschiedenen Aufschluß geben. Und so ist es mit dem Benehmen des Menschen, mit den verschiedenen Charakteristiken dieses Benehmens, die wir beobachten. So handelt die Psychologie vom Benehmen, nicht von der Seele? Was berichtet der Psychologe? – Was beobachtet er? Nicht das Benehmen des Menschen, insbesondere ihre Äußerungen? Aber *diese* handeln nicht vom Benehmen. ,Ich merkte, er war verstimmt.' Ist das ein Bericht über das Benehmen oder den Seelenzustand? (...) Beides; aber nicht im Nebeneinander; sondern vom einen durch das andere" (PhU, 2. Teil, Kap. V).

Psychologische Begriffe

Als psychologische Begriffe[10]) im engeren Sinne bezeichnet Wittgenstein Verben wie „glauben", „meinen", „wollen", „fürchten", „hoffen" sowie Ausdrücke für Sinnesempfindungen, Vorstellungen und Gemütsbewegungen. Er entwirft sogar einen *Plan zur Klassifizierung* solcher Begriffe, der z. B. probeweise festlegt: „Psychologische Verben charakterisiert dadurch, daß die dritte Person Präsens durch Beobachtung zu identifizieren ist, die erste Person nicht"[11]). Im Zuge einer solchen *kriteriologisch-grammatischen Analyse* gelangt er zu einer Reihe von regelhaften Bestimmungen, die später von anderen Autoren in aufwendigerer Form systematisiert worden sind (Anscombe, 1957). Der eigentliche Akzent liegt jedoch auf der erläuterten *kritisch-therapeutischen Zielsetzung*. So formuliert Wittgenstein Regeln oft nur, um zu demonstrieren, was dadurch *nicht* zu fixieren ist. Seine Denkweise setzt voraus, daß die Unterschiede „interessanter" sind als die Gemeinsamkeiten (Wittgenstein, 1970, S. 39). Grenzfälle, Verwendungen „zwischen den Spielen", Fiktionen, Idiosynkrasien, sollen die Forderung nach einer verbindlichen Ordnung des ganzen Phänomen-Feldes irritieren. Die These, daß die Sprache ein „Labyrinth von Wegen" sei (PhU § 203), ließe sich also durchaus auf die Psyche übertragen. „Es ist für diese Betrachtung wichtig, daß ein Mensch für einen andern ein völliges Rätsel sein kann. Das erfährt man, wenn man in ein fremdes Land mit gänzlich fremden Traditionen kommt; und zwar auch dann, wenn man die Sprache des Landes beherrscht. Man *versteht* die Menschen nicht" (PhU, 2. Teil, Kap. XI). Das psychische Labyrinth wäre demnach noch fundamentaler als das sprachliche, mit dem es andererseits vielfältig verknüpft ist. Gleichwohl soll uns die Reflexion auf die Einbettung des Psychischen in Sprachspiel und Lebensform in die Lage versetzen, wenigstens einen Teil des labyrinthischen Netzes von Wegen zu überblicken und übersichtlich darzustellen (PhU § 132)[12]). Wittgenstein ist sich bewußt, daß eine solche Reflexion über eine immanente Auslegung dessen, was sich im lebensweltlichen Umgang mit Psychischem „zeigt", nicht hinausgelangen kann[13]). Er verzichtet ausdrücklich auf den Übergang zu einer vom Zusammenhang der Lebenswelt sich abkoppelnden empirischen Untersuchung. Darin äußert sich wiederum der Widerspruch zum faktisch herrschenden Selbstverständnis der Psychologie: „Die Psychologie verbindet das Erlebte mit etwas Physischem, wir aber das Erlebte mit Erlebtem" (Wittgenstein, 1979, S. 100). Dennoch besteht hier zweifellos eine größere Nähe zwischen Philosophie und Psychologie als im dezidiert antipsychologischen Argumentationsrahmen des Tractatus. Auch wird die Möglichkeit offen gelassen, daß es im Durchgang durch die vorgeschlagene pragmatisch-kontextualistische Analyse der in Frage stehenden Begriffe eine andere Psychologie geben könnte.

Sprachanalytische Philosophie und das Projekt einer Sozialgeschichte des Psychischen

Wittgensteins Überlegungen zur Fundierung des Psychischen in Sprachspiel und Lebensform markieren einen Standort zwischen der − von ihm selbst nicht näher thematisierten − Tradition einer „verstehenden" Psychologie und einer rein sprachanalytischen Bestimmung psychologischer Begriffe, die seit Gilbert Ryles voluminösem Werk über den „Begriff des Geistes" (1949) viele Jahre lang die Diskussion innerhalb der *philosophy of mind* beherrschte[14]. Teilt Wittgenstein mit diesem Ansatz die konsequente Kritik an den „Mythen" der Geistmetaphysik und anderer mentalistischer Konzeptionen, so trifft er sich mit der Hermeneutik in der Überzeugung, daß jede philosophische Reflexion von den Bedingungen des Sinnverstehens ihren Ausgang nehmen muß. Das bewahrt ihn vor einem *methodologischen Behaviorismus* (Bieri, 1981, S. 15 f.), der die Teilnehmerperspektive so kategorisch von der Beobachterperspektive trennt, daß der Schein entsteht, man könne den Gebrauch psychologischer Begriffe ähnlich neutral beschreiben wie observable empirische Sachverhalte. In der Auszeichnung alltagssprachlicher Verwendungskriterien liegt wiederum die entscheidende Differenz zu einer Hermeneutik, die unter Berufung auf das „wirkungsgeschichtliche Bewußtsein" der von Wittgenstein grundsätzlich in Frage gestellten philosophischen Bildungssprache immer noch Kredit gewährt. (...) Andererseits widerstreitet die Auszeichnung der Alltagssprache nicht einer Öffnung gegenüber dem historischen und sozialen Kontext[15] (Zimmermann, J., 1975, S. 252 ff.). Daß sich die Bedingungen des Sinnverstehens mit den Lebensformen wandeln und daher selbst eine „andere Arithmetik" möglich ist (1970, § 375), gehört ja zu den wesentlichen Voraussetzungen dieses Ansatzes. Konkretere Schritte in Richtung einer Sozialgeschiche des Psychischen sucht man allerdings vergeblich. Sie wären gleichbedeutend mit dem Versuch, die durch verschiedenartige Textdokumente vermittelten Äußerungsformen des Psychischen kriteriologisch zu bestimmen und mit dem aktuellen, lebensweltlich eingespielten Verständnis in Beziehung zu setzen. Diese mehr oder weniger konkret exemplifizierbaren Sprachspiele ließen sich wiederum mit verschiedenen psychologischen Konzepten, Modellen, Theorien konfrontieren. Da schon die Alltagssprache von proto-theoretischen Vorstellungen über die Psyche durchsetzt ist, lassen sich die beiden Sprachebenen nicht definitiv trennen. Sie stehen vielmehr in Wechselwirkung, wobei zunehmend Vorstellungen einer sich als Wissenschaft begreifenden Psychologie in den Horizont des lebensweltlichen Verstehens Eingang gefunden haben[16]. Während Wittgenstein in anderen Bereichen dazu auffordert, neue Sprachspiele zu erfinden, scheint er hier der Möglichkeit einer durch wissenschaftliche Forschung inspirierten Veränderung des jeweils vorgegebenen Deutungsrahmens besonders skeptisch gegenüberzustehen.

„Die Begriffe der Psychologie sind eben Begriffe des Alltags. Nicht von der Wissenschaft zu ihren Zwecken neu gebildete Begriffe, wie die der Physik und Chemie. Die psychologischen Begriffe verhalten sich etwa zu denen der strengen Wissenschaften wie die Begriffe der wissenschaftlichen Medizin zu denen von alten Weibern, die sich mit der Krankenpflege abgeben" (Psych II Nr. 62).

Man hat einem solchen Ansatz mit einem gewissen Recht *begrifflichen Konservativismus* vorgeworfen (Bieri, 1981, S. 16). Offen bleibt allerdings die Frage, welchen Geltungscharakter neue Begriffe im Verhältnis zu älteren, lebensweltlich schon eingespielten Begriffen beanspruchen können. Wenn wir mit Wittgenstein davon ausgehen, daß der Sinn psychologischer Begriffe nicht gänzlich vom alltäglichen Sprachspiel und vom Kontext der jeweiligen Lebensform ablösbar ist, dann folgt daraus noch nicht, daß alle gängigen Gebrauchsweisen als sakrosankt zu gelten haben. Neue wissenschaftliche Deutungs- und Beschreibungsvorschläge müssen sich jedoch reflexiv auf diesen lebensweltlichen Hintergrund mit seinen historischen und sozialen Aspekten zurückbeziehen lassen, wenn sie in ihrem Geltungsanspruch über die interne Zustimmung einer Psychologen-Schule hinaus legitimiert sein wollen. Eine am Vorbild der Naturwissenschaften orientierte, experimentell begründete Psychologie setzt demgegenüber voraus, daß sich ihre Begriffe im Idealfall von allen lebensweltlichen Sinnbezügen und den darin nistenden „Vorurteilen" reinigen lassen. Der hier angedeutete Konflikt ist vor allem in dem weiteren Rahmen einer Methodologie der Sozialwissenschaften diskutiert worden (Habermas, 1970)[17]. Dabei hat auch die Auseinandersetzung mit Wittgenstein deutlichere Konturen gewonnen (Wiggershaus, 1975). Steht auf der einen Seite die geradezu monolithische Position der „empirischen Sozialforschung" (Kromrey, 1980), so umfaßt die Alternative eine ganze Reihe von Ansätzen, die schwer auf einen Nenner zu bringen sind. Sprachanalyse, Hermeneutik und Ideologiekritik, Symbolischer Interaktionismus, Ethnomethodologie und Aktionsforschung, qualitativ, reflexiv und kommunikativ begründete Soziologie treffen sich jedoch in der Überzeugung, daß das soziale Feld ohne zumindest virtuell teilnehmende Beobachtung und ohne kontextspezifische Bedeutungsanalyse nicht angemessen zu erschließen ist (Zimmermann, E., 1981, S. 554 ff.). Während die Anhänger einer „empirischen Sozialforschung" solchen Verfahren lediglich eine heuristische Funktion zubilligen, betonen die Anhänger des „interpretativen Paradigmas" (Hoffmann-Riem, 1980, S. 339 ff.), daß es für die Axiomatik physikalischer Messung und die darin implizierte Operationalisierbarkeit der Begriffe innerhalb der Sozialwissenschaft kein Analogon gibt (Habermas, 1970, Kap. 3, 6; Cicourel, 1974). Der Sinn von Handlungen, Motiven, Bedürfnissen, Emotionen etc. ist einer rein sensorischen Erfahrung gar nicht zugänglich (Habermas, 1981). Die Stärke dieses Arguments zeigt sich u. a. bei der Prüfung der methodologischen Voraussetzungen der sozialwissenschaftlichen *Inhaltsanalyse*: Gerade hier erweist sich die von der empirischen Sozialforschung unterstellte Möglichkeit einer Ersetzung des als „subjektiv" und „personabhängig" qualifizierten hermeneutischen Verfahrens durch ein „objektives" und „personunabhängiges" empirisches Verfahren (Kromrey, 1980, S. 102) als undurchführbar. Deutungskategorien werden nicht dadurch Beobachtungsschemata, daß eine entsprechend trainierte Forschergruppe zu gleichartigen semantischen Konstruktionen gelangt. Keinerlei Gruppendisziplin kann auf die Dauer die interpretativen Spielräume eliminieren, die eine in ihrem Inhalt ernstgenommene Äußerung in sich enthält. Dies gilt nun insbesondere für jene Dokumente, denen sich eine Sozialgeschichte des Psychischen zuwendet. Denn mit der Fremdheit der Lebensform, in der die jeweils zur Diskussion stehende Äußerung eingebettet ist, wächst die Vieldeutigkeit dessen, was gemeint sein könnte. Auch läßt die weitläufige Vernetzung solcher Dokumente mit anderen Äußerungen keine definitive Entscheidung darüber zu, was für ihre Deutung relevant ist und was nicht.

Wer der eigentümlichen Art und Weise, in der Wittgenstein philosophiert, ein wenig gerecht werden will, sollte ans Ende keine These setzen, sondern ein Bild. Wählen wir den berühmten Vergleich „unserer Sprache" mit einer alten Stadt: „Ein Gewinkel von Gäßchen und Plätzen, alten und neuen Häusern, und Häusern mit Zubauten aus verschiedenen Zeiten; und dies umgeben mit geraden und regelmäßigen Straßen und mit einförmigen Häusern" (PhU § 18). Ließe sich so nicht auch „unsere Seele" als Gegenstand einer Sozialgeschichte beschreiben? — Sofern zu ihrer Entwicklung eben auch der Übergang vom metaphysischen Gewinkel zur Regelmäßigkeit und Einförmigkeit eines Reiz-Reaktions-Mechanismus gehört, der von einer modernen Experimental-Psychologie mit stetig wachsender Präzision auf den Begriff gebracht werden soll.

Anmerkungen

[1]) Ludwig Wittgenstein: Schriften, Frankfurt 1960ff. Schriften 1 (1960): Tractatus logico-philosophicus (Sigel: T), Tagebücher, Philosophische Untersuchungen (Sigel: PhU); Schriften 2 (1964): Philosophische Bemerkungen; Schriften 3 (1967): Wittgenstein und der Wiener Kreis; Schriften 4 (1969): Philosophische Grammatik; Schriften 5 (1970): Das Blaue Buch, Eine philosophische Betrachtung, Zettel; Schriften 6 (1973): Bemerkungen über die Grundlagen der Mathematik; Schriften 7 (1978): Vorlesungen über die Grundlagen der Mathematik; Schriften 8 (1982): Bemerkungen über die Philosophie der Psychologie, Band 1 und 2 (Sigel: Psych I und II). Einzelbände: Über Gewißheit, Frankfurt 1970; Vermischte Bemerkungen, Frankfurt 1977; Bemerkungen über die Farben, Frankfurt 1979; Vorlesungen und Gespräche über Ästhetik, Psychologie und Religion, Göttingen 1968; Briefe, Frankfurt 1980. Zur Biographie vgl.: Ludwig Wittgenstein in Selbstzeugnissen und Bilddokumenten dargestellt von K. Wuchterl und A. Hübner, Reinbek 1979, mit Bibliographie des deutschsprachigen Schrifttums über Wittgenstein. Als Einführung in Wittgensteins Philosophie empfiehlt sich: A. Kenny, Wittgenstein, Frankfurt 1974.
[2]) Brief an Ludwig von Ficker (Oktober–November 1919), in: Briefe, S. 107. Vgl. T 6.522: „Es gibt allerdings Unaussprechliches. Dies *zeigt* sich, es ist das Mystische."
[3]) Dieses Vorwort ist veröffentlicht in: Vermischte Bemerkungen, S. 20ff.
[4]) Die Parallelstellen zu Philosophische Untersuchungen und Zettel sind nachgewiesen in Cooke (1970, S. 48). Explizite Bezugnahmen auf James in Bemerkungen über die Philosophie der Psychologie sind mittels des Namensregisters aufzufinden. Zur Schwierigkeit einer Einordnung der Psychologie von James zwischen Behaviorismus und Intentionalismus vgl. Pongratz (1957, S. 319).
[5]) Keiner unter den bedeutenderen Philosophen des 20. Jahrhunderts hat die skeptische Infragestellung jedweder theoretischen Position so weit getrieben wie Wittgenstein.

So verwundert es nicht, daß der Sog solcher Skepsis auch das eigene Denken erfaßt – ein Denken, daß ohnehin nur „Landschaftsskizzen" (PhU-Vorwort) entwerfen möchte. Wenige Jahre vor seinem Tod notiert Wittgenstein: „Mir scheint, ich bin noch weit von dem Verständnis dieser Dinge, nämlich von dem Punkt, wo ich weiß, worüber ich sprechen muß und worüber ich nicht zu sprechen brauche. Ich verwickle mich immer noch in Einzelheiten, ohne zu wissen, ob ich über diese Dinge überhaupt reden sollte; und es kommt mir vor, daß ich vielleicht ein großes Gebiet begehe, nur um es einmal aus der Betrachtung auszuschließen." (Vermischte Bemerkungen, S. 124).

[6]) Wittgenstein bezieht sich auf W. Köhler: Gestalt Psychology, New York 1929. Vgl. die Nachweise im Namenregister zu Bemerkungen über die Philosophie der Psychologie.

[7]) Diese radikale Zurückweisung physiologischer Erklärungsmodelle kritisiert M. Kurthen (1984). Wittgenstein habe uns jedoch gezeigt, „daß die Sprache des Schmerzes nicht den Schmerz be-spricht, sondern Teil des Lebens und Er-lebens des Schmerzes ist; Sprechen und Erleben aber sind Modifikationen der Lebensform. Nicht Gehirne, sondern Menschen haben Schmerzen" (S. 92).

[8]) Vgl. Zettel Nr. 567: „Wie könnte man die menschliche Handlungsweise beschreiben? Doch nur, sofern man die Handlungen der verschiedenen Menschen, wie sie durcheinanderwimmeln, schilderte. Nicht, was *einer jetzt* tut, eine einzelne Handlung, sondern das ganze Gewimmel der menschlichen Handlungen, der Hintergrund, worauf wir jede Handlung sehen, bestimmt unser Urteil, unsere Begriffe und Reaktionen."

[9]) „Der Mensch ist das beste Bild der menschlichen Seele" (Psych I Nr. 281). Unter Physiognomik ist hier natürlich nicht die dogmatische Lehre eines Lavater zu verstehen, sondern eher ein Deutungsmodell wie bei Lichtenberg (vgl. Lichtenberg, 1972, S. 256ff.). Unter allen Philosophen der Tradition steht Lichtenberg dem Denken Wittgensteins am nächsten (vgl. Wright, 1942, S. 201ff.).

[10]) Aus der Fülle der Literatur über dieses Thema sei genannt: H. J. Giegel (1969). Diesem Komplex sind auch die meisten Referate des 9. Internationalen Wittgenstein-Symposiums gewidmet.

[11]) Psych I Nr. 63: „Fortsetzung der Klassifizierung der psychologischen Begriffe": Psych II Nr. 148. Psych I Nr. 836 fragt: „Soll ich den ganzen Bereich des Psychologischen den des ‚*Erlebens*' nennen?" Als weitere Klassen werden hier „Erfahrungen", „Eindrücke", „gerichtete" und „ungerichtete Gemütsbewegungen", „Formen der ‚Überzeugung'" und „Stellungnahmen" genannt.

[12]) „Wir wollen in unserem Wissen vom Gebrauch der Sprache eine Ordnung herstellen: eine Ordnung zu einem bestimmten Zweck; eine von vielen möglichen Ordnungen; nicht *die* Ordnung" (PhH § 132).

[13]) Die These „*In der Sprache* wird alles ausgetragen" (Philosophische Grammatik, S. 143) charakterisiert Wittgensteins Philosophie als eine Art von Hermeneutik, die die Rolle des Vorverständnisses konsequenter betont als manche sich explizit „hermeneutisch" nennende Position. Vgl. Zimmermann, J. 1975, S. 133ff.

[14]) Über den neueren Stand der Entwicklung informiert Peter Bieri (1981). Die – im übrigen hervorragende – „generelle Einführung" orientiert sich allerdings im Abschnitt über die „semantische Wende" weniger an Wittgenstein als an Ryle. Vgl. auch die ausführliche und nach Themenschwerpunkten differenzierte Bibliographie.

[15]) „Zu einem Sprachspiel gehört eine ganze Kultur" (Wittgenstein, Vorlesungen und Gespräche über Ästhetik, Psychologie und Religion, 1968, S. 29).

[16]) Dies gilt insbesondere für psychoanalytische Begriffe wie „Verdrängung", „Fehlleistung", „Über-Ich" etc.

[17]) Vgl. dazu als grundlegenden Text J. Habermas: Zur Logik der Sozialwissenschaften, Frankfurt 1970, insbesondere Teil III „Zur Problematik des Sinnverstehens in den empirisch-analytischen Handlungswissenschaften" mit der Gegenüberstellung „phänomenologischer", „linguistischer" und „hermeneutischer" Ansätze. Daß Wittgenstein hier nur als „Linguist" rubriziert wird, ist allerdings kaum akzeptabel.

Literatur

Anscombe, G. E. M. (1957). Intention. Oxford: Basil Blackwell.

Apel, K. O. (1973). Szientistik, Hermeneutik, Ideologiekritik. Entwurf einer Wissenschaftslehre in erkenntnisanthropologischer Sicht. In ders., Transformation der Philosophie, Bd. II. Frankfurt/M.: Suhrkamp.

Bieri, P. (Hg.) (1981). Analytische Philosophie des Geistes. Königstein/Ts.: Hain.

Bühler, K. (1978). Die Krise der Psychologie. Nachdruck der 2. Aufl. v. 1929. Frankfurt/M.: Ullstein.

Cicourel, A. V. (1974). Methode und Messung in der Soziologie. Frankfurt/M.: Suhrkamp.

Cooke, Ch. (1970). Wittgenstein. Workbook. Oxford: Basil Blackwell.

Giegel, I. (1969). Die Logik der seelischen Ereignisse. Zu Theorien von L. Wittgenstein und W. Sellars. Frankfurt/M.: Suhrkamp.

Habermas, J. (1970). Zur Logik der Sozialwissenschaften. Frankfurt/M.: Suhrkamp.

Habermas, J. (1981). Theorie des kommunikativen Handelns. Bd. I u. Bd. II. Frankfurt/M.: Suhrkamp.

Hoffmann-Riem, Ch. (1980). Die Sozialforschung einer interpretativen Soziologie: Der Datengewinn. In Kölner Zeitschrift für Soziologie und Sozialpsychologie, 32, 339ff.

James, W. (1910). The principles of psychology. Bd. I u. Bd. II. London.

Janik, E. & Toulmin, St. (1984). Wittgensteins Wien. München, Wien: Carl Hanser.

Kromrey, H. (1980). Empirische Sozialforschung. Opladen.

Kurthen, M. (1984). Der Schmerz als medizinisches und philosophisches Problem. Anmerkungen zur Spätphilosophie Ludwig Wittgensteins und zur Leib-Seele-Frage. Würzburg.

Lichtenberg, G. Chr. (1972). Über Physiognomik; wider die Physiognomen. In ders., Schriften und Briefe, Bd. III. München: Carl Hanser.

Mach, E. (1900). Die Analyse der Empfindungen und das Verhältnis des Physischen zum Psychischen. Jena.

Mauthner, F. (1982). Beiträge zu einer Kritik der Sprache. Nachdruck der 2. Aufl. v. 1906. Frankfurt/M., Berlin, Wien: Ullstein.

Mill, J. St. (1869). Analysis of the phenomena of the human mind, Bd. I u. II. London.

Nedo, M. & Ranchetti, M. (1983). Ludwig Wittgenstein. Sein Leben in Bildern und Texten. Frankfurt/M.: Suhrkamp.

Pongratz, L. J. (1957). Problemgeschichte der Psychologie. Bern, München: Francke.

Wiggershaus, R. (Hg.) (1975). Sprachanalyse und Soziologie. Die sozialwissenschaftliche Relevanz von Wittgensteins Sprachphilosophie. Frankfurt/M.: Suhrkamp.

Wittgenstein, L. (1960ff.). Schriften. Frankfurt/M.: Suhrkamp.

Wittgenstein, L. (1970). Über Gewißheit. Frankfurt/M.: Suhrkamp.

Wittgenstein, L. (1977). Vermischte Bemerkungen. Frankfurt/M.: Suhrkamp.

Wittgenstein, L. (1968). Vorlesungen und Gespräche über Ästhetik, Psychologie und Religion. Göttingen: Vandenhoeck & Ruprecht.

Wittgenstein, L. (1980). Briefe. Frankfurt/M.: Suhrkamp.

Wright, G. H. (1942). Georg Christoph Lichtenberg als Philosoph. In Theoria VII. Göteborg.

Wuchterl, K. & Hübner, A. (1979). Wittgenstein in Selbstzeugnissen und Bilddokumenten. Reinbek: Rowohlt.

Zimmermann, E. (1981). Bewährungshilfe als Gegenstand kriminologischer Forschung: Projektskizze und theoretische Vorüberlegungen. In Helmut Kury (Hg.), Perspektiven und Probleme kriminologischer Forschung. Köln: Carl Heymanns.

Zimmermann, J. (1975). Wittgensteins sprachphilosophische Hermeneutik. Frankfurt/M.: Klostermann.

Bausteine des Menschen: Werner Sombarts „Versuch einer geisteswissenschaftlichen Anthropologie"

Christoph Klotter

1. Motive – Intentionen – Wege

Er „war ein Gelehrter aus großbürgerlichem Hause. A German Mandarin ... Ein prächtiges Exemplar einer heutige völlig ausgestorbenen Spezies".

„Sein Ehrgeiz als junger Extraordinarius war es, das Werk von Karl Marx zu vollenden."

„Mit Max Weber und Alfred Weber ... gehörte er zu der zweiten Generation des wilhelminischen Deutschland, zu den Söhnen jener national-liberalen, von Bismarck düpierten Bourgeoisie, die von der Teilhabe an der politischen Macht ausgeschlossen, in der Wissenschaft ein Substitut für die Erfüllung ihres Führungsanspruches suchten. Eine glücklose, zutiefst frustrierte Generation ...". Der das schreibt, ist Nicolaus Sombart (1984, S. 12, 31, 30–31); den er meint, ist sein Vater Werner Sombart.

„... man begriff nicht, daß die Sinnhaftigkeit des Werkes unabhängig von der leib-seelischen Veranlagung seines Schöpfers besteht und gewertet werden muß; daß Ableitungen des Geistigen aus der leib-seelischen Sphäre immer auf eine Herabminderung großer Offenbarungen hinauslaufen." Der das schreibt, ist Werner Sombart selbst (1938, S. 47).

Im Sinne Werner Sombarts erübrigt es sich, darüber zu räsonieren, warum der renommierte, soziologisch orientierte Nationalökonom Werner Sombart[1]) an seinem Lebensabend ein anthropologisches Werk verfaßt (1938). Seine aus seiner spezifischen Persönlichkeit resultierenden Beweggründe lassen sich nicht rekonstruieren, jedoch seine wissenschaftlichen und politischen Intentionen treten in dem Buche deutlich zutage:

– Sombart argumentiert eher unauffällig, aber entschieden *gegen* die im Faschismus vorherrschenden völkisch-rassistischen Positionen, wiewohl sie ihm selbst keineswegs fremd waren[2]); dies ist der *politische Zweck* dieses Werkes.

– Er argumentiert offenkundiger, da weniger gefährlich, aber ebenso entschieden *gegen* die Unangemessenheit der naturwissenschaftlichen Denkweise und Methode auf dem Feld der Wissenschaft vom Menschen.

– Er argumentiert *für* einen geisteswissenschaftlichen Zugang zum Menschen. Dies ist der *wissenschaftliche Zweck* des Buches.

Seine *‚geisteswissenschaftliche' Erkenntnisweise* begreift er als wertfreie Erfahrungswissenschaft, als ‚positive' Wissenschaft, die naturwissenschaftlichem

Vorgehen wie Metaphysik gleichermaßen abhold sein soll. Sie entspricht so dem traditionellen Vorgehen der philosophischen Anthropologie (vgl. Marquard, 1971, S. 364[3]). Sie zielt auf das Verstehen ‚komplexer Sachverhalte‘, also von ‚Sinnzusammenhängen‘, die naturwissenschaftlich — Zerlegen in Elemente, Formulierung von Gesetzen — seiner Meinung nach niemals angemessen bearbeitet werden könnten. Naturwissenschaft hat für ihn im Bereich des ‚Geistes‘ nichts zu suchen.

Seine Erkenntnismethode expliziert er jedoch nicht deutlich genug, auch nicht seinen Verstehensbegriff (vgl. Brocke, 1972, S. 142).

Der *Gegenstand* dieses Spätwerkes von Sombart soll der Mensch als Ganzes in seinem „(Da)‚Sein‘“ (1938a, S. XIX) sein. Er gibt an, in *dieser* Arbeit auf die Geschichtlichkeit des Menschen, auf seine ‚Kultürlichkeit‘, nicht eingehen zu wollen (hierzu sollte eine wegen seines Todes nicht mehr vollendete Untersuchung entstehen). Was ihn hier interessiert, ist der ‚Mensch selbst‘, d. h. das Wesen des Menschen, der Mensch also als anthropologische Grundkonstante.

Menschliche Kultur entsteht für ihn aus der Auseinandersetzung zwischen dem Menschen und der Erde:

„Die letzten Bestandteile, aus denen sich menschliche Kultur aufbaut, sind aber der Mensch selbst und die Erde, auf der er lebt“ (1938a, S. XIX).

Auffällig ist, daß der ehemalige ‚Kathedersozialist‘ Sombart (Krause, 1962) den Begriff Gesellschaft meidet, um sich somit jeglicher ‚linker‘ Terminologie fernzuhalten.

Obwohl Sombart auf den Menschen als anthropologische Grundkonstante zielt, begreift er ihn *nicht* als vorwiegend natürliches Wesen; ganz im Gegenteil: Er konzipiert den Menschen als geschichtlich-kulturell bestimmten. Das menschliche Wesen, wie Sombart es sieht, ist sozusagen die Voraussetzung für seine Gebundenheit an geschichtlich-kulturelle Veränderungen. Dennoch beinhaltet die Sombartsche Konzeption deutliche Züge des ‚ewig Menschlichen‘.

2. Was den Menschen ausmache

Ist für Sombart das Tier ausschließlich naturgebunden, von Instinkten festgelegt, so ist der Mensch genau das Gegenteil: jenseits der Natur; denn er könne zweckorientiert handeln, könne Entschlüsse fassen, könne Pläne aufstellen und sie auch realisieren. Es entgeht Sombart nicht, daß der Mensch *auch* Natur ist, aber das sei nicht das Wesentliche an ihm. ‚Naturfreiheit‘ kennzeichne das spezifische Vermögen des Menschen. Damit ist aber für Sombart noch nicht geklärt:

„Ob es so etwas Einheitliches, Ganzes gibt, das der Mensch hat, wodurch er zum Menschen wird“ (1938a, S. 17).

So etwas gebe es, und zwar sei es der *‚Geist‘*. Sombart unterscheidet zwischen subjektivem und objektivem Geist:

„Wir müssen nämlich die Feststellung machen, daß das, was den Menschen zum Menschen macht, einerseits an diesem selber haftet und sich in seinem Gehabe, seinem Denken, Fühlen und Wollen äußert, gleichsam ein Bestandteil seines persönlichen Wesens bildet: das nennen wir den subjektiven Geist. Daß es aber andererseits sich in menschlichen Schöpfungen darstellen kann, die von den Menschen sich loslösen und ihm als selbständige Gebilde – Geistgebilde – gegenübertreten: als Sprache, Staat, Bauwerk, Werkzeug, Regiment, Sittenordnung; mit einem Wort: als Kultur. Dieses Menschenwerk insgesamt nennen wir den objektiven Geist" (1938a, S. 18).

Auch wenn Sombart nicht präzise darauf eingeht, wie subjektiver und objektiver Geist aufeinander bezogen sind, so macht er deutlich, daß der einzelne Mensch mittels des objektiven Geists mit der sich verändernden Welt *verbunden* ist, ohne Weltbezug nicht zu denken ist und damit als ein Wesen begriffen wird, das in den historischen Prozeß eingebunden ist.

Neben dem Geist gebe es noch den Organismus:

„Den Organismus des Menschen nennen wir seinen Leib, der zugleich seine Seele ist" (1938a, S. 24).

Leib/Seele würden das ‚vitale Zentrum‘ des Menschen bilden, der Geist die Persönlichkeit bzw. das ‚geistige Zentrum‘.

Leib und Seele auf der einen, Geist auf der anderen Seite seien zwei nicht voneinander ableitbare Prinzipien:

„Der Geist gehört einem wesensanderen Seinsbereiche an und tritt aus diesem in den ihm fremden Seinsbereich des Lebens ein" (1938a, S. 26).

Zwar handele es sich hierbei um quasi ‚zwei feindliche Brüder‘, die zusammen leben müßten, dennoch blieben sie in ihren Urformen nicht bestehen, sondern der Geist durchdringe den Leib und die Seele.

Sombart begreift als den ‚Sündenfall‘ der Menschheit, daß eine ‚außer- oder übernatürliche Macht‘, nämlich der Geist, den Menschen quasi verführt, ihn aus den natürlichen Abläufen entführt habe:

„Er (der Geist) ist es, der den Menschen auf seine Spuren lockt dadurch, daß er in ihm die übermäßige Wißbegier entzündet; denn sie ist es im letzten Grunde, die den Menschen in die Sünde führt: sein Wahn, daß er wissen müsse, was gut und böse ist. In den Akt, mit dem der Mensch die Welt erfaßt, mischte sich ein zu starker Strahl des Lichtes, der ihn blendete und unsicher machte. So wurde der Mensch das gebrochene, unausgeglichene, kranke Wesen, als das wir es kennen; ein Wesen voller Mißklang inmitten einer Schöpfung, die auf vollendetem Zusammenklang aufgebaut erscheint" (1938a, S. 51).

Die Katastrophe, die der Einbruch des Geistes in die Natur geschaffen habe, versuche der Geist selbst gewissermaßen, so gut es eben gehe, wieder zu mildern.

"... er hat die Formen geschaffen, in denen sich unser Leben, dieses zerbrochene Leben bewegen kann ..." (1938a, S. 54).

Das Leben ist für Sombart ohne jeden Zweifel ein Jammertal. Bemerkenswert an der Argumentation von ihm ist, daß er davon ausgeht, daß der Geist die natürliche Harmonie zerstört habe, um dann wiederum den Schaden, den er angerichtet habe, selbst zu mindern. So etwa auch bei den von Sombart so genannten ‚natürlichen Vorgängen' wie etwa dem Essen oder der Sexualität:

„Daß der Ernährungsvorgang für den geistigen Menschen unappetitlich ist, unterliegt keinem Zweifel und ist wohl immer so empfunden worden. Das Schlingen, Kauen, Schmatzen ist unerfreulich, der Verlauf des Ernährungsprozesses in seinen mittleren und letzten Stadien ist widerwärtig. So lag es nahe, den ganzen Vorgang zu verbergen, zu kaschieren" (1938a, S. 61).

3. Traditionen: Hominismus[4]) versus Animalismus

Nachdem Sombart dargestellt hat, wie er den Menschen versteht, versucht er, seine Position und die entsprechende Gegenposition in geschichtliche Traditionen einzuordnen:

„Insofern der Gegensatz der beiden Auffassungen darin zum Ausdruck kommt, daß in einem Falle der Mensch als Mensch, im andern Falle als eine Tierspezies angesehen wird, können wir jene als hoministische (zum Unterschiede von humanistisch), diese als animalistische bezeichnen. Von dem Entscheide für eine der beiden Auffassungen hängt die gesamte Einstellung der einzelnen zu Mensch und Welt ab ..." (1938a, S. 89).

Vater der *hoministischen* Auffassung vom Menschen ist für Sombart Aristoteles, der im Grunde schon alles gesagt habe. Aristoteles teilt den Menschen auf in eine vegetative, eine sensitive und eine denkende Seele. Analog dazu spricht, wie schon ausgeführt, Sombart vom Leib, der Seele und dem Geist. Diese Tradition sieht er fortgesetzt durch die christlichen Theoretiker wie Paulus, Augustinus, Thomas von Aquin; in der italienischen Renaissance von Ficino; dann von den Philosophen des 17. Jahrhunderts wie Descartes und Leibniz; mit der Aufklärung des 18. Jahrhunderts verschwinde allmählich der Hominismus, wenngleich Denker wie Kant nach wie vor dem Hominismus verpflichtet gewesen seien; ebenso der deutsche Idealismus des 19. Jahrhunderts, der mit den Namen Fichte, Schlegel und Hegel verbunden sei. Zu den Wegbereitern und Erneuerern hoministischer Anthropologie im 20. Jahrhundert rechnet Sombart die Phänomenologie, die ‚Existential'-Philosophie und die ‚Geist'-Psychologie. Namen, die er nennt, sind Heidegger, Spranger, Scheler, Plessner, Stern, Jaensch, Klages (Sombart, 1938b).

Der *Animalismus* begann für Sombart seinen Siegeszug mit dem Beginn der Neuzeit und war geknüpft an das Vordringen des naturwissenschaftlichen Denkens, das auch vor der Psychologie nicht halt gemacht habe:

„Mit dem Eindringen in die menschliche Innenwelt ging natürlich zunächst der Begriff des Geistes verloren, mit dem man nichts anfangen konnte, wenn man die menschlichen Seelenvorgänge allgemeinen Naturgesetzen unterordnen wollte. Allmählich geriet dann auch der Begriff der Seele in Verlust, da dieses ‚wunderliche Kreatürchen', wie Luther sie nannte, den ‚exakten' und ‚experimentellen' Forschungen der modernen Psychologie allzuviel Hindernisse in den Weg legte" (1938a, S. 93).

Sombart sieht zwei Etappen des Vordringens des naturwissenschaftlichen Denkens: eine mechanistische und eine biologistische.

Mit der mechanistischen verbindet er die Namen von La Mettrie, John Stuart Mill, Herbart, Fechner, Wundt.

Den entscheidenden Umschwung hin zu einem biologistischen Animalismus macht er an Darwin fest.

Der Triumph der Naturwissenschaften beruhe nicht nur darin, daß sich ein Menschenbild, sondern auch eine Methode durchsetzte: ·

„Ich glaube, daß eine starke Wechselwirkung zwischen Methode und Menschenbild besteht. Sie ist zwar nicht denknotwendig, aber sie ergibt sich leicht. Wer naturwissenschaftlich zu denken gewohnt ist ..., wird verführt sein, die Grenzen zu überschreiten, die solchen Verfahren gesteckt sind. Ein Gebiet aber, das jenseits dieser Grenze liegt, ist das Geistige. Deshalb wird der naturwissenschaftlich Denkende geneigt sein, ein solches Gebiet überhaupt in Abrede zu stellen, damit er mit seinen Methoden den Gesamtumfang der Probleme bewältigen könne" (1938a, S. 109).

4. Diskussion

Sombarts Konzeption des Menschen ist nicht originell in dem Sinne, daß er neue, ungewöhnliche Positionen entwickelt hätte. Sie gleicht eher einer Art Bestandsaufnahme, allerdings mit bestimmten, eigenen Akzentsetzungen.

Von der Philosophie der Aufklärung hat er die Annahme der Spezifizierung des Menschen übernommen, die in seiner ‚Naturfreiheit‘ liege.

Von der Aufklärung wendet er sich aber schon dadurch ab, daß er nicht von der Vernunft und Vernunftfähigkeit des Menschen spricht und offensichtlich auch davon nicht ausgeht. Die Utopie der Aufklärung, daß der Mensch aus sich etwas machen kann und soll, daß er sich selbst gestalten kann und soll, erscheint Sombart als menschliche Hybris und als Fluch. Um Sombart noch einmal zu zitieren:

„In den Akt, mit dem der Mensch die Welt erfaßt, mischte sich ein zu starker Strahl des Lichtes, der ihn blendete und unsicher machte" (1938a, S. 51).

Dies ist eine klare Absage an das Projekt der Aufklärung: Der Mensch ist nach Sombart gar nicht in der Lage, aus sich etwas zu machen, sich selbst im positiven Sinne zu entwerfen. Wurde von der Aufklärungsphilosophie die ‚Erbsünde‘ der Menschheit noch positiv gewertet, nämlich als Tabuübertretung, als Überschreiten eines quasi instinktiv festgelegten Programms, kehrt Sombart diesbezüglich zu einer in gewisser Weise religiösen Interpretation zurück: Wegen des ‚Sündenfalles‘ wurde die Menschheit aus der natürlichen Harmonie entlassen, wodurch der Mensch zu diesem ‚unglücklichen‘, ‚kranken‘ Wesen wurde, dem Sombart scheinbar gewahr geworden ist.

An dieser Stelle kann vermutet werden, daß eine Anthropologie, die das ‚ewig Menschliche‘ vor Augen zu haben glaubt, nichts anderes als eine Zeitdiagnose stellt, in diesem Falle über das Deutschland im 20. Jahrhundert, soweit es Sombart kennengelernt hat: 1. Weltkrieg, Hitler-Faschismus. Das Fatale hieran wäre nach Horkheimer dieses:

„Die Anthropologie befindet sich dagegen in Gefahr, zu viel und zu wenig zu erstreben: eine Wesensbestimmung des Menschen aufzusuchen, welche die Nacht der Urgeschichte und das Ende der Menschheit überwölbt, und sich der eminent anthropologischen Frage zu entheben, wie eine Wirklichkeit, die als unmenschlich erscheint, ... zu überwinden sei" (1935, S. 10).

Über Sombarts Geistbegriff ist zu sagen, daß er gleichermaßen überladen-allumfassend, wie vage und unabgeleitet bleibt. Es ist auf jeden Fall ein idealistischer Geistbegriff. War der frühe Sombart noch deutlich materialistisch orientiert, vertritt der alte Sombart eine „stark religiöse, dualistische Metaphysik" (Brocke, 1972, S. 139).

Auch wenn Sombart *das* Wesen des Menschen zu bestimmen versucht, ist sein Ansatz nicht ungeschichtlich; denn das menschliche Wesen sei nicht natürlich-biologisch determiniert. Indem der Mensch ein ‚Geist-Wesen' sei, ist er im Sinne Sombarts per se an die historischen Veränderungen des (objektiven) Geistes und an die der Kultur gebunden. Das derart konzipierte Wesen des Menschen wäre so zu ‚übersetzen' als die Möglichkeit des Menschen zur Geschichtlichkeit.

Marquard hat zum Verhältnis zwischen Geschichtsphilosophie und Anthropologie folgendes formuliert:

„Wende zur Geschichtsphilosophie ist nur als Abkehr von der Anthropologie, Wende zur Anthropologie ist nur als Abkehr von der Geschichtsphilosophie möglich" (1971, S. 370). Er meint damit:

„... denn die philosophische Anthropologie: sie ist nicht nur die Schwundstufe der Geschichtsphilosophie, sie ist vielmehr — auf der Grundlage einer fundamentalen Gemeinsamkeit: der Zuwendung zum Problem der Lebenswelt — ihr wirkliches Gegenteil, und zwar dadurch, daß die für sie fundamentale Frage nicht die Frage nach der Geschichte des Menschen ist, sondern die Frage nach seiner Natur. Daß sie dabei über die Natur den Menschen vergißt: das ist der zentrale Einwand der Geschichtsphilosophie gegen die Anthropologie" (Marquard, 1982, S. 27).

Sombart hat sich der Polarisierung zwischen Geschichtsphilosophie und Anthropologie stets in dem Sinne entzogen, daß er weder den Menschen zu einem reinen Naturwesen ‚kreiert' noch einem teleologischen Geschichtsmodell folgt. Sombart bewegt sich *zwischen* diesen beiden Alternativen.

Anmerkungen

[1]) Er hat das sozialistische, marxistische Gedankengut ‚salonfähig' und breiten, bürgerlichen Kreisen zugänglich gemacht. Wichtige Werke von ihm sind: „Sozialismus und soziale Bewegungen im 19. Jahrhundert (1896); „Die Juden und das Wirtschaftsleben" (1911); „Der Bourgois" (1913); „Der proletarische Sozialismus" (1924); „Die drei Nationalökonomien" (1929); „Deutscher Sozialismus" (1934).

[2]) Sombart muß als Wegbereiter des Faschismus angesehen werden, auch wenn er sich

recht bald von ihm distanzierte (vgl. Rammstedt, 1986). Ganz deutlich werden Sombarts völkisch-rassistische Vorstellungen in seinem Buch „Deutscher Sozialismus".
[3]) Im Jahre 1938 im Hitler-Deutschland wertfreie Wissenschaft betreiben zu wollen, war durchaus mutig und oppositionell, wo sich doch die damals herrschende Wissenschaft brüstete, endlich das liberalistische Postulat einer wertfreien Wissenschaft über Bord geworfen zu haben.
[4]) Der Begriff ‚Hominismus' geht auf Mauthner zurück, der ihm allerdings eine andere Bedeutung verliehen hatte als die, die Sombart ihm dann gab (vgl. Historisches Wörterbuch der Philosophie).

Literatur

Brocke, B. v. (1972). Werner Sombart. In H.-U. Wehler (Hg.), Deutsche Historiker, Bd. IV. Göttingen: Vandenhoeck & Ruprecht.
Dux, D. & Luckmann, Th. (Hg.) (1974). Sachlichkeit. Opladen: Westdeutscher Verlag.
Geuter, U. (1984). Die Professionalisierung der deutschen Psychologie im Nationalsozialismus. Frankfurt/M.: Suhrkamp.
Horkheimer, M. (1935). Bemerkungen zur philosophischen Anthropologie. Zeitschrift für Sozialforschung, 4.
Hüllen, J. (1985). Mensch sein – human werden. Frankfurt/M.: Lang.
Kondylis, P. (1981). Die Aufklärung im Rahmen des neuzeitlichen Rationalismus. Stuttgart: Klett-Cotta.
Krause, W. (1962). Werner Sombarts Weg vom Kathedersozialismus zum Faschismus. Berlin: Rütten & Loening.
Lepenies, W. & Nolte, H. (1971). Kritik der Anthropologie. München: Hanser.
Marquard, O. (1971). Anthropologie. In Historisches Wörterbuch der Philosophie, Bd. 1. Darmstadt: Wissenschaftliche Buchgesellschaft.
Marquard, O. (1982). Schwierigkeiten mit der Geschichtsphilosophie. Frankfurt/M.: Suhrkamp.
Rammstedt, O. (1986). Deutsche Soziologie 1933–1945. Frankfurt/M.: Suhrkamp.
Sombart, N. (1984). Jugend in Berlin. München: Hanser.
Sombart, W. (1896). Sozialismus und soziale Bewegungen im 19. Jahrhundert. Jena: G. Fischer.
Sombart, W. (1911). Die Juden und das Wirtschaftsleben. Leipzig: Duncker & Humblot.
Sombart, W. (1913). Der Bourgois. München, Leipzig: Duncker & Humblot.
Sombart, W. (1924). Der proletarische Sozialismus, Bd. 1 u. 2. Jena: G. Fischer.
Sombart, W. (1929). Die drei Nationalökonomien. München, Leipzig: Duncker & Humblot.
Sombart, W. (1934). Deutscher Sozialismus. Berlin: Buchholz & Weisswange.
Sombart, W. (1938a). Vom Menschen. Berlin: Duncker & Humblot.
Sombart, W. (1938b). Beiträge zur Geschichte der wissenschaftlichen Anthropologie. In Situationsberichte der preußischen Akademie der Wissenschaften. Berlin: Verlag der Akademie der Wissenschaften/de Gruyter.
Sombart, W. (1956). Neo-Soziologie. Berlin: Duncker & Humblot.

Karl Mannheim. Die Krise der liberalen Demokratie und das Programm einer Historischen Psychologie

Christian Schneider

Karl Mannheims Entwurf einer historischen Psychologie steht im Zeichen einer doppelten Problematik: Zum einen verweist er als interdisziplinäres sozialwissenschaftliches Programm auf die Erklärungsdefizite der einzelnen gesellschaftswissenschaftlichen Theorieansätze, die sich in den 20er und 30er Jahren unseres Jahrhunderts immer deutlicher bemerkbar machten[1]. Zum anderen wird an ihm die Erschütterung deutlich, die das Aufkommen von Faschismus und Nationalsozialismus für die Vertreter einer soziologisch angeleiteten politischen Theorie bedeutete, die sich am Paradigma der liberalen Demokratie orientierten. Zu ihnen ist Mannheim zu rechnen, auch wenn er sich der Revisionsbedürftigkeit einer ausschließlich nach dem „laisser-faire"-Prinzip geregelten Gesellschaft bewußt war.

Die Darstellung der Mannheimschen Ideen zu einer historischen Psychologie läßt sich begründet auf ein einziges Werk konzentrieren. Es ist jedoch notwendig, den intellektuellen Werdegang seines Autors zumindest soweit zu skizzieren, daß sowohl dessen zeit- und lebensgeschichtliche als auch ideengeschichtliche Prägung kenntlich wird. Erst aus einer solchen Skizze wird das bei Mannheim unübersehbare synkretistische Element seiner Theorie und ihre Gebundenheit an eine politische Option deutlich. 1893 in Budapest geboren, absolvierte Mannheim in seiner Heimatstadt das Studium der Philosophie und gründete 1917, zusammen mit Georg Lukács und Arnold Hauser, die „Freie Schule für Geisteswissenschaften", eine liberale, von sozialistischen Gedanken beeinflußte Vereinigung ungarischer Intellektueller.

In dieser Periode machte der am Neukantianismus (Emil Lask, Heinrich Rickert) und der Phänomenologie (Edmund Husserl) orientierte Philosoph Bekanntschaft mit der marxistischen Theorie, die Zeit seines Lebens Gegenstand kritischer Auseinandersetzung blieb. Nach dem Zusammenbruch der Räteregierung Béla Kuns flüchtete Mannheim nach Deutschland, wo er seit 1921 als Privatgelehrter, seit 1926 als Privatdozent an der Universität Heidelberg arbeitete und, beeinflußt durch die Theorien Max und Alfred Webers, sich zunehmend der Soziologie zuwandte. Von 1929 bis zu seiner Entlassung 1933 war er, als Nachfolger Franz Oppenheimers, Professor der Soziologie und Nationalökonomie in Frankfurt. In diese Zeit vor allem fällt der mit dem Namen Mannheims weitgehend identifizierte Entwurf einer „Soziologie des Wissens", deren Hauptziel darin besteht, „in einem jeweiligen Querschnitt der Geschichte die geistig-systematischen Standorte herauszuarbeiten, aus welchen heraus gedacht wurde", um daraus die

Zurechenbarkeit unterschiedlicher „Denkstile" zu bestimmten „sozialen Schichten" ermitteln zu können. In diese Zeit fällt auch der nähere Kontakt mit dem ebenfalls in Frankfurt lehrenden Max Horkheimer, zu dem Mannheim sich in vieler Hinsicht gleichsam wie ein liberal-bürgerliches Pendant verhält.

In der Emigration arbeitete Mannheim zunächst als lecturer für Soziologie an der London School of Economics and Polical Science, seit 1941 im Institute of Education an der Universität London, wo er von 1945 bis zu einem Tode im Jahr 1947 den Lehrstuhl für Pädagogik innehatte.

Mannheims Rolle als „Wegbereiter einer historischen Psychologie" wird explizit in dem 1940 in England erschienenen Buch „Man and Society in an Age of Reconstruction". Es handelt sich dabei um die erheblich erweiterte Neuauflage der bereits 1935 veröffentlichten Studie „Mensch und Gesellschaft im Zeitalter des Umbaus". Die hier vorgelegte Zeitdiagnose der Krisenerscheinungen innerhalb der liberalen Demokratien wird in der englischen Ausgabe zur programmatischen Forderung nach einer historischen Psychologie zugespitzt. Diese Pointierung ist Konsequenz sowohl der in der Zwischenzeit immer deutlicher zutagegetretenen Gewaltdimensionen des Faschismus als auch des mit der Emigration Mannheims vollzogenen Perspektivewechsels. In der, speziell auf die englische Leserschaft zugeschnittenen Einleitung von „Man and Society" bekennt Mannheim, daß er „beim Schreiben der einzelnen Kapitel ... völlig unter dem Einfluß von Erfahrungen stand, die ihren Ursprung in den Zerfallstendenzen der liberal-demokratischen Gesellschaft" — insbesondere der Weimarer Republik — hatten. Die aus der deutschen Perspektive gewonnene Überzeugung, „daß die soziale Ordnung und die seelische Struktur des Menschen in einer grundlegenden Wandlung begriffen sind und daß sich diese Krankheit (der Diktatur, Chr. Schn.) ... früher oder später auch auf die anderen Völker verbreiten" werde, habe er erst durch die in England gewonnene Erfahrung von der „Lebensfähigkeit der Demokratie in unserer heutigen Zeit" korrigiert.

Daß Mannheim es angesichts der Katastrophe des Faschismus — man bedenke, daß die zitierten Zeilen nach Kriegsbeginn geschrieben wurden — trotzdem bei der beschwichtigenden Redeweise von der „Krise der liberalen Demokratie" beläßt, zeigt zum einen das optimistische Festhalten an der politischen Option des Liberalismus-Paradigmas, andererseits aber das Vertrauen auf die Kraft einer soziologischen Pädagogik, die als praktische Dimension einer historischen Psychologie, d. h. unter Ausschöpfung der bislang von den Sozialwissenschaften vernachlässigten Erkenntnispotentiale, den Umbau der demokratischen Gesellschaften anleiten soll. Allein aus der praktischen Perspektive dieses Postulats wird die Bedeutung der historischen Psychologie sensu Mannheim verständlich.

Sie ist Ausdruck eines historischen Bewußtseins, das durch die Besinnung auf die Werte einer „streitbaren Demokratie" die jeweils unzureichenden Prinzipien eines reinen laisser-faire und einer „planlosen Regulierung" in eine Form der Planung überführen möchte, ohne ihrerseits in die Gefahren der Diktatur abzugleiten. In diesem Sinne ist die historische Psychologie nicht nur ein entscheidendes Mittel der soziologischen Analyse gesellschaftlicher Entwicklungsprozesse, sondern der Grundstock eines praktischen Umgestaltungsprogramms im Sinne des Mannheimschen Begriffs wissenschaftlich angeleiteter „Planung". Eine entscheidende Bedeutung kommt in diesem Zusammenhang der „sozial freischwebenden Intelligenz" zu, die, nicht mehr einzelnen Klassen und ihren partikularen Interessen zurechenbar, gleichsam als „Partei für das Ganze" den Träger des geplanten Rationalisierungsprozesses repräsentiert.

Bereits Mannheims 1930 erschienene wirtschaftssoziologische Untersuchung „Über das Wesen und die Bedeutung des wirtschaftlichen Erfolgsstrebens", die es unternimmt, „die menschenprägende Kraft der Wirtschaft zu erforschen", bekennt als erkenntnisleitendes Interesse eine „pädagogische Intention": Es gehe darum, zu erkennen, „daß wir weitgehend in einer industriellen Welt leben, und daß diese Welt in ihrem Oben und in ihrem Unten bestimmte Menschentypen mit bestimmten Fertigkeiten braucht, die ihr nicht in dem Maße und in der Gestalt zuwachsen, wie sie sie benötigt". Dieses Interesse an einer planvollen „Menschenformung", als dessen Vorläufer Mannheim die „Milieuforschung" anerkennt, steht letztlich auch Pate bei dem ein Jahrzehnt später vorgelegten Programm zu einer historischen Psychologie. Nur hat die historische Entwicklung, vor allem in ihrer zerstörerischen Dimension, selbst dem weitgehend kontextneutralen wissenssoziologischen Denken eine Akzentverlagerung abgenötigt. Die zentrale Frage von „Man and Society" bewegt sich nun um das „Problem, in welcher Weise seelische, geistige und moralische Entwicklungen mit dem gesellschaftlichen Geschehen zusammenhängen und aus welchen soziologischen Faktoren man den Zusammenbruch unserer Kultur erklären könnte". Das bisherige wissenschaftliche Versagen auf diesem Gebiet erklärt sich Mannheim zufolge „vor allem daraus, daß wir bis jetzt noch keine historische oder soziologische Psychologie haben ... Anders gesagt: Es ist höchste Zeit, daß eine Verbindung zwischen den Sozialwissenschaften und der Psychologie zustandekommt".

Dieses im Kern interdisziplinäre Programm impliziert zugleich eine Kritik an der bestehenden Psychologie: Sie behandele lediglich „den Menschen im allgemeinen", verfüge also über keinerlei historische Spezifikation, die etwa die Differenz der Menschentypen erklären könnte, die in den unterschiedlichen historischen Epochen hervorgebracht würden. Auf der anderen Seite enthielten die Wirtschafts- und Sozialwissenschaften zumeist unausgesprochene psychologische Konstanzannahmen über das Wesen des Menschen: „Stets bleibt hier die Frage offen, ob man in dem betreffenden Fach davon ausgehen kann, daß es eine unveränderliche menschliche Natur gibt, oder ob sich mit der Gesellschaftsform auch die Grundverhaltensweisen des Menschen ändern."

Aufgabe der geforderten historischen oder soziologischen Psychologie wäre es, die verschwiegene Supposition eines historisch konstanten Natursubstrats menschlichen Verhaltens in eine Forschungsarbeit aufzulösen, „bei der niemals die gesellschaftliche Seite der einzelnen Erscheinungen übersehen wird und der es gelingt, diese Erscheinungen als ständige Wechselwirkung zwischen den einzelnen und der Gesellschaft zu verstehen".

Dem Marxismus erkennt Mannheim dabei das Verdienst zu, im Gegensatz zur idealistischen Philosophie, die geistige Entwicklung in einen engen Zusammenhang mit der gesamten Geschichte der Gesellschaft gebracht zu haben. Allerdings kritisiert er dessen Tendenz, als dogmatische Konstruktion den legitimen Rahmen seines Begriffssystems zu überschreiten: Die Verabsolutierung ökonomischer Faktoren verstelle den Blick auf diejenigen „nicht-ökonomischen aber dennoch sozialen Beziehungen", die sich „genau so auf das Wesen und den Gang des seelischen und kulturellen Geschehens" auswirken wie jene: „Diese weder wirtschaftlichen noch politischen, sondern zwischenmenschlichen Beziehungen bilden den eigentlichen Brennpunkt des Geschehens, an dem die sozialen Veränderungen umgesetzt werden." In ihnen vor allem sieht Mannheim die Antwort auf das Problem der Vermittlung von gesellschaftlichen und psychologisch faßbaren Strukturen gegeben.

Gegen die sowohl im Alltagsleben als auch in der wissenschaftlichen Forschung konstatierbare Tendenz, sich entweder einseitig auf das isolierte Individuum oder aber die „Außenwelt" zu beschränken, fordert Mannheim eine Bestimmung des Besonderen, die er in seinem Konzept der sogenannten „principia media" ausführt.

Sachlich ist das methodische Problem einer historischen Psychologie identisch mit dem der Analyse und Auffindung der „principia media", die Mannheim als „die letzten Endes allgemeinen Kräfte in einer konkreten Verklammerung der verschiedenen, an einem bestimmten Ort und zu einer bestimmten Zeit wirkenden Faktoren" einführt, „wobei sich eine vielleicht nie wiederholbare Verknüpfung besonderer Umstände ergibt". Sie bedeuten nichts anderes als jene unter der Kategorie des Besonderen zu begreifenden Formen des Vergesellschaftungsprozesses, aus denen die für eine historische Psychologie zentrale Frage nach dem Problem der Vermittlung von sozialer Struktur, ihrem Niederschlag im Psychischen und deren Wechselwirkung zu entwickeln wäre. Indem Mannheim nun die principia media zu einer „Art von regulierenden Sondergesetzen und Sonderzusammenhängen" stilisiert, verfehlt er just den Begriff des Besonderen, auf dem eine ernstzunehmende historische Psychologie aufzubauen hätte. Die spezifischen historischen Ereignisse, an denen Mannheim doch das Wechselspiel von soziologischen und psychologischen Faktoren ausmachen und ihre einander bedingende Logik als Grundsatz einer Betrachtungsweise im Sinne der historischen Psychologie darlegen will, scheinen ihm teilweise durch allgemeine, teilweise durch besondere Ursachen determiniert, ohne daß erkennbar würde, in welchem Zusammenhang diese zu jenen stünden. Der Fehler der Mannheimschen Methode liegt letztlich, wie schon Adorno in seiner Kritik von „Mensch und Gesellschaft" richtig festhielt, in einer Verwechslung von Abstraktionsgraden mit Ursachen: Weder sind die von Mannheim angenommenen „generellen Kräfte" selbständig im Gegensatz zu irgendwelchen „besonderen", „so als ob etwa ein konkretes Ereignis einmal durch einen Kausalsatz ,verursacht' würde und dann durch die spezifische ,historische Situation'" (Adorno, 1955, S. 33 ff.), noch läßt sich die Kausalität von Ereignissen auf isolierte soziologische und psychologische Wirkkräfte reduzieren. „Kausalität ist nicht die ‚Ursache' von Ereignissen, sondern die oberste begriffliche Allgemeinheit, unter welcher konkrete Verursachungen zusammengefaßt werden können. Nur im Besonderen und nicht zusätzlich zu diesem setzt Kausalität sich durch" (1955, S. 33 ff.). Der oben angesprochene Synkretismus des Mannheimschen Denkens taucht seine historische Psychologie gleichsam in ein Wechselbad einander ausschließender methodischer Paradigmata und Begrifflichkeiten. Die für Mannheim typische klassifikatorische Wendung dialektischer Begriffe wird durch das Additiv „phänomenologischer" Betrachtung allenfalls „illustriert" aufgebessert; das Niveau eines konstitutiven Zusammenhangs von Realität und theoretischem Konzept, das Hegel vom „Leben der Begriffe" sprechen ließ, erreichen sie nicht. Deshalb bleibt die geforderte historische Psychologie Postulat: Keine der in „Man and Society" vorgelegten Analysen vermag es material einzulösen. Historische Psychologie sensu Mannheim ist, bei aller Legitimität ihrer Forderung, letztendlich nur der Notnagel einer soziologischen Methode, die in der berechtigten Kritik sowohl an verallgemeinernden Konstruktionen als auch isolierten Einzelstudien, doch an dem Problem scheitert, die konkrete Vermittlungsebene von objektiven Vergesellschaftungsprozessen und den ihr korrelierenden psychischen Strukturen abzufinden. Auch die Mannheimsche historische Psychologie verbleibt damit im Bannkreis des Denkens, das dem Dilemma eines hypostasierten, wenn auch historisierten „Wesensbegriffs" des Menschen und der konkreten Einzigartigkeit der Individuen unterliegt. Sie vermag letztendlich nicht über die wissenssoziologische Grenze der „Zurechenbarkeit" von sozialen und geistigen Schichten hinauszugelangen. Eben deshalb bleiben die analysierten Mittel Mannheims stumpf gegen die gesellschaftliche Wirklichkeit, die sie erklären sollen.

Nichtsdestotrotz bleibt es Mannheims Verdienst, die Notwendigkeit einer historischen Psychologie nachdrücklich aufgewiesen zu haben. In diesem Sinne ist er ein „Wegbereiter" par excellence: Den Weg selber hat er nicht mehr zu beschreiten vermocht.

Anmerkungen

[1]) Vgl. dazu den Beitrag über Max Horkheimer in diesem Band.

Literatur

Adorno, Th. W. (1955). Das Bewußtsein der Wissenssoziologie. In Prismen (S. 32 ff.). Frankfurt/M.: Suhrkamp 1976.

Mannheim, K. (1935). Mensch und Gesellschaft im Zeitalter des Umbaus. Darmstadt: Wissenschaftliche Buchgesellschaft 1958.

Mannheim, K. (1964). Wissenssoziologie, eingel. u. hg. v. K. Wolff. Neuwied, Berlin: Luchterhand.

Mannheim, K. (1940). Man and society in an Age of Reconstruction. London: F. Routledge & Kegan.

Zevedei Barbu:
Probleme einer Historischen Psychologie

Udo Castedello

Barbu[1]) reiht sich in die Kette jener Autoren ein, die zu einem relativ frühen Zeitpunkt die Verbindung von Psychologie und Historie, eine Historische Psychologie fordern (1960, S. 8 u. S. 9). Dem stehen 1960 sowohl die Struktur der etablierten Psychologie als auch das Desinteresse der Historiker an psychologischen Fragen entgegen (S. 65 f.). Barbu möchte sie deshalb — in aller methodologischen Bescheidenheit — „as a branch of psychology" einführen (S. 3, S. 217), die sich gegen den allgemeinen Reduktionismus und die Fixierung auf die Konstruktion universaler Modelle richtet (S. 14). „Thus historical psychology opens a new perspective to the study of the human mind" (ebd.).

1. Gegenstand

Als Gegenstand definiert Barbu eine Mentalität[2]), deren konstitutives Merkmal es ist, historisch zu sein (S. 9, S. 216). Diese Historizität der Mentalität zeigt er auf drei Ebenen, nämlich

a) der mentaler Funktionen: Wahrnehmung und Emotionen (Kap. II, III),
b) der der mentalen Organisation des Individuums (Selbstbewußtsein, Individuation etc.) im Übergang des archaischen zum klassischen Griechenland (Kap. IV),
c) der kollektiver Mentalitäten (anhand der Entstehung des englischen Nationalcharakters) im England des 16. und 17. Jahrhunderts (Kap. V, VI).

2. Theoretischer und methodologischer Ansatz

Barbu postuliert mit Febvre die Mentalität als „un fait de civilisation" (Febvre, 1942), und zwar nicht als bloß träges Anhängsel historischer Wandlungsprozesse, sondern eben als aktives Moment (S. 11, S. 16, S. 14). Erst der Bezug darauf verleiht den historischen Ereignissen ihre Struktur, ihren „inneren Zusammenhang (Ranke)"[3]) (S. 67 f.). Diese Struktur ergibt sich aus einer Wechselwirkung — die Mentalität ist „determined by, and at the same time, determines this (historical) process" —, einem *„psycho-social cycle"* als „basic methodological principle of historical psychology" (S. 14, S. 201). Die historischen Wandlungsprozesse sollen nämlich beschreibbar sein als

„... an alternatively propelled by social and psychological conditions. In other words historical causation moves in a circle from psychological to non-psychological factors.

174

A set of external circumstances, social, economic, cultural, or physical characteristic of a community of people stimulate specific mental developments, such as specific attitudes, specific emotional states, specific personality types or specific social characters. These mental conditions have a feed-back effect; they react upon the external circumstances, and thus change their original character. The transformed external circumstances in their turn lead to new mental developments. Thus the historical process moves round the psycho-social cycle" (S. 14 f.).

Die besondere methodische Schwierigkeit dieser Forschung ist dabei allerdings, daß vorhandene psychologische Begriffe aufgrund ihrer Ahistorizität nicht benutzt werden können[4]), daß ein „lack of a body of adequate hypothesis on which to organize the relevant facts" konstatiert werden muß (S. 66). Dieser muß erst geschaffen werden und bleibt vorrangigste Aufgabe des historisch arbeitenden Psychologen. „The labyrinth of historical causation" (S. 14) erfordert — in kritischer Distanz — die Einbeziehung anderer Wissenschaften: der Ökonomie, der Psychologie und der Psychoanalyse, der Religionswissenschaft (als Untersuchung religiöser Glaubenssysteme in ihrer Bedeutung für den Prozeß des historischen Wandels), aber auch Kunstgeschichte und philologische Forschungen, immer eingedenk der Forderung nach einer „psychological history", d. h. eines „systematic account of the historical development of the human mind within a given civilization" (S. 12). Eine besondere Stellung erhält die Anthropologie (eigentlich: Ethnologie), die als erste die radikale Relativität der Kulturen und ihrer Erforschung erkannt hat und so der Historischen Psychologie wichtige Begriffe zur Verfügung stellt. Allerdings arbeitet jene horizontal, interkulturell und mit differentiellen Konzepten. Ihre Methode ist die der Beobachtung. Die Historische Psychologie geht dagegen vertikal, intrakulturell und mit evolutionären Konzepten vor (S. 3 ff.). Ihre Methode ist die der analogischen Verbindung zwischen historischer Mentalität und mentaler Entwicklung des Individuums[5]), die sich zu einer Konstruktion ordnet (S. 7). Die Konstruktion (als psycho-social cycle) ist zugleich Forschungsprinzip *und* Funktionsprinzip der realen historischen Prozesse (S. 15, S. 182).

Als Ausgangsmaterial dienen Barbu meist schwer vergleichbare Arbeiten anderer Autoren, in denen das Material in spezifischen Verarbeitungen erscheint.

3. Durchführung

Mentale Funktionen in der Geschichte

a) Wahrnehmung
Barbu kritisiert die Reduktion von Wahrnehmung in der Psychologie auf reine Sinnestätigkeit unter dem Diktat der Physiologie (S. 20). Mit Bezug auf die Hypothesentheorie der Wahrnehmung von Bruner u. a. (1951), die die Beeinflussung der Wahrnehmung durch Bedürfnisse herausstellt, entwickelt Barbu eine geschichtliche Theorie der Wahrnehmung: Diese ist geformt durch die jeweils kulturell, politisch, religiös etc. geltenden Weltbilder. Ihre Analyse ermöglicht

die Feststellung des jeweiligen Wahrnehmungsfeldes in seiner Historizität. Hier lehnt Barbu sich an die Ergebnisse von Febvre (1942) und Francastel (1951) mit seiner Studie über die geschichtlichen Veränderungen der Raumwahrnehmung vom Quattrocento bis zur Moderne, Worringer (1908) und Ehrenzweig (1975), an.

b) Emotionen

Die besondere Bedeutung emotionaler „Klimata" (d.h. kollektiver Gefühlszustände) für die aktive Rolle des Mentalen zeigt sich beispielsweise bei der Untersuchung der soziokulturellen ‚Gärungsprozesse' innerhalb historischer Abläufe. Immer dann, wenn deren Strukturen ins Ungleichgewicht geraten (i.e. „psychohistorical focus" (S. 10, S. 200)) — etwa beim Zusammenbruch bestimmter Glaubenssysteme — gewinnt die irrationale Basis menschlichen Verhaltens (S. 1, S. 67) die Oberhand und betätigt sich laut Barbu in Mechanismen wie Affektverschiebung, Kompensation, Ambivalenz und Regression, so lange, bis ein neuer Gleichgewichtszustand erreicht ist.

Die mentale Organisation des Individuums

Am Übergang vom archaischen zum klassischen Griechenland will Barbu die Entwicklung vom natur- und mythenverhafteten Denken und Verhalten hin zum Selbstbewußtsein als Resultat der Individuation, zur Ich-Identität, zum moralischen Über-Ich und zur verinnerlichten Rationalität zeigen. In den Worten von R. W. Müller:

„während der homerische Mensch noch ohne wirkliche Einheit, noch ohne psychische Tiefe ist, durchzogen von plötzlichen Impulsen, von Eingebungen, die als göttliche empfunden werden, sich selbst und seinen Handlungen in gewisser Weise fremd, ist für den klassischen Menschen die Entdeckung der inneren Dimension des Subjekts und die Vereinigung verschiedener Kräfte der Seele auf der einen Seite, die Distanzierung und Loslösung des Körpers auf der anderen Seite kennzeichnend; weiter das Auftreten eines individuellen Sinns für Verantwortlichkeit bzw. einer Beteiligung des Subjekts an seinen Handlungen. Damit einhergehend die Scheidung der Bereiche von Natur, Mensch und göttlichen Kräften sowie der Herausarbeitung der Prinzipien der Widerspruchsfreiheit und der Identität im Denken" (Müller, 1982, S. 207)

Kollektive mentale Strukturen

Eine weitere mentale ‚Großwetterlage' ist die Entstehung des „englischen Nationalcharakters" im 16. und 17. Jahrhundert. Barbu konstruiert einen „ideal type", der zum „prototype of personality structure in modern Western civilization" stilisiert wird (S. 218, S. 146). Bedingt durch den Zusammenbruch der mittelalterlichen Welt unerschütterlichen Glaubens, den Aufstieg des Handelskapitals und, damit einhergehend, die zunehmende Ausbreitung der Mittelschichten, entwickelt er sich sukzessive im Klima eines Interregnums, im Laboratorium religiöser Erfahrungen. Die Ablösung traditioneller Werte — ohne daß eine neue Vereinheitlichung in Form rationaler Profanisierung schon ausgebildet wäre —, führt beim Individuum zur Desintegration und zu einem „outburst of primary energy" (S. 154). Ein unauflösliches Zusammenspiel von Disziplinierungspraktiken, Erziehungsprozeduren und Selbstüberwachung bewirkt die Entemotionalisierung und Rationalisierung aller Lebensbereiche. Auf mentaler Ebene erzwingt die angsterzeugende Situation von Desintegration und Unsicherheit auch das Bedürfnis nach rigider Organisation des Lebens in Form von klaren und überschaubaren Zielen. In einem „new vital equilibrium" kommt der „psycho-social cycle" zur vorläufigen Ruhe (S. 182ff.). Die neue individualisierte Gesellschaft ist in die mentale Struktur der Individuen eingewandert. In genauer Korrespondenz dazu haben Affektverschiebung und Rationalisierung als beständige Reaktionsmuster auf den Status innerer Anarchie diese Sozialordnung überhaupt erst hervorgebracht. Die Transformation einer dissoziierten Mentalität in die Struktur einer „innengeleiteten Persönlichkeit" mit ausgeprägtem Selbstbewußtsein, Selbstkontrolle und weltlicher Ethik soll dabei nicht als eine Geschichte der Repression gelesen werden. Im Gegenteil: Im „Englischen Nationalcharakter" verbinden sich die „motivational structures of the instinctual drives and the super-ego" zu einer neuen „identity" (S. 206).

Faßt man die Ergebnisse der Untersuchung zusammen, so fällt ein entwicklungsgeschichtlicher Grundmechanismus auf, den Barbu in allen untersuchten Beispielen am Werk sieht. Es gibt einen „basically irrational character of the human mind" (1 et pass.). Aufgrund dessen nimmt der „psycho-social cycle" immer die Form Gleichgewichtsstörung-Wiederherstellung der Funktion mit anderen Mitteln an. Ebenso grundsätzlich gibt es — trotz aller Historizität — ein epochenübergreifendes Muster in der Entwicklung von der Scham zur Schuld, von heteronomer zu autonomer Moral, der patriarchalischen zur demokratischen Gesellschaftsform, von der vor-industriellen zur individualisierten sozialen Ordnung (S. 7).

4. Kritische Einschätzung

Barbu formuliert 1960 verblüffend klar, präzise und aufschlußreich im wörtlichen Sinne die Grundprobleme einer Historischen Psychologie, deren Perspektive sich in dieser Zeit verdichtet[6]. Aus jetziger Perspektive, und das heißt mit der Überheblichkeit einer Wissenschaft, die von ihrer unendlichen Perfektibilität träumt, erscheint sein Ansatz gleichzeitig als unausgeführt und wenig durchstrukturiert, als ein Aggregat, ein Spiegel der Probleme.

Wirklich kritisch sind die Bestimmungen überhistorischer Mechanismen und die Ansicht anzunehmen, daß die methodologische Konstruktion der reale Prozeß selbst sei (Realidealismus). Hier verfährt Barbu mit der Franzosen und Engländern anscheinend eigentümlichen Unbekümmertheit in wissenschaftstheoretischen Dingen, die zu der deutschen Schwerblütigkeit in solchen Fragen angenehm kontrastiert.

Für die konkrete Weiterführung auf der materialen Ebene sind in der Zwischenzeit genügend neue Arbeiten erschienen, um mit Barbu produktiv arbeiten zu können.

Anmerkungen

Alle Zitate stammen, wenn nicht anders angegeben, aus: Barbu (1960).

[1]) Zur Person: geb. am 28.1.1914 in Cluj (Rumänien). Lehrte dort selbst „Sociology of Civilization". Arbeit als Direktor für Kulturelle Beziehungen im Außenministerium in Bukarest. Diplomatische Missionen in Westeuropa in den Jahren 1946–1949. Danach für 24 Jahre Lehrtätigkeit am Department für Social Sciences an der Universität Glasgow. Forschungsinteressen: Zivilisationsgeschichte und Nationalcharaktere. Danach Professor für Soziologie an der Universität Sussex. 1976 Forschungsjahr in Brasilia (Brasilien). Lebt dort und lehrt an der Universität Brasilia seit 1978.
Barbu hat (neben Artikeln) zwei weitere Bücher veröffentlicht (Barbu, 1956 und 1971).

[2]) Barbu verwendet „mind" synonym mit „mental" und in der ganzen Bandbreite der Bedeutungen, die dies im Englischen annehmen kann: Geist, Seele, Psyche, Bewußtsein, Wissenssysteme, Glaubensvorstellungen und Bewertungen, aber auch im engeren Sinne psychische Funktionen wie Wahrnehmung, Emotionen, unbewußte Vorgänge und Strukturen wie Persönlichkeit etc. Ich verwende den durch die französischen Theoretiker der Annales populär gewordenen Begriff der „Mentalität", als einen sozusagen positiven, heuristischen Schwammbegriff, in seiner ganzen „Vagheit" (Raulff, 1986, S. 147), dessen jeweilige spezifische Bedeutung aus dem Kontext zu erschließen ist – genauso wie es der Autor auch macht.

[3]) Im Original Deutsch.

[4]) Das betrifft nicht nur Begriffe der Psychologie, sondern ebenso die der Psychoanalyse. Diese sind „usefull conceptual tools", aber nur, wenn „the Freudian spirits lying in them have been *exorcised*" (S. 45) (Hervorh. v. U.C.).

[5]) Diese Analogie soll gleichwohl nichts mit der zwischen Phylogenese und Ontogenese zu tun haben (S. 7).

[6]) Man denke nur an die Arbeiten von van den Berg (1960) und Mandrou (1961).

Literatur

Barbu, Z. (1956). Democracy and dictatorships. Their psychology and patterns of life. London: Routledge & Kegan Paul.

Barbu, Z. (1960). Problems of historical psychology. London: Routledge & Kegan Paul.

Barbu, Z. (1971). Society, culture and personality. An introduction to social science. Oxford: Blackwell.

Berg, J. H. van den (1960). Metabletica. Über die Wandlungen des Menschen. Grundlinien einer historischen Psychologie. Göttingen: Vandenhoeck & Ruprecht.

Bruner, J.S. & Postman, L. (1951). An approach to social perception. In W. Dennis & R. Lippitt (Eds.), Current trends in social perceptions (pp. 71–118). Pittsburgh: University of Pittsburgh Press.

Ehrenzweig, A. (1975). The psycho-analysis of artistic vision and hearing. London: Sheldon Press, 3. ed.

Febvre, L. (1942) Le problème de l'incroyance au XVI-siècle. La réligion de Rabellais. Paris: Editions Albin Michel.

Francastel, P. (1951). Peinture et Société. Naissance et destruction d'un espace plastique. De la Renaissance au Cubisme. Paris, Lyon: Audin.

Mandrou, R. (1961). Introduction à la France Moderne. Essai de psychologie historique (1500–1640). Paris: Editions Albin Michel.

Müller, R. W. (1982). Tempus und Aspekt. Zur bürgerlichen Geschichte der abstrakten Zeit. In L. Hieber & R. W. Müller (Hg.), Gegenwart der Antike. Zur Kritik bürgerlicher Auffassungen von Natur und Gesellschaft (S. 183–220). Frankfurt/M.: Campus.

Raulff, U. (1986). Die Annales E. S. C. und die Geschichte der Mentalitäten. In G. Jüttemann (Hg.), Die Geschichtlichkeit des Seelischen. Der historische Zugang zum Gegenstand der Psychologie (S. 145–166). Weinheim: Beltz.

Worringer, W. (1908). Abstraktion und Einfühlung. Ein Beitrag zur Stilpsychologie. München: Piper.

Ludwik Flecks Lehre vom Denkstil und Denkkollektiv: Die „wissenschaftliche Tatsache" als Kulturphänomen

Thomas Schnelle

In auffallend großem Ausmaß wuchs während der letzten 15 Jahre das Interesse der Wissenschaftsforschung an den erkenntnistheoretischen Schriften des bis dahin dafür völlig unbekannt gebliebenen polnischen Mikrobiologen Ludwik Fleck (1896–1961)[1]. Bereits in der Mitte der dreißiger Jahre veröffentlichte er seine Arbeiten[2], sie blieben aber ganz im Gegensatz zu seinen medizinwissenschaftlichen Forschungen fast 40 Jahre lang so gut wie unbeachtet. Heute plötzlich aber darf man ihn mit Recht als „Klassiker" der Wissenschaftssoziologie und Erkenntnistheorie bezeichnen.

Flecks „Theorie des Denkstils und des Denkkollektivs" stellt eine originäre Verschmelzung einer *philosophischen* und einer *soziologischen* Erkenntnistheorie dar: Ihre philosophische Seite behauptet, alle empirischen Entdeckungen „wissenschaftlicher Tatsachen" beinhalteten und hingen von nicht empirischen Elementen ab — diese nicht empirischen Elemente aber sind geistige Produkte, subjektive Geistesfiktionen, eben „Denkstile". Fleck ist damit Propagandist eines radikalen Nominalismus und Konstruktivismus. Diesen epistemologischen Standpunkt verknüpft er mit einem soziologischen Argument, das ihm erlaubt, sich gegenüber der Frage zu versichern: Wenn dem epistemologisch so ist, warum werden sich die Wissenschaftler dann nicht dieser konstruierten Fiktivität ihres konzeptionellen Apparats bewußt? Denkstile, argumentiert Fleck, sind kollektive Phänomene, Ergebnisse von Sozialisationsprozessen in sich geschlossener Gemeinschaften. Sie sind mithin für deren Mitglieder nicht sichtbar.

Drei Charakteristika lassen sich zur Kennzeichnung seines Ansatzes herausgreifen:

Fleck soziologisiert die Erkenntnistheorie: Der kollektive Charakter wissenschaftlicher Arbeit bestimmt nicht nur die Ausarbeitung neuer Ideen, sondern auch deren Genese. Er bezieht dabei einen extrem anti-individualistischen Standpunkt: eine neue Idee, ein neuer Gedanke, läßt sich nie auf ein bestimmtes Individuum zurückführen. Es entspringt vielmehr der kollektiven Zusammenarbeit, deren Medium der Denkverkehr ist. Fleck unterscheidet dabei zwischen dem *intra*kollektiven Denkverkehr, der den Denkstil des Kollektivs ständig bestätigt und damit stabilisiert, und dem *inter*kollektiven, der aus anderen Bereichen Einflüsse einbringt, die den Denkstil verändern. Denn Individuen gehören immer gleichzeitig zu verschiedenen Denkkollektiven. Deshalb interpretiert jedes Kollektivmitglied einen Gedanken unterschiedlich: Sich zu verstehen, schließt notwendig ein, sich in gewisser Weise mißzuverstehen. Fleck unterstreicht damit die Rolle der Sprache als wichtigstes Element wissenschaftlicher Kommunikation. Allerdings sieht Fleck sprachliche Kommunikation allein nicht als ausreichend an, eine stilgemäße Kooperation des Denkkollektivs zu sichern. Daneben muß die *praktische Erfahrenheit* treten, die sich nicht explizit formulieren läßt.

Fleck historisiert die Erkenntnistheorie: Die Konzeption wissenschaftlicher Entwicklung als kumulativer und fortschrittlicher Prozeß wird durch die als einer kontinuierlichen Veränderung der Denkstile ersetzt. Denkstile sind geschichtlich entwickelte, soziologisch bedingte und miteinander interagierende Phänomene. Die in dieser Struktur angelegte Dynamik wird zur Entwicklungskraft der Wissenschaften. „Entwicklung" wird damit nicht als progressiv oder evolutionär verstanden. Vielmehr bedeutet sie nur, daß sich die Aufmerksamkeit auf neue Probleme richten kann. Andere hingegen verlieren dadurch gleichzeitig ihren stilkonformen Charakter. Sie werden irrelevant, sie sind nicht mehr „wahrnehmbar". Während neues Wissen entsteht, geht altes verloren. Diese Entwicklung geht nicht sprunghaft vor sich; vielmehr verändern sich die Vorannahmen von Erkenntnis und Wissen stetig, meist ohne Bewußtsein der daran beteiligten Wissenschaftler. Dabei „überleben" aber bestimmte „Ur-" oder „Präideen" selbst über lange Zeiträume hinweg: Sie dienen einer Reihe wissenschaftlicher Generationen und Denkkollektive als heuristische Leitlinien. Sie leben fort, weil sie von jedem der sich neu entwickelnden Denkkollektive aufgenommen und erneut verwendet werden. Sie werden im Rahmen und entsprechend den veränderten Vorannahmen des neuen Denkstils reinterpretiert. Altes und Neues verschmelzen. Deshalb kann von einer stetigen Kontinuität in aufeinanderfolgenden Denkstilen gesprochen werden.

In diesem Rahmen formuliert Fleck das Konzept einer wissenschaftlichen Tatsache neu: Eine Tatsache ist nicht mehr etwas unabhängig vom wissenschaftlichen Handeln Gegebenes, weil sich der soziologisch bedingte und historisch entwickelte Denkstil der wissenschaftlichen Erkenntnis aufzwingt. Dessen Vorannahmen werden durch das Denkkollektiv aktiv gesetzt. Wonach die Wissenschaftler streben, sind dagegen die passiven Koppelungen, die sich aus diesen aktiven Setzungen ergeben. Sind einmal bestimmte Voraussetzungen gewählt und akzeptiert, kann das Kollektiv über die in ihnen implizierten passiven Koppelungen nicht mehr entscheiden, sondern nimmt sie vielmehr als „Naturgesetze" wahr. Der Wissenschaftler kann sich gegenüber einer solchen Wahrnehmung als „passiv", lediglich „reaktiv" fühlen. Fleck beschreibt den Erkenntnisprozeß als Entwicklung solcher „Widerstandsavisos", die die Festsetzungsfreiheit der Wissenschaftler begrenzen. Will ein Denkkollektiv einen solchen Widerstand in sein bis dahin entwickeltes Meinungssystem integrieren, entwickelt es ihn zum deutlicher werdenden Denkzwang und schließlich zu einer unmittelbar wahrnehmbaren Gestalt. Obwohl als etwas „objektiv Gegebenes" empfunden, ist eine Tatsache durch das jeweilige, sie erkennende Denkkollektiv determiniert.

Die Theorie der Denkstile wirft damit, so Fleck, „ein spezifisches Licht auf die Beziehung zwischen der ‚Wirklichkeit' und dem ‚Erkennen': Es verschwindet die Kluft zwischen ‚Natur' und ‚Kultur', weil die Erkenntnistätigkeit (nota bene kollektive ...) nicht einseitige Handlung wie z. B. die plastische Wiedergabe irgendeines Gegenstandes ist, sondern auf beiderseitiger Wechselwirkung beruht: Der Denkstil *erschafft* die Wirklichkeit nicht anders als andere Produkte der Kultur und macht zugleich selbst gewisse harmonische Veränderungen durch" (Fleck, 1936, 1983).

Anmerkungen

[1]) Zu Leben, Werk und intellektuellem Hintergrund Ludwik Flecks siehe Robert S. Cohen & Thomas Schnelle (1986) sowie Thomas Schnelle (1982) einschließlich einer vollständigen Bibliographie.

[2]) Sie wurden in den letzten Jahren neu aufgelegt: Ludwik Fleck, Entstehung und Entwicklung einer wissenschaftlichen Tatsache. Einführung in die Lehre vom Denkstil und Denkkollektiv, Frankfurt 1980 (ursprünglich Basel 1935) sowie der Sammelband Ludwik Fleck, Erfahrung und Tatsache, Frankfurt 1983, der seine erkenntnistheoretischen Aufsätze, meist ursprünglich in polnischer Sprache, wiedergibt.

Literatur

Cohen, S. & Schnelle, Th. (1986). Cognition and fact. Materials on Ludwik Fleck. Dordrecht, Boston: Reidel.

Fleck, L. (1935). Entstehung und Entwicklung einer wissenschaftlichen Tatsache. Einführung in die Lehre von Denkstil und Denkkollektiv. Frankfurt/M.: Suhrkamp 1980.

Fleck, L. (1936). Das Problem einer Theorie des Erkennens. In Ludwik Fleck, Erfahrung und Tatsache. Frankfurt/M.: Suhrkamp 1983.

Fleck, L. (1983). Erfahrung und Tatsache. Frankfurt/M.: Suhrkamp.

Schnelle, Th. (1982). Ludwik Fleck — Leben und Denken. Freiburg: Hochschulverlag.

George Herbert Mead und die handlungstheoretische Begründung der Psychologie

Werner Bergmann

Zunächst mag es überraschen, einen Autor zu den Wegbereitern eines psychohistorischen Ansatzes in der Psychologie zu zählen, der sich selbst dem Behaviorismus zuordnete, eine stark naturwissenschaftlich basierte Experimentalpsychologie vertrat, zudem an der University of Chicago die Fächer physiologische Psychologie und Philosophie lehrte (Joas, 1979, S. 15) und dessen Theorie von seinem Schüler, Charles Morris als „sozialer Behaviorismus" etikettiert wurde (in Mead, 1973, S. 16 und 1938). Will man diese Selbst- und Fremdzuschreibungen nicht einfach als irrtümlich beiseite lassen und Mead dennoch zu den „Wegbereitern" rechnen, dann ist sein spezifisches, nicht-reduktionistisches Behaviorismus-Verständnis aufzuweisen. Die Wirkungsgeschichte Meads, die vor allem in der Vaterschaft am „Symbolischen Interaktionismus", einer vor allem das subjektive Bewußtsein betonenden und hermeneutisch vorgehenden Schule der Soziologie, besteht, gibt bereits einen Hinweis darauf, daß man Mead keineswegs einfach einer naturwissenschaftlich orientierten, behavioristischen Psychologie zurechnen kann.

Neben C. S. Peirce, W. James und J. Dewey zählt Mead zu den Hauptvertretern des philosophischen Pragmatismus, dessen philosophische Aufgabe vor allem darin bestand, zentrale philosophische Begriffe wie Geist, Intelligenz, Identität, Person usw. im Lichte der darwinistischen Evolutionstheorie neu zu fassen (Morris, in Mead, 1973, S. 13). Ähnlich wie der Lebensphilosophie Bergsons und Diltheys, die Mead lebenslang rezipiert hat, und der Phänomenologie geht es ihm vor allem um die Überwindung dualistischer Anschauungen, um eine nicht-dualistische Auffassung der menschlichen Person. Fragen der Identität, der Bewußtseinsbildung, der Dingkonstitution, der Wahrnehmung, der Zeitlichkeit und der Sozialität sollen von einem einheitlichen, auf dem menschlichen Handeln begründeten Lebenszusammenhang her begriffen werden. Der Begriff der Handlung wird zu einem Zentralbegriff der Meadschen Philosophie und Psychologie, da in ihm die Einheit von Körper und Geist und somit „psychophysische Neutralität" (Dilthey) gegeben ist. Doch wie Hans Joas mit Recht betont, ist für das Verständnis der besonderen Form des Meadschen Pragmatismus nicht allein die Bekanntschaft mit der deutschen Gegenwartsphilosophie — Mead wollte bei Dilthey seine Dissertation schreiben — und -psychologie (W. Wundt) wichtig, die er während seiner Studienjahre in Berlin und Leipzig (1887–1891) gemacht hat, sondern vor allem seine Stellung zum deutschen Idealismus (Joas, 1979, S. 16). In der Kritik an dem transzendental-philosophischen

Ausgangspunkt beim einsamen, transzendentalen Subjekt in der Frage der Begründung objektiver Erkenntnis und der Entstehung des Selbstbewußtseins entwickelt Mead seine sozialphilosophische und auch sozialpsychologisch konkretisierte Begründung von Erkenntnis und personaler Identität aus den sozialen Prozessen von Kooperation und Kommunikation. Indem an der Selbstgegebenheit des Ich, an dem Primat der Selbstwahrnehmung und am Vorrang der privaten, rein subjektiven Erlebnisse festgehalten wird, werden in der europäischen Philosophie etwa Diltheys, Bergsons und Husserls — bei aller Gemeinsamkeit des Interesses an einer Konstitutionstheorie der Wissenschaften auf der Basis einer kommunikativen Lebenspraxis — zwei für Mead zentrale Aspekte verfehlt: 1. die gesellschaftliche Produktion des Ich im Zusammenhang des „social act"; 2. die soziale Vermitteltheit auch der inneren Erfahrung, was dann zu einer ungerechtfertigten Absolutsetzung der inneren Erfahrung gegenüber einer täuschungsanfälligen äußeren Erfahrung führt (Joas, 1980, S. 46).

Kritisiert Mead damit die Bewußtseinspsychologie, die von innen nach außen denkt, individualistisch beschränkt bleibt und von einer ursprünglichen Selbstgegebenheit des Ich im seelischen Strukturzusammenhang ausgeht, so wendet er sich gleichermaßen gegen einen reduktionistischen, am Vorbild der Physik orientierten Behaviorismus, verstanden als eine objektive Psychologie, die das Verhalten nur soweit untersucht, wie es sich dem Betrachter darbietet. Sie übersieht damit das spezifisch menschliche Moment des Bewußtseins. Indem der Behaviorismus Geist oder Bewußtsein auf behavioristische Begriffe reduzieren will, verfehlt er die spezifischen anthropologischen und phylogenetischen Besonderheiten des Psychischen (Mead, 1973, S. 49). Für Mead ist die Sozialpsychologie insofern behavioristisch, als sie das Psychische in Handlungskategorien analysiert: „Die Sozialpsychologie ist in dem Sinne behavioristisch, daß sie mit einer beobachtbaren Aktivität beginnt — dem dynamischen gesellschaftlichen Prozeß und den ihn konstituierenden Handlungen — , die untersucht und wissenschaftlich analysiert wird. Sie ist jedoch nicht in dem Sinne behavioristisch, daß die innere Erfahrung des Individuums — die innere Phase dieses Prozesses oder dieser Aktivität — ignoriert wird. Ganz im Gegenteil, sie befaßt sich vornehmlich mit dem Entstehen dieser Art von Erfahrung innerhalb des Prozesses als Ganzem. Nur arbeitet sie bei ihren Untersuchungen darüber, wie eine derartige Erfahrung innerhalb dieses Prozesses entsteht, von außen nach innen, anstatt gleichsam von innen nach außen fortzuschreiten. Die Handlung und nicht der Nervenstrang ist also das grundlegende Datum sowohl der Sozial- wie der Individualpsychologie, wenn sie unter behavioristischem Vorzeichen steht" (Mead, 1973, S. 46).

In der doppelten Frontstellung gegen einen reduktionistischen Behaviorismus und gegen eine reine Bewußtseinspsychologie werden Meads eigene Ansatzpunkte für eine rechtverstandene behavioristische oder auch funktionalistische Psychologie sichtbar: 1. Eine gegen den Leib/Seele-Dualismus gerichtete physiologische Basierung der Psychologie, in der der „Geist" im Organismus verwurzelt ist. „The social and psychological process is but an instance of what takes place in nature, if nature is an evolution" (Mead, 1932, S. 173 f.). 2. Eine sozialwissenschaftliche Begründung der Psychologie in dem intersubjektivitätstheoretischen Versuch, das Ich als sozial entstandenes zu begreifen und Erfahrung als gesellschaftlich vermittelte aufzuweisen (Joas, 1980, S. 38; Mead, 1973, S. 152). – Der erste Punkt knüpft an Darwins Organismus/Umwelt-Modell an, demzufolge der Organismus sein Überleben in aktiver Auseinandersetzung mit seiner Umwelt sichern muß, und führt zu dem Versuch, in einer funktionalistischen Psychologie die menschlichen Erkenntnisprozesse in den Lebensprozessen des Organismus zu fundieren und in der Psychologie entsprechend die Antriebe des Organismus zu berücksichtigen, ohne daß eine biologisch-naturwissenschaftliche Psychologie entsteht. In dem zweiten Punkt sieht Joas eine Abkehr vom traditionellen, besitzbürgerlichen Individualismus, für den die Autonomie des Einzelnen die Voraussetzung für Vergesellschaftung war, hin zu einer Theorie der sozialen Identitätsbildung, in der Autonomie erst als Resultat eines gelungenen gesellschaftlichen Erziehungsprozesses entstehen kann. Damit erhält Meads Theorie eine gesellschaftskritische und ethische Komponente, insofern nämlich die Gesellschaft so zu gestalten ist, daß eine freie Selbstbestimmung aller Mitglieder möglich ist (Joas, 1980, S. 40). Steht Mead in dem ersten Punkt, dem Fundierungsgedanken, ganz im Rahmen des Pragmatismus, so führt der zweite Punkt darüber hinaus, so daß Joas vorschlägt, Mead als „konsequent intersubjektiven Pragmatisten" zu bezeichnen (1980, S. 40), dessen dominantes Interesse eine „Neubegründung des Pragmatismus auf dem Boden der biologischen und Sozial-Wissenschaften" war (1980, S. 42). Gerade in diesem Punkt kann man nun die Berechtigung sehen, Mead unter die Wegbereiter eines sozialwissenschaftlich geprägten psycho-historischen Ansatzes in der Psychologie zu rechnen.

Im Zentrum der Meadschen Sozialpsychologie steht die menschliche *Handlung*, sie bildet die „ultimate unit of existence". Hansfried Kellner hat sicher recht, daß Mead mit seinem Begriff der unmittelbaren Erfahrung und auch in der Bindung des Bewußtseins an den Handlungsvollzug den naturalistischen Ausgangspunkt des Pragmatismus seines Lehrers James und seines Kollegen Dewey übernimmt, doch eignet sich das Handlungskonzept für Mead gerade deshalb zur Vermittlung biologischer, psychischer und sozialer Aspekte, da für ihn die Handlung von vornherein nur als Teil eines übergreifenden gesellschaftlichen Handlungszusammenhangs gegeben ist (1969, S. 15; Mead, 1973, S. 45). Mit seinem Handlungsbegriff knüpft Mead an Deweys Kritik des Reflexbogen-Modells an, in der dieser die Vorgängigkeit des Handlungszusammenhangs gegenüber einer rein äußerlichen Trennung von Reiz, interner Verarbeitung und äußerer Reaktion gezeigt hatte (Dewey, 1896). Nach Dewey kommen die Phasen einer Handlung nur dann getrennt zu Bewußtsein, wenn der normale Handlungsvollzug eine Störung erleidet. Erst der ungeklärte Charakter eines äußeren Reizes läßt diesen als Empfindung zu Bewußtsein kommen, wie umgekehrt auch die Reaktion als solche erst ins Bewußtsein tritt, wenn wir nicht wissen, wie wir reagieren sollen. An diesem Phasenkonzept der Handlung und dem Gedanken der Funktionalität der Phasendifferenzierung setzt Mead an und entwickelt ein vierphasiges Handlungsmodell mit den Stufen: impulse, perception, manipulation und consummation (Tibbetts, 1974, S. 118 ff.).

1. Phase des Handlungsimpulses

Die Grundlage für die Initiierung einer Handlung, die bei Mead als Prozeß der wechselseitigen Einregulierung zwischen Individuum und Umwelt verstanden wird, bilden Sinnesreize, die in der Wahrnehmungswelt von entfernten Objekten ausgehen, zu denen auch der eigene Körper und die eigenen Bedürfnisse zählen (Stevens, 1967, S. 622; Tibbetts, 1974, S. 119). Folgt auf den Reiz unmittelbar die Reaktion, dann haben wir es mit einem instinktiven oder konditionierten Verhalten zu tun, das ohne Bewußtseinskontrolle abläuft. In der Perzeption ist dieser unmittelbare Zusammenhang bereits durch eine zeitliche Verzögerung unterbrochen. Diese vorläufige Unterbrechung (Inhibierung) der habituellen Verknüpfung von Reiz und Reaktion ist das Resultat konfligierender Erfahrungen. „Frustrated action is the cause of thought" (Reck, 1963, S. 20; Mead, 1938, S. 79 u. S. 82).

2. Phase der Wahrnehmung und Phase der Manipulation

Jede Perzeption schließt einen unmittelbaren Sinnesreiz *und* eine reaktive Einstellung auf den Reiz ein, d.h. es besteht zwischen beiden ein Implikationsverhältnis, insofern im Stimulus auch die Antworthaltung und die Idee des Ergebnisses mitgegeben ist (Mead, 1938, S. 365). In der Wahrnehmungsphase ist also der Handlungszusammenhang als ganzer bereits vorgestellt, so daß in der Wahrnehmung immer ein Zukunftsmoment, ein Versprechen auf Einlösbarkeit vorhanden ist. In Problemsituationen verliert nun das Wahrnehmungs- bzw. Kontaktobjekt seinen Charakter als (Reiz-)Objekt und muß erst als solches „rekonstruiert" werden. Ein Teil unserer Welt wird in dieser Lage seiner Objektivität beraubt, erscheint desorganisiert. Die Anstrengung richtet sich auf die kreative Rekonstruktion einer (neuen) Objektivität (Joas, 1980, S. 84). Es setzt „der Prozeß des Objekt-Identifizierens und des Korrigierens unserer Einstellungen ... unter Verwendung signifikanter Symbole (...) in innerer Konversation ein" (Mead, 1969, S. 118f.). Die Erfahrung hat ihre Objektivität verloren (Mead, 1980, S. 136), und so herrscht eine Einstellung der Subjektivität vor, denn „die Rekonstruktion ist der unmittelbare Prozeß von Aufmerksamkeit und Apperzeption, von Wahl und bewußt gesteuertem Verhalten" (Mead, 1980, S. 137). Die Problematisierung hat in der Reflexionsphase zwar subjektiven Charakter, doch wird über die Sozialisation und die Symbolverwendung auch der ganze gesellschaftliche Prozeß in die reflexive Reorganisation des betreffenden Individuums hineingebracht (Mead, 1973, S. 175). Um zu einer Reorganisation der

Perspektiven und Erwartungen zu kommen, muß sich das Subjekt in die Perspektive des Objekts versetzen (in diesem Perspektivenwechsel liegt die Sozialität des Menschen beschlossen). Dies geschieht am besten in der direkten Kontakterfahrung, da ich in der Manipulation eines Objekts dessen Qualitäten am präzisesten erfahre. Während die Wahrnehmung eines entfernten Objekts nur eine spezifische Reaktionsbereitschaft im Individuum erzeugt — weshalb man auch von einer kollabierten (nur antizipierten) Kontakterfahrung sprechen kann (Tibbetts, 1974, S. 121 f.) —, stellt die Kontakterfahrung eine direkte und unvermittelte Erfahrung dar. „The ultimate experience of contact is not subject to the divergencies of distance experience. It is that into which every perspective can be translated" (Mead, 1938, S. 281).

3. Phase der Handlungsvollendung (Consummation)

Die in der Reflexionsphase entworfenen Handlungsalternativen haben nur hypothetischen Charakter, der Übergang zur Realisierung erfolgt durch die Selektion einer Alternative. Kommt die Handlung im Besitz, in der Bedürfnisbefriedigung oder in der Zurückweisung des Objekts an ihr Ziel, dann ist der Spannungszustand beseitigt und ein neues Reizobjekt ist konstituiert worden. Das heißt auch, daß die objektive Welt nicht unabhängig ist von subjektiver Konstitution, individueller und auch sozialer Perspektive.

Die Handlungsphase der Reflexion oder Vergegenwärtigung nimmt nun den Menschen aus der Unmittelbarkeit seines Verhältnisses zur Umwelt heraus, wie sie beim Tier unaufhebbar gegeben ist. In ihr verortet Mead die Konstitution des Psychischen sowie die Fähigkeit zur Verwendung signifikanter Symbole (Sprache) und zur Rollenübernahme. In der Reflexionsphase kommt man also um die Berücksichtigung historischer und sozialer Aspekte im Bewußtsein nicht herum. Der psychische Inhalt ist nicht als eingesperrt in eine unüberschreitbare Privatheit des Individuums aufgefaßt, sondern als auf Allgemeinheit angelegt und eingelagert in eine gemeinsame Welt (Joas, 1980, S. 77). Der Begriff des Individuums ist demnach als ein nicht-individualistischer anzusetzen (Mead, 1980, S. 102).

Mead definiert das Psychische als „jenes Stadium der Erfahrung, innerhalb dessen wir ein unmittelbares Bewußtsein konfligierender Handlungsantriebe haben, die dem Objekt seinen Charakter als Reiz-Objekt nehmen und uns insofern in einer Haltung der Subjektivität zurücklassen, während derer aber aufgrund unserer rekonstruktiven Tätigkeit, ..., ein neues Reiz-Objekt entsteht" (1980, S. 143). Die Subjektivität ist gerade in dieser rekonstruktiven Tätigkeit des Individuums verortet. D. h. indem Mead primär von der Handlung ausgeht, kann er eine vorgängige Subjekt/Objekt-Differenzierung und damit Probleme des Realismus/Idealismus vermeiden. Subjekt und Objekt erscheinen erst und werden definiert in bestimmten Phasen der Handlung. Bevor das Psychische im Reflexionsprozeß auftaucht, sind natürlich bereits vorreflexive Erfahrungen,

Gefühle und Willensäußerungen vorhanden, doch sind diese nach Meads Auffassung dann „weder psychisch noch subjektiv im Sinne des Psychischen" (1980, S. 115). Die Polarisierung der Erfahrung und damit der Wirklichkeit in Subjektivität und Objektivität ist nicht naiv als Voraussetzung der Psychologie zu behandeln, sondern ist Resultat einer bestimmten Handlungssituation und eines Abstraktionsprozesses. Geist oder Bewußtsein sind demnach weder als psychische Substanzen noch als transzendentale Phänomene aufzufassen, sondern funktionale, nicht-äußerliche Phasen im Verlauf einer Handlung (1973, S. 49). Entsprechend soll auch das Psychische dem Handelnden nicht als ständige Eigenschaft von außen zugeschrieben werden — das wäre ein psychologischer Fehlschluß —, sondern es soll vom Selbstverstehen des Handelnden her erfaßt werden. D. h. Mead möchte das Psychische aus der unmittelbaren Erfahrung des Handelnden selbst heraus aufdecken. Die Bedingungen, unter denen ein Bewußtsein bzw. ein Selbst emergiert, hat Mead in der Handlungskrise verortet: „Ich gehe davon aus, daß das Psychische nicht auftaucht, bevor nicht eine kritische Reflexion durch einen Erkenntnisprozeß unsere Welt analysiert" (1980, S. 115). Insofern nun die einzelne Handlung nicht isoliert zu sehen ist, sondern jeweils im Kontext eines sozialen Handlungszusammenhangs steht (social act), ist eine soziale Genese der Selbstreflexivität anzunehmen. „Wir werden vielmehr zu dem Schluß gezwungen, daß Bewußtsein das Produkt solchen Verhaltens ist. Anstatt eine Voraussetzung für gesellschaftliches Handeln zu sein, ist das gesellschaftliche Handeln eine Voraussetzung für Bewußtsein" (1973, S. 56). — Mit dieser Verankerung des Bewußtseins im sozialen Handlungszusammenhang und in der Situation von Desintegration und Rekonstruktion von Handlungsantrieben und Objekten will Mead zu einem „empirischen Begriff konstitutiver Subjektivität" (Joas, 1980, S. 85) gelangen. Damit wendet er sich gleichermaßen sowohl gegen eine transzendentale Konstruktion eines apriorischen Ego als auch gegen die Aufgabe einer fundierenden Subjektivitätsdimension, wie sie sich zum Teil in der damaligen zeitgenössischen Psychologie fand. Nach Joas geht es Mead letztlich um die Frage nach dem Stellenwert von Subjektivität, also um den Versuch, „in die Konstitution einer wissenschaftlichen Psychologie einen unverkürzten Subjektivitätsbegriff einzubringen" (Mead, 1980, S. 71). Nur mittels eines kreativen Ich, einer kreativen Individualität können Handlungskrisen überwunden werden, denn indem ich Teile der Welt in Zweifel ziehe, muß ich mich auch selbst mit in Zweifel ziehen, so daß eine Lösung letztlich nur in einer Reorganisation des Subjekts wie des Objekts möglich ist. Die kreative Überwindung der Handlungskrise ist also als ein Prozeß zu verstehen, der ein neues Subjekt in einer wieder entproblematisierten Welt entstehen läßt. Das Subjekt kann deshalb weder als ein ursprünglich gegebener Inhalt noch als bloße, leere Tätigkeitsform (Aufmerksamkeit oder Apperzeption) gegeben sein (1980, S. 136f.).

Hatte Mead zunächst den einzelnen Organismus und sein Handeln in den Mittelpunkt seiner Psychologie gestellt, so rückt später dann der „social act" in den Vordergrund, vor allem motiviert durch die Entdeckung der Selbstreflexivität, durch die „der ganze gesellschaftliche Prozeß in die Erfahrung der betroffenen Individuen hereingebracht (wird)" (1973, S. 175). In „Geist, Identität und Gesellschaft" spricht Mead seine Position klar aus: „Es ist absurd, Geist einfach aus der Sicht des einzelnen menschlichen Organismus zu sehen. Denn obwohl dort sein Sitz ist, handelt es sich um ein wesentlich gesellschaftliches Phänomen; sogar seine biologischen Funktionen sind primär gesellschaftlicher Natur. ... Die Dürftigkeit einer individuellen Erfahrung, die von den Prozessen der gesellschaftlichen Erfahrung − ... − isoliert wird, sollte übrigens offenkundig sein. Wir müssen Geist daher so verstehen, daß er aus dem gesellschaftlichen Prozeß erwächst und sich in ihm entwickelt, innerhalb der empirischen Matrix des gesellschaftlichen Zusammenspiels. Das heißt, daß wir eine innere individuelle Erfahrung aus der Sicht gesellschaftlicher Handlungen erfassen müssen ..." (1973, S. 174). Für die Psychologie bedeutet das zweierlei: 1. Die Erforschung der Subjektivität, die sich dem Handelnden in der Inhibierungs- und Reflexionsphase der Handlung zeigt, ist nicht von außen her, sondern nur über die Anknüpfung an die Selbsterfahrung und -deutung der Untersuchungsperson möglich. Die Psychologie könnte so ihre „Unpersönlichkeit" verlieren (Joas, 1980, S. 90). 2. Die Sozialwissenschaft wird zu einer Voraussetzung für die Psychologie, ähnlich wie es die Biologie und Physiologie bereits sind.

Um den sozialen und kommunikativen Charakter aller seelischen Vorgänge, Erfahrungen und auch des Denkens (Gehlen, 1962, S. 166) näher zu begründen, entwickelt Mead seine Theorie vor allem in zwei Richtungen weiter: zu einer Theorie symbolvermittelter Kommunikation und zu einer Theorie der sozialen Genese des Selbst.

Die Entwicklung der Meadschen Kommunikationstheorie soll folgendes Problem lösen: „Wie kann ein Einzelner (erfahrungsmäßig) so aus sich heraustreten, daß er für sich selbst zum Objekt wird? Das ist das entscheidende psychologische Problem der Identität oder des Bewußtseins ..." (Mead, 1973, S. 180), denn der Einzelne erfährt sich zunächst nicht direkt, sondern nur indirekt, indem er sich durch die Einnahme der Haltungen anderer Individuen ihm gegenüber selbst zum Objekt wird. Diese Fähigkeit des Perspektivenwechsels, die Tieren in ihrer instinktiv gebundenen wechselseitigen Verhaltensanpassung nicht gegeben ist, hat ihre Basis in einer neuen Form der Handlungskoordination: der Kommunikation mittels signifikanter Symbole, die ihre Basis wiederum nicht in der Nachahmung, sondern in der Kooperation besitzt, bei der unterschiedliches Verhalten zutage tritt, bei der aber gleichwohl das Handeln des einen das des anderen beantwortet und hervorruft (1980, S. 206 f.).

Seine Theorie symbolvermittelter Kommunikation entwickelt Mead im Anschluß und in kritischer Absetzung von Darwins Analyse des Ausdrucksverhaltens von Tieren und Wilhelm Wundts Begriff der Gebärde, insbesondere der Lautgebärde (1973, S. 81 ff.). Körper- und Lautgebärden, später dann die entwickelte Sprache gewinnen ihre Zeichenfunktion erst im Zusammenhang einer sozialen Interaktion. Damit kann die Verbindung von Gebärde und Emotion, also die Reduktion der Gebärdenkommunikation auf einzelne psychische Akte überwunden werden. Emotions- und nachahmungstheoretische Erklärungen lehnt Mead ab. Während die körperliche Gebärde oder Geste für den Sender nicht selbst wahrnehmbar ist, ihm vielmehr erst die Reaktionen des anderen anzeigen, was seine Geste bedeutet, gilt für die stimmliche Geste die Selbstwahrnehmbarkeit und auch eine gewisse Situationsunabhängigkeit. Die Bedeutung einer sprachlichen Äußerung ergibt sich nun weder aus der Reaktion des anderen noch bloß aus der eigenen Reaktionsbereitschaft, sondern aus dem Bewußtsein des Zusammenhangs eigener Handlungen und antizipierter Reaktionen des anderen (Joas, 1980, S. 105). Dieser Zusammenhang ist nun gerade in der sozialen Interaktion gegeben (und nicht im Kontakt mit der Gegenstandswelt), denn nur dort wird das eigene Verhalten so von unmittelbaren Reaktionen eines anderen beantwortet, daß dies zu einer größeren Aufmerksamkeit auf die eigenen Reaktionen, mithin zur Selbstreflexivität zwingt. „In diesen sozialen Situationen treten nicht nur miteinander konfligierende Handlungen auf, die eine verschärfte Definition der Reizelemente erfordern, sondern auch ein Bewußtsein der eigenen Haltung als einer Interpretation der Bedeutung eines sozialen Reizes. Wir sind uns unserer Haltungen bewußt, weil sie für Veränderungen im Verhalten anderer Individuen verantwortlich sind" (Mead, 1980, S. 219). Die Selbstreflexivität und damit die Entstehung von Selbstbewußtsein ist also gebunden an Interaktionssituationen und an sprachliche Verständigung, nämlich an die Selbstwahrnehmung der eigenen Lautgebärde, oder eine andere Form der Selbstaffektion (1980, S. 239).

Die Psychologie kann nach Mead deshalb nicht einfach introspektiv beim gegebenen Ich ansetzen, sondern muß das Selbstbewußtsein als Resultat sozialer Prozesse betrachten. Insofern letztere historische Differenzen aufweisen, ist entsprechend eine historische Variabilität in der Strukturierung und inhaltlichen Ausprägung des Seelischen anzunehmen. Mit dieser historischen Konkretisierung hat sich Mead m.W. nicht beschäftigt, ihm ging es zunächst einmal um den generellen Aufweis der sozialen Konstitution des menschlichen Bewußtseins. Indem jedoch die Konstitution der Ich-Identität in Formen kollektiver Kooperation verankert wird, ist der Weg zu einer Gesellschaftsgeschichte des Psychischen vorbereitet. Dabei geht es nicht um eine gesellschaftliche Programmierung von psychischen Prozessen eines im übrigen als fertig vorausgesetzten Subjekts, sondern die Genese des Subjekts selbst gründet im sozialen Prozeß.

In seiner Theorie der Rollenübernahme wird dieser Prozeß entwicklungspsychologisch und sozialisationstheoretisch rekonstruiert. Die Einführung des Rollenbegriffs, der sich bereits in der Sozialpsychologie William McDougalls findet, die für Meads Sozialpsychologie eine wichtige Einflußquelle war, soll unterstreichen, daß die Ich-Identität oder das Selbst nichts unmittelbar Gegebenes ist, sondern die innere Repräsentation gesellschaftlicher Haltungen. Indem wir die Rollen konkreter oder signifikanter, später dann immer weiter generalisierter anderer übernehmen, gewinnen wir soziale Handlungskompetenz und ein differenziertes Selbst. „Mead holds that role-taking lies at the heart of human mentality" (Cook, 1979, S. 114). Dieses Konzept der Handlungskontrolle über Rollen- bzw. Perspektivenübernahme führt Mead zur Annahme einer dialogischen Struktur des „self": die Dialogpartner nennt Mead „I" und „me". Das „I" bestimmt Mead in Übereinstimmung mit der philosophischen Tradition (etwa der Phänomenologie) als das Prinzip von Aktivität und Kreativität, nimmt allerdings eher aus der Anthropologie noch die Triebausstattung des Menschen im Sinne eines „konstitutionellen Antriebsüberschusses" hinzu (Joas, 1980, S. 117). Lothar Krappmann ist zuzustimmen, daß das „I" nicht als „Platzhalter eines vermißten Rests menschlicher Eigenarten betrachtet werden (sollte)" (1985, S. 172), um die Einmaligkeit und Unverwechselbarkeit einer Person zu retten, sondern als Ausdruck für die „stellungnehmende Reaktion des Handelnden" (1985, S. 172). Das „me" bezeichnet dagegen die Repräsentanz der Erfahrung mit einem anderen, ist also meine Auffassung der Haltung, die eine bestimmte Bezugsperson mir gegenüber einnimmt (Mead, 1973, S. 219 ff.). Entsprechend meinen Beziehungen zu mehreren Bezugspersonen wie auch zum „generalized other" (1973, S. 198 ff.) gewinne ich mehrere voneinander abweichende „me"s. Diese können, wenn ich konsistent handeln will, nicht unverbunden nebeneinander stehen bleiben, sondern müssen zu einem einheitlichen Selbstbild synthetisiert werden, das Mead als „self" oder „Ich-Identität" bezeichnet. „Das Charakteristikum des „Selbst" liegt für Mead gerade darin, daß das Individuum im kommunikativen Prozeß zugleich sich selbst Subjekt und Objekt sein kann" (Kellner in Mead, 1969, S. 24).

Die personale Identität eines Menschen fällt nun je nach ihrem personalen, schichtenspezifischen und historisch-gesellschaftlichen Rollenhaushalt inhaltlich und strukturell ganz verschieden aus. „Die Einheit und Struktur der kompletten Identität spiegelt die Einheit und Struktur des gesellschaftlichen Prozesses als Ganzen" (Mead, 1973, S. 186). Identitätsbildungsmuster, aber auch die spezifischen seelischen Konflikte (Persönlichkeitsspaltungen, Kellner in Mead, 1969, S. 24), die aus unvereinbaren „me"s entstehen, können sozialpsychologisch von der spezifischen Gesellschafts- und Gruppenstruktur her identifiziert und rekonstruiert werden (Tenbruck, 1985, S. 221 ff.; die personalen Qualitäten „erwachsen" − arise − geheimnisvoll aus Gruppenprozessen, S. 229; Mead, 1973, S. 182 f.). Von Mead her werden Fragen nach den psychischen Konsequenzen geänderter Normen, Rollengefüge und historischer Konfigurationen aufwerfbar, seine Psychologie bietet dafür einen systematischen handlungstheoretischen Ansatzpunkt, wenn auch historische Konkretisierungen fehlen. Meads handlungstheoretischer Ansatz bietet für eine Psychologie, die die historisch-gesellschaftliche Bedingtheit des Psychischen und die kulturelle und soziale Identitätsbildung betonen will, den Vorteil, sich nicht einfach additiv *neben* eine experimentell-naturwissenschaftliche Psychologie setzen zu müssen, sondern diese als Teiltheorie in eine übergreifende Psychologie einbeziehen zu können. Die Psychologie muß demnach durchaus nicht in eine physiologisch basierte Individualpsychologie und eine sozialwissenschaftlich orientierte Sozial- und Mentalitätenpsychologie zerfallen, sondern kann über das Handlungskonzept integriert werden: „Die physiologische Fähigkeit des menschlichen Organismus zur Entwicklung von Geist oder Intelligenz ist genauso wie sein ganzer Organismus ein Produkt des biologischen Entwicklungsprozesses; doch muß die tatsächliche Entwicklung seines Geistes oder seiner Intelligenz, wenn diese Fähigkeit einmal gegeben ist, im Rahmen der gesellschaftlichen Situation fortschreiten, in der sie Ausdruck und Sinn findet. Daher ist sie ein Ergebnis der gesellschaftlichen Evolutionsprozesse, des gesellschaftlichen Erfahrungs- und Verhaltensprozesses" (Mead, 1973, S. 270, Fußnote 27). — Die Überwindung oder Vermittlung des alten Dualismus von Natur und Kultur, von Körper und Seele, von Individuum und Gemeinschaft im Begriff der Handlung war ja gerade das Programm des Meadschen Pragmatismus.

Literatur

Cook, G. A. (1979). Whitehead's influence on the thought of G. H. Mead. Transactions of the C. S. Peirce Society, 15, 107–131.

Dewey, J. (1896). The reflex arc concept in psychology. Psychological Review, 3, 357–370.

Gehlen, A. (1940). Der Mensch. Seine Natur und seine Stellung in der Welt. Frankfurt/M., Bonn: Athenäum, 7. Aufl. 1962.

Joas, H. (1979). Georg Herbert Mead. In Klassiker soziologischen Denkens, hg. v. Dirk Käsler, Bd. 2 (S. 7–39, 417–424 u. 509–514). München: Beck.

Joas, H. (1980). Praktische Intersubjektivität. Die Entwicklung des Werkes von G. H. Mead. Frankfurt/M.: Suhrkamp.

Joas, H. (Hg.) (1985). Das Problem der Intersubjektivität. Frankfurt/M.: Suhrkamp.

Kellner, H. (1969). Vorwort und Einleitung. In G. H. Mead, Philosophie der Sozialität (S. 7–35). Frankfurt/M.: Suhrkamp.

Krappmann, L. (1985). Mead und die Sozialisationsforschung. In H. Joas (Hg.), Das Problem der Intersubjektivität (S. 156–178). Frankfurt/M.: Suhrkamp.

Mead, G. H. (1932). The philosophy of the present, hg. v. A. E. Murphy. La Salle, Illinois: Open Court Publishing Company, 1959.

Mead, G. H. (1938). The philosophy of the act, hg. v. Ch. W. Morris, Chicago, London: The University of Chicago Press, 1973.

Mead, G. H. (1969). Philosophie der Sozialität. Einleitung von H. Kellner. Frankfurt/M.: Suhrkamp.

Mead, G. H. (1973). Geist, Identität und Gesellschaft. Einleitung von Ch. W. Morris, Übers. v. Ulf Pacher. Frankfurt/M.: Suhrkamp.

Mead, G. H. (1980 u. 1983). Gesammelte Aufsätze, 2 Bde., hg. v. H. Joas. Frankfurt/M.: Suhrkamp.

Miller, D. L. (1973). Georg Herbert Mead: Self, language and the world. Austin, London: University of Texas Press.

Morris, Ch. W. (1934). Einleitung zu G. H. Mead, Geist, Identität und Gesellschaft (S. 13–38). Frankfurt/M.: Suhrkamp 1973.

Reck, J. A. (1963). The philosophy of George Herbert Mead (1863–1931). Tulane Studies in Philosophy, Vol. XII, 5–51.

Stevens, E. (1967). Sociality and act in George Herbert Mead. Social Research, 34, 613–631.

Tenbruck, F. (1985). George Herbert Mead und die Ursprünge der Soziologie in Deutschland und Amerika. Ein Kapitel über die Vergleichbarkeit soziologischer Theorien. In H. Joas (Hg.), Das Problem der Intersubjektivität (S. 179–243). Frankfurt/M.: Suhrkamp.

Tibbetts, P. (1974). Mead's theory of the act and perception. Some empirical confirmations. The Personalist, 55, 115–138.

Alfred Schütz' Lebensweltansatz als Ausgangspunkt für die Historische Psychologie

Peter Michael Wiedemann

1. Ausgangspunkt

Die Ausarbeitung einer Historischen Psychologie beinhaltet eine Reihe von konzeptionellen und methodologischen Aufgaben, für die die bisherige akademische Psychologie noch keine zufriedenstellenden Lösungen erarbeitet hat. Unter anderem geht es dabei um:

1. die Abkehr von der Struktur- und Funktionspsychologie, die psychisches Geschehen weitgehend unabhängig von konkreten Inhalten untersucht, und die Entwicklung einer „Konkreten Psychologie" im Sinne von Politzer (1929), die den Sinnbezug und die Sinnsetzung menschlichen Handelns und Erlebens einbezieht;
2. die Konzeptualisierung einer Entwicklungspsychologie, die über die menschliche Lebensspanne hinausgeht und die die Phylogenese des Psychischen erfaßt, und
3. die Totalisierung der Analyseperspektive, d. h. die Erfassung der Strukturen vergangener Lebenswelten. Denn, gleich welche historische Epoche thematisiert wird, immer ist die Kenntnis des übergeordneten Sinnzusammenhanges entscheidend, in dem die zu untersuchenden Ereignisse stehen.

Sowohl die Erfassung konkreter psychischer Inhalte, d. h. von Mentalitäten, Erfahrungen und Einstellungen, in ihrem lebensweltlichen Eingebundensein als auch die Analyse der Geschichtlichkeit psychischen Geschehens trifft auf ein Problem: Wie ist das Verstehen fremder, vergangener Sinnsetzungen und Sinnbezüge möglich?

Diese Frage ist das Kernproblem einer Historischen Psychologie; im weiteren soll gezeigt werden, welche Antworten mit Alfred Schütz[1]) darauf gegeben werden können. Im einzelnen werden folgende Fragen behandelt:
— Was bedeutet Lebenswelt, welche Strukturen hat sie?
— Wie sind Sinnsetzung und Sinnbezug mit der Lebenswelt verknüpft?
— Wie lassen sich fremde Lebenswelten verstehen? Welche Zugänge sind hierzu vorhanden?

Zuvor soll jedoch das Leben und die Wirkungsgeschichte von Schütz knapp skizziert werden, um so das Verständnis für seine wissenschaftlichen Positionen zu erleichtern.

2. Das Leben von Alfred Schütz: Multiple Wirklichkeiten

Schütz' Leben weicht von dem üblichen Werdegang eines Wissenschaftlers ab. Für ihn waren Wissenschaft und Philosophie lange Zeit nicht Beruf, sondern allein Berufung. Geboren 1899 in Wien, studiert Schütz bis 1920 an der rechts- und staatswissenschaftlichen Fakultät der Wiener Universität. Seine Lehrer Kehlsen und v. Mises machen ihn mit der verstehenden Soziologie Max Webers bekannt, die für Schütz Ausgangspunkt seiner wissenschaftlichen Tätigkeit bildet. Schütz verfolgt anfangs keine akademische Karriere; nach dem Examen tritt er als Bankjurist und -kaufmann in ein Wiener Bankhaus ein und bleibt fast bis zum Ende seines Lebens in diesem Beruf. Schütz lebt und arbeitet in zwei Wirklichkeiten, der Welt der Banken und der der Wissenschaft, für die nur Urlaub und Freizeit bleiben. Sein erstes Buch „Der sinnhafte Aufbau der sozialen Welt", das einzige Buch, das zu seinen Lebzeiten veröffentlicht wird, erscheint 1932. In diesem Werk eröffnet Schütz das Thema, das ihn Zeit seines Lebens beschäftigen wird: die Verknüpfung von phänomenologischer Philosophie und Methodologie der Sozialwissenschaften; d. h. die Verbindung zwischen Max Webers Handlungstheorie und der Phänomenologie von Edmund Husserl.

Schütz lernt in dieser Zeit auch Husserl kennen, der ihm eine Assistentenstelle anträgt. Schütz lehnt jedoch ab; er emigriert 1938 nach Paris, noch vor dem drohenden Anschluß Österreichs an das nationalsozialistische Deutschland. Ab 1939 lebt Schütz in New York; seine ersten Versuche, Anschluß an die dortige akademische Welt zu gewinnen, schlagen fehl. Schließlich wird er, gefördert von Felix Kaufmann, 1944 an der New School of Social Research in New York Visiting Professor und erhält dort 1952 den Lehrstuhl für Soziologie und Sozialpsychologie. 1957 wird Schütz mit dem Aufbau eines philosophischen Departements beauftragt; er stirbt 1959.

Schütz war sowohl in Europa als auch in den USA ein Außenseiter. Seine späte akademische Karriere und seine für die damalige amerikanische Sozialwissenschaft fremde phänomenologische Orientierung ließen ihn weitgehend unbeachtet bleiben. Erst nach seinem Tod, Mitte der 60er Jahre, beginnt das Schützsche Werk an Einfluß zu gewinnen (vgl. Wagner, 1981). Die wichtigsten Arbeiten erscheinen: 1962/64 seine Gesammelten Aufsätze, 1967 die erste englischsprachige Ausgabe des „Sinnhaften Aufbaus der sozialen Welt", 1970 sein Relevanzmanuskript, 1973 bis 1975 vollendet Thomas Luckmann die von Schütz begonnene Arbeit über die „Strukturen der Lebenswelt". Noch unveröffentlicht sind die Mitschriften seiner Vorlesungen und einige Aufsätze[2]).

Schütz' Werk ist seit den 60er Jahren *ein*, wenn nicht *der* Bezugspunkt für das qualitativ-interpretative Paradigma in den Sozialwissenschaften geworden (vgl. Grathoff, 1978b; Wagner, 1981). Dazu haben seine Schüler P. Berger (1966), H. Garfinkel (1967), Th. Luckmann (1966, 1970, 1979) und M. Natanson (1970) entscheidend beigetragen. Um Schütz hat sich jedoch keine monolithische Schule gebildet; auf ihn berufen sich so verschiedene Ansätze wie die Ethnomethodologie (Garfinkel, 1967), die kognitive Soziologie (Cicourel, 1964), die Wissenssoziologie (Berger & Luckmann, 1966) sowie die phänomenologische Soziologie (Psathas, 1973). Sein Einfluß auf die Gestaltung des qualitativen bzw. interpretativen Paradigmas in der soziologischen Forschung (Wilson, 1973) ist entscheidend. In der Psychologie ist Schütz praktisch noch nicht entdeckt.

Darstellungen der Schützschen Arbeiten finden sich bei Wagner (1970), Gurwitsch (1971), Grathoff (1978 a) und Wolff (1978). Einen Einblick in die gegenwärtige Diskussion seiner Arbeiten liefern die Sammelbände von Natanson (1970), Spründel und Grathoff (1978) sowie Grathoff und Waldenfels (1983); eine Schütz-Bibliographie bieten Natanson (1970) und Grathoff (1978 a).

3. Der Aufbau der Lebenswelt

Schütz weist darauf hin, daß der Gegenstand der Sozialwissenschaft in einer besonderen Weise gegeben ist: „Das Beobachtungsfeld des Sozialwissenschaftlers, also die soziale Wirklichkeit, hat dagegen eine besondere Bedeutung und Relevanzstruktur für die in ihr lebenden, handelnden und denkenden menschlichen Wesen. Sie haben diese Welt, in der sie die Wirklichkeit ihres alltäglichen Lebens erfahren, in einer Folge von Konstruktionen des Alltagsverstandes bereits vorher ausgesucht und interpretiert ... Daher sind die Konstruktionen der Sozialwissenschaften sozusagen Konstruktionen zweiten Grades, das heißt Konstruktionen von Konstruktionen jener Handelnden im Sozialfeld, deren Verhalten der Sozialwissenschaftler beobachten und erklären muß, ..." (Schütz, 1971, S. 68).

Deshalb fordert Schütz, daß der Sozialwissenschaftler zu wissen hat, wie Menschen im Alltag ihre Erfahrungen ordnen, die Welt interpretieren und strukturieren, das heißt wie die Konstruktionen ersten Grades gebildet werden. Schütz formuliert damit das Postulat der subjektiven Interpretation: Jedes sozialwissenschaftliche Modell eines Handlungsbereiches hat auf den Sinn zu verweisen, den das Handeln bzw. die Gegenstände des Handelns für den Handelnden selbst haben (Schütz, 1971, S. 39f.).

Mit der Unterscheidung von wissenschaftlichen Modellen und Alltagskonstruktionen deutet sich bereits die Frage nach der Lebenswelt an. Lebenswelt ist jedoch ein mehrdeutiges, schwer zu fassendes Konzept (vgl. Sommer, 1980; Bergmann, 1981; Waldenfels, 1985). In der phänomenologischen Forschung bezeichnet Lebenswelt etwas anderes als Umwelt und Milieu. Lebenswelt ist eine grenzüberschreitende Totalperspektive: Sie beschreibt den fraglosen Rahmen aller unserer Erfahrungen und unseres Handelns; in natürlicher Einstellung entzieht sie sich deshalb auch unserer Reflexion (vgl. Landgrebe, 1968, S. 53f.). Lebenswelt ist in dieser Sicht immer subjektgebunden, eine Gegenüberstellung − hier Mensch und dort seine Lebenswelt − ist in phänomenologischer Perspektive nicht denkbar.

Schütz akzentuiert die Lebenswelt auf verschiedene Weise. Zum einen ist Lebenswelt — als Natur- und Sozialwelt — Schauplatz und Zielgebiet des menschlichen Handelns. Lebenswelt in diesem Sinne ist Wirklichkeit, die zur Bewältigung aufgegeben ist (Schütz & Luckmann, 1979, S. 28). Zum anderen ist Lebenswelt aber auch je meine Welt; diese Welt besteht aus den aktuellen und früheren Erfahrungen meines In-der-Welt-Seins. Lebenswelt ist in dieser Sicht eine subjektive Totalität (Schütz & Luckmann, 1979, S. 38; Schütz, 1982, S. 179f.). Sie existiert nicht unabhängig vom Menschen, vielmehr wird ihre Wirklichkeit erst durch den Sinn unserer Erfahrungen geschaffen (Schütz & Luckmann, 1979, S. 49). Lebenswelt ist also ein subjektiver Sinnzusammenhang.

Nach Schütz gibt es aber keine strikt private Lebenswelt; Lebenswelt ist intersubjektiv, das heißt schon immer gemeinsame Welt für alle Gesellschaftsmitglieder (Schütz, 1971, S. 11). Innerhalb der Lebenswelt ist die Alltagswelt die Vorzugsrealität (Schütz, 1971, S. 394f.); ihr gilt deshalb auch das besondere Interesse von Schütz. In seiner Konzeption ist die Alltagswelt eine räumliche, soziale und zeitliche Struktur. Die räumliche bezieht sich auf verschiedene Zonen der Reichweite einer Person: Im Kern liegt die Wirkzone, d.h. der Bereich, in den der Mensch eingreifen kann. Um diese Welt der aktuellen Reichweite schichtet sich die Welt der potentiellen Reichweite auf. Hier unterscheidet Schütz zwischen den Welten, die in wiederherstellbarer und in erlangbarer Reichweite liegen. Die zeitliche Struktur der Lebenswelt überlagert sich mit der räumlichen: Die Welt in aktueller Reichweite ist meine Gegenwart, die wiederherstellbare Welt verweist auf die Vergangenheit und die Welt in erlangbarer Reichweite auf die Zukunft. Die soziale Struktur der Lebenswelt betrifft zwei Bereiche: die unmittelbare und die mittelbare Erfahrung der Sozialwelt. Schütz diskutiert in diesem Zusammenhang die Wir- und Ihr-Beziehung und wie sich daraus der Aufbau sozialer Beziehungen ergibt (Schütz & Luckmann, 1979, S. 87ff.).

Schütz geht davon aus, daß diese Struktur der Lebenswelt allgemein ist: Sie ist jedermann und zu allen Zeiten auferlegt und bildet den Rahmen für jeden Lebenslauf.

Es bleibt festzuhalten, daß Schütz' Lebensweltkonzeption keine Beschreibung einer konkreten Lebenswelt liefert, wohl aber den Rahmen für solche Beschreibungen, indem sie die allgemeinen Strukturen einer Lebenswelt bestimmt (vgl. Luckmann, 1979, S. 198).

4. Das Wissen von der Lebenswelt

Schütz' Wissenstheorie ist zu komplex, um sie hier ausführlich darstellen zu können, es können deshalb nur einige wesentliche Grundzüge erläutert werden, die den Zusammenhang von Lebenswelt und Wissen klären helfen[3]).

Nach Schütz ist der Wissens- und Erfahrungsbestand eines Menschen die Grundlage für die Orientierung seines Verhaltens in der Welt. Mit Hilfe seiner Wissensbestände deutet er Situationen, um sie zu bewältigen. Lebenswelt ist also ein subjektiver Sinnzusammenhang, eine „interpretierte Welt"; die zugleich den Grund und Boden wie auch den Horizont allen Handelns bildet.

Schütz unterscheidet unterschiedliche Stufen des Gewahrwerdens von Wissen. Die Grundelemente des Wissensvorrates — das Wissen um die Strukturen der Lebenswelt — sind immer schon gegeben und können nie problematisch werden. In natürlicher Einstellung gehen wir immer von diesem Wissen aus, es wird jedoch nicht bewußt. Eine weitere Komponente des Wissensvorrates ist das Routinewissen (Fertigkeiten, Gebrauchs- und Rezeptwissen), das in jeder Situation immer schon vorhanden ist; es wird automatisch, ohne besondere Aufmerksamkeitsleistung, einbezogen. Schließlich nimmt Schütz noch eine weitere Komponente an: die Systeme spezifischer Teilinhalte des Wissensvorrates (etwa Wissen über Autos, Parteien, Theater etc.). Dieser Wissensvorrat gliedert sich in Hinblick auf Bestimmtheit, Vertrautheit, Klarheit und Glaubwürdigkeit. Der Wissensvorrat ist außerdem nicht homogen, er enthält Inkonsistenzen, Widersprüche und Leerstellen. Jeder Wissensbestand ist einzigartig, da er auf frühere Erfahrungen verweist, die im Hinblick auf Erlebnistiefe, -nähe, Dauer und Reihenfolge interindividuell verschieden sind. Das heißt, der Wissensvorrat ist durch die jeweilige Biographie geprägt; darüber hinaus ist er aber auch „sozialisiert". Denn jede Lebenswelt bietet ihren Mitgliedern typische Biographien an, außerdem ist der größte Teil des Wissens gesellschaftlich überliefert bzw. abgeleitet. Verstehen und damit die Möglichkeit, sich wechselseitig am Verhalten des Anderen zu orientieren, — verallgemeinert: soziale Ordnung überhaupt — setzt so eine hinreichende Gemeinsamkeit von Wissensbeständen voraus. Nach Schütz ist diese Möglichkeit innerhalb *einer* Lebenswelt *praktisch* gegeben. Die Frage lautet aber: Wie lassen sich fremde Lebenswelten verstehen?

5. Der Zugang zu fremden Lebenswelten

Schütz (1971, S. 66) nennt die Vergessenheit gegenüber der Verstehensproblematik den Skandal der Philosophie. Im Schützschen Werk nimmt deshalb die Frage nach den Bedingungen und Voraussetzungen des Verstehens einen wichtigen Platz ein. Seiner Auffassung nach ist Verstehen möglich, wenn:

1. es ein objektiviertes Wissen innerhalb gibt, das von den einzigartigen biographischen Vorgegebenheiten losgelöst ist, weil es einen gemeinsamen sozialen Ursprung hat;

2. jeder Mensch davon ausgeht, daß für die meisten praktischen Zwecke die individuellen Differenzen des Wissensvorrates irrelevant sind;

3. ein Wissen darüber existiert, daß das Wissen unterschiedlich verteilt ist. Zugespitzt: Ich weiß, wer mehr weiß und kann mich danach richten.

Wie ist aber das Verstehen fremder Lebenswelten möglich? In diesem Fall gelten ja die eben beschriebenen Voraussetzungen des Verstehens, die gemeinsame Teilhabe an einer Welt und der Besitz von gemeinsamen Deutungsmustern, nicht. Schütz (1971) behandelt dieses Problem in seinem Aufsatz über den

„Fremden". Er geht davon aus, daß der Fremde seine Deutungsmuster neu zu organisieren hat, denn in einer anderen Lebenswelt gelten andere Logiken des Alltagsdenkens, andere Relevanzstrukturen (Interessen und. Motive), andere Wissensbestände und Gewißheiten.

Nähert sich ein Fremder einer anderen Lebenswelt, so wird sein bisheriges ‚Denken-wie-üblich' nicht mehr ausreichen, um sich in der neuen Welt orientieren zu können. In einem mühevollen Prozeß beginnt er sich die geltenden Deutungsmuster anzueignen; zuerst als Übersetzungen in seine eigenen (soweit das möglich ist), später beherrscht er sie passiv und zuletzt auch aktiv. Erst wenn die neuen Deutungsmuster an die Stelle der alten getreten sind und unproblematisch und selbstverständlich sind, ist der Fremde kein Fremder mehr. Schütz geht in Analyse der Situation des Fremden davon aus, daß dieser an der anderen Lebenswelt teilhaben kann. Er lernt sie kennen und verstehen, indem er teilnimmt. Diese Möglichkeit ist jedoch für die Untersuchung vergangener Lebenswelten nicht gegeben; damit eskaliert das Verstehensproblem: Fremde Lebenswelten sind nur in Form von vergegenständlichten Zeugnissen gegeben, nicht als vorhandene Situationen, Tätigkeiten und Beziehungen. Solche Zeugnisse zu verstehen heißt aber nach Schütz, sie auf die Tätigkeiten beziehen zu können, die sie hervorgebracht haben. Das ist aber nur sehr schwer, wenn überhaupt, möglich. Das Wissen von der Lebenswelt bleibt außerdem passiv, weil die Antworten (ihrer Mitglieder) ausbleiben, anhand derer dieses Wissens verifiziert bzw. falsifiziert werden kann. Der Untersucher fremder Lebenswelten bleibt so ein „Marginal Man". Schütz' Argumente sprechen also eher gegen ein Unternehmen ‚Historische Psychologie'. Dennoch läßt sich von Schütz für dieses Unternehmen lernen.

6. Schütz' Beitrag für eine Historische Psychologie

Eine Historische Psychologie, die sich als Kultur- und Alltagswissenschaft vergangener Epochen begreift, kann an Schütz nicht vorbeigehen. Für sie ist es lohnenswert, sich mit dem Schützschen Werk zu befassen, insbesondere mit folgenden Beiträgen:

1. Schütz zeigt, daß die objektive Erfassung subjektiven Sinns die Hauptaufgabe der Sozialwissenschaft ist, und er demonstriert, wie dabei zu verfahren ist. Sinnerfassen heißt Verstehen des Sinnzusammenhangs, d. h. es hat sich an der Totalität der Lebenswelt auszurichten. Die historisch-psychologische Analyse von einzelnen Phänomenen, wie beispielsweise der Gefühle und der Wahrnehmung, ist ein hoffnungsloses Unterfangen, wenn nicht die Lebenswelt einbezogen wird.

2. Schütz entwickelt ein allgemeines Modell der Lebenswelt, das die Grundlage für die Beschreibung konkreter Lebenswelten bietet. Die Erfassung der Lebenswelt hat deren verschiedene Wissensformen zu berücksichtigen: das Wissen über die grundlegenden Strukturen der Lebenswelt, die nie ‚problematisch' werden, das Routinewissen und die spezifischen Teilinhalte des Wissens.

3. Für die Analyse der Grundelemente des Wissens von der Lebenswelt können seine Ausführungen über den Erlebnisstil herangezogen werden: die räumliche, zeitliche und soziale Aufschichtung der Lebenswelt[4]) sowie die vorherrschende Form der Spontaneität (Handeln, Erleiden) und der Selbsterfahrung (im Hinblick auf Umfang und Reichweite).

4. Für die Analyse des Rezeptwissens und der spezifischen Wissensinhalte ist die Biographische Methode anzuwenden. Denn nur sie gestattet die Hervorbringung der Wissenselemente, deren Herkunft und Herausbildung in der Lebenstätigkeit der Menschen angemessen zu erfassen.

Anmerkungen

[1]) Vgl. das Literaturverzeichnis.

[2]) In Deutschland hat sich insbesondere der Suhrkamp Verlag um die Herausgabe der Schützschen Werke verdient gemacht; bis auf die Gesammelten Aufsätze sind hier fast alle wichtigen Arbeiten veröffentlicht: „Der sinnhafte Aufbau der sozialen Welt" (1974), die „Theorie der Lebensformen" (1981), „Das Problem der Relevanz" (1982) und die „Strukturen der Lebenswelt" (1979/1984).

[3]) Schütz' Wissenschaftstheorie ist damit noch unzureichend skizziert; vor allem wäre hier seine Typenlehre (Schütz & Luckmann, 1979), die Symboltheorie (Schütz, 1971), die Relevanztheorie (Schütz, 1982) sowie seine Darstellung des Wissenserwerbs zu erörtern.

[4]) Eine Möglichkeit bietet das „Social World"-Konzept (B. Luckmann, 1970; Strauss, 1978, 1979), das auf die soziale Organisation einer Lebenswelt abzielt. Als ein Beispiel für diese Vorgehensweise siehe Unruh (1983).

Literatur

Berger, P. & Luckmann, Th. (1966). The Social construction of reality. Garden City: Doubleday.

Bergmann, W. (1981). Lebenswelt, Lebenswelt des Alltags oder Alltagswelt? Kölner Zeitschrift für Soziologie und Sozialpsychologie, 33, 50–72.

Cicourel, A. (1964). Method and measurement in sociology. New York: Free Press.

Garfinkel, H. (1967). Studies in ethnomethodology. Englewood Cliffs: Prentice Hall.

Grathoff, R. (1976). Ansätze zu einer Theorie sozialen Handelns bei Alfred Schütz. Neue Hefte für Philosophie, 9, 115–133.

Grathoff, R. (1978a). Alfred Schütz. In D. Käsler (Hg.), Klassiker des soziologischen Denkens, Band II (S. 388–416). München: Beck.

Grathoff, R. (1978b). Alltag und Lebenswelt als Gegenstand der phänomenologischen Sozialtheorie. Materialien zur Soziologie des Alltags. Kölner Zeitschrift für Soziologie und Sozialpsychologie, Sonderheft 20, 67–86.

Grathoff, R. (1985). Alfred Schütz/Aron Gurwitsch. Briefwechsel 1939–1959. München: Fink.

Grathoff, R. & Waldenfels, B. (Hg.) (1983). Sozialität und Intersubjektivität. München: Beck.

Gurwitsch, A. (1971). Einleitung. In A. Schütz, Gesammelte Aufsätze, Band I. Den Haag: Nijhoff.

Habermas, J. (1981). Theorie des kommunikativen Handelns. Frankfurt/M.: Suhrkamp.

Hitzer, R. & Honer, A. (1984). Lebenswelt − Milieu − Situation. Kölner Zeitschrift für Soziologie und Sozialpsychologie, 36, 56–74.

James, W. (1950). Principles of psychology. New York: Dover.

Kaufmann, F. (1936). Methodologie der Sozialwissenschaften. Wien: Springer (engl. 1944).

Landgrebe, L. (1968). Der Weg der Phänomenologie. Gütersloh: Gütersloher Verlagshaus.

Landgrebe, L. (1977). Lebenswelt und Geschichtlichkeit des menschlichen Daseins. In B. Waldenfels, J. M. Broekman & A. Pazanin (Hg.), Phänomenologie und Marxismus, Band 2 (S. 13-58). Frankfurt/M.: Suhrkamp.

Legewie, H. (1988). Alltagspsychologie. In R. Asanger & G. Wenninger (Hg.), Handwörterbuch der Psychologie. München, Weinheim: Psychologie Verlags Union.

Lofland, J. & Lofland, L. H. (1984). Analyzing social settings. Belmont: Wadsworth.

Luckmann, B. (1970). The small life worlds of modern man. Social Research, 37, 580-596.

Luckmann, Th. (1979). Phänomenologie und Soziologie. In W. M. Sprondel & R. Grathoff (Hg.), Alfred Schütz und die Idee des Alltags in den Sozialwissenschaften (S. 196-206). Stuttgart: Enke.

Mead, G. H. (1934). Geist, Identität und Gesellschaft. Frankfurt/M.: Suhrkamp 1973.

Mühlmann, W. E. (1980). Lebenswelt. In J. Ritter & K. Gründer (Hg.), Historisches Wörterbuch der Philosophie, Band 5 (S. 151-157). Darmstadt: Wissenschaftliche Buchgesellschaft.

Natanson, M. (Ed.) (1970). Phenomenology and social reality. The Hague: Nijhoff.

Politzer, G. (1929). Kritik der klassischen Psychologie. Köln: Europäische Verlagsanstalt 1974.

Psathas, G. (Ed.) (1973). Phenomenological sociology. New York: Wiley.

Schütz, A. (1971). Gesammelte Aufsätze, Band 1. Den Haag: Nijhoff.

Schütz, A. (1972). Gesammelte Aufsätze, Band 2. Den Haag: Nijhoff.

Schütz, A. (1974). Der sinnhafte Aufbau der sozialen Welt. Frankfurt/M.: Suhrkamp.

Schütz, A. (1981). Theorie der Lebensformen. Frankfurt/M.: Suhrkamp.

Schütz, A. (1982). Das Problem der Relevanz. Frankfurt/M.: Suhrkamp.

Schütz, A. & Luckmann, Th. (1979). Strukturen der Lebenswelt, Band 1. Frankfurt/M.: Suhrkamp.

Schütz, A. & Luckmann, Th. (1984). Strukturen der Lebenswelt, Band 2. Frankfurt/M.: Suhrkamp.

Schütze, F. (1977). Die Technik des narrativen Interviews in Interaktionsfeldstudien — dargestellt an einem Projekt zur Erforschung von kommunalen Machtstrukturen. Arbeitsberichte und Forschungsmaterialien. Universität Bielefeld.

Sommer, M. (1980). Der Alltagsbegriff in der Phänomenologie und seine gegenwärtige Rezeption in den Sozialwissenschaften. In D. Lenzen (Hg.), Pädagogik und Alltag (S. 27-44). Stuttgart: Klett Cotta.

Sprondel, W. M. & Grathoff, R. (Hg.). Alfred Schütz und die Idee des Alltags in den Sozialwissenschaften. Stuttgart: Enke.

Strauss, A. (1978). A social world perspective. In N. K. Denzin (Ed.), Studies in symbolic interaction, Vol. 1 (pp. 119-128). Greenwich: JAI Press.

Strauss, A. (1979). Social worlds and their segmentation processes. Unpublished Paper. San Francisco: University of California.

Unruh, D. (1983). Invisible worlds. Beverly Hills: Sage.

Wagner, H. R. (1970). Introduction. In H. R. Wagner (Ed.), Alfred Schütz on phenomenology and social relations. Chicago: University of Chicago Press.

Wagner, H. R. (1981). Der Einfluß der deutschen Phänomenologie auf die amerikanische Soziologie. In W. Lepenies (Hg.), Geschichte der Soziologie, Band 4 (S. 202-336). Frankfurt/M.: Suhrkamp.

Waldenfels, B. (1985). In den Netzen der Lebenswelt. Frankfurt/M.: Suhrkamp.

Weingarten, E. (1985). Die Methoden der Konstruktion sozialer Wirklichkeit: Grundpositionen der Ethnomethodologie. In G. Jüttemann (Hg.), Qualitative Forschung in der Psychologie (S. 108–124). Weinheim: Beltz.

Wilson, Th. P. (1973). Theorien der Interaktion und Modelle der soziologischen Erklärung. In Arbeitsgruppe Bielefelder Soziologen (Hg.), Alltagswissen, Interaktion und gesellschaftliche Wirklichkeit (S. 54–79). Reinbek: Rowohlt.

Wolff, K. H. (1978). Phenomenology and sociology. In T. Bottomore & R. Nisbet (Eds.), A history of sociological analysis (pp. 499–556). London: Heinemann.

Die Geschichtlichkeit des Subjekts in der Phänomenologie Merleau-Pontys

Emil Angehrn

Das Bewußtsein „zu seiner eigenen vergessenen Geschichte zu erwecken: das ist die wahre Aufgabe philosophischer Reflexion" (Merleau-Ponty, 1945, S. 53)[1]). Die These von der Geschichtlichkeit des Subjekts benennt einen der Endpunkte im Denkweg der modernen Bewußtseinsphilosophie, wie er von der Phänomenologie gleichsam zu Ende gegangen wird. Merleau-Ponty, einer ihrer bedeutendsten Vertreter, setzt eine Bewegung fort, die schon bei Edmund Husserl vom reinen Bewußtsein zum Rückgang auf Lebenswelt und Geschichte führte. Zum Spezifischen seiner Position gehört, daß sie sich nicht nur als konsequente Ausformulierung des phänomenologischen Ansatzes, sondern zugleich als Resultat einer intensiven Auseinandersetzung mit der Psychologie versteht; der Versuch, typische Aporien der empiristischen Psychologie zu überwinden und den von Psychologie und Psychiatrie beschriebenen existentiellen Befunden eine konsistentere Deutung zu geben, konvergiert mit den Bemühungen um eine neue Grundlegung der philosophischen Reflexion. Gemeinsamer Fokus ist eine Konzeption menschlicher Subjektivität, die sich von idealistischen und naturalistischen Zugangsweisen gleichermaßen distanziert. Die Durchführung dieser Konzeption steht im Zentrum der beiden in den 40er Jahren erschienenen Hauptwerke „Die Struktur des Verhaltens" (1942) und „Phänomenologie der Wahrnehmung" (1945) sowie der daran anschließenden Publikationen; die Schriften der späteren 50er Jahre und das Fragment gebliebene Werk „Das Sichtbare und das Unsichtbare" (1969) sind demgegenüber durch das Interesse an einer neuen Ontologie, welche hinter die Subjektivität als Bezugspunkt philosophischer Reflexion zurückfragt, bestimmt.

Maurice Merleau-Ponty wurde am 14. März 1908 in Rochefort-sur-Mer geboren. Nach Studien an der École Normale Supérieure (1926–1930) unterrichtete er zunächst Philosophie an verschiedenen Gymnasien; 1945–1948 wurde er Lehrbeauftragter und dann Professor an der Universität Lyon; 1949 erhielt er den Lehrstuhl für Psychologie und Pädagogik an der Sorbonne. 1952 wurde er an das Collège de France berufen, wo er bis zu seinem plötzlichen Tod am 3. Mai 1961 tätig blieb.

1. Der Ansatz der Phänomenologie und die Kritik der Psychologie

Die Grundmaxime der Phänomenologie, „zu beschreiben, nicht zu analysieren und zu erklären" (S. 4), scheint diese in Gegensatz zur philosophischen Reflexion wie zur wissenschaftlichen Psychologie zu stellen. Sie ist in Husserls Losung „zu den Sachen selbst" wie schon in Brentanos Unterscheidung von „deskriptiver und genetischer Psychologie" ausgesprochen. Um ihre Stoßrichtung zu verstehen, ist sie mit dem anderen Stichwort zusammenzubringen, das Husserl von Brentano übernimmt und zur Kennzeichnung der phänomenologischen Methode verwendet, der „intentionalen Beziehung" bzw. „Intentionalität". Mit ihr soll auf die spezifische Natur des Bewußtseins bzw. des Psychischen abgehoben werden; benannt ist eine Beziehung sui generis zwischen Bewußtsein und Gegenstand, die nicht nach Analogie objektiver Verhältnisse aus ihren Elementen konstruier- oder erklärbar ist. Keine Wissenschaftsfremdheit, sondern das Bemühen und die Eigenart des Gegenstandes stehen hinter der Methodenmaxime der Beschreibung. Sie wehrt sich gegen die reduktionistische Zurückführung auf vermeintlich erste Elemente, gegen die scheinbar selbstverständlichen ontologischen Annahmen über die Beschaffenheit der Welt, wie sie physikalistischen und intellektualistischen Theorien, die die konkreten Phänomene gleichermaßen überspringen, gemeinsam sind.

Daß die Philosophie ihren Einsatz in thematischer Nähe zur Psychologie nimmt, charakterisiert zunächst den neuzeitlichen Standort der philosophischen Reflexion, welche ihre Aussagen über das Seiende im Rückgang auf die Formen seiner subjektiven Konstitution macht. Im Gegensatz aber zur klassisch-neuzeitlichen Subjektivitätsphilosophie ist es hier nicht mehr das — passiv-rezeptiv oder aktiv-produktiv verstandene — Bewußtsein als solches, welches als universaler Referenzpunkt fungiert. Was die Gegenstände, was die Welt und das Subjekt selber sind, ist nicht aus ihrem bloßen Gegebensein-für-ein-Bewußtsein, sondern aus der konkreten Erfahrung eines leiblich und geschichtlich existierenden Subjekts zu erschließen. An die Stelle des Bewußtseins tritt der Leib, an die Stelle der Erkenntnis die inkarnierte Existenz. Die originäre Beziehung zu sich und zum Gegenstand ist weder reine Rezeption noch Konstitution, sondern die an beidem teilhabende *Wahrnehmung* oder das — als fortwährende „Auseinandersetzung" mit der natürlichen und sozialen Welt verstandene (1942, S. 3) — *Verhalten*. Von diesen Begriffen aus ist der neue Boden „transzendentaler" Analyse zu gewinnen (1942, S. 190; 1945, S. 417 f.).

In einer ausführlichen Auseinandersetzung mit Positionen der Psychologie (vor allem des Behaviorismus und der Gestaltpsychologie) versichert sich „Die Struktur des Verhaltens" des methodischen Ansatzes der phänomenologischen Deskription. Schon der Begriff des Verhaltens verweist nach Merleau-Ponty auf jene Zwischendimension, in der menschliches Dasein anzusiedeln ist: der Zwischendimension zwischen Bewußtsein und natürlich-dinglichem Sein, zwischen innerer und äußerer Welt, Idee und Realität. Durchgehend sind die beiden ersten Hauptwerke durch das Bemühen um die doppelte Abgrenzung gegen Intellektualismus und Naturalismus und die Ausarbeitung einer ‚mittleren' Dimension gekennzeichnet; Merleau-Pontys Leitbegriff der „Ambiguität" ist in der Literatur geradezu zum Schlüsselbegriff für seine Position geworden. Sein Denken ist der Versuch, aus der dualistischen cartesischen Ontologie der res extensa und res cogitans auszubrechen, die sich noch in Sartres Gegenüberstellung von Sein und Nichts, Ansich und Fürsich durchhält. Erst jenseits dieser Trennung ist der Mensch als das, was er nach Heidegger ist: als In-der-Welt-Sein, zu denken, ist das, was auch bei Sartre Thema sein soll: menschliche Existenz, in den Blick zu bekommen.

Das Ungenügen der herrschenden Psychologie zeigt sich nach Merleau-Ponty schon auf der Ebene basaler Verhaltensbeschreibungen. Auch Reflexverhalten läßt sich nicht mechanistisch auflösen und durch Reiz-Reaktionsschemen kausal erklären; Verhaltensstörungen lassen sich nicht auf isolierbare und anatomisch eindeutig lokalisierbare Ursachen zurückführen, Lernvorgänge nicht additiv-assoziationistisch aus Einzeldaten herleiten. Immer sind es Verhaltensweisen des Organismus als ganzen und generelle Fähigkeiten, die in Lernvorgängen erworben, in Einzelakten aktualisiert, in Störungen verfehlt werden. Sie zu beschreiben, erfordert eine doppelte methodische Umstellung. *Erstens* ist gegen den Ansatz beim Elementaren der Vorrang der Ganzheitsqualität zu betonen: Es sind *Strukturen*, Gesamtkonstellationen von Reizen, Dispositionen, Umweltbedingungen und Bewegungsmomenten, die menschliches Verhalten konstituieren. Allein vom Ganzen her sind Einzeldaten identifizier- und situierbar; nicht ist jenes aus diesen konstruierbar. *Zweitens* ist gegen die objektivistische Beschreibung der subjektiv-*bedeutungsmäßige* Gehalt sowohl des Ganzen wie der Teile geltend zu machen. Reiz und Situation, die ein Verhalten auslösen, sind nicht Ursache, sondern ‚Anlaß‘ und ‚Motiv‘: Sie haben eine bestimmte Bedeutung für den Organismus; zwischen ihnen und dem Verhalten herrscht ein interner oder Sinnbezug (1942, S. 184). Das Verhalten als Ganzes ist nur von seiner Bedeutung für das mit der Welt sich auseinandersetzende Subjekt her beschreibbar.

Der erste der beiden Schritte bedeutet eine Kritik des Behaviorismus in Anlehnung an die Gestaltpsychologie. Gestalt, Form, Struktur sind Titel für den Ganzheitsaspekt, der der Deutung menschlichen Verhaltens — aber auch schon tierischen Verhaltens, ja, physikalischer Konstellationen — zugrundeliegt. Ein verwandter Grundgedanke bestimmt die starke Orientierung der frühen Schriften an der Gestaltpsychologie und verwandten Ansätzen[2]) und die spätere positive Aufnahme des Strukturalismus (de Saussure, Lévi-Strauss)[3]). Der zweite Schritt aber markiert unmittelbar ein Spannungsverhältnis zur Ontologie der Gestaltpsychologie. Ganzheit und Form sind nur jenseits des Realismus zu denken, dem jene letztlich verhaftet bleibt. Nur als sinnhafte ist die Gestalt *als* Gestalt des Verhaltens zu erfassen; als solche aber sprengt sie den Rahmen der externen Beobachtung und der ‚objektiven‘ Beschreibung.

Doch soll die Betonung der subjektiven Komponente nicht umgekehrt zur bloß subjektiven Sinnvermeinung führen. Das Tiefe an der Idee der Gestalt oder Struktur sieht Merleau-Ponty gerade in der untrennbaren Einheit von Idee und Existenz (1942, S. 239); der Sinn ist nie reiner, sondern in die Materie eingelassener und in objektive Strukturen verflochtener, „inkarnierter" Sinn (1942, S. 246). Die kritizistische Herausstellung subjektiver Apperzeptionsformen ist ebensowenig in der Lage, menschliches Verhalten und Bewußtsein zu begreifen. Sinn ist weder in den Dingen noch in der Intention, sondern er gehört jener Zwischendimension an, von der Idee und Faktum nur Abstraktionen sind. *Innerhalb* dieser Dimension spielt sich die Dialektik von constituens und constitutum, von natura naturans und natura naturata, von Struktur und Transzendenz ab: In die uneinholbare Vorgängigkeit von Sinn eingebettet, ist menschliches Verhalten fähig, gegebene Strukturen zu transzendieren und neuen Sinn zu schaffen (1942, S. 200); darin liegt das Vermögen der endlichen, doch irreduziblen Freiheit.

Ursprüngliche Form der Selbst- und Welterfahrung ist die Wahrnehmung. Sie ist die rezeptiv-produktive Erschließung, in welcher der Leib als Verankerung in der Welt wie als Öffnung auf die Welt und formgebende Strukturierung der Welt fungiert. So verstanden, ist Wahrnehmung allgemeinstes Medium und Grundlage aller theoretischen wie praktischen Einstellungen; ihre phänomenologische Beschreibung hat den Bereich des In-der-Welt-Seins als ganzen auszumessen, auch wenn sie für höherstufige Formen theoretischen und praktischen Verhaltens gleichsam nur den Einsatzpunkt sichtbar macht, nicht ihre Binnenstruktur durchleuchtet. In den ersten beiden Teilen der „Phänomenologie der Wahrnehmung" geht Merleau-Ponty die verschiedenen Sphären dieser natürlichen Erfahrung durch, wobei die gleiche Grundstruktur des inkarnierten Sinns in vielfältigen Konstellationen wiederkehrt: in der Erfahrung des Leibes, des Raums, in Ausdruck und Sprache, in Ding- und Welterfahrung, im intersubjektiven Verkehr und in der Erfahrung der geschichtlich-sozialen Welt. Immer bleibt der Leib der irreduzible Referenzpunkt, der die Vorgängigkeit des Subjekts für sich selber — jene ursprüngliche Vergangenheit in ihm, die nie Gegenwart war (S. 283) — zum Ausdruck bringt und den nicht nur die traditionelle Erkenntnistheorie, sondern auch Husserl, Heidegger und Sartre verfehlen. Der abschließende dritte Teil geht dann der Struktur des Selbstverhältnisses nach, um im Kern der Subjektivität selber den letzten Grund menschlicher Existenz auszumachen.

2. Die Geschichtlichkeit des Subjekts

Wenn die phänomenologische Selbstbesinnung ihrerseits auf ein „Cogito" zurückgeht, so unterscheidet sich dieses in wesentlichen Zügen von der cartesischen Selbstgewißheit. Die phänomenologische Reflexion führt zu keiner Koinzidenz des Bewußtseins und zu keiner Selbsttransparenz. Sie führt nicht hinter die trügerische Wahrnehmung auf ein unbezweifelbares Denken der Wahrnehmung zurück; umgekehrt weist sie das „ich denke" als Moment und Derivat des konkreten Wahrnehmungsakts auf. Dessen Gewißheitscharakter ist in nichts geringer, im Gegenteil grundlegender als der des reinen, von sich Besitz ergreifenden Denkens. Wie es keine „absolute Subjektivität" (S. 280) gibt, die von allem, was nicht in ihre Selbstbeziehung integrierbar ist, abgelöst wäre, so gibt es keine vollständige Reflexion: Reflexion, so ein Leitmotiv der „Phänomenologie der Wahrnehmung", ist immer Reflexion auf ein Unreflektiertes, auf eine ,Vorgeschichte' des Bewußtseins, die anzueignen, nie restlos einzuholen ist. Das Bewußtsein kommt zu keiner Deckung mit sich, weder im Rückgang auf Herkunft noch im Entwurf. Es entgleitet sich nach beiden Seiten: als immer schon vorgängige Identität-mit-sich, die in einem der bewußten Reflexion vorausliegenden „stillschweigenden cogito" (S. 459) gewußt wird, und als eine sich immer schon vorwegseiende, doch nie voll einholbare, „niemals vollendete Synthesis" (S. 436). Im Verhältnis zu sich wiederholt sich, was die Phänomenologie schon für die einfachste Dingwahrnehmung aufgewiesen hatte: die Einheitskonstitution als eine immer schon vollzogene und zugleich über jede ausdrückliche Setzung hinausweisende. Sichtbar wird in dieser Struktur der jedem thetischen Bewußtseinsakt zugrunde- und vorausliegende Bewußtseinsvollzug, den Merleau-Ponty im Anschluß an Husserl als „fungierende Intentionalität" (S. 15, S. 474ff.) oder „passive Synthesis" (S. 476) beschreibt.

Was die Selbstkoinzidenz und Selbsttransparenz im Herzen der Subjektivität verhindert − „die „Dunkelheit des Denkens für sich selber" (S. 451) schafft −, ist ihre wesentlich *zeitliche* Verfassung. Zeit ist das Zerspringen der Identität-mit-sich und Sich-Transzendieren des Gegenwärtigen, ein Transzendieren jedoch, das nicht Auseinanderfallen, sondern Mit-sich-Einsbleiben und Sich-Gegenwärtigwerden ist: So ist Zeit letzter Grund und „Archetyp alles Verhältnisses von sich zu sich" (S. 484) − „wir müssen die Zeit als Subjekt, das Subjekt als Zeit begreifen" (S. 480). Im Medium des Zeitbewußtseins artikuliert sich die allgemeinste Formbestimmung von Bewußtsein und subjektiver Existenz: die gleichzeitige Vorgängigkeit und Selbsttranszendierung jedes Bewußtseinsakts. Vergangenheit und Zukunft markieren die doppelte Selbstabwesenheit, die jedem Akt konstitutiv ist, sein Herkommen aus einem je schon Konstituierten, einem „unabweislichen Erwerb" (S. 476), und sein Hinausverwiesensein über das, was das Bewußtsein aktuell ist und zum Gegenstand hat, auf eine im Unendlichen liegende Identität. Der Prozeß der Zeitlichkeit ist die fortwährende ,Ausfüllung' der impliziten Antizipationen, welche gleichzeitig neue Leerstellen entstehen läßt und Gegenwärtiges zum Vergangenen verfestigt. Sofern diese Struktur das Selbstverhältnis zuinnerst kennzeichnet, ist subjektives Tun nie reiner Akt und reine Wahl, kein Ausgehen vom Nullpunkt, sondern ein Sichlosreißen und Beginnen auf dem Grund eines immer-schon-Engagiertseins. Freiheit, die menschliches Dasein im ganzen definiert, ist kein „Alles-oder-Nichts" (S. 493) wie bei Sartre, sondern die Freiheit der endlichen und bedingten Existenz.

Subjektivität aber ist nicht nur zeitlich, sondern *geschichtlich*. Was die phänomenologische Reflexion als Schein enthüllt, ist nicht nur der reine Aktcharakter, sondern ebenso der monologische Charakter des transzendentalen Ego. Durch seine Leiblichkeit ist das Subjekt unmittelbar mit der natürlichen wie der sozialen und historischen Welt verflochten. Uneinholbare Vergangenheit ist ihm sowohl die Faktizität seines Sichgegebenseins wie das Vorgegebensein einer Welt von Situationen und Bedeutungen, die seine sinnstiftenden Akte gleichermaßen übernehmen wie sie sich von ihr abstoßen (S. 498 f.). Die mit der Geburt gestiftete individuelle Geschichte ist als Geschichte eines inkarnierten Subjekts in die Geschichte der Welt, der dieses angehört, eingelassen. Zu den Prämissen der Verständigung über sich gehören die kulturellen Traditionen und Sinnangebote, die sozialen Bewegungen und kollektiven Bewußtseinsformen, die Intentionen, die „von weiter her als ich selbst" kommen (S. 500) und die ihrerseits durch die Entschlüsse und Sinnentwürfe der einzelnen transformiert werden.

Mit der Freilegung der Geschichtlichkeit des Subjekts, einer Geschichtlichkeit, in die das Ich nicht nur äußerlich eingelassen ist, sondern die es von innen her affiziert, kommt der phänomenologische Rückgang auf den Boden der transzendentalen Analyse gewissermaßen an sein Ende. Die Konsequenz und Radikalität, mit der Merleau-Ponty diesen Weg geht, unterscheidet ihn von Heidegger wie von Sartre. Während jener den verengten Subjektivismus der Bewußtseinsphilosophie letztlich durch den Fundamentalismus einer vor-subjektiven Seinsgeschichte überwindet, verwehrt die dualistische Ontologie von „L'être et le néant" das Hereinbrechen wirklicher Geschichte in den Bereich des Fürsich; in beiden Fällen wird Geschichtlichkeit nicht wirklich als Grund der Subjektivität selber gedacht. An der Einsicht in deren Geschichtlichkeit festzuhalten, ist für die phänomenologische wie die humanwissenschaftliche Analyse deshalb bedeutsam, weil damit einer natürlichen Verfälschungstendenz des Bewußtseins begegnet werden soll. Gemeint ist die Tendenz, die Genesis zugunsten des Gegenständlich-Fertigen zu verdrängen, die „konstitutiven Ursprünge" (S. 63), ja, die „eigenen Phänomene zu vergessen" (S. 82) — eine Tendenz, in der sich das natürliche Bewußtsein den ontologischen Vorurteilen des Realismus angleicht, aus denen Geschichte verbannt ist. Gegen sie an die „vergessene Geschichte" zu erinnern, wird dann zur „wahren Aufgabe philosophischer Reflexion" (S. 53). —

In der Weiterführung dieses Ansatzes in Merleau-Pontys späteren Schriften lassen sich zwei Phasen unterscheiden. Während die erste vor allem der Applikation und Bewährung des in der „Phänomenologie der Wahrnehmung" gewonnenen Ansatzes in verschiedenen Theoriebereichen gewidmet ist, gilt die zweite u. a. der Ausarbeitung einer neuen Ontologie, die gleichsam noch hinter den Subjektbezug der phänomenologischen Analyse zurückfragt.

Die erste Phase ist ihrerseits durch zwei Schwerpunkte gekennzeichnet. Der eine konkretisiert die allgemeine These der Geschichtlichkeit im Feld der historisch-politischen Diskussion; der andere bringt den methodischen und inhaltlichen Ansatz der „Phänomenologie der Wahrnehmung" in die Grundlagendiskussionen der Humanwissenschaften ein. Die politische Debatte, die ihren Niederschlag vor allem in den beiden Bänden „Humanismus und Terror" (1947, dt. 1966) und „Die Abenteuer der Dialektik" (1955, dt. 1968) gefunden hat, ist zum großen Teil eine kritische Auseinandersetzung mit der marxistischen Geschichtsphilosophie. Sie ist Bezugspunkt der Diskussion, weil sie einerseits in ihren orthodoxen Verfestigungen und Verkürzungen geradezu das Gegenmodell einer existentiell verstandenen Geschichtstheorie repräsentiert, andererseits aber, ihren grundlegenden Intentionen nach, zu dieser in innerer Affinität steht. Auch hier geht es fortwährend um die doppelte Abgrenzung: gegen die These der vollen (etwa ökonomischen) Determiniertheit geschichtlicher Prozesse wie gegen deren rationalistische Deutung auf einen vernünftigen Sinn und eine höhere Idee hin. Beide Positionen teilen das Vorurteil des irgendwo feststehenden und fertigen Sinns und verwehren sich der Dialektik von „Sinn und Nicht-Sinn" (vgl. 1948), die den Kern des Geschichtlichen ausmacht. Geschichte ist der Kampf um Sinn, das Herausarbeiten eines Sinns, der nie seinen Abschluß, seine endgültige Festlegung, seinen vollendeten Ausdruck findet. „Es gäbe keine Geschichte, wenn alles einen Sinn hätte und die Entwicklung der Welt nur die sichtbare Verwirklichung eines vernünftigen Plans wäre" (1948, S. 298).

Wie die Erarbeitung der eigenen Position in intensiver Auseinandersetzung mit der Psychologie stattgefunden hat, so interessieren Merleau-Ponty in späteren Aufsätzen die Konvergenzen, die er zwischen dem phänomenologischen Ansatz und neueren Entwicklungen in den Humanwissenschaften wahrzunehmen glaubt: in Psychologie und Psychoanalyse ebenso wie in Linguistik, Soziologie und Ethnologie (1948, 1951/2, 1960). Der Typus der Humanwissenschaft, der darin sich abzeichnet, ist in der Mitte zwischen Philosophie und Empirie oder auch zwischen Natur- und Kulturwissenschaft situiert; neue methodische Orientierungen wie etwa der Begriff der Struktur weisen einen „Ausweg aus der Subjekt-Objekt-Beziehung, welche die Philosophie von Descartes bis Hegel beherrscht" (1960, S. 155). Doch geht es nicht bloß um methodische Grundlagenrevisionen. Was sich in ihnen widerspiegelt, ist ein neues Bewußtsein des Gegenstandes: In ihnen zeigt sich das menschliche Sein – das Soziale, das Psychische – weder als Ding noch als Bewußtsein, sondern als jener Zwischendimension zugehörig, deren letzte Bestimmung die Subjektivität in ihrer inneren Geschichtlichkeit ist.

Der Weg zum Spätwerk führt zum Teil über eine neue Beschäftigung mit Themenfeldern, die schon früher Gegenstand inhaltlicher Analysen waren: Sprache und Malerei (1960, S. 7–122; 1961, S. 193–227; 1964, 1969). Er führt einen nochmaligen Schritt hinter die Bewußtseins- bzw. Subjektzentrierung der intentionalen Analyse und des phänomenologischen Ansatzes zurück, ohne diesen aber im Sinn des späteren Strukturalismus und Poststrukturalismus schlicht hinter sich zu lassen.

Anmerkungen

[1]) Zitate werden mit Jahreszahl der Erstveröffentlichung (s. Literaturverzeichnis) und Seitenzahl (der deutschen Übersetzung, soweit vorhanden) nachgewiesen; reine Seitenzahlangaben beziehen sich auf: Phénoménologie de la perception. Paris, 1945; dt. Berlin, 1976.
[2]) Neben Köhler und Koffka sind hier vor allem der Neurologe Goldstein und der Verhaltensforscher Buytendijk zu nennen.
[3]) Vgl. „Le Métaphysique dans l'Homme". In Sens et non-sens (1948), 145–172; „De Mauss à Claude Lévi-Strauss". In Signes (1960), 143–157.

Literatur

Boer, K. (1978). M. Merleau-Ponty: Die Entwicklung seines Strukturdenkens. Bonn: Bouvier.

Geraets, T. F. (1971). Vers une nouvelle philosophie transcendantale. La genèse de la philosophie de M. Merleau-Ponty jusqu'à la „Phénoménologie de la perception". Den Haag: Nijhoff.

Grathoff, R. & Sprondel, W. (Hg.) (1976). M. Merleau-Ponty und das Problem der Struktur in den Sozialwissenschaften. Stuttgart: Enke.

Kwant, R.-C. (1963). The Phenomenological philosophy of Merleau-Ponty. Pittsburgh: Duquesne University Press.

Lapointe, F. H. & Lapointe, C. C. (1976). M. Merleau-Ponty and his critics. An international bibliography (1942–1976), preceded by a bibliography of Merleau-Ponty's writings. New York, London: Garland.

Merleau-Ponty, M. (1942). La structure du comportement. Berlin: de Gruyter 1976.

Merleau-Ponty, M. (1945). Phénoménologie de la perception. Berlin: de Gruyter 1966.

Merleau-Ponty. M. (1947). Humanisme et terreur. Frankfurt/M.: Suhrkamp 1966.

Merleau-Ponty, M. (1948). Sens et non-sens. Paris: Nagel.

Merleau-Ponty, M. (1951/52). Les sciences de l'homme et la phénoménologie. Les cours de Sorbonne. Centre de documentation universitaire. Berlin: de Gruyter 1973.

Merleau-Ponty, M. (1953). Eloge de la philosophie. Berlin: de Gruyter 1973.

Merleau-Ponty, M. (1955). Les aventures de la dialectique. Frankfurt/M.: Suhrkamp 1968.

Merleau-Ponty, M. (1960). Signes. Hamburg: Meiner 1984.

Merleau-Ponty, M. (1961). L'oeil et l'esprit. In Les Temps Modernes 17, 193–227; Buchausgabe: Hamburg: Meiner 1984.

Merleau-Ponty, M. (1969). Le visible et l'invisible, hg. v. C. Lefort. München: Fink 1986.

Merleau-Ponty, M. (1969). La prose du monde, hg. v. C. Lefort. München: Fink 1984.

Métraux. A. & Waldenfels, B. (Hg.) (1986). Leibhaftige Vernunft. Spuren von Merleau-Pontys Denken. München: Fink.

Sartre, J. P. (1961). Merleau-Ponty vivant. Les Temps Modernes 17, 304–376.

Schmidt, J. (1985). Maurice Merleau-Ponty: Between phenomenology and structuralism. London: Macmillan.

Tillitte, X. & Métraux, A. (Hg.) (1973). Merleau-Ponty: Das Problem des Sinnes. In G. Speck (Hg.), Grundprobleme der großen Philosophen der Gegenwart II. Göttingen: Vandenhoeck & Ruprecht.

Waldenfels, B. (1983). Phänomenologie in Frankreich. Frankfurt/M.: Suhrkamp.

III.

Wegbereiter psychologischer Provenienz

Innere Natur als sedimentierte Geschichte? Freuds Stellung zum Gedanken einer Historizität des Psychischen

Norbert Rath

1. Zum methodologischen Doppelcharakter der Psychoanalyse: Das Selbstverständnis Freuds

Sigmund Freuds Selbstverständnis zufolge ist die Psychoanalyse weder larvierte Biologie noch verkappte Philosophie, sondern ein neues Paradigma einer auf dem Weg zur Autonomie fortschreitenden Psychologie. Im ‚Entwurf einer Psychologie‘ von 1895 hatte er selbst noch versucht, eine Psychologie auf neurophysiologischer Grundlage zu geben, mußte diesen Versuch jedoch selbst bald als gescheitert ansehen (Freud, 1950, S. 371 ff.). In den ersten psychoanalytischen Hauptschriften der Jahre 1899–1905 legt er sich darum eine Beschränkung auf im strengen Sinn psychologische Themen und Betrachtungsweisen auf. Sein Konzept einer gewissen Eigenständigkeit des Psychischen und einer spezifischen psychischen Wirklichkeit eröffnet die Bahn für eine Psychologie, die ihre Eigenständigkeit sowohl gegenüber der medizinischen Physiologie wie auch gegenüber der rationalistischen Psychologie der philosophisch-geisteswissenschaftlichen Tradition behaupten kann. Gegen eine vorschnelle Vereinnahmung betont Freud besonders in der Zeit bis 1917 immer wieder die Abgrenzung der Psychoanalyse gegenüber biologischen Gesichtspunkten einerseits (vgl. GW V, S. 30; VIII, S. 209; VIII, S. 410; X, S. 144 f.) und philosophischen Theoremen andererseits (vgl. GW VIII, S. 405–407; XI, S. 13; XIV, S. 217 f.). Der abweisende Standpunkt der zeitgenössischen Bewußtseinsphilosophie gegenüber dem psychoanalytischen (ursprünglich, z.B. bei Schelling, ja selbst philosophischen) Konzept des Unbewußten provoziert Freud oft genug zu spöttischen Kommentaren (vgl. GW VII, S. 74; VIII, S. 406; XIV, S. 103 f.; zur Rezeption in der Philosophie vgl. Scheidt, 1986).

Wenn die als neue Wissenschaft vom Unbewußten konzipierte Psychoanalyse eine „Mittelstellung zwischen Medizin und Philosophie" hat (GW XIV, S. 104), dann muß sie, methodologisch gesehen, die Theoriesprachen empirischer und hermeneutischer Wissenschaften verbinden. Sie ist ‚gemischte Rede‘, verknüpft Energetik und Hermeneutik (Ricœur, 1969; Jeron, 1981). Freud selbst hat sich noch 1932 als jemanden bezeichnet, „der sein Leben lang rechtschaffen als Naturforscher gearbeitet hat" (GW XV, S. 58). Im Vergleich mit ‚Naturforschern‘ des 19. Jahrhunderts haben auch seine Forschungen den Begriff der ‚menschlichen Natur‘ verändert und erweitert; die Assoziation zu

Darwin kommt ihm nicht zufällig (GW XI, S. 295). Im Gegensatz zu ihnen aber konnte Freud nicht auf eine einheitliche Methodologie vertrauen. Die menschliche Psyche als eine Vermittlungsinstanz zwischen naturalen und kulturellen Gegebenheiten erforderte eine zugleich erklärende und verstehende Wissenschaft. Freud hat darauf verzichtet, den hieraus resultierenden methodologischen Doppelcharakter der Psychoanalyse im einzelnen zu erläutern; es blieb bei vereinzelten Hinweisen.

Dieser Verzicht und mehr noch die grundlegende Unentschiedenheit im methodologischen Status der Psychoanalyse haben immer wieder zu Kontroversen und zu Vorwürfen geführt. Zumeist wurde versucht, den Widerspruch nach einer Seite hin aufzulösen. Schon C. G. Jung kritisierte, die Freudsche Psychoanalyse verfalle einem „Biologismus und Naturalismus" (1916, S. 337). Von Frank J. Sulloway sind die biologischen Prämissen in Freuds Konzeptualisierung des Psychischen im einzelnen aufgewiesen und auf die zeitgenössische Diskussion bezogen worden; Freud vertritt demnach eine darwinistische Sicht der Evolutionsgeschichte, eine neolamarckistische Auffassung der Vererbung von psychischem Material und eine biogenetische Betrachtungsweise, nach der die Ontogenese die abgekürzte Wiederholung der Phylogenese ist (1979, S. 145, 194f., 504, 538, 558, 676). Freuds Theorie bleibe insgesamt einer „evolutionären Form von biologischem Reduktionismus" verhaftet (Sulloway, 1979, S. 571). David Rapaport moniert, die Psychoanalyse biete keine einheitliche und systematisierte Theorie menschlichen Verhaltens (1960, S. 42). Für Jürgen Habermas ist die Psychoanalyse entgegen dem „szientistischen Selbstmißverständnis" Freuds als Tiefenhermeneutik zu konzipieren (1968, S. 263; vgl. S. 300ff.); erkenntnistheoretisch gewinnt sie für ihn Bedeutung „als das einzige greifbare Beispiel einer methodisch Selbstreflexion in Anspruch nehmenden Wissenschaft" (1968, S. 262). In Auseinandersetzung mit z. B. Habermas und Rapaport entwickelt Alfred Lorenzer ein am historischen Materialismus orientiertes Konzept der Psychoanalyse als einer hermeneutisch verfahrenden Wissenschaft (1976, S. 61ff., 153ff.). Schon Max Horkheimer hatte betont, „daß die fruchtbarsten Aspekte der Freudschen Theorie in äußerstem Gegensatz zu seiner empiristisch-naturalistischen Erkenntnistheorie stehen" (1940; S. 289), hatte zugleich aber „Freuds sozio-historische Studien [...] Modelle psychologischer Geschichtsinterpretation" im Sinne Diltheys genannt (1940, S. 288). Odo Marquard hebt mit Nachdruck die Nähe Freuds zu Schelling, Schopenhauer und Nietzsche hervor; mit seiner „Naturalisierung der Geschichte" wiederhole Freud „die romantische Naturermächtigung" (1987, S. 226f.).

Freud selbst hat sich weder auf die seinerzeit vorliegenden Theorien historischer Hermeneutik, z. B. von Johann G. Droysen oder Wilhelm Dilthey, bezogen noch das methodologische Doppelgesicht der Psychoanalyse zwischen Medizin und Philosophie, zwischen Biologie und Geschichte genauer bestimmt; nur indirekt läßt sich erschließen, daß ihm selbst dieser Doppelcharakter als unverzichtbar galt. Schon der Ausgangspunkt der Analyse, das Individuum und seine psychische Geschichte, verhindert, daß gänzlich ahistorisch und ohne alle hermeneutische Reflexion verfahren werden könnte. Über den Konstruktcharakter geschichtlicher und analytischer Konzepte hat Freud sich keineswegs getäuscht: „Die Feststellung des ursprünglichen Zustands bleibt also jedesmal eine Sache der Konstruktion" (GW IX, S. 125). Die Annahme, es gebe einen seelischen „Apparat", gilt ihm nur als eine „Hilfsvorstellung", eine heuristische „Fiktion", deren Wert einzig davon abhängt, „wieviel man mit ihr ausrichten kann" (GW XIV, S. 221; vgl. XVI, S. 41 ff.: ‚Konstruktionen in der Analyse'). Nicht zufällig hat Freud das Vorgehen der Psychoanalyse immer wieder mit dem von Hilfswissenschaften der Historie verglichen, mit dem der Textkritik, Paläographie, Hieroglyphik (GW I, S. 189), vor allem mit dem seiner Lieblingswissenschaft, der Archäologie. „Die Psychoanalyse war und ist selber eine historische Wissenschaft in dem Sinne, daß sie aus der Lebensgeschichte der Individuen die Grundlagen ihrer Diagnose und Therapie gewinnt. (...) Der Verstehensbegriff der Psychoanalyse ist mit dem auf Erfassung intentionalen Handelns gerichteten ‚Verstehen' des Historismus eng verwandt" (Wehler, 1973, S. 97). Die Traumdeutung verfährt quasi quellenkritisch, sie deutet den „Traumtext" (GW XV, S. 9), den manifesten Traum, als eine ‚sekundäre Quelle', aus der man nur indirekt schließen kann. Der Traum insgesamt erscheint als ein Palimpsest, bei dessen genauer Analyse der ursprüngliche Text, d. h. der latente Traumgedanke, lesbar wird.

Die rekonstruktive Analyse, die sich um die Aufdeckung des Verdrängten müht, kann mit den Ausgrabungsarbeiten in Pompeji verglichen werden. Im inneren Pompeji ist demnach „Alles Wesentliche (...) noch irgendwie und irgendwo vorhanden, nur verschüttet, der Verfügung des Individuums unzugänglich gemacht" (GW XVI, S. 46; vgl. VII, S. 65, 77f., 112). Zur Rekonstruktionsarbeit gehört das Vertrauen, „daß im Seelenleben nichts, was einmal gebildet wurde, untergehen kann, daß alles irgendwie erhalten bleibt" (GW XIV, S. 426). Der Analytiker als Archäologe glaubt zu wissen, daß alle psychischen Bildungen für das Individuum geschichtswirksam bleiben; Freud erläutert das an dem Bild eines vorgestellten Roms, „in dem also nichts, was einmal zustande gekommen war, untergegangen ist, in dem neben der letzten Entwicklungsphase auch alle früheren noch fortbestehen" (GW XIV, S. 427; dazu Kluge, 1983; S. 55; Negt/Kluge, 1981, S. 215f.). Dieser Auffassung von einer Gegenwärtigkeit des älteren Psychischen im jetzigen, die für Freud seit den Anfängen der Analyse bestimmend geblieben ist, entspricht seine Vorliebe für aussagekräftige historische Metaphern; zugleich zeigt sich darin seine Distanz zu einem naiven Naturalismus. Ohnehin dürfte man einem Autor, dessen erstes Hauptwerk ‚Die Traumdeutung' heißt, kaum einen *naiven* Naturalismus unterstellen können.

Es gibt so etwas wie ‚Naturalismus' bei Freud, aber einen primär strategischen, gerichtet gegen philosophisch-bewußtseinspsychologischen Idealismus einerseits, mechanistisch-neurophysiologischen Positivismus andererseits. Freuds ‚Naturalismus' hat die Funktion, die Anwendbarkeit evolutionärer Theorien auf psychologische Fragestellungen sicherzustellen. Eine zu rasche Identifikation von Psychischem mit ‚Bewußtsein', ‚Geist' usw. soll vermieden werden. Freuds ‚Naturalismus' steht polemisch gegen einen ‚Kulturalismus' in der Psychologie. Aber es ist kein Naturalismus, der geschichtliches Denken und der die Methode des Verstehens aus der Psychologie ausschlösse. Als Psychodarwinist, Psycholamarckist und Psychogenetiker marginalisiert Freud zunächst soziologisch-historische Theorien der menschlichen Persönlichkeit, indem er über sie hinaus der Evolutionstheorie verpflichtete Erklärungsschemata einsetzt. Aber er weist solche Theorien nicht gänzlich ab. Er läßt die kausal-physikalistischen Theoreme der Gehirnforschung des späten 19. Jahrhunderts hinter sich und stellt ihrem statischen Ansatz die Dynamik eines evolutionsgeschichtlichen Konzepts der menschlichen Psychosexualität entgegen. Menschliche Natur erscheint nicht mehr als ein unabänderlich Gegebenes, ein für allemal Festgelegtes, sondern selbst als evolutions- und kulturgeschichtlich geworden und in einen Prozeß fortschreitender Veränderung eingespannt (vgl. Rath, 1988, S. 215 ff.).

Schon 1926 hat Ludwig Binswanger auf die Doppelheit naturwissenschaftlicher Erklärungsansätze und hermeneutischer Verstehensansätze in Freuds Werk hingewiesen und hervorgehoben, „daß die Psychoanalyse Freuds das ‚eigentliche Studium der Menschheit' erstmals systematisch auf Erfahrung (im Sinne der Erfahrungs*wissenschaft*) gegründet" habe (1926, S. 224 f.). Binswanger behauptet die Untrennbarkeit von psychologischem Deuten und möglicher Erfahrung und erkennt, daß bei Freud von Anbeginn eine spezifisch „psychologische Heuristik und Interpretation oder Hermeneutik im engeren Sinne" vorliegt (1926, S. 231, vgl. S. 237). Daß Freud also zugleich natur- und geisteswissenschaftlicher Methodologie verpflichtet ist, daß er nicht einfach die historische Hermeneutik des Historismus übernehmen konnte, sondern eine spezielle psychologische Hermeneutik für den von ihm erforschten Phänomenbereich entwickeln mußte, hat Binswanger bereits mit wünschenswerter Deutlichkeit ausgesprochen. Später hat er − unter Aufgreifen Heideggerscher Denkmotive − gefragt, ob Freuds „Idee des homo natura", des Menschen als eines Naturwesens, nicht die „Wirklichkeit des Phänomenalen, ihre Eigenart und Eigengeschichtlichkeit" verschlinge (Binswanger, 1947, S. 166; vgl. Wyss, 1972, S. 283 f.; Urbanitsch, 1983, S. 284 ff.). 1956 schließlich hat er diese Kritik wiederum revidiert und von der „‚grandios konsequenten Einseitigkeit' des Freudschen ‚Naturalismus' gesprochen" (1956, S. 106; vgl. S. 111). Er hat also die wissenschaftsstrategische Bedeutung dieses ‚Naturalismus" gesehen und zugleich früh die Unverzichtbarkeit einer speziellen Hermeneutik für die Psychoanalyse und die Psychologie überhaupt betont − in kritischer Schülerschaft zu Freud, der den Zeugnissen seines methodologischen Selbstverständnisses nach eher ‚Naturalist', in seiner analytischen Praxis und dem theoretischen Gehalt seiner Schriften nach aber sowohl ‚Naturforscher' wie ‚Geschichtsforscher' war, sowohl kausal zu erklären wie deutend zu verstehen versuchte. Auch für eine gegenwärtige historische Psychologie gelten beide Anforderungen: sie muß sowohl erklärende wie verstehende Wissenschaft sein können, und sie darf sich ihre Deutungsschemata und theoretischen Vorgaben weder einfach von den

Natur- noch von den Geschichts- und Geisteswissenschaften vorgeben lassen. Wenn das psychische System zwischen somatischen Impulsen und den Systemen des in einer Gesellschaft Erlaubten, Ge- und Verbotenen vermittelt, wenn es eine Zwischeninstanz mit einer recht weitgehenden Autonomie ist, dann verlangt es auch, darin sind sich Freud und Binswanger einig, eine spezifisch ausgebildete psychologische Hermeneutik, die vielleicht immer noch ein Stück weit als ‚Naturforschung‘ gelten kann, aber sicherlich — und nicht zuletzt in Freuds Spätwerk — in ‚Kulturforschung‘ und damit in ‚Geschichtsforschung‘ übergeht.

2. Die Psychoanalyse — Allianzwissenschaft einer kritischen Theorie der Gesellschaft?

Freuds Perspektive ist zunächst nicht die eines Historikers, der das Psychische als geschichtliches Produkt begreifen würde, als Ergebnis einer verwickelten Folge historischer Abläufe und in ihnen sedimentierter Lebens- und Bewußtseinsformen. Ohne die Möglichkeit einer solchen Sichtweise gänzlich in Abrede zu stellen, nimmt er eher die umgekehrte Perspektive ein, begreift ‚Geschichte‘, zum Beispiel Religionsgeschichte, aus der psychischen Dynamik des entwicklungs- und damit neurosefähigen Tiers Mensch. Alle bisherige Geschichte ist für ihn prinzipiell die Geschichte von Naturwesen: „Die bisherige Entwicklung des Menschen scheint mir keiner anderen Erklärung zu bedürfen als die der Tiere" (GW XIII, S. 44). Auch die Geschichte der Kultur gehört dann zur Geschichte der Tiergattung Mensch, als ein gemeinsam errichteter und aufrecht erhaltener Schutzbau gegen eine immer lebensbedrohend bleibende Natur. Die Kulturfähigkeit der Menschen bleibe fragwürdig, ihre Kultiviertheit erscheint als eine Art Fassade; Freud gelangt zu tief pessimistischen Anschauungen über die ‚menschliche Natur‘: *Homo homini lupus*; wer hat nach allen Erfahrungen des Lebens und der Geschichte den Mut, diesen Satz zu bestreiten? Diese grausame Aggression [...] enthüllt den Menschen als wilde Bestie, der die Schonung der eigenen Art fremd ist. Wer die Greuel der Völkerwanderung, der Einbrüche der Hunnen, der sogenannten Mongolen unter Dschingis Khan und Timurlenk, der Eroberung Jerusalems durch die frommen Kreuzfahrer, ja selbst noch die Schrecken des letzten Weltkriegs in seine Erinnerung ruft, wird sich vor der Tatsächlichkeit dieser Auffassung demütig beugen müssen" (GW XIV, S. 471; 1930). Die animalische Natur der Menschen betont Freud immer wieder (vgl. GW VIII, S. 59; IX, S. 154; X, S. 33, 433; XIII, S. 44; XV, S. 197). Ausdrücklich erhebt er es zum Programm, die hybride Selbsterhebung der Menschheit über ihre tierische Abstammung und ihr Tiersein ein Stück weit zurückzunehmen: „Wir verringern die Kluft, die frühere Zeiten menschlicher Überhebung allzuweit zwischen Mensch und Tier aufgerissen haben" (GW XVI, S. 207). Im gleichen Kontext ist die Rede vom „Menschentier" (GW XVI, S. 208). Damit ein Zusammenleben der Menschen, damit überhaupt menschliches Leben möglich ist, müssen die tierischen Erbschaften in der menschlichen Triebdynamik gebändigt werden: „Gefesselte Sklaven tragen den Thron der Herrscherin", nämlich der Kultur (GW XIV, S. 106). Die Hypotheken der Evolution sind niemals gänzlich abzuwälzen: „Wir Menschen fußen auf unserer tierischen Natur, wir werden nie göttergleich werden können" (1960, S. 380; Brief vom 9.12.1928).

Für Freud ist der triebunterdrückende Charakter der Kultur letzten Endes unaufhebbar, ja sogar unverzichtbar (vgl. GW XIV, S. 106). Herbert Marcuse hat dieser Auffassung widersprochen, mit dem Verweis auf die Differenz zwischen biologischen und sozialen Faktoren der kulturellen Evolution (1971, S. 132 ff.). Marcuse hebt hervor, Freud sei „sich der historischen Elemente innerhalb der menschlichen Triebstruktur durchaus bewußt" (1955, S. 133; mit Hinweis auf GW XIV, S. 370). Er verteidigt Freud gegen ‚Revisionisten' wie Horney, Sullivan oder Fromm: „Hinter all den Unterschieden der historischen Gesellschaftsformen sah Freud die ihnen allen gemeinsame Unmenschlichkeit, sah er die unterdrückenden Methoden, die die Herrschaft des Menschen über den Menschen in der Triebstruktur selbst dauerhaft zu machen suchen" (1955, S. 251). Entgegen dem ersten Anschein sei „Freuds Theorie in ihrer eigentlichen Substanz ‚soziologisch'"; sein sogenannter Biologismus sei „Gesellschaftstheorie in einer Tiefendimension, die von den neofreudianischen Schulen konsequent verflacht worden ist" (1955, S. 11). Wenn man Freuds Theorie des Menschen unter philosophischer Perspektive untersuche, so stelle sich heraus, „daß die konkretesten Einsichten in die historische Struktur der Kultur gerade in den Konzeptionen enthalten sind, die die Revisionisten verwerfen. Fast die gesamte Metapsychologie Freuds, seine späte Triebtheorie, seine Rekonstruktion der Vorgeschichte der Menschheit gehören hierzu" (1955, S. 12). Es handle sich bei diesen Hypothesen der Metapsychologie um Freuds „Philosophie", die er von seiner Wissenschaft strikt unterschieden habe; es gelte, diese sogar in der Psychoanalyse „tabuierten Einsichten" für eine Theorie und Kritik der Kultur fruchtbar zu machen (1955, S. 13). Über Freud hinaus (und gegen ihn) besteht Marcuse darauf, daß Lebensnot keine Konstante sein müsse, daß es „historische Grenzen des geltenden Realitätsprinzips" gebe (1955, S. 129–139).

Wie Herbert Marcuse kritisiert Theodor W. Adorno den ‚Revisionismus' Horneys und Fromms (1952, S. 20–41) und gibt ebenfalls zu bedenken, daß das geltende Realitätsprinzip nicht das einzig historisch mögliche sein muß. Aber seine Freud-Kritik ist schärfer als die Marcuses: „Die analytische Theorie denunziert die Unfreiheit und Erniedrigung der Menschen in der unfreien Gesellschaft [...] Aber unter ihrem mit dem Tode verschworenen Medizinerblick gerinnt die Unfreiheit zur anthropologischen Invariante, und damit versäumt die quasi-naturwissenschaftliche Begriffsapparatur an ihrem Gegenstand, was nicht nur Gegenstand ist: das Potential der Spontaneität" (Adorno, 1955, S. 62 f.). An der wechselnden Stellung analytischer Theoretiker zum Überich, das ursprünglich als eine Instanz galt, die zu durchschauen, aufzuheben, zumindest stark einzuschränken war, während es für die ‚revisionistische' Analyse nur mehr richtig mit den anderen Instanzen ausbalanciert werden muß, zeigt sich für Adorno „die geschichtliche Veränderung der Psychoanalyse, ihr Übergang von einem radikalen Medium der Aufklärung zu einem der praktischen Anpassung an bestehende Verhältnisse" (1955, S. 64). Adorno wendet sich sowohl gegen ein Verständnis der Soziologie als angewandter Psychologie als auch gegen eine Soziologisierung der Psychoanalyse: „Freud, der, nicht ohne den Expansionsdrang des Spezialisten, schließlich die Soziologie als angewandte Psychologie verstanden wissen wollte, ist paradoxerweise in den innersten psychologischen Zellen auf Gesellschaftliches wie das Inzestverbot, die Verinnerlichung der Vaterimago und primitiver Hordenformen gestoßen" (1966, S. 88). Der Verfasser von ‚Totem und Tabu' oder ‚Massenpsychologie und Ich-Analyse' wird damit gerechtfertigt. Manche Theoreme mögen auf durchaus problematischen Ausgangshypothesen beruhen, führen aber, zum Beispiel in der Vorurteilsforschung, zu Einsichten von erheblicher soziologischer Relevanz. Als Größe Freuds sieht Adorno es an, daß er — im Gegensatz zu dem harmonisierenden ‚Revisionismus' — „Widersprüche unaufgelöst stehen läßt und es verschmäht, systematische Harmonie zu prätendieren, wo die Sache selber in sich zerrissen ist. Er macht den antagonistischen Charakter der gesellschaftlichen Realität offenbar, soweit innerhalb der vorgezeichneten Arbeitsteilung seine Theorie und Praxis reicht" (1952, S. 40). Noch 1966 hat Adorno übrigens behauptet: „Freud wird nach wie vor in Deutschland verdrängt [...]: durch Tiefe verflacht. Die Behauptung, er sei überholt, ist in Deutschland bloßer Ausdruck des Obskurantismus; erst wäre er einmal einzuholen" (1966, S. 89f.; vgl. 1986, S. 742f.). Die Kritik der älteren Generation der ‚Frankfurter Schule' am psychoanalytischen ‚Revisionismus' und am Konformismus der psychoanalytischen Orthodoxie wird gegenwärtig von Autoren wie A. Lorenzer (1976; 1987), H. Dahmer (1973) und vor allem R. Jacoby (1986) fortgeführt.

Freud hat sich bekanntlich gegen die Beanspruchung der Psychoanalyse als Hilfswissenschaft einer kritischen Gesellschaftstheorie verwahrt (vgl. GW XV, S. 191–197). Auf eine solche Beanspruchung scheinen manche Äußerungen Horkheimers, Adornos und Marcuses hinauszulaufen, wobei ihre Konzepte einer soziologisch reflektierten Psychologie und einer psychoanalytisch aufgeklärten Soziologie keine vorschnelle Vermischung beider Bereiche und nach 1940 auch keine analytische Sozialpsychologie im Sinne Erich Fromms favorisieren, obschon Fromms frühe Aufsätze hierzu im Kontext der Arbeit des ‚Instituts für Sozialforschung' entstanden sind (Fromm, 1970, darin eine Reihe von Aufsätzen aus den 30er Jahren: S. 9–70, 77–144). Auch Dahmer geht es im Anschluß an Bernfeld und andere Vertreter der ‚Freudschen Linken' um eine „Neu-Interpretation der Psychoanalyse als einer Sozialwissenschaft hermeneutisch-dialektischen Typs", im Gegenzug gegen die psychoanalytische ‚Orthodoxie' und, soweit ihm erforderlich scheinend, gegen das methodologische Selbstverständnis Freuds (Dahmer, 1973, S. 12; vgl. S. 21f.). Dahmer versucht, „Freuds Schriften insgesamt als Gesellschaftstheorie sui generis zu lesen, in der

Hoffnung, die Einsicht in die gesellschaftliche Bedingtheit seiner Psychologie zu vertiefen und die Historisierung psychoanalytischer Kategorien weiterzutreiben" (1973, S. 23). Als Schlüsseltext des Verhältnisses von Psychologie und Geschichte bei Freud sieht Dahmer ‚Die Zukunft einer Illusion' von 1927, als einen Versuch, „Psychologie als Moment des gesellschaftlichen Lebensprozesses zu interpretieren": „Freuds Kulturtheorie ist ein Versuch, den Modus der Vergesellschaftung der bürgerlichen Individuen und die gesellschaftlichen Ursachen ihrer ‚Ichschwäche', die die Neurosentherapie zu korrigieren sucht, aufzuklären" (1973, S. 102f.; vgl. S. 104ff.). — Für Freud selber sind die psychischen Hervorbringungen weder, wie etwa für Jung, unmittelbar Natur, noch primär, wie für die Freudsche ‚Linke', gesellschaftlich bedingte ‚zweite Natur' (vgl. Horn, 1973, S. 287; 317), sondern das psychische System steht zwischen Natur und Kultur, vermittelt die Ansprüche beider miteinander und mit den Lebensinteressen des Individuums.

3. Die Psychoanalyse — Hilfswissenschaft einer soziohistorischen Zivilisationstheorie?

Freud hat die Psychologie dadurch revolutioniert, daß er Erscheinungen wie Träume, Neurosen, Fehlhandlungen, Charakterprägungen usw. historisch auffaßt, in seiner Sprache: als determiniert bzw. überdeterminiert. Den Hegelschen Gedanken, daß das Resultat nicht ohne den Prozeß zu denken sei, innerhalb dessen es zustandegekommen ist (Hegel, 1806, S. 13; 26), überträgt er auf die Deutung psychischer Phänomene. Von der Einsicht in die lebensgeschichtliche Historizität des individuellen Psychischen ist es nur ein Schritt zur Einsicht in seine gattungsgeschichtliche Historizität. Freud hat diesen Schritt anfangs zugunsten einer strengen Beschränkung auf ‚reine Psychologie' zu vermeiden gesucht. In ‚Totem und Tabu' (1912) hat er dann die schon über längere Zeit von ihm erwogene Parallele zwischen kindlicher, neurotischer und archaischer Bewältigung des ödipalen Konflikts gezogen. Noch 1918 hat er aber, bei aller Anerkennung dessen, daß sich in kindlichen Phantasien „unzweifelhafter ererbter Besitz, phylogenetische Erbschaft" finde, doch gegen Jung darauf bestanden, daß Spekulationen über phylogenetische Vererbung nicht die Analyse ersetzen könnten: „Ich halte es für methodisch unrichtig, zur Erklärung aus der Phylogenese zu greifen, ehe man die Möglichkeiten der Ontogenese erschöpft hat; ich sehe nicht ein, warum man der kindheitlichen Vorzeit hartnäckig eine Bedeutung bestreiten will, die man der Ahnenvorzeit bereitwillig zugesteht; ich kann nicht verkennen, daß die phylogenetischen Motive und Produktionen selbst der Aufklärung bedürftig sind, die ihnen in einer ganzen Reihe von Fällen aus der individuellen Kindheit zu teil werden kann" (GW XII, S. 131). Die Konstruktion aus der individuellen Lebensgeschichte hat systematisch der weniger nachprüfbaren, spekulativeren Konstruktion aus der Gattungsgeschichte voranzugehen.

Letzten Endes bilden allerdings, das steht für den späten Freud fest, beide Prozesse ganz ähnliche Strukturen aus. Als Zusammenfassung seiner kulturtheoretischen Schriften formuliert er 1935: „Immer klarer erkannte ich, daß die Geschehnisse der Menschheitsgeschichte, die Wechselwirkungen zwischen Menschennatur, Kulturentwicklung und jenen Niederschlägen urzeitlicher Erlebnisse, als deren Vertretung sich die Religion vordrängt, nur die Spiegelung der dynamischen Konflikte zwischen Ich, Es und Über-Ich sind, welche die Psychoanalyse beim Einzelmenschen studiert, die gleichen Vorgänge, auf einer weiteren Bühne wiederholt" (GW XVI, S. 32 f.). Demnach wiederholt der Gang der Lebensgeschichte des einzelnen den Entwicklungsgang der Menschheitsgeschichte; in jeder Kindheitsgeschichte spiegelt sich die Gattungsgeschichte. Normensysteme sind dieser Auffassung nach historisch entstandene Instrumentarien zur Ausübung inneren Zwangs; in der Einzelpsyche entspricht ihnen das Über-Ich, in der Menschheitsgeschichte die Macht von Institutionen. Offensichtlich ist, daß Freud mit seiner Instanzenlehre zu einer „Personifizierung und Dramatisierung des Seelenlebens" gelangt (Binswanger, 1956, S. 86). Auf beiden Bühnen kann das Grollen der unterdrückten Triebe laut werden: auf der individuellen in Fehlverhaltensweisen oder neurotischen Symptomen, auf der kollektiven in Erscheinungen wie Krieg und Faschismus. Die dramaturgische Formel, nach der inszeniert und gespielt wird, ist das Prinzip einer Wiederkehr des Verdrängten. Die individuell angezeigte Therapie ist die Auflösung des Verdrängten durch Aufnahme ins Bewußtsein; als kollektiv notwendige Therapie sieht Freud ebenfalls Aufklärung, schätzt ihre Erfolgschancen aber zunehmend skeptisch ein (GW XVI, S. 24; 33). Walter Benjamin hat den Gedanken, daß auch das historisch Unaufgelöste die Tendenz hat, in fataler Weise wiederzukehren, seinen Thesen ‚Über den Begriff der Geschichte' (1940, S. 691–704) zugrundegelegt: Die unbegriffene Geschichte neigt dazu, sich zu wiederholen.

Für Freud wird im Traum und im neurotischen Symptom das infantile Verdrängte sichtbar; entsprechend zeige sich in Mythen, Tabus und Normensystemen archaischer Stämme ein Wiederhochkommen von dereinst gemeinschaftlich Verdrängtem (vgl. GW VIII, S. 319 f.). Die Psychoanalyse, als Archäologie des Seelenlebens, deutet archaische Monumente als ‚Überlebsel' aus der Geschichte des einzelnen bzw. der Völker. Der fortschreitende Kultur- bzw. Erziehungsprozeß zwingt immer weitere Triebanteile dazu, unbefriedigt zu bleiben: „Seit unvordenklichen Zeiten zieht sich über die Menschheit der Prozeß der Kulturentwicklung hin. [...] Diesem Prozeß verdanken wir das Beste, was wir geworden sind, und ein gut Teil von dem, woran wir leiden. [...] Die mit dem Kulturprozeß einhergehenden psychischen Veränderungen sind auffällig und unzweideutig. Sie bestehen in einer fortschreitenden Verschiebung der Triebziele und Einschränkungen der Triebregungen" (GW XVI, S. 25 f.; 1932; vgl. XV, S. 194). Freud faßt diesen Kultur- oder Zivilisationsprozeß als eine Art von Selbstdomestikation der Menschen auf. Die Anpassung des einzelnen an diesen Prozeß wird von gesellschaftlichen Instanzen und deren Verinnerlichung im Über-Ich kontrolliert.

Norbert Elias hat in seiner Zivilisationstheorie das Freudsche Über-Ich-Konzept, wenn man will, historisiert. Wenn für Freud die Ich- und Über-Ich-Bildung ein äußerst langwieriger Prozeß ist, der in der Menschheitsgeschichte Zehntausende von Jahren beansprucht, auch wenn er in der Kindheit auf eine Spanne von wenigen Jahren zusammengedrängt wird (vgl. GW XV, S. 158; zum Über-Ich-Konzept Freuds vgl. Marcus, 1987), dann beschränkt sich Elias auf die Entsprechungen von zivilisatorischer Entwicklung (z. B. Staatsbildung) und individueller Reaktionsbildung (z. B. Entwicklung einer Selbstzwangapparatur) in einigen hundert Jahren der europäischen Geschichte (Elias, 1969). Für den Ansatz beider ist die Auffassung zentral, daß „über die Menschenmasse, die den ökonomischen Notwendigkeiten unterworfen ist, auch der Prozeß der Kulturenwicklung – Zivilisation sagen andere – abläuft, der gewiß von allen anderen Faktoren beeinflußt wird, aber sicherlich in seinem Ursprung von ihnen unabhängig ist, einem organischen Vorgang vergleichbar, und sehr wohl imstande, seinerseits auf die anderen Momente einzuwirken. Er verschiebt die Triebziele und macht, daß die Menschen sich gegen das sträuben, was ihnen bisher erträglich war" (GW XV, S. 194; 1932). Gewiß kann man auf Differenzen aufmerksam machen, wie die, daß Elias das Ich unmerklich dem Über-Ich zuschlägt, und darauf, daß er in nur „lockerer Anknüpfung an Freud die historische Genese des Über-Ich zu verfolgen und dies in die unpsychologischen Ansätze zur Genese der bürgerlichen Welt einzubringen" sucht (Honneth/Joas, 1980, S. 119; vgl. S. 120; Balke, 1984, S. 25). Balke spricht vom „Status einer mangelhaft rezipierten Psychoanalyse bei Elias" (1984, S. 23) und erwägt eine Komplementierung der Elias'schen Zivilisationstheorie durch die Foucaultsche Machtanalytik (1984, S. 27 ff., bes. S. 59). Der subkutane Einfluß der Freudschen Psychoanalyse auf seine Zivilisationstheorie ist von Elias nicht annähernd ausgewiesen worden, vielleicht gerade auch darum, weil es sich um eine sehr partiell rezipierte, begriffsstrategisch transformierte Psychoanalyse handelt (vgl. z. B. Elias, 1969, Bd. II, S. 390 f.); polemisch könnte man Elias einen Gelegenheitsfreudianer nennen.

Es besteht kein Zweifel an der Bedeutung der sozio- und psychogenetischen Konstruktionen von Elias für eine historische Psychologie. Ebensowenig kann bestritten werden, daß Elias Freudsche Konzepte verwendet, historisch ausgearbeitet, mit bestechenden Konstruktionen fortentwickelt und mit zahlreichen Details unterbaut hat. „Es ist nicht richtig" – heißt es z. B. in der ‚Zukunft einer Illusion‘ –, „daß die menschliche Seele seit den ältesten Zeiten keine Entwicklung durchgemacht hat und im Gegensatz zu den Fortschritten der Wissenschaft und der Technik heute noch dieselbe ist wie zu Anfang der Geschichte. Einen dieser seelischen Fortschritte können wir hier nachweisen. Es liegt in der Richtung unserer Entwicklung, daß äußerer Zwang allmählich verinnerlicht wird, indem eine besondere seelische Instanz, das Über-Ich des Menschen, ihn unter seine Gebote aufnimmt" (GW XIV, S. 332; 1927).

Die ‚prähistorischen‘ Annahmen der Freudschen Kultur- und Persönlichkeitstheorien sind für Elias dagegen nicht brauchbar. Die Theorie von der entscheidenden Bedeutung des ödipalen Konflikts spielt für ihn keine Rolle. Auch nicht Freuds oben erwähntes Gedankenexperiment, man könne sich Rom als „ein psychisches Wesen" vorstellen, „in dem neben der letzten Entwicklungsphase auch alle früheren noch fortbestehen", also zum Beispiel alle Bauwerke aus antiker Zeit neben den mittelalterlichen und modernen (GW XIV, S. 427, vgl. S. 428). Diese „phantastische Annahme" (XIV, S. 427) enthält die Zumutung für den Historiker, sich die psychische Matrix als ein Aufschreibsystem vorzustellen, in dem nichts verlorengehen kann (vgl. GW XIV, S. 3–8), in dem Gattungs- und Individualgeschichte ihren wesentlichen Entwicklungsschüben und Traumata nach noch erhalten sind. Aus der Analyse einer einzigen psychischen Formation ergäben sich also, wenn man diese Hypothesen ernst nimmt, Anhaltspunkte für die gesamte Geschichte nicht nur des jeweiligen Lebens, sondern der Menschheit. Eine derart überschwenglich aufgefaßte Psychoanalyse wäre das Organon, das methodische Instrument einer Universalgeschichte, von der allerdings bislang nicht zu sehen ist, wie sie methodisch kontrolliert möglich wäre. Mit dem ihm eigenen Sarkasmus hat Freud geäußert, es sei keine Kleinigkeit, das ganze Menschengeschlecht zum Patienten zu haben.

Jung hat spöttisch vom Über-Ich-Konzept Freuds gesagt, das Über-Ich erscheine als Sammelsurium „odioser Hinterlassenschaften abgelebter Zeitläufte"; allerdings enthält auch für Jung das Unbewußte „die ganze prähistorische Natur des Menschen bis ins Tierische hinunter" und „alle schöpferischen Keime der Zukunft" (1930, S. 380). Wenn die analytische Therapie eine gestörte oder verletzte Erinnerungsfähigkeit wiederherstellen will, die infantile Amnesie des Analysierten aufheben möchte, dann ist es der heimliche Ehrgeiz der Freudschen Kultur- und Religionstheorie, die infantile Amnesie der Menschheit ein Stück weit aufzuheben, die durch Kulturhochmut mitbedingte Blockade der Erinnerung an die tierische Vorgeschichte zu beenden. Darum die Bedeutung der Analyse von Neurotikern: „Beim Neurotiker ist man wie in einer praehistorischen Landschaft, z. B. im Jura. Die grossen Saurier tummeln sich noch herum, und die Schachtelhalme sind palmenhoch" (GW XVII, S. 151; 1938). Die Kinder sind die „Primitiven der Gegenwart" (GW XVI, S. 187); von der Kindheit aus fällt Licht auf die Vorgeschichte, und umgekehrt.

Auf ein derartiges, weithin spekulatives Überfliegen der Geschichte von der Voraussetzung aus, daß die Kindheit die Stammes- und Kulturgeschichte in abgekürzter Form wiederhole (vgl. GW XV, S. 158), läßt sich Elias nicht ein. Er beschränkt sich auf Zeiten mit einer breiten schriftlichen Überlieferung und auf den in ihnen konstatierbaren ‚Verflechtungszusammenhang' in gesellschaftlichen ‚Figurationen', die sich wandeln (vgl. Elias, 1969, Bd. I, S. LXVII–LXX). Von einem „Netzwerk der Verursachungen" in bezug auf historische Kausalität spricht Freud (GW XVI, S. 215; vgl. S. 214; 232). Die Nähe der Metaphorik zeigt, daß beide auf monokausale Erklärungen historischer Sachverhalte verzichten. Beide verstehen freilich Unterschiedliches unter ‚historisch'; so wäre es für Elias undenkbar, den Ödipuskomplex als historischen Faktor zu bezeichnen, wie Freud es in einer Abänderung der englischen Übersetzung von ‚Das

Ich und das Es' (zu GW XIII, S. 263) tut (vgl. Sulloway, 1979, S. 579). Die Psychoanalyse ist für Elias nicht als geschlossene Theorie anschlußfähig, sondern sie ist allenfalls als eine Art von Steinbruch interessant, dem Bausteine für das eigene Theoriegebäude zu entnehmen sind.

Weder geht die Soziologie darin auf, „angewandte Psychologie" zu sein, noch ist sie einzig und allein eine Wissenschaft „vom Verhalten der Menschen in der Gesellschaft" (GW XV, S. 194). Der methodologische Absolutismus des späten Freud ist unberechtigt, wie es auch unberechtigt wäre, Psychologie und Psychoanalyse primär als Hilfswissenschaften der Historie bzw. einer kritischen Gesellschaftstheorie zu sehen. Psychologie, Soziologie, Historie und andere Human- und Sozialwissenschaften stehen nicht in einem ein für allemal festliegenden Zu- oder Unterordnungsverhältnis zueinander, sondern können je nach Absicht und Vorgehensweise einer Untersuchung und auf ihren verschiedenen Ebenen füreinander zu Hilfswissenschaften werden. In der Biographik etwa, einer Domäne der historischen Psychologie (vgl. Deutsch, 1986; Wehler, 1973), ist ein psychoanalytischer Reduktionismus überholt; Freud selbst hat ihn an biographischen Arbeiten früher Analytiker mehrfach der Kritik unterzogen (vgl. Federn, 1984, S. 260 ff., 300 f.).

In der Diskussion vom 10. 3. 1909 in seiner Mittwochsgesellschaft trägt Freud einen Gedanken vor, den er im Sinne einer „Einführung der Psychologie in die Geschichtsbetrachtung" versteht: „Die Erweiterung des Bewußtseins ist das, womit sich die Menschheit existenzfähig erhält bei dem beständigen Fortschritt der Verdrängung" (Federn, 1984, S. 221). In diesem Gedanken steckt auch eine historische Ableitung der Psychoanalyse unter dem Aspekt ihrer funktionalen Bedeutung für eine Verdrängungskultur. Daß in der Folge der kulturellen Entwicklung ein Mehr an Verdrängung notwendig zu werden scheint, hat Freud öfters hervorgehoben; die historische Relativität von Sexualnormen hat er etwa am Beispiel der unterschiedlichen Einstellung von Antike und Moderne zum „Trieb" und zur Homosexualität erläutert (GW V, S. 48; 210; vgl. auch GW VIII, S. 166 f.). Die Aufklärungstheorien, zu denen auch die Psychoanalyse gehört, kompensieren dann das „Vorrücken der Scham- und Peinlichkeitsschwelle" (Elias, 1969, Bd. I, S. XI) und anderer Verdrängungsnormen, indem sie es als historisch notwendig oder zumindest kulturell erwünscht begreifbar machen.

4. Psychoanalyse und ‚historische Psychologie' — Resümee

Freud ist nicht zuerst Historiker der menschlichen Psyche, allenfalls ihr Prähistoriker. Gleichwohl kann seine Bedeutung für eine historische Psychologie nur schwer überschätzt werden.

Das bedarf der Erläuterung. Wie kein anderer Zeitgenosse hat Freud Illusionen über eine statische Naturhaftigkeit der menschlichen Psyche entlarvt. Auch die ‚innere Natur' ist nicht unmittelbar und ursprünglich, sondern gattungs-

und lebensgeschichtlich geworden. Im Resultat ‚Charakter' steckt der Prozeß ‚Geschichte'. Bestimmte Instanzen in der psychischen Organisation entsprechen bestimmten Errungenschaften oder Traumata aus der Vorgeschichte, sei es der kindlichen, sei es der menschheitsgeschichtlichen. Am weitesten in der Annahme eines traumatisierenden Einflusses der prähistorischen Entwicklung auf die menschliche Psyche geht Freud in einem Brief an Ferenczi während des Ersten Weltkriegs, der einen Zusammenhang von „Einbruch der Entbehrungen in der Eiszeit", Triebeinschränkungen und Neurosendispositionen entwickelt, eine Hypothese, die aber als gänzlich spekulativ gelten muß (zit. n. Sulloway, 1979, S. 531 f.). „Die Menschheit hat ja gewußt, daß sie Geist hat; ich mußte ihr zeigen, daß es auch Triebe gibt", hat Freud 1927 zu Binswanger gesagt (Binswanger, 1956, S. 98). Man könnte diesen Satz in bezug auf Freuds Stellung zum Gedanken einer Historizität des Psychischen variieren: »Die Menschheit hat ja gewußt, daß sie Geschichte hat; ich mußte ihr zeigen, daß sie auch Natur ist.«

Freud hat den von ihm vielfach erwogenen und durch eine Reihe von Hinweisen und Konstrukten gestützten Gedanken, das Psychische habe eine Geschichte, nur in bezug auf die vorgeschichtliche und Kindheitsentwicklung systematisch ausgewertet, kaum aber für Zeiten mit schriftlich überlieferter Geschichte. Offenbar bleiben die Wirkungen dieser vergleichsweise kurzen Epochen auf die psychische Struktur in seiner Sicht oberflächlich. Die langen Fristen, in denen Freud im Hinblick auf die Geschichtlichkeit des Psychischen denkt, werden deutlich, wenn er an „Illusionen" des „praktischen Marxismus" Kritik übt: „Er hofft, im Laufe weniger Generationen die menschliche Natur so zu verändern, daß sich ein fast reibungsloses Zusammenleben der Menschen in der neuen Gesellschaftsordnung ergibt und daß sie die Aufgaben der Arbeit zwangsfrei auf sich nehmen. [...] Aber eine solche Umwandlung der menschlichen Natur ist sehr unwahrscheinlich" (GW XV, S. 195; 1932). Von der Evolutionsgeschichte aus nimmt sich die schriftlich überlieferte Geschichte wie eine kleine Fußnote aus. Die scheinbare Geschichtslosigkeit des Unbewußten hat mit den langen Zeiträumen, innerhalb deren sich Sedimente prähistorischer Erfahrungen in ihm ablagerten, zu tun. Eine detaillierte, ausgearbeitete historische Psychologie im engeren Sinn steht nicht im Zentrum von Freuds Interesse. Im Vergleich mit Elias ist sein Konzept der prähistorischen Genese der Psyche spekulativer, weniger mit Quellenmaterial unterbaut, weniger soziologisch reflektiert und historisch unterfüttert. Es ist aber zugleich das radikalere, weiter ausgreifende, anregendere Konzept, konsequent bis zum Unwahrscheinlichen. Als wissenschaftliche Rekonstruktion kann es nicht auf allgemeine Anerkennung hoffen; als verdichtetes Konstrukt wird es weiterhin auf Interesse stoßen. Auf das Spezifische neuzeitlicher Psychogenese geht Freud nur ganz vereinzelt ein (z. B. GW V, S. 48), wenngleich er den steigenden Verdrängungsdruck in der neueren Kultur nicht übersieht.

Es läßt sich fragen, ob Freuds Psychoanalyse nicht „in derselben Weise ‚historisch blind'" ist „wie die traditionelle Psychologie" (Jüttemann, 1986, S. 12).

Die Vorstellung einer strikten Determinierung des psychischen Geschehens, das verkappte Fortbestehen psychobiologischer Prämissen auch in einem als strikt psychologisch behaupteten Paradigma oder das ahistorische Konzept einer unüberwindlichen Aggressionsneigung z. B. können zu derartigen Fragen führen. (Schon bei Hobbes reagierte ja das Konzept des ‚homo homini lupus‘ auf sozialgeschichtliche Erfahrungen des englischen Bürgerkriegs und der frühkapitalistischen Konkurrenzgesellschaft (Fetscher, 1966, S. IX ff.). Auch Freuds Aufnahme dieser pessimistischen Anthropologie (GW XIV, S. 471) läßt sich historisch ableiten, mit dem Verweis auf zeitgeschichtliche Erfahrungen wie die des Ersten Weltkriegs und des im wahren Sinn des Worts schlagartigen Erfolgs faschistischer Bewegungen. Beide Male werden spezifisch negative historische Erfahrungen als ‚menschliche Natur‘ verallgemeinert, wobei allerdings das ‚Homo homini lupus‘-Konzept in Hobbes’ Philosophie eine tragende Rolle spielt, in der Metapsychologie Freuds dagegen prinzipiell entbehrlich ist.) Aber wenn für die traditionelle Psychologie „*Entsubjektivierung, Dekontextualisierung* und *Quantifizierung* des menschlichen Verhaltens charakteristisch sind" (Jüttemann, 1986, S. 12), dann muß dies nicht in gleicher Weise für die Psychoanalyse gelten.

Vielmehr kann Freud als einer der wichtigsten Vorbereiter und Anreger einer historischen Psychologie betrachtet werden, auch wenn er selbst auf diesem Weg nicht weitergegangen ist. Sein hochdifferenziertes Modell einer in sich konflikthaften, auf den permanenten Antagonismus von Triebansprüchen und zivilisatorischen Anforderungen reagierenden und ihn im Innern des Individuums reproduzierenden psychischen Struktur hat Vorläufer der gegenwärtigen historischen Psychologie wie Elias entscheidend beeinflußt. Sicherlich gibt Freud keine „*Sozialgeschichte des Psychischen*" (Jüttemann, 1986, S. 7), aber er denkt die menschliche Natur nicht statisch, sondern als in einem langen und komplizierten geschichtlichen Prozeß geworden, damit prinzipiell auch veränderbar, wenn auch nicht in kurzen Zeiträumen. Die Prägung der Psyche gilt nicht als naturgegeben oder konstant, sondern als lebensgeschichtlich und zivilisationsgeschichtlich bedingt. Zu fragen bleibt, ob Freud die soziohistorischen Vermittlungen dieser Bedingtheit immer differenziert genug einschätzt und ob er nicht zu schnell ein Modell der biologischen (anstatt sozialen) Vererbung phylogenetisch erworbener Dispositionen und Eigenschaften einsetzt. Wahrscheinlich ist die Psychoanalyse für eine historische Psychologie nicht vollständig als Problemlösungsfundus zu übernehmen; als Heuristik scheint sie aber integrierbar zu sein. Die Einsichten Freuds in die Historizität von Charakter, Lebensformen, Kulturspären, ja Theorie selbst sprechen für sich, mag auch Freud selbst entgegen seinem eigenen Ausgangspunkt zu einem der Wegbereiter ‚historischer Psychologie‘ geworden sein. Von Beginn an war die Psychoanalyse nicht die strikt unhistorische, reduktionistische ‚Naturwissenschaft‘, als die auch manche methodologischen Äußerungen ihres Begründers sie erscheinen lassen. Vielmehr wurde in ihr eine spezifische Hermeneutik zur Deutung von psychischen Phänomenen ausgebildet, in der auch für den Gedanken der geschichtlichen

Veränderbarkeit und Plastizität der Erscheinungsformen des Psychischen Raum ist. Nicht zuletzt die These, daß in den Schichtungen der psychischen Organisation Sedimente aus unterschiedlichen, weit voneinander entfernten geschichtlichen Zeiten abgelagert sein können, dürfte von einer historisch gerichteten Psychologie bestätigt werden können. Das Konzept einer Historizität des Psychischen schließt ja eine Vorstellung von konfliktträchtigen Ungleichzeitigkeiten und unterschiedlichen geschichtlichen Geschwindigkeiten in den Instanzen des psychischen ‚Apparats‘ und zwischen ihnen nicht aus, sondern ein. Die psychische Gegenwärtigkeit des lebens- und gattungsgeschichtlich längst Vergangenen und Überlebten, ja unserem gegenwärtigen Leben feindlich Gewordenen ist eines der großen Probleme, auf die Freud gestoßen ist. Gewiß ist Ödipus eine mythische und keine historische Figur. Aber das Überleben des Verdrängten und seine rächende Wiederkehr sind Phänomene, die nicht nur für mythische Protagonisten, sondern für Individual- und Kollektivgeschichte lebensentscheidend sein können. In diesem Sinn mag es eine ‚Universalität‘ des von Freud an der mythischen Figur des Ödipus erläuterten Problems geben. Auch die ‚innere Natur‘ ist nicht allein ‚Natur‘, sondern auch und vor allem sedimentierte Geschichte; im Charakter, in der Persönlichkeitsstruktur wird die Lebensgeschichte eines Individuums mit ihren Brüchen sichtbar; vielleicht entsprechen bestimmte Instanzen im psychischen System (‚Über-Ich‘) bestimmten einschneidenden Erfahrungen in der Geschichte des einzelnen und der Gattung. Das sind zentrale Beiträge Freuds zu einer ‚historischen Psychologie‘.

Literatur

Adorno, Th. W. (1952). Die revidierte Psychoanalyse. In Gesammelte Schriften, 8. Soziologische Schriften 1, hg. v. R. Tiedemann. Frankfurt/M.: Suhrkamp 1972.

Adorno, Th. W. (1955). Zum Verhältnis von Soziologie und Psychologie. In Gesammelte Schriften, 8, hg. v. R. Tiedemann. Frankfurt/M.: Suhrkamp 1972.

Adorno, Th. W. (1966). Postscriptum [zum zit. Aufsatz von 1955]. In Gesammelte Schriften, 8, hg. v. R. Tiedemann, Frankfurt/M.: Suhrkamp 1972.

Adorno, Th. W. (1986). Gesammelte Schriften, 20.2. Vermischte Schriften II, hg. v. R. Tiedemann. Frankfurt/M.: Suhrkamp.

Balke, F. (1984). Theorie des Zivilisationsprozesses und/oder Genealogie der Disziplinargesellschaft − Rekonstruktion und Verhältnisbestimmung zweier Entwürfe zur Genese des ‚zivilisierten‘ Subjekts. Bochum. Unveröffentlichtes Manuskript.

Benjamin, W. (1940). Über den Begriff der Geschichte. In Gesammelte Schriften, Bd. I.3. Abhandlungen. Frankfurt/M.: Suhrkamp 1980.

Binswanger, L. (1926). Erfahren, Verstehen, Deuten in der Psychoanalyse. Imago 12. Reprint Nendeln/Liechtenstein: Kraus 1969, 223−237.

Binswanger, L. (1947). Freuds Auffassung des Menschen im Lichte der Anthropologie. In Ausgewählte Vorträge und Aufsätze, Bd. I. Bern: Francke.

Binswanger, L. (1956). Erinnerungen an Sigmund Freud. Bern: Francke.

Dahmer, H. (1973). Libido und Gesellschaft. Studien über Freud und die Freudsche Linke. Frankfurt/M.: Suhrkamp, 2. erweiterte Aufl. 1982.

Deutsch, R. (1986). Die Psychohistorie als Geschichte einer Innovation. Schweizerische Zeitschrift für Geschichte, 36, 215−230.

Elias, N. (1969). Über den Prozeß der Zivilisation. Soziogenetische und psychogenetische Untersuchungen, Bd. 1 und 2. Bern, Frankfurt: Francke/Suhrkamp, 6. Aufl. 1979.

Federn, E. (1984). Freud im Gespräch mit seinen Mitarbeitern. Aus den Protokollen der Wiener Psychoanalytischen Vereinigung, hg., eingeleitet und mit Zwischentexten versehen v. E. Federn. Frankfurt/M.: Fischer.

Fetscher, I. (1966). Einleitung zu Thomas Hobbes: Leviathan. Neuwied/Berlin: Luchterhand.

Freud, S. (1940–1954). Gesammelte Werke (GW). Chronologisch geordnet, hg. v. A. Freud u. a. London/Frankfurt/M.: Imago Publishing/Fischer.

Freud, S. (1950). Aus den Anfängen der Psychoanalyse. Briefe an Wilhelm Fliess, Abhandlungen und Notizen aus den Jahren 1887–1902, hg. v. M. Bonaparte, A. Freud, E. Kris. London: Imago Publishing.

Freud, S. (1960). Briefe 1873–1939, ausgewählt u. hg. v. E. Freud. Frankfurt/M.: Fischer.

Fromm, E. (1970). Analytische Sozialpsychologie und Gesellschaftstheorie. Frankfurt/M.: Suhrkamp, 2. Aufl. 1971.

Habermas, J. (1968). Erkenntnis und Interesse. Frankfurt/M.: Suhrkamp.

Hegel, G. W. F. (1807). Theorie-Werkausgabe, Bd. 3. Phänomenologie des Geistes. Frankfurt/M.: Suhrkamp 1970.

Honneth, A. & Joas, H. (1980). Soziales Handeln und menschliche Natur. Anthropologische Grundlagen der Sozialwissenschaften. Frankfurt/New York: Campus.

Horkheimer, M. (1940). Psychologie und Soziologie im Werk Wilhelm Diltheys. In Kritische Theorie. Eine Dokumentation, hg. v. A. Schmidt, Bd. II. Frankfurt/M.: Suhrkamp 1968.

Horn, K. (1973). Emanzipation aus der Perspektive einer zu entwickelnden Kritischen Theorie des Subjekts. In M. Greiffenhagen (Hg.), Emanzipation. Hamburg: Hoffmann & Campe.

Jacoby, R. (1986). Die Verdrängung der Psychoanalyse oder Der Triumph des Konformismus. Frankfurt/M.: Fischer.

Jeron, M. (1981). Hermeneutik und Energetik — zur Interpretation der Psychoanalyse durch Paul Ricœur. In W. Mertens (Hg.), Neue Perspektiven der Psychoanalyse. Stuttgart: Kohlhammer.

Jüttemann, G. (1986). Vorbemerkungen des Herausgebers. In G. Jüttemann (Hg.), Die Geschichtlichkeit des Seelischen. Der historische Zugang zum Gegenstand der Psychologie. Weinheim: Beltz.

Jung, C. G. (1916 und 1930). In C. G. Jung, Freud und die Psychoanalyse, hg. v. F. Riklin u. a. Zürich/Stuttgart: Rascher 1969.

Kluge, A. (1983). Rede über das eigene Land: Deutschland. In A. Kluge, Theoroe Fontane, Heinrich von Kleist und Anna Wilde. Zur Grammatik der Zeit. Berlin: Wagenbaoh 1987.

Lorenzer, A. (1976). Die Wahrheit der psychoanalytischen Erkenntnis. Ein historisch-materialistischer Entwurf. Frankfurt/M.: Suhrkamp.

Lorenzer, A. (1986). Psychoanalyse als kritische Theorie. In A. Schmidt & N. Altwicker (Hg.), Max Horkheimer (heute: Werk und Wirkung). Frankfurt/M.: Fischer.

Marcus, St. (1987). Psychoanalytischer und kultureller Wandel. Zeitschrift für Psychoanalyse und ihre Anwendung, 41, 97–128.

Marcuse, H. (1955). Triebstruktur und Gesellschaft. Ein philosophischer Beitrag zu Sigmund Freud. Frankfurt/M.: Suhrkamp 1971.

Marquard, O. (1987). Transzendentaler Idealismus — Romantische Naturphilosophie — Psychoanalyse. Schriftenreihe zur Philosophischen Praxis, Bd. 3. Köln: Verlag für Philosophie Jürgen Dinter.

Negt, O. & Kluge, A. (1981). Geschichte und Eigensinn. Frankfurt/M.: Zweitausendeins.

Rapaport, D. (1960). Die Struktur der psychoanalytischen Theorie. Versuch einer Systematik. Stuttgart: Syndikat, 3. Aufl. 1973.

Rath, N. (1988). ‚Zweite Natur' — Begriff und Problem. Bochum. Unveröffentlichtes Manuskript.

Ricœur, P. (1969). Die Interpretation. Ein Versuch über Freud. Frankfurt/M.: Suhrkamp.

Scheidt, C. E. (1986). Die Rezeption der Psychoanalyse in der deutschsprachigen Philosophie vor 1940. Frankfurt/M.: Suhrkamp.

Sulloway, F. J. (1979). Freud — Biologe der Seele. Jenseits der psychoanalytischen Legende. Köln: Edition Maschke im Hohenheim Verlag 1982.

Urbanitsch, O. (1983). Wissenschaftstheoretische und philosophisch-anthropologische Aspekte der Freudschen Psychoanalyse. Basel: Birkhäuser.

Wehler, H.-U. (1973). Geschichte und Psychoanalyse. In ders., Geschichte als Historische Sozialwissenschaft. Frankfurt/M.: Suhrkamp.

Wyss, D. (1972). Die tiefenpsychologischen Schulen von den Anfängen bis zur Gegenwart. Entwicklung, Probleme, Krisen. Göttingen: Vandenhoeck & Ruprecht.

Wilhelm Wundt:
Vater der experimentellen Psychologie?
Kulturwissenschaftliche Aspekte in Wilhelm
Wundts Psychologieverständnis

Günter Aschenbach

1. Vorverständigung

Das akademische Fach Psychologie sieht sich nicht erst neuerdings, sondern schon nahezu seit seiner Institutionalisierung wissenschaftskritischen Positionen gegenüber. Betrachtet man die gegenwärtigen Beweggründe für das Unbehagen am Fach, so sind es die gleichen, die schon zu Beginn unseres Jahrhunderts da waren und schließlich zur — freilich nicht nur auf die Psychologie gemünzten — Klage wurden:

„In unserer Lebensnot ... hat diese Wissenschaft uns nichts zu sagen. Gerade die Frage schließt sie prinzipiell aus, die für den in unseren unseligen Zeiten den schicksalsvollsten Umwälzungen preisgegebenen Menschen die brennenden sind: die Fragen nach Sinn oder Sinnlosigkeit dieses ganzen menschlichen Daseins" (Husserl, 1936, S. 4f.).

Wittgenstein (1958, S. 370) führt weiter aus:

„Die Verwirrungen und Öde der Psychologie ist nicht damit zu erklären, daß sie eine ‚junge Wissenschaft' sei; ihr Zustand ist mit dem der Physik z. B. in ihrer Frühzeit nicht zu vergleichen. ... Es bestehen nämlich, in der Psychologie, experimentelle Methoden und Begriffsverwirrungen. ... Das Bestehen der experimentelen Methode läßt uns glauben, wir hätten das Mittel, die Probleme, die uns beunruhigen, loszuwerden; obgleich Problem und Methode windschief aneinander vorbeilaufen."

Diese und ähnliche Klagen stehen für eine Unzufriedenheit mit der Psychologie als einer Wissenschaft, die im Wunsche nach „Vernaturwissenschaftlichung" (Stern, 1900, S. 9) das Individuum nur als isoliertes und lediglich reagierendes Wesen aufzufassen versucht, auf existentiell bedeutsame Fragen des Alltags keine Antworten zu geben vermag und kaum mehr als — wenn auch in anderem Gewande — Alltagsselbstverständlichkeiten reproduziert. Dieses Psychologieverständnis führt dazu, daß man psychische Einzelvorgänge ihrer intersubjektiv gewordenen, subjektiven Bedeutungen entkleidet, sie von den Sinnzusammenhängen, in denen sie im Gesamterleben einer Person stehen, elementhaft isoliert, ihre kulturellen Hintergründe ausblendet und sie damit enthistorisiert und entsozialisiert; dafür wird der Mensch mechanisiert bzw. physiologisch oder biologisch orientiert naturalisiert sowie einer naturgesetzlichen Determiniertheit überantwortet. Näherhin bedeutet dies das Aufeinanderprallen zweier Arten von Psychologie:

„Ich möchte die beiden Richtungen als die der ‚subjektlosen Psychologie' und die der ‚Subjektpsychologie' bezeichnen. Zur ersteren gehören alle jene Forscher, die Seelenleben erschöpfen wollen durch das An-, Bei- und Nebeneinander seelischer Inhalte; gewisse Nuancen dieser Anschauungsweise werden durch die Ausdrücke ‚psychischer Atomismus' und ‚Assozianismus' bezeichnet. ‚Subjektpsychologen' sind alle diejenigen, die da glauben, daß der Fülle der Inhalte eine einheitliche und vereinigende aktive Funktion übergeordnet sei" (Stern, 1900, S. 43 f.).

Die vorherrschende „subjektlose Psychologie" betrachtet

„gewöhnlich den isolierten Menschen losgelöst von allen Zusammenhängen, in denen er mit der Natur, mit anderen Menschen und mit der Kultur steht" (Stern, 1920, S. 273).

Der Mensch ist jedoch ein Kulturwesen und nur als solches verständlich. Jeder Mensch ist auch ein Kind seiner Zeit und von ihrem Geist beeinflußt. Zu diesem kollektiven Aspekt der „Geschichtlichkeit des Seelischen" gesellt sich ein individueller. Denn:

„Alles, was der Mensch erlebt hat, wirkt in jedem gegebenen Moment nach, der Mensch trägt gleichsam seine ganze Vergangenheit mit sich herum" (Stern, 1920, S. 271).

Auch hiervon abstrahiert man in der Psychologie üblicherweise. Im psychologischen Experimentierlabor wird die „Versuchsperson" Mensch als Organismus gesehen, dem allenfalls eine experimentelle Lerngeschichte, nicht aber eine intersubjektiv nachzuvollziehende, mit subjektivem Sinn versehene Lebensgeschichte mit ihrem spezifischen kulturhistorischen Hintergrund zugebilligt wird. Dabei tut man so, als sei der Mensch in seinem Tun lediglich abhängig von seiner biologischen Naturbasis und „äußeren" Reizen und nicht von seinen eigenen Relevanzsetzungen, von seinen kulturellen Hintergründen oder von den kulturell gewordenen Sinngehalten, mit denen er seine Umwelt zu seiner Wirklichkeit macht. Vorgezeichnet wird mit dieser Naturalisierung die Entmündigung des Menschen als verantwortliches und autonomes Subjekt.

Aus der heutigen Sicht kann die vorherrschende Richtung gekennzeichnet werden durch die Programmatik, die Psychologie (auch) als Sozialwissenschaft wie eine subsumptionstheoretisch und hypothetisch-konstruktiv, aus der Objektperspektive erklärende und universelle Gesetze suchende Naturwissenschaft — insbesondere nach dem Vorbild der experimentellen Physik und deren Nachbardisziplinen zu betreiben. Ihr steht erneut gegenüber die Forderung, die Psychologie als Sozialwissenschaft vom Menschen als Kulturwesen als eine aus der „Subjektperspektive" teleologisch verstehende, interpretativ-rekonstruktive oder hermeneutische Geistes- (Dilthey) bzw. Kulturwissenschaft (Windelband, Rickert) zu begreifen und so von Erkenntnisbereichen, -interessen und -methoden her in ihren Hauptteilen zur Handlungs- und Kulturpsychologie gedeihen zu lassen (vgl. u. a. Aschenbach et al., 1983, 1985; Aschenbach, 1984; Werbik, 1985; Werbik & Zitterbarth, 1986). Ihr Interesse ist es nicht, „zeitlose" Gesetze menschlichen Handelns und Orientierens aufzustellen. Vielmehr geht es um die Erfassung historisch und kulturell varianter, typischer Formen menschlichen Tuns und deren Entwicklung mittels selbst wiederum kulturell vermittelter Verstehensprinzipien. D. h. es geht um die Formulierung von „Kulturgesetzen" in Form von intersubjektiv gewordenen kulturell-sprachgemeinschaftlichen, gesellschaftlich-institutionellen sowie gruppen- und familienmäßigen Normen, Sitten, Gebräuchen etc., die individuelles Tun anleiten und verständlich machen können, und um deren historisch-psychologische, sinnhaft zusammenhängende Genesen aus gewissen Motivlagen heraus.

2. Wilhelm Wundt und die Psychologie

Daß auch Wilhelm Wundt (1832–1920)[1] – ursprünglich von der Physiologie herkommend und an der Medizinischen Fakultät promoviert – in diesem Band vertreten ist, mag nach der Vorrede zunächst Erstaunen hervorrufen. Denn gerade er wird doch häufig vornehmlich als der „Vater der Experimentellen Psychologie" vorgestellt, der 1879 in Leipzig das erste psychologische Labor eingerichtet, damit der Psychologie den „Königsweg" der Erkenntnisgewinnung gewiesen und sie so den heutigen Vorstellungen von der Psychologie als Naturwissenschaft näher gebracht habe[2].

Hingegen müßte aber eigentlich diese Art der historiographischen Vorstellung zumindest ob ihrer „Einseitigkeit" Verwunderung auslösen. Denn nach Wundt (1911, S. 16) hat für die Psychologie

„die sachgemäße Auffassung der Verhältnisse, wie so oft, unter der Anwendung unzutreffender Analogien notgelitten. Indem man die Mechanik und abstrakte Physik als die Urbilder betrachtet, denen jede erklärende Wissenschaft nacheifern müsse, läßt man die Verschiedenheit der Bedingungen, unter denen die Gebiete stehen, außer acht".

Über diese Kritik an der Vorbildfunktion „der Naturwissenschaft" hinaus spricht sich Wundt aber auch deutlich gegen die Vorstellung vom Experiment als „Königsweg" der Erkenntnisgewinnung aus:

„Wenn man die elementaren Gebiete der Psychologie die ,experimentelle Psychologie' nennt und in ihr ein wichtiges Unterschiedsmerkmal von der älteren Psychologie sieht, die sich dieses Hilfsmittels nicht bediente, so ist das gewiß vollkommen berechtigt. Wenn man aber die ganze Psychologie die experimentelle nennt, so ist dies ebenso gewiß eine falsche Bezeichnung, weil es Gebiete gibt, die der Natur der Sache nach dem Experiment unzugänglich sind. Dazu gehört in erster Linie die Entwicklung des Denkens, dazu gehören dann aber auch eine Reihe weiterer damit zusammenhängender Entwicklungsprobleme, wie z. B. der künstlerischen Phantasie, des Mythos, der Religion und der Sitte" (Wundt, 1921, S. 537).

Wie weit Wundts Empirieverständnis über das heutzutage in der Psychologie vorherrschende hinausging, zeigt beispielsweise die Bedeutung, die er begriffsgeschichtlichen Betrachtungen für die Untersuchung kultureller Phänomene und die Erfassung von „Lebensformen" (Wundt, Wittgenstein) zuweist. Denn

„der Wert der sprachgeschichtlichen Vorbetrachtung besteht immerhin darin, daß sie auf die Gesamtheit der psychischen Motive hinweist, aus denen die Begriffe entstanden sind und auf Grund derer sie dann weiterhin ihre endgültige Konstitution gefunden haben.

Das kann aber natürlich nicht ein einzelner, aus der Reihe herausgegriffener Begriff leisten, der erste sowenig wie der letzte, sondern es bedarf dazu des Rückblicks auf die ganze Bedeutungsentwicklung, von der wir allein erwarten dürfen, daß sie ... ein vorläufiges Bild der Ideenentwicklung sei, die uns in den Tatsachen selbst entgegentritt" (Wundt, 1920a, S. 31). „Denn die Sprache ist ... ein treuer Abdruck des menschlichen Geistes selbst, und trägt in jeder ihrer besonderen Formen die Spuren der Natur- und Kulturbedingungen an sich, denen der Mensch in seiner eigenen Lebensgeschichte und in der seiner Vorfahren unterworfen war" (Wundt, 1904b, S. 647).

Empirie erschöpft sich also nach Wundt nicht vornehmlich in einer experimentalpsychologischen Orientierung und deren Abwandlungen, sondern besteht in weiten, keineswegs randständigen Bereichen aus hermeneutischen Leistungen. Dies, nämlich daß die Psychologie von ihren Erkenntnisbereichen her gesehen nicht identisch sein könne mit „physiologischer", d. h. „experimenteller Psychologie", betonte Wundt – weitreichend an philosophischen Grundlagen der Psychologie interessiert und philosophisch informiert sowie gegen eine Abtrennung der Psychologie von der Philosophie und eine experimental-technische Verarmung psychologischer Forschung engagiert[3]) – immer wieder. Darüber hinaus setzte er sie – unter scharfer Kritik von letztlich auch heutzutage nicht vollends überwundener Vermögens- und Assoziationspsychologie, psychophysischem Materialismus und darwinistisch-evolutionären Ansätzen – als „Geisteswissenschaft" (vgl. Wundt, z.B. 1921) bezüglich ihrer Erkenntnisbereiche, -methoden und -interessen sowie bezüglich ihrer Erklärungsprinzipien von „der Naturwissenschaft" ab und wies „dem" Experiment in der Psychologie eine von der heutigen eher *abweichende* Pragmatik und (Re-Konstruktions-)Funktion zu (vgl. u.a. Wundt, 1911c, S. 20).

Von seiner „experimentellen Psychologie", die er auch „Individualpsychologie" nannte, weil sie kulturelle und historische Hintergründe individueller psychischer Phänomene nicht eigens thematisiert – sie als Verständnisse überhaupt erst ermöglichenden Bezugsrahmen aber immer schon voraussetzen muß –, unterschied er schon sehr früh (vgl. etwa Wundt, 1863) im Anschluß an Lazarus und Steinthal die „Völkerpsychologie" als „,soziale' Psychologie". Diese bezeichnet er später als „Psychologie der Kultur" oder „Kulturpsychologie" (Wundt, 1920a, S. 54, 213, 318), aber auch als „historische Psychologie" (Wundt, 1883, S. 500), hielt zu diesem Themenkreis schon seit 1875 Vorlesungen ab und legte unter dem Titel „Völkerpsychologie" ein 10bändiges Werk (1900–1920) vor.

Die experimentelle Psychologie nannte Wundt – manche Mißverständnisse erzeugend – auch „physiologische Psychologie". In ihr ging es vornehmlich um die der Psychologie – wegen ihrer Berücksichtigung von Biologischem als für Geistiges „notwendige", keinesfalls aber „hinreichende Bedingung" – nahestehende, durch diese aber nicht substituierbare, individualpsychologische Erforschung „einfacher" Wahrnehmungs*akte*, und zwar teilweise im Anschluß an eine empirisch bearbeitbare Wendung der philosophischen Frage danach, wie Erkenntnis möglich sei.

„Unter den beiden Aufgaben, die ... in dem Namen der physiologischen Psychologie angedeutet sind, der methodologischen, die auf die Benutzung des Experiments, und der ergänzenden, die auf die körperlichen Grundlagen des Seelenlebens hinweist, ist für die Psychologie selbst die erste die wesentlichere, während die zweite hauptsächlich für die philosophische Frage nach dem allgemeinen Zusammenhang der Lebensvorgänge einen Wert hat" (Wundt, 1908 b, S. 4). „Wir dürfen aber niemals, wenn wir psychologisch erklären wollen, den psychischen Vorgängen ihre physiologischen Parallelvorgänge substituieren ..." (Wundt, 1908 b, S. 9).,

Darüber hinaus äußert er sich scharf gegen ein materialistisches Programm, das Psychisches aus Biologischem hervorgehen lassen will, stellt dagegen das Interpretationsprinzip der „psychischen Kausalität", demgemäß Geistiges aus Geistigem erklärt werden soll.

Die Völkerpsychologie steht nahe den historischen Wissenschaften, den Sprachwissenschaften, der Ethnologie und Anthropologie sowie der Soziologie, ist durch diese Disziplinen aber nicht ersetzbar, weil es ihr um die Motive geht, die geistigen Entwicklungen zugrundeliegen (vgl. Wundt, 1904 a, 1911 b). Sie hat es zu tun mit der kulturpsychologischen, hermeneutischen Verarbeitung kultureller Erscheinungen und deren historischer Genesen, wie sie sich – wie z. B. der Spracherwerb des Kindes – aus den Wechselbeziehungen zwischen Individuen ergeben. Diesen Erkenntnisbereich bringt Wundt – wie er selbst sagt – „unvollkommen" unter die Begriffe „Sprache, Mythos und Sitte"; welche Vielfalt an teils unmittelbar als existentiell bedeutsam erkenntlichen – z. B. die Thematik Krieg und Frieden – Fragestellungen sich hinter dieser Etikettierung verbergen, wird klar schon aus den Thematiken und Inhaltsverzeichnissen der 10 Bände der Völkerpsychologie.

Insgesamt läßt sich an seinem – weithin an Leibniz orientierten – Werk, mit dem er einerseits eine Ergänzung bzw. Überwindung des i. e. S. nicht-empirischen, „rationalen Psychologie" (Ch. Wolff) beabsichtigte, andererseits aber empiristische Postionen (z. B. John Locke, Berkeley, David Hume), in denen heutige „naturwissenschaftliche" Ansätze in der Psychologie letztlich ihre Wurzeln haben, nicht einfach hinzunehmen bereit war, entgegen erster Eindrücke und vieler anderslautender Darstellungen ein Programm ablesen, das sich als wesentlich gerichtet begreifen läßt gegen eine:
- *„Vernaturwissenschaftlichung"* der Psychologie[4]
- *reduktionistische Verobjektivierung*von Psychischem aus der Fremdperspektive[5]
- *Mechanisierung* von Psychischem und Sozialem[6]
- *Naturalisierung* von Psychischem[7]
- *Entsozialisierung* von Psychischem[8]
- *Enthistorisierung* von Psychischem[9]
- (Kausalanalytisch orientierte und Sinnzusammenhänge und Kontextgebundenheiten negierende) Isolierung oder *Elementarisierung* von Psychischem[10]
- (Bewußtseinstatsachen fingierende) *hypothetisch-konstruktive* Erklärungen von Psychischem[11]
- (Naturwissenschaftlich-) *kausale Erklärung* von Psychischem[12]

234

– Auffassung von Psychischem als *bloße Reaktion*[13])
– Auffassung von Psychischem und Sozialem als *naturgesetzlich determiniert*[14])
– Auffassung vom Experiment als dem *Ideal* psychologischer Erkenntnisgewinnung[15])

Dagegen ist nach Wundt die Psychologie von Gegenstandssichtweisen und Methoden aus gesehen eine „Geisteswissenschaft", die sich mit „dem Menschen als wollendem und denkendem Subjekt" beschäftigt und als solche auch ihr eigener Erklärungsprinzipien bedarf. Er schied also die Psychologie als *Ganze* von „der Naturwissenschaft", die ihren Erkenntnisbereich gerade über die Absehung von Subjektivität gewinnt, und unterschied darüber hinaus zwei Hauptteile psychologischer Wissenschaft.

„Die Psychologie in der gewöhnlichen und allgemeinen Bedeutung dieses Wortes sucht die Tatsachen der unmittelbaren Erfahrung, wie sie das subjektive Bewußtsein uns darbietet, in ihrer Entstehung und in ihrem wechselseitigen Zusammenhang zu erforschen. In diesem Sinne ist sie Individualpsychologie. Sie verzichtet durchgängig auf eine Analyse jener Erscheinungen, die aus der geistigen Wechselwirkung einer Vielheit von Einzelnen hervorgehen. Eben deshalb bedarf sie aber einer ergänzenden Betrachtung, die wir der Völkerpsychologie zuweisen. Demnach besteht die Aufgabe dieses Teilgebiets der Psychologie in der Untersuchung derjenigen psychischen Vorgänge, die der allgemeinen Entwicklung menschlicher Gemeinschaften und der Entstehung gemeinsamer geistiger Erzeugnisse von allgemeingültigem Werte zugrunde liege.

Indem die Völkerpsychologie den Menschen in allen Beziehungen, die über die Grenzen des Einzeldaseins hinausreichen und auf die geistige Wechselwirkung als ihre allgemeine Bedingung zurückführen, zu ihrem Gegenstand nimmt, bezeichnet nun aber freilich jener Name nur unvollständig ihren Inhalt. Der Einzelne ist nicht bloß Mitglied einer Volksgemeinschaft. Als nächster Kreis umschließt ihn die Familie; durch den Ort, den Geburt und Lebensschicksal ihm anweisen, steht er inmitten noch anderer mannigfach sich durchkreuzender Verbände, deren jeder wieder von der erreichten besonderen Kulturstufe mit ihren Jahrtausende alten Errungenschaften und Erbschaften abhängt" (Wundt, 1904a, S. 1).

Das Ergänzungsverhältnis dieser beiden Arten psychologischer Wissenschaft ist freilich nicht im Sinne eines Fächerkanons zu mißverstehen; vielmehr spiegelt es eine Sachnotwendigkeit wider, die auch eine Berufung der heutigen individualisierenden („asozialen" Sozial-)Psychologie auf Wundt letztendlich „soziale" Individualpsychologie zweifelhaft werden läßt. Denn:

„Schon die allgemeine Psychologie kann nicht ganz an der Tatsache vorübergehen, daß das Bewußtsein des Einzelnen unter dem Einflusse seiner geistigen Umgebung steht. Überlieferte Vorstellungen, die Sprache und die in ihr enthaltenen Formen des Denkens, endlich die tiefgreifende Wirkung der Erziehung und Bildung sind Vorbedingungen jeder subjektiven Erfahrung. In vielen Beziehungen kann darum der Inhalt der Individualpsychologie erst von der Völkerpsychologie aus unserem vollen Verständnis zugänglich werden" (Wundt, 1904a, S. 18f.).

Verstehen bedeutet dabei jedoch nicht eine Auffassung der beiden Teile der Psychologie als Gesetzeswissenschaften im aktuellen Sinn des in der Psychologie üblichen Gesetzesbegriffes. Denn schon für die experimentelle Individualpsychologie gilt es, ein Mißverständnis zu vermeiden:

„das Mißverständnis nämlich, als müsse es ein System von Gesetzen des Geistes geben, die von ähnlich exakter, mathematisch formulierbarer Beschaffenheit seien wie die allgemeinsten Naturgesetze, so daß, wenn sie gegeben wären, man mit ihrer Hilfe einer der physischen Mechanik ebenbürtige „Mechanik des Geistes" konstruieren könnte. Diesem Mißverständnis begegnet nicht selten auch die experimentelle Psychologie. Man erwartet von ihr mindestens, daß sie ein paar Gesetze, die es etwa mit den Keplerschen aufnehmen könnten, entdecke; wenn sie solche nicht entdeckt, so habe sie, meint man, ihren Beruf verfehlt. In anderer Weise lag dieses Mißverständnis Herbarts Versuch, die Psychologie in eine mathematische Wissenschaft umzuwandeln, zugrunde. Denn dieser Versuch ging eben darauf aus, eine der physischen Mechanik parallele Mechanik des Geistes zu schaffen. Daß er mißglückte, daß Herbarts Mechanik des Geistes nicht das, wofür sie sich ausgab, sondern nur eine Mechanik imaginärer Gebilde war, die nur durch den Namen ‚Vorstellungen', mit dem sie bezeichnet wurde, zur Verwechslung mit dem geistigen Leben herausforderte, hat der Erfolg gelehrt. Heute wissen wir aber, daß jener Versuch nicht etwa deshalb fehlschlug, weil einzelne Fehler die Annahmen ungenau machten, sondern weil die Grundvoraussetzung, von der Herbart ausging, falsch war, weil es Vorstellungen als konstante Gebilde in der Seele nicht gibt. Diese Grundvoraussetzung war eben nichts anderes gewesen als eine Übertragung naturalistischer Gesichtspunkte auf das geistige Gebiet. ... Wenn daher, wie in dem Fall des Fechnerschen Gesetzes, je einmal eine einfache und annähernd exakte Formulierung oder eine zahlenmäßige Feststellung gewisser Regelmäßigkeiten möglich ist, so handelt es sich dabei überall um Erscheinungen, bei denen die Abhängigkeit von physischen Bedingungen eine zureichend große Rolle spielt, um auch die psychischen Vorgänge einfach und regelmäßig genug zu gestalten. Für die eigentliche Psychologie haben darum solche in mathematischer Form mögliche Gesetzesformulierungen eine verhältnismäßig untergeordnete Bedeutung. Der Hauptgrund aber, warum es auf geistigem Gebiet Galileiische oder Keplersche Gesetze nicht gibt und niemals geben wird, liegt nicht in der ungeheuren Verwicklung der Bedingungen des geistigen Lebens an sich, wie gewöhnlich angenommen wird, sondern in seiner qualitativ abweichenden Beschaffenheit und in der infolgedessen völlig abweichenden Natur der Kausalprobleme" (Wundt, 1911 c, S. 89 f.; vgl. auch Wundt, 1911 b, S. 770).

Angesprochen ist hier die Unterscheidung zwischen „psychischer" und „psychischer Kausalität" als Erklärungsprinzipien oder — wie wir heute sagen können — die Unterscheidung von Erklären und Verstehen von Zusammenhängen. Letztere nennt er auch „teleologische Kausalität" und weist sie als das Charakteristikum des seelischen Geschehens aus (vgl. u. a. Wundt, 1920a, S. 219). Für das Verständnis psychischer Erscheinungen nimmt Wundt ein Prinzip der „historischen Kausalität" an,

„nach welcher diese das Attribut der Notwendigkeit überall erst für die Vergangenheit gewinnen kann, für die Zukunft aber bestenfalls sich der Region des Wahrscheinlichen nähert. Denn Kultur und Geschichte sind beide, so groß die Bedeutung der materiellen Naturbedingungen sein mag, nur verschiedene Formen des geistigen Geschehens" (Wundt, 1920a, S. 217).

Über die Abhängigkeit des Psychischen von Geschichte und Kultur hinaus weist Wundt (1920a, S. 217) auf die prinzipiell unauflösbare Zusammengehörigkeit von Kultur und Geschichte hin und bekräftigt damit die Geschichtlichkeit und Sozialität des Seelischen. Nachträgliche Verständnisbildung und nicht exakte Zukunftsprognosen werden damit sowohl für die Völkerpsychologie wie auch für die experimentelle Psychologie zum primären Anliegen. Die „wahre Aufgabe" der Individualpsychologie sieht Wundt deshalb nicht in der Aufstellung Keplerscher Gesetze, sondern darin, verstehensprinzipiengeleitet bzw. am Herausfinden solcher Prinzipien orientiert

„allgemeine typische Formen des Geschehens festzustellen, aus denen sich die beteiligten Elemente und ihre kausalen Beziehungen in allgemeingültiger Weise ergeben" (Wundt, 1911 c, S. 90).

Die wegen der Dialektik von Individual- und Kulturpsychologie ersterer teils vorausgehende, teils sie ergänzende

„psychologische Betrachtung der Kulturgebiete ... kann eine kausale in doppeltem Sinne sein: erstens im geschichtlichen, insofern die einzelnen Gebiete in einer durch geschichtliche Bedingungen geknüpften Reihenfolge sich einander anschließen; andererseits im psychologischen, insofern die entscheidenden Bedingungen der Kulturentwicklung schließlich, auch wo sie unter dem Einfluß äußerer Einwirkungen zustandekommen, stets auf psychische Motive zurückgehen. Indem die Völkerpsychologie beides zusammenfaßt, ist sie daher als Ganzes betrachet ihrer Hauptaufgabe nach eine Entwicklungsgeschichte des Geistes, und speziell die Psychologie der Kultur hat zu ihrer Aufgabe die Nachweisung des Ursprungs der geistigen Werte, aus denen sich die Kultur in ihren verschiedenen Formen stufenweise aufbaut" (Wundt, 1920a, S. 217f.).

Schon die Individualpsychologie ist also bei Wundt keine Gesetzeswissenschaft im heutigen Sinne.

„Wenn trotzdem die experimentelle Methode für die Psychologie keine geringere Bedeutung hat als für die Naturwissenschaft, so muß demnach diese Bedeutung teilweise auf einer anderen Seite liegen. Sie beruht hier ganz und gar auf dem der experimentellen Methode eigentümlichen Verfahren der *willkürlichen Fixierung*, Veränderung und Wiederholung bestimmter Bedingungen des Geschehens. Durch dieses Verfahren wird die scharfe Analyse der Tatsachen erst möglich gemacht. Auf die Frage, welche Elemente an einem bestimmten Vorgang beteiligt sind, und wie diese Elemente sich verbinden, welches die bedingenden und welches die abhängigen Faktoren eines komplexen Vorgangs sind, auf diese Fragen, auf die die gewöhnliche Selbstbeobachtung in der Regel gar keine Antworten zu geben vermag, sind solche durch die experimentelle Selbstbeobachtung im allgemeinen überall zu gewinnen" (Wundt, 1911 c, S. 20).

Im Unterschied zur „reinen Selbstbeobachtung", bei der jedermann zugänglich „äußere", „objektive" Wahrnehmungsbedingungen nicht für die Kontrolle von subjektiven Äußerungen über den „inneren" Wahrnehmungsakt in geplanter Weise zur Verfügung stehen, will Wundt also gezielt jedermann zugängliche Bedingungen für die Analyse und Rekonstruktion von Wahrnehmungsakten hinsichtlich ihrer Bestandteile und deren Zusammenhänge herbeiführen, um so entsprechende, subjektive Reflexionen über eigene Wahrnehmungsakte intersubjektiv nachvollziehbar oder kontrollierbar zu gestalten. Um die − im übrigen für Wundt selbst − mißverständliche Metapher „Selbstbeobachtung" zu vermeiden, mag man hier besser von einer durch jedermann zugängliche „objektive" Gegebenheiten kontrollierbaren Selbstreflexion sprechen. Mit dieser Interpretation wird dann auch die Ansicht fragwürdig, daß Wundt bezüglich der psychischen Erscheinungen einen solipsistischen Standpunkt vertreten habe, demgemäß subjektive Aussagen über diese auch in ihrer „Wahrheit" nur vom Subjekt zu vertreten wären, eine intersubjektive Überprüfung mithin unmöglich wäre (vgl. etwa Mischel, 1970). Ganz im Gegenteil soll bei Wundt gerade durch das Experiment eine intersubjektiv kontrollierbare Rekonstruktion psychischer Geschehnisse als willentliche Antworten und nicht als „unwillkürliche", vom Forscher „herstellend" manipulierbare Reaktionen auf gewisse „objektive", „äußere" „Reize" ermöglicht werden.

„Bei alle dem bleibt jedoch eine der physikalischen einigermaßen gleichmäßige Anwendung des psychologischen Experiments auf jene Grenzfälle eingeschränkt, wo das Problem selbst die unmittelbare Richtung der Aufmerksamkeit auf die zu beobachtenden psychischen Inhalte mit sich bringt, und wo gleichzeitig die willkürliche Veränderung dieser durch äußere Einwirkungen möglich ist. Diese Grenzfälle gehören hauptsächlich der Psychologie der Empfindungen und der Vorstellungsbildung an" (Wundt, 1908 b, S. 26). „Glücklicherweise fügt es sich ..., daß da, wo die experimentelle Methode versagt, andere Hilfsmittel von objektivem Werte der Psychologie ihre Dienste zur Verfügung stellen. Diese Hilfsmittel bestehen in jenen Erzeugnissen des geistigen Gesamtlebens, die auf bestimmte psychische Motive zurückschließen lassen" (Wundt, 1908 b, S. 4 f.).

„Die ethnologischen Tatsachen sind objektiv gegeben, und sie lassen sich nach den allgemeinen Prinzipien der vergleichenden Methode verknüpfen und in Entwicklungsreihen ordnen. Aber ein psychologisches Verständnis läßt sich nur an der Hand der Selbstbeobachtung gewinnen ... In dieser Vorschule der Selbstbeobachtung kann dann auch der Völkerpsychologe diejenige Fähigkeit sich aneignen, die ihm vor allem anderen not tut: sich in völlig fremde Bewußtseinslagen und in weit zurückliegende Entwicklungsstufen des menschlichen Daseins hineinzudenken. Je verwickelter die geistigen Vorgänge werden, eine je längere Entwicklung sie also voraussetzen, um so mehr bedürfen sie der ethnologischen Vergleichung; und diese Vergleichung bedarf wiederum, wenn sie fruchtbar werden soll, des Zusammenwirkens mit der an den Problemen der individuellen Psychologie geübten Selbstbeobachtung. Eine solche Verbindung zu vermitteln ist eben der Beruf der Völkerpsychologie, deren Aufgabe einer Erforschung der zusammengesetzten geistigen Vorgänge darum weder durch die Ethnologie oder Geschichte noch auch durch die auf das Einzelbewußtsein beschränkte experimentelle Psychologie gelöst werden kann. Vielmehr verbietet hier die Natur der Probleme ebenso eine Beschränkung auf die objektive Betrachtung der geistigen Erzeugnisse wie die einseitige Verwertung subjektiver Wahrnehmungen" (Wundt, 1908 b, S. 26).

Die Methode der Völkerpsychologie ist also nach Wundt das verstehende Sich-Hineinversetzen in andere, um so den objektiven kulturellen Erscheinungen zugrundeliegenden Motiven auf die Spur zu kommen. Wie ein solches Fremdverstehen im einzelnen einer methodischen Kontrolle zugänglich werden kann, um etwa bloße Projektionen eigener Denkschemata zu vermeidne, führt er allerdings nicht weiter aus.

Ablesen läßt sich jedoch an seinen völkerpsychologischen Untersuchungen zu den „Entwicklungsgesetzen von Sprache, Mythus und Sitten" eine Erklärungsprogrmmatik des „Psychologen als rückwärts gewendeten Propheten" im Sinne stets vorläufiger „rationaler Rekonstruktionen" oder „rückwärtsgerichteter Interpretationen" (Wundt, 1917 b, S. 3) von kulturhistorischen Tatsachen oder Dokumenten. Mit ihnen sollen über die Erdeutung gewisser Motivlagen kollektive Einzelerscheinungen in Form von Normen etc. in einen historisch-psychologischen, genetischen, inneren Sinnzusammenhang gebracht werden [16].

Bei der Erstellung solcher „faktischer Genesen" (Lorenzer & Schwemmer, 1973) soll, ausgehend von — betreffend etwa Handlungswissen, -folgen und -voraussetzungen — *historisch-empirisch möglichen* und für spätere Entwicklungen (respektive) *logisch-analytisch notwendigen* „elementareren" Voraussetzungen und folgend dem Interpretationsprinzip der „Heterogenität der Zwecke" zu immer „komplexeren" Wert- oder Normengebilden fortgeschritten werden [17].

Die Art des Zusammenhangs der psychischen Einzelerscheinungen bestimmt Wundt als einen inneren, „logischen", ohne zusätzlich hypothetische Konstruktionen unmittelbar gegebenen, den man aber nicht ohne Rückgriff auf kulturelle Entwicklungen analysieren kann.

„So fallen beispielsweise die logischen Verbindungen der Vorstellungen schon in das Gebiet individual-psychologischer Untersuchung. Aber es ist einleuchtend, diese Verbindungen sind von der Existenz der Sprache und der in ihr geschehenden Gedankenbildung so gewaltig beeinflußt, daß es vergeblich sein würde, von den Wirkungen solcher Einflüsse bei der Untersuchung des individuellen Bewußtseins zu abstrahieren" (Wundt, 1911d, S. 13f.).

Damit ist dieser innere Zusammenhang der psychischen Einzelerscheinungen also wesentlich bestimmt durch das, was wir als einen sinnvollen Zusammenhang sprachlicher Akte kulturell vereinbaren. Er ist also nicht natürlich gegeben, sondern von Menschen gemacht, und muß deshalb auch nicht erst hypothetisch konstruiert, sondern in seiner „Machart" rekonstruiert werden. Zur paradigmatischen psychischen Erscheinung wird bei Wundt das Wollen, in dem sich bzw. das der „innere" Zusammenhang zwischen psychischen Einzelerscheinungen ausdrückt. Diese sind keine Ereignisse, sondern wir bringen sie handelnd hervor. Wundt nennt seine Psychologie deshalb auch „voluntaristisch", spricht von der „Aktualität" psychischen Geschehens und betont die Rolle teleologischer Erklärungsprinzipien für seinen Ansatz.

3. Resümee

Hält man sich an die Logik des Gegenstandes und nicht an die tatsächliche historische Entwicklung, so müßte man glauben, daß gerade Wundts kulturpsychologische Programmatik und seine Realisierungsversuche für die Psychologie von traditionsstiftender Kraft hätten sein müssen, findet doch jegliches menschliche Wahrnehmen, Denken und Erleben, Verhalten und Handeln immer schon unter historisch spezifischen Kulturbedingungen statt. Daß dies nicht der Fall war, scheint mir u. a. aus folgenden Gründen heraus verständlich:
— Wundt schrieb teilweise begrifflich vage unter Verwendung problemträchtiger, naturwissenschaftlicher Metaphern, die ihre geänderte Bedeutung erst im Gesamt des Werkes erkennen lassen und manche augenscheinliche Widersprüchlichkeit aufweisen, und durchlief mit seinem Werk eine geistige Entwicklung, die manche Inkonsistenz nahelegt. Zusätzlich revidierte er — aus seiner Sicht wohl begründet und, wie ich meine, zu Recht (vgl. Aschen-

bach, 1985 a, b) — einiges aus seiner Heidelberger Zeit, das heutigen Psychologieverständnissen näher zu sein scheint (vgl. etwa Graumann, 1980; Richards, 1980).

— In älteren amerikanischen Wundt-Rezeptionen, die wiederum im deutschsprachigen Raum übernommen wurden[19]), wird Wundt, folgend gewissen positivistischen Einheitswissenschaftsvorstellungen unter unzulässiger Einebnung von Erkenntnisbereichen, -interessen und -methoden in ein „naturwissenschaftliches" Schema gepreßt und die Völkerpsychologie eher als (unwissenschaftliches) Kuriosum gewürdigt. Neuere, im übrigen gerade auch in den USA im Zuge der in den 70er Jahren anläßlich der Centenar-Feiern einsetzende kritische Reflexionen zum wissenschaftshistoriographischen Wundtbild und zu Wundts Rolle für die Entwicklung einer „sozialen" und nicht individualisierenden Sozialpsychologie — insbesondere Meadscher Prägung — scheinen im deutschsprachigen Raum kaum zur Kenntnis genommen worden zu sein. Zusätzlich wird die — mit dem reduktionismusverdächtigen, logischen und methodologischen Behaviorismus verbundene — Meinung verbreitet, daß Aussagen über „innere" psychische Vorgänge wegen ihrer angeblichen „Privatheit" wahrheits- und damit auch nicht wissenschaftsfähig seien (vgl. hier kritisch u. a. Wittgenstein, 1958; Giegel, 1969; auch Mischel, 1970).

— Detailliertere methodologische und methodische Ausarbeitungen kulturwissenschaftlicher Prägung, die wesentlich über Programmatisches hinausgeht, fehlen bei Wundt oder bewegen sich — m. E. sachnotwendig — auf nicht routinehaft konkretisierbarer Prinzipienebene, lassen sich jedoch in seine konkreten Vorgehensweisen hineindeuten bzw. an ihnen beispielhaft verdeutlichen.

Dies alles kommt dem sich seit der Aufklärung entwickelten „Naturwissenschaftsgeist" und der mit ihm einhergehenden „Erkenntniseuphorie" sowie den antigeisteswissenschaftlichen Strömungen nach dem 2. Weltkrieg entgegen: Man übernimmt das von Wundt, was sich dieser geistigen Haltung anscheinend mühelos einverleiben läßt, oder interpretiert seine Metaphern auf eben diesem Hintergrund.

Daß die Wundt üblicherweise angetragene Vaterschaft zumindest überprüfenswert ist, und zwar sowohl in ihrer „Einseitigkeit" als auch in deren Stimmigkeit selbst, aber auch hinsichtlich der Frage, ob man überhaupt von zwei „Seiten" Wundts sprechen kann, und daß man ihn jedenfalls auch als einen und — ausgehend von der Geschichte der Psychologie als institutionalisierten Wissenschaft — sogar als Wegbereiter eines handlungs- und kulturpsychologischen Ansatzes begreifen kann, hoffe ich, mit diesem knappen Abriß gezeigt zu haben[20]). Zu fragen bleibt, was Wundts Psychologieverständnis mit dem heutigen eigentlich überhaupt gemeinsam hat.

Anmerkungen

[1] Zu Leben und Werk vgl. u. a. Boring (1957), Arnold (1980), Bringmann & Tweney (1980), Beiträge zur Wundt-Forschung (1975, 1976), Beiträge zum internationalen Wundt-Symposium (1980), Wundt (1920b), Mischel (1970).

[2] Vgl. u. a. Hall (1914), Boring (1957), Beiträge in Bringmann & Tweney (1980), Brozek & Diamond (1976). Kritisch: Thomae (1977), Sonntag (1986), Graumann (1982, 1983).

[3] Vgl. hierzu etwa Wundts „Kleine Schriften", seine „Logik" und seine „Ethik" sowie seine Plädoyers für die Verbindung von Philosophie und Psychologie.

[4] Vgl. Wundts Ablehnung einer Vorbildrolle der Naturwissenschaften.

[5] Vgl. hierzu Wundts Gegenstandsbestimmungen für die Psychologie im Sinne der kontrollierten Erfassung von Subjektivität und seine Ablehnung hypothetisch-konstruktiver Erklärungen für den Zusammenhang von psychischen Einzelerscheinungen (hierzu auch „psychische Kausalität").

[6] Vgl. hierzu etwa Wundts Kritik an Herbarts „Vorstellungsmechanik".

[7] Vgl. Wundts Kritik am „psychophysischen Materialismus", der auch eine Ablehnung darwinistisch-evolutionärer Erklärungsmuster beinhaltet, oder sein Interpretationsprinzip der „psychischen Kausalität".

[8] Vgl. Wundts Äußerungen zur Abhängigkeit individueller psychischer Erscheinungen von kollektiven Wechselbeziehungen.

[9] Vgl. Wundts Äußerungen zur Kulturabhängigkeit von Psychischem und deren historischer Wandelbarkeit.

[10] Vgl. Wundts Kritik an Herbart, sein Interpretationsprinzip der psychischen Kausalität, seine Ablehnung der Assoziationspsychologie und eines vergegenständlichenden Seelenbegriffs oder sein Interpretationsprinzip der schöpferischen Resultanten, demgemäß „das aus irgendeiner Anzahl von Elementen entstandene Produkt mehr ist als die bloße Summe der Elemente ..." (1911b, S. 755).

[11] Vgl. Wundts Unterscheidung zwischen „physischer" und „psychischer Kausalität".

[12] Vgl. Wundts Ausführungen zur „psychischen" und zur „historischen Kausalität".

[13] Vgl. Wundts „voluntaristischen" Ansatz und sein Prinzip der Aktualität von Psychischem.

[14] Vgl. Wundts Ausführungen zur „psychischen" und zur „historischen Kausalität".

[15] Vgl. Wundts Unterscheidung zwischen Individual- und Völkerpsychologie.

[16] Vgl. Wundt, u. a. 1911d.

[17] Vgl. programmatisch u. a. Wundt (1904b, S. 467–482). Daß solche analytischen Notwendigkeitsbehauptungen immer von dem jeweiligen zu implementierenden begrifflichen und theoretischen (Re-konstruktions-)Rahmen abhängen und deshalb auch unterschiedlich ausfallen können, versteht sich von selbst.

[18] Betreffend z. B. darwinistische Erklärungsansätze, die Annahme von – vergegenständlich gedachten – unbewußten Prozessen für Erklärungszwecke oder die Bedeutung statistischer Untersuchungen für die Psychologie.

[19] Vgl. kritisch z. B. Sonntag (1986).

[20] Vgl. hierzu auch Graumann (1982, 1983).

Literatur

Allport, G. W. (1958). Werden der Persönlichkeit. Bern: Huber.

Allport, G. W. (1959). Europäische und amerikanische Theorien der Persönlichkeit. In H. v. Brucken & H. P. David (Hg.), Perspektiven der Persönlichkeitstheorie. Bern: Huber.

Arnold, A. (1980). Wilhelm Wundt – Sein philosophisches System. Berlin: Akademieverlag.

Aschenbach, G. (1984). Erklären und Verstehen in de Psychologie. Bad Honnef: Bock & Herchen.

Aschenbach, G. (1985 a). Teleologische und methodologische Überlegungen zur Psychoanalyse. In G. Aschenbach & W. Kempf (Hg.), Methodenprobleme in der Psychotherapieforschung. Eschborn: Fachbuchhandlung für Psychologie.

Aschenbach, G. (1985 b). Psychologie und evolutionsgeschichtliches Denken – eine fruchtbare Kontaktperspektive? Memorandum Nr. 7. Erlangen: Psychologisches Institut.

Aschenbach, G. (1986 a). Forschungsmethoden der Psychologie. In R. Asanger & G. Wenninger (Hg.), Handwörterbuch der Psychologie. München, Weinheim: Psychologie Verlags Union 1988.

Aschenbach, G. (1986 b). Philosophie der Psychologie. In R. Asanger & G. Wenninger (Hg.), Handwörterbuch der Psychologie. München, Weinheim: Psychologie Verlags Union 1988.

Aschenbach, G. et al. (1983). Die Krise der nomothetischen Psychologie und das Problem der Konsensbildung. In G. Jüttemann (Hg.), Psychologie in der Veränderung. Weinheim: Beltz.

Aschenbach, G. et al. (1985). Kulturwissenschaftliche Aspekte qualitativer psychologischer Forschung. In G. Jüttemann (Hg.), Qualitative Forschung in der Psychologie. Weinheim: Beltz.

Aschenbach, G. & Kempf, W. (Hg.) (1985). Methodenprobleme in der Psychotherapieforschung. Eschborn: Fachbuchhandlung für Psychologie.

Balmer, H. (Hg.) (1976). Die Psychologie des 20. Jahrhunderts, Bd. I. Die europäische Tradition. Zürich: Kindler.

Beiträge zur Wundt-Forschung (1975, 1976). Leipzig: Karl-Marx-Universität.

Beiträge zum internationalen Wundt-Symposium 1979 (1980). Wilhelm Wundt – Progressives Erbe. Wissenschaftsentwicklung und Gegenwart. Leipzig: Karl-Marx-Universität.

Boring, E. G. (1929). A history of experimental psychology. New York: Appleton Century Crofts, 2. Aufl. 1957.

Böhme, G. (1980). Alternativen der Wissenschaft. Frankfurt/M.: Suhrkamp.

Bringmann, W. G. & Scheerer, E. (Eds.) (1980). Wundt Centennial Issue. Psychological Research, Vol. 42, No. 1–2.

Bringmann, W. G. & Tweney, R. D. (Eds.) (1980). Wundt studies. Toronto: Hogrefe.

Brozek, J. & Diamond (1976). Die Ursprünge der objektiven Psychologie. In H. Balmer (Hg.), Die Psychologie des 20. Jahrhunderts, Bd. I. Die europäische Tradition. Zürich: Kindler.

Danziger, K. (1980). Wundt and the two traditions of psychology. In R. W. Rieber (Ed.), Wilhelm Wundt and the making of scientific psychology. New York: Plenum

Giegel, H. (1969). Logik der seelischen Ereignisse. Frankfurt/M.: Suhrkamp.

Graumann, C. F. (1980). Experiments, statistics, history: Wundts first program of psychology. In W. G. Bringmann & R. D. Tweney (Eds.), Wundt studies. Toronto: Hogrefe.

Graumann, C. F. (1982). Theorie und Geschichte. Historische Reihe Nr. 1. Psychologisches Institut der Universität Heidelberg.

Graumann, C. F. (1983). Wundt – Bühler – Mead – Zur Sozialität menschlichen Handelns. Historische Reihe Nr. 4. Psychologisches Institut der Universität Heidelberg.

Hall, S. (1914)., Die Begründer der modernen Psychologie. Leipzig: Felix Meiner.

Hofstätter, P. R. (1984). Psychologie zwischen Kenntnis und Kult. München: Oldenbourg.

Husserl, E. (1936). Die Krisis der europäischen Wissenschaften und die transzendentale Phänomenologie. Hamburg: Meiner 1977.

Jaroschewski, M. (1975). Psychologie im 20. Jahrhundert. Berlin: Volk und Wissen.

Joas, H. (1980). Praktische Intersubjektivität. Die Entwicklung des Werkes von G. H. Mead. Frankfurt/M.: Suhrkamp.

Joas, H. (Hg.) (1985). Das Problem der Intersubjektivität. Neuere Beiträge zum Werk G. H. Meads. Frankfurt/M.: Suhrkamp.

Jüttemann, G. (Hg.) (1983). Psychologie in der Veränderung. Weinheim: Beltz.

Jüttemann, G. (Hg.) (1985). Qualitative Forschung in der Psychologie. Weinheim: Beltz.

Krueger, F. (1915). Über Entwicklungspsychologie. Ihre sachliche und geschichtliche Notwendigkeit. Leipzig: Engelmann.

Lorenzen, P. & Schwemmer, O. (1973). Konstruktive Logik, Ethik und Wissenschaftstheorie. Mannheim: Bibliographisches Institut.

Mead, G. H. (1980). Gesammelte Aufsätze, Bd. 1, hg. v. H. Joas. Frankfurt/M.: Suhrkamp.

Mischel, Th. (1970). Wundt und die begrifflichen Grundlagen der Psychologie. In Th. Mischel, Psychologische Erklärungen. Frankfurt/M.: Suhrkamp.

Mischel, Th. (1981). Psychologische Erklärungen. Frankfurt/M.: Suhrkamp.

Pongratz, L. J. (1984). Problemgeschichte der Psychologie. München: Franke.

Rieber, R. W. (Ed.) (1980). Wilhelm Wundt and the making of a scientific psychology. New York: Plenum.

Richards, R. I. (1980). Wundts early theories of unconscious inference and cognitiv evolution and their relation to darwinian biopsychology. IN W. G. Bringmann & R. D. Tweney (Eds.), Wundt studies. Toronto: Hogrefe.

Robinsson, D. N. (1982). Toward a science of human nature. Essays on the psychologies of Mill, Hegel, Wundt and James. New York: Columbia University Press.

Scheerer, E. (1986). Psychologie-Report Nr. 119. Research group on "perception and action" at the Center for interdisciplinary Research (Zentrum für interdisziplinäre Forschung ZiF). University of Bielefeld.

Sonntag, M. (1986). Zeitlose Dokumente der Seele — Von der Abschaffung der Geschichte in der Geschichtsschreibung der Psychologie. In G. Jüttemann (Hg.), Die Geschichtlichkeit des Seelischen. Der historische Zugang zum Gegenstand der Psychologie. Weinheim: Beltz.

Stern, L. W. (1900). Die psychologische Arbeit des 19. Jahrhunderts. 1. und 2. Zeitschrift für Pädagogische Psychologie und Pathologie, II.

Stern, E. (1920). Probleme der Kulturpsychologie. Zeitschrift für die gesamte Staatswissenschaft, 76.

Thomae, H. (1977). Psychologie in der modernen Gesellschaft. Hamburg: Hoffmann & Campe.

Werbik, H. (1985). „Psychonomie" und „Psychologie". Zur Notwendigkeit der Unterscheidung zweier Wissenschaften. Memorandum Nr. 2. Erlangen: Psychologisches Institut.

Werbik, H. & Zitterbarth, W. (1986). Kulturpsychologie. Memorandum Nr. 12. Erlangen: Psychologisches Institut.

Wittgenstein, L. (1958). Philosophische Untersuchungen. Frankfurt/M.: Suhrkamp.

Wundt, W. (1862). Beiträge zur Theorie der Sinneswahrnehmung. Leipzig: Engelmann.

Wundt, W. (1863). Vorlesungen über die Menschen- und Tierseele, 2 Bd. Leipzig: Engelmann.

Wundt, W. (1880–1883). Logik. Eine Untersuchung der Prinzipien der Erkenntnis und der Methoden wissenschaftlicher Forschung. Leipzig: Engelmann, 3. Aufl. 1906–1908.

Wundt, W. (1886). Ethik. Eine Untersuchung der Tatsachen und Gesetze des sittlichen Lebens. Stuttgart: Enke.

Wundt, W. (1900–1920). Völkerpsychologie. Eine Untersuchung der Entwicklungsgesetze von Sprache, Mythus und Sitte. Leipzig: Engelmann, Kröner.

Wundt, W. (1904a). Völkerpsychologie, Bd. 1. Die Sprache. Erster Teil. Leipzig: Engelmann.

Wundt, W. (1904b). Völkerpsychologie, Bd. 2. Die Sprache. Zweiter Teil. Leipzig: Engelmann.

Wundt, W. (1908). Grundzüge der physiologischen Psychologie, Bd. 1. Leipzig: Engelmann.

Wundt, W. (1910a). Grundzüge der physiologischen Psychologie, Bd. 2. Leipzig: Engelmann.

Wundt, W. (1910b, 1911c, 1921). Kleine Schriften. 3 Bd. Leipzig, Stuttgart: Engelmann, Kröner.

Wundt, W. (1911a). Vorlesungen über die Menschen- und Tierseele. Leipzig: Engelmann.

Wundt, W. (1911b). Grundzüge der physiologischen Psychologie, Bd. 3. Leipzig: Engelmann.

Wundt, W. (1911d). Probleme der Völkerpsychologie. Leipzig: Wiegandt.

Wundt, W. (1911e). Grundriß der Psychologie. Leipzig: Engelmann.

Wundt, W. (1913). Reden und Aufsätze. Leipzig: Kröner.

Wundt, W. (1914c). Leibniz. Zu seinem zweihundertjährigen Todestag. Leipzig: Kröner.

Wundt, W. (1917a). Völkerpsychologie, Bd. 8. Die Gesellschaft. Erster Teil. Leipzig: Kröner.

Wundt, W. (1917b). Völkerpsychologie, Bd. 8. Die Gesellschaft. Zweiter Teil. Leipzig: Kröner.

Wundt, W. (1920a). Völkerpsychologie, Bd. 10. Kultur und Geschichte. Leipzig: Engelmann.

Wundt, W. (1920b). Erlebtes und Erkanntes. Stuttgart: Kröner.

Wundt, W. (1950). Einführung in die Psychologie. Bonn: Dürrsche Buchhandlung.

William Stern. Ein Wegbereiter der Historischen Psychologie?

Heike Behrens, Christian Bittner und Werner Deutsch

1. Person und Werk

Bis vor kurzem konnte man im Städtischen Museum Mülheim/Ruhr den Psychologen und Philosophen William Stern (1871–1938) auf eine ganz ungewöhnliche Art und Weise kennenlernen. Arthur Kaufmann — ein aus Mülheim stammender Maler und Zeichner — hat William Stern auf einem großformatigen Bild zusammen mit einer ganzen Reihe weiterer Wissenschaftler und Künstler, die wie William Stern und der Maler vor den Nationalsozialisten in die USA geflohen sind, porträtiert. Das Triptychon ist inzwischen abgehängt worden und im Magazin des Museums verschwunden, wo auch die Einzelporträts der auf dem Triptychon dargestellten Exilanten zusammengerollt lagern. Es gibt allerdings ein weiteres Kaufmann-Porträt von William Stern, das im Exil geblieben und in den Räumen der Duke-University in North Carolina (USA) zu sehen ist. An dieser Universität verbrachte William Stern die letzten vier Jahre seines Lebens, nachdem er als Jude 1933 aus seinem Institut an der Universität Hamburg, zu deren Mitbegründern er zählt, vertrieben worden war. Er konnte zusammen mit seiner Frau Clara Stern über Holland in die USA emigrieren. Berlin, Breslau und Hamburg — das sind die Stationen in William Sterns Lebensweg vor der Emigration und dem Exil. In Berlin wurde er 1871 geboren. Nach Abschluß der Promotion über „Die Analogie im volkstümlichen Denken" (1893) holte ihn im Jahre 1896 Hermann Ebbinghaus, ein Wegbereiter der experimentellen Psychologie, nach Breslau, wo Stern über ein Thema aus der Psychophysik („Psychologie der Veränderungsauffassung", 1897) habilitierte. Danach blieb er als Privatdozent und außerordentlicher Professor in Breslau. In dieser Zeit entstand — teilweise in Zusammenarbeit mit Clara Stern — nach und nach ein wissenschaftliches Werk, das in fast allen Gebieten der Psychologie Marksteine setzt und darüber hinaus auch in die Philosophie und Pädagogik hineinragt. Schon früh fand William Sterns außerordentliche Produktivität internationale Anerkennung. Beispielsweise erhielt er 1909 den Titel eines Ehrendoktors der Clark University in Worcester (USA). Trotzdem mußte er bis zum Jahr 1916 auf eine Berufung zum ordentlichen Professor warten, da er nicht bereit war, aus Karrieregründen zum Christentum zu konvertieren. In Hamburg war William Stern zunächst Professor am Kolonialinstitut, bis er 1919 an der neu gegründeten Universität Hamburg Professor für Psychologie, Philosophie und Pädagogik wurde. Unter den psychologischen Instituten Deutschlands nahm sein Hamburger Institut bis zu seiner Vertreibung einen Spitzenplatz ein — vor allem wegen der Untersuchungen auf dem Gebiet der Kinder- und Jugendpsychologie, der Intelligenzdiagnostik und der angewandten Psychologie.

Im Jahre 1988 jährt sich Sterns Todestag zum 50. Mal. Sein Werk ist bis heute in weiten Teilen lebendig geblieben. Entwicklungspsychologen lesen immer wieder die „Psychologie der frühen Kindheit" (1914); Sprachpsychologen halten „Die Kindersprache" (1907), deren englische Übersetzung bis heute noch aussteht, für einen Meilenstein der Spracherwerbsforschung; in der Differentiellen Psychologie ist Stern vor allem wegen seiner Intelligenzdefinition weithin bekannt; in der Forensischen Psychologie beruft man sich oft auf Sterns aussagenpsychologische Untersuchungen, und in der Angewandten Psychologie weiß man inzwischen, daß William Stern und nicht Hugo Münsterberg den Begriff „Psychotechnik" geprägt hat.

Trotzdem gibt es noch einen anderen William Stern, den in den letzten Jahren fast niemand beachtet hat (vgl. aber Schmidt, 1985). Bekannt ist der „Spezialist" Stern, der in vielen Teilgebieten der Psychologie Pionierarbeit geleistet hat. Unbekannt ist der „Generalist" Stern, der sich in seinem gesamten Werk immer wieder gegen die Auflösung der Psychologie in streng geschiedene Teilgebiete mit eigenen Inhalten und mit eigenen Methoden wendet. In dieser Hinsicht war William Stern ein Einzelgänger, der gegen den Strom schwamm und deshalb keiner psychologischen Schulrichtung zugeordnet werden kann. Er setzte sich — gegen den Zeitgeist — für eine philosophische (genauer: metaphysische) Grundlegung der Psychologie ein, ohne damit die Möglichkeit und Notwendigkeit empirischer Untersuchungen in der Psychologie in Frage zu stellen. Diese Überlegungen haben Stern von seiner Studienzeit bis an sein Lebensende beschäftigt und ihren Niederschlag in den drei Bänden seines philosophischen Hauptwerkes „Person und Sache" (1906, 1918, 1924) gefunden. Wenn man sich mit William Stern als einem möglichen Wegbereiter der Historischen Psychologie beschäftigt, kommt man nicht umhin, beim „Generalisten" Stern zu beginnen. Im folgenden Abschnitt stellen wir zunächst diese weithin unbekannte Seite Sterns vor, bevor wir an einem Einzelbeispiel diskutieren, wie Sterns philosophischer Ansatz sich auf die konkrete empirische Arbeit ausgewirkt hat. Zum Schluß werden wir zusammenfassend begründen, warum es so schwierig ist, die Rolle Sterns für die Historische Psychologie eindeutig zu klären.

2. Philosophische Grundgedanken

Nach Sterns Auffassung muß die Philosophie die metaphysische Grundlage für eine Weltanschauung schaffen. Gleichzeitig sollen aus dem philosophischen System Leitlinien für die künftigen Wege des Erkenntnisgewinns innerhalb einer wissenschaftlichen Psychologie entwickelt werden.

Bei der Darstellung seiner Philosophie berufen wir uns im wesentlichen auf einen Aufsatz Sterns aus dem Jahre 1927, in dem er die Entstehung und die

Grundzüge seines Weltanschauungssystems aus den drei Bänden von „Person und Sache" kommentierend zusammenfaßt (Stern, 1927).

Das philosophische System wird von Stern als ein vorläufiges betrachtet, da in Detailfragen nach eigener Einschätzung oft nur eine intuitive, durch wissenschaftliche Prüfung noch zu bestätigende Überzeugung zum Ausdruck kommt. Stern läßt damit ausdrücklich die Möglichkeit einer Revision seines Systems offen; ja, er betont sogar, daß ein philosophisches System niemals Endprodukt, sondern stets nur Zwischenprodukt mit zeitlich begrenzter Geltung auf einem theoretisch unendlich langen Weg sein kann. Dies korrespondiert mit Sterns Verständnis von Metaphysik, die von ihm als ein „suchender und fortschreitender" Glaube bezeichnet wird.

Allerdings sind der Revidierbarkeit des philosophischen Systems duch die Auffassung Sterns, wonach Metaphysik auch als ein „kritischer" Glaube gesehen wird, Grenzen gesetzt. Ausgangspunkt jeglichen Erkenntnisgewinns sind jeder Kritik vorgeschaltete unantastbare „grundlose" Glaubenssetzungen. Als unwandelbar betrachtet Stern beispielsweise seine metaphysischen Grundkategorien der „Person" und der „Sache", die den Weg zur Deutung der Welt eröffnen. Kritisches Vorgehen bedeutet nun, bei jedem Schritt zur Erfassung der Wirklichkeit zu überprüfen, ob Hypothesen und Vorgehen den Axiomen oder „Urpositionen" entsprechen. Kritik dient damit lediglich als Kontrollinstanz, um die Bedeutsamkeit von Erkenntnissen zu reflektieren. Durch Kritik kann aber nichts Neues geschaffen werden. Stern geht von der Priorität „schöpferischen Denkens" gegenüber „kritischem Denken" aus, da Kreativität und Schaffen immer zuerst da sein müssen.

Als Erkenntnismittel werden die reine Sinnerfahrung und rationales Denken als unzureichend abgelehnt, da auf diese Weise weiten Bereichen, wie z. B. der Geschichtswissenschaft, kein adäquates Methodeninventar zur Verfügung steht. Stern versucht eine Integration dieser Methoden mit Erkenntnismitteln, die einen Zugang zur Ganzheitlichkeit der phänomenologischen Welt ermöglichen (wie z. B. Intuition, Verstehen), und erstellt eine „Rangordnung der Seinserfassungen". Oberste Methode im kritischen Personalismus ist die „verstehende Introzeption", „in der das Ich sich nicht auszuschalten, sondern mit dem Objekt zu identifizieren sucht" (Stern, 1927, S. 163).

Kernpunkt des Sternschen Systems ist die Kategorie der „Person", die den Anthropismus überwindet und auf „Menschliches, Untermenschliches und Übermenschliches" (Stern, 1927, S. 164) angewendet werden kann. Damit wird die Trennung zwischen belebtem und unbelebtem Sein aufgehoben.

Das Kennzeichnende der ‚Person' ist die *konkrete, zieltätige Ganzheit*: die Welt besteht aus Wesenheiten, welche sind, indem sie wirken; welche Einheiten sind, indem sie eine Mannigfaltigkeit in sich sinnvoll gestalten; welche Träger einer teleologischen Kausalität sind, indem der Totalsinn des Ganzen die Verwirklichung der ihm eingeordneten Teilzwecke bestimmt [...] (Stern, 1927, S. 164).

Die Person wird von Stern als „unitas multiplex" gesehen, d. h. weder als „einfaches Seelending" noch als „aggregatmäßiges Gefüge". Diese Auffassung hat

Konsequenzen für die Methode, nach der man sich dem Sein der Welt annähern kann: Weder Analyse noch Synthese bewirkt Erkenntnisgewinn, sondern die Hypostase. Nicht das „Herauspräparieren" von letzten Bausteinen und nicht das Zusammensetzen von Bausteinen zu „Komplexen" führt zum Verstehen der Welt, sondern die Integration von „scheinbaren Elementen" zu „eigentlichen, in sich geschlossenen ursprünglichen Ganzheiten, in denen sie aufgehen und von denen aus sie zu verstehen sind" (Stern, 1927, S. 165). Stern fordert, daß diese Methode zur Grundlage der Wissenschaft erhoben wird.

Dem „Person"-Begriff wird die Kategorie der „Sache" gegenübergestellt. Sache

bedeutet all das, was eben nicht Ganzheit, sondern Aggregat, nicht zielstrebige Ursprungstat, sondern Wirkungsfeld fremder Gesetzmäßigkeit, nicht konkret Individuelles, sondern abstrakt Gleichsetzbares, nicht Absolutheit, sondern Relation ist (Stern, 1927, S. 165).

Personen sind nach Stern hierarchisch angeordnet. Jede Person kann als „unitas multiplex" sowohl andere Personen in sich enthalten als auch Bestandteil übergeordneter Personen, also Sache sein. Die höchste Stufe in der Hierarchie wird von der „universellen göttlichen Allperson" eingenommen. Aus diesem Hierarchie-Prinzip leitet sich der Gedanke von der „psychophysischen Neutralität des Seins" ab. Die Person ist nicht gebunden an Psyche oder Physis; keine der wesentlichen Funktionen der Person, nämlich Ganzheitlichkeit und Zielstrebigkeit, gehören nur zur psychischen oder nur zur physischen Dimension des Seins, vielmehr wirken beide in der Kategorie der Person zusammen. Die traditionelle Gegenüberstellung von Geist und Materie ist also nicht mit der Differenzierung zwischen Person und Sache identisch.

Durch den Hierarchie-Gedanken gestaltet sich der Begriff der Person perspektivisch: Je nach Betrachtungsperspektive kann Seiendes als Person bezeichnet werden, wenn es als eine sich seinen innewohnenden Zweck gemäß entwickelnde Entität begriffen wird, aber auch als Sache, wenn es Teil einer übergeordneten Person ist und sich ihrer Zweckgerichtetheit unterordnet. Diesen Zusammenhang führt Stern zum Gedanken der „Teleomechanik" aus, mit dem er den Gegensatz zwischen Mechanismus und Teleologie, der nach Stern eine universale Bedeutung hat, überwindet. Der mechanistische Ansatz versucht, alles Sein mit Hilfe naturgesetzlicher Wirkungszusammenhänge zu erklären und begreift damit Lebendiges als Ausfluß eines physiko-chemischen Geschehens. Die Teleologie dagegen betrachtet das Lebendige unter dem Aspekt des ihm innewohnenden zielstrebigen Wirkens, der einen Glauben an geistige Triebfedern der Entwicklung, z. B. Götter, einschließt. Da nun Person nicht mehr als eine anthropomorphe Größe, die der sächlichen Welt gegenübersteht, gedacht wird, sondern als eine die Aggregate zu einem Sinnganzen vereinigende Instanz, wird der universale Gegensatz aufgelöst. Die Aggregate folgen der zielgerichteten Zwecktätigkeit der Person, „mechanische Gesetzmäßigkeiten sind erst Niederschläge personalen Wirkens, gehen aus diesen hervor und bilden daher keine selbständige Gegeninstanz mehr" (Stern, 1927, S. 169).

Nach der Erörterung der Grundgedanken seines philosophischen Systems erarbeitet Stern die Übertragung der metaphysischen Kategorie der Person auf den Menschen. Es wird versucht, die konkrete psychologische Lebenswirklichkeit des Menschen in die Betrachtung einzubeziehen. Dies erfordert eine begriffliche Erweiterung der bisher gewonnenen Kategorie der Person zur Kategorie der Persönlichkeit. Wird am Menschen nur der Aspekt „eines auf sich selbst gerichteten zielstrebigen Ganzen" (Stern, 1927, S. 170) berücksichtigt, bedeutet das nach Stern eine Verkürzung seiner Lebenswirklichkeit, denn darüber hinaus erfahre der Mensch eine Sinnhaftigkeit des Seins, die „hinaus in die Totalität alles Seins reicht" (Stern, 1927, S. 171). Um die Bedingungen und Einflußgrößen menschlichen Seins und seine Beziehung zu der ihn umgebenden Welt voll zu erfassen, führt Stern die Begriffe „Konvergenz" und „Introzeption" ein.

Die Beantwortung der Frage, wodurch im Laufe der menschlichen Entwicklung eintretende Veränderungen bewirkt werden, geht bei Stern über die Betrachtung einer einfachen Anlage-Umweltabhängigkeit hinaus. Der Mensch wird weder als Produkt innengesteuerter Wachstumsimpulse noch als „passives Erzeugnis" von umweltgegebenen Steuerungsfaktoren gesehen. Vielmehr ist das Individuum im Besitz eines endogen angelegten Wachstumspotentials, das den Charakter von „Dispositionen", „d.h. zielstrebig angelegter, aber noch nicht eindeutig festgelegter Strebe-Richtungen" (Stern, 1927, S. 171) hat. Umweltfaktoren wirken in der Weise auf das Individuum ein, daß sie Dispositionen von außen anstoßen und so zu „Mitarbeitern" an der Entfaltung und „eindeutigen Wirklichkeit des personalen Lebens" (Stern, 1927, S. 171) werden. Umweltfaktoren sind also niemals „Zwangsgewalten", denen sich das Individuum passiv beugt und die auf diese Weise determinierend wirken. Menschliches Sein erklärt sich erst aus der Konvergenz, dem Zusammenwirken von Disposition und Umwelt, wobei dem endogenen Wachstumspotential primäre Bedeutung zukommt, weil die Umweltfaktoren nur das zur Entfaltung bringen können, was bereits innerlich angelegt ist.

Stern dehnt in einem weiteren Schritt die Bedeutung der Außenwelt für den Menschen aus: Sie ist nicht nur Bedingung, sondern auch Bedeutungsbestandteil individuellen Seins. Sie ist dem Menschen insofern verwandt, als sie auch aus „sinnhaltigen Ganzheiten" (Personen) besteht. Die Umwelt steht also dem Menschen nicht als fremde Macht gegenüber, sondern ist in der Zweckbestimmtheit mit dem Menschen identisch, tritt ein in seine eigene Zweckbestimmtheit und wird damit zum Bestandteil seiner eigenen personalen Selbstbestimmung. „Die objektiven Weltbedeutungen, Zwecke und Werte werden von ihm zu Momenten seines eigenen Selbstseins [...] gemacht" (Stern, 1927, S. 172). Dieser Vorgang der Einverleibung wird von Stern als „Introzeption", als „Ein-Eignung des Nicht-Ich in das Ich" (Stern, 1927, S. 172) bezeichnet. Der Mensch steht nicht mehr vor der Alternative, sich entweder den Umwelteinflüssen passiv zu beugen oder die Umwelt als Material für die eigene Entwicklung zu benutzen, sondern Mensch und Umwelt sind gemeinsame Mitspieler einer sinnhaften Zielgerichtetheit.

Stern entwickelt mit der Konzeption von Konvergenz und Introzeption ein idealistisch überzeichnetes Bild von der Beziehung des Menschen zu seiner Umwelt. Entwicklung wird bei Stern nur gedacht als ein gerichteter Prozeß, dessen Ziel personale Vervollkommnung und das Erreichen eines letzten, sinnhaften teleologischen Ziels ist. Degenerative Entwicklungen, körperliche und psychische Abbauprozesse finden unmittelbar keinen Platz in der Sternschen Gedankenwelt. Entwicklung wird als steter Aufbauprozeß betrachtet, dessen Motor die sinnhafte Zweckbestimmtheit der personalen Entelechie ist.

Die Bedeutung von konkreten Umwelteinflüssen läßt sich bei Stern nicht genau abschätzen. Jeder Mensch ist insofern eine ‚historische' Persönlichkeit, als die Umwelt zu seiner individuellen Entfaltung beiträgt, dadurch daß sie noch uneindeutige dispositionelle Streberichtungen ausformt. Andererseits aber bestimmen die äußeren Faktoren das individuelle Sein gerade wegen der dispositionellen Beschaffenheit des Menschen niemals autonom, so daß historisch gegebene soziokulturelle Umstände nicht nur nicht als letzte Gestalter der menschlichen Lebenswirklichkeit angenommen werden können, sondern ihnen nur eine sekundäre Bedeutung zukommt. Der Bedeutungskern der soziokulturellen Umwelt beschränkt sich auf die bloße Auslöserfunktion mit eingeschränktem Ausgestaltungsspielraum einer bereits angelegten inneren Entelechie. Der menschlichen Entwicklung liegt ein dialektisches Geschehen zugrunde: der Mensch ist einerseits auf Umweltanregungen angewiesen, aber andererseits gleichzeitig aktiver Gestalter seines Seins, indem er die ihm verwandte Umwelt konstruktiv einverleibt. Aufgrund der gemeinschaftlichen teleologischen Sinnhaftigkeit von individuellem Sein und Außenwelt können Umweltanreize nicht störend wirken, sondern sind im Gegenteil förderlich für den Menschen, um seiner Zweckbestimmtheit entgegenzustreben. Entwicklungshemmend allerdings wäre ein Zuwenig an äußerer Stimulation, da sich dann die dispositionellen Anlagen nicht entfalten könnten. Konkrete Vorstellungen über den Prozeß der Introzeption im Sinne eines Modells fehlen bei Stern. Wie man sich etwa mißlingende Introzeption und deren individuelle Konsequenzen vorzustellen hat, wird von Stern nicht konkretisiert. Indirekt wird diese Möglichkeit aber dadurch angedeutet, daß die Introzeption von ihm zu einem sittlichen Imperativ erhoben wird („Introzipiere!"), was zumindest darauf hinweist, daß vom Menschen selbst die Bereitschaft zu diesem Akt ausgehen muß. Erst der introzipierende Mensch bewegt sich nach Stern „dem Ursinn der Welt und seiner selbst" entgegen (Stern, 1927, S. 181). Der Sinn des Seins ist schon stets im Kosmos gegeben und invariant gegenüber jedweden Einflußgrößen. Der Mensch hat die Aufgabe, diesem Sinn des Seins zuzustreben. Die dahinter stehende Forderung lautet „Lebe nach deiner Berufung!" (Stern, 1927, S. 182).

Die Übertragung des Personalismus auf den Menschen führt Stern dazu, die Psychologie durch die sogenannte „Personalistik" wissenschaftlich zu fundieren. Der Mensch ist nach Ansicht Sterns durch die verschiedenen wissenschaftlichen Disziplinen „heillos zerrissen" worden in seine „Körperlichkeit", in seine „Bewußtheit" und in seine „kulturellen Auswirkungen". Dies führte zu einer künstlichen Spaltung dessen, was erst „durch seinen Bezug auf die psychisch-physisch-kulturell-*neutrale* Ganzheit der menschlichen Person überhaupt Bestand hat; deshalb werden all jene Kategorien aus tiefer liegenden *personalen* Kategorien erklärbar [...] zu machen sein" (Stern, 1927, S. 173).

3. Beziehungen zwischen philosophischem Ansatz und Forschungspraxis

Im folgenden wird zu zeigen sein, wie sich Sterns philosophisches Weltanschauungssystem in seiner praktischen Arbeit niederschlägt, d. h. ob und auf welche Weise er versucht, seine theoretischen Befunde in der psychologischen Praxis anzuwenden. Als Beispiel hierzu seien die von seiner Frau Clara und ihm geführten Tagebücher über die Entwicklung ihrer drei Kinder Hilde (geb. 7. 4. 1900), Günther (geb. 12. 7. 1902) und Eva (geb. 28. 12. 1904) gewählt, die zu dem Bedeutendsten aus Sterns wissenschaftlichen Nachlaß gehören[1]).

Diese Tagebücher wurden über einen Zeitraum von achtzehn Jahren zwischen 1900 und 1918 geführt. Ihr Entstehungszeitraum liegt damit vor dem Abschluß des philosophischen Systems, weil für Stern die Beobachtung und Entwicklung seiner drei Kinder Anstoß und Beispiel zugleich für seine philosophische Theorie war:

Hier beobachtete ich konkretes seelisches Leben in seiner Unmittelbarkeit und wurde dadurch geschützt vor jenen lebensfremden Schematismen und Abstraktionen, die uns unter dem Namen „Psychologie" nicht selten begegnen. Hier wurde mir die personale Grundtatsache der *unitas multiplex* zum Erlebnis: die Fülle der neben- und nacheinander auftretenden Inhalte fügte sich in die einheitliche Lebenslinie des sich entwickelnden Menschen und erhielt ihren Sinn durch sie. Hier drängte sich mir die Grundform personaler Ursächlichkeit auf: die „*Konvergenz*" der im Kinde sich regenden Anlagen mit der Gesamtheit der Umwelteinflüsse. Kurz, ich gewann hier wichtige Anschauungsgrundlagen für die im Werden begriffene philosophische Theorie (Stern, 1927, S. 7).

Zwei Gesichtspunkte, die Stern hier hervorhebt, sind wichtig für sein methodisches Vorgehen: erstens die Annahme, daß jedes Individuum eine „unitas multiplex" ist; zweitens das Prinzip der Konvergenz, d. h. das Zusammenwirken anlagebedingter Dispositionen mit den Umwelteinflüssen.

Aus diesen Grundannahmen ergibt sich, daß die Sterns eine eigene Entwicklungsgeschichte für jedes Kind in separaten Tagebüchern geschrieben haben und nicht etwa den Werdegang aller drei Kinder nebeneinander beschrieben haben. Das Ziel, das hinter dieser Trennung steckt, ist, alle Seelenregungen des Kindes zu erfassen, um es in seiner *Ganzheit* beurteilen zu können. So schreibt Stern-Sohn Günther Anders im Nachhinein:

Die Methodik der Untersuchungen war nicht nur durch wissenschaftliche Gründe, sondern durch die moralische Grundhaltung meiner Eltern bestimmt und begrenzt. Ein von psychologischer Vivisektion weiter entferntes Kinderstudium ist nicht denkbar (Anders, 1952, S. XIII).

Aufgrund der philosophisch-methodischen Prämissen erscheint das Vorgehen der Sterns zunächst „ziellos" in dem Sinne, daß die Datenerhebung nicht auf spezielle Bereiche wie etwa Sprachentwicklung, Gedächtnisentwicklung oder Entwicklung der Zeichenfähigkeit eingeengt ist. Dennoch ist die Datensammlung nicht rein deskriptiv. Um die Entwickungsverläufe genau nachvollziehen zu können, wurden von den Eltern kleine Experimente durchgeführt, die stets in das Spiel eingebettet wurden und nie den Charakter des Künstlichen trugen. Sie dienten gewissermaßen als Unterstützung und Korrektiv der durch natürliche Beobachtung gewonnenen Daten.

Die wissenschaftliche Abstraktion, die notwendig bereichsspezifisch ist, ist bei Stern erst der zweite Schritt: Von den geplanten sechs Monographien aus dem Tagebuch-Material sind zwei erschienen, die sich mit den Einzelaspekten des Spracherwerbs („Die Kindersprache", 1907) und der Gedächtnisentwicklung („Erinnerung, Aussage und Lüge", 1908) befassen. Auch in diesen Werken spiegelt sich die methodische Grundhaltung Sterns: In der „Kindersprache" werden z. B. zunächst drei individuelle „Sprachgeschichten" für die drei Kinder erstellt, bevor im zweiten Teil auch im Vergleich mit anderen Studien gemeinsame Grundtendenzen abstrahiert werden.

Gleichzeitig erlauben die Tagebücher aber auch Rückschlüsse auf die Erziehungsmethoden der Sterns, die unter dem Aspekt der Konvergenz an Bedeutung gewinnen, wenn man davon ausgeht, daß das Elternhaus für die frühe Kindesentwicklung den wichtigsten Umwelteinfluß darstellt. Die Sterns waren bemüht, ihren Kindern so viele und vielfältige Anregungen wie möglich zu geben, um die Entfaltung aller Dispositionen zu ermöglichen. Die Anregungen sind verschiedener Natur: Im Haus handelt es sich um Bilder, Kataloge, Spielzeug, Basteleien, Musik, Gemälde, Literatur; auswärts um Zoo- und Museumsbesuche oder Landaufenthalte. Besondere individuelle Vorlieben und Talente der Kinder werden dabei natürlich berücksichtigt. Lenkende Eingriffe in die Entwicklung betreffen besonders die Erziehung zur Höflichkeit und Ordnung, zur Ehrlichkeit und Wahrheitsliebe. Die hier vermittelten Tugenden sind in einem hohen Maße schichtgebunden, ebenso wie die Auswahl der gehobenen Lektüre oder der klassischen Malerei und Musik, ohne daß dies in den Tagebüchern explizit reflektiert wird.

Was in Sterns Weltanschauungssystem fehlt, zeigt sich erst in der Erziehungspraxis: Zwar lassen sich seine Grundthesen methodisch in die Praxis umsetzen, indem der Mensch als „In-Dividuum", also in seiner Ganzheit betrachet wird, jedoch bleibt offen, ob und wie sich der Weg zum teleologisch begründeten Ziel der Geschichte praktisch vollzieht. Seine Erziehungsmethode macht indirekt deutlich, daß dieser Prozeß kein rein automatischer ist. Im Fall der eigenen Kinder zeigt sich dies besonders am Problem der Lüge: Obwohl Ehrlichkeit und Wahrheitsliebe zu den obersten Erziehungsgeboten der Sterns zählen, mußten sie zu ihrem eigenen Leidwesen erkennen, daß auch ihre Kinder zur echten, d. h. nicht auf Erinnerungstäuschungen beruhenden Lüge griffen, um z. B. einer Strafe zu entgehen.

In Übereinstimmung mit dem optimistischen Tenor seiner Weltanschauung ist es kennzeichnend für Stern, daß ihn nicht so sehr problematische oder scheiternde Entwicklungsverläufe interessierten, sondern eher die optimalen Entwicklungsbedingungen. Ein für ihn ideales und ihn stark faszinierendes Beispiel für die Kompensierung körperlicher Mängel war der Fall der taub-blinden Amerikanerin Helen Keller (vgl. Stern, 1905; Stern, 1910). Hier zeigte sich ihm, daß bei einer Person, der die „normalen" Erkenntnismittel der Anschauung und der Sprache verschlossen waren, die Dispositionen trotzdem in vollem Umfang erhalten bleiben und durch gezielte Umweltanreize zur Entfaltung gebracht werden können. So war Helen Keller schließlich fähig, sich über das Fingeralphabet und Blindenschrift zu verständigen und selbst zu verstehen und konnte über die Vibrationen selbst den Charakter von Musik erfassen.

4. Die Bedeutung Sterns für die Historische Psychologie

Wenn man die Frage beantworten will, ob Stern als Vorläufer oder gar Wegbereiter der Historischen Psychologie gelten kann, muß man sich Gegenstand und Inhalt dieses Bereichs vor Augen führen. Wir beziehen uns dabei auf einen Versuch Jüttemanns (1986), den Ansatz der Historischen Psychologie zu charakterisieren.

Vorangestellt sei, daß die Frage weder mit einem klaren „Ja" noch mit einem klaren „Nein" beantwortet werden kann. Doch gibt es einige interessante Berührungspunkte im Bereich der Methodik und bei der Auffassung über die menschlichen Entwicklungsbedingungen, auf die im folgenden eingegangen werden soll.

Zur Entwicklungstheorie

Wenn man als historisch orientierter Psychologe davon ausgeht, daß sich der Mensch „vor allem in einer Reihe von Potentialitäten, die ‚lediglich' Voraussetzungscharakter besitzen, weil sie das ‚Rohmaterial' bilden, aus dem Seelischen als Gestaltetes [...] erst entsteht" (Jüttemann, 1986, S. 12) konstituiert, dann ist diese Konzeption aus dem Sternschen Begriff der Disposition sehr ähnlich, wenn nicht sogar mit ihm identisch. Geht man davon aus, daß es der Historischen Psychologie um die „Gewordenheit des Seelischen unter dem besonderen Aspekt einer im weitesten Sinne situativen (umwelt- und zeitgegebenen) Bedingtheit gehe" (Jüttemann, 1986, S. 13), liegt eine inhaltliche Nähe zum Konzept der Konvergenz auf der Hand. Doch zeichnet sich an diesem Gesichtspunkt eine inhaltliche Distanz zu Sterns Auffassung ab. Bei Stern findet man eine Priorität der Dispositionen, und erst in der Interaktion mit der Umwelt werden psychische Strukturen festgelegt. Aus diesem Grund hat Stern nie die Auffassung vertreten, daß psychische Strukturen und Prozesse ausschließlich durch äußere Situationsumstände determiniert werden.

Man wird Stern auch dann nicht zu einem Vertreter der Historischen Psychologie zählen können, wenn man sich auf den „kulturellen Entwicklungsprozeß des Allgemein-Seelischen" (Jüttemann, 1986, S. 13) bezieht. Die Besonderheiten epochaler Einflüsse auf die seelische Entwicklung werden weder in der Forschungspraxis noch in seinem philosophischen System zum Thema gemacht.

Zur Methodik

Kernpunkt von Sterns Forschungspraxis ist das, was wir „eingebettetes Experimentieren" nennen möchten. Stern sprach sich weder gegen die experimentelle Methode aus noch setzte er sie absolut. Vielmehr bettete er sie in den natürlichen Lebenskontext der Untersuchungspersonen ein. Auf diese Weise verhinderte er den Reduktionismus moderner Laborexperimente, weil er die Ganzheit der Person in ihren normalen Lebensbezügen nicht nur im Blickpunkt hatte, sondern sogar noch zum Ausgangspunkt seines Experimentierens macht. Stern überwand das klassische Experiment also schon zu einem Zeitpunkt, bevor es seinen endgültigen Siegeszug in der Psychologie angetreten hatte. Stern untersuchte menschliches Verhalten nicht allein in standardisierten, replizierbaren Situationen, sondern widmete seine Aufmerksamkeit ebenso dem biographisch verwurzelten Entwicklungsgeschehen, das sich, wie bereits erläutert, dem ausschließlich experimentellen Zugang entzieht. Die lebensgeschichtliche Prägung des Individuums bleibt also im Blickpunkt von Sterns Forschungspraxis, einschließlich des Experimentierens. Dies macht ihn zu einem Vorläufer einer integrativen Psychologie, in der der psychobiologische und der psychokulturelle Ansatz (vgl. Jüttemann, 1986, S. 14f.) zusammengeführt werden.

Anmerkungen

[1]) Die Originaltagebücher befinden sich heute im William Stern-Archiv der National Jewish Library in Jerusalem. Von diesen Tagebüchern wird zur Zeit am Max-Planck-Institut für Psycholinguistik in Nijmegen und am Institut für Psychologie in Braunschweig eine computerlesbare Abschrift erstellt.

Literatur

Anders, G. (1952). Geleitwort zur siebten Auflage der „Psychologie der frühen Kindheit" von William Stern (S. IX–XVI). Heidelberg: Quelle & Meyer.

Jüttemann, G. (Hg.) (1986). Vorbemerkungen des Herausgebers. In G. Jüttemann (Hg.), Die Geschichtlichkeit des Seelischen. Der historische Zugang zum Gegenstand der Psychologie (S. 7–27). Weinheim: Beltz.

Schmidt, W.H.O. (1985). Dialogue with a human scientist: William Stern (1871–1938). Revised version of a paper read at the Fourth International Human Science Research Conference, May 1985. Unpublished Manuscript, University of Atlanta.

Stern, C. & W. Stern (1907). Die Kindersprache. Leipzig: Barth.

Stern, C. & W. Stern (1908). Erinnerung, Aussage und Lüge in der ersten Kindheit. Leipzig: Barth.

Stern, W. (1893). Die Analogie im volkstümlichen Denken. Berlin: Philosophisch-Historischer Verlag.

Stern, W. (1898). Psychologie der Veränderungsauffassung. Berlin: Preuß & Jünger.

Stern, W. (1905). Helen Keller, Entwicklung und Erziehung einer Taubstummblinden als psychologisches, pädagogisches und sprachtheoretisches Problem. (Ziehen-Zieglerische Sammlung von Abhandlungen). Berlin: Reuther & Reichard.

Stern, W. (1906). Person und Sache. System der philosophischen Weltanschauung. Bd. I: Ableitung und Grundlehre. Leipzig: Barth 1906. 2. unveränderte Auflage unter dem Titel: Person und Sache. System des kritischen Personalismus. Bd. I: Ableitung und Grundlehre des kritischen Personalismus. Leipzig: Barth, 1906 2. Aufl. 1923.

Stern, W. (1910). Helen Keller. Persönliche Eindrücke. Zeitschrift für angewandte Psychologie und psychologische Sammelforschung, 3, 321–333.

Stern, W. (1914). Psychologie der frühen Kindheit bis zum sechsten Lebensjahre. Leipzig: Quelle & Meyer.

Stern, W. (1918). Person und Sache. System des kritischen Personalismus. Bd. II: Die menschliche Persönlichkeit. Leipzig: Barth, 3. Aufl. 1923.

Stern, W. (1924). Person und Sache. System des kritischen Personalismus. Bd. III: Wertphilosophie. Leipzig: Barth.

Stern, W. (1927). Selbstdarstellung. In R. Schmidt (Hg.), Die Philosophie der Gegenwart in Selbstdarstellungen (S. 128–184). Leipzig: Felix Meiner.

Ist der Logos des Psychischen in der Geschichte verborgen?
Zum Historisch-Sozialen und Überzeitlichen der Seele bei Felix Krueger

Brigitte H. E. Niestroj

> Die Psychologie, die schon ihrem Namen nach wie keine
> andere Wissenschaft berufen schien, sich in der Fülle des
> Lebens zu tummeln, ist in unseren Tagen so nüchtern und
> mager wie ein Asket geworden ...
>
> *Kierkegaard*

In diesem Beitrag[1]) sollen besonders solche Aspekte der genetischen Ganzheits- bzw. Strukturpsychologie von Felix Krueger vorgestellt werden, die sich explizit mit der Bedeutung von Geschichte und Kultur für die Psychologie beschäftigen. Thematisch am bedeutsamsten hierfür ist seine programmatische Schrift „Über Entwicklungspsychologie – ihre sachliche und geschichtliche Notwendigkeit (1915), welche die von ihm herausgegebene Schriftenreihe ‚Arbeiten zur Entwicklungspsychologie' einleitet[2]). Die folgenden Ausführungen konzentrieren sich auf dieses Buch, das aber weder für die gesamte Psychologie noch für die weiteren Arbeiten von Krueger repräsentativ ist.

Mit seiner These, die dem Buch „Über Entwicklungspsychologie" zugrundeliegt, daß der Mensch ein soziales und geschichtliches Wesen gerade auch für die psychologische Forschung sein müsse, stellt sich Krueger nicht nur gegen Philosophen und Kulturhistoriker, sondern auch gegen die experimentell und positivistisch ausgerichtete (Assoziations-)Psychologie, allerdings auch gegen die junge Wissenschaft Soziologie. Weshalb? Diese Disziplinen haben der Psychologie einen Gegenstand zugedacht, der nach Krueger gar nicht existiert: das isolierte, reduzierte und von allen Lebensvorgängen abstrahierte, statische Individuum. Die für die westliche Kulturgeschichte angenommene Entwicklung vom WIR zum ICH und von einem gefühlsbestimmten zu einem ent-emotionalisierten Leben (Krueger, 1915, S. 109) bleibt für Krueger Reflexionsgegenstand, den er auch für die strengen Gesetze der in Deutschland geborenen experimentellen Psychologie nicht opfern kann und will.

In Kruegers Schriften wird das Gefühl der Enttäuschung über die Situation der Wissenschaft im allgemeinen und der Psychologie im besonderen deutlich. Zu Beginn dieses Jahrhunderts war der Gegenstand der Wissenschaft zu bloßer Faktizität reduziert worden, die keinen immanenten Sinn und keine normative, d.h. auch verallgemeinernde Kraft mehr hatte. Abgrenzungen, Partikularisierungen und das Ansammeln von detaillierten, aber gleichzeitig fragmentarischen Kenntnissen, die kein Ganzes mehr ergaben, waren charakteristisch für ein Wissenschaften, das sich durch kein allgemeines Anliegen noch durch Philosophie als verbindendes Glied auszeichnete (1915, S. 36; u. Schnädelbach, 1983). Diese Entwicklung der Wissenschaften zur Mechanisierung, Methodisierung und Empirisierung mit der Ausgrenzung der Metaphysik und Philosophie als Quelle der Frage nach Bedeutung des Handelns wie des Denkens ist wichtig in Erinnerung zu behalten, denn sie ist eine der wesentlichen Angriffsflächen für Krueger. Das reduzierte Erkenntnisanliegen des Positivismus impliziert eine Anthropologie des Menschen, die ihn nur durch Meßbares definiert. Krueger setzt sich äußerst kritisch mit den wissenschaftlichen Methoden der Psychologie, wie mit dem Menschen als ihren Erkenntnisgegenstand auseinander.

Gerade seine in den mittleren Jahren verfaßten Schriften können als Protest gegen die Einteilungen und Begrenzungen, die in der psychologischen Forschung vorgenommen wurden, und gegen die inhaltliche Leere des Positivismus gelesen werden. Der Positivismus kennt den Menschen nur als ein Bündel von Ideen, von Eindrücken und Vorstellungen, er kennt das menschliche „Ich" nur als passives Subjekt (Dessoir, 1925, S. 561 ff.). Krueger will mit seinem Buch „Über Entwicklungspsychologie" das Modell des mechanisch funktionierenden Menschen überwinden und stellt diesen in den Kontext von Werten, Intentionalität, Handlungsfähigkeit und Sinn. Wenn die Psychologie aber ein lebendiges und sich ständig entwickelndes wie veränderndes Wesen zum Gegenstand ihrer Erkenntnis haben soll, wie steht es dann mit ihrer Methode? Kruegers wenig beachtete Programmschrift „Über Entwicklungspsychologie" diskutiert das methodologische Grundproblem der Psychologie und bestimmt ihren Erkenntnisort im Rahmen von Natur- und Geisteswissenschaften. Die Beschäftigung mit dem Erkenntnisproblem bleibt dominierend in Kruegers Arbeiten. Er differenziert seinen Erkenntnisbegriff in Auseinandersetzung mit der die Psychologie bestimmenden Forschungsmethode der exakten Messung und des Experiments, für die sich Erkennen und exaktes Bestimmen der psychischen Phänomene decken. Krueger verneint diesen Erkenntnisbegriff, ohne allerdings den Wert und die Bedeutung solcher empirischen Methoden für die psychologische Forschung aufgeben zu wollen. Empirische und experimentelle Forschungen bleiben wichtig für Krueger, nur dürfen sie s. E. nicht alleinige Quelle der Erkenntnis bleiben.

Die Gleichsetzung von Wissenschaftlichkeit und exaktem Bestimmen, von „Begriff" und „Zahl" oder „Maß" hält er für falsch. Es sei vieles wahr, so Krueger, was sich jedoch nicht berechnen lasse. Der Wert einer Erkenntnis ist eben nicht ihre Exaktheit, sondern ihr Wahrheitsgehalt; nicht die Methode, mit der eine Erkenntnis gewonnen wird, entscheide über ihre Dignität, sondern ihr Wahrheitswert. Krueger möchte eine empirische psychologische Wissenschaft mit Metaphysik verbinden, d.h. er sucht nach einer Möglichkeit, Empirie und Reflexion zu verknüpfen. „Denn das Wahre ist das Ganze weder als ausschließliches Verweilen in der ‚Unmittelbarkeit', noch als rasches Hineinspringen in die Sphäre der ‚Reflexion', sondern die ausgewogene Verbindung beider Funktionen" (Heuss, 1953, S. 11). Krueger, der auch teilhatte an der Entwicklung der Korrelationsanalyse — mit Spearman war er befreundet —, verdeutlicht dies:

„Mit Hilfe der Korrelationsrechnung erkennen wir, daß hochzusammengesetzte psychische Leistungen irgendwie voneinander oder von einem gemeinsamen Faktor abhängig sind. Aber die reale Bedingtheit dieser Leistungen und sogar ihre inhaltliche Zusammensetzung sind uns darum noch keineswegs bekannt. Die ermittelten Zahlenwerte können der weiteren, analytischen und erklärenden Forschung bestimmte Richtungen weisen, niemals aber sie ersetzen" (Krueger, 1915, S. 58).

> Auch hierbei kann man sich auf Unterlassungen der Fachpsychologen berufen. Sie vernachlässigen in der Tat sehr weitgehend die *soziale* und *geschichtliche* Bedingtheit alles seelischen Geschehens.
>
> *Krueger*

Kruegers Anliegen ist es, in der psychologischen Forschung den Menschen als ein soziales, historisches und ökonomisches Wesen zu sehen. Krueger muß seine Sichtweise gegenüber Psychologen wie Kulturforschern und Historikern vertreten. Die damals sehr einflußreichen Kulturforscher wie zum Beispiel Wilhelm Windelband und Heinrich Rickert betrachteten s. E. die Psychologie mehr oder weniger „als atomistische Naturwissenschaft, als entwicklungsfremde Mechanik bloß des individuellen seelischen Geschehens" (1915, S. 30). Damit wird der Psychologie das Recht abgesprochen, überhaupt etwas zur Kulturgeschichte beitragen zu können. Krueger beklagt, daß „unsern Logikern der Begriff ‚Kulturwissenschaft' folgerichtig zusammenschrumpft zu dem eines rein geschichtlichen Erkennens" (1915, S. 29). Er kritisiert die zur Chronologie verkommenen Kultur- und Geschichtswissenschaften. Es sei falsch, so Krueger, das Individuelle gegen das Kulturpsychologische und damit gegen Geschichte abzugrenzen (1915, S. 217). Zwar sei es richtig, daß das unmittelbare seelische Erleben selbst immer nur in den Individuen stattfinden kann:

„Aber noch das Allerpersönlichste daran, das individuell Eigentümlichste oder Wirkungsvollste hat die Psychologie auch in seiner sozialen Bedingtheit zu erforschen" (1915, S. 216).

Die Psychologie hätte sich auch mit Folgendem zu beschäftigen:

„Auch die Familie, der Verein, das Publikum und tausend andere soziale Gebilde, ja die Tagesmode oder die geistige Gemeinschaft bloß zweier Menschen — andererseits die Wirtschaft, die Wissenschaft, Krieg oder moderne Feste ... bedürfen dringend der sozialgenetischen psychologischen Untersuchung" (1915, S. 209).

Die Psychologie hat zwar einen aus der deutschen Philosophiegeschichte erwachsenen Charakter: Die Ganzheits- und Strukturpsychologie geht teilweise auf Wilhelm Dilthey zurück, sie hat aber den historischen und gesellschaftlichen Aspekt, den sie ebenfalls aus der philosophischen Tradition hätte ableiten können, bis heute völlig vernachlässigt. Krueger dazu:

„Herder und die führenden Romantiker blickten auch insofern tiefer als die Schulpsychologen ihrer Zeit. Seit jenen Tagen sind die einzelnen Geisteswissenschaften in dem Grundsatze einig, daß alles spezifisch menschliche Leben nicht nur genetisch überhaupt, sondern geschichtlich, d.h. sozialgenetisch bedingt ist" (1915, S. 114).

Es ist diese sozialgenetische Betrachtungsweise, die Krueger in die psychologische Forschung als Methode einbringen möchte.

„Das experimentelle Verfahren, erkannten wir früher, ist in der Psychologie umso enger beschränkt, je mehr die Gegenstände der Untersuchung geschichtlichen Charakter tragen, je mehr sie durch die kulturelle Entwicklung wesentlich bedingt sind. Dies wiederum trifft am meisten zu für die zentraleren Funktionen der Seele, für die komplexeren, voraussetzungsvolleren Gebilde des Geisteslebens" (1915, S. 128).

Es sei eine Irrlehre, die wissenschaftliche Psychologie grundsätzlich auf die Zergliederung isolierter und kulturell indifferenter Einzelwesen beschränken zu wollen (1915, S. 130). Krueger kritisiert besonders die Philosophen, Kulturforscher und Psychologen, die die wissenschaftliche Psychologie als eine reine Naturwissenschaft betrachen wollen (wie er das immer wieder bei Windelband und Rickert vermutet) aus der Annahme heraus, daß sie dem gleichen logischen Typus wie die physikalische *Mechanik* folge. Krueger sieht die psychologische Wissenschaft methodologisch eingeengt:

„Auf eine Mechanik des Psychischen soll sich die wissenschaftliche Seelenlehre beschränken. Das bedeutet genauer: auf gesetzliche Notwendigkeiten des Geschehens im *entwicklungslos* gedachten *Individuum*" (1915, S. 38).

Kruegers Auseinandersetzung mit der damaligen Diskussion um das Verhältnis von Psychologie und Geschichte verdeutlicht den bis heute bestehenden Konflikt: Man erwartet nicht deshalb nichts von der Psychologie, weil sie in ihrer reduzierten Erkenntnis über einen historischen Untersuchungsgegenstand nichts beitragen könnte, sondern man will sich die Psychologie durchaus fernhalten und hat ein Interesse daran, sie als Natur- und/oder Individualwissenschaft zu begrenzen, die keinen Anteil an Philosophie, an Kultur-, Geistes- und Geschichtswissenschaft hat (Jüttemann, 1986, S. 98ff.). Diesen Vorwurf der Abgrenzung der einzelnen Disziplinen macht Krueger auch den vorwiegend historisch und philosophisch orientierten Soziologen Georg Simmel und Max Weber, die er wegen ihrer Methode schätzt, die er aber beide so versteht, daß auch sie die Psychologie auf das Individuelle reduzieren sehen wollen (Krueger, 1915, S. 15 u. S. 137). In der Wissenschaft findet ein Revierkampf statt. Auch heute ist ein Argument gegen die Zusammenarbeit von Psychologie und Geschichte ihr begrenzter Gegenstand: das Individuum (Evans, 1981, S. 593). Gerade aber weil Krueger das Individuum in seiner sozialen, ökonomischen und historischen Gebundenheit wie Gewordenheit erforschen will, fordert er interdisziplinäres Arbeiten. Er wirft der experimentellen Psychologie vor,

„bei ihrem Beschreiben und Erklären des psychischen Geschehens (...) von keinem der sozial-genetischen Bedingungskomplexe so vollständig zu abstrahieren wie von dem wirtschaftlichen, — während doch in Wirklichkeit der erwachsene Kulturmensch, dieses hauptsächliche Forschungsobjekt der Psychologie, in seinem psychophysischen Verhalten auf Schritt und Tritt von wirtschaftlichen Faktoren beeinflußt wird" (Krueger, 1915, S. 15).

Aber Krueger reflektiert den Menschen auch in seinem „wertbestimmten Fühlen und Wollen, in seinem Denken, das Sinnzusammenhänge stiften kann, in seiner schöpferischen Phantasie" (1915, S. 128). Die große Bedeutung der Dichter für die Psychologie ist für Krueger, wie übrigens auch für Freud, unbestritten:

„In jedem Falle wünscht man dem Forscher eine kleine Dosis wenigstens von der moralisch-psychologischen Entdeckergabe eines Gottfried Keller oder Wilhelm Raabe, von jenem höheren Humore, das nächstverwandt dem tragischen Vermögen, noch in dem scheinbar Kleinsten das Große zu finden weiß, und die Keime unbegrenzter Entwicklungen. An dieser Stelle verbinden sich, inniger als mancher Fachmann denkt, die Aufgabe des Psychologen mit denen des Künstlers ..." (1915, S. 153).

Abschließend möchte ich auf einen im Haupttitel angesprochenen Aspekt kommen der für Krueger äußerst bedeutsam ist. Habe ich bisher Kruegers Ideen über die wissenschaftliche Erkenntnismethode und über die historisch-gesellschaftliche Gebundenheit des Menschen hervorgehoben, möchte ich nun darauf eingehen, daß für Krueger der Mensch als historisches Wesen nicht unbegrenzt wandelbar ist, sondern in der Spannung von Geschichte und Sich-Gleichbleiben lebt. Diese Annahme bestimmt auch die von Krueger vorgenommene unterschiedliche Zielsetzung von Geschichte und Psychologie. Es gilt eine Abgrenzung vorzunehmen

„zwischen Entwicklungs*geschichte* und Entwicklungs*theorie*. Der Begriff des historischen Erkennens deckt nur entwicklungswissenschaftliche Einsichten einer gewissen Art, nämlich die auf Einmaliges, genauer: auf bestimmte Orte und bestimmte Zeiten bezogenen; das sind die entwicklungs*geschichtlichen* Erkenntnisse. Entwicklungs*theorie* dagegen geht immer über das (so zu begrenzende) historische Erkennen hinaus. Sie ist immer Gesetzeswissenschaft. (...) Dasjenige Problem, das am meisten der Klärung bedürfte (...): das Problem eines mehr-als-historischen, nämlich auf gesetzliche Notwendigkeit gerichteten wissenschaftlichen Erkennens *geistiger Entwicklungen*" (1915, S. 35).

An anderer Stelle setzt er fort, „auch als Entwicklungspsychologie der Kultur ist sie *nicht* Geschichte" (1915, S. 197), denn Psychologie, und auch die historisch arbeitende, hat im Endeffekt ein Ziel zu verfolgen: Sie muß nach konstanten Bedingungs- und schließlich Gesetzeszusammenhängen des psychischen Lebens forschen, um allgemeingültige Aussagen machen zu können. Mit diesem Anspruch befindet sich Krueger in Übereinstimmung mit einer philosophischen Tradition, für die das Auffinden des ‚Absoluten' das oberste Ziel darstellt. Die geschichtliche Dimension des Psychischen wird dem Auffinden seiner Gesetzlichkeit untergeordnet, und die Geschichte erlischt im Vergessen dessen, was dem gesetzeskonstitutiven apriori geschichtlich zuvorliegt. Die ‚Regeln der Seele' (Chladen) und die Menschenvernunft „gelten als unveränderlich und überhistorisch und damit als das unproblematische tertium comparationis zwischen dem zu verstehenden historischen Text und dem aktuellen Verstehensprozeß" (Schnädelbach, 1983, S. 140 u. 141). Geschichtsforschung und historische Psychologie hätten hier also unterschiedliche Interessen und Erkenntnisziele. Die gegenwärtige Forderung einiger Historiker, „daß es sich bei der Beschäftigung mit Geschichte um eine autonome Disziplin handelt, definiert durch die ihr eigenen Verfahrensweisen, durch einen spezifischen Untersuchungsgegenstand und nicht zuletzt durch die für sie eben charakteristischen Probleme" (Evans, 1981, S. 591), könnte von Krueger völlig akzeptiert werden, da sie seine Vorstellungen von einer historischen Psychologie nicht betreffen würde. Allerdings muß mit Nachdruck darauf hingewiesen werden, daß es Krueger nicht gelungen ist, das in seinem Buch ‚Über Entwicklungspsychologie' anklingende Potential für eine eigenständige historische Psychologie weiterzuentwickeln und einzulösen. Das im historischen und gesellschaftlichen Kontext lebende Individuum wird auch bei Krueger später völlig aufgelöst und verschwindet in der alles umfassenden ‚völkischen Gemeinschaft', deren Bildung er wie viele andere, darunter auch Martin Heidegger, von den Nationalsozialisten erwartete (vgl. Scheerer, Geuter & Prinz, 1985). Die verabsolutierte Identität von Mensch und Volk, von Bürger und Staat, von Individuum und Gesellschaft, die den Widerspruch zwischen ihnen aufheben will, endet historisch und damit real, in einer industriell organisierten Massenvernichtung. Wenn der Volksgeist „EINER" wird (Hegel), wird die Vielfalt und Vielheit des Ganzen, also des Lebens, dem Totalitarismus der Partikularität geopfert. So kann Adorno in den „Drei Studien zu Hegel" sagen, daß das GANZE das UNWAHRE ist.

Wie kann und muß Kruegers Ansatz für eine Aufarbeitung der Geschichte der historischen Psychologie eingeschätzt werden? Krueger ist von dem Bewußtsein seiner Zeit nicht frei und ist beeinflußt von der Idee des kulturellen Zerfalls des Abendlandes. Das Konzept des mechanisch funktionierenden Menschen ist für Krueger nur *ein* Indikator. Aber diese berechtigte Kritik führt bei Krueger nicht zu einem aufklärerisch-kritischen, also emanzipatorischen Konzept des (gesellschaftlich-historischen) Menschen, sondern er verfällt dem Ideal einer ‚organisch' funktionierenden Gemeinschaft, die er in der Vergangenheit vermutet. Es ist auch dieser Aspekt, der Krueger und die später entwickelte Ganzheitspsychologie in eine Affinität zum Nationalsozialismus bringt. Gegen eine Dekadenz- und Revolutionstheorie wird die Idee der ‚völkischen Gemeinschaft' gesetzt. Historische Psychologie *an sich* ist noch *kein* wissenschaftskritisches und emanzipatorisches Konzept. Das wird an Krueger deutlich und muß als Warnung in Erinnerung behalten werden.

Anmerkungen

[1] Ich danke Siegfried Jaeger, Ulfried Geuter und Friedhelm Streiffeler für wichtiger Hinweise.
[2] Felix Krueger ist bekannt als ‚Kopf der genetischen Ganzheitspsychologie' (Albert Wellek). Die hier verkürzt dargestellten Gedanken wurden selten aufgegriffen. Es ist zu bedenken, daß sie nur einen Teil des Werkes ausmachen. Neben seinem Buch „Zur Entwicklungspsychologie" hat Krueger zwei weitere Aufsätze geschrieben, die einen

stark kulturgeschichtlichen Charakter tragen. In der Reihe ‚Arbeiten zur Entwicklungspsychologie' erschien 1926 das Buch von Bruno Gutmann „Das Recht der Dschagga", zu dem Krueger als Nachwort seinen längeren Essay „Entwicklungspsychologie des Rechts" veröffentlichte. Seinen Aufsatz „Die Arbeit des Menschen als philosophisches Problem" erschien 1929/1930 in ‚Blätter für deutsche Philosophie', ein Schlußteil wird angekündigt, ist aber wahrscheinlich nie veröffentlich worden. Einführungen in das Werk von Krueger bieten A. Wellek (1941, 1950 und 1954) sowie E. Heuss (1953) und H. Kogan (1934).

Literatur

Dessoir, M. (1925). Die Geschichte der Philosophie. Wiesbaden: Fourier.

Evans, R. J. (1981). Literaturbericht. Geschichte, Psychologie und die Geschlechterbeziehungen in der Vergangenheit. Geschichte und Gesellschaft, 7, 593.

Geuter, U. (1985). Das Ganze und die Gemeinschaft — Wissenschaftliches und politisches Denken in der Ganzheitspsychologie Felix Kruegers. In C. F. Graumann (Hg.), Psychologie im Nationalsozialismus. Berlin: Springer.

Heuss, E. (1953). Vorrede zu den philosophischen und psychologischen Schriften Felix Kruegers. In F. Krueger, Zur Philosophie und Psychologie der Ganzheit, hg. v. E. Heuss. Berlin: Springer.

Jüttemann, G. (1986). Die geschichtslose Seele: Kritik der Gegenstandsverkürzungen in der traditionellen Psychologie. In ders. (Hg.), Die Geschichtlichkeit des Seelischen (S. 98–115). Weinheim: Beltz.

Kogan, H. (1934). Umriß der Entwicklungspsychologie. Ihre Hauptvertreter und ihr Wesen. Dissertation. Danzig.

Krueger, F. (1915). Über Entwicklungspsychologie. Ihre sachliche und geschichtliche Notwendigkeit. Leipzig: Engelmann.

Krueger, F. (1926). Entwicklungspsychologie des Rechts. In B. Gutmann, Das Recht des Dschagga. München: Beck.

Krueger, F. (1929/30). Die Arbeit des Menschen als philosophisches Problem. Blätter für deutsche Philosophie, Bd. 3, H. 2, 159–192.

Prinz, W. (1985). Ganzheits- und Gestaltpsychologie und Nationalsozialismus. In C. F. Graumann (Hg.), Psychologie im Nationalsozialismus. Berlin: Springer.

Scheerer, E. (1985). Organische Weltanschauung und Ganzheitspsychologie. In C. F. Graumann (Hg.), Psychologie im Nationalsozialismus. Berlin: Springer.

Schnädelbach, H. (1983). Philosophie in Deutschland 1831–1933. Frankfurt/M.: Suhrkamp.

Wellek, A. (1941). Das Problem des seelischen Seins. Die Strukturtheorie Felix Kruegers: Deutung und Kritik. Leipzig: Barth.

Wellek, A. (1950). Die Wiederherstellung der Seelenwissenschaft im Lebenswerk Felix Kruegers. Hamburg: Meiner.

Wellek, A. (1954). Die genetische Ganzheitspsychologie. München: Beck.

Willy Hellpach. Geopsyche, Völker- und Sozialpsychologie in historischem Kontext

Helmut E. Lück

Es ist heute durchaus möglich, daß ein Psychologiestudent den Namen Willy Hellpach während seines ganzen Studiums nie hört oder liest. Der Grund hierfür ist wohl, daß Hellpach trotz der gewaltigen Anzahl von weit über 800 Veröffentlichungen (Stallmeister, 1986) nach allgemein vorherrschender Auffassung für die Entwicklung der Psychologie von relativ geringer Bedeutung blieb. Hellpach zählte zu keiner der bekannteren psychologischen Schulen und hat auch keine begründet. Er hatte als begnadeter Redner viele Hörer, aber wenige Schüler. Hellpachs Name findet sich nur vereinzelt in psychologischen Lehrbüchern. Außerhalb des deutschen Sprachbereichs ist Hellpach so gut wie unbekannt.

Allerdings läßt sich auch eine Hellpach-Renaissance beobachten. Hellpach ist als Wegbereiter der Ökologischen Psychologie herausgestellt (Graumann, 1976) worden. Seine größeren Veröffentlichungen zur Psychologie der Umwelt wurden in einem einführenden Lehrbuch dargestellt (Miller, 1986). Der zweite Grund für eine „Wiederentdeckung" Hellpachs liegt in der Bedeutung seines Lebens und Werks für die neuere Psychologiegeschichtsschreibung (z. B. Gundlach, 1984). Hellpachs Rolle als Mediziner, Psychologe, Politiker und Essayist; sein umfassendes Werk, darunter seine dreibändige Autobiographie (1948 a, 1949, 1987) machen Hellpach aus heutiger Sicht zu einer durchaus schillernden Persönlichkeit, in dessen Werk und Biographie sich die vielfältigen geistigen und politischen Strömungen unseres Jahrhunderts in eigentümlicher Weise brechen.

Doch finden sich in Hellpachs Werk auch viele inhaltliche Beziehungen zwischen Psychologie und Geschichte, was uns hier unter der Frage nach der Geschichtlichkeit des Psychischen besonders beschäftigen soll.

Zur Biographie

Willy Hugo Hellpach wurde am 26. 2. 1877 in Oels (Schlesien) geboren. Er besuchte nach frühzeitigem Tod des Vaters die Volksschule und das Realgymnasium in Landshut (Schlesien). Hellpach studierte 1895–1900 Medizin in Greifswald und Leipzig, 1897–1899 Psychologie bei Wilhelm Wundt in Leipzig. 1900 promovierte Hellpach bei Wundt zum Dr. phil., 1901 legte er das medizinische Staatsexamen ab und promovierte 1903 in Heidelberg zum Dr. med. Wichtige Lehrer waren neben Wundt der Psychiater Emil Kraepelin (1856–1926), der Geograph Friedrich Ratzel (1844–1904) und der Historiker Karl Lamprecht (1856–1915).

Hellpach arbeitete ab Anfang 1904 als freiberuflich tätiger Nervenarzt in Karlsruhe und hielt seit 1906 an der Technischen Hochschule Karlsruhe Vorlesungen. Mit Förderung von Wilhelm Windelband habilitierte sich Hellpach in Heidelberg und erhielt am 25.6.1906 die Venia legendi für Psychologie an der Technischen Hochschule Karlsruhe. 1911 wurde Hellpach dort zum außerordentlichen Professor für „Psychologie auf medizinisch-naturwissenschaftlicher Grundlage" ernannt. 1914–1918 war Hellpach zeitweilig als Kriegsarzt tätig; 1920 wurde er zum planmäßigen Professor für angewandte Psychologie an der Technischen Hochschule Karlsruhe ernannt. Hiermit verbunden war die Gründung eines Instituts für Sozialpsychologie. Es war dies das erste seiner Art an einer deutschen Hochschule. Den Schwerpunkt sollten industriepsychologische Fragestellungen bilden. Bereits Ende 1922 wurde Hellpach Badischer Minister des Kultus und Unterrichts, 1924/25 Staatspräsident des Landes Baden, 1925 war Hellpach demokratischer Kandidat für das Amt des Reichspräsidenten, 1928 bis zu seinem Rücktritt im März 1930 Abgeordneter der Demokratischen Partei im Reichstag.

1923 lehnte Hellpach einen Ruf an die Wirtschaftshochschule Mannheim (Nachfolge Wilhelm Peters) ab. Seit 1926 war Hellpach ordentlicher Honorarprofessor für angewandte Sozial- und Völkerpsychologie an der Universität Heidelberg, seit 1942 leitete er dort das Psychologische Institut. Hier lehrte Hellpach bis nach dem Zweiten Weltkrieg. Willy Hellpach starb am 6.7.1955 in Heidelberg. Die Persönlichkeit Hellpachs ist von seinem Schüler Wilhelm Witte beschrieben worden (1957). Die Aufsatzsammlung „Universitas litterarum" (1948) enthält mehrere Würdigungen des Wissenschaftlers Hellpach.

Es ist unmöglich und auch wenig sinnvoll, das breite Spektrum von Hellpachs Gesamtwerk darstellen zu wollen. Das Werkverzeichnis enthält 866 Titel zu den verschiedensten psychologischen, medizinischen, politischen, pädagogischen und kulturgeschichtlichen Themen (Stallmeister, 1986). Drei Akzentsetzungen seien an dieser Stelle gestattet: 1. Willy Hellpachs Psychologie der Umwelt, 2. Willy Hellpachs Sozialpsychologie und 3. die Geschichtlichkeit des Psychischen bei Hellpach.

Hellpachs Psychologie der Umwelt

Aus guten Gründen ist Hellpach als ein Vorläufer der Ökologischen Psychologie bezeichnet worden. Doch verwendet Hellpach diesen Begriff nicht, obwohl er mit ziemlicher Sicherheit in Leipzig bei Ernst Haeckel, der den Ökologiebegriff 1866 in die Biologie eingeführt hatte, von ihm gehört hat. Von „psychologischer Ökologie" sprach erstmalig Kurt Lewin – aber erst 1943. In der neueren Ökologischen Psychologie des Lewin-Schülers R. G. Barker und anderer durchweg aus der Sozialpsychologie kommender Psychologen haben Hellpachs Arbeiten keinen Niederschlag gefunden. Dies liegt einmal daran, daß keine der einschlägigen Arbeiten Hellpachs ins Englische übertragen wurden. Ein anderer

Grund ist in dem erheblichen methodologischen Unterschied zwischen Hellpachs phänomenologisch-deskriptivem Vorgehen und der empirisch-analytisch ausgerichteten Ökologischen Psychologie zu sehen. Gleichwohl gibt es bei aller Unabhängigkeit und einigen Jahrzehnten wissenschaftlicher Entwicklung zwischen Hellpachs Arbeiten und neueren Arbeiten zur Ökologischen Psychologie auffallende Übereinstimmungen. Dies hatte C.F. Graumann veranlaßt, an Hellpach zu erinnern (1976).

Hellpachs umfangreiche Lebenserinnerungen (1948a, 1949, 1987) betonen die Rolle des Politikers und geben leider wenig Auskunft über Anlässe und Entstehungsbedingungen seiner umweltpsychologischen Arbeiten. Doch lassen sich relativ leicht einige Faktoren herausstellen:

— Als Arzt und Psychologe war Hellpach besonders befähigt, über die Auswirkungen von Wetter, Klima und Landschaft auf Gesundheit und psychische Verfassung des Menschen zu sprechen.

— Hellpach war Naturliebhaber; er reiste gerne und viel, wanderte täglich mehrere Stunden (Witte, 1957) und hatte so eine besondere Empfindsamkeit für die Auswirkung der Landschaft auf das eigene Befinden entwickelt. Dies wurde ergänzt durch Hellpachs völkerkundliches Interesse, das u. a. in anekdotischen Berichten über eigene Beobachtungen verschiedener deutscher „Menschenschläge" Ausdruck fand.

— Hellpach zählt zu den wenigen Wundt-Schülern, die nicht Wundts Physiologische Psychologie, sondern seine Völkerpsychologie weiterführten. Diese Vorlesungen und Veröffentlichungen Wundts, vor allem aber die Arbeiten des von Hellpach verehrten Geographen Friedrich Ratzel bildeten den Nährboden für Hellpachs „Geopsychische Erscheinungen" (1911), ein Buch, das später den Titel „Geopsyche" trug, 1944 ins Französische übertragen wurde und mehrfach überarbeitet bis heute insgesamt sieben Auflagen erreichte.

Die je nach Erdteil, Klima und Landschaft verschieden gearteten Konstitutionen, Hautfarben, Physiognomien und Temperamente hatten — wenn man von der Antike absieht — mit Beginn der Aufklärung zu Vermutungen über den Einfluß der natürlichen Umwelt auf den Menschen geführt. Beispiel für eine frühe, wenn nicht die früheste Arbeit dieser Art, die Hellpach jedoch nicht zitiert, ist die von William Falconer (1782), der die bis dato bekannten bzw. vermuteten Wirkungen des Klimas auf die menschlichen Stimmungen, aber auch auf die Herausbildung von Rassenmerkmalen zusammenträgt.

Später haben sich Autoren wie Quetelet und Lombroso mit den Auswirkungen des Klimas — u. a. auf die Häufigkeit krimineller Delikte — befaßt. Der bereits erwähnte Geograph Ratzel hatte in seinen „anthropogeographischen" Arbeiten auf die Bedeutung der Landschaftsgestaltung für das menschliche Verhalten, insbesondere für historische Bewegungen, hingewiesen.

Dabei waren u. a. Burgbau, Hafenbau, Siedlungsformen und Anbau herausgestellt worden. Hellpach warf Ratzel jedoch eine analogistische, organizistische Terminologie (1917, S. 330) und eine „ästhetisch wertende Behandlungsweise" (S. 331) vor.

265

Auch Hellpachs Vorgehen ist beschreibend und interpretierend, jedoch versucht er, die Grenzen einer einzelnen Fachdisziplin überschreitend, alles verfügbare Wissen über Wetter-, Klima- und Landschaftseinflüsse zusammenzutragen (1911). Dies sind für ihn die „geopsychischen Tatsachen", von denen er die „sozialpsychischen (mitseelischen)" trennt (1924). Hellpach stellt das im Laufe der Jahrhunderte veränderte Verhältnis des Menschen zur Natur heraus, benutzt Statistiken – z. B. über jahreszeitliche Unterschiede im Schlafverlauf –, greift auf Anekdoten und eigene Lebenserfahrung zurück und fordert systematischere Beobachtungen, Statistiken und Experimente (1924, S. 112). Zu einem Zeitpunkt, als die angewandte Psychologie William Sterns und Hugo Münsterbergs noch in den Kinderschuhen steckte, war mehr wohl kaum leistbar. Hellpach vorzuwerfen, er habe keine „spezifische Systematik" entwickelt (Miller, 1986, S. 64), ist meines Erachtens unzutreffend. Mit seinen frühen Arbeiten hat Hellpach nachweislich empirische Forschungen initiiert. Als Redner auf psychologischen, balneologischen und meteorologischen Tagungen (vgl. die bei Stallmeister, 1986, aufgeführten Tagungsreferate) trug Hellpach zeit seines Lebens zu einem größeren Bewußtsein für klimatische Einflüsse bei. Er führte selbst jedoch keine ökologisch-psychologischen Untersuchungen durch und blieb – wenn man von der Übersetzung seines Buchs „Menschen und Volk der Großstadt" (1939) ins Italienische (1960) absieht – mit seinen Veröffentlichungen auf den deutschen Sprachbereich beschränkt.

Hellpachs Sozialpsychologie

Hellpachs Lehrer Wilhelm Wundt teilte aus methodischen Gründen die Psychologie in eine Physiologische Psychologie und eine Völkerpsychologie auf. Das Experiment sei wegen der Komplexität sozialer Prozesse in der Völkerpsychologie nicht anwendbar. So konnte Wundt die Physiologische Psychologie kurz auch „Experimentelle Psychologie" nennen. Die Völkerpsychologie, der er sich in der zweiten Hälfte seines langen Wissenschaftlerlebens widmete, war nach seiner Auffassung auf Beobachtung und Beschreibung beschränkt. Wundt mied den Begriff „Sozialpsychologie", obwohl er sich bereits bei Lindner (1871) und einigen anderen Autoren finden läßt. Auch war die Sozialpsychologie als empirisch arbeitende Grundlagenwissenschaft bereits in den USA in lebhafter Entwicklung begriffen, als Wundt sich an die Abfassung seiner zehnbändigen Völkerpsychologie (1900–1920) machte. Hellpach schrieb später (1953) treffend, daß über der Sozialpsychologie in Deutschland der „Unstern" gewaltet habe, da Wundt nichts von ihr habe wissen wollen. Diese Kritik trifft ein wenig auch auf Hellpach selbst zu. Hellpach hielt Vorlesungen über Völkerpsychologie, verfaßte als einziger nach Wundt ein Lehrbuch der Völkerpsychologie (teils auf der Grundlage seiner Mitschriften von Wundt-Vorlesungen) und interessierte sich zeit seines Lebens mehr für Mythos, Sitte und Religion (Titel der ersten drei Bände der Wundtschen Völkerpsychologie) als etwa für Kleingruppenforschung oder Einstellungsforschung. Auch in seinem mehrfach aufgelegten „elementaren Lehrbuch der Sozialpsychologie" (1933) vermißt der Leser eine Aufarbeitung der angelsächsischen Sozialpsychologie, obwohl Hellpach hier schon auf deutschsprachige Rezeptionen (Geck, 1928) hätte zurückgreifen können.

Stattdessen fordert Hellpach zwar experimentelle Untersuchungen, referiert dann jedoch über Parapsychologie, Ausdruckspsychologie, soziale Epidemien, Zweier- und Dreierbeziehunen usw. Eine der Kernthesen Hellpachs ist das sogenannte *Ideorealgesetz*, nach dem jeder subjektive Erlebnisinhalt einen Antrieb zu seiner objektiven Verwirklichung einschließt. Hier nimmt Hellpach auf den englischen Anatom und Physiologen Carpenter Bezug, der Mitte letzten Jahrhunderts behauptet hatte, jede vorgestellte Bewegung rufe im Vorstellenden einen unwillkürlichen Antrieb zur Ausführung dieser Bewegung hervor. Dieser sogenannte Carpenter-Effekt wird bei Hellpach über die empirischen Grundlagen hinaus interpretiert, was z. B. von Anger (1965) kritisch hervorgehoben wird. Ein weiteres Spezifikum der Sozialpsychologie Hellpachs ist eine eigenwillige Terminologie. Auch hierdurch wird die Rezeption erschwert. Trotzdem finden Hellpachs vielseitige Kenntnisse und Lebenserfahrungen ihren anschaulichen Niederschlag. Daß Hellpach mit seinem Lehrbuch, das über Jahrzehnte hinweg praktisch das einzige deutsche Lehrbuch zur Sozialpsychologie war, die Forschung der Fünfziger- und Sechzigerjahre nicht beeinflussen konnte, dürfte nur zum Teil an seiner Terminologie, sondern eher an der fehlenden Darstellung damals aktueller sozialpsychologischer Theorien und Forschungsergebnisse liegen. So, wie Hellpach in seinem Buch „Mensch und Volk der Großstadt" (1939) die Arbeiten der Chicagoer Schule ignorierte, fehlt in seiner „Sozialpsychologie" eine Rezeption der Arbeiten von Mead, Moreno, Lewin, Sherif und anderen.

Immerhin begründete Hellpach im Sommer 1920 das erste Institut für Sozialpsychologie an einer deutschen Hochschule, „in dem der Seelenkunde der menschlichen Arbeit und namentlich ihrer gewerblichen, neuzeitlichen Erscheinungs- und Betriebsformen besondere Sorgfalt gewidmet werden" sollte (Hellpach, 1949, S. 130). Dieses Institut hatte einen bescheidenen Etat von 150 Mark jährlich, jedoch erhielt Hellpach erhebliche materielle Unterstützung durch die Firma Benz in Gaggenau (Hellpach, 1948, S. 487). Mit Dipl.-Ing. Richard Lang veröffentlichte Hellpach 1922 den ersten Band (von nur zwei erschienenen) der „Sozialpsychologischen Forschungen" mit dem Titel „Gruppenfabrikation". Hier geht es um den leider nicht systematisch kontrollierten und überprüften Versuch, bei der Firma Daimler in Untertürkheim im Bereich der Bearbeitung des Kurbelgehäuses die Gruppenfabrikation im Gegensatz zur Massenfabrikation einzuführen. Lang (von dem nur vier Seiten des ca. 200 Seiten umfassenden Buches stammen) und Hellpach nehmen hier sowohl das Konzept der autonomen Arbeitsgruppen als auch Überlegungen zur Ökologischen Psychologie der Arbeit vorweg.

Zwar bestand das Institut für Sozialpsychologie bis 1933, jedoch hatte Hellpach schon Ende 1922 die Institutsleitung und seine nervenärztliche Tätigkeit aufgegeben, um sich ganz der Politik widmen zu können. Hellpachs Nachfolger hatte wohl industriepsychologische, jedoch keinerlei sozialpsychologische Ambitionen.

Geschichtlichkeit des Psychischen bei Hellpach

Wenngleich Hellpach als Psychologe und Mediziner eine gute naturwissenschaftliche Vorbildung besaß, so ist der größte Teil seiner Veröffentlichungen doch als geisteswissenschaftlich, insbesondere kulturgeschichtlich zu werten. Hellpach hatte bei Karl Lamprecht Geschichte studiert, die Geschichte vom Kaiserreich bis zur Adenauer-Ära bewußt erlebt und Geschichte gemacht. Unter dem Pseudonym Ernst Gystrow hatte Hellpach vor der Jahrhundertwende in den Sozialistischen Monatsheften geschrieben, als Politiker war er bürgerlicher Demokrat, in der Zeit der Weimarer Republik und in den ersten Jahren nach 1945 stritt er für eine „konservative Demokratie". Konservative Demokratie hieß für Hellpach Erziehung zur friedlichen Gesinnung, zur Bereitschaft der Friedensverteidigung („wehrfriedlicher Mensch"), Ausgleich zwischen Männlichkeit und Menschlichkeit, Vermeidung von Diktatur und Revolution durch „echt konservative Gesinnung" (1949a, S. 29ff.). Geschichte sei im 19. Jahrhundert politisiert und militarisiert worden und daher ein so langweiliges Schulfach geworden (1949a, S. 81).

Man könne natürlich nicht so tun, als bestehe die Geschichte nur „aus Schöpferidyllen, hübschen Liedern und netten Trachten ...", „Brauchtum und artiger oder heiterer Gesittung ..." (S. 86). Es könne sich daher nicht darum handeln, von Kriegen überhaupt nicht mehr zu reden, aber die Glorifizierung des Krieges müsse vermieden werden (S. 105 ff.), und die konservative Demokratie sei durch Verknüpfung des „urkonservativen" mit dem „urdemokratischen" Prinzip (Vorbild Schweiz und England) zu verknüpfen.

Doch in welchem Verhältnis stehen bei Hellpach Psychologie und Geschichte?

Eine gute Auskunft gibt Kapitel 40 von Hellpachs „Grenzwissenschaften" (1902, S. 470ff.), jenes über 500 Seiten starke Buch des gerade promovierten Fünfundzwanzigjährigen, das auch der Siebzigjährige in seinen Lebenserinnerungen noch als „Buch ... voll dichtestem Inhalt" (1948, S. 337–338) akzeptieren kann.

Hellpach beschreibt hier – ganz abweichend von seinem Lehrer Wundt – die „Aufgaben der Sozialpsychologie" (Kapitelüberschrift). Sozialpsychologie wird von Hellpach zu diesem Zeitpunkt noch nicht als eigene Disziplin erkannt, sondern er spricht mit direktem Bezug auf seinen Lehrer Karl Lamprecht von den sozialpsychischen Tatsachen, mit denen es die Geschichte, aber auch die Soziologie zu tun habe. Die Geschichte verfolge sozialpsychische Vorgänge in ihrer Entwicklung, wie z.B. das Entstehen des Sozialismus aus den Empfindungen der Arbeiterklasse, und sie habe zur Aufgabe, Regelmäßigkeiten zu verzeichnen und so zu Entwicklungsgesetzen zu gelangen. Soziologie dagegen leiste für die Gesamtheit, was die Psychologie für das Leben des einzelnen leiste. Soziologie ergründe analytisch die sozialpsychischen Elementarvorgänge, sie sei generelle Sozialpsychologie (1902, S. 471). Hellpach betont, daß Soziologie und Geschichtswissenschaft wegen ihrer sozialpsychologischen Grundlage aufeinander angewiesen seien, daß aber heute (1902!) der Schwerpunkt der Forschung wesentlich auf historischem Gebiet liege, da die Soziologie sich bislang noch wenig mit sozialpsychologischen Vorgängen, sondern sozialphilosophischen Hypothesen befaßt habe (S. 478).

Hellpachs Geschichtsverständnis mutet modern an. Es ist ganz von Lamprecht geprägt, jenem Historiker, der die Kollektiv-Seele des gesellschaftlichen Bewußtseins als reale Größe annahm, deren Erforschung Aufgabe der sozialen Psychologie innerhalb der Geschichtswissenschaft sei (vgl. Schorn-Schütte, 1984, S. 96). Lamprechts These von der sozialpsychologischen Kraft der Geschichte stieß bei seinen Fachkollegen auf eiserne Ablehnung, wurde aber von jüngeren Kollegen und Schülern, wie eben Hellpach, dem Nationalökonomen Friedrich Eulenburg oder dem Philosophen Paul Barth, als zukunftsträchtige Forschungsaufgabe aufgegriffen (Schorn-Schütte, 1984, S. 97). Hellpach würdigte selbst später den Anstoß durch Karl Lamprecht, meinte aber dann, ähnlich wie der Soziologe Georg Simmel, Lamprecht unterschätze die Individualpsychologie[1]) (Hellpach, 1927).

Jahre später hatte Hellpach mit dazu beigetragen, die Sozialpsychologie als eigenes Teilgebiet der Psychologie zu begründen. Nun (1951, S. 171) betont er, Sozialpsychologie und Geschichte seien aufeinander angewiesen: „Keine kann ohne die andere sein; der Sozialpsychologie strömen aus dem geschichtlichen Leben, welches die konkrete Gestaltung der Menschengemeinschaftsgebilde durch schöpferische Willensakte bedeutet, immer neue und vielseitige Belege für ihre Fragestellungen zu, die Geschichte ist gleichsam die riesige Modellsammlung des sozialpsychologischen Verhaltens ... Geschichte wird damit nicht zu Sozialpsychologie und ist durch diese nirgends ersetzbar."

Betrachten wir an zwei Beispielen aus wichtigeren Arbeiten Hellpachs konkreter sein Verständnis von Psychologie und Geschichte.

1906 erschien in der von Martin Buber herausgegebenen Reihe „Die Gesellschaft. Sammlung sozialpsychologischer Monographien" Hellpachs Bändchen „Die geistigen Epidemien". Hier wendet sich Hellpach gegen den seiner Meinung nach von Gabriel Tarde und anderen überstrapazierten und nichtssagenden Begriff der „Suggestion", der in der Tat von Massenpsychologen und Soziologen um die Jahrhundertwende leichtfertig zur Erklärung sozialer Phänomene verwendet wurde. Hellpach sieht als Ausgangspunkt geistiger Epidemien stets die psychische Erkrankung, insbesondere die Hysterie, des einzelnen oder einzelner Pesonen. Zur Epidemie kann es jedoch nur beim intensiven Miterleben kommen, das 1. durch Einredung, 2. durch Einfühlung oder 3. durch Eingebung (einschließlich Einbildung) möglich ist. Die in früheren Jahrhunderten häufigeren und oft Jahre andauernden Klosterepedemien sind für Hellpach ein

Beispiel dafür, daß Askese (Fasten, soziale Isolation usw.) Epidemien begünstigen können. Bis zum 13. Jahrhundert werden hysterische Epidemien jedoch kaum erwähnt. „Es ist deutlich die große Krisis auf allen Lebenslinien, die von 1250 an etwa sich vorbereitet, um 1500 kulminiert und bis 1700 abklingt – die jene krankhaften Wellenbewegungen erzeugt hat" (S. 86).

Und weiter schreibt Hellpach: „Die spätmittelalterliche Hysterie ist sozialpathologische Erscheinung gewesen – massenhafte Auswicklung eines bestimmten Erkrankungsbildes aus farbloser krankhafter Veränderung (Erschöpfung, Überspannung, Erregung) durch den Zeitgeist, die geschichtliche Eigenart des gesamten Lebens" (S. 86).

Die Reformation habe darum die Epidemien nicht beseitigt, sondern zunächst gesteigert.

In der Gegenwart (1906!) habe die Massenhysterie sich „fast ganz auf Weiber und Kinder zurückgezogen" und sei „blasser, fragmentarischer" geworden (S. 88).

Wenn man hier analytische Schärfe in Hellpachs Ausführungen vermißt, so sind doch einige interessante Thesen beachtenswert, wie eben die von der Zunahme geistiger Epidemien in Zeiten des Umbruchs. Die historische Perspektive – bei Hellpach deutlich erkennbar – sollte in der späteren Psychologie sozialer Bewegungen fast ganz an Bedeutung verlieren (s. Milgram & Toch, 1969). Erst in der Gegenwart gewinnt sie wieder an Interesse (Graumann & Moscovici, 1986).

Das zweite Beispiel: In seinem Buch „Die geopsychischen Erscheinungen" (spätere Auflagen: „Geopsyche") werden die biologischen, medizinischen und psychischen Wirkungen von Wetter, Klima, Boden und Landschaft dargestellt. Die psychobiologische Perspektive dominiert, wie es für ein solches Thema kaum anders zu erwarten ist. Doch stellt Hellpach auch Zusammenhänge zum menschlichen Lebenslauf (Wetterfühligkeit, Landschaftserleben usw.) her. Ferner weist er auf kulturelle Entwicklungen hin; so habe sich im Laufe der menschlichen Entwicklung der Landschaftsgenuß gleichsam „am Gerüst des zivilisatorischen Fortschritts" emporgerankt (1950, S. 195). Viele Naturgefahren seien heute gebannt oder wenigstens gemildert. Das Landschaftserleben der Neuzeit habe in Poesie, Malerei und Musik „neue Kunstgattungen geschaffen, ... so daß es heute ... jedenfalls kein Zurück mehr hinter die Entdeckung und Bewältigung der Natur als Landschaft gibt" (S. 196).

Versuch einer Wertung

Von seiner Ausbildung her stand Hellpach einem „psychobiologischen Ansatz" nahe, doch hat er selbst nie größere Untersuchungen mit dem Ziel nomologischer Aussagen durchgeführt. Beschreibend, kasuistisch, essayistisch-anekdotisch, stets den Wandel sozialer Werte, sozialer Zeiterscheinungen beachtend, ist ein großer Teil von Hellpachs Arbeiten eher dem „psychokulturellen Ansatz" zuzuordnen, wenn man dieser Dichotomisierung von Jüttemann (1986) folgt. Jedoch hat Hellpach keine Theorie zur „Geschichtlichkeit des Seelischen" geliefert, eher Anregungen, Vermutungen, Hypothesen. Der Reize vieler Arbeiten Hellpachs liegt in der ganzheitlich-integrierten Zusammenschau materiell-physikalischer und historisch-psychologischer Faktoren im Leben des Menschen. Hellpachs umweltpsychologische Arbeiten sind hierfür ein gutes Beispiel.

Anmerkungen

[1]) Individualpsychologie ist hier natürlich als Gegenbegriff zur Sozialpsychologie und nicht als Bezeichnung der Lehre Alfred Adlers zu verstehen.

Literatur

Anger, H. (1965). Sozialpsychologie. In E. v. Beckerath u. a. (Hg.), Handwörterbuch der Sozialwissenschaften (S. 636–650). Stuttgart: Fischer.

Bonin, W. F. (1983). Die großen Psychologen. Hermes Hand-Lexikon. Düsseldorf: Econ.

Falconer, W. (1782). Bemerkungen über den Einfluß des Himmelsstrichs, der Lage, natürlichen Beschaffenheit eines Landes, der Nahrungsmittel und Lebensart auf Temperament, Sitten, Verstandeskräfte, Gesetze, Regierungsart und Religion der Menschen. Leipzig: Weygandsche Buchhandlung.

Geck, A. (1928). Sozialpsychologie im Auslande. Berlin, Bonn: Dümmler.

Graumann, C. F. (1976). Die ökologische Fragestellung – 50 Jahre nach Hellpachs „Psychologie der Umwelt". In G. Kaminski (Hg.), Umweltpsychologie. Perspektiven – Probleme – Praxis. Stuttgart: Klett.

Graumann, C. F. & Moscovici, S. (Eds.) (1986). Changing Conceptions of Crowd Mind and Behavior. New York: Springer-Verlag.

Gundlach, H. (1985). Willy Hellpach: Attributionen. In C. F. Graumann (Hg.), Psychologie im Nationalsozialismus (S. 165–195). Berlin: Springer.

Hellpach, W. (1902). Die Grenzwissenschaften der Psychologie. Leipzig: Dürr.

Hellpach, W. (1906). Die geistigen Epidemien. In Die Gesellschaft. Sammlung sozialpsychologischer Monographien, hg. v. Martin Buber. Frankfurt/M.: Rütten & Loening.

Hellpach, W. (1911). Die geopsychischen Erscheinungen. Leipzig: Engelmann. Ab der 4. Aufl. unter dem Titel, Geopsyche. Stuttgart: Enke, 6. Aufl. 1950.

Hellpach, W. (1924). Psychologie der Umwelt. In Abderhalden (Hg.), Handbuch der biologischen Areitsmethoden, Bd. 1, VI, Teil C, 3, 109–112.

Hellpach, W. (1927). Geschichte als Sozialpsychologie. Zugleich eine Epikrise auf Karl Lamprecht. In Kultur- und Universalgeschichte. Festschrift zum 60. Geburts von Walter Goetz. Leipzig: Teubner.

Hellpach, W. (1933). Elementares Lehrbuch der Sozialpsychologie. Berlin: Springer.

Hellpach, W. (1946). Sozialpsychologie. Ein Elementarlehrbuch für Studierende und Praktizierende. Stuttgart: Enke, 3. Aufl. 1951.

Hellpach, W. (1939). Mensch und Volk der Großstadt. Stuttgart: Enke.

Hellpach, W. (1948). Universitas Litterarum. Gesammelte Aufsätze, hg. v. G. Hess & W. Witte. Stuttgart: Enke.

Hellpach, W. (1948a, 1949). Wirken in Wirren. Lebenserinnerungen, 2 Bde. Hamburg: Wegner.

Hellpach, W. (1938). Einführung in die Völkerpsychologie. Stuttgart: Enke, 1948b.

Hellpach, W. (1949a). Pax Futura. Die Erziehung des friedlichen Menschen durch eine konservative Demokratie. Braunschweig: Westermann.

Hellpach, W. (1955). Sozialpsychologie. In W. Ziegenfuß (Hg.), Handbuch der Soziologie. Stuttgart: Enke.

Hellpach, W. (1979). Hellpach – Memoiren 1925-1945, hg. v. Christoph Führ & H. G. Zier. Köln, Wien: Böhlau.

Jüttemann, G. (1986). Vorbemerkungen des Herausgebers. In G. Jüttemann (Hg.), Die Geschichtlichkeit des Seelischen: Der historische Zugang zum Gegenstand der Psychologie. Weinheim: Beltz.

Lang, R. & Hellpach, W. (1922). Gruppenfabrikation. Berlin: Springer.

Lewin, K. (1944). Constructs in psychology and psychological ecology. University of Iowa Studies in Child Welfare, 20, 17-20.

Lindner, G. A. (1871). Ideen zur Psychologie der Gesellschaft als Grundlage der Socialwissenschaft. Wien: Carl Gerold's Sohn.

Milgram, S. & Toch, H., (1969). Collectiv behavior: crowds and social movements. In G. Lindzey & E. T. Aronson, The handbook of social psychology, 2. Ed., Vol. 4, (pp.. 507-610). Reading, Mass.: Addison-Wesley.

Miller, R. (1986). Einführung in die Ökologische Psychologie. Opladen: Leske & Budrich.

Salabova, M. (1974). Willy Hellpach. Nachlaßrepertorium Abt. 69 N. Karlsruhe: Badisches Generallandesarchiv.

Schorn-Schütte, L. (1984). Karl Lamprecht. Kulturgeschichtsschreibung zwischen Wissenschaft und Politik. Göttingen: Vandenhoeck & Ruprecht.

Stallmeister, W. (1986). Willy Hellpach: Bibliographie. Hagen: Fernuniversität; Bericht Nr. 21 aus dem Arbeitsbereich Psychologie.

Witte, W. (1957). Willy Hellpach: Zu seinem 80. Geburtstag am 26. Februar 1957. Psychologische Beiträge 3, 1-20.

Erich Rothacker. Seine Bedeutung für ein historisches und kulturelles Verständnis des Psychischen

Andreas Kruse

1. Die Analyse des Erlebens und Verhaltens im historischen und kulturellen Kontext als Aufgabe der Psychologie

Die Analyse des „konkreten Menschen" in seinem jeweiligen historischen und kulturellen Kontext wird von Erich Rothacker als *die* zentrale Aufgabe der Psychologie betrachtet.

1.1. Der „konkrete Mensch" in seinem Erleben und Verhalten

In einer Arbeit über „Psychologie und Anthropologie" (1957) betont Rothacker, daß sich die Psychologie nicht im „Studium der idealen Möglichkeiten" verlieren dürfe, sondern den Menschen so erfassen müsse, „wie er ist". Die „Erhellung der konkreten Wirklichkeit" sei das Ziel der Psychologie (1957, S. 181). Auch in seinem psychologischen Hauptwerk, der „Schichtenlehre" (1935, 6. Aufl. 1965), betont er, daß die psychologische Analyse dem „Verständnis des wirklichen Lebens" zu dienen habe, „so wie es im Alltag abläuft" (S. 2). Dies setzt eine *besondere Methode* voraus: Die Psychologie wird definiert als „*Erfahrungswissenschaft*, und zwar in der vollen Breite ihrer Erfahrung" (1947, S. 343). Diese empirische Basis in der Analyse menschlichen Erlebens und Verhaltens sieht er z. B. verwirklicht in dem Ideal eines Filmes, „der im Grenzfall das gesamte natürliche Verhalten und Gebaren eines Menschen von der Geburt bis zum Grab in Großaufnahmen lückenlos festhielte" (1965, S. 6, S. 164).

1.2. Der „historische" Kontext des Erlebens und Verhaltens

a) Historische (biographische) Analyse des Erlebens und Verhaltens

Wie Rothacker in einer Arbeit über „Tatkräfte und Wachstumskräfte" (1950) aufzeigt, ist das menschliche Leben als ein „organisch-seelisch-geistiger Wachstums- und Reifungsvorgang" (S. 217) zu begreifen. „Wachsen und Werden gehören zum menschlichen Sein, das einen Vorrang hat vor seinen Betätigungen, indem es dieselben ‚trägt'" (S. 217). Aus diesem Grunde ist das menschliche Handeln immer nur auf dem Hintergrund der *sich entwickelnden* Gesamtpersönlichkeit verstehbar. Damit aber stellt sich der Psychologie auch die Aufgabe, das Individuum als „*historisch geworden*" zu begreifen, die Persönlichkeit als ein *dynamisches Geschehen* zu verstehen und die „*biographische Verankerung*" situativen Erlebens und Verhaltens anschaulich zu machen. Der Psychologie wirft Rothacker vor, sie habe sich „zu wenig auf die Verarbeitung der biischen, biographischen und geschichtlichen Phänomene konzentriert" (S. 223). „Geschichtlichkeit" und „Vergangenheit" seien „konstitutive Faktoren" des Menschen (1964, S. 94). „Jeder Mensch hat seine Biographie. Die Fachpsychologie hat dies früher sehr oft vergessen. Die geisteswissenschaftliche Biographie und die Theologie haben hier implizit eine viel tiefere Psychologie besessen als zeitweise die Fachpsychologie" (1964, S. 94). Aufgrund der biographischen Verankerung menschlichen Erlebens und Verhaltens fordert Rothacker eine möglichst voraussetzungslose, natürliche Erfassung der Biographie in ihrem historischen und kulturellen Kontext — eine Forderung, die er in den von Thomae entwickelten Grundlagen einer „psychologischen Biographik" (1952) ausdrücklich verwirklicht sieht (1957, S. 170).

b) Historische Analyse der Persönlichkeitsschichten

Historisch gewachsen ist die *Persönlichkeit* in ihren verschiedenen „Schichten" (1965). Es läßt sich „ontogenetisch wie phylogenetisch eine gewisse Ordnung in der Aufbaufolge psychisch-geistiger Leistungen feststellen" (S. 3). „Wachsen" und „Werden" heißt in dieser Terminologie die Ausbildung neuer Schichten und die Überlagerung älterer Schichten. Eine *historische* (entwicklungsgeschichtliche) Analyse wird — neben der „Autonomie der Schichten" und der „Auflagerungsrelation" — als zentrale Grundlage der Schichtenlehre betrachtet (S. 167). „Was vor mir war und mich bedingt, muß älter sein als ich" (S. 167). Die unteren Schichten (vitale, vegetative, emotionale Schicht, Tiefenperson) sind die *historisch älteren*, die oberen (Personschicht, Ichfunktion) die jüngeren. —

Die *Einflüsse der Kultur* sind schon in den historisch älteren Schichten deutlich erkennbar: So haben die kulturell geformten „Gewohnheiten" „Deutungsweisen der Wirklichkeit" („Weltsicht") und „Lebensformen" („Kulturstile") ihren Niederschlag in *tiefen* Schichten gefunden und beeinflussen somit das individuelle Verhalten „grundlegend" in seinen historischen Anfängen (vgl. 1942, S. 147 ff., S. 162 ff.; 1965, S. 24 f., S. 44 ff.).

c) Historische Analyse des „Ichs"

Das „Ich" wird von Rothacker in seinen Beiträgen zum „Ichproblem" (1964, S. 111 ff.; 1965, S. 86 ff.; 1966, S. 128 ff.) als eine „Persönlichkeitsschicht" bzw. als ein „Komplex" (siehe hier die Parallelen zum „Komplex"-Begriff nach C. G. Jung 1976, S. 109 ff.) angesehen, der sich auf der Basis von „Begabungen", „Wachstums- und Reifungsvorgängen" sowie biographisch gewachsenen Kenntnissen, Entscheidungen, Grundsätzen und Überzeugungen ausgebildet hat (1966, S. 130 ff.). Dabei ist dieses „Ich" immer in seiner *Geschichtlichkeit* zu begreifen: „Dieses langsam werdende, sich tunlichst konservierende und nach

Fruchtbarkeit strebende Ich-System ist aber nicht nur ein menschliches schlechthin, sondern über das gemeinsam Menschliche auch ein historisch-konkretes" (1966, S. 132). Ein wesentliches Merkmal des „Ichs" besteht darin, daß „es sich für relativ identisch hält" und „an sich festhält": „Es setzt sich unentwegt als Einheit" (S. 134). Die entwicklungspsychologischen Beiträge zur „Ich-Findung" (Spranger) und „Identität" (Erikson) finden in dem von Rothacker herausgearbeiteten Befund: „Der Mensch will mit sich identisch bleiben und Kontinuität besitzen" (S. 133) eine bedeutsame anthropologische Grundlage. Die Bedrohung der eigenen Identität und Kontinuität – d.h. auch der eigenen Geschichte – stellt eine Gefahr für die Gesamtexistenz dar: „Der Mensch fürchtet das Zerfließen, denn dieses führt zu geistiger Krankheit" (S. 133) – eine Feststellung, die nicht nur das „Subjektproblem" in der Medizinischen Anthropologie berührt (siehe hier vor allem v. Weizsäcker, 1940), sondern auch psychopathologische Relevanz besitzt.

d) Das Psychische als Prozeß

Das Psychische wird von Rothacker als ein Prozeß verstanden, der ebenfalls immer eine *historische Analyse* erfordert (siehe vor allem 1950, S. 144ff., S. 215ff.). Denn in dem psychischen Prozeß drückt sich der „Werdenscharakter" aus. „Haltungen", „Überzeugungen" sind Prozesse, die einerseits in der Entwicklung einer Kultur allmählich herangewachsen sind, die aber andererseits in der individuellen Entwicklung zu einer weiteren Ausdifferenzierung gelangen: „Welche Rolle spielen objektive Prozesse (darunter versteht Rothacker das „Wachsen und Werden") nicht auch im eigentlichen Leben. Wer weiß nicht, in wie langen, schicksalhaften Prozessen Haltungen und Gefühle der Liebe, der Verehrung, Überzeugung reifen; daß Erziehung, Bildung, Charakter und Begabungsentwicklung ... echte Prozesse sind" (1950, S. 222).

1.3. Der kulturelle Kontext

Da der Mensch als Angehöriger einer kulturellen Gemeinschaft von dieser beeinflußt ist, stellt sich der Psychologie auch die Aufgabe, das *menschliche Erleben und Verhalten in dem jeweiligen kulturellen Kontext zu analysieren.* „Der Mensch ist ein Lebewesen, das wir in der Erfahrung ausschließlich als Träger und Glied kulturellen Lebens kennen. Es gibt keinen Menschen, der nicht kulturell bereits geformt wäre" (1942, S. 1). Rothacker sieht aus diesem Grunde die dringlichste Aufgabe der Anthropologie – d. h. auch der Psychologie – darin, „ihre bisherigen Begriffe vom Menschen als Kulturträger zu ergänzen, ihre Fundamente selbst zu revidieren" (1942, S. 8). Sowohl seine „Geschichtsphilosophie" (1934) als auch seine „Kulturanthropologie" (1942) dienen diesem Ziel. Dabei stellt der kulturelle Einfluß auf das Erleben und Verhalten nicht ein zusätzlich hinzuzudenkendes Faktum, eine Variable unter vielen anderen dar, sondern *alle psychischen Funktionen und Prozesse sind zutiefst kulturell geformt* und können in ihrer Entstehung sowie in ihrer Entwicklung nicht unabhängig von der jeweiligen Kultur, in der das betreffende Individuum lebt, verstanden werden.

a) Die „individuelle Welt" als eine kulturell vermittelte und beeinflußte Welt

„Alles, was wir lebendig ‚kennen' und ständig hören, sehen, riechen usw., ist ja früher erst einmal konstituiert worden in langen Erstaltungs- und Erdeutungsprozessen" (1966, S. 14). Rothacker führt den Begriff der „Kulturschwelle" ein (1934, S. 104f.; 1942, S. 167ff.), um zu zeigen, daß die menschlichen Wahrnehmungsakte — die ja immer schon „Selektion" und „Deutung" sind (vgl. v. Uexküll & Kriszat, 1972) — nicht nur durch die biologische Konstitution, sondern auch durch die jeweils umgreifende Kultur mitbedingt sind. „Am Anfang steht Gemeinschaft, die das Leben in einer bestimmten Art führt. Aus dem natürlichen Aspekt dieser Lebensführung entwickeln sich historisch bestimmte Hinsichten. Diese sind es, welchen sich bestimmte Phänomene öffnen" (1966, S. 25). Damit wird ausgedrückt, daß jede Kultur einen eigenen „Lebensstil" (1934, S. 37ff.; 1942, S. 68ff.) besitzt, der bestimmt, welche Aspekte der „Wirklichkeit" wahrgenommen werden (da sie für diese Kultur „bedeutsam" sind) und welche nicht. Diese „Hinsichten", Lebensformen und Weltbilder übernimmt das Individuum als Angehöriger einer Kultur. Es kann zwar in seiner Entwicklung die kulturellen Leistungen, Wahrnehmungen und Deutungen der „Wirklichkeit" weiterführen — so nimmt Rothacker eine „Wechselwirkung" zwischen dem Individuum und der Kultur an (1909, S. 39ff.) —, jedoch wird es *durch die Kultur in eine bestimmte „Weltsicht" sowie in eine bestimmte „Lebensform" eingeführt*, die individuelle Welt ist also immer schon kulturell geformt. „Sind aber alle unsere Weltbilder und Verhaltensformen institutionell geprägt, gestaltet und geformt, so werden auch alle unsere inneren Erlebnisse geformt und sozusagen kanalisiert sein" (1957, S. 172). Daraus folgt nun für die Psychologie, daß sie „unsere heute erlebbaren seelischen Funktionen ... nicht ohne weiteres für selbstverständlich und für natürliche psychologische Gegebenheiten hält" (S. 172). Darüber hinaus dürfe „die Psychologie nie vergessen, daß ihr letztes Thema das Seelenleben der *ganzen* Menschheit ist, nicht nur einzelner Fragmente, die zufällig als gegenwärtige besonders bequem zugänglich sind" (S. 174). — Aufgrund dieser großen Bedeutung der Kultur für die Entwicklung des Individuums muß die Psychologie die Ergebnisse der Kulturanthropologie und Ethnologie in die Analyse individuellen Erlebens und Verhaltens miteinbeziehen und für diese fruchtbar machen. Schon in seiner ersten Veröffentlichung — „Über die Möglichkeit einer Völkerpsychologie" (1909) —, die Rothacker als erst Einundzwanzigjähriger verfaßte, wird die *enge Verflochtenheit der Psychologie mit kulturanthropologischen und ethnologischen Fragestellungen* aufgezeigt und eine intensive Zusammenarbeit zwischen diesen Disziplinen gefordert: „Alles hinzielend auf ein großes System psychischer Gesetzmäßigkeiten, in welchem die aufstrebenden Geisteswissenschaften dieses Jahrhunderts die Gesamtheit des Menschlichen in seinen jetzigen wie vergangenen

Formen, und vor allem in seinem *Werden* so begreifen sollen, wie die Naturwissenschaften der vergangenen Jahrhunderte den unbeseelten Kosmos" (S. 392).

b) Kulturen als historisch gewachsene Lebensgemeinschaften

Jede Kultur hat in historischen Prozessen bestimmte Aspekte der Welt erschlossen (die durch die Sprache repräsentiert werden, die „sagt", was „gelebt" wird), hat ein „Weltbild" begründet und einen charakteristischen Lebensstil – d. h. eine Art des Umgangs mit der Welt – entwickelt. „In jahrtausendelangen Prägungs-, Stilisierungs-, Artikulierungs- und Differenzierungsarbeiten haben diese Kulturen, ganz vornehmlich mittels ihrer Sprachen eine Arbeit geleistet, auf die das Individuum angewiesen ist, um ein einzelnes Weltbild von nur einigem Qualitätsreichtum zu besitzen" (1942, S. 174; vgl. auch 1966, S. 30 ff.). – In seiner Schichtenlehre (1965) zeigt Rothacker an vielen Stellen auf, wie stark Ausdrucksverhalten, Lebensformen, Überzeugungen und Haltungen, ja psychische Funktionen überhaupt, durch die Kultur geformt sind („Den Unterschied des ‚Willens' bei antiken und modernen Menschen ... kann man sich gar nicht groß genug vorstellen", S. 129). – In frühen Arbeiten (1909, 1934, 1942) geht Rothacker von der Existenz einer „Völkerseele" bzw. eines „Volksgeistes" aus, der allem Individuellen zugrundeliege (siehe hier die „Volksgeistidee der Historischen Schule"). Die Aufgabe der Erziehung sieht er darin, die Volksseele und den Volksgeist – als tragenden Grund – im individuellen Leben zur Lebendigkeit und zur weiteren Differenzierung zu bringen (1934, S. 145 ff.). Zuerst – allerdings nur sehr kurz – sah Rothacker in der Kulturpolitik des Nationalsozialismus eine Verwirklichung dieser Forderung (1934,. S. 147 ff.). Aber schon sehr bald distanzierte er sich ausdrücklich von den politischen Vorstellungen des NS-Regimes, weil er in diesen eine Verachtung der „Kultur" (bzw. der „Volksseele") sowie des Individuums sah (vgl. Perpeet, 1968). – Auch wenn in neueren Arbeiten der Begriff der „Volksseele" bzw. des „Volksgeistes" nicht mehr auftritt, so weist Rothacker trotzdem immer wieder auf die grundlegende Bedeutung der „historisch gewachsenen Kultur" für das individuelle Dasein hin (vgl. 1965, S. 127 ff.).

2. Historische und kulturelle Einflüsse im Lichte anderer anthropologischer Kategorien

2.1. „Wissenschaftspraktisches" vs. „lebenspraktisches Bewußtsein"

Rothacker konzentriert sich in seinen philosophischen und anthropologischen Beiträgen nicht nur auf die Untersuchung des „wissenschaftspraktischen Bewußtseins" – d. h. jener Bewußtseinsleistungen, die die Gewinnung wissenschaftlicher Erkenntnisse, die Entwicklung abstrakter Weltentwürfe und die Schaffung theoretischer Systeme zum Inhalt haben und für das „erkenntnistheoretische Subjekt" charakteristisch sind –, sondern auch (wenn nicht sogar vorwiegend) auf die schöpferischen Leistungen des „lebenspraktischen" Bewußtseins (1964, 1966). Er geht von der Gabelung des Bewußtseins in zwei Äste – nämlich das „lebenspraktische" und das „wissenschaftspraktische Bewußtsein" – aus (1966, S. 89 ff.). Dabei ist das *„lebenspraktische Bewußtsein"* jenes, welches aus der uns umgreifenden Wirklichkeit „Welt" konstituiert. Diese „gelebte" und „erlebte", „gedeutete" und für unser Handeln relevante „Welt" gründet auf der Begegnung des „lebenspraktischen Bewußtseins" mit der „Wirklichkeit": Das „lebenspraktische Bewußtsein" transponiert Teile der Wirklichkeit – die als „An-sich-Wirklichkeit" bewußtseinsunabhängig und sinneutral ist – in eine uns vertraute „Welt". „In ungeheuren Wogen umspült eine völlig unfaßliche Wirklichkeit uns endliche Wesen. An sich von einer erhabenen Gleichgültigkeit gegenüber unseren Sorgen, Leiden, Freuden. Inmitten dieses Ungeheuerlichen richtet sich die Menschheit ein" (1966, S. 211). – Das *„welt-schöpferische"*, „lebenspraktische Bewußtsein" kommt in der Wahrnehmung sowie in der Anschauung zum Ausdruck: „Nur die *Anschauung*, nicht der Begriff ist es, der transparent macht, nur sie holt ihre Inhalte aus der Wirklichkeit heraus" (1966, S. 89); „Begriffe ohne Anschauung sind leer" (1956/57, S. 164).

2.2. Wahrnehmung, Interesse, Welt

„Alle unsere Sinne, die uns allein den anschaulichen Gehalt der Wirklichkeit vermitteln, treffen eine *Auswahl* aus dem unerschöpflich reichen Wirklichkeitsstoff" (1942, S. 161). Die Wahrnehmung ist immer *selektiv*. Wir nehmen nur biologisch und existentiell Bedeutsames wahr (1942, S. 165). Das historisch gewachsene und kulturell geformte *„Interesse"* bestimmt, wie „differenziert" und „artikuliert" wahrgenommen wird – welche Ausschnitte der Wirklichkeit wahrgenommen werden und wie „tief" die Begegnungen mit der Wirklichkeit sind (1934, S. 104 ff.). Die „Welt" ist immer eine „gedeutete", von der jeweils vorherrschenden Perspektive abhängige. „Lebensstil" und „Weltsicht" sind dabei auf das engste miteinander verknüpft (1966, S. 27 ff.). – Die Wahrnehmung ist kulturell tradiert, geformt und häufig „schematisch". Die Erschließung *neuer* „Sinn-Inseln" (1966, S. 212), die Erhellung *neuer* Aspekte der Wirklichkeit sowie das *tiefere Eindringen in die Wirklichkeit* sind an *Vertiefungen der Anschauung* geknüpft (1950, S. 184). In „neuen Begegnungen" mit der Wirklichkeit sowie in dem Gewinnen „neuer Anschauungen" – somit auch in der Erweiterung und Vertiefung der „Welt" – wird ein zentraler Beitrag des Individuums zur Weiterentwicklung der Kultur gesehen (1950, S. 233 f.).

2.3. Lage, Handlung, Tat

Das menschliche Handeln ist immer auf eine *konkrete Lage* bezogen („alles menschliche Handeln vollzieht sich in Situationen, kommt aus Situationen gar nicht heraus" 1964, S. 147), es stellt eine *Antwort* auf eine bestimmte Lage dar (1934, S. 43 ff.). Dabei ist für das menschliche Handeln die *erlebte* Lage, nicht die „objektive" Lage von Bedeutung. „Nie kann sich die Antwort auf etwas anderes sinnvoll beziehen als auf den Inhalt des erlebend erschlossenen ‚Horizontes'" (1934, S. 44). Dabei stellt die einzelne Handlung Teil einer Handlungsfolge dar, in der jedes Glied immer auf neu entstehende Lagen bezogen ist. „Die Handlungsfolge kann als unausgesetzt pulsierende Stellungnahme zu dem erlebten Gegenspieler, der Welt, angesehen werden" (1934, S. 45). — Die Art und Weise, wie eine (äußere und innere) Lage wahrgenommen und gedeutet wird, ist abhängig von der *Einstellung* des Individuums. — Der *Lebensstil* des Individuums läßt sich auf dem Hintergrund dieses Ansatzes als eine *„Dauerantwort auf eine Dauerlage"* interpretieren (1934, S. 46). Die im Laufe der Biographie ausgebildete Einstellung bezüglich der eigenen Situation führt nach und nach zu einer grundlegenden Stellungnahme („Lebensstil"). Demnach ist der individuelle Lebensstil nur aus der *Geschichte des Individuums* ableitbar, d. h. aus der Rekonstruktion früherer konkreter Lagen, die sich allmählich zu einer „Dauerlage" verdichtet haben (siehe auch hier die Notwendigkeit einer „biographischen Analyse"). — *„Kulturstile"* (die den individuellen Lebensstil beeinflussen) stellen die *Antwort der Völker auf geschichtlich gewordene „Lagen"* dar. Dabei antwortet eine Kultur nicht nur mit „äußerer Lebensmeisterung" auf diese Lage, sondern auch mit einer „Haltung zum Schicksal" (1934, S. 54). Diese „Haltung zum Schicksal" wirkt sich auch auf die individuelle Weltdeutung sowie auf den individuellen Lebensstil aus. Auch darin zeigt sich die enge Verwobenheit von Individuum und Kultur.

Literatur

Jung, C. G. (1976). Die Dynamik des Unbewußten. Olten: Walter.

Perpeet, W. (1968). Erich Rothacker. Philosophie des Geistes aus dem Geist der deutschen historischen Schule. Bonn: Bouwier.

Rothacker, E. (1909). Über die Möglichkeit einer Völkerpsychologie. In Zeitschrift für angewandte Psychologie 2, 383–392.

Rothacker, E. (1934). Geschichtsphilosophie. München/Berlin: Oldenburg.

Rothacker, E. (1938). Die Schichten der Persönlichkeit. Leipzig: Barth, 6. Aufl. (Bonn: Bouvier).

Rothacker, E. (1942). Probleme der Kulturanthropologie. Stuttgart: Kohlhammer.

Rothacker, E. (1947). Zur psychologischen Schichtenlehre. In Zeitschrift für psychologische Forschung 2, 343–363.

Rothacker, E. (1950). Mensch und Geschichte. Bonn: Athenäum.

Rothacker, E. (1956/57). Anschauungen ohne Begriffe sind blind. In Kant-Studien 48, 161–184.

Rothacker, E. (1957). Psychologie und Anthropologie. Jahrbuch für Psychologie und Psychotherapie 5, 275–283.

Rothacker, E. (1964). Philosophische Anthropologie. Bonn: Bouvier.

Rothacker, E. (1966). Zur Genealogie des menschlichen Bewußtseins. Bonn: Bouvier.

Uexküll, J. v. & Kriszat, W. (1972). Streifzüge durch die Umwelt von Tieren und Menschen. Stuttgart: Fischer.

Weizsäcker, V. v. (1940). Der Gestaltkreis. Leipzig: Thieme.

Zur kultur-historischen Theorie Lev Semjonovic Vygotskijs

Griseldis Kumm

L. S. Vygotskij (1896–1934) entwickelte einen Zugang zur Erforschung menschlicher psychischer Prozesse und Verhaltensformen, der diesen Gegenstand in seiner Historizität begriff. Die Einsicht in die Geschichte des Gegenstandes sollte Voraussetzung für die Aufklärung seines Wesens sein. Auf diese Weise seien die Zusammenhänge zwischen einzelnen Phänomenen der menschlichen Psyche, die bislang nebeneinandergestellt betrachtet wurden, aufzuklären, Psychisches als Einheit zu erforschen. Die historische Herangehensweise Vygotskijs besitzt ihre Spezifik in der These der Vermittlung spezifisch-menschlicher Prozesse und Verhaltensformen. Danach ist die Herausbildung beherrschten Verhaltens an eine Entwicklungsphase der Vermittlung in der äußeren Tätigkeit gebunden, die Charakter und Struktur des einzelnen Prozesses sowie die Beziehungen zwischen den verschiedenen Prozessen (systemhafter Aufbau der Psyche) wesentlich bestimmt. Die Vermittlung erfolgt über vom Menschen erschaffene Instrumente, welche ihrerseits historischen Wandlungen (Geschichte der Entwicklung von Werkzeugen und psychischen Mitteln) unterliegen, und in der Interaktion (Kooperation, Kommunikation) mit anderen. Insofern werden für die menschlicher Psyche sowohl Sachverhalte der biologischen Entwicklung als auch der gesellschaftlich-kulturellen Entwicklung zu Determinanten, die in der Ontogenese als in der realen Lebenssituaiton des Menschen verflochtene Bedingungen zu untersuchen sind. Vygotskij wendete sich damit gegen dualistische Auffassungen von psychischer Entwicklung (wie etwa bei William Stern). In Abhebung von idealistischen historischen Betrachtungsweisen menschlicher Psyche (z. B. Wilhelm Dilthey) bildet die menschliche Tätigkeit (Arbeit) den Ausgangspunkt der Analyse. Das soziale Sein ist so vermittelt genetisches Wesensmerkmal psychischer Erscheinungen des Menschen.

1. Sozialer Ursprung und vermittelte Struktur menschlicher psychischer Funktionen und Verhaltensformen

1925 leitete Vygotskij in dem Vortrag „Das Bewußtsein als Problem der Psychologie des Verhaltens" (1985, S. 279–308) den Gegenstand für eine neue konzipierte, am dialektischen Materialismus orientierte Psychologie sowie erste Arbeitshypothesen für seine Forschungen ab. Er zeigte die Mängel der psychologischen Konzepte auf, die das Bewußtsein aus ihrer Betrachtung ausschließen oder es als prinzipiell nicht erkennbar deklarieren.

Vygotskij schlußfolgert daraus, daß Bewußtsein und Verhalten in ihrem Zusammenhang erforscht werden müssen. Die Besonderheiten menschlicher Psyche erscheinen in der Tätigkeit und im gesamten Verhalten.

Als neue Aktivitätsform entsteht die Arbeit, in deren Prozeß der Mensch sein äußeres Verhalten (die Tätigkeit) durch inneres Verhalten zielgerichtet vorwegnimmt und beeinflußt. Den Schlüssel für die psychologische Erforschung menschlichen Bewußtseins fand Vygotskij bei der Analyse der Arbeit. Vygotskij stellte die These auf, daß das Wesen komplizierter psychischer Prozesse und Verhaltensformen in ihrer Vermittlung durch künstliche „Werkzeuge" liegt. Auf diese Weise wird die Beherrschung psychischer Prozesse erst möglich. „... Im Verhalten des Menschen gibt es eine ganze Menge künstlicher Mittel, die ihm dazu dienen, die eigenen psychischen Prozesse zu beherrschen. Diese Mittel kann man, in Anlehnung an die Technik, berechtigterweise als psychische Werkzeuge beziehungsweise Instrumente bezeichnen ...

Ihre Berechtigung erhält diese Analogie dadurch, daß sie auf das grundlegende, zentrale, wesentliche Merkmal der beiden Begriffe, die hier miteinander verglichen werden, zutrifft. Die Rolle der Mittel im Verhalten ist derjenigen ähnlich, die das Werkzeug bei der Arbeit spielt, und dies ist das entscheidende Merkmal" (Vygotskij, 1985, S. 309).

Beispielhaft für Mittel psychischer Akte führt Vygotskij an: „... die Sprache, verschiedene Formen der Numerierung und des Zählens, mnemotechnische Mittel, die algebraischen Symbole, Kunstwerke, Schrift, Schemata, Diagramme, Karten, Zeichnungen, alle möglichen Zeichen ..." (S. 310).

Durch die Vermittlung werden Verlauf, Struktur und Qualität psychischer Funktionen beeinflußt. Es findet ein qualitativer Sprung von natürlichen psychischen Funktionen und Verhaltensformen zu spezifisch-menschlichen (künstlichen, instrumentellen) Akten statt.

Obwohl durch die künstlichen Mittel der Verhaltensakt umstrukturiert und qualitativ verändert wird, bleiben die Elemente des instrumentell-vermittelten Verhaltens natürlicher Art, nämlich bedingt reflektorische Verbindungen. Auf der Grundlage dieser Annahmen entwirft Vygotskij ein Schema, das Struktur und Entstehung spezifisch-menschlicher psychischer Funktionen beschreibt. Am Beispiel des Gedächtnisses erläutert er dieses Schema oder Prinzip wie folgt:

„Bei natürlichem Einprägen entsteht die direkte assoziative (bedingt reflektorische) Verbindung A–B zwischen den Stimuli A und B. Bei künstlichem mnemotechnischem Einprägen desselben Eindrucks mit Hilfe eines psychischen Werkzeugs X (Knoten im Taschentuch, mnemotechnisches Schema) entstehen anstelle dieser direkten Verbindung A–B zwei neue: A–X und B–X. Jede davon ist ein ebensolcher natürlicher bedingt reflektorischer Prozeß, entsprechend den Eigenschaften des Gehirns, wie die Verbindung A–B. Neu, künstlich, instrumentell ist die Tatsache, daß eine Verbindung, nämlich A–B, durch zwei, nämlich A–X und X–B, ersetzt wird, die zu demselben Ergebnis führen, aber auf anderem Wege. Neu ist die künstliche Richtung, die der natürliche Prozeß der

Schließung einer bedingten Verbindung durch das Instrument erhält, das heißt die aktive Nutzung der natürlichen Eigenschaften des Hirngewebes" (S. 311).

Ein Mittel im psychischen Prozeß wird (wie auch das Werkzeug) erst vom Menschen dazu gemacht, er fertigt es an (Knoten) und überträgt auf das neutrale Objekt (Taschentuch) eine Bedeutung („Erinnere dich!"). Zu einem späteren Zeitpunkt, in einer anderen Situation erkennt er im Mittel (Knoten im Taschentuch) die Bedeutung, was sein Verhalten stimuliert (das Erinnern). Für die Mittel-Stimuli wird der Begriff des Zeichens eingeführt.

„Diese künstlichen Mittel-Stimuli, die vom Menschen in die psychologische Situation eingeführt werden und die Funktion der Selbststimulierung erfüllen, nennen wir Zeichen und geben diesem Terminus einen weiteren und zugleich genaueren Sinn als im üblichen Wortgebrauch. Entsprechend unserer Definition ist jeder vom Menschen künstlich geschaffene bedingte Stimulus, der ein Mittel zur Beherrschung des Verhaltens ist — des fremden oder eigenen —, ein Zeichen. Zwei Momente sind somit für den Zeichenbegriff wesentlich: seine Herausbildung und seine Funktion" (Vygotskij, 1983, S. 78).

Die Mittel-Stimuli existieren nicht nur außen. Eine Vornahme kann zu demselben Ergebnis führen. Vygotskij nimmt mit Bezug auf Janet und Piaget an, daß die Mittel-Stimuli psychischer Prozesse eine Verwandlung von außen nach innen durchmachen, die als Interiorisation („Hineinwachsen") bezeichnet wird. Vygotskij stellt die Herausbildung zeichenvermittelten Verhaltens insgesamt als Übergang zu einem neuen regulativen Prinzip des Verhaltens heraus.

„Der Mensch führt künstliche Stimuli ein, signifiziert das Verhalten und schafft mit Hilfe von Zeichen, indem er von außen einwirkt, neue Verbindungen im Gehirn. Mit dieser Annahme führen wir in unsere Forschung voraussichtlich ein neues regulatives Prinzip des Verhaltens ein, neue Vorstellungen von der Determiniertheit menschlicher Reaktionen. Das ist das Signifikationsprinzip, welches darin besteht, daß der Mensch von außen neue Verbindungen im Gehirn herstellt, das Gehirn lenkt und darüber den eigenen Körper" (Vygotskij, 1983, S. 80).

Daß die Veränderung des ursprünglichen regulativen Prinzips (Signalisation, d. h. passive Reaktion auf in der Situation vorhandene Stimuli) von außen möglich ist, beweist der bedingte Reflex. Die bedingt reflektorische Verbindung entsteht beim Zusammenfallen zweier Reize (Stimuli), also von außen. Das reflektorische Prinzip allein kann aber, nach Ansicht Vygotskijs, Verhalten nur auf einer natürlichen Ebene erklären, nicht jedoch auf der historischen. Das gesellschaftliche Leben führt zu der Notwendigkeit, das Verhalten des Individuums den gesellschaftlichen Anforderungen unterzuordnen. In diesem Zusammenhang werden komplizierte Signalisationssysteme (z. B. die Sprache) erschaffen, die auf die Ausbildung bedingt reflektorischer Verbindungen im Gehirn des einzelnen Menschen gerichtet sind. Die Organisation der höheren Nerventätigkeit ist demnach nur eine notwendige Voraussetzung für die Möglichkeit zur Verhaltensregulation von außen. Wesentlich für die psychologische Betrachtung menschlichen Verhaltens werden Prozesse seiner historischen Entwicklung, die durch das soziale Leben determiniert sind. Die dargestellte neue Sicht auf den Gegenstand der Psychologie erarbeitete Vygotskij in Auseinandersetzung mit methodologischen Prämissen vorhandener psychologischer Konzepte, die von Anfang an zur Artikulation eigener methodologischer und methodischer Grundlagen wissenschaftlicher Erforschung des benannten Gegenstandes der Psychologie führten (vgl. Vygotskij, 1983, Kapitel 2, S. 6–40).

2. Historische Herangehensweise (genetische Methode)

Vygotskijs wissenschaftliche Analysen sollten drei Prinzipien verwirklichen: a) die Betrachtung des Untersuchungsgegenstandes als Prozeß[1]), b) die Aufklärung der Prozeßmechanismen[2]) (kausal-dynamisches Vorgehen)[3]) und c) die Rekonstruktion aller Zustandsformen des Prozesses bis zu seiner der Betrachtung vorliegenden historisch geronnenen Form[4]) (genetische Analyse).

Hervorzuheben ist, daß die genetische Analyse den Untersuchungsgegenstand (Prozeß) nicht einfach in alle seine Elemente auflöst, sondern nach den kleinsten Einheiten sucht, die das Wesen des gesamten Prozesses bereits in sich tragen. Die Prozeßmechanismen (Zusammenhänge, Verbindungen) sind nach Ansicht Vygotskijs (in Anlehnung an Lewin) auf andere Weise nicht auffindbar. Diese Prinzipien bauen systematisch aufeinander auf, so daß das letztgenannte übergreifend verstanden wird, d. h. die Prinzipien zusammengefaßt die Bezeichnung genetische Methode oder historische Herangehensweise erhalten.

Vygotskij unterscheidet drei Entwicklungslinien, die voneinander unabhängig zu analysieren sind: die evolutionäre Entwicklung bis zur Herausbildung der menschlichen Gattung, die historische Entwicklung der Menschheit (vor allem hinsichtlich der Ausbildung von Werkzeugen, Zeichen und anderen künstlichen Mitteln) und die Ontogenese (vgl. Vygotskij, 1983). Der ontogenetische Entwicklungsprozeß weist eine wichtige Besonderheit auf: hier integrieren sich beide vorangegangenen Entwicklungslinien und bilden so einen qualitativ neuen Prozeß.

Den Ausgangspunkt für die Erforschung der Entwicklung des Kindes muß folglich die Betrachtung der dialektischen Einheit zweier prinzipiell verschiedener Entwicklungsreihen bilden. Die zwei Entwicklungslinien gilt es bis zum vorfindlichen Stand unabhängig zu erforschen, sodann sind die Produkte dieser Entwicklungen in ihren Beziehungen zueinander, d. h. die Gesetzmäßigkeiten ihrer Verflechtung in jeder Altersstufe aufzudecken (1983).

Die Auffassung vom Gegenstand und die genetische Methode sind im Zusammenhang gedacht und entwickelt. In beiden erscheint das Vermittlungsglied Zeichen, dessen Funktion und Herausbildung Vygotskij zunächst in den Vordergrund seiner Forschungsinteressen stellte. Das Zeichen als universelle vermittelnde Instanz ist ein Produkt der kulturellen Geschichte der Menschheit. Vygotskij und seine Mitarbeiter (vor allem A. R. Lurija und A. N. Leont'ev) nannten ihr gemeinsames Konzept daher „Kultur-historische Theorie".

Anmerkungen

[1]) Diese Untersuchung basiert auf den Werken von Vygotskij. Die darüber hinausgehende Literatur möge dem Leser zu weiterer Anregung und Vertiefung dienen.

[1]) „Wenn wir an den Platz einer Analyse des Dings die Prozeßanalyse stellen, so wird natürlich die genetische Rekonstruktion aller Entwicklungsmomente des gegebenen Prozesses zur hauptsächlichen Aufgabe der Betrachtung. Die Hauptaufgabe der Analyse besteht dabei darin, den Prozeß zu seinem Anfangsstadium zurückzuführen oder, anders ausgedrückt, das Ding in den Prozeß zu verwandeln" (Vygotskij, 1983, S. 95).

[2]) „... daß die psychologische Analyse in unserem Verständnis einen direkten Gegensatz zur analytischen Methode im alten Sinne dieses Wortes darstellt. Wenn sich jene selbst als Gegensatz zur Erklärung begriff, so ist die neue Analyse hauptsächliches Mittel wissenschaftlicher Erklärung. Wenn jene prinzipiell in den Grenzen phänomenologischer Forschung verblieb, so hat die Neue die Erschließung realer kausal-dynamischer Beziehungen zur Aufgabe. Die Erklärung selbst wird jedoch in der Psychologie insofern möglich, als die neue Sichtweise die äußeren Erscheinungen der Dinge nicht ignoriert, sich nicht auf die ausschließlich genetische Betrachtungsweise begrenzt, sondern mit Notwendigkeiten wissenschaftliche Erklärung und äußere Erscheinungen sowie Merkmale des in der Untersuchung befindlichen Prozesses in sich einschließt" (1983, S. 99).

[3]) Vygotskij bezieht sich bei diesem Moment der Analyse explizit auf K. Lewins Unterscheidung zwischen beschreibender und erklärender Analyse. Er verwendet auch Lewinsche Bezeichnungen, so z. B. „konditional-genetisch" oder „kausal-dynamisch" (vgl. Vygotskij, 1983, S. 95–98).

[4]) Höhere psychische Prozesse/Verhaltensformen liegen, so Vygotskij, „versteinert" vor. Um deren Wesen aufzuklären, muß ihr historischer Entwicklungsweg nachvollzogen werden. Dies trifft vor allem auf im Laufe der Entwicklung automatisierte Prozesse zu. Vygotskij führt als Beispiel drei Entwicklungsstadien der Aufmerksamkeit (nach E. Titchener) an: unwillkürliche, willkürliche, „unwillkürliche" Aufmerksamkeit. Genetisch unterscheidet sich aber unwillkürliche Aufmerksamkeit im dritten Stadium von der ersten unwillkürlichen Form. Allein vom Erscheinungsbild lassen sich natürliche und höhere (instrumentell vermittelte) Form nicht voneinander differenzieren. Deshalb wird eine genetische Analyse notwendig (S. 99–100).

Literatur

Budilova, J. A. (1975). Philosophische Probleme in der sowjetischen Psychologie. Berlin (DDR): Deutscher Verlag der Wissenschaften.

Leont'ev, A. N. (1985). Der Schaffensweg Wygotskijs. In Wygotskij, L. S., Ausgewählte Schriften, Bd. 1 (S. 9–56). Berlin (DDR): Volk und Wissen.

Leont'ev, A. N. (1973). Probleme der Entwicklung des Psychischen. Berlin (DDR): Volk und Wissen.

Leont'ev, A. N. & Lirija, A. R. (1958). Die psychologischen Anschauungen L. S. Vygotskijs. Zeitschrift für Psychologie, Bd. 162, 3–4, 165–205.

Leontév, A. N. (1932). Studies in the cultural development of the Child. III. The development of voluntary attention in the child. Journal of Genetic Psychology, Vol. 40, 52–83.

Lurija, A. R. (1984). Vygotskij und das Problem der funktionellen Lokalisation. Jahrbuch für Psychologie und Psychotherapie, IV, 15–23.

Lurija, A. R. (1982). Etappen eines beschrittenen Weges — wissenschaftliche Autobiographie (russisch). Moskau: Universitätsverlag.

Lurija, A. R. (1983). The problem of the cultural behavior of the child. Journal of Genetic Psychology, Vol. 35, 493–506.

Matjuskin, A. (1983). Nachwort. In L.S. Wygotskij, Gesammelte Werke, Bd. 3 (S. 338–353). Moskau: Universitätsverlag.

Vygotskij, L.S. (1986). Konkrete Psychologie des Menschen. Zeitschrift der Moskauer Universität, Serie 14/1, 51–65 (russisch).

Vygotskij, L.S. (1985). Die Krise der Psychologie in ihrer historischen Bedeutung. In Ausgewählte Schriften, Bd. 1 (S. 57–175). Berlin (DDR): Volk und Wissen.

Vygotskij, L.S. (1985). Das Bewußtsein als Problem der Psychologie des Verhaltens. In Ausgewählte Schriften, Bd. 1 (S. 279–308). Berlin (DDR): Volk und Wissen.

Vygotskij, L.S. (1985). Die instrumentelle Methode in der Psychologie. In Ausgewählte Schriften, Bd. 1 (S. 309–318). Berlin (DDR): Volk und Wissen.

Vygotskij, L.S. (1985). Die psychischen Systeme. In: Ausgewählte Schriften, Bd. 1 (S. 319–352). Berlin (DDR): Volk und Wissen.

Vygotskij, L.S. (1985). Die Psychologie und die Lehre von der Lokalisation psychischer Funktionen. In Ausgewählte Schriften, Bd. 1 (S. 353–362). Berlin (DDR): Volk und Wissen.

Vygotskij, L.S. (1985). Spinoza und seine Lehre von den Gefühlen im Lichte der heutigen Psychoneurologie. In Ausgewählte Schriften, Bd. 1 (S. 363–382). Berlin (DDR): Volk und Wissen.

Vygotskij, L.S. (1984). Fragen der Kinder-(Entwicklungs-)Psychologie. In Gesammelte Werke, Bd. 4 (S. 243–418). (russisch) Moskau: Universitätsverlag.

Vygotskij, L.S. (1983). Die Entwicklungsgeschichte der höheren psychischen Funktionen. In Gesammelte Werke, Bd. 3 (S. 5–328). (russisch) Moskau: Universitätsverlag.

Vygotskij, L.S. (1982). Das Bewußtseinsproblem. In Gesammelte Werke, Bd. 1 (S. 156–167). (russisch) Moskau: Universitätsverlag.

Vygotskij, L.S. (1964). Denken und Sprechen. Berlin (DDR): Akademie Verlag.

Die kulturhistorische Bedingtheit des Psychischen: Zum Werk Aleksandr R. Lurijas

Alexandre Métraux

Die Idee, daß das Psychische keine in sich geschlossene, von Natur und Kultur abgehobene und durch Eigengesetzlichkeit bestimmte Entität bildet, sondern aus Entwicklungsprozessen hervorgegangen und deshalb geschichtlich determiniert ist, wird von der modernen Psychologie nicht mehr in Zweifel gezogen. Wie diese Idee allerdings in eine annehmbare psychologische Theorie umzusetzen und durch empirische Analyse zu untermauern ist, so daß sie nicht bloß den Rang einer zwar verbindlichen, aber abstrakten Lehrmeinung besitzt, darüber haben sich die Psychologen seit 1870 nicht zu einigen vermocht. Diese Tatsache ist zurückzuführen

1. auf die in der Psychologie festzustellende Vielfalt von Schulen und Richtungen, die sich aufgrund ihrer jeweiligen Zielsetzung, Thematik und Methodik gegenseitig abgrenzen; und
2. auf die divergierenden Deutungen, die die Geschichtlichkeit des Psychischen erfährt.

Dies sei anhand einiger Ausführungen, die psychologie-historiographischen Ansprüchen weder genügen wollen noch genügen können, schematisch verdeutlicht.

Wie die anatomische Organisation der Lebewesen, so sind die artspezifischen Tätigkeiten und Funktionen (Reizbarkeit, Sensibilität, Reflexe, Instinkte u. a. m.) naturgeschichtlich entstanden. Dabei zeichnen sich die phylogenetisch jüngeren Arten gegenüber den phylogenetisch älteren durch eine zunehmende Differenzierung des Wahrnehmungsapparates und der Reaktionsmechanismen, d. h. insgesamt durch eine komplexere Fähigkeit zur Interaktion mit der Umwelt aus. Diese durch die Evolutionstheorie wiederholt bestätigte Auffassung wurde von Psychologen indes so ausgelegt, als stünden die von ihnen untersuchten Mechanismen bei Mensch und Tier im Dienste ein und desselben Prinzips, nämlich der optimalen Adaptation (Anpassung) an die Umwelt. Damit wurde die Naturgeschichte des Psychischen zu einer lediglich in quantitativer Hinsicht zu fassenden Veränderung der lebenden Materie reduziert. Dies wiederum begünstigte die Erklärung menschlichen Verhaltens (also des arteigenen und des individuellen Lernens) durch tierpsychologische Versuchsergebnisse. Mit anderen Worten, die Psychologie erkannte die Naturgeschichte des Psychischen an, leugnete jedoch durch die Bevorzugung technisch raffinierter Versuche über tierisches Verhalten, das — wie man unterstellte — das menschliche exemplifiziert, die kulturellen und gesellschaftlichen Determinanten menschlicher Tätigkeit (vgl. hierzu Leont'ev, 1983, S. 96–99 = Leont'ev, 1977, S. 263–265).

Um die durch diese Sichtweise bedingten Verkürzungen und Einseitigkeiten zu beheben, wurde von Psychologen die Besonderheit der höheren psychischen Funktionen des Menschen (Sprache, Begriffsbildung, logisches Denken, Werkzeuggebrauch u. a. m.) immer wieder betont. Anhand ethnopsychologischer Beobachtungen stellten sie auch die erstaunliche kulturelle Vielfalt der geistigen Erscheinungen — also dessen, was in der philosophischen Tradition des 19. Jahrhunderts als ‚objektiver Geist' bezeichnet wurde — fest. Allerdings verstieg man sich zu der Behauptung, daß die geistigen Erscheinungen (‚Apperzeption' in der Terminologie Wilhelm Wundts, ‚symbolische Formen' in derjenigen Ernst Cassirers) letztlich nicht erklärbar, sondern nur beschreibbar, mithin in ihrer geschichtlich und kulturell unterschiedlichen Gestalt oder Ausprägung erfaßbar, klassifizierbar und analysierbar, aber dem Experiment nicht zugänglich seien.

Der zweifache Dualismus — einerseits der Auffassungen der Geschichtlichkeit des Psychischen (Naturgeschichte/Kulturgeschichte), andererseits der Zielrichtungen psychologischer Forschung und der Methoden (Erklären/Beschreiben bzw. Experimentieren/Registrieren) — wurde bereits um 1925 von sowjetischen Psychologen als untrügliches Zeichen einer schweren Krise ihres Faches gesehen und zum Anlaß eines Neubeginns genommen (vgl. Vygotskij, 1960, Kap. 1).

In seiner in den letzten Lebensjahren verfaßten, doch posthum erschienenen Monographie über Sprache und Bewußtsein führte Aleksandr Romanovič Lurija im Rückblick auf die Situation, von der er Mitte der zwanziger Jahre ausgegangen war, folgendes aus: „Ein Ausweg aus der Krise konnte nur darin bestehen, den *Gegenstand* der Psychologie des Menschen als Lehre von den kompliziertesten Formen der bewußten Tätigkeit unangetastet zu lassen und zugleich die Aufgabe beizubehalten, diese Formen der bewußten Tätigkeit als eine Erscheinungsform des geistigen Lebens *nicht zu beschreiben*, sondern die Entstehung dieser Formen der bewußten Tätigkeit aus den analysierbaren Prozessen zu *erklären*" (Lurija, 1979, S. 22 = Lurija, 1982b, S. 15). Und ergänzend wird festgehalten: „Die Aufgabe bestand also darin, die Erforschung der kompliziertesten Bewußtseinsformen als Hauptaufgabe zu behalten, jedoch ein materialistisches, deterministisches Herangehen an ihre kausale Erklärung zu gewährleisten" (1979, 1982b). Gelöst wurde diese Aufgabe durch die kulturhistorische Psychologie, die von Lev S. Vygotskij, Aleksej N. Leont'ev und Lurija begründet wurde und deren Leitgedanken der letztere so zusammenfaßte: „*Um die kompliziertesten Formen des bewußten Lebens des Menschen zu erklären, muß man über die Grenzen des Organismus hinausgehen, die Quellen dieser bewußten Tätigkeit und des ‚kategorialen' Verhaltens nicht in den Tiefen des Gehirns und nicht in den Tiefen des Geistes suchen, sondern in den äußeren Bedingungen des gesellschaftlichen Lebens, in den sozialhistorischen Formen der menschlichen Existenz*" (Lurija, 1979, S. 23 = Lurija, 1982b, S. 16).

Aleksandr Lurija wurde 1902 in der im Südosten Rußlands liegenden Universitätsstadt Kazan geboren, wo er zwischen 1918 und 1921 das Studium der Medizin absolvierte. Bereits während der Studentenzeit setzte er sich mit der Psychoanalyse Freuds auseinander und beschäftigte sich mit der Reflexologie Vladimir Bechterevs. Im Zuge der Reorganisation des Psychologischen Instituts der Universität Moskau wurde er 1923 zum Leiter der Abteilung für Allgemeine Psychologie dieses Instituts ernannt (zum geschichtlichen Hintergrund des Neuaufbaus des Moskauer Instituts vgl. Petrovskij, 1984, S. 83–98).

Auf dem 1924 nach Leningrad einberufenen Zweiten Psychoneurologischen Kongreß machte Lurija die Bekanntschaft Vygotskijs (1896–1934), der bis dahin am Pädagogischen Institut in Gomel' (Weißrußland) tätig gewesen war und noch im selben Jahr nach Moskau berufen wurde. Zusammen mit Leont'ev (1903–1979) bildeten sie die berühmte ‚Trojka‘ der kulturhistorischen Schule der Psychologie. Die Zusammenarbeit zwischen den drei Forschern war derart ausgedehnt, daß es heutigen Psychologiehistorikern gelegentlich Schwierigkeiten bereitet, die Urheberschaft einzelner kulkturpsychologischer Ideen oder Versuchspläne mit Sicherheit zu ermitteln.

Die Trojka forschte bis 1934 in drei zusammenhängenden Hauptbereichen:

1. Untersucht wurde die Entstehung der höheren, durch Zeichen vermittelten psychischen Funktionen, d. h. jener Tätigkeiten, die sich durch die Verwendung von Zeichen als gesellschaftlich bedingten Hilfsreizen (sprachliche Zeichen, Werkzeuge, Gegenstände mit konventionell festgelegter Bedeutung usw.) charakterisieren lassen.

2. Der zweite Forschungsbereich betraf die dynamische Beziehung zwischen phylogenetisch gegebenen (biologischen) und sozialen Faktoren in der Ontogenese des Psychischen. Als Beispiel seien Lurijas Studien über Zwillinge genannt, die aufzeigen, daß die Rolle der biologischen Mutter abnimmt, je weiter ein Kind sich entwickelt: Sie ist in der Entwicklung der sensu-motorischen Funktionen ausschlaggebend, an der Entwicklung der sogenannten natürlichen oder primitiven Funktionen (etwa des visuellen Gedächtnisses) noch beteiligt, fällt dagegen in der Entwicklung der höheren psychischen Funktionen (Wahl- und Entscheidungsreaktion, zeichenvermitteltes Gedächtnis) nicht mehr ins Gewicht — was darauf hindeutet, daß die höheren psychischen Funktionen nicht nur gesellschaftlich bedingt sind, sondern durch das Individuum während der Ontogenese durch Interiorisierung (Verinnerlichung) auch reproduziert werden.

3. Schließlich wandte sich das Forschungsprogramm der kulturhistorischen Psychologie auch der Problematik der interkulturellen Unterschiede der psychischen Funktionen zu. Beispielhaft für die Arbeiten zu diesem Thema sind die Untersuchungen, die Lurija während der beiden 1931 und 1932 von ihm in der Uzbekischen SSR organisierten Expeditionen durchführte und über die weiter unten berichtet wird.

Nach dem Tod Vygotskijs verlagerte sich Lurijas Forschungsinteresse auf einen Grenzbereich zwischen der Psychologie, der Medizin, der Physiologie und der Linguistik. Er begann mit Leidenschaft das aufzubauen, was später als ‚Neuropsychologie‘ bezeichnet werden sollte. Nach einem spezialisierten medizinischen Lehrgang arbeitete er als Assistent des angesehenen Neurochirurgen N. N. Burdenko. Dank der Fülle der ihm nunmehr zur Verfügung stehenden klinischen Beobachtungen gelang es ihm, unterschiedlichste Bedingungen der Aphasie aufzudecken.

Nach dem Überfall der deutschen Wehrmacht auf die Sowjetunion wurde Lurija 1941 nach Čeljabinsk versetzt, wo er sich in einer neuropsychiatrischen Klinik der Reedukation hirngeschädigter Kriegsverwundeter widmete. Die dort sowie nach Kriegsende am Institut für Defektologie der Akademie der Pädagogischen Wissenschaften und am Neurochirurgischen Institut (beide in Moskau) gesammelten defektologischen Befunde erlaubten es ihm, den kulturhistorischen Ansatz unter dem Gesichtspunkt traumatischer Ausfallserscheinungen zu revidieren und zu ergänzen. Mit Vygotskij hatte er anfänglich z. B. vermutet, daß die Bedeutung von Wörtern die Planung zielgerichteter Handlungen steuert: Das Wort ‚Tisch‘ etwa bezeichnet nicht einen bestimmten Tisch, sondern Tische im allgemeinen, unabhängig von deren konkreten Eigenschaften (rund, eckig, oval, hölzern, eisern usw.), so daß die durch die Wortbedeutung gesteuerte Planung von Handlungen in bezug auf diese Art von Gegenständen (Umgang mit Tischen, Verhalten zu ihnen und zu Objekten, die man auf Tische stellen kann usw.) auf der Grundlage eines verallgemeinerten Schemas erfolgt. Deshalb wurde auch erwartet, daß aphasische Störungen eine Beeinträchtigung, wenn nicht sogar eine Zerstörung der Intentionalität (Planung und Zielgerichtetheit) von Handlungen nach sich ziehen müßten. Das traf jedoch nur in Ausnahmefällen zu. Die Hypothese, daß die Vornahme von Handlungen auf einem Zusammenspiel sowohl der für die Sprache zuständigen wie auch anderer Regionen des Zentralnervensystems beruhe, erwies sich im Lichte der neuropsychologischen Befunde als plausibler als die ursprüngliche Hypothese.

In den sechziger und siebziger Jahre veröffentlichte Lurija, der auch an der Psychologischen Fakultät der Universität Moskau lehrte, grundlegende Schriften über die höheren kortikalen Funktionen, die Theorie der dynamischen Lokalisation der Gehirnfunktionen, die Neurolinguistik und die Bewßtseinsproblematik. Zudem verfaßte er zwei aufsehenerregende Fallstudien: die eine über einen Mnemonisten mit einem außergewöhnlichen Zahlengedächtnis, die andere über einen ehemaligen Rotarmisten, der eine massive Gedächtnis- und Sprachzerstörung als Folge einer Gehirnläsion aus eigener Kraft überwand.

Lurija starb 1977 nach einer schweren Krankheit in Moskau (zur Biographie vgl. Lurija, 1982a; Veličkovskij & Métraux, 1986).

Obgleich Lurija in den nach 1945 entstandenen Schriften vornehmlich neuropsychologische Fragen in den Vordergrund gerückt hat, bestand sein Ziel in diesen genauso wie in denen der ersten Schaffensperiode darin, die kulturhistorischen Determinanten der höheren psychischen Funktionen zu entdecken und auf den Begriff zu bringen. Mehr noch: Die frühen Texte machen den theoretischen Rahmen ausdrücklich, auf den sich die neuropsychologischen Untersuchungen stillschweigend beziehen, so daß ihre Tragweite ohne Kenntnis desselben nicht erfaßt werden kann. Deshalb liegt es nahe, hier auf Lurijas kulturpsychologische Beiträge speziell einzugehen.

Zwei systematisch zusammenhängende Problemfelder sind von Belang: zum einen der ontogenetische oder entwicklungspsychologische, in dem es um den Erwerb zeichenvermittelter Fertigkeiten beim Kind im allgemeinen geht, und zum anderen der vergleichend ethnopsychologische, in dem nach den geschichtlichen Ursachen für unterschiedliche Verhaltensformen gesucht wird.

1930 erschienen die *Studien zur Geschichte des Verhaltens*, eine dreiteilige, von Vygotskij und Lurija verfaßte Monographie. Die beiden ersten Teile (von Vygotskij geschrieben) behandeln das Verhalten von Menschenaffen bzw. von Mitgliedern archaischer Gesellschaften. Der dritte, aus der Feder Lurijas stammend, hat den Erwerb zeichenvermittelter Tätigkeiten in der kindlichen Entwicklung zum Gegenstand. Der Zusammenhang zwischen den drei Teilen ergibt sich durch die Fragestellung: Wodurch unterscheidet sich vormenschliches von menschlichem Verhalten, und wie konstituiert sich menschliches Verhalten als gesellschaftlich bedingtes? Zwar sind Menschenaffen, wie aus Wolfgang Köhlers Beobachtungen hervorgeht, in der Lage, Werkzeuge zu gebrauchen, aber die Verwendung dieser Hilfsreize ist weder generalisierbar wie beim Menschen, noch konkretisiert sie sich in kulturhistorisch variierenden Formen, was durch den zweiten Teil der Monographie belegt wird. Auf welche Weise zeichenvermittelte Verhaltensweisen überhaupt erworben werden und wie sich das Kulturelle auf der Basis des phylogenetisch Gegebenen prinzipiell aufbaut, veranschaulicht der dritte Teil der Monographie, in dem mehrere tätigkeitspsychologische Experimente vorgestellt werden. Ein Beispiel hierfür sind die Versuche zum Übergang vom natürlichen Gedächtnis zu einer mit Hilfsreizen operierenden Gedächtnisform: An die Stelle des unmittelbaren Einprägens von Items tritt das Behalten von Items, das unterstützt wird von künstlich hergestellten Verbindungen dieser Items mit mnemotechnischen Zeichen (etwa Papierfetzen oder Bildern), wobei die Tätigkeit der Herstellung dieser künstlichen Verbindungen nach einem gesellschaftlich bereits erprobten Handlungsmuster erfolgt (vgl. Vygotskij & Lurija, 1930, Kap. 3, passim).

Die Schwäche der Monographie von 1930 bestand darin, daß sich der zweite, ethnopsychologische Teil lediglich aus Reinterpretationen verschiedener Autoren (Thurnwald, Mauss, Lévy-Bruhl, Blondel u. a.) zusammensetzte, zwischen denen unüberwindbare theoretische Widersprüche existierten. Angesichts dieser Widersprüche und des Mangels an empirischen Befunden schlug Vygotskij vermutlich bereits 1929 vor, eine Expedition durchzuführen. Gedacht wurde zuerst an Südasien oder an Sibirien; schließlich einigte man sich auf Uzbekistan und einige Grenzgebiete Kirgisiens. Dort leiteten Lurija und seine Mitarbeiter im Sommer 1931 und 1932 eine Reihe von Feldexperimenten über optische Täuschungen, die historische Entwicklung des Kausaldenkens, das Symbolverstehen in genetischer Perspektive, das Klassifizieren geometrischer Figuren, über Abstraktionsprozesse und Selbsteinschätzung (vgl. Lurija, 1986, S. 186–192; zur Geschichte dieser Expeditionen vgl. Métraux, 1986).

Die uzbekische Gesellschaft war zur Zeit der beiden Expeditionen einem tiefgreifenden geschichtlichen Wandlungsprozeß unterworfen: Die jahrhundertealte mohammedanische, von Mullahs reglementierte Lebensweise wurde säkularisiert, die Landwirtschaft mechanisiert und der Analphabetismus bekämpft. Durch die Wahl der Versuchspersonen – von analphabetischen Frauen, die in keiner Weise ins gesellschaftliche Leben einbezogen waren, bis zu Studentinnen einer pädagogischen Fachschule (vgl. Lurija, 1986, S. 35–38) – wurden Vertreter verschiedener kulturhistorischer Entwicklungsstufen gefunden, so daß die diesen Entwicklungsstufen entsprechenden Formen psychischer Tätigkeit analysiert werden konnten. Die Versuchsergebnisse waren teilweise überraschend. Während man z. B. immer wieder angenommen hatte, daß optische Täuschungen physiologisch determiniert und deshalb universell seien, mußten Lurija und seine Mitarbeiter erkennen, daß diese Täuschungsphänomene im Durchschnitt zunehmen, je stärker die Versuchspersonen über den Ausbildungsweg mit der technisch-industriellen Zivilisation in Berührung gekommen waren.

Diese sowie die anderen Ergebnisse bestätigten die Richtigkeit der kulturhistorischen Auffassung Lurijas. Diese Auffassung bildet, wie angedeutet, eine ernstzunehmende Alternative zu den verkürzenden Ansätzen der modernen Psychologie, die mit einem Lippenbekenntnis ohne Folgen die Geschichtlichkeit des Psychischen zwar als Idee gelten lassen, sie im Forschungsprozeß selbst jedoch bis zur Unkenntlichkeit entstellen.

Literatur

Leont'ev, A. N. (1977). Probleme der Entwicklung des Psychischen (S. 262–310). Kronberg/Ts.: Athenäum Verlag.

Leont'ev, A. N. (1983). Ob istoričeskom podchode v izučenii psichiki čeloveka. In Izbrannye psichologičeskie proizvedenija, Bd. 1 (S. 96–141). Moskau: Izdatel'stvo ‚Pedagogika'.

Lurija, A. R. (1979). Jazyk i soznanie. Moskau: Izdatel'stvo Moskovskogo universiteta.

Lurija, A. R. (1982a). Étapy projdennogo puti. Naučnaja avtobiografia (Etappen auf dem zurückgelegten Weg. Wissenschaftliche Autobiographie). Moskau: Izdatel'stvo Moskovskogo universiteta.

Lurija, A. R. (1982b). Sprache und Bewußtsein. Berlin: VEB Volk und Wissen (= Beiträge zur Psychologie, Bd. 12).

Lurija, A. R. (1986). Die historische Bedingtheit individueller Erkenntnisprozesse. Weinheim: VCH Verlagsgesellschaft.

Métraux, A. (1986). Vorwort. In Lurija, A. R., Die historische Bedingtheit individueller Erkenntnisprozesse (S. 7–13). Weinheim: VCH Verlagsgesellschaft.

Petrovksij, A. V. (1984). Voprosy istorii i teorii psichologii (Probleme der Geschichte und Theorie der Psychologie). Moskau: Izdatel'stvo Moskovskogo universiteta.

Veličkovskij, B. M. & Métraux, A. (1986). Aleksandr Romanovič Lurija. In Harré, R. & Lamb, R. (Hg.), The Dictionary of Physiological and Clinical Psychology (pp. 143–146). Cambridge, Mass.: MIT Press.

Vygotskij, L. S. (1960). Razvitie vysšich psichičeskich funkcii (Die Entwicklung der höheren psychischen Funktionen). Moskau: Izdatel'stvo Akademii Pedagogiceskich Nauk R. S. F. S. R.

Vygotskij, L. S. & Lurija, A. R. (1930). Ètjudy po istorii povidenija (Studien zur Geschichte des Verhaltens). Moskau, Leningrad: Gosizdat.

Alexej Nikolajewitsch Leontjew und die historische Herangehensweise an das Psychische

Stefan Busse

1. A. N. Leontjew in der Tradition der „kulturhistorischen Schule"

Alexej Nikolajewitsch Leontjew (1903–1979) gehört zweifelsohne zu den herausragendsten Figuren der sowjetischen Psychologie. Geschichte und Entwicklungsstand der marxistisch fundierten Psychologie sind ohne sein Werk undenkbar. Zudem ist er einer der wichtigsten Vertreter oder Fortführer der durch L. S. Wygotski begründeten sogenannten „kulturhistorischen Schule". Als solcher hat er das Gesicht und die Schulenbildung innerhalb der Sowjetischen Psychologie i. W. mitbestimmt und an exponierter Stelle, als Dekan der Psychologischen Fakultät der Lomonossow-Universität, die Entwicklung der Psychologie in seinem Land wesentlich vorangetrieben[1]).

Wygotski hatte von Marx die Einsicht übernommen, daß der Mensch seine natürliche und gesellschaftliche Existenz durch *Arbeit* sichert, folglich sich und seine Geschichte, damit sein Bewußtsein, selbst produziert. Seine konkret-psychologische Entsprechung hatte dies in zwei für den „kulturhistorischen" Ansatz fundamentalen Thesen gefunden, die auch noch für seine wohl wichtigsten Schüler und Mitarbeiter P. J. Galperin, A. N. Leontjew und A. R. Lurija leitend sein sollten.

Erstens ist es das *Zeichen* bzw. die *Wort-Bedeutung*, die analog dem Werkzeug in der menschlichen Tätigkeit (Arbeit) die spezifisch menschlichen psychischen Funktionen *„vermittelt"*. Dieses ist ein Mittel, ein „psychologisches Werkzeug", welches das Bewußt*sein* und Bewußt*werden* des eigenen Tuns und der Welt vermittelt. Die Bedeutung ist die „Einheit" des Bewußtseins.

Zweitens *entsteht* Bewußtsein durch eine schrittweise Verinnerlichung bzw. *Interiorisierung* des Zeichens bzw. der Wort-Bedeutung. Bedeutungen sind damit die wesentlichen „Vermittler" zwischen *objektiver Struktur* der gesellschaftlichen Welt und *subjektiver Struktur* des individuellen Bewußtseins; sie sind Mittel der „Historisierung" des Psychischen.

Das ist auch genau der Ausgangspunkt für Leontjew, der zum einen an diesen Grundthesen festhält und sie weiteren wesentlichen Präzisierungen zuführt und zum anderen versucht, diesen historischen Ansatz seiner eigenen dialektisch-materialistischen Fundierung näher zu bringen. So war bei Wygotski die (Über-)Betonung der Bedeutung als „Einheit" des Bewußtseins, damit als *die* psychologische Analyseeinheit nicht ganz unproblematisch, da damit in der Genese der Wygotskischen Theorie selbst eine Verschiebung von den praktischen und tätigen Beziehungen zu den „rein erkenntnismäßige(n) Beziehungen des Menschen zur Welt" (Leontjew & Lurija, 1958, S. 191). einherging.

> „Wichtige Umstände blieben unberücksichtigt, z. B. daß die Aneignung der gesellschaftlich entwickelten Vorstellungen, Begriffe und Ideen ..., sowie deren jeweilige Funktion innerhalb der menschlichen Tätigkeit direkt von den *objektiven Bedingungen* und dem Inhalt des Lebens, vom *wirklichen Sein* (Hervorh. v. St. B.) des Menschen abhängt. Doch der Mensch verhält sich nicht gleichgültig gegenüber den Vorstellungen und Begriffen ... Die einen bleiben für ihn nur äußerlich ... und nehmen für ihn keine *adäquate* und *aktive* Bedeutung an, andere wiederum eignet er sich mit Eifer an, sie spielen in seinem Leben eine aktive Rolle, eine entscheidende Rolle" (Leontjew & Lurija, S. 191).

Damit sind zwei wesentliche Punkte für die notwendige Weiterentwicklung des „kulturhistorischen" Ansatzes benannt: Zum einen hat eine weitere Ausarbeitung des Aneignungs-(Interiorisations-)konzepts einen stärkeren Bezug zur praktischen Tätigkeit herzustellen. Zum anderen wird die *subjektive Beziehung* des Menschen als Subjekt der Tätigkeit, als Persönlichkeit zu seiner Lebenspraxis (damit das Problem von Motivation und Emotion) stärker zu berücksichtigen sein.

So ist es nur logisch, wenn Leontjew dem vor allem durch Rubinstein (1963, 1966, 1973) formulierten Prinzip der „Einheit von Bewußtsein und Tätigkeit" folgend, die *„gegenständliche Tätigkeit"* als die „grundlegende ‚Einheit' des Lebensprozesses" (Leontjew, 1975) in den Mittelpunkt der psychologischen Analyse stellt (Leontjew, 1979).

Struktur und Funktion des Psychischen in seiner Einheit mit der Struktur und Funktion der Tätigkeit im Lebensprozeß ist die Bezugsebene für eine weitere materialistisch fundierte „Historisierung" der Psychologie.

2. „Historische Psychologie" und/oder historisches Gegenstandsverständnis?

Dem Anspruch bzw. der Forderung nach einer „Historisierung" der Psychologie liegt durch die Vertreter der „kulturhistorischen Schule" (Wygotski, 1985; Leontjew, 1951a, 1969, 1975, 1979; Lurija, 1977) und in der gesamten sowjetischen Psychologie (z. B. Budilowa, 1975; Jaroschewski, 1975; Schochorowa, 1976, 1977; Rubinstein, 1934, 1959) eine eingehende Kritik und Auseinandersetzung mit der bürgerlichen Psychologie zugrunde. Faßt man die Kritik vereinfachend zusammen, dann ergibt sich, daß in der bürgerlichen Psychologie entweder der qualitative Unterschied zwischen Tier und Mensch verwischt ist bzw. nur als gradueller oder quantitativer gesehen wird (i. S. d. *Behaviorismus*) oder menschliche Psyche als Bewußtsein etwas Exklusives, in sich Abgeschlossenes darstellt, was demzufolge nur aus sich heraus verstehbar ist (i. S. d. *klassischen Bewußtseinspsychologie*) oder schließlich Bewußtsein direkt als Reflex der geistigen Kultur der Menschheit (i. S. d. *„geisteswissenschaftlichen Psychologie"*) begriffen wird. Leontjew konstatiert so die durchgängige Tendenz der bürgerlichen Psychologie, „das Psychische nicht historisch, sondern als etwas Abstraktes, Ungeschichtliches, ‚Allgemein-Menschliches' zu betrachten" (Leontjew, 1951 a, S. 26). So kann beispielsweise nicht deutlich werden, daß die „‚allgemein-menschlichen' Merkmale des Psychischen nichts anderes als Eigenschaften des gegenwärtigen Menschen der Klassengesellschaft" (1951 a, S. 26) sind.

Entsprechend fordert Leontjew die Schaffung „einer historischen Psychologie, einer Lehre von der geschichtlichen Entwicklung des Psychischen, von den Eigentümlichkeiten des Psychischen im Menschen auf den verschiedenen Entwicklungsstufen der Gesellschaft und bei den Vertretern der verschiedenen Gesellschaftsklassen" (1951 a, S. 28).

Es geht genaugenommen um die adäquate Erfassung der gesellschaftlichen Natur des Menschen, ihrer konkret-historischen Ausformung und aus der Perspektive des Individuums um eine adäquate Fassung seiner natürlichen Voraussetzungen einerseits und deren konkret-historischer Bestimmtheit durch die gesellschaftlichen Umstände andererseits. Das bedeutet, das Psychische zugleich auf drei historischen Entwicklungsebenen zu begreifen: in seiner *Naturgeschichte, Gesellschaftsgeschichte* und *Individualgeschichte*. Zudem bedeutet es, diese drei Entwicklungsebenen in ihrem Zueinander richtig zu bestimmen. Wenn man demnach, so könnte Leontjew formuliert haben, nach dem Wesen des Psychischen fragt, muß man fragen, wie es sich entwickelt hat. Leontjews Werk ist sowohl Programm als auch Ausführung zur Verwirklichung dieser Einsicht (vgl. Holzkamp & Schurig, 1973). So wird auch deutlich, was mit der Forderung nach einer „historischen Psychologie" gemeint ist. Es geht nicht um eine historische Relativierung des Psychischen, um keinen Zusatz zur theoretischen und empirischen Analyse, zunächst auch um keine Teildisziplin im Ensemble psychologischer Disziplinen. „Historizität" ist nicht Zusatz, sondern Grundlage der Forschung. Es geht um das Verständnis des Gegenstandes selbst, der nur in seiner *historischen Gewordenheit* zu verstehen, damit wissenschaftlich zu erforschen ist, da er selbst eine Geschichte hat. Damit ist zugleich die wesentliche Erkenntnismethode benannt.

3. Die genetische Methode: historisch-logische Rekonstruktion des Psychischen

„Historische Forschung bedeutet einfach, die Kategorien der Entwicklung auf die Untersuchung der Erscheinungen anzuwenden. Irgend etwas historisch erforschen bedeutet, es in der Bewegung zu erforschen. Das ist die wichtigste Forderung der dialektischen Methode" (Wygotski, 1960, zit. n. Budilowa, 1975, S. 115).

„Die wissenschaftliche Erkenntnis erfaßt nach Auffassung des dialektischen Materialismus nie ein Objekt in seiner Statik, sondern betrachtet es immer in Entwicklung, wobei sie auf die Analyse seiner *Entstehung, seiner Geschichte* und *weiterer Transformationen* gerichtet ist" (Lurija, 1977, S. 619, Hervorh. v. St. B.).

Hier entspringt aus dem historischen Gegenstandsverständnis unmittelbar die adäquate wissenschaftliche Erkenntnismethode: die *genetische* oder *historisch-logische Methode,* die Marx exemplarisch auf den ökonomischen Gegenstand angewandt hatte (Marx, 1951, 1955). Wurde bei Wygotski die genetische Methode zunächst vor allem auf die ontogenetische Herausbildung der höheren psychischen Funktionen (der Sprache, des Denkens) bezogen, erweiterte Leontjew ihre Anwendung vor allem auf die naturhistorische und gesellschaftshistorische Ebene. Das ist auch logisch, da die individualhistorische Ebene den anderen beiden selbst historisch-logisch nachgeordnet ist.

So beginnt Leontjew damit, das menschliche „Vermögen" zur bewußten Erfassung der Welt selbst als *historisch besondere* Form der *allgemeinen* Fähigkeit lebender Organismen zur psychischen Widerspiegelung ihrer Umwelt zu bestimmen. *Sensibilität,* als Fähigkeit zu empfinden, bestimmt er zum einen als *allgemeinste* und zum anderen als *einfachste* Form der psychischen Widerspiegelung, die am Anfang einer langen naturhistorischen Entwicklungsreihe des Psychischen steht und sich selbst in der Wechselwirkung zwischen Organismus und Umwelt erst herausbildet. Diese bleibt in allen weiteren „höheren" Formen *aufgehoben.* Das ist entscheidend, da Leontjew nachweisen kann, daß die *Funktionalität* der Sensibilität darin besteht, die „gegenständliche Tätigkeit" des Organismus zu „vermitteln" und ihn in seiner Umwelt zu orientieren. Diese allgemeine Grundfunktion des Psychischen zieht sich wie ein roter Faden durch die Phylogenese aller höheren Formen des Psychischen, wobei die jeweils *besondere* Form immer aus den *konkreten Lebensbeziehungen* bzw. der *Struktur der „gegenständlichen Tätigkeit"* erst erschlossen werden muß (Leontjew, 1975)[2].

Entsprechend rekonstruiert Leontjew auf menschlichem Lebensniveau aus der werkzeugvermittelten und kooperativen Grundstruktur der *Arbeit* die spezifisch menschliche Form der psychischen Widerspiegelung.

Das Spezifische ist hier, daß „die Tätigkeit des anderen Menschen ... die objektive Grundlage der spezifischen Tätigkeitsstruktur des menschlichen Individuums" ist (Leontjew, 1975, S. 170).

Daraus leitet Leontjew eine strukturelle Veränderung der individuellen Tätigkeit ab: Es kommt zu einer *Trennung* zwischen *Tätigkeit* (bzw. Tätigkeits*motiv*) und *Handlung* (bzw. Handlungs*ziel*) einerseits und zu einer Herausgliederung von „standardisierten" *Operationen* aus der Handlung andererseits.

Diese „Trennung" muß in der psychischen Widerspiegelung faktisch aufgehoben bzw. „*vermittelt*" werden. Das geschieht durch die *bewußte* Hervorhebung des Handlungsziels, damit durch die *bewußte Erfassung* ihres *Bedeutungsgehaltes* für die kooperative (im Kern gesellschaftliche) Gesamttätigkeit, einschließlich der adäquaten *Bedeutungen* von in Werkzeugen vergegenständlichten Operationen der kooperativen Gemeinschaft (dazu ausführlich Leontjew, 1975, S. 163 ff.).

Und schließlich, was noch wesentlicher ist:

„Um handeln zu können, muß das handelnde Individuum in der Lage sein, das objektive Verhältnis zwischen Motiv und Ziel psychisch widerzuspiegeln" (1975, S. 170). Und das geschieht schließlich als Erfassen des *Sinns* einer Handlung. „Mit der Handlung, der ‚Haupteinheit‘ der menschlichen Tätigkeit, bildet sich demnach auch die Grundlage und ihrem Wesen nach gesellschaftliche ‚Einheit‘ der menschlichen Psyche: der vernünftige Sinn dessen, worauf sich die Aktivität des Menschen richtet" (1975, S. 170).

Bedeutung und *Sinn* sind für Leontjew folglich die wesentlichen Konstituenten des menschlichen Bewußtseins und bereits von ihrer Entstehung her grundsätzlich gesellschaftlicher Natur. Dies bleibt für ihn auch das entscheidende Begriffspaar zur weiteren *konkret-historischen* Bestimmung des Bewußtseins, wobei die Struktur und Dynamik von Bedeutung und Sinn Ausdruck der durch die Produktionsweise der jeweiligen gesellschaftlichen Epoche bestimmten Tätigkeitsstruktur ist (Leontjew, 1975, S. 177 ff.). Insgesamt hat Leontjew mit der historisch-logischen Rekonstruktion der Entwicklung des Psychischen eine *historische* Anwendung des materialistischen Prinzips der „Einheit von Bewußtsein (Psychischem) und Tätigkeit" realisiert.

4. Individualentwicklung als Aneignung gesellschaftlich gemachter Erfahrung

Der Fortgang menschlicher Erfahrungsbildung ist mit dem Einsetzen der gesellschaftlichen Entwicklung nicht mehr biologischen Evolutionsgesetzen unterworfen, folglich nicht mehr an die genomische Fixierung und die Weitergabe durch den Erbgang gebunden. Die spezifisch menschliche Form der *Erfahrungsfixierung* ist die *Vergegenständlichung* in den Produkten ihrer Tätigkeit, als produzierte und „behandelte" Gegenstände, als Kulturgüter, Wissenschaft und Sprache. Insofern ist die Entwicklung des menschlichen Individuums, seine *Individualentwicklung*, nicht hinreichend durch seine biologischen, angeborenen Voraussetzungen zu erklären, da es die eigentlich spezifisch menschlichen Erfahrungen und Fähigkeiten „außer sich" hat. Folglich muß sich, so Leontjew, der Einzelne, der in einer bedeutungsvollen gesellschaftlichen Umwelt lebt, die in den *Bedeutungen* fixierten Erfahrungen und Fähigkeiten durch *Aneignung* derselben erst erwerben. Dies ist jedem als lebensgeschichtliche *Aufgabe* gestellt.

„Die Fähigkeiten und Funktionen, die sich beim Menschen (in der Ontogenese, St. B.) einstellen, sind *psychische Neubildungen* (Hervorh. v. St. B.), für die die natürlichen, angeborenen Mechanismen und Prozesse nur notwendige (subjektive) Bedingungen sind; sie *ermöglichen* ihr Entstehen, sie *bestimmen* jedoch weder ihren Bestand noch ihre besondere Eigenart." In diesem „Aneignungsprozeß reproduziert ... das Individuum die historisch gebildeten Fähigkeiten und Funktionen" (Leontjew, 1975, S. 233).

Entsprechend ist die Entstehung der individuellen Fähigkeiten, als Fähigkeiten, eine bestimmte Tätigkeit auszuführen, nicht als Entfaltungsprozeß angeborener „Fähigkeiten", die sich unter dem Eindruck der Umwelt in die eine oder andere Richtung modifizieren, zu verstehen (Leontjew, 1951 b, 1956, 1958, 1961, 1966, 1975). Es handelt sich eben um echte gesellschaftlich vermittelte *„psychische*

Neubildungen", mit denen der Einzelne in lebensgeschichtlich kurzer Zeit Anschluß an die Errungenschaften seiner Epoche gewinnt. Aber wie vollzieht sich dieser Aneignungsprozeß?

Weder in bloß individueller, vereinzelter Erfahrungssammlung, die die unmittelbaren empirischen Erfahrungen des Einzelnen nicht überschreitet, noch in kontemplativer Vergegenwärtigung der gesellschaftlichen Umwelt.

Es muß genau die Tätigkeitsstruktur reproduziert werden, die zumindest gesamtgesellschaftlich eine solche Erfahrungskumulation und -fixierung möglich gemacht hat: analog der gegenstandsbezogenen kooperativen Tätigkeit. D. h. das Kind muß an den Gegenständen und Werkzeugen „eine praktische oder kognitive Tätigkeit vollziehen, die der in ihnen verkörperten menschlichen Tätigkeit (den vergegenständlichten Fähigkeiten, St. B.) *adäquat* (obwohl nicht identisch) ist" (Leontjew, 1975, S. 231). Zugleich sind die „Beziehungen des Kindes zur gegenständlichen Welt ... zunächst nur durch die Handlungen des Erwachsenen vermittelt" (1975, S. 234), der aktiv in die Handlungen des Kindes eingreift und diese aufbaut. Aber wie entstehen dabei psychische, geistige Funktionen und Strukturen?

Wie bereits von Wygotski formuliert, geschieht das von „Außen nach Innen", allerdings jetzt durch sukzessive Interiorisation der gegenstands- und sozialbezogenen *Tätigkeitsstrukturen* selbst. Galperin hat dazu mit seinem Konzept der „etappenweisen Herausbildung geistiger Handlungen" eine entsprechende tätigkeitsbezogene Präzisierung des Mechanismus des Aneignungskonzeptes geliefert (Galperin, 1966, 1967). Die zentrale Rolle spielen indessen auch hier die Sprache bzw. die *Bedeutungen*, die damit angeeignet werden.

Somit ist bis hierhin Individualentwicklung als *Fähigkeits*entwicklung i. W. Aneignung von *Bedeutungen*, damit von Operationen, Handlungsverfahren, Wissen, Verhaltensregeln etc. Aber die Sprache bzw. die Bedeutungen sind nicht der „Demiurg des Menschlichen im Menschen" (Leontjew, 1975, S. 235).

„Das Bewußtsein als Form der psychischen Widerspiegelung kann jedoch nicht auf das Funktionieren der angeeigneten, von außen vorgegebenen Bedeutungen reduziert werden" (Leontjew, 1979, S. 139). Er verweist auf die Notwendigkeit, „die erfaßte objektive Bedeutung und deren Bedeutung für das Subjekt zu unterscheiden" (1979, S. 141).

Leontjew erkennt hier sehr gut die Gefahr einer instrumentellen und erkenntnistheoretischen Verkürzung des Aneignungskonzepts, was er Jahre zuvor Wygotski hat vorwerfen müssen (zur Genese des Leontjewschen Aneignungskonzepts siehe Keiler, 1983).

5. Individualentwicklung als Subjektentwicklung: Sinnbildung und Persönlichkeit

Eine psychologische Analyse, welche sich nur auf *Bedeutungen* als Konstituenten des individuellen Bewußtseins beschränkt, abstrahiert notwendig „von der lebendigen Ganzheitlichkeit der menschlichen Tätigkeit" (Leontjew), da diese

297

selbst historisch aus dieser Abstraktion entstanden sind. Mithin wird von der „Engagierbarkeit des Bewußtseins" als dem unmittelbaren Ausdruck der subjektiven Beziehung zur bewußtgewordenen Realität abstrahiert. In gewissem Sinne ist eine solche Analyse subjekt- und persönlichkeitsneutral. Leontjew versucht, diese (seine) Abstraktion (überblickt man sein Werk als ganzes) eines nur „vorausgesetzten" Subjektes in seiner „nicht ‚gefüllten' Ganzheitlichkeit" wieder aufzuheben (Leontjew, 1979, S. 152).

Das geschieht durch eine „gleichberechtigte" Berücksichtigung des *persönlichen Sinnes* als zweiter wesentlicher Konstituente des individuellen Bewußtseins. Der persönliche Sinn verweist auf die „Lebensbedeutungen der objektiven Bedingungen und der Handlungen des Subjekts unter diesen Bedingungen". Er steht für sinnvolles oder sinnentleertes Handeln, was immer resultativer Ausdruck der *realen Lebensbeziehungen* ist, die das Subjekt zu seiner gegenständlichen und personalen Umwelt eingeht. Widersprüchliche Lebensbedingungen und -beziehungen vermitteln sich dem Subjekt entsprechend als mitunter dramatische Dynamik zwischen *persönlichem Sinn* und *objektiver Bedeutung.*

Bemerkenswert ist, daß Leontjew seine Vorstellung von Persönlichkeit genau hier anbindet und sie ebenfalls als *„psychologische Neubildung"* kennzeichnet. Sie ist „ein relativ spätes Produkt der gesellschaftlichen und ontogenetischen Entwicklung des Menschen" (1979, S. 168 f., Hervorhebung entfernt) und folglich auch nur in ihrer *historischen Gewordenheit* begreifbar. Psychologisch bedeutet Persönlichkeitsentwicklung vor allem die Entwicklung, Veränderung und Verknüpfung von Tätigkeitsmotiven, damit *Sinnbildung* und *Sinntransformation.* Beides ist aber selbst Ausdruck realer Positionsveränderung des Subjekts im Geflecht gegenständlich und personal vermittelter gesellschaftlicher Beziehungen. Wesentlich ist, daß das von Leontjew selbst als ein Prozeß der zunehmenden *Subjektivierung* und *„Historisierung"* der eigenen individuellen Existenz und Lebensperspektive verstanden wird.

So kennzeichnet Leontjew markante Umbrüche innerhalb der Persönlichkeitsentwicklung: Das Individuum erweitert und überschreitet zunehmend die Unmittelbarkeit der eigenen gegenständlichen und personalen Handlungsbezüge. Tendenziell wird nicht nur das „vorhandene", sondern das „Existierende" relevant. Die anderen Menschen werden nicht nur in ihren personifizierten Formen in die eigenen Handlungen einbezogen, sondern „treten immer mehr über die objektiven gesellschaftlichen Beziehungen in Erscheinung" (1979, S. 202). Schließlich wird das Individuum von einem *Objekt* zu einem *Subjekt* seiner gesellschaftlich vermittelten Positionen und gewinnt zunehmend ein bewußtes Verhältnis und Distanz zu sich und seiner eigenen Biographie etc.

Alles das läßt Persönlichkeit im Leontjewschen Denken als das erscheinen, „was der Mensch aus sich macht, indem er sein menschliches Leben bewältigt" (1979, S. 213).

„Er bewältigt es sowohl in den alltäglichen Dingen und im alltäglichen Verkehr als auch in den Menschen, denen er ein Stück von sich weitergibt, sowohl auf den Barrikaden der Klassenkämpfe als auch auf den Schlachtfeldern im Kampf für die Heimat ..." (1979, S. 213).

Insgesamt gewinnt das Individuum als Persönlichkeit ein *bewußtes* Verhältnis zu sich und der Welt und eine *historische* Beziehung zu seinem Leben und den gesellschaftlichen Bedingungen seiner Existenz. Mit dieser Art von *„persönlicher" Historisierung* der Individualentwicklung findet nicht nur das Leontjewsche Aneignungskonzept eine wesentliche Erweiterung, sondern schließt sich auch der Kreis eines wissenschaftlichen Bemühens um ein tiefes *historisches* und dialektisch materialistisches Begreifen der menschlichen Existenz.

Anmerkungen

[1]) Es sei vorab gesagt, daß ich in diesem Text nur schlaglichtartig den Leontjewschen Ansatz für eine „Historisierung" der Psychologie darstellen kann. Kriterien, Zweifel, Mißverständnisse, Fehldeutungen und Unentfaltetheiten muß ich aus Platzgründen unterschlagen.

[2]) Vgl. Zur inneren Logik der Anwendung der historisch-logischen Methode bei Leontjew, Messmann & Rückriem 1978.

Literatur

Budilowa, J. A. (1975). Philosophische Probleme in der sowjetischen Psychologie. Berlin (DDR): Deutscher Verlag der Wissenschaften.

Galperin, P. J. (1966). Die geistige Handlung als Grundlage für die Bildung von Gedanken und Vorstellungen. In Probleme der Lerntheorie. Berlin (DDR): Volk und Wissen 1979.

Galperin, P. J. (1967). Die Entwicklungen der Untersuchungen über die Bildung geistiger Operationen. In H. Hiebsch (Hg.), Ergebnisse der sowjetischen Psychologie. Berlin (DDR): Akademie-Verlag.

Holzkamp, K. & Schurig, V. (1973). Zur Einführung in A. N. Leontjews „Probleme der Entwicklung des Psychischen". In A. N. Leontjew, Probleme der Entwicklung des Psychischen. Frankfurt/M.: Athenäum Verlag 1980.

Jaroschewski, M. (1975). Psychologie im 20. Jahrhundert. Berlin (DDR): Volk und Wissen.

Keiler, P. (1983). Das Aneignungskonzept A. N. Leontjews. Entstehungsgeschichte, Problematik und Perspektiven. In Forum Kritische Psychologie, Bd. 12. Berlin (West): Argument-Verlag.

Leontjew, A. N. (1951 a). Gegenwartsprobleme der Sowjetpsychologie. In Beiträge aus der Sowjetpsychologie. Berlin, Leipzig: Volk und Wissen.

Leontjew, A. N. (1951 b). Die geistige Entwicklung des Kindes. In Beiträge aus der Sowjetpsychologie. Berlin, Leipzig: Volk und Wissen.

Leontjew, A. N. (1956). Die psychischen Eigenschaften und Prozesse des Menschen und ihre Entwicklung. In Informationsmaterial aus der psychologischen Literatur der Sowjetunion und der Länder der Volksdemokratien 16, 5–12.

Leontjew, A. N. (1958). Theoretische Probleme der psychologischen Entwicklung des Kindes. Informationsmaterial aus der psychologischen Literatur der Sowjetunion und der Länder der Volksdemokratie, 22, 42–54.

Leontjew, A. N. (1961). Über die Entwicklung von Fähigkeiten. In Beiträge zum Begabungsproblem. Berlin (DDR): Volk und Wissen.

Leontjew, A. N. (1966). Das Lernen als Problem der Psychologie. In Probleme der Lerntheorie. Berlin (DDR): Volk und Wissen.

Leontjew, A. N. (1969). Karl Marx und die Psychologie. Sowjetwissenschaft. Gesellschaftswissenschaftliche Beiträge, 5, 450–464.

Leontjew, A. N. (1975). Probleme der Entwicklung des Psychischen. Berlin (DDR): Volk und Wissen.

Leontjew, A. N. (1979). Tätigkeit, Bewußtsein, Persönlichkeit. Berlin (DDR): Volk und Wissen.

Leontjew, A. N. & Lurija, A. R. (1958). Die psychologischen Anschauungen L. S. Wygotskis. Zeitschrift für Psychologie, 162, 3/4, 191.

Lurija, A. R. (1977). Reduktionismus in der Psychologie. In Die Psychologie des 20. Jahrhunderts, Bd. IV. Pawlow und die Folgen. Zürich: Kindler.

Marx, K. (1951). Einleitung zur Kritik der Politischen Ökonomie. In Zur Kritik der Politischen Ökonomie. Berlin (DDR): Dietz-Verlag.

Marx, K. (1955). Das Kapital. Kritik der Politischen Ökonomie, Bd. 1. Berlin (DDR): Dietz-Verlag.

Messmann, A. & Rückriem, G. (1978). Zum Verständnis der menschlichen Natur in der Auffassung des Psychischen bei A. N. Leontjew. In G. Rückriem u. a., Historischer Materialismus und menschliche Natur. Köln: Pahl-Rugenstein.

Rubinstein, S. L. (1934). Probleme der Psychologie in den Arbeiten von Karl Marx. In ders., Probleme der allgemeinen Psychologie. Darmstadt: Steinkopff 1981.

Rubinstein, S. L. (1959). Zu den philosophischen Grundlagen der Psychologie. In ders., Probleme der allgemeinen Psychologie. Darmstadt: Steinkopff 1981.

Rubinstein, S. L. (1963). Prinzipien und Wege der Entwicklung der Psychologie. Berlin (DDR): Akademie-Verlag.

Rubinstein, S. L. (1966). Sein und Bewußtsein. Berlin (DDR): Akademie-Verlag.

Rubinstein, S. L. (1973). Grundlagen der Allgemeinen Psychologie. Berlin (DDR): Volk und Wissen.

Rubinstein, S. L. (1981). Probleme der Allgemeinen Psychologie. Darmstadt: Steinkopff.

Rückriem, G., Tomberg, F. & Volpert, W. (1978). Historischer Materialismus und menschliche Natur. Köln: Pahl-Rugenstein.

Schorochowa, E. W. (1976). Zur Psychologie der Persönlichkeit. Berlin (DDR): Deutscher Verlag der Wissenchaften.

Schorochowa, E. W. (1977). Methodologische und theoretische Probleme der Psychologie. Berlin (DDR): Deutscher Verlag der Wissenschaften.

Wygotski, L. S. (1985). Ausgewählte Schriften, Bd. 1. Berlin (DDR): Volk und Wissen.

Wygotski, L. S. (1985a). Die Krise der Psychologie in ihrer historischen Bedeutung. In ders., Ausgewählte Schriften. Berlin (DDR): Volk und Wissen.

Georges Politzers Entwurf einer „Konkreten Psychologie"

Ralf-Henning Lampe

„Georges Politzer ist in Deutschland ein Unbekannter" konstatiert Friedhelm Streiffeler (1974) recht lakonisch in seinem Nachwort zur deutschsprachigen Ausgabe der „Kritik der klassischen Psychologie" (Politzer, 1974). Ist dieses Urteil inzwischen auch mehr als zwölf Jahre alt, so ist Politzers Versuch einer „Konkreten Psychologie" seither wohl kaum bekannter geworden. Die von ihm heftig kritisierte „klassische" — und wie wir hinzufügen wollen: bürgerliche — Psychologie ist nach kurzer und intensiver Auseinandersetzung mit dieser Kritik unbeirrt ihrer Wege gegangen und an Politzer vorbeigezogen. Aber auch marxistisch orientierte Psychologie, zu deren Wegbereiter Politzer ohne Zweifel zu zählen ist, hat die Potenzen seines Ansatzes sicher noch nicht vollständig erkannt und aufgearbeitet.

Dennoch hatte Politzer großen Einfluß sowohl auf den Existentialisten Jean Paul Sartre, als auch auf den Marxisten Lucien Sève (1977), zu dessen geistigen Vätern er zählte. Louis Althusser (1976) kritisierte ihn als „Feuerbach der Psychologie", Henri Lefèbvre verdankt ihm viel, sein Einfluß auf Maurice Merleau-Ponty und Jacques Lacan ist belegt.

Diese Namen mögen als Hinweis für die Tragweite seines Ansatzes genügen, sie verweisen aber gleichzeitig auf Widersprüchlichkeiten, zumindest in der Art seiner Auslegung.

Der hier vorliegende Text kann sich leider nicht zur Aufgabe machen, beides — also Tragweite und Widersprüche — detailliert zu analysieren, zumal es sich dabei ebenfalls nur um eine Auslegungsarbeit handeln würde. Auch kann es hier nicht darum gehen, Politzers Konzept in ganzer Breite und in möglichst hoher Differenziertheit darzustellen; hier sollen vielmehr die Umrisse genügen. In Anbetracht der Zielstellung dieses Sammelbandes soll aber versucht werden, innerhalb dieser „Umrisse" die Frage zu beleuchten, ob und inwieweit Politzers Versuch einer Neubestimmung des psychologischen Gegenstandes der Historizität des Psychischen Rechnung trägt.

Biographisches

Georges Politzer wurde 1903 in Ungarn geboren und kam nach Ende des ersten Weltkrieges nach Frankreich. Er studierte an der Sorbonne Philosophie und Psychologie. Zunächst der Kantschen Philosophie nahestehend, übernahm er später zunehmend marxistische Positionen und wurde Mitglied der Französischen Kommunistischen Partei. 1929 gründete er eine eigene psychologische Zeitschrift („Revue de psychologie concrete"), die allerdings nach zwei Nummern ihr Erscheinen einstellen mußte. Er gehörte zu den Mitbegründern der Pariser Arbeiter Universität und leistete dort von 1932–1939 fast ausschließlich philosophische und politische Bildungsarbeit, ohne sich noch intensiv mit der Psychologie beschäftigen zu können. Man vergegenwärtige sich die damalige politische Situation in Europa, und der Grund hierfür wird offensichtlich! 1942 wurde Politzer, der sich aktiv an der Untergrundtätigkeit der Résistance beteiligte, durch die faschistische Besatzungsmacht verhaftet und hingerichtet. Sämtliche bei seiner Verhaftung vorgefundenen Manuskripte wurden vernichtet.

Die Gegenstandsverkennung der klassischen Psychologie: Transposition des Dramas

Die beiden wohl bekanntesten Arbeiten (des damals 25 bzw. 26jährigen) Politzers „Kritik der Grundlagen der Psychologie" und „Kritik der klassischen Psychologie" entstanden 1928 bzw. 1929, also in der Zeit der (ersten) Krise der Psychologie. Für Politzer zeigte sich damals folgendes Bild: „Wenigstens auf den ersten Blick scheint es so, daß die Psychologie heute nicht an einem Übermaß an Dogmatismus, sondern an einem Übermaß an Kritik leidet; ihre Geschichte scheint im wesentlichen eine Abfolge von Kritiken zu sein . . ." (1974, S. 12). Bei genauerem Hinsehen werde aber deutlich, daß all diesen Kritiken „. . . das Kennzeichen des Definitiven fehlt . . ." und sie sich „. . . nur in solchen Punkten durchsetzen können, die nicht von wirklich ausschlaggebender Wichtigkeit sind" (1974, S. 14 u. 15). Den „Versöhnlern" unter den Psychologen war es somit „. . . mehrmals am Tage . . ." möglich nachzuweisen, daß zwischen der jeweils „alten" und „neuen" Psychologie gar kein Abgrund klafft, „. . . daß alles das, was an der neuen gut ist, von der alten bereits gewollt, vorhergesehen und sogar verwirklicht worden ist . . ." (1974, S. 18). So stelle die bisherige „kritische Bewegung" innerhalb der klassischen Psychologie eher eine unproduktive Scheinbewegung dar, welche letztlich die Politzers Meinung nach existierende „Grundlagenkrise" als eine „Aufbaukrise" (vgl. Bühler, 1927) verharmlose. Hatte die Psychologie somit 50 Jahre nach ihrer Etablierung als Einzelwissenschaft noch keinen eigenen und einheitlich aufgefaßten Gegenstand gefunden, so sei es an der Zeit, die *Grundlagen* der Psychologie selbst zu hinterfragen. „Wer weiß? Die Psychologie ist vielleicht eine Illusion von Philosophen, ernstgenommen von Physiologen und die Idee einer wissenschaftlichen Psychologie selbst eine kennzeichnende Lüge der zwei letzten Generationen" (Politzer, 1974, S. 27).

Politzer ist also auf der Suche nach dem „wirklichen Sachverhalt" (1974, S. 27), der den Gegenstand der Psychologie abgeben kann und ihre Einführung in die Humanwissenschaften rechtfertigt. In erster Nährung argumentiert er sehr knapp in folgender Weise: Medizin und Biologie als „die" Humanwissenschaften untersuchen solche „wirklichen Sachverhalte" wie Atmung, Verdauungsprozesse, Drüsensekretion" (1974, S. 28). Daneben gibt es aber auf einer spezifisch menschlichen Ebene augenscheinlich solche Sachverhalte wie „Heirat, Verbrechen, Berufsausbildung, Arbeit" (1974, S. 28), die mit ersteren nicht identisch und von anderer ontischer Qualität sind.

„‚Neben' ist sehr ungenau, denn wir leben zunächst auf dieser menschlichen Ebene, und man muß eine besondere Abstraktionsanstrengung unternehmen, um die Natur in ihrer objektiven Realität von ihrer menschlichen Verkleidung zu befreien. Diese hat man im Auge, wenn man sagt, daß das Leben für die einen hart und für die anderen leicht sei. … Wir fühlen uns von Personen und nicht von physikalisch-chemischen Strukturen umgeben, und nur dank einer Abstraktionsleistung kann ich z.B. in meinen Freunden Sammlungen anatomischer Tafeln sehen. *Dieses menschliche Leben bildet* — um es mit einem bequemen Terminus zu belegen, bei dem es uns nur um die szenische Bedeutung geht, zu bezeichnen — *ein Drama*" (1974, S. 28, Hervorhebung durch den Autor).

Dieses „Drama", dieses menschliche Leben ist der wirkliche Sachverhalt, der den Gegenstand der Psychologie bildet, ihn und nur ihn habe sie zu untersuchen!

Das „Drama" hat somit Doppelfunktion; es ist (als wissenschaftliche Kategorie) *Analyseeinheit* für die psychologische Theorie, und es ist *Erlebenseinheit* für das konkrete Individuum, für das individuelle Subjekt:

„Es ist unzweifelbar, daß wir unsere alltägliche Erfahrung zunächst im Drama erleben. Die Ereignisse, die uns zustoßen, sind dramatische Ereignisse; wir spielen diese oder jene ‚Rolle' etc., uns selbst sehen wir dramatisch: wir wissen uns als Urheber oder Zeugen dieser oder jener Szene oder Aktion, wir erinnern uns, eine Reise gemacht zu haben, gesehen zu haben, wie Leute sich auf der Straße schlugen, eine Rede gehalten haben. Dramatisch sind auch unsere Intentionen, wir wollen heiraten, ins Kino gehen etc. Wir denken uns selbst in dramatischen Termini. Auch ist es die dramatische Ebene, auf der wir mit unseren Mitmenschen verkehren. Ein Unternehmer stellt einen Arbeiter ein, wir wollen mit unseren Freunden eine Partie Tennis spielen etc. Dramatisch ist auch das Verstehen, das wir füreinander haben. Man lädt mich zum Tee ein, ich nehme an oder lehne ab, einer legt mir seine politischen Ansichten dar, ich widerspreche heftig, aber wir diskutieren, leben in Bedeutungen, welche uns in dem einen oder anderen Sinn berühren, *aber in keinem Augenblick verlassen wir die Ebene des Dramas*. Auch kennen wir zunächst einander auf der dramatischen Ebene. Die dramatische Seite ist übrigens die einzige, die uns im alltäglichen Leben interessiert: was wir wissen wollen, ist die Art und Weise, in der sich dieser oder jener in einer bestimmten Situation verhält. Was erzählen wir uns einander? Herr von …, jung, schön, intelligent und reich hat Fräulein …, alt, häßlich, unintelligent und arm geheiratet. Das ist es, was wir zu verstehen suchen (1974, S. 28 u. 29, Hervorhebung durch R.-H. L.).

Fragt man aber danach, inwieweit die (klassische) Psychologie diese „dramatische Welterfahrung" des tätigen Subjekts, den Erlebnisreichtum des konkreten Individuums untersucht und zur theoretischen Analyseeinheit macht, so sieht man sich enttäuscht:

„Die Erfahrung, von der uns die Psychologie berichtet, ist in der Tat etwas ganz anderes als die dramatische Erfahrung. Unsere dramatische Erfahrung war das Leben im menschlichen Sinne des Wortes; *ihre Personen waren Menschen, die auf diese oder jene Art handelten, und selbst ihre kleinsten Teilszenen implizierten noch den Menschen in seiner Ganzheit.* Die Erfahrung, die uns die Psychologie anbietet, ist *aus Prozessen zusammengesetzt, die nicht die Form unseres alltäglichen Handelns haben.* Man sagt uns nämlich: Vorstellungen haben sich assoziiert, Neigungen sind erwacht, Triebe sind entfesselt worden. *Statt menschlicher Ereignisse finden wir Prozesse, die,* wie man sie erklärt, *einer Wirklichkeit sui generis entnommen worden sind. ...* Wir können uns in den Berichten, die von der Psychologie gegeben worden sind, nicht wiederfinden, denn es sind keine Berichte über menschliche Ereignisse. ‚Ich bin heute morgen früh aufgestanden, um einen Spaziergang zu machen. Ich habe den Feldhüter getroffen, der mir gesagt hat: Der Wald von Vincennes hat seit drei Jahren ein erheblich anderes Aussehen angenommen. Bald wird es hier wie mitten in Paris sein.‘ Jeder kann sich mit diesem Bericht identifizieren. *Aber die Berichte der Psychologie sind keine Geschichten von Personen, sondern Geschichten von Dingen.* ‚Eine Vorstellung hat sich gestern in Kontiguität mit einer anderen Vorstellung befunden. Sie ist heute zurückgekehrt und hat die andere mit sich gebracht.‘ Niemand kann sich mit dieser Szene, die hier gespielt worden ist, identifizieren: *Die Begriffe dieses Berichtes haben keinerlei menschliche Bedeutung mehr*" (1974, S. 32, Hervorhebung v. R.-H. L.).

Mit anderen Worten: Das „Drama", die menschliche Bedeutung unserer Erfahrung geht der „klassischen" Psychologie verloren. Diese Gegenstandsverkennung geht einher mit der Behandlung psychischer, „dramatischer" Phänomene analog zu beliebig anderen, „bloß" natürlichen Phänomenen. So werde eine „zweite Physik psychischer Prozesse" konstruiert, die ihrem Wesen nach mythologisch ist. Sämtlicher bisherigen Psychologie, also angefangen von Wundts „Elementarpsychologie" über Bergsons „Dynamismus", Bechterews „Reflexologie" und Watsons „Behaviorismus" bis zu Kruegers „Ganzheitspsychologie" und Diltheys „Verstehenden Psychologie" etc. sei diese Mythologisierung des „Dramas" in irgendeiner Form zu eigen. Politzer kennzeichnet deshalb die gesamte „klassische" Psychologie als *„abstrakte"* oder *„Meta"*-Psychologie und konstatiert drei Teilprozesse ihrer Theoriebildung, die dies bewirken:

1. Der Formalismus:

Psychische Sachverhalte werden ihrer konkreten *Inhalte* beraubt, indem die ihnen zukommenden *menschlichen Bedeutungen* auf *formale* (Erlebens- und Verhaltens-)Kategorien und Prozesse reduziert werden. Untersucht werden also z. B. formale Charakteristika von Wahrnehmungsprozessen, *unabhängig* davon, ob es sich um die Wahrnehmung eines „Verbrechens" oder eines „elektrischen Funkens" (s. unten) handelt. Aus der (somit unterstellten) formalen Identität beider Prozesse resultiert die Nivellierung der spezifischen Inhaltsabhängigkeit von Wahrnehmungsprozessen, übrig bleiben lediglich „bedeutungsfreie" Formelstrukturen. Aus „meinen Freunden" wird eine „Sammlung anatomischer Tafeln".

2. Die Abstraktheit:

Psychische Phänomene werden hierbei von der konkreten, individuell-einmaligen Person, vom ICH, abgelöst und zu unpersönlichen Allgemeinheiten stilisiert. Das Individuum, das „Zentrum" der dramatischen Erfahrung, geht auf diese Weise verloren, übrig bleibt bestenfalls ein allgemeines, unkonkretes ICH. Abstrahiert – im negativen Wortsinne – wird hier vom *konkreten* Subjekt.

3. Der Realismus:

Psychische Sachverhalte werden über diesen abstrakten Formalismus hinaus als selbständige und *real* existierende Entitäten aufgefaßt und als solche behandelt; aus dem Sachverhalt, „daß ich mich erinnere" wird „das" Gedächtnis etc. Aus der Psychologie der ersten Person (eine konkrete Person, die sich erinnert) wird somit eine Psychologie der dritten Person („das" Gedächtnis „*in*" der Person).

Diese drei Verfahrensweisen implizieren sich augenscheinlich gegenseitig und stellen somit lediglich verschiedene Aspekte *eines* Vorganges dar, den Politzer als TRANSPOSITION bezeichnet. Diese TRANSPOSITION bewirkt, daß die „klassische" Psychologie, die mitunter durchaus am richtigen *empirischen* Phänomen ansetzt, quasi „unterwegs", also im Prozeß der *Theoriebildung*, das Moment aufgibt, das sie als Einzelwissenschaft erst konstituiert: das „Drama"! Sie wird damit „abstrakt", und es ist ihr unmöglich, die menschliche Erlebniseinheit auch zur wissenschaftlichen Analyseeinheit zu machen. Es ist deshalb Aufgabe der „konkreten Psychologie", die TRANSPOSITION des „Dramas" innerhalb ihrer Theoriebildung zu vermeiden.

Umrisse der „Konkreten Psychologie": Materialität, Historizität und Subjektivität des „Dramas"

a) „Äußere" Determination

Es wird wohl deutlich, daß Politzer drastisch mit sämtlichen Traditionen der „abstrakten" (akademischen) Psychologie bricht:

„Die (konkrete) Psychologie kennt *nur das Drama*" und ist deshalb „*... die Synthese der objektiven und der subjektiven Psychologie*" (Politzer, 1978, S. 196, Hervorhebung und Einfügung v. R.-H. L.).

Was ist damit gemeint? Der „Drama"-Begriff, dessen wissenschaftsanalytischer Wert wohl nur den eines „Bildes" erreicht, gib uns dennoch darüber Aufschluß: als „Theatermetapher" leistet er zunächst die Unterscheidung von „materieller Inszenierung" des Dramas und dem eigentlichen „Drama" selbst. Um im Beispiel zu bleiben: warum „Herr von ..." gerade „Fräulein ..." heiratet, ist aus der „materiellen Inszenierung" des Vorgangs „Hochzeit" (daß z. B. der Standesbeamte anwesend ist, das Paar die Ringe tauscht, Musik spielt etc.) allein nicht *hinreichend* erschließbar. Zur Erklärung des eigentlichen „Dramas" ist eine Analyse dieser „materiellen Inszenierung" aber *notwendig* vorausgesetzt. Psychisches ist ohne die Kenntnis seiner *materiellen*, außerpsychologischen Determination nicht erklärbar, denn:

„Die Psychologie hält keineswegs das ‚Geheimnis' der menschlichen Dinge in der Hand, einfach deshalb, *weil diesess ‚Geheimnis' nicht psychologischer Art ist*" (Politzer, 1974, S. 98).

„Nehmen wir z. B. die Arbeit. Die Arbeit ist nur insofern ein *psychologischer* Sachverhalt, als sie *auf ein Individuum* bezogen ist, sonst ist sie ein ökonomischer Sachverhalt. Die Psychologie der Arbeit ist nur möglich auf der Grundlage einer genauen Kenntnis der Arbeit im *allgemeinen*, ihrer ökonomischen Natur, ihrer Rolle und ihres Stellenwertes *in der gegenwärtigen sozialen Organisation*. Aber wo finde ich diese Kenntnis? ... Die fragliche Kenntnis findet sich bei den Ökonomen, aber nur ... in der marxistischen Ökonomie" (1974, S. 94). „Was wir gerade von der Arbeit gesagt haben, kann man auch vom Verbrechen sagen. Das Verbrechen ist nur insoweit ein *psychologischer* Sachverhalt, insofern es als *aktuelle Szene des menschlichen Lebens von einem Individuum oder mehreren ausgeführt werden muß*. Aber seine aktuelle Ausführung ist nicht das *ganze* Verbrechen. Folglich muß der Psychologe im Besitz der genauen Kenntnis des Verbrechens, *insofern es unabhängig von seiner jeweiligen Ausführung ist*, sein ... Die Analyse des Verbrechens als *ökonomisch-sozialer* Sachverhalt wird ihn von neuem zur marxistischen Ökonomie führen, also zum *dialektischen Materialismus*, den er zu seiner Arbeit im Einzelfall unbedingt braucht ... *Die ganze Psychologie ist nur möglich, insofern sie in die Ökonomie eingefügt ist*" (1974, S. 95, sämtliche Hervorhebungen v. R.-H. L.).

Damit ist für Politzer die („Außen-")Determination, die „materielle Inszenierung" des „Dramas" als ökonomischer, d. h. – um einer flachen Marxrezeption vorzubeugen – als sozialer, *konkret-historischer* (damit wandelbarer), materieller Sachverhalt gegeben. („... die Kennzeichnung der Arbeit im *allgemeinen* ... und ... ihres Stellenwertes in der *gegenwärtigen* sozialen Organisation"). Materialität und Historizität sind ja bekanntlich zwei Grundprinzipien marxistischer Weltanschauung überhaupt.

Innerhalb einer so konzipierten *„materiellen Inszenierung"* werden dann getreu der Theatermetapher ein oder mehrere *Objekte* (als „Kulisse") und ein oder mehrere *Subjekte* (als „Rolle") miteinander integriert. „Wirkliche Sachverhalte", soweit sie für die Psychologie überhaupt interessant sind, sind also historisch gewordene, durch die menschliche Gattungstätigkeit geschaffene *Bedeutungen*! Wir „... leben in Bedeutungen, die uns in dem einen oder anderen Sinne berühren ..." (1974, S. 28). Verweisen Bedeutungen also *immer* auch auf ein (noch näher zu bestimmendes) Subjekt (für das „Sachverhalte" eben „Bedeutung" haben), so ist diese Interpretation des Bedeutungs-Begriffs aller idealistischen Mystifikationen enthoben, indem diese nicht einem „seelischen Innenleben" entspringen, sondern auf ihre *materielle* „Außen"-Determination zurückgeführt werden. Die dies in Frage stellende Kritik Althussers (1976) verkennt Politzers Intention (vgl. auch Sève, 1977, S. 310–314), denn „... der Psychologe nähert sich dem Drama von außen" (Politzer, 1978, S. 195).

„Die Wahrnehmung einer Bewegung (also eines der Psychologie ‚*äußeren*', objektiv-physikalischen ‚*Sachverhaltes*') wird nur zur Wahrnehmung eines Verbrechens (also zur *Bedeutung*), wenn sie mit der Kenntnis verbunden ist, die ich (also das *Subjekt*) von den menschlichen Zusammenhängen habe (also weiß, was innerhalb dieser *konkret-historischen, sozial-ökonomischen* Ordnung als Verbrechen gilt), ebenso wie die Wahrnehmung eines Funkens nur zur Wahrnehmung der Elektrizität wird, wenn sie mit der Kenntnis verbunden ist, die ich von den physikalischen Zusammenhängen habe (wenn ich also weiß, was Elektrizität ist)" (Politzer, 1974, S. 29, sämtliche Einfügungen v. R.-H. L.).

Die so bestimmten Bedeutungen sind *„konventionelle Bedeutungen"*, d.h. sie sind über die menschliche Sprache *unmittelbar kommunizierbar*. Das in diese Konzeption „konventioneller Bedeutungen" unterstellte Subjekt ist also ein verallgemeinert-überindividuelles (menschliche Gattung, Nation, Sprach- und Kulturgemeinschaft, Klasse, Gruppe etc.) und damit ebenso einer materiellen i.o.S. „äußeren" Determination unterworfen.

b) „Innere" Determination

Die Determination des eigentlichen „Dramas" geht aber noch über die durch seine „materielle Inszenierung" hinaus:

„Die menschlichen Dinge sind einer Determination unterworfen, *die materiell ist, obwohl sie nicht einfach diejenige der Materie ist*" (1974, S. 98). Die *psychologische* Determination „... muß selbst dramatisch sein und die Art, in der die Ökonomie die Psychologie determiniert ..." ist „... gleichzeitig breiter und tiefer ..., man könnte sagen, daß die Determinationskonzeption sich *humanisiert*. Während früher das wissenschaftliche Ideal in der Psychologie bald die assoziative Verkettung der Vorstellung, bald der Reflex gewesen ist, geht es jetzt darum, die *Handlungen* des *Individuums* in einer *Situation*, wo es handeln muß, zu sehen ... Der *psychologische* Determinismus wird derjenige sein, der sich in der *Gesamtheit* seiner Reaktionen manifestieren wird" (1974, S. 99, Hervorhebung v. R.-H. L.).

Damit ist als anderer, quasi „innerer" Determinations-„Pol" das *konkrete* Subjekt identifiziert, dessen „Gesamtheit" (Biographie) in jede seiner Handlungen eingeht. Dabei ist klar, daß diese ebenso einer (vorausgegangenen) äußeren Determination unterworfen ist, obwohl sie nicht auf diese reduziert werden kann. Politzer unterliegt also nicht dem Irrtum, das „Drama" allein durch eine „immer feinere" Analyse seiner äußeren Determinanten entschlüsseln zu können (wie es ein ökonomischer Reduktionismus nahelegen würde). Vielmehr ist das „Drama" *immer* an das *konkrete*, handelnde Individuum gebunden: „Um den Sinn des Dramas zu erfahren, muß ich auf den Bericht des Subjekts zurückgreifen" (Politzer, 1978, S. 197). Politzer gelangt damit zu einer ähnlichen Gegenüberstellung von „Bedeutung" und „Sinn" wie Leontjew (1976).

Dieser „Sinn" wird allerdings nicht unmittelbar mit dem ersten Bericht des handelnden Subjekts zugänglich, er ist nämlich ebenfalls in „konventionellen Bedeutungen" abgefaßt. Der „Sinn" ist aber gleichbedeutend mit dem Bericht innewohnenden, tiefer liegenden *„individuellen Bedeutungen"*. Diese sind Bedeutungen „nur" für das konkrete Subjekt und diesem z.T. auch verborgen, d.h. unbewußt. Aus diesem Grund sind sie auch nicht (unmittelbar) über Sprache kommunizierbar, sondern erscheinen „in" ihr, in Symbolen, ... etc. Politzer schlägt deshalb vor, die psychoanalytische *Methode* zur Reproduktion der „individuellen Bedeutungen" zu verwenden (ohne dabei aber der TRANSPOSITION der psychoanalytischen *Theorie*bildung aufzusitzen). Allerdings sei dieser Rückgriff lediglich bei der Analyse „freier Dramen" (z.B. Hochzeit) notwendig, wogegen sich diese Analysetiefe bei „standardisierten Dramen" (z.B. Arbeit), die sich mit „physischer, sozialer oder ökonomischer Notwendigkeit" ereignen, erübrigen, denn:

„Während freie Ereignisse das Individuum in seiner Einzigartigkeit voraussetzen und sich nur durch das Individuum verstehen, ist für die standardisierten Ereignisse das Individuum nur ein Spielball, ein Durchgangsort – oder genauer – ein Instrument" (Politzer, 1974, S. 48).

Doch egal, ob frei oder standardisiert, das „Drama" ist *immer* als materiell *determiniertes*, historisch *gewordenes* und subjektiv *gestaltetes* menschliches Ereignis aufzufassen!

„Und wenn wir auf das *einzelne* Individuum insitiert haben, dann genau aus dem einzigen Grund: damit richtig verstanden werde, daß die Psychologie die menschlichen Ereignisse zum Gegenstand hat, deren Subjekt einzig der Mensch sein kann, ..., damit die Psychologie sich daran gewöhnt, den Menschen, der arbeitet und nicht den Muskel, der sich zusammenzieht, zu betrachten" (1974, S. 94, Hervorhebung v. R.H- L.).

Abschließende Bemerkungen

Sowohl die Leidenschaftlichkeit, mit der Politzer die Untersuchung des „Dramas" forderte, als auch die Polemik, mit der er die „abstrakte(n)" Psychologie(n) kritisierte, konnten nicht verhindern, daß seine „Konkrete Psychologie" unrealisiertes Projekt blieb und vielleicht bislang auch bleiben mußte. Dies ist sicher nicht nur dem frühen Tod Politzers geschuldet, sondern gründet sich m.M.n. darüber hinaus sowohl in der konkreten gesellschaftshistorisch-politischen als auch psychologiegeschichtlichen Situation. Aber auch konzeptionelle Unentfaltetheiten seiner eigenen Theorie trugen sicher dazu bei. Der hier zur Verfügung stehende Platz gestattet es nicht, detailliert darauf einzugehen (etwas genauer dazu s. Lampe, 1984), *ein* besonders wichtig erscheinender Punkt sei dennoch hervorgehoben:

Wer Politzers Arbeiten liest, wird feststellen, daß sie Passagen enthalten, die ungeheuer reich erscheinen und Entwicklungstendenzen der Psychologie vorwegnehmen. An anderer Stelle sind seine Ausführungen dagegen recht mager, und der Wunsch nach mehr Klarheit und Tiefe der Argumentation bleibt unerfüllt. Insgesamt fällt auf, daß Politzer den eigenen Ansatz kaum positiv entfaltet, sondern dessen Grundprinzipien fast ausschließlich negativ, durch die Kritik der klassischen Psychologie verdeutlicht. Gerät diese Kritik oft auch allzu polemisch, so ist sie nicht Selbstzweck und „hat" nicht nur Methode, sondern sie *ist* Methode: Sie dient der Suche und der Präzisierung der „konkreten Psychologie"!

Realisiert Politzer somit in herausragender Weise auch eine Funktion, die marxistischer Kritik zukommt, so gelingt es ihm dennoch nicht, diese so weit zu treiben, daß auf diesem Weg ein *kategoriales* Gebäude entsteht. Für die adäquate theoretische Abbildung und empirische Aufklärung des psychologischen Gegenstandes bedarf es aber solcher *wissenschaftlicher* Kategorien, die es gestatten, diesen Gegenstand so zu erfassen, „wie es wirklich ist". Der „Drama"-*Begriff* scheint mir dafür allerdings nur begrenzte Potenzen zu bieten. Für Politzer scheint dagegen oft die Feststellung zu genügen, menschliche Ereignisse *seien* eben dramatisch. Hier besteht m. E. die Gefahr, daß der psychologische Erkenntnisgang in der „Enge" der Theatermetapher verhaftet bleibt und das „Bild" unversehens zum *wissenschaftlichen Paradigma* wird!

Es ist zu vermuten, daß Politzer sich dessen bewußt war. Wenn er auch unterstrich, daß solche „dramatische" Theorie- bzw. Begriffsbildung niemals der TRANSPOSITION unterliegen darf, so leugnet er dennoch nicht die Notwendigkeiten von Begriffen, denn:

„Die konkrete Psychologie ist keine neue Romantik: Sie ist *Feind nur der Abstraktionen, die wir definiert haben* (also der TRANSPOSITION) *und nur der mythologischen Begriffe ...*" (Politzer, 1974, S. 83, Hervorhebung und Einfügung v. R.-H. L.).

Solche wissenschaftlichen Begriffe sind aber nicht im ersten und vor allem nicht im „direkten" Zugriff erstellbar, denn die „... Psychologie hält keineswegs das ‚Geheimnis' der menschlichen Dinge in der Hand, einfach deshalb, weil dieses ‚Geheimnis' nicht psychologischer Natur ist" (1974, S. 98).

An dieser Stelle läßt sich weiter vermuten, daß dies (auch) ein Grund war, warum sich Politzer in den 30er Jahren von der Psychologie „ab"- und dem noch intensiveren Studium des Marxismus zuwendet — eine Vermutung, die von Sève (1977, S. 313) geteilt wird. Dieser „Umweg" über den historischen und dialektischen Materialismus ist Politzers Meinung nach unumgänglich, denn „... die ganze Psychologie ist nur möglich, insofern sie in die Ökonomie eingefügt ist" (1974, S. 95). Bedenkt man dabei, daß wesentliche Werke der „Klassiker" des d. h. M. erst nach dem Erscheinen der psychologischen Arbeiten Politzers veröffentlicht worden sind, so ist das Resultat seiner eigenen schöpferischen Anwendung des Marxismus auf die psychologische Einzelwissenschaft umso mehr zu würdigen.

Literatur

Althusser, L. (1976). Lire de Capital. Paris: La Pensée.

Bühler, K. (1927). Die Krise der Psychologie. Jena: G. Fischer.

Lampe, R.-H. (1984). Georges Politzers Ansatz zur „Konkreten Psychologie". In M. Vorwerg (Hg.), Lehrtexte zur Vorlesung Persönlichkeitspsychologie, II. Leipzig: Karl-Marx-Universität, Sektion Psychologie, Manuskriptdruck.

Leontjew, A. N. (1979). Tätigkeit, Bewußtsein, Persönlichkeit. Berlin (DDR): Volk und Wissen.

Politzer, G. (1974). Kritik der klassischen Psychologie. Köln: Europäische Verlagsanstalt.

Politzer, G. (1978). Kritik der Grundlagen der Psychologie. Frankfurt/M.: Suhrkamp.

Sève, L. (1977). Marxismus und Theorie der Persönlichkeit. Frankfurt/M.: Marxistische Blätter.

Streiffeler, F. (1974). Nachwort zu G. Politzers „Kritik der klassischen Psychologie". Köln: Europäische Verlagsanstalt.

Johannes Linschoten und die Analyse der primären Erfahrung

Carl Friedrich Graumann

„Es ist nicht so, daß wir ganz und gar Natur sind, *außer* einem Teil, der Vernunft, sondern alles ist Natur *und* alles ist zugleich Vernunft." Mit diesem Satz von William James (1920, I, S. 153) schließt Johannes Linschoten, der in James den bedeutendsten der Gründer der modernen Psychologie sah, seine James-Monographie (1961 a, S. 245). Wenn er diesem Zitat einen so ausgezeichneten Ort zuweist, dann verrät dies, wie sehr ihn selbst als Psychologen diese Doppelthematik und duale Einheit von Natur und Geist (oder Vernunft) beschäftigte, und es verdeutlicht in nuce, wie sehr ihm in seinem kurzen wissenschaftlichen Leben das Problem der Systematik und des Zusammenhangs einer Psychologie als Wissenschaft von der menschlichen Natur und als Wissenschaft vom menschlichen Geist gefesselt hielt und zugleich weitertrieb. Manchen, der von der uns zufällig erscheinenden Stelle, an der sein Leben und sein Werk abbrach, auf sein Schaffen zurückblickte, überfielen Zweifel, ob hier ein einheitliches und in sich konsistentes Werk vorläge. Standen nicht die (posthum erschienenen) „Idolen van de psycholoog" (1964), aber auch schon die 1963 erschienene „Unumgänglichkeit der Phänomenologie" im Widerspruch zu Linschotens früheren Studien im Rahmen einer phänomenologischen Psychologie? Was Linschoten, wiederum über James, sagt, mag sein eigenes wissenschaftliches Werk charakterisieren: „Seine scheinbare Un-Systematik ist ... in Wirklichkeit eine Konsequenz einer tiefer grabenden, umfassenderen Systematik" (1961 a, S. 245). Die innere Spannung, die oft Extreme suchte, um sie auf ihre Vereinbarkeit zu prüfen, spiegelt sich in Werk und vita.

Johannes Linschoten wurde am 21. September 1925 in Utrecht geboren. Er ging in Bandung auf der damals niederländischen Insel Java auf die Höhere Schule und verbrachte nach der Japanischen Invasion drei Jahre in einem Internierungslager. Zurück in Holland studierte er ab 1946 Psychologie an der Rijksuniversiteit Utrecht, deren Psychologischem Laboratorium er zwanzig Jahre, bis zu seinem Lebensende, verbunden blieb als Student, als Assistent und wissenschaftlicher Mitarbeiter Buytendijks, schließlich, nachdem er sich 1956 mit einer theoretischen und experimentellen Analyse der binokularen Tiefenwahrnehmung habilitiert hatte, ab 1957 als Inhaber des Lehrstuhls für allgemeine experimentelle Psychologie. Eine Krankheit, die den leidenschaftlichen Arbeiter hin und wieder zum Innehalten zwang, konnte seiner Produktivität keinen Abbruch tun. Doch sie bezwang ihn, achtunddreißigjährig, am 17. März 1964, mitten in seinem Schaffen.

Wenn seitdem von einer phänomenologischen Orientierung in der Psychologie oder von der Beziehung zwischen Phänomenologie und Psychologie die Rede ist, wird auf die einschlägigen Arbeiten Linschotens Bezug genommen. Tatsächlich reicht seine Beschäftigung mit der Rolle der Phänomenologie für die Psychologie durch sein ganzes wissenschaftliches oeuvre, von der ersten Veröffentlichung über die logische und phänomenologische Analyse der Bewegungserscheinungen im Jahre 1950 bis zur „Unumgänglichkeit der Phänomenologie" von 1963 und den „Idolen" von 1964.

Darunter sind Arbeiten, die man als rein phänomenologische bezeichnen kann, wie die Studien „Über den Humor" (1951), „Die Straße und die unendliche Ferne" (1954), „Über das Einschlafen" (1955/56) und die Fragmente zur Phänomenologie der Inkarnation „Dieses Schwindende, das seltsam uns angeht" (1957), experimental-psychologische wie die „Experimentelle Untersuchung der sog. induzierten Bewegung" (1952) und eine ganze Reihe von Arbeiten, die das Verhältnis von Phänomenologie und Psychologie untersuchen, darunter als Hauptwerk dieser Richtung das James-Buch „Auf dem Wege zu einer phänomenologischen Psychologie", das 1959 im holländischen Original, 1961 in deutscher und 1968 in englischer Übersetzung erschien.

Will man Linschotens Beitrag zum Verhältnis von Phänomenologie und Psychologie würdigen (und hierauf bleiben die folgenden Ausführungen beschränkt), so sollte man rückblickend zwei Aspekte dieses Beitrags auseinanderhalten: 1. Was Linschoten einer phänomenologischen Psychologie oder — wie er später vorschlug — phänomenologischen Anthropologie als Thematik zuwies; 2. welchen Platz er dieser Analytik in bezug auf die Psychologie zuwies, die für ihn immer eine auch experimentell arbeitende Disziplin war.

1. *Themen einer phänomenologischen Psychologie oder Anthropologie.* Das im Wortsinn zentrale Thema phänomenologischer Analyse ist die *Leiblichkeit des Subjekts,* wie sie, vorbereitet durch Husserl, vor allem von Merleau-Ponty (1966) artikuliert und gegen das „ausdehnungslose" cogito Descartes' gesetzt worden war. Durch seinen Leib bewohnt der Mensch seine Welt, in seiner Leiblichkeit begegnet er uns, ist er situiert (Linschoten, 1953). Hinter diese Position, daß wir durch unseren Leib existieren und situiert sind, „kann man nicht zurückgehen, wohl von ihr aus fortschreiten", so stellt Linschoten (1963 b, S. 185) noch in einer seiner letzten Arbeiten den „Vorrang des Ichleibes vor dem cartesianischen Ichgeist und dessen maschinenmäßigem Körper" fest. Da phänomenologische Analyse immer als Explikation der Lebenswelt verstanden wird, bewegt sie sich in einem hermeneutischen Zirkel, in dem das Teil aus dem Ganzen und das Ganze aus seinen Teilen begriffen wird (1953, S. 252). Für das Leib-Subjekt bedeutet das, daß es immer nur zusammen mit seinem intentionalen Korrelat, der jeweiligen Lebenswelt, begriffen wird. Linschoten hat sie einmal als die Landschaft bezeichnet, in der wir jeweils zuhause sind, die Welt daheim, die der Arbeit, die der Literatur, der Phantasie usw., ähnlich den „mannigfachen Realitäten", die Schütz (1971) beschrieben hat. In der Beschreibung dieser personalen Welten finden wir die Person, so wie sie leibt und lebt: im Kinder-

zimmer, auf dem Spielplatz, in der Schule, im Büro, am Fließband, im Labor, am Steuer des Autos auf der Straße unterwegs, im Mittelalter des Mediaevisten.

Der Leibhaftigkeit der Person entspricht die Dinghaftigkeit der Welt. Was beide aufeinander verweist, ist die Intentionalität des Erlebens und Verhaltens, die Linschoten einmal so umschrieben hat: „Jede Aktivität der Person richtet sich auf etwas, wodurch die Aktivität ihrerseits motiviert wird" (1953, S. 247), d.h. aber hier: ihren Sinn findet, und zwar immer innerhalb eines Sinnkontextes. Denn weder die einzelne zu untersuchende Aktivität noch ihr „motivationaler" Vorwurf (voorwerp) kommen isoliert vor. In jeder Situation ist die Person in ihrer Totalität anwesend und ist auch ihre ganze personale Welt impliziert, allerdings „perspektivisch strukturiert durch eine spezifische intentionale Struktur" (1953, S. 249), sei es einer Wahrnehmung, eines Denkaktes, eines Wollens oder der Ausführung einer Bewegung im Kontext eines Handelns. Immer wieder exemplifiziert Linschoten als Psychologe, *„daß Intentionalität in der Leiblichkeit fundiert ist"* (1961 a, S. 168), daß auch und gerade für den *Psychologen* die „Lehre der Erlebnisse ... ihr Fundament in der Theorie des Leibes (findet)" (S. 168). Zu ihr haben so verschiedene Denker beigetragen wie Husserl, Scheler, Marcel, Merleau-Ponty, Sartre und Ricoeur auf der einen Seite, von seiten der Humanwissenschaften James, Schütz, Buytendijk, Straus, van den Berg — Namen, die für Linschoten wegweisend waren und es auch heute noch sind, da die Psychologie wieder einmal in der cartesischen Einseitigkeit des cogito, diesmal in Form des „Kognitivismus", ihr theoretisches Genüge findet, so wie sie es jahrzehntelang in der anderen Einseitigkeit des Behaviorismus gefunden hatte (zu dessen „Vergangenheitsbewältigung" heute gerne behauptet wird, es habe ihn — wenigstens rein — nie gegeben, höchstens bei Watson selbst).

Daß der Mensch durch das Medium des Leibes bei den Dingen ist, daß das ‚ich kann' dem ‚ich denke' vorangeht — beides Formulierungen von Merleau-Ponty (1966), an die Linschoten wiederholt anknüpft —, ist nur der „unumgängliche" und „unhintergehbare" Grundtatbestand, den eine „Beschreibung und Analyse des primären Erlebens und Erlebten", also der Lebenswelt (1963 b) ergibt. In seinem Nachwort zu „Persoon en wereld", der Utrechter Festschrift zu Buytendijks 65. Geburtstag, expliziert Linschoten prägnanter als sonst, welche weiteren Thematisierungen sich aus der Intentionalanalyse der Person-Welt-Beziehung ergeben. Er nennt sie „Kommunikation" und „Historizität".

Daß wir dem anderen leiblich begegnen und ihm damit ausgesetzt sind, wie auch verborgen bleiben, ist bereits, ehe wir miteinander ins Gespräch kommen, insofern der Grundtatbestand der *Kommunikation*, als wir uns einander mitteilen und kennen lernen. Wer heute die enorm wachsende Literatur über „soziale Kognition" betrachtet, wird kaum auch nur auf den Begriff der Kommunikation stoßen, so wie umgekehrt der Leser der nicht minder umfangreichen Literatur über Kommunikation nur wenige Beziehungen auf „soziale Kognition" entdecken wird — eines der vielen Symptome dafür, daß die primäre (alltägliche) Erfahrung, die wir von anderen, an anderen und mit anderen machen, von den Theoretikern wie den Empirikern der sozialen Kognition wie Kommunikation, übersprungen worden ist, was in der Regel zu isolierten und – vor allem – gegeneinander abgekapselten Modellen führt. Dasselbe gilt für das theoretisch hoffnungslose Nebeneinander der Forschungen zu sprachlichen und zur „non-verbalen" Kommunikation oder auch nur zu „Sprache" einerseits und „Kommunikation" andererseits.

Schließlich gehört phänomenologisch zu jeder Kommunikation, zu jeder Handlung, jeder Rede, jedem Ausdruck eine Vorgeschichte, eine Entwicklung und ein Zukunftshorizont, was Linschoten zusammenfaßt als die *Historizität* aller Erfahrung, als den zeitlichen Horizont jeder Wahrnehmung wie Handlung. Das heißt, daß der Sinn jeder Aktivität sich sowohl aus dem konstituiert, was wir in bezug auf das aktuale Verhalten schon an Erfahrung gewonnen haben, wie vor allem aus dem heraus, woraufhin wir als jeweiligem Ziel uns entwerfen, worauf wir mit anderen Worten intentional gerichtet sind, das aber als Sinn unseres Handelns allererst zu erfüllen bzw. zu verwirklichen ist. Ist „Kommunikation" Linschotens Wort für die prinzipielle Sozialität unseres Bewußtseins und Handelns, dann ist diese Sozialität immer eine historische sowohl im Sinne der persönlichen Geschichte wie auch, diese einbettend als deren Horizont, die Geschichte derer, zu denen der einzelne gehört.

Zusammengefaßt sind die vier Thematisierungen phänomenologischer Analyse im Begriff der Situation: „Da, wo die Person, gegenwärtig durch ihren Leib, mit ihrem Horizont der Historizität mit einer bestimmten Landschaft in Kommunikation tritt, sprechen wir von *Situation*" (1953, S. 250). Deswegen ist jede phänomenologische Analyse Situationsanalyse, in deren Mittelpunkt die dialektische Beziehung von Person und Landschaft steht.

2. *Phänomenologische Analytik und Psychologie.* Linschoten, der von seinen wissenschaftlichen Anfängen her ebenso überzeugter Experimentalist wie Phänomenologe war, hat immer wieder aufs neue die Beziehung zwischen diesen beiden Möglichkeiten der Erkenntnisgewinnung reflektiert. Zu keiner Zeit war er bereit, die eine Möglichkeit zugunsten der anderen aufzugeben. Die experimentelle Konditionalanalyse und die mit ihr verbundene Formalisierung und Quantifizierung erschien ihm für die wissenschaftliche Psychologie ebenso unerläßlich, wie ihm die Phänomenologie für die Psychologie unumgänglich war. Nur über den genauen Stellenwert der phänomenologischen Analytik haben sich seine Auffassungen geändert. Kein Zweifel bestand für ihn daran, daß die Phänomenologie mehr ist als eine Methode neben anderen. Schon die erste These seiner Disputation im Jahre 1956 lautete: „Die Phänomenologie kann in der Psychologie nicht bloß als eine neue Methode innerhalb dieser Wissenschaft gekennzeichnet werden; wohl aber hat sie eine wesentliche Funktion für die Fundierung der Psychologie." Dieses Fundierungsverhältnis galt ihm vor allem in bezug auf die experimentelle Methode. Gerade weil letztere notwendig isoliert und partikularisiert und sich vom ursprünglichen Phänomen und vom alltäglichen Sprachgebrauch so weit entfernt, bleibt die den Kontext der Situa-

tion wahrende phänomenologische Explikation eine „unerläßliche Voraussetzung" (1963 b, S. 183). Allerdings war Linschoten in seinen früheren Arbeiten geneigt, diese phänomenologische Grundarbeit als eine Aufgabe der Psychologie, eben als „phänomenologische Psychologie", anzusetzen, auch wenn fast das gesamte Rüstzeug für diese Arbeit der Phänomenologie und nur wenig davon der Psychologie (vorzugsweise der deskriptiven Gestaltpsychologie) zu entnehmen war. In seinen späteren Arbeiten (1963 a, b) sah er diese phänomenologische Analytik eher als eine anthropologische Fundierung, phänomenologische Psychologie als größtenteils mit der Phänomenologie zusammenfallend, nicht aber als eine Teilmenge der wissenschaftlichen Psychologie, deren Gegenstand er als ein *reductum* bezeichnet, das zur Wirklichkeit (der Erfahrung) in einem ähnlichen Verhältnis steht wie eine Notenschrift zu der durch sie beschriebenen Musik (1963 a). Ebenso wenig wie aber die Noten, die wir lesen und spielen können, und die Musik, die wir hören, unvereinbar sind, sollte man auch phänomenologische und wissenschaftliche Analyse als „komplementäre Beschreibungssysteme" (1963 a, S. 9), als „Betrachtungsweisen derselben Lebenswelt" (1961, S. 244) auffassen. Allerdings ist diese Komplementarität kein beliebiger Perspektivismus. Denn der Phänomenologie bleibt die Psychologie fundierende und damit unumgängliche Funktion zugesprochen (1963 b, S. 181).

Man würde der wissenschaftlichen Arbeit Linschotens nicht gerecht, wenn man nicht auch sie im Kontext ihrer Situation sähe und die Aspekte der Landschaft, der Leiblichkeit, der Kommunikation und der Historizität nicht auch an ihr abhöbe. Es war der Lehrer und unmittelbare Kollege Linschotens, M. J. Langeveld, der in seinem Nachruf 1964 daran erinnert hat, daß Linschoten in seinem unermüdlichen Elan und seinem radikalen Denken sich selbst und das heißt seine Gesundheit immer wieder aufs Spiel gesetzt hat, bis sein Leib der ihm zugemuteten Belastung nicht mehr gewachsen war. Die Leiblichkeit, deren Phänomenologie sich durch sein ganzes Werk zieht, ist auch Hans Linschotens eigenes existentielles Problem gewesen. Die geistige Landschaft, in der er lebte und mit der er in Kommunikation stand, war die „Utrechter Schule", in der mit Buytendijk, Langeveld, van Lennep und van den Berg ein für Linschoten beispielhaftes kongeniales Kollegium existierte. Die Kommunikation mit einigen dieser Gruppe war so eng, daß es manchmal schwer ist zu identifizieren, wem ein Gedanke prioritär zuzuordnen ist. Aber man muß die historische Situation auch in dem weiteren Kontext Nachkriegseuropas sehen. Die Philosophie der Befreiung, teils in der Emigration, teils im Untergrund entstanden, war Phänomenologie und Existenzphilosophie; die Lebensanschauung vieler Intellektueller war der Existentialismus. Die Psychologie war damals gekennzeichnet durch ihren moralischen und intellektuellen Niedergang im Deutschland des Nationalsozialismus. Aus Amerika wehte der in den fünfziger Jahren noch ungebrochene Geist des Behaviorismus, dem sich, vor allem in der Bundesrepublik, die Jüngeren, des Ganzheitsdiskurses der allgegenwärtigen (2.) Leipziger Schule überdrüssig, rasch assimilierten. Demgegenüber war die „phänomenologische Psychologie der Utrechter Schule der Versuch, die durch Krieg, Faschismus und Emigration verarmte Psychologie aus der europäischen Philosophie der vierziger und fünfziger Jahre neu zu beleben und neu zu begründen. Es war ein Beginn wie so manches, was nach 1945 als geistiger Neuanfang und als Aufbruch intendiert und in Gang gebracht, aber nicht zur vollen Verwirklichung kam. Auch die phänomenologische Fundierung der Psychologie als Analytik der primären Erfahrung war als ein solcher Neubeginn geplant, vor allem als Überwindung des die Psychologie nach wie vor beherrschenden Cartesianismus. Als Aufgabe bleibt die Fundierungsarbeit bestehen.

Literatur

James, H. (Ed.) (1920). The letters of William James, 2 vols. Boston: Atlantic Monthly Press.

Langeveld, M.J. (1964). In memoriam Dr. J. Linschoten. Nederlands Tijdschrift voor de Psychologie en haar Grensgebieden, 19, 101–103.

Linschoten, J. (1950). Logische en phenomenologische analyse der bewegingsverschijnselen. Tijdschrift voor Philosophie, 12, 668–728.

Linschoten, J. (1951). Over de humor. Tijdschrift voor Philosophie, 13, 603–666.

Linschoten, J. (1952). Experimentelle Untersuchung der sogenannten induzierten Bewegung. Psychologische Forschung, 24, 34–92.

Linschoten, J. (1953). Aspecten van de sexuele incarnatie. Persoon en wereld. Bijdragen tot de phaenomenologische psychologie (S. 244–253). Onder redactie van J.H. van den Berg en J. Linschoten. Utrecht: Bijleveld, 2. Aufl. 1956, 3. Aufl. 1963.

Linschoten, J. (1954). Die Straße und die unendliche Ferne. Situation, 1, 235–260.

Linschoten, J. (1956). Strukturanalyse der binokularen Tiefenwahrnehmung. Groningen: Wolters.

Linschoten, J. (1957). ‚Dieses Schwindende, das seltsam uns angeht'. Fragmente zur Phänomenologie der Inkarnation. Rencontre/Encounter/Begegnung. Contributions à une psychologie humaine dédiées au Professeur F.J.J. Buytendijk (S. 260–283). Utrecht: Spectrum.

Linschoten, J. (1958). Anthropologische Fragen zur Raumproblematik. Studium Generale, 11, 86–99.

Linschoten, J. (1958). Wat is wonen? In J. Niegeman (ed.), Ik kan wonen (S. 9–19). Leiden: Sijthoff.

Linschoten, J. (1959). Auf dem Wege zu einer phänomenologischen Psychologie. Berlin: de Gruyter 1961 a.

Linschoten, J. (1961 b). Die phänomenologische Methode in der Psychologie. Acta Psychologica, 19, 514–515.

Linschoten, J. (1963 a). Fenomenologie en psychologie. Algemeen Nederlands Tijdschrift voor Wijsbegeerte en Psychologie, 55, 113–122.

Linschoten, J. (1963 b). Die Unumgänglichkeit der Phänomenologie. Jahrbuch für Psychologie und Psychotherapie, 10, 177–185.

Linschoten, J. (1964). Idolen van de psycholoog. Utrecht: Bijleveld.

Merleau-Ponty, M. (1966). Phänomenologie der Wahrnehmung. Berlin: de Gruyter.

Schütz, A. (1971). Über die mannigfaltigen Wirklichkeiten. In Gesammelte Aufsätze, Bd. 1 (S. 237–298). Den Haag: Nijhoff.

Geschichte(n) als Symptom(e). Jan Hendrik van den Bergs geschichtsanalytischer Großessay „Metabletica".

Heinrich Kutzner

1956 veröffentlicht der „Nervenarzt und o. Professor der Psychologie in Leiden" (Titelblatt) das Buch „Metabletica. Über die Wandlung des Menschen. Grundlinien einer historischen Psychologie"[1]). Die von ihm bis dahin veröffentlichten Arbeiten weisen van den Berg als der damals herrschenden phänomenologischen Richtung der Psychiatrie zugehörig aus. Das Buch schweigt über den Bruch mit der ahistorisch-deskriptiven Nosologie, der, wie man annehmen möchte, vorausgehen mußte, vielleicht empfand es der mit Philosophie und Geistesgeschichte bestens vertraute Autor aber gar nicht als Bruch, sondern eher als Verfeinerung der phänomenologischen Analyse, die mit der Einbeziehung der „Lebenswelt" (Edmund Husserl) gar nicht umhin konnte, deren historische Dimension zu berücksichtigen. Das Leben, so wird anläßlich einer Erörterung über das physikalische Gesetz als ein „Attribut der Vergangenheit" (van den Berg, 1956 u. 1960, S. 64) deutlich, ist geschichtlich, weil es zukünftig ist. Im Blick unseres Autors stehen sich Leben und Geschichte nicht getrennt gegenüber, sondern beide gehören zusammen, und das eine erschließt sich in der Betrachtung des anderen. Das physikalische Gesetz dagegen setzt diese Trennung voraus und rechnet mit dem, was keine Zukunft hat und in keiner anderen Beziehung zu uns steht als in der, als das Vergangene fixiert zu werden, wie die Fliege im Bernstein.

Der Physiker — und wir dürfen hinzufügen: der quantitativ messend vorgehende experimentelle Psychologe — „mißt, was immer war — und vergißt, daß er das Resultat einer Reduktion mißt, die er selbst zustande bringt" (1960, S. 65). Am Ende dieser Überlegung steht die Frage: „Ist das Leben nicht mehr als der Tod?" Diese Problematik wird uns aber nicht in abstrakter Begrifflichkeit unterbreitet, sondern erzählend, am Alltäglichen anknüpfend, an historischen Anekdoten und an literarischen Zitaten, deren Symptomcharakter, oft in Verbindung gebracht mit wenig spektakulären „Fällen" aus der psychiatrischen Praxis, entfaltet wird, so daß wir auch für das sensibilisiert weden, was an uns krank und krankmachend sein könnte, an der modernen Lebensweise. Berichtet wird vom Pendelversuch, den der Physiker Jean B. L. Foucault um 1850 im Pantheon in Paris durchgeführte, dem Gebäude, das damals das größte Volumen bei größter Höhe zur Verfügung stellte, um mit der Verschiebung von zweieinhalb Millimetern bei jeder Schwingung des 64 Meter langen Metalldrahtes Galileis Behauptung zu beweisen, daß die Erde sich dreht. Das Pantheon, der alle Götter versammelnde Ort des Schweigens, „dieser, in welchem Sinne auch, mehrmals geweihte und entweihte Raum", wurde „nur Raum, meßbarer Raum

... ‚hängt es so gut?' wird Foucault geschrieen haben, ein Schrei, der das Pantheon bis in seine Fundamente umformte" (1960, S. 62).

Folgen wir van den Berg ein Stück weit in sein Buch, denn die Aufbereitung unter verschiedenen Aspekten nach vorheriger Zernierung des im Werk gegebenen Zusammenhanges, wie in wissenschaftlichen Referaten üblich, ist eigentlich hier, wo ein Kapitel die ‚Melodie' des vorhergehenden aufgreift, unangebracht. Es präludiert mit Hinweisen auf die weltabgeschirmte Laboratoriums-Psychologie, die im späten 19. Jahrhundert mit Wilhelm Wundt und Stanley Hall (USA) begann, die aber mit Beginn des 20. Jahrhunderts von den an sie herangetragenen Fragen um Befund und Rat bei der Berufswahl und Einstellung im Betrieb aus ihrer Idylle aufgestört wurde. Bereits dieses neue Fragen ist als Symptom zu lesen, wie es die Anekdote, die Martin Buber erzählt, unterstreicht. Als er in einer polnischen Stadt seinen Vortrag beendet hatte, wurde Buber von einem Zuhörer gefragt, was der Bräutigam seiner Tochter nun werden sollte, Advokat oder Richter. Ein weiser Mann, dessen Imago überliefert ist, wußte, welche Menschen ihm zuhören konnten, und die Zuhörer kannten ihn durch das überlieferte Bild des Weisen. Buber hätte also entscheiden können müssen, ob Richter, ob Advokat − und enttäuschte den Frager tief, als die bündige Antwort ausblieb. Die verbindenden Bilder sind vergangen, und jeder handelt in seinem eigenen Raum. Doch ist „Bild" hier eigentlich ein unangemessener Ausdruck, da dieses vorgängig Verbindende auch das Gestische, Taktile, die Gesamtaktivität des Sinnlichen umfaßt.

Wäre der Schwiegersohn des Fragenden zum Psychologen gegangen, so hätte dieser „mit ihm ein langes und listiges Gespräch geführt, er würde einige unschuldig aussehende, jedoch noch listigere Tafeln aus dem Schrank genommen haben und den künftigen Schwiegersohn aufgefordert haben, zehn Tintenkleckse zu interpretieren ..." (1960, S. 17). Der Psychologe bekräftigt mit seinen Tests und dem dahinterstehenden wissenschaftlichen Apparat die Zerstörung des vorgängig Verbindenden, dessen Variation, die immer nur gewagt werden kann, Zukunft bedeutet; er zerstört also diese Zukunft und erweitert den trennenden Raum des Nicht-Wissens, in den hinein die naturwissenschaftliche Psychologie mit ihren angewandten Subdisziplinen expandiert. Ein Test offenbart nichts, „was geschehen muß, was richtig ist' ... Nichts steht da. ... Tatsache, daß die Kluft von Nicht-Wissen, die den einen vom anderen trennt und die jeden von seiner Zukunft trennt, nicht ausgefüllt werden kann durch die Psychologie. In seiner Wissenschaft entdeckt er den Grund seiner Wissenschaft" (1960, S. 17 u. S. 19; vgl. auch Kouwer, 1955, S. 11).

Aus dieser Beobachtung ergeben sich die Fragen, die der Symptomatik dieser Kluft und des Verschwindens des vorgängig Verbindenden nachgehen, und zwar am Verhältnis zwischen Vergangenheit und Zukunft als „Unvermögen, der Zukunft Gestalt zu geben" (1960, S. 17 u. S. 19), am Verhältnis der Erwachsenen zu Kindern, denn unser Griff nach dem Kind ist ein „unsicherer, tastender und bebender Griff" (1960, S. 17 u. S. 19), und am Verhältnis der Geschlechter. Van den Berg geht es „um einen anderen Begriff des menschlichen Seins, den Begriff, der in der populären, wissenschaftlich wenig geachteten Überzeugung liegt, daß nichts so veränderlich ist wie der Mensch" (1960, S. 12). „Metabletica" leitet der Autor ab von μεταβαλλειν = verändern (1960, S. 20). Dieser andere Begriff des menschlichen Seins erschüttert die aus allem Veränderlichen herausgetrennte, fixe, objektive Wirklichkeit, die Gegenstand der über das Faktenmaterial verfügenden Wissenschaft ist.

Die von der eigenen Erfahrung geformte Erfahrung der Geschichte ist nicht dasselbe wie der wissenschaftliche Umgang mit historischen Fakten, die nur verzeichnet werden, auch das Aufzeichen der Fakten ist übrigens in seiner Perspektive von der sich wandelnden Kultur beeinflußt und setzt diese voraus (vgl. Cicourel, 1974), Fakten also, die aber nicht zu uns sprechen wie die Erinnerung zu uns spricht, und die dabei von Gerüchen, in nur ihnen eigentümlicher Weise tastbaren Dingen oder Melodien belebt wird, um als „meine Vergangenheit" heute zu mir zu sprechen. Van den Berg führt das Beispiel der Alltags-Geschichtsschreibung an, eines der ersten war 1924 Eileen Powers Buch *Medieval People*, die sich inzwischen zu der nur noch symptomatologisch verstehbaren oral history und Lokalgeschichtsforschung intensiviert hat. Den Schreibern der „neuen Geschichte" geht es nicht nur um das Vermeiden von Fehlern, sondern „um das Wiederaufleben der Vergangenheit, um eine Reinkarnation. Das ist wie mit dem Geruch in der oben beschriebenen Erinnerung. Sobald ich den Geruch einatme, steht die Vergangenheit in reiner Form vor mir. Ich finde es dann wirklich nicht viel von Belang, ob die Tatsachen, ohne Ausnahme, an ihrem Platz liegen. Das interessiert mich auch, aber nicht an erster Stelle" (1960, S. 39). Die Vergangenheit, die heute zu uns in ihrer „unverfälschten Form" (1960, S. 39) sprechen soll, ist nicht die auf der Zeitlinie zurückliegende, damals aktuelle Gegenwart.

Wie aber kann die Vergangenheit zu uns sprechen? Es bedeutet, den „Zusammenhang der Zeiten" (1960, S. 40) für uns erlebbar machen, insofern wir das, was wir sind, als geschichtlich Gewordene sind. „Dieser Zusammenhang zerrt am Zusammenhang der Tatsachen", die Ausgangsmaterial für den Historiker sind. Die Begriffe, mit denen wir unser Selbstverständnis beschreiben und die auf diesen Begriffen fundierende Wissenschaft, die unsere Beschaffenheit beschreibt, sind von der Geschichte geformt, die uns formte. Eine dies berücksichtigende Geschichtsschreibung als kunstähnliches stilistisches Unternehmen − „große Historiker sind große Stilisten" (1960, S. 40 u. vgl. White, 1985) − , die dies berücksichtigt, ist auch eine Selbstanalyse, die die Veränderlichkeit des Menschen in der Geschichte zu ihrer Voraussetzung macht und ihr nachspürt, die das *metaballein* aus den Symptomen heraus zum Sprechen bringt. Warum an Symptomen? Weil wir am ehesten in ihnen mit der Geschichte zusammenhängen. Van den Berg versteht sein Buch als therapeutisches Mittel, als Versuch, die Krankheit zu analysieren und Hinweise für die Heilung zu geben, von der wir alle in die Modernität geschleuderten Menschen betroffen sind, der die „großen Gesunden" wie Kierkegaard und Kafka standhaltend-untergehend Ausdruck verliehen, während die Neurotiker nur mühsam übersetzbare Symptome produzieren.

Das Buch *Metabletica* (1960) zielt darauf ab, den „Zusammenhang der Zeiten" herstellen zu helfen, indem es den Bruch analysiert, das Abreißen dieses Zusammenhangs. Ohne daß einfach der Weg zurück zur alten Welt der stabilen Zusammenhänge der verbindenden Bilder gewiesen werden sollte, ist mit der Lektüre des Buches im emphatischen Sinn einer von ihr angeleiteten Selbstanalyse im Nachvollziehen des Bruches, von dem erzählt wird, ein erster Schritt der Distanzierung von der allgemeinen Bewegung der Distanzierung verbunden, die die neuzeitliche Welt von allen früheren Kulturen unterscheidet. Jedes Kind, das heute heranwächst, wird damit konfrontiert, wenn es auch, was der Autor noch etwas vernachlässigt, vom Augenblick der Zeugung an, daraufhin trainiert wird, mit den Besonderheiten der modernen Welt fertig zu werden. Aber eben nur fertig, das Eigene gegen das Äußere und Fremde setzend, demgegenüber der Erwachsene in feindlicher Gleichgültigkeit bleibt, nachdem er aus der Welt der Polyvalenzen der Bedeutungen, Einrichtungen, Handlungen und der Vielfalt der Lebensstile einen monovalenten Eigenbereich herausgestanzt hat. „Das Polyvalente bestürmt uns nicht, es gleitet an uns vorbei und berührt uns kaum: uns ist es gelungen, in der komplexen Gesellschaft ein kleines und relativ einfaches Fleckchen freizumachen, für das übrige sind wir blind, wir sehen es nicht und können deshalb so tun, als ob es nicht da wäre. Aber dem Kind gelingt das nicht: das ist gerade der Inhalt seines Kindseins, das Polyvalente bestürmt das Kind wehrlos und läßt es zurückschrecken" (1960, S. 44).

Die andere Schwelle, die das Kind vom Erwachsenen trennt und sein Erwachsenwerden erschwert, besteht in der Unsichtbarkeit des Erwachsenenstandes, nach der immer strikteren Trennung von Wohnung und Betrieb — selbst die Bauernhöfe werden immer mehr rationalisiert und damit von unanschaulichen Kräften gesteuert. Das Kind, das nicht mehr sieht, was der Vater tut, wenn er aus dem Haus ist, wird in seine Kindlichkeit eingeschlossen, die bis auf das bislang weit vom wirklichen Leben abliegende Lernen in der Schule und einer ersten Aneignung kultureller Techniken leer ist. Weil das Kind an der formenden Vergangenheit der Welt, in der es aufwächst, nicht teilhat, ist auch seine Zukunft leer. Die Berufswahl dient nicht der variierenden Fortsetzung des bisherigen Arbeitens, in das man einbezogen war, sondern sie wird aus den Ratschlägen des Berufsberaters konstruiert, der die vielleicht mit Tests ermittelte Eignung des Jugendlichen mit Nachfrageabschätzungen kombiniert. „Wenn die Erwachsenen unsichtbar sind, lebt die Jugend im Nebel" (1960, S. 50). Darauf, daß inzwischen Erwachsene und Kinder gemeinsam im infantilisierenden Brei der massenmedialen Unterhaltungsindustrie versinken, konnte im Holland der fünfziger Jahre noch nicht eingegangen werden.

Ebenso unsichtbar wie die Arbeit ist die Ehe. Bestenfalls sieht das Kind, daß die Eltern zärtlich miteinander sind, aber nichts von dem, was dem zugrundeliegt, von der Sexualität (auch wenn es heute von sexuellen Abbildungen umstellt ist). Sie geistert durch das Haus und die Wohnung, bis das Kind durch irgendwen „aufgeklärt" wird.

Die dritte entscheidende Eigenschaft heutiger Erwachsenheit ist die das eigene Tun nur gebrochen und in der Anpassung an sich zulassende Kontinuität. In einem großen, bis zu Descartes führenden Exkurs macht van den Berg deutlich, was gemeint ist: die verfahrenstechnische Verfügung über die ineinandergreifenden Faktoren, die die Zukunft bestimmen, damit das endgültige Ausschalten des Nichttransitiven, Zusammenhanglosen, des Zufälligen oder Freien im je anknüpfenden Einfall des „wilden Denkens" (Lévi-Strauss) als lebensweltliche Bedeutsamkeiten. „Denn die Kontinuität macht gleich, sie hebt letztlich jegliche Struktur auf. Sie macht homogen . . ." (1960, S. 57). In der cartesianischen konstruierten Welt gibt es keine okkulten Qualitäten der Dinge mehr, die Aristoteles annahm, und an die der teils nach alten Rezepturen verfahrende, teils improvisierende Bastler, als welchen wir den Handwerker, den Alchymisten und den Arzt der vorneuzeitlichen Welt betrachten können, anknüpfen konnte. Das auf der Reduktion auf Räumlichkeit gegründete Experiment verhilft der „unerbittlichen Kausalität" (1960, S. 60) in den nur in einer Richtung ablaufenden Prozessen zum Durchbruch, deren Vorbild die Maschine ist. „Was heute gilt, hat ewige Bedeutung" (S. 60). Die Naturwissenschaft, die mit dem Prinzip der beliebig teilbaren Quantität in den Messungen alles „in den Bann der ‚objektiven Richtigkeit' der genetischen Kontinuität geraten" (S. 61) läßt, verwandelt Gegenwart und Zukunft in „fertige Vergangenheit"; es kann nun nichts mehr auf uns zukommen, das wir ergreifen oder vernehmen (vgl. „Vernunft") können. „Nur die Verkettung der Ereignisse mit der Vergangenheit macht die ‚Vorhersage' möglich" (S. 61). Wenn das Kind mit seiner Fragesucht die Erwachsenen nervt, paßt es sich dem Kontinuum der Ursachen an; es ahnt, daß es nur so sich darin üben kann, am Leben der Erwachsenen teilzuhaben. Es wird „aus einer Gegenwart weggeleitet, bald glaubt es nur noch an das, was war" (S. 73). Den Schritt von der „Intention der Gegenwart" (S. 73) in die Zukunft zu gehen, hat es damit verlernt. Das ist der Grund seiner Kindlichkeit, aus der es, wenn es nicht überhaupt infantil bleibt, so spät herausfindet. Das Funktionieren am Arbeitsplatz in Wirtschaft und Verwaltung schließt lebenslange Unreife und Unmündigkeit ja nicht aus, eher ein. „Was konform sein soll, kann getestet werden" (S. 105), lautet der eines Günter Anders würdige Lakonismus.

Wenn die Vergangenheit als Kausalkontinuum die Gegenwart ausgelöscht und stets über sie schon entschieden hat, können auch die Krankheiten nicht in einem gegenwärtigen Leiden gefunden werden, sondern was von Bedeutung ist, „liegt in der Vergangenheit" (S. 124). Dieser Gedanke leitete Freud, der von der mechanistischen Naturwissenschaft des 19. Jahrhunderts geprägt war, als er in der Arbeit mit seinen hysterischen Patientinnen seine Neurosenlehre entwickelte. Von hier ausgehend rollt van den Berg die Geschichte der Psychoanalyse auf, und zwar als Teil der Geschichte der Verdrängung der Sexualität und der Auslöschung der Gegenwart. Das Sexuelle ist das, was nie hier und jetzt sein darf und immer anderswo sein muß, von dem her sie ‚zustößt'. Die Entdeckung des Unbewußten ist an die Entdeckung der unbewußt gemachten Sexualität geknüpft. Die Patienten fügen sich in das Schema, indem sie die Vergangenheit mit Berichten von traumatisierenden Erlebnissen anfüllen, „die nie vorgefallen sind", was bedeutet: „etwas ist los mit dieser Vergangenheit" (S. 139). Die Vergangenheit muß nun die Bedeutungen produzieren, die es im Gegenwärtigen nicht mehr geben kann, und nur indem wir zurückgehen und das Vergangene (re-)konstruieren, kann das Leben weitergehen. Das Sätzchen „alles hat Bedeutung" ist ja auch die Begründung der psychoanalytischen Grundregel für den neurotischen Patienten: Er wird angewiesen, alles zu sagen, was ihm einfällt. Die Zerstörung der Gegenwart betrifft zuerst das Sexuelle, das nun gleichbedeutend mit Früherem wird, zu etwas, das ein früher von den Sexualpathologen als irgendein -Ismus Verzeichnetes bestätigt, und es gibt keine gegenwärtig-zukünftige Varianz mehr, sondern nur noch Pathologisches, das das „Geständnistier" (M. Foucault) zugeben muß; oder als ein mit der körperlichen Gestalt *Gegebenes, von ihr Geprägtes.* „Die Anatomie ist das Schicksal", lautet Freuds Diktum über die vom kindlichen Interpretationszwang unterm Primat des Phallus verhängte Triebstruktur des Mädchens und der Frau. Der Penis des Knaben ist die räumlich ausgedehnte, als solche meßbare Verkörperung des Sexuellen, eine Positivität, dergegenüber im positivistischen Zeitalter die Frau das Nichts darstellt und — als projektiver Ort der Qualität des Sexuellen — auch darstellen muß. In diesem Nichts spielen die Ohnmachten und Hysterien der Frauen des 19. Jahrhunderts ihr unbewußtes Spiel.

In der modernen westlichen Industriegesellschaft verschwinden die, wie man heute sagt, nicht universalistischen, holistisch strukturierten Gesellschaften, und es kommt zur „Entkopplung von System und Lebenswelt" (Habermas, 1985, S. 407). Van den Berg führt die vier Merkmale auf, die laut einer UNESCO-Studie von 1952 Gesellschaften mit deutlich weniger Krankheiten wie Bluthochdruck, psychosomatische Krankheiten und weniger Selbstmorde, Kriminalität und Ehescheidungen von der westlichen unterscheiden: 1. Alle Aspekte des Lebens sind integriert, z. B. ist Arbeit nicht etwas Besonderes und Abgetrenntes. 2. Soziale Zugehörigkeit zur größeren Gemeinschaft ist automatisch gegeben. 3. Veränderungen erfolgen langsam, ihre Folgen werden von überlieferten Traditionen und Institutionen abgestützt. 4. Die Gruppen, zu denen der einzelne gehört, sind klein (vgl. van den Berg, 1960, S. 161).

In der modernen westlichen Industriegesellschaft sind alle diese Bedingungen nicht nur nicht gegeben, sondern sie ist so strukturiert, daß ihre Realisierung von vornherein zerstört wird. Es bleiben Ersatzbildungen in den von Film und Fernsehen dargebotenen Klischees positiver Helden. Unsere Gesellschaft ist in allen Aspekten des Lebens von einer „tiefgehenden Desintegration gekennzeichnet" (S. 166), was dazu führt, daß wir alle „potentiell Entgleiste" sind und an einer „parataktischen Distorsion" (H. S. Sullivan) leiden: „wir sitzen gefangen in einem Geflecht von vagen und dadurch zugleich ersetzbaren und gefährlichen Kontakten, jede Tat bringt unbekannte Verschiebungen mit sich ... Jede Tat kommt zehnfach zurück" (S. 168). Der Bereich des Inneren, vor den anderen Menschen Verschlossenen, ist strikt getrennt von der nach außen und im offiziellen Verkehr gezeigten Erscheinung; der Bereich des ‚Mittleren', in dem beides zusammenkam und deshalb nicht abgespalten werden mußte, ist verkümmert; die heutige Kleinfamilie ist im Vergleich zum früheren Familienhaushalt, in dem für den Winter eingekocht wurde, ein entfunktionalisierter und entpflichteter Rest. Mit der Trennung von Außen und Innerem „schwillt" dieses Innere an (vgl. S. 233 f.) und agiert imaginär das dem gegenständlich-weltbezogenen Tun Entrissene aus; es wird regressiv, wie Mr. Hyde, den Stevenson in seiner berühmten Erzählung, sie entsteht im Gefolge seiner Kokain-Experimente, als die böse, dunkle Seite von Dr. Jekyll beschreibt. Deshalb auch besitzt nicht der einzelne „mehr oder weniger eine Bereitschaft zum neurotischen Reagieren": sie wird „durch einen neurotischen Appell aus der Gesellschaft deutlich". „Dieser Appell gründet die Bereitschaft, die vorher nicht da war" (S. 191).

Van den Berg macht also keine Trennung zwischen dem individuell Neurotischen und dem gesellschaftlich Neurotischen, da „alle neurotisierenden Faktoren von kommunikativer oder − besser − soziologischer Art sind" (S. 191). Damit zeichnet sich eine geschichtsanalytisch belehrte historische Anthropologie ab, die andere Zustandsformen des Menschseins in Abhängigkeit vom Bruch zwischen vorneuzeitlichen und neuzeitlich-modernen Gesellschaften erschließt. Doch, und diese Eigenart der *Metabletica* verdient methodologisch reflektiert zu werden, van den Berg arbeitet keine neue Wissenschaft mit einer eigenen Terminologie heraus, sondern bleibt essayistisch, getreu seinem Prinzip, daß das Leben gewagt werden müsse. Er versteht das Wagnis-Prinzip als therapeutische Gegenstrategie, denn nur das gewagte Leben und das gewagte Denken, das offen bleibt und nicht den nächsten Schritt immer vorher restlos begründen und ausweisen muß, ist wirklich und vermag der Wirklichkeit gerecht zu werden.

Sollte wirklich einmal ein Curriculum für den Studiengang im Fach „Geschichte und Psyche" o. ä. geschrieben werden müssen, dann würde ich die ersten beiden Semester der durcharbeitenden Lektüre der *Metabletica* einräumen.

Anmerkungen

[1]) J. H. van den Berg wurde 1914 in Deventer geboren, Studium in Utrecht, Paris (Sorbonne), Lausanne, Bern, Münsterlingen. Seit 1947 Direktor der psychiatrischen Klinik in Utrecht, lehrte an verschiedenen Universitäten in Holland Psychologie und betrieb seit 1947 eine psychotherapeutische Privatpraxis. Seit 1946 veröffentlichte er zahlreiche Arbeiten.

Literatur

Berg, J. H. van den (1952). Der Kranke. Ein Kapitel medizinischer Psychologie für jedermann. Göttingen: Vandenhoek & Ruprecht 1961.
Berg, J. H. van den (1956). Metabletica. Über die Wandlung des Menschen. Grundlinien einer historischen Psychologie. Göttingen: Vandenhoek & Ruprecht 1960.
Berg, J. H. van den (1970). Grundriß der Psychiatrie. Stuttgart: G. Fischer.
Cicourel, A. V. (1974). Methode und Messung in der Soziologie. Frankfurt/M.: Suhrkamp.

Habermas, J. (1985). Der philosophische Diskurs der Moderne. Frankfurt/M.: Suhrkamp.

Kouwer, B. J. (1955). Gewetensproblem van de togepaste psychologie. Groningen: J. B. Wolters.

White, H. (1985). Auch Klio dichtet oder die Fiktion des Faktischen. Studien zur Tropologie des historischen Diskurses. München: Klett-Cotta.

Historizität und Gesellschaftlichkeit des Psychischen im Persönlichkeitskonzept von Lucien Sève

Stephan Hardt

Vorbemerkungen

Sève ist Philosoph, und als solcher hat er sich auch in erster Linie zu Wort gemeldet. Dennoch erschien von ihm 1968 das Buch „Marxismus und Theorie der Persönlichkeit", in dem er eine seither viel beachtete Gegenstandsbestimmung für eine Psychologie der Persönlichkeit vornahm und sogar Hypothesen für eine konkrete Persönlichkeitstopologie aufstellte, so daß sich natürlich die Frage ergibt: Was veranlaßt einen Philosophen, Persönlichkeitspsychologie zu betreiben?

Als Antwort darauf nennt Sève zunächst ein schon frühes „... leidenschaftliches Interesse für die Probleme der Psychologie ..." (1972, S. 5), das ihn 1945 zur Aufnahme eines Studiums an der philosophischen Fakultät veranlaßte, wo in Frankreich auch die Psychologie integriert ist. Schwerwiegender als diese persönliche Neigung schienen jedoch rein praktische Gründe zu sein, die ihn gerade als Philosoph, als Interessenvertreter demokratischer Kräfte Frankreichs, in der ideologischen Auseinandersetzung zwangen, Psychologie zu betreiben.

Die Auseinandersetzung, von der hier die Rede ist, war die „... des Kampfes der französischen demokratischen Kräfte gegen die Schulpolitik der gaullistischen Staatsmacht ... der sechziger Jahre .... Das ganze Bildungswesen sollte ... unter dem ‚objektiven' Vorwand, daß die Kinder aus dem Volk meist nicht ‚begabt' genug sind ..." (S. 13), ihr Recht auf umfassende Bildung wahrzunehmen, umgestellt werden.

Die skizzierte politische Situation, die Sève als „... eindringliches Beispiel für die konkrete politische Bedeutung der Psychologie ..." (S. 15) anführt, ist für ihn auch persönlich in mehrerer Hinsicht bedeutungsvoll:

— Im Ringen um eine wissenschaftlich haltbare Argumentation gegen die Veränderungspläne im Bildungswesen lernt Sève den höchst unbefriedigenden Reifegrad der Wissenschaft Psychologie kennen, dabei besonders die ideologisch reaktionäre Rolle biologistisch verkürzter Ansätze in der Persönlichkeitsauffassung.

— Beeindruckt von Georges Politzers Buch „La crise de la psychologie contemporaine" findet Sève den Weg zur marxistisch-leninistischen Philosophie und arbeitet in tiefgreifender Auseinandersetzung mit deren Hauptwerken die in „Marxismus und Theorie der Persönlichkeit" niedergelegte Gegenstandsauffassung aus.

— Diese theoretische Arbeit bedeutet für Sève von vornherein nicht nur Er-

kenntnisgewinn; er schafft sich damit vor allem eine politische Argumentationsgrundlage — letztlich ein *Instrument praktischer Veränderung.*
Wir wollen in diesem Beitrag versuchen, den Argumentationsgang von Sève nachzuzeichnen — von der geschilderten Ausgangssituation über die Herausarbeitung seiner prinzipiell neuen Auffassung von der Persönlichkeit und von dort wieder zurück zur Anwendung dieser Theorie als „Waffe der Kritik" in der ideologischen Auseinandersetzung. Auch wenn hier die pragmatische Seite dieser Bewegung in den Vordergrund gerückt wird, soll dabei nicht übersehen werden, daß die von Sève vorgenommene Gegenstandsbestimmung der Persönlichkeitspsychologie in ihrer Bedeutung weit über diesen unmittelbaren Zweck hinausreicht und Sève diese Bewegung auf dem Hintergrund der klassischen Anlage-Umwelt-Debatte vollführt, zu der er mit seiner Arbeit einen bleibenden Beitrag leistet.

Sèves Theorie vom Wesen der Persönlichkeit außerhalb des Individuums

Die Ausgangssituation, unter der Sève seine theoretische Arbeit aufnahm, war jene, eine wissenschaftlich haltbare Argumentationsgrundlage für eine Politik zu schaffen, die „... *der vollständigen Entfaltung aller Persönlichkeiten ...*" (1972, S. 22) Rechnung trägt. Eine psychologische Theorie, die in diesem Sinne einen praktischen Beitrag leisten will, muß sich Sève zufolge dann grundsätzlich „... die Frage der *psychischen Wachstumsschranken,* ihrer Beschaffenheit, ihres Urpsrungs und der Mittel, mit denen sie zurückgedrängt werden können, ..." (S. 201) vorlegen. In diesem Anspruch steht für ihn die Psychologie der Persönlichkeit in einem „ursprünglichen Wesenszusammenhang" mit dem Marxismus, der „... als Philosophie des Proletariats, als revolutionäre Lehre, als Wissenschaft von der Emanzipation des Menschen im Kommunismus die einzige zukunftsorientierte und wirksame Auffassung von Theorie und Praxis der Psychologie ... definiert" (S. 46). Aufgrund dieses „ursprünglichen Wesenszusammenhanges" hält Sève eine Verbindung zwischen beiden Wissenschaften nicht nur für möglich, sondern sie macht sich seiner Meinung nach für beide Seiten sogar *erforderlich:*
Auf der einen Seite, so konstatiert Sève, klafft durch das Fehlen einer ausgereiften marxistischen Theorie vom Individuum eine empfindliche Lücke im „Gebäude des Marxismus", durch die „... in letzter Instanz die bürgerliche Ideologie eindringt" (S. 20). Auf der anderen Seite aber hält der Marxismus selbst die Mittel bereit, um diese Lücke zu schließen.

Zum einen im dialektischen Materialismus, der „... als wissenschaftliche Theorie von der Erkenntnis die einzige zuverlässige Richtschnur für die Lösung der erkenntnistheoretischen Probleme der Konstituierung der Persönlichkeitspsychologie ..." (S. 46) bildet, und zum anderen im historischen Materialismus, der als „... *Grundlage der Wissenschaft von der Geschichte ... die Grundlegung einer wissenschaftlichen Anthropologie, der Eckpfeiler einer jeden wissenschaftlichen Auffassung vom Menschen ...*" ist (S. 51 f.).

Als Ausgangspunkt einer Verbindung zwischen Marxismus und der zu errichtenden ausgereiften Psychologie der Persönlichkeit nahm Sève die Bestimmung des menschlichen Wesens, wie sie Marx in den „Thesen über Feuerbach" (MEW Bd. 3, S. 6) niedergelegt hat: „Das menschliche Wesen ist kein dem einzelnen Individuum innewohnendes Abstraktum. In seiner Wirklichkeit ist es das ensemble der gesellschaftlichen Verhältnisse." Was für Sève bedeutet: „Dem menschlichen Individuum ist sein Wesen nicht angeboren; es hat es außer sich, außermittig, in der Welt der gesellschaftlichen Verhältnisse. ... Die *Humanität* (i. S. des ‚Mensch-Seins') ist im Gegensatz zur *Animalität* (dem ‚Tier-Sein') keine von Natur aus in jedem Individuum vorhandene Gegebenheit, sie ist die *gesellschaftliche Menschenwelt*, und jedes *natürliche* Individuum wird dadurch zum *menschlichen*, daß es sich durch seinen wirklichen Lebensprozeß innerhalb der *gesellschaftlichen* Verhältnisse vermenschlicht" (S. 156).

Durch diese Wesensbestimmung bricht Sève radikal mit allen Versuchen, die entwickelte Persönlichkeit aus ihren angeborenen Voraussetzungen heraus erklären zu wollen. Dabei wird das Ursprungsprimat des biotischen Trägers der Persönlichkeit keineswegs in Abrede gestellt; jedoch kehrt sich nach Sèves Auffassung im Aneignungsprozeß des gesellschaftlichen Wesens das Verhältnis zwischen biotischen und gesellschaftlichen Determinationsvoraussetzungen um, so daß die Persönlichkeit zunehmend ihre ‚Anlagen' überformt. Bei diesem für seine gesamte Arbeit grundlegenden Gedanken stützt sich Sève auf die Marxsche Erkenntnis von der „Umstülpung des Verhältnisses zwischen Naturwüchsigem und Historischem im gesellschaftlichen Entwicklungsprozeß" aus den Grundrissen der Kritik der politischen Ökonomie (MEW Bd. 21). Damit bleibt für ihn jetzt allerdings noch die Frage zu klären, wie die gesellschaftlichen Verhältnisse, die ja zunächst keine psychischen Realitäten sind, individuelle Gestalt annehmen, d. h. zu Gestaltungsmomenten der Persönlichkeit werden.

Die „Schnittstelle" zwischen Individuum und Gesellschaft, durch die „hindurch" sich jeder Mensch sein außer ihm liegendes gesellschaftliches Wesen aneignen kann und muß, bilden Sève zufolge gesellschaftlich produzierte Formen der Individualität: „Formen der Bedürfnisse, der produktiven Tätigkeit, der Konsumtion in ihrer gesellschaftlichen Bestimmtheit; den gesellschaftlichen Verhältnissen spezifische Individualitätsformen und Formen der allgemeinen Widersprüche des individuellen Daseins" (Sève, 1972, S. 149). Diese Formen sind *einerseits gesellschaftlich* insofern, als sich in ihnen die Relationen zwischen „... objektiven Positionen, die die Menschen im gesellschaftlichen Produktions-, Eigentums- und Distributionssystem innehaben" (S. 262), ausdrücken. Sie sind *andererseits zugleich individuell* insofern, als diese gesellschaftlich produzierten Formen individuell gelebt, d. h. in ihrer menschlichen Spezifik im Arbeitsprozeß „betätigt" werden müssen. Somit erfährt die Persönlichkeit ihre wesentliche Gestaltung in der Arbeitstätigkeit durch die Formen gesellschaftlicher Individualität, in denen sie sich betätigt und deren Logiken „... den Individuen *objektiv bestimmte gesellschaftliche Charaktere* aufprägen" (S. 267).

Durch diese Auffassung von der Herausbildung der Persönlichkeit als einen aktiven Vermittlungsprozeß von Individuellem und Gesellschaftlichem in der Arbeitstätigkeit, in welchem der Persönlichkeit die objektive Logik ihrer gesellschaftlichen Position aufgeprägt wird, distanziert sich Sève eindeutig von kulturanthropologischen Erklärungsversuchen, die die Herausbildung der Persönlichkeit auf die individuelle Übernahme gesellschaftlich angebotener Persönlichkeitsmodelle (Grund-, Statuspersönlichkeit) reduzieren und deren individuelle Variabilität auf Unterschiede in den Erbanlagen zurückzuführen versuchen. In der darin vorgenommenen *Gegenüberstellung* (und nicht Vermittlung in der Arbeitstätigkeit) von Individuum und Gesellschaft in den Formen von Anlage und Umwelt, ist nach Sève „... dem Biologismus von vornherein *die Hauptsache* zugestanden" (S. 241).

Wenn die Persönlichkeit ihre Gestaltung letztlich in der Arbeit erfährt, so zieht Sève daraus den Schluß, daß das von Marx als dem Wesen der Kategorie Arbeit zugrundeliegend erkannte ökonomische Verhältnis zwischen abstrakter und konkreter Arbeit, dann auch eine psychologische „Rück-Seite" haben muß, über die sich die sich in diesem Verhältnis ausdrückenden „... objektiven gesellschaftlichen Widersprüche in den Grundlagen der Persönlichkeit ..." (S. 195 f.) festsetzen. Wenn dem so ist, so folgerte er weiter, müßte es dann auch möglich sein, „... die ganze Dialektik der objektiven Widersprüche der gesellschaftlichen Arbeit im Kapital ... als Mittel zum Aufbau der ausgereiften psychologischen Theorie der Dialektik der Widersprüche innerhalb der Persönlichkeit" (S. 174) übernehmen zu können. Indem Sève der Marxschen Wesensbestimmung der Arbeit folgt, kann er zeigen, daß alle herkömmliche Psychologie, sofern sie sich überhaupt der Analyseeinheit „Arbeit" zugewendet hat, immer nur ihre *konkrete Seite*, die in die Erzeugung eines bestimmten Arbeitsprodukts eingehenden Verhaltensweisen, zum Gegenstand hatte. Ihr Gegenteil aber, *die abstrakte Arbeit*, das gesellschaftliche Verhältnis, das ein Individuum eingeht, indem es mit dem erzielten Arbeitsprodukt in gesellschaftlichen Austausch tritt und sich dabei in seiner gesellschaftlichen Individualität, seiner sich in der jeweiligen Individualitätsform ausdrückenden gesellschaftlichen Position zu anderen in Beziehung setzt, blieb bislang als Gegenstand der Psychologie ausgeschlossen. Gerade hier sieht Sève aber den *entscheidenden Ansatzpunkt* für eine Psychologie der Persönlichkeit, die nicht auf der Oberfläche beobachtbarer Verhaltensweisen „kleben bleibt", sondern diese vielmehr als Ausdruck gesellschaftlicher Bezugsetzungen des Individuums begreift, in denen es sich in seiner gesellschaftlichen Individualität, seiner jeweiligen Position im gesellschaftlichen Produktions-, Eigentums- und Distributionssystem produzieren und reproduzieren muß. Dementsprechend bestimmt Sève die Psychologie der Persönlichkeit dann auch als Wissenschaft vom „lebendigen System gesellschaftlicher Verhältnisse zwischen den Verhaltensweisen".

Und das ist auch der *springende Punkt*, in dem sich die Sèvesche Gegenstandsbestimmung von anderen Persönlichkeitsauffassungen, die ebenfalls von der Aneignung des gesellschaftlichen Erbes ausgehen, *wesentlich unterscheidet*: Es geht ihm nicht schlechthin um die psychische Gestalt, die das angeeignete Erbe, die Werkzeuge, die Wissenschaft, die Kultur usw., individuell annehmen; es geht ihm vielmehr darum, wie sich die *gesellschaftlichen Besitz-, Austausch- und Verteilungsverhältnisse,* unter denen die Aneignung des Erbes erfolgte, in *persönlichen Verhältnissen* zu diesem gesellschaftlichen Erbe individuell niederschlagen.

Sèves Theorie als Instrument der Kritik

An dieser Stelle wollen wir den Kreis wieder schließen: Sève hatte seine theoretische Arbeit in der Absicht aufgenommen, eine Psychologie der Persönlichkeit zu schaffen, die sich als „... *Instrument der vollständigen Entfaltung aller Persönlichkeiten* ..." versteht — „... vollständig, soweit ein bestimmtes Entwicklungsstadium der Produktivkräfte, der gesellschaftlichen Verhältnisse und der Kultur es jedem Individuum effektiv erlaubt" (S. 222). Indem Sève erkennt, daß die Persönlichkeit ihre Gestaltung im wesentlichen durch die Logik des gesellschaftlichen Reproduktionsprozesses in seiner Vermittlung über historisch-konkrete Individualitätsformen erfährt, ist offenbar, daß die Formen der Persönlichkeit in ihrem Wesen historische Produkte sind; ebenso vergänglich wie die Verhältnisse, die sie hervorgebracht haben, und in ihrer eigenen Entfaltung untrennbar mit der Entfaltung dieser Verhältnisse verbunden. Damit ist aber jede ahistorische Auffassung, die die Persönlichkeit als bloßes ‚Naturphänomen' faßt, nicht nur wissenschaftlich unhaltbar, sondern trägt damit notwendig — gewollt oder ungewollt — zur Konservierung bestehender gesellschaftlicher Verhältnisse und der mit ihnen verbundenen individuellen Wachstumsschranken bei. Aus diesem ideologisch bedeutsamen Grund unterzieht Sève verschiedene biologistisch verkürzte, im Alltagsbewußtsein oft fest verwurzelte Auffassungen von der Persönlichkeit einer schonungslosen Kritik und entlarvt sie als Ausdruck bürgerlicher Denkformen, in denen die bestehenden gesellschaftlichen Verhältnisse, wie ihr Produkt „Persönlichkeit", als naturgegeben und unveränderbar aufgefaßt werden. Dabei muß noch einmal betont werden, daß es Sève keineswegs darum geht, einem einseitigen Soziologismus das Wort zu reden — worum es ihm geht, ist das „... so oft auftretende ... Verkennen der engen Gültigkeitsgrenzen ..." (S. 216 f.) biologistischer Erklärungsversuche der entwickelten Persönlichkeit, bei denen regelmäßig ‚übersehen' wird, „... daß die biologischen ‚Gegebenheiten', die das psychische Individuum bei Geburt charakterisieren ..., durch die Entwicklung der Persönlichkeit mehr und mehr in *psychologische Resultate* verwandelt werden und also weniger ihre Grundlage als ihr Produkt sind" (S. 226).

Wenn dem aber so ist, so fragt Sève weiter, ist dann „... die *Existenz* großer Menschen, vollkommener Persönlichkeiten nicht Beweis dafür, daß das erreichte Entwicklungsstadium der Gesellschaft diese Vollendung *allgemein möglich macht?*" Sind dann die großen Mesnchen „... nicht in gewissem Sinn die *normalen Menschen* dieser Epoche, und ist der Regelfall der Verkrüppelung nicht gerade *die Ausnahme*, die Erklärung verlangt?" (S. 203).

Der Philosoph Sève scheut sich nicht, einen ersten Schritt in Richtung einer solchen psychologischen Erklärung selbst zu gehen: In der von ihm dazu erstellten hypothetischen Persönlichkeitstopologie versucht er die gesellschaftliche Widersprüchlichkeit individuellen Daseins als persönlichen Zeitaufwand für Aktivitäten auf den Dimensionen „abstrakt — konkret" (dem gesellschaftlichen Reproduktionsprozeß — dem individuellen Reproduktionsprozeß angehörende Aktivitäten) und „Abteilung I – Abteilung II" (Aktivitäten, die auch Fähigkeiten entwickeln – die sie nur anwenden) abzubilden. Auf der Grundlage dieses Vier-Felder-Schemas soll der Zeitplan, der der Biographie einer Person zugrunde liegt, als Aktivitätsverteilung in diesen vier Quadranten erfaßt werden. Der Entwicklungsstand einer Persönlichkeit wird dann aus dem prozentualen Verhältnis der Zeitanteile in den vier Aktivitätsqualitäten zueinander ablesbar. Dabei verweist für Sève ein gegenüber den anderen Aktivitäten erhöhter Anteil im Feld „abstrakte Aktivitäten der Abteilung II" tendenziell auf „Verkrüppelung", während demgegenüber ein erhöhter Anteil im Feld „konkrete Aktivitäten der Abteilung I" für eine wachsende, sich in Entfaltung befindliche Persönlichkeit stehen würde.

Die Kategorien der Sèveschen Topologie sind sämtlich *Analogien* zu Marx' *ökonomischen Kategorien* im Kapital; ebenso die Entwicklungsgesetze der Persönlichkeit, die allesamt die Kapitallogik widerspiegeln. Letztere haben ihre Gültigkeit für das ökonomische System des Kapitalismus glänzend bestätigt – für ihr Zutreffen im Bereich der Persönlichkeitsentwicklung sind uns allerdings noch keine empirischen Belege bekannt.

Sèves Theorie als Gegenstand der Kritik

Wir hatten schon eingangs darauf hingewiesen, daß die Bedeutung von Sèves Buch „Marxismus und Theorie der Persönlichkeit" weit über den hier dargestellten Zweck einer „Argumentationsgrundlage" hinausreicht. So hat dieses Buch seit seinem Erscheinen wiederholt zu Diskussionen unter Philosophen (vgl. Nachworte zur 2. und 3. Auflage, Sève, 1972, 1977), Kulturwissenschaftlern (vgl. Dölling, 1986), Psychologen (vgl. Holzkamp-Osterkamp, 1981) und Pädagogen (vgl. Braun, 1976) angeregt, die bis zum heutigen Tage anhalten.

Die Tatsache, daß Sèves Buch ein „Dauerbrenner" ist, verrät schon, daß eine einheitliche Bewertung nicht zu erwarten ist. Bei aller Kritik, die aus den unterschiedlichsten Richtungen und auf den unterschiedlichsten Ebenen angebracht wurde, findet sich, zumindest bei marxistisch orientierten Kritikern, zunächst eine deutlich positive Grundeinschätzung: So spricht Holzkamp-Osterkamp von einem „... der wichtigsten psychologischen Werke dieses Jahrhunderts ..." (1981, S. 327), Klix bezeichnet es als „... das bedeutendste und aktuellste Vorwort zu einer marxistischen Theorie der Persönlichkeit ..." (in Braun, 1976, S. 92), Röhr spricht von einem „... epochemachenden Buch ... hinter das die Wissenschaft heute nicht mehr zurückgehen darf" (in Braun, 1976, S. 128). Neben dieser wertschätzenden Aufnahme der Sèveschen Überlegungen finden sich allerdings auch deutlich kritische Stellungnahmen, von denen die u. E. wichtigsten die folgenden sind:

– Sève übernimmt unkritisch die *Entgegensetzung* bürgerlicher Wissenschaft *zwischen Mensch und Tier*, wodurch er in der Folge die Seite des gesellschaftlichen Wesens verabsolutiert und diese mit der Seite der menschlichen Natur, als der phylogenetisch gewordenen *Voraussetzung zur Gesellschaftlichkeit* des Individuums, nicht mehr dialektisch zu verbinden vermag (vgl. Holzkamp-Osterkamp, 1976, bes. S. 494 ff.).

– Sève stellt *Individuum und Gesellschaft* in einen *einseitigen „Juxtastrukturzusammenhang"*, innerhalb dessen nur das Individuum durch die gesellschaftlichen Verhältnisse seine Gestaltung erfährt, jedoch umgekehrt als *Gestalter dieser Verhältnisse* nicht in Erscheinung tritt. Damit blieb eine wesentliche Quelle der Selbstentfaltung der Persönlichkeit – wenn nicht die wesentlichste überhaupt – theoretisch unerschlossen (vgl. Eichhorn I., in Braun, 1976, S. 74 ff.).

– Sève übernimmt Marx' Kategorien, deren Relationen und Bewegungslogik unmittelbar, statt der *Methode der Kategoriengewinnung*, die Marx im Kapital auf den ökonomischen Gegenstand anwendet und wie sie durch Wygotski, Leontjew und später Holzkamp für *psychologische Kategorienanalysen* fruchtbar gemacht wurde. Durch den statt dessen vorgenommenen *Parallelisierungs*versuch zwischen *Ökonomie und Psychologie* fällt Sève in seiner konkreten Persönlichkeitstopologie wieder hinter seine eigene Gegenstandsbestimmung zurück (vgl. Holzkamp-Osterkamp, 1981).

Nach dieser doch recht substantiellen Kritik stellt sich sicherlich für manchen die Frage, was denn dann von den Sèveschen Einsichten noch als bleibend angesehen werden kann!

Prinzipiell ist dazu festzustellen, daß die von Marxisten an Sève geübte Kritik, dessen Ansatz nicht *grundsätzlich* in Frage stellt, sondern vielmehr bemüht ist, im Sinne seiner Weiterentwicklung diejenigen Stellen ausfindig zu machen, an denen Sève selbst noch in bürgerlichen Denkformen verhaftet blieb und so im Marxismus *real verfügbare Möglichkeiten* nicht nutzbar machen konnte. Stellt man das alles in Rechnung, so bleibt der „Kern" der Sèveschen Erkenntnis, daß die Persönlichkeit im wesentlichen *historisches Produkt gesellschaftlicher Entwicklung* ist, daß ihre Entfaltung und Gestaltung in *historisch-konkreten Formen gesellschaftlicher Individualität* erfolgt und sich über diese Formen die jeweiligen *Besitz-, Austausch- und Verteilungsverhältnisse zwischen objektiven Positionen im gesellschaftlichen Produktionsprozeß an das Individuum vermitteln,* unangefochten. In den Punkten, in denen der Sèvesche Ansatz marxistischer Kritik nicht standhalten konnte, erfuhr er im Konzept der „Kritischen Psychologie" eine positive Aufhebung. Das betrifft vor allem eine Neubestimmung des *Verhältnisses zwischen menschlicher Natur und gesellschaftlichem Wesen*, die Anwendung der Marxschen *Methode der Kategorialanalyse* auf den psychologischen Gegenstand und schließlich eine Neubestimmung der *Rolle des Individuums bei der Gestaltung der eigenen Persönlichkeit.*

Literatur

Braun, K.-H. (1976). Kontroverse um Sève, Holzkamp und Leontjew. In Beiträge zur kritischen Psychologie, Bd. III. Marburg: Philipps-Universität Marburg, Fachschaft Psychologie und Pädagogik.

Dölling, I. (1986). Individuum und Kultur. Ein Beitrag zur Diskussion. Berlin (DDR): Dietz.

Holzkamp-Osterkamp, U. (1981). Grundlagen der psychologischen Motivationsforschung. In W. Forst, W. Kessel, A. Kossakowski & J. Lompscher, Beiträge zur Psychologie, Bd. XI. Berlin (DDR): Volk und Wissen.

Marx, K. (1983). Marx Engels Werke, Bd. 3. Berlin (DDR): Dietz.

Politzer, G. (1947). La crise de la psychologie contemporaine. Paris: Editions Sociales.

Röhr, W. (1982). Allgemeine historische Individualitätsform kontra Rolle. Sèves Ansatz der allgemeinen historischen Individualitätsformen und seine Bedeutung für eine konsequentere Kritik und Überwindung der Rollentheorie. In Formen der Individualität. Mitteilungen aus der kulturwissenschaftlichen Forschung Nr. 11. Manuskriptdruck. Berlin (DDR).

Sève, L. (1972). Marxismus und Theorie der Persönlichkeit. Berlin (DDR): Dietz.

Sève, L. (1977). Marxismus und Theorie der Persönlichkeit. Frankfurt/M.: Marxistische Blätter.

Sève, L. (1978). Marxistische Analysen der Entfremdung. Frankfurt/M.: Marxistische Blätter.

Sève, L. (1986). Historische Individualitätsformen und Persönlichkeit. In Jahrbuch des IMSF 10. Frankfurt/M.: Institut für Marxistische Studien und Forschungen (IMSF).

Die dialektische Psychologie
Klaus F. Riegels

Hans-Wolfgang Hoefert

Vorbemerkung

Ziel dieses Beitrages ist es, die „dialektische" Position in den Schriften Klaus
F. Riegels zu umreißen, weil sie als Versuch verstanden werden kann, determini-
stische und mechanistische Vorstellungen vom Wesen des Psychischen zu überwinden. Riegel hat versucht, von dieser Position aus die Merkmale menschlicher Entwicklungsprozesse sowohl im phylogenetischen als auch im ontogenetischen Sinne zu definieren, wobei er auch seine persönliche Entwicklung und
akademische Sozialisation als Betrachtungsgegenstand nie ausschloß. Das Verständnis der „dialektischen" Position wird erleichtert, wenn man die wichtigsten Lebensstationen und Forschungsthemen Riegels kennt.

1. Riegels Lebenslauf — ein Prozeß der Krisen und „dialektischen" Auseinandersetzungen mit spezifischen Umwelten

Klaus F. Riegel (1925–1977) wurde in Berlin geboren, arbeitete zunächst in verschiedenen Metallberufen und studierte dann Mathematik und Physik. Bestimmend für sein wissenschaftliches Lebenswerk war jedoch sein Studium der Psychologie und Philosophie[1]).

In einem Nachruf der von Riegel mitbegründeten Zeitschrift „Human Development" führen die Herausgeber-Kollegen etwa 120 Publikationen auf (Hum.
Dev. 1977, S. 317–325), in deren Titeln sich die Entwicklung Riegels von einem
methodisch eher konventionellen Entwicklungspsychologen — wenn auch mit
der vergleichsweise originellen Schwerpunktsetzung auf Entwicklungsprozesse
im höheren Alter — hin zu einem Psychologen widerspiegelt, welcher sich zunehmend kritisch mit der eigenen Wissenschaft, ihren impliziten (mechanistischen) Menschenbildern, ihren einseitigen (experimentalpsychologischen) Para-
digmen, ihren reduktionistischen (a-historisch und a-sozial angelegten) Unter-
suchungsdesigns sowie mit dem Methodendiktat in der Theoriebildung
auseinandersetzt[2]).

Bei der Betrachtung des Riegelschen Gesamtwerkes lassen sich vier Analyseebenen unterscheiden:
– die Ebene der Auseinandersetzung mit der „scientific community" — dem
  dialektischen Beeinflussungsverhältnis zwischen sozialer Referenzumwelt

und dem eigenen Denk- und Kommunikationsstil – im Rahmen der eigenen akademischen Sozialisation
- die Ebene der Analyse von Biografien anderer Menschen im Sinne eines lebenslangen Prozesses, welcher nur durch die Kenntnis von Krisen und Wechselsituationen sowie deren gesellschaftlich-historische Mitbedingtheit hinreichend verstanden werden kann
- die Ebene der Analyse historisch-gesellschaftlicher Prozesse, welche die individuellen Biografien mitdeterminieren
- die Ebene der Analyse von Evolutionsprozessen in den Sozialwissenschaften, welche sich der oben genannten Analyseebenen mehr oder weniger angenommen haben.

Riegel hat mit seiner Forderung, derartige Analyseebenen möglichst *gleichzeitig* im Blick zu halten, sicherlich nicht nur das (damals) vorherrschende Selbstverständnis der Psychologie provoziert, sondern auch die Begrenztheit bzw. Einseitigkeit des Methodenarsenals erkennbar werden lassen. Eine die vierte Ebene betreffende Leitfrage in den späteren Werken Riegels, nämlich, ob psychologische Theorien auch die historische Entwicklung der Psychologie als Disziplin erklären können (vgl. Meacham, 1980, S. 11–18), veranschaulicht schließlich Riegels Tendenz, eine ohnehin schon komplexe Betrachtungsweise (siehe oben) nicht nur auf quasi wissenschafts*externe* Analyseeinheiten (Individuen, weitere soziale Entitäten und deren Entwicklungsdynamiken) zu beziehen, sondern auch auf wissenschafts*interne* Entwicklungen.

Zweifellos ist es nicht zuletzt Riegel zu verdanken, daß auch innerhalb der Wissenschaft Psychologie in dieser Weise gestritten wurde und daß heute „Krisen" einer Wissenschaft als „normale" Durchgangsstadien angesehen werden.

2. Konstitutive Themen für den „dialektischen" Ansatz

Klaus F. Riegels Veröffentlichungen und programmatische Aktivitäten lassen sich nur schwer einzelnen „Unterdisziplinen" der Psychologie als Wissenschaft zuordnen. Dies soll exemplarisch für viele andere Studien anhand der Kapitel in den „Foundations of Dialectical Psychology" (1980) verdeutlicht werden:
- *Eigenschaften und Fähigkeiten* werden ebenso wie sogenannte Gleichgewichtskonzepte als sinnvolle Konstrukte bezweifelt; vielmehr seien Fragen, Zweifel, Widersprüche und Krisen bzw. Ungleichgewichtszustände als vergleichsweise wichtigere Analyseeinheiten in der Entwicklungsbetrachtung anzusehen.
- *Sprache* gilt zumeist als ontogenetisch erworbene Eigenschaft; demgegenüber müsse Sprache als Tätigkeitsergebnis früherer Generationen verstanden werden, – ähnlich wie der Entwicklung monetärer Systeme, in denen durch *Arbeit* etwas hergestellt wurde. Phylogenetisch, so behauptet Riegel, stünden außer- und innersprachliche Relationen *vor* Wörtern und Wortklassen.

– *Erinnern und Vergessen* werden häufig als Leistungen bzw. Fehlleistungen
der mentalen Kapazität zur Speicherung „objektiver" Daten aufgefaßt; Erinnern und Vergessen sei vielmehr als Widerspiegelung der Veränderungen
in historischen und sozialen Umwelten zu begreifen, wobei die objektiven
Ereignisse für die psychologische Betrachtung nur hinsichtlich ihrer Wahrnehmung und Bewertung bedeutsam seien.

– *Entwicklung* im höheren Erwachsenenalter wird häufig als Fortschreibung
erworbener Muster begriffen; jedoch könne (und hier beruft sich Riegel auf
die Lebensläufe der Wissenschaftler Jean Piaget und Wilhelm Wundt) gezeigt werden, wie erforderliche Neukoordinierungen mit der (wissenschaftlichen) Referenzumwelt zu Entwicklungsfortschritten führen.

– Das Erleben von *Zeit* wird traditionell aus dem Vergleich zweier Meßzeit-
punkte erschlossen; man müsse jedoch – so Riegel – unterscheiden zwischen der absoluten Zeit, die einen idealisierten Beobachter erfordere, und
der relationalen Zeit, die von Interaktionen und individuellen Perspektiven
abhänge (in „dialektischer" Sicht seien beide Zeitkonzepte aufeinander zu
beziehen).

3. Grundlinien des „dialektischen" Ansatzes

Kernstück dieses Ansatzes ist die Annahme, daß Entwicklung nicht einfach in
einem Fortschreiten von Stufe zu Stufe besteht, auf der jeweils ein Gleichgewichtszustand (ähnlich wie im Äquilibrationskonzept Piagets) erreicht wird,
sondern daß gerade die Disharmonien und Konflikte innerhalb der Individuen
und zwischen diesen und mit ihren Umwelten die eigentlich konstitutiven Elemente von Entwicklung sind.

Riegel betrachtet Entwicklung allerdings nicht nur auf einer (etwa der individuellen) Dimension, sondern auch umweltseitig auf der soziokulturellen und
äußerlich-physikalischen Dimension. Die „Lebensleistung" des Individuums,
so könnte man sagen, bestehe darin, zwischen den jeweiligen Veränderungen
auf zumindest zwei Dimensionen zu vermitteln (z. B. durch Neuanpassung oder
Einflußnahme). Diese Vermittlungstätigkeit wird von Riegel und anderen Vertretern des „dialektischen" Ansatzes als „Koordinierung" oder „Synchronisierung" bezeichnet. Entwicklung stelle demnach „... die Koordinierung oder
Synchronisierung von jeweils zwei, und letztlich von all diesen progressiven Veränderungen dar. ... Immer wenn die Synchronie gestört wird, gibt es einen
Konflikt oder eine Krise. Solche Konflikte und Krisen dürfen jedoch nicht als
etwas Negatives betrachtet werden. Die meisten Krisen stellen konstruktive
Konfrontationen dar, in denen die auftretenden Disharmonien und Widersprüchlichkeiten zur Quelle für jede Neuerung innerhalb des Individuums und
innerhalb der Gesellschaft werden ... Diese synchronisierenden Entwicklungs-
sprünge stellen die wichtigsten Leistungen des Individuums und der Gesellschaft dar" (Riegel, 1978, S. 76 f.).

Im einzelnen unterscheidet Riegel vier Entwicklungsdimensionen, zwischen denen Synchronisierung erforderlich werden kann; je nachdem, wie erfolgreich diese verläuft, können positive oder negative Folgen resultieren. Dies läßt sich an dem folgenden Schema veranschaulichen (vgl. Riegel, 1978, S. 87):

	Inner-biologisch	Individuell-psychologisch	Sozio-kulturell	Äußerlich-physikalisch
Inner-biologisch	Infektion Befruchtung	Krankheit Reifung	Epidemie Kultivierung	Verödung Vitalisierung
Individuell-psychologisch	Störung Kontrolle	Uneinigkeit Einigkeit	Andersdenken Organisation	Destruktion Erzeugung
Sozio-kulturell	Verzerrung Anpassung	Ausbeutung Akkulturierung	Konflikt Zusammenarbeit	Verwüstung Erhaltung
Äußerlich-physikalisch	Vernichtung Ernährung	Katastrophe Wohlfahrt	Unheil Bereicherung	Chaos Harmonie

Aus diesem Schema (das lediglich *Beispiele* zeigt) wird ersichtlich, daß die „Leistung" des Individuums analog zu derjenigen einer Gesellschaft gesehen wird. Deshalb versteht Riegel es als Aufgabe einer „dialektisch" arbeitenden Psychologie, individuelle Veränderungen vor dem Hintergrund der gleichfalls zu analysierenden historisch-gesellschaftlichen Veränderungen zu beschreiben und zu erklären. Entsprechend stand 1973 eine der „Life Span Developmental Conferences" – dem Forum der „dialektischen" Psychologen – unter dem Thema „The Developing Individual in a Changing World" (vgl. Riegel & Meacham, 1976; Datan & Reese, 1977).

Wieweit diese – in der Themenformulierung enthaltene – programmatische Forderung, individuelle und kulturelle Veränderungsprozesse in verschiedenen historischen Phasen jeweils *gleichzeitig* zu erfassen, allein schon in den Veröffentlichungen und Kongreßbeiträgen der „dialektischen" Psychologen berücksichtigt werden konnte bzw. von der gegenwärtigen Psychologie mit ihrem personzentrischen Weltbild und entsprechenden Methoden berücksichtigt werden kann, mag dahingestellt sein.

Riegel hat jedenfalls *exemplarisch* versucht, die Situation des aktiven Individuums im Kontext *seiner* Referenzumwelt (ideengeschichtlicher und pragmatischer Orientierungsrahmen für die Tätigkeit als Geisteswissenschaftler) zu untersuchen. Als Beispiele für einen solchen, die traditionelle Betrachtungsweise der „Heimatwissenschaft" Psychologie überschreitenden Versuch seien hier der Aufsatz „An Epitaph for a Paradigm" (1973) und das Buch „Psychology of Development and History" (1976) genannt. Für den historisch gut orientierten Geisteswissenschaftler können die *summarischen* Exkurse Riegels in die Antike oder das Mittelalter zweifellos nicht befriedigen, da es ihnen an Elaboriertheit und soziologischer Dimensionsvielfalt fehlt.

Riegel zeigt beeindruckend, wie individuelle Lebensschicksale für den um Generalisierung bzw. Universalisierung seiner Annahmen bemühten Psychologen letztlich unerklärbar bleiben, wenn er sich auf die Klärung *intra*individueller Zusammenhänge (etwa „Determinationen" des Erwchsenendaseins durch frühkindliche Ereignisse) bzw. auf ein *ipsatives* Forschungsdesign beschränkt und sowohl den sozialen (historisch-gesellschaftlich determinierten oder zumindest überformten) Kontext ebenso aus seiner Betrachtung ausklammert wie die sinnlich erfahrbaren Bedingungen, unter denen jeweils „markante" (d. h. vergangenheits- und zukunftsstrukturierende) Beziehungen zwischen Menschen *durch ihren Dialog* entstanden sind.

Menschen werden aus der Sicht der „dialektischen" Psychologie
- aus analytischen Gründen – jeweils unter mindestens *zwei* Aspekten (z. B. biologisch-sozial, sozial-kulturell usw.) gesehen. *Dialektik* ist bei Riegel das *formale* Prinzip der Betrachtung. Der Begriff „Dialektik" bedeutet in *diesem* Zusammenhang also nichts weiter als die *gleichzeitige* Berücksichtigung zweier Daseinsformen,
- er bedeutet nicht, wie Eyferth (1981, S. 5–7) verdeutlicht hat, eine politisch-argumentative Konfrontation im Sinne von Hegel und Marx.

Das Verständnis des Riegelschen Gedankengutes wird aber erschwert, *weil* Riegel sich explizit mit Hegel, Marx und vor allem Rubinstein beschäftigt hat, allerdings ohne *deren* Dialektikbegriff übernommen zu haben (dies ist der Grund für die bisher gesetzten Anführungszeichen am Wort „dialektisch").

4. Rezeptionsweisen des Riegelschen Gedankengutes

Riegels Bücher sind zum Teil Zusammenfassungen von einzelnen, früher erschienenen Aufsätzen, welche man recht unterschiedlichen Bereichen der Psychologie (in ihrer traditionellen Gliederung) zuordnen kann; ähnliches gilt übrigens auch für die Bezugnahmen *innerhalb* einzelner Aufsatzthemen. Riegel hat mit diesen Zusammenstellungen auch nicht den Anspruch verfolgt, „Lehrbücher" im klassischen Sinne zu schaffen, sondern gerade durch das „Ensemble" seiner Zusammenstellung zu einem disziplin*übergreifenden* Denken und Forschen anregen wollen. Er wollte damit nicht zuletzt den „Dialog", den er im persönlichen und wissenschaftlichen Bereich suchte, auch als Instrument wissenschaftlichen Handelns etablieren helfen. Indem er sich – manchmal durchaus in einer vorgetragenen Unernsthaftigkeit – über die Grenzen *seines* Faches (Entwicklungspsychologie) hinwegbewegte, mußte er zwangsläufig vielen Kollegen als wenig „von sich selbst überzeugter und angepaßter ‚Fachvertreter'" (Aebli, 1980, S. 9–10). erscheinen.

In den meisten Lehrbüchern der Psychologie – vor allem der Entwicklungspsychologie – wird Riegel vielfach zitiert, wobei der „dialektische" Ansatz nicht näher behandelt wird[3]).

Auch an dem akademischen Ort, wo die Riegelsche Position in der Persönlichkeitspsychologie aufgenommen hätte werden können (vgl. West, 1983, 1986; Hoefert, 1982), findet Riegel wenig Erwähnung.

Schließlich ist Riegels „dialektischer" Ansatz auch dort auf Skepsis gestoßen, wo man eine inhaltliche und formale Affinität zu einem „dialektischen" Denken am ehesten hätte vermuten können[4]).

Schlußbemerkung

Nach meiner Sicht ist Riegels „dialektische" Position zumindest im amerikanischen Wissenschaftsbetrieb gezielt ignoriert worden, weil sie u. a. zu viele Bezugnahmen auf marxistisches Denken enthielt und daneben – dies trifft auch für die deutsche Wissenschaftslandschaft zu – zu viele ungeklärte „Konstrukte" vorsah.

Wenn man genau in die Schriften Riegels schaut, wird man feststellen, daß dort psychisches Geschehen als aktiv, übergangs- und krisenhaft, daneben als bezugnehmend auf frühere und jetzige gesellschaftliche Situationen verstanden wird. Die Tatsache, daß die Psychologie zur Erfassung solcher psychischen Tatsachen nur wenig „Meßinstrumente" zur Verfügung hat und womöglich auch in der Zukunft nicht haben dürfte, hat Riegel nicht weiter gestört. Er ist davon ausgegangen, daß es in der Psychologie nicht darauf ankommt, den Erkenntnisstand über das Wesen des Psychischen an den methodologischen Stand anzupassen, sondern daß es darauf ankommt, Erkenntniskriterien zu definieren, die der historischen und gesellschaftlichen „Gesamtsituation" eines Menschen gerecht werden.

Riegels besonderes Verdienst für die Entwicklung der Psychologie als Wissenschaft beruht m. E. darauf,
— daß er die phylogenetische Betrachtungsweise von menschlichen Schicksalen oder Schicksalsgemeinschaften (wie bei Wundt und später Freud angelegt) wiederbelebt hat,
— daß er ein langzeitliches Verständnis individueller Schicksale (ähnlich wie schon Murray, 1938) nahegelegt hat,
— daß er durch die Bezugnahme auf die in einer Generation vorherrschenden gesellschaftlichen Verhältnisse zur Erweiterung des Untersuchungsrahmens über menschliche Entwicklungen angeregt hat
— und daß er dem Konzept „Krise" von der Marginalität zur Zentralität in der Psychologie verholfen hat.

In der Zusammenschau der Riegelschen Schriften erscheint das Psychische vor allem als etwas, was subjektiv und im veröffentlichten Sinne wirklich existiert, wenn Menschen sich mit ihrer Vergangenheit und mit ihrer gesellschaftlichen Umwelt aktiv auseinandersetzen. Es scheint auch so, als wenn es nur verhalten existieren würde, wenn diese Auseinandersetzung *nicht* stattfindet.

Anmerkungen

[1]) Wichtige akademische Situationen waren: Erwerb des Master-degrees in Minnesota (1955), Dissertation mit dem Titel „Untersuchung über intellektuelle Fähigkeiten älterer Menschen" an der Universität Hamburg (1958), wo er auch im Bereich Statistik und Methodenlehre tätig war, Mitarbeit in Psycholinguistik-Programmen der Universität Michi-

gan (1959), Mitherausgeber der Zeitschrift „Human Development" (ab 1970) und Mitgliedschaft in der Gerontological Society, deren Sektionspräsident er später wurde.
2) Überblickartig könnte man die Publikationstätigkeit Riegels in folgende Phasen einteilen: Statistik, Testentwicklung, Intelligenzforschung, vor allem Studien zur Sprachpsychologie und Gerontologie bis etwa 1971, Studien zum Zusammenhang individueller und gesellschaftlich-kultureller Entwicklungen mit ersten Formulierungen des „dialektischen" Ansatzes etwa ab 1972, Betonung der „life crisis" als zentraler Analyseeinheit (1975) sowie des „Zeiterlebens" in den letzten Schaffensjahren. Im deutschen Sprachraum ist Riegel vor allem durch die Sammelbände „Zur Ontogenese dialektischer Operationen" (1978), „Grundlagen der dialektischen Psychologie" (1980) und „Psychologie, mon amour" (1981) bekannt geworden.
3) In den deutschen und amerikanischen Lehrbüchern der Entwicklungspsychologie wird Riegel vor allem mit seinen empirisch angelegten Arbeiten sowie mit seinen Studien über Längsschnitt-Designs zitiert. Seine Studien über Krisen (als Entwicklungschancen) sowie seine Beiträge zur Gerontologie werden auch in neueren deutschen Lehrbüchern der Entwicklungspsychologie (z. B. Oerter & Montada, 1982; Silbereisen & Montada, 1983) zu den „klassischen" Studien gezählt. Daneben ist Riegels Krisenbegriff zum Bezugspunkt in der Forschung über „kritische Lebensereignisse" (vgl. Filipp, 1981) geworden.
4) Gemeint ist die Gruppe der sogenannten „kritischen" Psychologen (vgl. Holzkamp, 1972), aus deren materialistisch-dialektischem Verständnis heraus für den Riegelschen Ansatz kennzeichnend sei, daß er nicht die „gegenständliche Tätigkeit" (sondern bloße Interaktionen) vorsehe, so daß sich in der Riegelschen Systematik die bürgerliche Gesellschaft (die soziokulturelle Systemebene) als eine dem Menschen gegenüberstehende fremde Macht abbilde (vgl. Grüter, 1979).

Literatur

Aebli, H. (1980). Zur Einführung. In K. F. Riegel, Grundlagen der dialektischen Psychologie (S. 9f.). Stuttgart: Klett-Cotta.
Datan, N. & Reese, H. W. (Eds.) (1977). Life-span developmental psychology: dialectic perspective on experimental research. New York: Academic Press.
Eyferth, K. (1981). Vorwort zur deutschen Auflage. In K. F. Riegel, Psychologie, mon amour (S. 5–7). München: Urban & Schwarzenberg.
Filipp, S. H. (Hg.) (1981). Kritische Lebensereignisse. München: Urban & Schwarzenberg.
Grüter, B. (1979). „Dialektische Psychologie" – eine amerikanische Variante kritischer Psychologie? Argument-Sonderband, 41, 157–175.
Hoefert, H.-W. (Hg.) (1982). Person und Situation. Göttingen: Hogrefe.
Holzkamp, K. (1972). Kritische Psychologie. Frankfurt/M.: Fischer.
Human Development (1977). In memoriam Klaus F. Riegel, November 6, 1925–Jul 3, 1977. Human Development, 20, 317–325.
Meacham, J. A. (1980). Einleitung. In K. F. Riegel, Grundlagen der dialektischen Psychologie (S. 11–18). Stuttgart: Klett-Cotta.
Oerter, R. & Montada, L. (Hg.) (1987). Entwicklungspsychologie. München: Urban & Schwarzenberg, 2. Aufl. 1987.
Riegel, K. F. (1973). An epitaph for a paradigma. Human Development, 16, 1–7.
Riegel, K. F. (1976). The psychology of development and history. New York: Plenum Press.
Riegel, K. F. (1981). Psychologie, mon amour. München: Urban & Schwarzenberg.
Riegel, K. F. (Hg.) (1978). Zur Ontogenese dialektischer Operationen. Frankfurt/M.: Suhrkamp.
Riegel, K. F. (1980). Grundlagen der dialektischen Psychologie. Stuttgart: Klett-Cotta.
Riegel, K. F. & Meacham, J. A. (Eds.) (1976). The developing individual in a changing world, 2 Bde. Den Haag: Mouton.

Silbereisen, R. K. & Montada, L. (Hg.) (1983). Entwicklungspsychologie. München: Urban & Schwarzenberg.

West, S. G. (Ed.) (1983). Personality and prediction: nomothetic and ideographic approaches. Journal of Personality. Special Issue, 51, 3.

West, S. G. (Ed.) (1986). Methodological developments in personality research. Journal of Personality. Special Issue, 54, 1.

Die Geschichtlichkeit des Seelischen in der anthropologischen Konzeption von Philipp Lersch

Rudolf Miller

Vorbemerkung

Die kritische Rückbesinnung auf psychologische Konzepte der (jüngeren) Vergangenheit kann mit dazu beitragen, Antworten auf Fragestellungen der Gegenwart zu finden (vgl. Lück u. a., 1984, VIII). So wird gerade auch bei Philipp Lersch, dessen wissenschaftlicher Werdegang besonders eng verbunden ist mit einer gesellschaftspolitischen Entwicklung, die früher wie heute bestehende Gefahr einer Wechselwirkung zwischen wissenschaftlicher Theoriebildung und politischer Ideologie erkennbar. Die meisten Arbeiten über Philipp Lersch blenden diesen wichtigen Aspekt allerdings aus (vgl. Lersch & Thomae, 1960; Brunner, 1982, S. 269–328; Kunz, 1982, S. 248–268; Manz, 1984, S. 135–140; Fisseni, 1985, S. 233–238).

Nach einer Kurzbiographie und einem Überblick über die wichtigsten Vorläufer werden die zentralen Aussagen der von Lersch konzipierten Charakterologie und seines Schichtenmodells referiert, um dann seine Sicht des Verhältnisses von Psychologie und Seele zu beleuchten.

Personalia

Geboren am 4.4.1898 in München, Dr. phil. 1922, 1925–1933 Heerespsychologe, 1929 Habilitation für Philosophie und Psychologie an der TH Dresden, 1930–1936 Assistent am Institut für Philosophie und Psychologie, 1936 erst n. b. a. o., dann beamteter pl. a. o. Prof., 1937 o. Prof. Universität Breslau, 1939 o. Prof. in Leipzig, 1942 o. Prof. in München, gestorben 15.3.1972 (vgl. Geuter, 1984, S. 574).

Vorläufer

Bezogen auf Philipp Lerschs Arbeiten lassen sich Verbindungslinien aufzeigen von Aristoteles mit seiner Dreistufung der Seele in Pflanzen-, Tier- und Vernunftseele über Thomas von Aquin bis zur Lebensphilosophie bei Arthur Schopenhauer, Friedrich Nietzsche, Henri Bergson oder Ludwig Klages.

Die historische Entwicklung innerhalb der Psychologie führte dazu, daß der größte Teil der Wissenschaftler sich an den mit der „Psychophysik" verbundenen Modellvorstellungen orientierte (Staeuble, 1984, S. 10–16; Vorwerg, 1984,

S. 63–67). Nur ein zahlenmäßig geringerer Teil wendete sich eher verstehenden (deutenden) Verfahren zu. Bedeutsam für diese Richtung waren Wilhelm Diltheys Antithese zur zergliedernden Psychologie (1924, S. 139 ff.) und die sich daran anlehnenden Arbeiten Eduard Sprangers zur verstehenden Psychologie (1930).

Einen bedeutenden Einfluß auf Lersch hatte Ludwig Klages. Dieser konzipierte seine Charakterologie als eine Systematisierung und theoretische Fundierung seiner Ausdruckstheorie (1926). In seiner metaphysischen Theorie orientiert sich Klages an Nietzsche und spricht von einem diametralen Gegensatz zwischen den psychischen Kräften Seele und Geist (1948). Das Ergebnis der Auseinandersetzung zwischen dem „lebensnahen Walten der Seele" und dem „lebensfeindlichen Prinzip des Geistes" bestimmt letztlich den jeweiligen Charakter.

Als weiterer Vertreter einer philosophischen Anthropologie versucht Max Scheler mit seiner phänomenologischen Wesensanalyse die Unterschiede zwischen den Menschen zu erhellen. Dabei wird die Sonderstellung des Menschen gegenüber allen anderen Lebewesen durch den Aufbau der Persönlichkeit begründet. Schelers Schichtenmodell (1928) beinhaltet vier Ebenen: Die organisch gebundene, praktische Intelligenz, das gewohnheitsmäßige Verhalten, den Instinkt und den Gefühlsdrang. Der dieser Konzeption zugrundeliegende Ordnungsaspekt bedeutet, daß das höhere Leben das „Vegetative" und das niedrigere das „Animalische" ist.

Nicolai Hartmann (1940, 1943) spricht von den geistigen, den seelischen, den organischen und den anorganischen Seinsschichten. Dabei liegen diese nicht unverbunden übereinander, sondern die Wechselwirkungen zwischen diesen ergeben sich durch „Überformung" bzw. Überbauung".

Neben diesen Ansätzen hat auch der „Personalismus" von Stern (1918) auf die Arbeiten von Lersch eingewirkt. Hinzu kommt allerdings eine Vielzahl weiterer Einflüsse aus anderen Bereichen. Hier sind beispielhaft zu nennen Sigmund Freud (1940) mit seiner Akzentuierung von Familie und Kultur als prägende Instanzen für die Persönlichkeit, Alfred Adler (1912) mit seiner Herausarbeitung der Bedeutung der Gemeinschaft und C. G. Jung (1921) mit dem hierarchischen Aufbau des Seelischen in seinem Kegelmodell. Dieses beinhaltet die Schichten: Ich, Bewußtsein, persönliches Unbewußtes, kollektives Unbewußtes und den nie bewußt zu machenden Teil im kollektiven Unbewußten. Lerschs Arbeiten sind nur zu verstehen vor dem Hintergrund dieser „personalistischen" oder „anthropologischen" Strömungen.

Vom Charakter zur Person

Der kurze Überblick zeigt das Wiederaufleben des Schichtengedankens seit den 20er Jahren und seine Blütezeit zwischen 1930 und 1940. Ein Grund dafür lag möglicherweise in der zunehmenden Unzufriedenheit mit der „Elementenpsychologie" und der dadurch angeregten Suche nach eher ganzheitlichen Konzepten. Außerdem gab es eine Vielzahl hirnanatomischer und -pathologischer Erkenntnisse (Edinger, 1904), die für ein Schichtenmodell sprachen.

Bereits in seiner Schrift „Lebensphilosophie der Gegenwart" (1932) verdeutlicht Lersch die gegenseitige Bedingtheit von Ratio und Erleben und begründet damit seine anthropologische Grundkonzeption. Er möchte den bei Klages zu findenden Widerspruch zwischen Geist und Seele aufheben. Für Lersch ist Seelenkunde nur möglich als Menschenkunde. Seine anthropologische Intention führt zu der Ausweitung der Charakterlehre zu einer Lehre von der Person, d. h. zur Entwicklung eines Systems der Psychologie als System des Aufbaus der Person. Er bezieht sich dabei auf Klages, der in seinen „Prinzipien der Charakterologie" (1910) eine Tektonik des Charakters entwickelt hat.

Für Lersch ist die „strukturelle Aufhellung" eines Charakters das Grundprinzip einer charakterologischen Diagnostik. Das Erleben ist dabei der zentrale Gegenstand der Erkenntnis und der Prototyp des adäquaten Wissens um die Wirklichkeit. Der Charakterbegriff hat dabei drei Bedeutungen: zum einen die ästhetische, sie versteht den Charakter als Gefüge und gestalthafte Eigenart. Zum anderen die ethische und die psychologische, die den Menschen in seiner individuellen Eigenart erfaßt. Die letzte hat Ähnlichkeit mit dem Persönlichkeitskonzept bei Allport (1937).

Die Polarität einer Eigenschaft stellt das immanente charakterologische Prinzip dar. Für Lersch ist es bedeutsam, in welchem unterschiedlichen Strukturzusammenhang eine Eigenschaft steht. Solche Eigenschaften, auf die sich die anderen nach „seelenlogischen" Prinzipien zurückführen lassen, nennt er Primäreigenschaften. Cattel (1965) oder Allport (1937) sprechen später sehr ähnlich von zentralen und peripheren bzw. von fundierenden und fundierten Eigenschaften.

Die psychologische Erfahrung hat nach Lersch drei Aspekte: den binnenpsychologischen, der durch Wesensbegriffe ausgedrückt wird, den des äußerlichen Verhaltens (Verhaltenseigenschaften) und den der Leistungseigenschaften. Eine wesentliche Aufgabe der Charakterologie besteht in der Klärung der Beziehungen zwischen den Leistungseigenschaften und den Wesenseigenschaften.

Geuter (1984) weist an der Charakterologie die Wechselwirkungen zwischen gesellschaftlich-kulturellen und fachspezifischen Entwicklungen nach. So sprach man z. B. von Hegemonie oder Herrschaft in der Persönlichkeit. Nach dem 2. Weltkrieg setzt sich aufgrund des Einflusses der amerikanischen Psychologie zunehmend mehr der Begriff Persönlichkeit (personality) durch. Dieses ist z. T. der Versuch, andere inhaltliche Konzepte einzuführen und die mit dem Charakterbegriff verbundene Ideologisierung abzubauen. Trotz der damit verbundenen „Amerikanisierung" (Thomae, 1984) handelt es sich möglicherweise auch um eine Rückbesinnung auf Sterns „Personalistik" in der Folge des Deutschen Idealismus.

Das von Philipp Lersch (1938), parallel zu Erich Rothacker (1938, 1969) entwickelte Modell der Zweischichtung des seelischen Lebens ist eine Erweiterung der Charakterologie. Im Verhältnis zu den weiter oben dargestellten Modellen ist es im wesentlichen phänomenologisch begründet. Es basiert auf der Beobachtung und Beschreibung seelischer Erlebnisse, die in seiner achtjährigen Tätigkeit als Wehrmachtspsychologe gewonnen wurden. Analog zu den Schichten in der Geologie liegen dem Modell räumliche Vorstellungen zugrunde. Als eine genetische Schichtung in Anlehnung an biologische und ethnologische Sachverhalte impliziert es eine Hierarchie. Dem Anspruch der Ganzheitlichkeit der Betrachtung entsprechend, liegen die einzelnen Schichten nicht unverbunden übereinander, sondern sind durch eine enge Wechselbeziehung miteinander verbunden. Dabei sind diese Schichten auch für Lersch keine Realität, sondern Metaphern. Sie demonstrieren die ontogenetische und phylogenetische Abhängigkeit des Seelischen.

Beide Schichten, der „endothyme Grund" und der „personelle Oberbau" ruhen auf dem „Lebensgrund", der leiblichen Schicht. Der personelle Oberbau gliedert sich in das Wollen (dem bewußten Ich) und das Denken (aktiver Vollzug des bewußten Ich) als die seelischen Erlebnisse. Er ist weitgehend identisch mit der „Personschicht" bei Rothacker (1938). Der endothyme Grund gliedert sich in die Antriebe, Gefühle und stationären Gestimmtheiten. Der Lebensgrund umfaßt die somatischen Strukturen (Nervensystem) und somatischen Prozesse (Blutkreislauf) und ist somit die vorpsychische, dem Erleben vorgeordnete Wirklichkeit. Dort wo die Schichten integrativ wirken, konstituiert sich das personale Selbst. Dabei ist diese Integration nicht naturgegeben, sondern dem Menschen „aufgegeben".

Dem Schichtenmodell unterliegt ein normatives Ideal. Wille und Denken steuern Gefühl und Sinn. Dieses auch heute noch verbreitete Menschenbild entspricht den Vorstellungen des klassischen Bürgertums. Die starke Akzentuierung des Willens ist ein Spezifikum des Modells von Lersch. Für die enge Verzahnung dieses Modells mit der Ideologie der NS-Zeit finden sich Belege bei Geuter (1984, S. 180ff.).

Lersch ergänzt die vertikale Schichtung noch um die horizontale, die von innen nach außen geht. Diese stellt quasi ein topologisches Diagramm der Person dar, in dem der Kern die subjektive Einheit der Person repräsentiert. Vergleichbare Ansätze finden sich auch bei Lewin (1936) oder Wellek (1950).

Diese Funktionskreise verdeutlichen die Beziehung zur Umwelt. In dem „Weltinnewerden" oder der „Weltorientierung" vollziehen sich Prozesse der kognitiven Repräsentation mittels verschiedener Leistungen. Dieses sind die Sinneswahrnehmung und ihre Verarbeitung, die Vorstellung als Zuordnung zur Phantasie und das Denken. Das wirkende Verhalten beschreibt Prozesse zur Realisierung von Umweltzielen menschlichen Handelns. Lersch unterscheidet dabei in „antriebsunmittelbare Handlungen", die im endothymen Grund angesiedelt sind, und „Willenshandlungen", die dem personellen Oberbau zuzuordnen sind.

Kroh (1937) akzentuiert die Notwendigkeit einer genetisch fundierten Schichtenlehre und verweist darauf, daß viele Erscheinungen im Erwachsenenleben nicht begreifbar sind, wenn sie nicht auch als Repräsentationen der Wirksamkeit früherer Entwicklungsstufen verstanden werden. Dabei ist der Schichtenaufbau immer als ein Ordnungsprinzip des Seelischen anzusehen. Insgesamt ergeben sich allerdings mehrere Probleme.

— So ist Psychisches immer etwas Unräumliches und Physisches immer etwas Räumliches.
— Unklar ist die Abgrenzung der Schichten gegeneinander, sowie die Aufgliederungsmaßstäbe, die Räumlichkeit und die Kohärenz der Schichten.
— Wertbelastet ist die Hierarchisierung mit einem „Unten" und einem „Oben". Wenn z. B. Werner (1926) die Sprache der „Primitiven" mit Stufen der kindlichen Entwicklung vergleicht oder Jaensch (1929) eine Entwicklungslinie aufzeigt vom „Mythos zum Logos", ist eine solche Modellinterpretation nur vor dem Hintergrund der Überschätzung der abendländischen Kultur gegenüber anderen Kulturen zu sehen.

Das Modell von Lersch findet eine Erweiterung bei Rothacker, in dem er die Beobachtung des alltäglichen menschlichen Verhaltens in den Mittelpunkt stellt. Im Rahmen der Persönlichkeitspsychologie ist der Ansatz am konsequentesten von Thomae (1951) weiterentwickelt worden.

Psychologie und Seele

Im Mittelpunkt der Arbeiten von Lersch steht die Bezogenheit des Menschen auf den Wert des Seins. Er ist dabei auf der Suche nach den Sinngesetzen im Hinblick auf die Stellung des Menschen in der Welt. Dieses Anliegen geht über die Zielsetzung weiter Teile der heutigen akademischen Psychologie hinaus. Diese beschränkt sich nur auf das empirisch/experimentell Begründbare. Die Auseinandersetzung mit dem bei einer solchen Vorgehensweise unterliegenden Menschenbild wird dann auf einer abgehobenen erkenntnistheoretischen Ebene geführt oder unterliegt implizit dem Forschungsdesign. Für Lersch ist die zu diagnostizierende Person nur ganzheitlich zu betrachten. Dieses bedeutet demnach, daß die erlebte Umwelt eine Funktion der Persönlichkeit und der tatsächlichen Umwelt ist. Die Zuordnung von Verhalten und Umwelt ist demnach keine einfache Korrelationsrechnung. Zusammenhänge dieser Art sind nicht linear, sondern wir haben Interdependenzen und Sinngefüge mitzudenken. Erst neuere Ansätze im Rahmen der Ökologischen Psychologie bemühen sich, eher ganzheitliche Konzeptionen zu entwickeln (vgl. Kaminski, 1976; Graumann, 1978; Miller, 1986).

In seiner Einführung zu dem Buch „Der Aufbau des Charakters" definiert Lersch die Aufgaben und das Selbstverständnis der Psychologie wie folgt: „In dieser ihrer Einstellung auf das Allgemeine ergeben sich für die psychologische Betrachtung vier grundsätzliche Aufgaben. a) Die vordringlichste ist diejenige der begrifflichen Unterscheidung (Klassifikation) und gegliederten Ordnung (Systematik) der seelischen Vorgänge und Zustände" (1938 u. 1942, S. 2f.). Im

weiterer Verlauf seiner Ausführungen geht er auf die Problematik bereits bestehender Systematiken ein und schreibt dazu: „Das Eigentümliche dieser Klassifikation liegt darin, daß in ihr die seelische Welt gesehen wird im Gesamtzusammenhang einer naturwissenschaftlich gedachten Wirklichkeit. Seelisches
Leben wurde soweit wie möglich ausgelegt als bedingt durch die Wirklichkeit
physikalisch-chemischer Reize und die gehirnmäßigen Funktionen der Sinnesorgane. Auch da, wo solche Zusammenhänge nicht mehr aufweisbar sind, zeigt
sich die suggestive Einwirkung des Vorbildes der messenden Naturwissenschaften darin, daß man, geleitet von ihrem methodischen Ideal, versuchte, das flie-
ßende Geschehen des seelischen Lebens auf einfache Bestandteile zurückzuführen und Gesetze zu finden, nach denen sich das seelische Leben mit seiner Mannigfaltigkeit und Bewegtheit aus solchen Bestandteilen (Elementen) zusammensetzen läßt" (1938 u. 1942, S. 2f.).

Damit verweist er sehr genau auf die Grenzen einer solchermaßen praktizier-
ten Psychologie und spricht ihr die Fähigkeit ab, sich den „zentraleren und inti-
meren" Vorgängen zu nähern. Die Unangemessenheit des naturwissenschaftlichen Vorgehens begründet er mit der Andersartigkeit des Seelischen. Diese wird
gekennzeichnet durch den Integrationszusammenhang. „Greift man also die
einheitlichen Phänomene, die psychologischen Wesenheiten auf, ... so zeigt es
sich, daß sie deren Einteilungsschema sprengen (der klassischen Psychologie
A....M.), und zwar deshalb, weil eben eine gegenseitige Durchdringung, ein In-
einander-enthalten-Sein, ein Integrationszusammenhang dessen besteht, was
wir begrifflich als Inhalte des Vorstellens, Fühlens und Wollens voneinander
abheben" (1938 u. 1942, S. 4).

Lersch (1938 u. 1942, S. 7) führt weiter aus: „Die unterscheidbaren Einzelvorgänge und Zustände des Seelenlebens stehen aber nicht nur im Verhältnis gegenseitiger Durchdringung, sondern darüber hinaus in einem bestimmten Ord-
nungsverhältnis. Sie werden durchwaltet und durchwirkt von einem organisie-
renden Prinzip, das wir seit Dilthey unter dem Begriff der Struktur fassen." Der
Strukturzusammenhang besteht für Lersch dabei in der „zweipoligen koexisten-
tiellen Einheit" von Seele und Welt.

Die beiden weiteren Aufgaben der Psychologie sieht Lersch in der phänomenologischen Bestimmung der begrifflich unterschiedenen und systematisch geordneten Vorgänge und Zustände des seelischen Lebens und in der genetischen
Aufhellung der Frage nach den Entstehungszusammenhängen und -bedingun-
gen der Grundphänomene.

In der 10. Auflage seines Buches „Der Aufbau des Charakters" von 1966,
jetzt mit dem veränderten Titel „Aufbau der Person", differenziert Lersch seine
Analyse der Aufgaben und des Selbstverständnisses der Psychologie weiter aus.
Danach sind die Aufgaben der Seelenkunde, die sich mit dem „Insgesamt aller
Erlebnisse" befaßt, die sich im beseelten Lebewesen vollziehen, durch eine Glie-
derung der Psychologie in einzelne Teilgebiete zu lösen.

Die Allgemeine Psychologie hat dabei die Aufgabe, eine Systematik und
Klassifikation als Beitrag zum Modell des „seelischen Funktionskreises" zu lie-

fern. Dieser orientiert sich an dem „doppelten Ganzheitsbezug, in dem das see-lische Leben steht: seinem intramundanen, innerweltlichen, der als kommuni-kative Verflochtenheit mit der Welt horizontal verläuft, und seinem intraperso-nalen, der als Einheit in sich selbst vertikal gegliedert ist" (1966, S. 52 f.). Ent-sprechend einer solchen ganzheitlichen Konzeption kann die psychologische Begriffsbildung nur „akzentuierend" und nicht „determinierend" sein.

Das seelische Leben wirkt sich aus und zeigt sich im menschlichen Verhalten, das objektiv wahrnehmbar ist. Um dieses Verhalten zu verstehen, muß man mit Lersch nach den Erfahrungen fragen. Dabei differenziert er in drei Bereiche der seelischen Wirklichkeit. Diese sind der Erlebnisaspekt, der Verhaltensaspekt und der Leistungsaspekt.

Da das seelische Leben dem Gesetz der Entwicklung unterliegt, sind auch Beiträge der Entwicklungspsychologie von Bedeutung, um die „Prozesse der allmählichen Differenzierung und Entfaltung des seelischen Lebens in ihren wichtigsten Stadien und Verlaufsgeschehen zu erfassen" (1966, S. 56). Das was heute im biographischen Ansatz von Thomae (1968) oder in der Psychologie der Lebensspanne (Baltes, 1979) diskutiert wird, formulierte Lersch wie folgt: „Das Kind, der Jugendliche, der Mensch der seelischen Reife und des Alters sind Phänomene, die als ganzheitliche Zustandsformen der Entwicklung ver-standen werden müssen und sich nicht ausschließlich auf den Entwicklungs-stand einzelner Teilvorgänge des seelischen Lebens zurückführen lassen" (1966, S. 56 f.). Die Akzentuierung der Einmaligkeit jedes einzelnen Menschen (Indivi-dualität) geschieht dann durch die Erfassung ganzheitlicher Ausprägungen see-lischen Lebens im Einzelmenschen und ist die Aufgabe der Charakterologie.

Die Prozeßhaftigkeit des seelischen Lebens führt dazu, daß die Dispositio-nen, d.h. „habituelle Eigenschaften der Erlebnisweise, die im Wandel des Ge-schehens wiederkehren" (1966, S. 60), das seelische Leben im Hier und Jetzt be-stimmen.

Lerschs Forderung nach einer ganzheitlichen Erfassung des Menschen in der Psychologie erfährt Unterstützung durch die zusätzlich erhobene Forderung nach der Zusammenführung historisch auseinandergewachsener Wissenschaf-ten, insbesondere der Philosophie und der Psychologie.

Die Geschichtlichkeit des Seelischen wird von ihm durch die Akzentuierung des anthropologischen Aspektes besonders hervorgehoben. Diese Sichtweise verdeutlicht die historische Bedingtheit des Menschen. Er schreibt dazu: „Es ist gerade die Aufgabe der modernen Psychologie, den philosophischen Horizont wiederzugewinnen, in dem die Lehre von der Seele und vom seelischen Leben ursprünglich stand, und sie sucht dies eben in der anthropologischen Fragestel-lung" (Lersch, 1966, S. 74).

Nachbemerkung

Die mit der Charakterologie und dem Schichtenmodell verbundenen Probleme wurden z. T. kurz angerissen. Wichtig ist der auch heute noch aktuelle Versuch, anthropologische Aspekte der menschlichen Existenz und empirische Befunde der Psychologie in einer Theorie zu integrieren. Neben diesem Verdienst einer inhaltlichen Bereicherung der Psychologie zeigen Leben und Werk von Philipp Lersch beispielhaft die enge Verflechtung von Wissenschaftentwicklung und gesellschaftlichen Zeiterscheinungen. Dieses gilt auch für die „quasi objektive" naturwissenschaftlich orientierte Psychologie unserer Zeit.

Literatur

Adler, A. (1912). Über den nervösen Charakter. Grundzüge einer vergleichenden Individual-Psychologie und Psychotherapie. Wiesbaden: Bergmann.
Allport, G. W. (1937). Personality. A psychological interpretation. New York: Holt.
Baltes, P. B. & Eckensberger, L. (1979). Entwicklungspsychologie der Lebensspanne. Stuttgart: Klett.
Brunner, A. (1982). Die personale Psychologie Williams Sterns und die Charakterologie. In H. Balmer (Hg.), Geschichte der Psychologie, Bd. 1 (S. 269–328). Weinheim, Basel: Beltz.
Cattel, R. B. (1965). The scientific analysis of personality. Hamondsworth, Middlesex: Penguin Books.
Dilthey, W. (1924). Ideen über eine beschreibende und zergliedernde Psychologie. Gesammelte Schriften V (S. 139 ff.). Leipzig: Teubner.
Edinger, L. (1904). Vorlesungen über den Bau der nervösen Zentralorgane des Menschen und der Tiere, 2 Bde. Leipzig: Barth.
Fisseni, H.-J. (1983). Philipp Lersch. In Th. Herrmann & E. D. Lantermann (Hg.), Persönlichkeitspsychologie. Ein Handbuch in Schlüsselbegriffen (S. 233–238). München: Urban & Schwarzenberg.
Freud, S. (1940 ff.). Gesammelte Werke I–VIII. London: Imago.
Geuter, U. (1944). Die Professionalisierung der deutschen Psychologie im Nationalsozialismus. Frankfurt/M.: Suhrkamp.
Graumann, C. F. (Hg.) (1974). Ökologische Perspektiven in der Psychologie. Bern, Stuttgart, Wien: Huber.
Hartmann, N. (1940). Der Aufbau der realen Welt. Grundriß einer allgemeinen Kategorienlehre. Berlin: de Gruyter.
Hartmann, N. (1943). Die Anfänge des Schichtungsgedankens in der Alten Philosophie. Abhandlungen der Preußischen Akademie der Wissenschaften.
Jaensch, E. R. (1929). Grundformen menschlichen Seins. Berlin: Elsner.
Jung, C. G. (1921). Psychologische Typen. Zürich: Rascher.
Kaminski, G. (Hg.) (1976). Umweltpsychologie. Perspektiven, Probleme, Praxis. Stuttgart: Klett.
Klages, L. (1910). Ausdrucksbewegung und Gestaltungskraft. Leipzig: Barth.
Klages, L. (1926). Vom Wesen des Bewußtseins. Leipzig: Barth.
Klages, L. (1948). Die Sprache als Quell der Seelenkunde. Zürich: Hirzel.
Kroh, O. (1937). Das Schichtenproblem in entwicklungspsychologischer Beleuchtung. Archiv für die Gesellschaft Psychologie, Bd. 98.
Kunz, H. (1982). Grenzen des psychologischen Erkennens. In H. Balmer (Hg.), Geschichte der Psychologie, Bd. 1 (S. 248–268). Weinheim, Basel: Beltz.

Lersch, Ph. (1932). Lebensphilosophie der Gegenwart. Berlin: Junker & Dünnhaupt.

Lersch, Ph. (1938). Der Aufbau des Charakters. Leipzig: Barth, 2. Aufl. 1942. 10. Aufl. bei Barth/München 1966 mit dem Titel: Aufbau der Person.

Lersch, Ph. & Thomae, H. (Hg.) (1960). Persönlichkeitsforschung und Persönlichkeitstheorie. Handbuch der Psychologie, 4. Bd. Göttingen: Hogrefe.

Lewin, K. (1936). Principles of topological psychology. New York: McGraw-Hill.

Lück, H.E., Miller, R. & Rechtien, W. (Hg.) (1984). Geschichte der Psychologie. Ein Handbuch in Schlüsselbegriffen. München: Urban & Schwarzenberg.

Manz, W. (1984). Persönlichkeitspsychologie. In H.E. Lück u.a. (Hg.), Geschichte der Psychologie. Ein Handbuch in Schlüsselbegriffen. München: Urban & Schwarzenberg.

Miller, R. (1986). Einführung in die Ökologische Psychologie. Opladen: Leske & Budrich.

Rothacker, E. (1939). Die Schichten der Persönlichkeit. Bonn: Bouvier, 9. Aufl. 1969.

Spranger, E. (1930). Lebensformen. Halle: Niemeyer.

Staeuble, I. (1984). Entstehen der Psychologie als Wissenschaft. In H.E. Lück u.a. (Hg.), Geschichte der Psychologie. Ein Handbuch in Schlüsselbegriffen (S. 10–16). München: Urban & Schwarzenberg.

Stern, W. (1918). Die menschliche Persönlichkeit. Leipzig: Barth.

Scheler, M. (1928). Die Stellung des Menschen im Kosmos. München: Neuer Geist.

Thomae, H. (1951). Persönlichkeit − eine dynamische Interpretation. Bonn: Bouvier.

Thomae, H. (1968). Das Individuum und seine Welt. Eine Persönlichkeitstheorie. Göttingen: Hogrefe.

Thomae, H.: Psychologie − eine amerikanische Wissenschaft? In H.E. Lück u.a. (Hg.), Geschichte der Psychologie. Ein Handbuch in Schlüsselbegriffen (S. 34–39). München: Urban & Schwarzenberg.

Vorwerg, M.: Experimentelle Psychologie in Leipzig. In H.E. Lück u.a. (Hg.), Geschichte der Psychologie. Ein Handbuch in Schlüsselbegriffen (S. 63–67). München: Urban & Schwarzenberg.

Wellek, A. (1950). Die Polarität im Aufbau des Charakters. Bern: Francke.

Werner, H. (1926). Einführung in die Entwicklungspsychologie. Leipzig: Barth.

Psyche und Zeit – Die Bedeutung der Historizität des Seelischen bei Wilhelm J. Revers

Christian G. Allesch

„Nicht ich verfolgte das Zeitproblem, sondern dieses verfolgte mich seit meiner Dissertation über die Langeweile im Jahre 1941 bei Erich Rothacker", schrieb W. J. Revers im Vorwort zu seinem Buch „Psyche und Zeit" (1985, S. 7) und charakterisiert damit zugleich ein bedeutsames Kennzeichen seiner Auffassung vom psychologischen Gegenstand: Was Seelisches sei, läßt sich nämlich aus seiner Sicht nicht „positiv" feststellen; schon gar nicht durch die Festlegung auf ein bestimmtes methodisches Arsenal oder eine bestimmte methodologische Grundeinstellung, die ihrerseits – bewußt oder in Gestalt unbewußter methodischer Vorurteile – den Gegenstand wissenschaftlichen Forschens präformiert, wo umgekehrt die sensible Anpassung des eigenen Begriffsrepertoires an das widerspenstige Objekt des eigenen Nachdenkens gefordert wäre. Auch dort, wo Revers – ob er sich dies nun eingestand oder nicht – Gegenstände mit der ihm eigenen Beharrlichkeit über Jahrzehnte verfolgte, blieb er doch ein Getriebener durch den Gegenstand selbst oder besser: ein Getriebener durch die Wandelbarkeit des Forschungsgegenstandes, deren Ursachen ebensosehr in der persönlichen Entwicklung des Betrachters als auch in der historischen Bedingtheit der Phänomene zu suchen sind, in denen sich Psychisches in konkreten zeitgeschichtlichen Situation entäußert.

Geboren 1918 in der Nähe von Köln, kam Revers nach dem Abitur am Gymnasium Brühl 1938 an die Universität Bonn. Hier hatte vor allem die Begegnung mit Erich Rothacker, bei dem er 1941 promovierte, prägenden Einfluß auf ihn. Nach Wehrdienst und Kriegsgefangenschaft folgten Assistentenjahre und Habilitation (1948) bei Gustav Kafka in Würzburg. Zu Begegnung und Auseinandersetzung mit den „zeitbedingten" Nöten junger Menschen bot ihm seine Tätigkeit als Leiter des Psychologischen Beratungsdienstes am Jugendamt der Stadt Würzburg (1953–1965) reichlich Anlaß und Anschauungsmaterial. Nach der Berufung als Ordinarius in Würzburg (1964) folgte schon bald der Ruf nach Salzburg (1965), wo Revers nach der Neugründung der Universität das Psychologische Institut aufbaute, das er – mit Unterbrechungen – bis zu seinem Tod am 5. April 1987 leitete[1]).

Die kulturanthropologische Betrachtungsweise, um die sich auch Revers' erster wissenschaftlicher Lehrer Erich Rothacker verdient gemacht hat, kennzeichnet also schon den Beginn seiner wissenschaftlichen Laufbahn. Stärker noch als durch die Etiketten „geisteswissenschaftlich" oder „phänomenologisch" ist die Psychologie W. J. Revers' daher durch die spezifische Rolle zu

Christian G. Allesch

kennzeichnen, die er der Geschichtlichkeit nicht nur bei der Beurteilung psychischer Phänomene selbst, sondern auch bei der Suche nach einem Selbstverständnis der sie untersuchenden Disziplin „Psychologie" zubilligt. Schon in seiner Würzburger Zeit wies er darauf hin, daß unser Forschen und Denken „in einem viel weiteren Ausmaß traditionsbedingt" sei, „als wir uns in unserer Alltagsarbeit darüber klar zu sein pflegen" (1962, S. 17). Gerade die scheinbare Voraussetzungslosigkeit, wie sie etwa der radikale Behaviorismus anstrebte, erweise sich letztlich als Quelle der Selbsttäuschung, weil die uneingestandenen Voraussetzungen nur umso leichter zu Determinanten der empirischen Forschung würden (1962, S. 19 f.).

Auf die fatalen Folgen dieser scheinbaren Voraussetzungslosigkeit hat Revers immer wieder deutlich hingewiesen. Was er in der „Psychologie der Langeweile" als „Münchhausenkomplex" charakterisiert und zugleich als „kulturpsychologischen Wurzelboden" der Langeweile kennzeichnet, nämlich jene hektische Betriebsamkeit, in der der Mensch meint, sich selbst am eigenen Schopf, d. h. ohne Rücksichtnahme auf seine Verwurzelung in der eigenen Zeitlichkeit, aus dem Sumpf ziehen zu können (1949, S. 71), das überträgt er in seinem jüngsten Buch auf die Situation der von „scientistischer Einäugigkeit" bedrohten Psychologie, nämlich auf die „Tollkühnheit" zu glauben, sie könne „die ‚reine' Wissenschaft ‚reiner' Objekte durch Übertragung des Schiedsgerichts über die Wirklichkeit vom Verstand auf die Sinne zutage fördern" (1985, S. 118).

Revers' Kritik an der psychobiologischen Ausrichtung der neueren, sogenannten „naturwissenschaftlichen" Psychologie richtete sich also nicht gegen eine naturwissenschaftliche Betrachtungsweise seelischer Vorgänge schlechthin, sondern gegen deren Verabsolutierung, nämlich gegen die Tendenz, die Prüfung der Kriterien der Wirklichkeit Apparaten zu überlassen und damit „automatisch die Palpabilität zum Kriterium der Wirklichkeit" zu erheben (1962, S. 21; ähnlich 1985, S. 117). Eine objektivistische Psychologie, die die Voraussetzungslosigkeit der Erkenntnis zur Bedingung der Wissenschaftlichkeit der Erkenntnis erhebt, setzt „die Ausklammerung des Subjektes der Wissenschaft, seiner Lebensgeschichte und der Weltgeschichte" voraus und eliminiert mit dem Subjekt der Erkenntnis die Möglichkeit von Erkenntnis selbst. Die Tatsache, „daß es unter uns Menschen kein Subjekt von Erkenntnis gibt, das traditions- und geschichtslos ist" und daß somit „das Subjekt wissenschaftlicher Erkenntnis u. a. historisch geprägt ist", stempelt jedoch dieses Ideal der Voraussetzungslosigkeit als Utopie ab und läßt als Ausweg nur jene „aporetische Redlichkeit" offen, in der sich der Forscher seines eigenen zeitlich-subjektiven Ausgangspunktes bewußt wird (1962, S. 64 ff.).

In dem Maße, in dem sich „nur ein apersonaler und ahistorischer Anonymus zur Versuchsperson eignet", war die naturwissenschaftliche Psychologie gezwungen, nicht nur das Phänomen der Subjektivität, sondern auch das Phänomen der Zeit auszuklammern (1977, S. 12 f.). Damit bildete die Wiedereinbeziehung der Zeitproblematik und der Historizität des Menschen in den Gegenstandsbereich der Psychologie für Revers auch den Schlüssel für das Verständnis und die Überwindung dessen, was er als die „anthropologische Krise der mit dem Menschen befaßten Naturwissenschaften" bezeichnete: Es geht dabei „nicht darum, die Naturwissenschaft zu leugnen, sondern die Forschungsmethoden den Problemen zu unterwerfen und, notfalls, Methoden zu *suchen*" (1977, S. 15; Hervorhebung im Original), nämlich vor allem Methoden, die auch dem Problem gerecht werden, „daß der Mensch und die Menschen, wenn sie Objekte psychologischer Forschung werden, nicht aufhören, selbst historische Objekte zu sein, die von ihrer Epoche historisch geprägt sind" (1985, S. 133).

Es läßt sich unschwer zeigen, daß Revers diese Forderungen nicht nur im theoretischen Bereich erhoben, sondern auch und gerade dort mit großer Konsequenz selbst beachtet hat, wo er als Psychologe mit dem realen Menschen und seinen Problemen unmittelbar befaßt war: in den beiden Bänden von „Frustrierte Jugend" etwa geht es nicht um isolierbare „Fakten" und „Tatbestände", sondern um persönlichkeitsgeschichtliche Ereignisse, die nur als solche, d.h. auf der Folie der subjektiven Geschichtlichkeit und deren Einbettung in eine soziokulturelle, also ebenfalls zeitlich-dynamisch verfaßte Umwelt verstehbar sind. Durch die Einbeziehung der Subjektivität in den wissenschaftlichen Betrachtungsansatz wird als „Störung des Werdens" verstehbar, was eine objektivistische Psychologie allenfalls messend „registrieren" und durch mehr oder minder valide Rückführung auf andere „objektive Tatbestände" kausalistisch „erklären" könnte, wodurch nicht selten gerade am subjektiven Sinn kritischer Reifungssituationen vorbeiinterpretiert wird.

Es nimmt angesichts dieser grundsätzlichen Ausrichtung auch nicht wunder, daß sich das Interesse Revers' im psychodiagnostischen Bereich nicht den psychometrischen Verfahren zuwandte, sondern einer diagnostischen Methode, in der die „messende", auf die quantitative Analyse eines „Status" gerichtete Absicht zurücktritt hinter den Anspruch, die Persönlichkeit in ihrer Dynamik und ihrer historischen Gewordenheit zu erfassen. Gemeint ist der Murraysche „Thematische Apperzeptionstest" (TAT), zu dessen Verbreitung im deutschen Sprachraum das 1958 erstmals erschienene Handbuch von W. J. Revers einen entscheidenden Anstoß geliefert hat. In welchem Maße auch hier ein bestehendes theoretisches Konzept durch den individualgeschichtlich orientierten Ansatz Revers' verändert wurde, zeigt bereits die Wahl des Auswertungssystems: an Stelle der in Amerika üblichen quantitativen Auswertungssysteme setzt Revers ein qualitatives, an den dynamischen Inhalten orientiertes Schema, an die Stelle des „Ausstrichelns" von minutiösen Bedürfnis- und Beeinträchtigungskategorien das einfühlende Sich-Einlassen auf die individuellen Besonderheiten des thematischen Verlaufs, auf die Zeitgestalt der Erzählungen und auf deren Zusammenhänge mit den Daten der konkreten Lebensgeschichte. Hieß es bei Murray, dem Begründer des Verfahrens, noch lapidar, der Test beruhe „auf der wohlbekannten Tatsache, daß eine Person bei der Interpretation einer mehrdeutigen sozialen Situation dazu neigt, ihre eigene Persönlichkeit ebenso auszudrücken, wie das Phänomen, um das es sich handelt" (Murray, 1938, S. 531), so legte Revers seiner Begründung der projektiv-diagnostischen Vorgangsweise ein erheblich differenziertes Konzept über den Zusammenhang zwischen individueller Geschichtlichkeit und individuellen Deutungs- bzw. Gestaltungsmöglichkeiten zugrunde: „Was neu gestaltet wird, muß, da es verwandelte Gestalt erlebter Form ist, auf das einverleibte Material vergangenen Erlebens zurückgreifen; wir können nicht gestalten, ohne uns der bereits geschehenen Geschichte unserer selbst in uns selbst bemächtigt zu haben" (1979, S. 72). In der erst kürzlich erschienenen Weiterentwicklung des TAT, dem „Thematischen Gestaltungstest (Salzburg)" (TGT-S), hat Revers diese theoretischen Grundlagen des Testverfahrens und des ihm zugrunde liegenden biographischen Persönlichkeitsmodells weiter vertieft: Er geht hier davon aus, daß es „eben diese Geschichtlichkeit der Persönlichkeit" ist, „die sie mit den anderen historischen Persönlichkeitsgebilden vergleichbar und — insoweit — diagnostizierbar macht" (Revers & Allesch, 1985, S. 65f.). Revers kennzeichnet dabei den Weg der persönlichkeitsgeschichtlichen Erfahrungsbildung als einen Weg, der in gleicher Weise von den soziokulturellen Herausforderungen wie von den immanenten „Gezeiten des Werdens", der „Zeitregel der personalen Reifung" bestimmt wird (1985, S. 66ff.). Die dynamische Auffassung von Persönlichkeit, die diesen Überlegungen eigen ist, zwingt freilich zum Verzicht auf die Möglichkeit, „Persönlichkeit" durch Testresultate festzuschreiben: „Was eine Persönlichkeit im Wesen ist, ist nicht aussagbar. Wohl aber läßt sich beobachten, wie sie sich entfaltet ... Wenn wir also auch nicht wissen können, *was sie ist*, so können wir doch erfahren, *wie* sie zustandekam, sich bildete, *wie sie wurde*" (1985, S. 72; Hervorhebungen im Original). Menschliches Leben erweist sich als zeitlebens gestellte „Aufgabe unserer Selbstkritik, unser Selbstidol infrage zu stellen. Wir sind also", so schließt Revers, „in der chronischen Alternative, unser Dasein einfach geschehen zu lassen oder über unsere Zeit zu verfügen" (1985, S. 86).

Damit erweist sich auch im Anwendungsbereich der Persönlichkeitsdiagnostik das Zeitproblem als unumgängliches Zentralthema der Psychologie. Das Zeitproblem charakterisiert die von der Psychologie in hohem Maße vernachlässigten menschlichen Grundsituationen des Staunens (Revers, 1968) und des Hoffens (Revers, 1967) ebenso wie eine Reihe charakteristischer psychopathologischer Zustandsbilder: „Bestimmt das Staunenkönnen die Weltoffenheit des Menschen, so kennzeichnet das vom Staunen erregte Fragen die Zeitbeziehung der Hoffnung — des Habens von Zukunft — im Erkennen" (Revers, 1967, S. 16f.). Wo, in Ermangelung eines die Zeit als Medium des Werdens erschließenden Du, die „Ur-Hoffnung des Vertrauens" enttäuscht wird, kommt es bereits in den frühesten Phasen der Entwicklung zu jenem fatalen Leiden an der Zeit, das René Spitz (1950) im Phänomen des Hospitalismus beschrieben hat.

Nicht minder deutlich zeigt sich die zentrale Bedeutung der Zeitlichkeit für eine anthropologisch fundierte Psychologie in der Analyse des Musikerlebens (Revers, 1970). Nach Revers „spiegelt die Beziehung des Menschen zur Musik die spezifische Beziehung des Menschen zur Zeit wider". Im kreativen Prozeß wird der Mensch zum Gestalter der Zeit, er wird zum Träger zeitlich verfaßter Gestaltungsprozesse und damit „zum Herrn über die Zeit", der er zugleich ausgeliefert ist. Auch im kulturellen Geschehen erblickt Revers daher das Vorhandensein jenes „Gestaltkreises von Merken und Wirken", den er in Anlehnung an die Darstellungen Jakob von Uexkülls (1940) und Viktor von Weizsäckers (1940) als grundlegendes Schema anthropologischer Interpretationen ansieht und wiederholt zitiert: „Der Mensch gestaltet und formt die Welt seiner Existenz über die Zeiten hinaus. Die zur Kultur umgestaltete Welt aber prägt und formt den Menschen selbst, und dies kulturelle Gepräge seiner Individualität wird dann erst zum Werkstoff seiner persönlichen Selbstformung." Der Mensch „formt und gestaltet die Welt", aber er ist zugleich „das Objekt der Formung durch Tradition"; der kulturpsychologische Gestaltkreis schließt sich, indem „die zur Personalität transformierte Lebenszeit zum Traditionsgut menschlicher Zeitverfügung durch Kulturgestaltung" wird (Revers, 1970, S. 134f.).

Die psychologische Zeitproblematik bildete solchermaßen den Betrachtungshintergrund, auf dem Revers auch die Bedeutung anderer psychologischer Konzepte für das Verständnis der menschlichen Psyche maß; so etwa die der Freudschen Psychoanalyse, deren historische und bahnbrechende Bedeutung Revers stets gewürdigt hat, ohne freilich in die apodiktische Verteidigungsattitüde eines „Anhängers" zu verfallen. Was Revers vor allem als Verdienst der Freudschen Psychoanalyse hervorhob, ist die Tatsache, daß hier der biographische Aspekt zum systembildenden Aspekt erhoben und erst damit — im Begriff der „Verdrängung" — die pathogene und traumatisierende Wirkung der geleugneten Geschichtlichkeit in dem ihr zukommenden systematischen Stellenwert dargestellt wurde (Revers, 1975, S. 215ff. bzw. 1985, S. 45ff.). Auch für die Theorie Freuds gilt also, was für Revers eine unabdingbare Voraussetzung jeder psychologischen Theorie darstellte, die der zeitlichen Natur des Menschen gerecht werden will, daß nämlich der grundlegende Unterschied gesehen wird zwischen der physikalischen Zeit, der „messenden Zeit der Uhren", und der psychologischen Zeit, der „Zeit der Zeitigung der Individualität und des Ereignisses der Wirklichkeit der Person" (1975, S. 217f. bzw. 1985, S. 48).

In diesem Anliegen traf sich Revers mit anderen bedeutenden Wegbereitern einer an der Geschichtlichkeit des Seelischen orientierten Psychologie, vor allem mit Erwin Straus (1936 bzw. 1978) und Eugène Minkowski (1933), auf deren Abhandlungen er immer wieder ausführlich verwies. Bei kaum einem anderen Autor aber spielte das Zeitproblem in dem Ausmaß die Rolle einer werkgeschichtlichen Klammer wie bei W. J. Revers selbst. Die Wiederaufnahme dieses Themas in der Monograpie des Jahres 1985 ist daher wohl nicht nur als eine zeitbedingt erforderliche Korrektur früherer Publikationen aufzufassen, sondern als Rekonstruktionsversuch eigener Wirkungsgeschichte — ein Anliegen, dessen Sinnhaftigkeit gerade aus der Reversschen Auffassung von der Subjektivität und Geschichtlichkeit wissenschaftlichen Denkens heraus deutlich wird.

Wieweit dem Zeitproblem tatsächlich jene tragende Rolle zukommt, die ihm Revers für die psychololgische Theoriebildung zubilligte, wird wohl weiterhin Gegenstand von Grundsatzdiskussionen bleiben. Zumindest aber wird man sich angesichts der hartnäckigen Verdrängung, der das Zeitproblem in der Geschichte der neueren Psychologie immer wieder unterlag, jener Meinung nicht verschließen können, die W. J. Revers seinen „Ideologischen Horizonten der Psychologie" als Motto voranstellte: „Ist die Psychologie auch in vielem im Recht, was sie vom Menschen behauptet, so ist sie doch im Unrecht in dem, was sie von ihm verschweigt" (1962, S. 9 bzw. S. 67).

Anmerkungen

[1]) Eine ausführliche Darstellung des Lebenswerks von W. J. Revers findet sich in der Festschrift zu seinem 60. Geburtstag, hg. v. Rüdiger & Perez (1979, S. 205 ff.) sowie in einer anläßlich seines 65. Geburtstages erschienenen Würdigung durch D. Wyss und A. Zacher (1983).

Literatur

Minkowski, E. (1933). Die gelebte Zeit, 2 Bde. Übers. v. Meinrad Perez & Lucien Kayser. Salzburg: O. Müller 1971/72.

Murray, Henry A. et al. (1938). Explorations in Personality. A clinical and experimental study ... New York: Oxford University Press.

Revers, W. J. (1949). Die Psychologie der Langeweile. Meisenheim: Hain.

Revers, W. J. (1951). Grundlegung einer dynamischen Persönlichkeitspsychologie. Acta Psychol., 8, 130–146.

Revers, W. J. (1958). Der Thematische Apperzeptionstest. Bern: Huber.

Revers, W. J. (1962). Ideologische Horizonte der Psychologie. München: Pustet.

Revers, W. J. (1964). Das Zeitproblem in der Psychologie. In Festschrift für A. Wellek. Archiv für die gesamte Psychologie, 116, 279–290.

Revers, W. J. (1967). Über die Hoffnung. Salzburger Universitätsreden, 20. Salzburg: Pustet.

Revers, W. J. (1968). Über das Staunen. In Wirklichkeit der Mitte. Festgabe für August Vetter (S. 39–56). Freiburg: Alber.

Revers, W. J. (1969/75). Frustrierte Jugend, 2 Bde. Salzburg: O. Müller.

Revers, W. J. (1970). Das Musikerlebnis. Düsseldorf: Econ.

Revers, W. J. (1975). Das Zeitproblem in Freuds Psychoanalyse. Zeitschrift für klinische Psychologie und Psychotherapie, 23, 214–223.

Revers, W. J. (1977). Die anthropologische Krise der Naturwissenschaften. Inaugurationsrede bei der Übernahme des Rektorates der Universität Salzburg. Salzburger Universitätsreden, 65. Enthalten in Rüdiger & Perez, 1979, S. 11–18. Salzburg: Pustet.

Revers, W. J. (1979). Der Thematische Apperzeptionstest (gem. m. F. Popp & K. Taeuber), 4. Aufl. Bern: Huber.

Revers, W. J. (1985). Psyche und Zeit. Das Problem des Zeiterlebens in der Psychologie. Salzburg: Pustet.

Revers, W. J. & Allesch, C. G. (1985). Handbuch zum Thematischen Gestaltungstest (Salzburg). Weinheim: Beltz.

Rüdiger, D. & Perez, M. (Hg.) (1979). Anthropologische Aspekte der Psychologie. Festschrift für W. J. Revers. Salzburg: O. Müller.

Spitz, R. (1950). Über psychosomatische Epidemien des Kindesalters und vorbeugende Psychiatrie. Psyche, 4, 17 ff.

Straus, E. (1936). Vom Sinn der Sinne. Ein Beitrag zur Grundlegung der Psychologie. Berlin: Springer, 2. Aufl. 1978.

Uexküll, J. v. (1940). Bedeutungslehre. In J. v. Uexküll & G. Kriszat, Streifzüge durch die Umwelten von Tieren und Menschen. Leipzig/Frankfurt/M.: S. Fischer 1970.

Weizsäcker, V. v. (1940). Der Gestaltkreis. Theorie der Einheit von Wahrnehmen und Bewegen. Leipzig/Frankfurt/M.: Suhrkamp 1973.

Wyss, D. & Zacher, A. (1983). W. J. Revers' Bedeutung für die moderne Psychologie. Ein Überblick. Zeitschrift für klinische Psychologie, Psychopathologie und Psychotherapie, 31, 137–148.

Die Plastizität des Psychischen in Abhängigkeit von dem historischen Kontext in den Schriften Franz Kieners

Detlef Kropf

Es würde nicht den Tatsachen entsprechen, sollte hier behauptet werden, die Arbeiten Franz Kieners wären bislang von den wissenschaftlich interessierten Psychologen als Ganzes nicht zur Kenntnis genommen worden, so daß dies hier nachzuholen wäre. Dennoch — sein Werk zeichnet eine bestimmte Auffassung des Psychischen aus, die seit Jahrzehnten in der internationalen Psychologie vernachlässigt worden war und die auch im Werk Kieners kaum besonders bemerkt und gewürdigt wurde, außer durch eine Buchbesprechung von Jüttemann (1987). Sein Gesichtspunkt ist, das Psychische in seinem kulturellen und somit historischen Kontext zu begreifen und dieses somit in bestimmter Weise im Verhältnis zu den naturwissenschaftlichen Gegenstandsbereichen in einer besonderen Stellung zu sehen.

Erst in jüngster Zeit wurde wieder auf die Bedeutung des kulturellen Verwobenseins des Menschen ausdrücklich hingewiesen (Jüttemann, 1986), nachdem diese Betrachtungsweise jahrzehntelang nicht hinreichend berücksichtigt worden war. Im folgenden soll an einigen Beispielen gezeigt werden, daß diese Auffassung auch vielen Arbeiten Kieners implizit und an vielen Stellen explizit zugrunde liegt[1]).

Dazu erscheint es jedoch notwendig, den hier gemeinten Interpretationsrahmen psychischer Phänomene zunächst in seiner Bedeutung, Problematik und in seinen Konsequenzen zu skizzieren, da andernfalls seine Implikationen nicht hinreichend deutlich werden könnten.

1 Prinzipielle methodologische Aspekte einer Historischen Psychologie

Seit einigen Jahren hat die Kritik an psychologischen Befunden, die im Labor ermittelt wurden und den historisch-kulturellen Rahmen nicht berücksichtigten, zugenommen, weil die Übertragbarkeit derartiger Forschungsergebnisse auf den Lebensalltag fragwürdig sei.

Bei Laboruntersuchungen wirkt sich aller Wahrscheinlichkeit der kulturelle Kontext zwar aus, und er ist insofern auch in diesen Untersuchungen immer mit im Spiel, aber er wird sich anders auswirken, als wenn im Felde untersucht werden würde und, was eigentlich der grundlegendere Mangel ist, da der kulturelle Einfluß nicht thematisiert wird, werden seine Art und sein Ausmaß nicht erkannt. Weite Bereiche der psychologischen Forschung gehen davon aus, daß zum Beispiel Lerngesetze kulturunabhängig sind.

Zwar machen bestimmte Zweige der Psychologie, wie zum Beispiel die Sozialpsychologie, die Wirkungen von kulturellen Einflüssen auf die menschliche Psyche explizit, aber sie betrachten die sozialen Variablen dabei als einen Typ von Bedingungen unter vielen anderen Bedingungen, die einen davon grundsätzlich nicht unterschiedlichen Stellenwert haben. Man kann sagen, daß diesen Variablen *quantitative Wirkungen* zugeschrieben werden.

Wenn derartige Wirkungen erwartet werden, setzt dies auf der Subjektseite ein psychisches Geschehen voraus, das einer bestimmten immanenten Gesetzmäßigkeit unterliegt, die durch kulturelle Einflüsse quantitativ modifiziert werden kann. Abweichend von diesem Ansatz hatte sich vor allem Anfang der siebziger Jahre eine marxistisch orientierte Psychologie etabliert, die zwar den kulturellen Momenten eine für das psychische Geschehen konstitutive Rolle zuschrieb, aber durch ihren materialistischen Grundansatz starken Begrenzungen und kritikwürdigen Voraussetzungen unterlag.

Immerhin wurde in diesem Ansatz die auch hier zentrale Frage offenbar, ob und in welchem Ausmaß der psychisch definierte Mensch durch den kulturellen Kontext fundamental, wenn auch nicht in jeglicher Beliebigkeit konstituiert, geformt, modifiziert werden kann.

Wenn wir im folgenden von Beeinflussungen des Psychischen durch das Kulturelle sprechen, so meinen wir Kulturelles stets in seiner erneuten — genuin psychologischen — Deskription, durch die das Kulturelle erst zum Gegenstand für die Psychologie wird. (Näheres zur Methodologie wird an anderer Stelle ausgeführt.)

2 Franz Kieners Interpretation der Bedeutung des Kulturellen für das Psychische am Beispiel der Kleidung und der Aggressivität

Wenn auch das Wissen um die Akzentuierung menschlichen Erlebens und Verhaltens durch die Kultur zwar in vielen Laborexperimenten bis zur Unkenntlichkeit im Hintergrund blieb, hat es aber auch im Laufe der modernen Psychologie immer Wissenschaftler wie Franz Kiener gegeben, die diesen wesentlichen Aspekt in ihren Arbeiten berücksichtigt haben. So hat Kiener (1956), lange bevor sich viele amerikanische Autoren vom strengen Behaviorismus und Laborexperimenten abwendeten und den Menschen in seiner natürlichen Umgebung untersuchten (eine der zweifellos vorhandenen Ausnahmen war Brunswick, 1956), psychologische Betrachtungen über die Kleidung als Produkt der jeweiligen Kultur angestellt.

In analytisch beeindruckender Weise faßte Kiener die Kleidung einerseits als vom Menschen gestaltetes Werk, das einem bestimmten physischen Nutzen dient, auf, andererseits als unmittelbaren Ausdruck des Psychischen, indem durch Farbe, Schnitt und Material die Kleidung seelische Eigenarten des Trägers deutlich werden können (Kiener, 1956, S. 10). Die enge Verwobenheit des individuell Psychischen mit dem kulturellen Kontext zeigt Kiener gerade besonders gut am Beispiel der Kleidung. Kiener hebt diesen Aspekt hervor, indem er schreibt: „Wenn Kultur geistige Durchdringung und Umgestaltung der Natur bedeutet, so hat sie vor allem in der ureigensten Umwelt, am Körper zu beginnen" (S. 18). Die zur Wahl stehende Kleidung ist Teil der Kultur und beeinflußt einerseits den Geschmack des Individuums, andererseits drückt sich seelisches Befinden in den gewählten Kleidungsstücken aus und beeinflußt rückwirkend auch dieses Befinden. Psychisches manifestiert sich also weitgehend in kulturell vorgegebenen Möglichkeiten wie eben z. B. der Kleidung.

Kiener wies auch auf den Zusammenhang zwischen allgemeiner kultureller Entwicklung und der Kleidung hin. „Je höher die Kultur, je gründlicher die Beherrschung der Natur, je höher die Lebensansprüche, um so vollkommener, vielseitiger und schöner auch die Kleidung. Das kann man leicht beweisen aus einem Gang durch die Geschichte der Trachten und Moden, der Gewebe und Gespinste" (S. 21).

Die Bedingungsverhältnisse zwischen Kultur und Individuum sind auch dann thematisiert, wenn wortsprachliche Äußerungen von Menschen untersucht werden. Auch dieser Aspekt historischer Bedingungen wird von Kiener (1971, 1976, 1983) theoretisch und empirisch erfaßt, indem er das Fluchen — sonst eine psychologisch kaum beachtete Sprechhandlung — zum Gegenstand seiner Analysen macht. „Aggressivität und damit auch die verbale Aggression sind für das Wohl und Wehe des Einzelnen wie auch der Völker in nicht geringem Umfang mitbestimmend. Deshalb sollen der individualpsychologische Aspekt des Angreifers und des Opfers ebenso berücksichtigt werden wie Aspekte der Sozial- und Völkerpsychologie", schrieb Kiener (1983, S. 28).

So fand er bei vergleichenden Untersuchungen, daß in bestimmten Gebieten Bayerns häufiger und schwerer geflucht wird als in Franken. Neben stammespsychologischen Unterschieden werden z. B. unterschiedliche Berufstätigkeiten als Bedingungen für die divergierende Aggressivität diskutiert.

Auch dieses Beispiel läßt sich unter dem Leitgedanken erfassen, daß menschliches Verhalten, hier die Aggression, unter Umständen nicht eine nur durch historische Bedingungen quantitativ modifizierte menschliche Äußerung sein könnte, sondern in seiner Art und Qualität durch die vorgegebenen historisch kulturellen Möglichkeiten teilweise konstituiert wird. Anders ausgedrückt: Wird theoretisch ein menschliches Subjekt von der kulturellen Umgebung analytisch getrennt, so könnten beide als durch eine konstitutive Relation verbunden gedacht werden. Die Relation zwischen theoretischem Subjekt und theoretischem Objekt wäre konstitutiv für die jeweilige menschliche Handlung, so daß auch der kulturelle Anteil unumgänglicher Bestandteil z. B. der konkreten aggressiven Handlung wäre. Damit wären die subjektiven Faktoren natürlich nicht in Abrede gestellt.

Belege für aggressionsfördernde kulturelle Einflüsse zog Kiener immer wieder heran. So schrieb er an einer Stelle resümierend: „Aufs Ganze gesehen erhöht das aggressive Handeln — besonders unter tolerierenden sozialen Bedingungen — das allgemeine Aggressionsniveau bzw. hält dieses konstant, statt eine reinigende Wirkung herbeizuführen. Desgleichen erzeugt die stellvertretende Teilnahme an Kampfszenen — etwa beim Betrachten eines Films — unter bestimmten Voraussetzungen einen kathartischen Effekt, vermehrt aber zugleich die Wahrscheinlichkeit, daß sich die Beobachter unter bestimmten Bedingungen ebenfalls aggressiv verhalten" (1983, S. 25). Aggressivität wird hier aber nicht als triebhaft notwendig und sich zwangsläufig in wohltuender Katharsis entladend angesehen, sondern ganz wesentlich als kulturell provoziert, stimuliert und habituiert.

Auch führt Kiener (1983, S. 294ff.), um das große Spektrum der kulturellen Bedingtheit der Aggressivität zu belegen, die bekannten Beispiele von Kulturen an, die als aggressionsarm zu beschreiben sind. Bei den Eskimos in Grönland gäbe es kein Schimpfwort und keinen Fluch. Selbst Hunde würden weder beschimpft noch physisch mißhandelt werden. Bei den Zumi-Indianern würden Besonnenheit und Verträglichkeit als höchste Tugend gelten. Dort gäbe es nicht das Leitbild einer männlichen Durchsetzungsfähigkeit, vielmehr werde friedliches Zusammenleben praktiziert. Machtstreben werde nicht toleriert. Besitz und Geld seien gar nicht oder wenig erstrebenswert. Schon die Kindererziehung unterscheide sich deutlich von der unsrigen. Der Nachwuchs werde nicht unterdrückt, Aggressionen zwischen Kindern seien selten.

Als uns näherstehende gewaltarme Gesellschaft führt Kiener die Quäker an. Auch die Quäker schimpften nicht, fluchten nicht und lehnten Krieg und Waffenbesitz grundsätzlich ab. Ihre Hilfsbereitschaft habe sich weltweit bewährt.

Kiener deutet immer wieder Zusammenhänge zwischen verbaler und physischer Aggression an. In Gesellschaften, die friedliches Zusammenleben besonders fordern, träten sowohl verbale als auch physische Aggression kaum auf. Er hielte es für einen Fortschritt, wenn physische Gewalt durch verbalen Streit ersetzt werden könnte, wobei dieser Streit möglichst ohne verbale Aggressivität ausgetragen werden sollte. Der Autor weist allerdings auch auf die vielfältige Verflochtenheit des allgemeinen Aggressionsniveaus in einer Kultur mit der kulturellen Ausformung als Ganzer hin. Es darf in diesem Zusammenhang als zweifelhaft erscheinen, ob sich die abendländische oder andere Hochkulturen ohne Aggressivität hätten herausbilden können. Somit könnte ein bestimmtes Maß an Aggressivität konstitutiv für bestimmte kulturelle Gestaltungen und die diese Gestaltungen vollbringenden Individuen sein. Allerdings dürften bestimmte Pervertierungen der Aggressivität weder konstitutiv noch notwendig sein.

Sollte sich in der zukünftigen Forschung die konstitutive Rolle der historischen Bedingungen für das Verhalten als zutreffend erweisen, so hätte dies weitreichende Folgen für viele psychologische Theorien. Dann wäre z. B. die Annahme vieler Triebtheorien, der Mensch sei unabänderlich mit einer bestimmten Anzahl von Trieben (z. B. einem Aggressionstrieb) ausgestattet und diese müßten, unter Umständen konfliktträchtig, in der jeweiligen Kultur in besonderer Weise unterdrückt oder akzentuiert werden, falsch.

Der Kienersche Ansatz mag zu der Annahme berechtigen, daß zwar ein Spektrum von Verhalten als Potenz vorhanden sei, in einer jeweils vorgegebenen Kultur jedoch nur ein bestimmter Ausschnitt möglich sein könne, während andere Verhaltensweisen in keiner Weise realisiert werden und somit überhaupt keine Rolle spielen würden. Der konstitutive Ansatz würde auch eher, aber nicht zwingend, die Hypothese erfordern, daß die Zukunft der menschlichen Entwicklung offen ist.

Diese Verschiebung des Akzents von kulturellen Bedingungen als lediglich quantitativen Beeinflussungsmomenten hin zu einem kulturellen Umfeld als möglicherweise das Verhalten wenigstens in bestimmten Bereichen mit konstituierender Größe, ist bei Kieners Arbeiten bereits deutlicher gemeint als in vielen anderen, die auch historisch variable Bedingungen wie Sprache, Beruf, Kleidung etc. untersuchen.

Anmerkungen

[1]) In dieser Untersuchung ist lediglich aus den Werken von Franz Kiener und Gerd Jüttemann zitiert worden. Die in der Literaturliste aufgeführten Arbeiten sind benutzt worden und mögen dem Interessierten zu weiterer Information dienen.

Literatur

Brunswick, E. (1955). Representative design and probabilistic theory in a functional psychology. Psychological Review, 62, 193–217.

Hübner, K. (1978). Kritik der wissenschaftlichen Vernunft. Freiburg/München: Karl Albert.

Hübner, K. (1985). Die Wahrheit des Mythos. München: C. H. Beck.

Jüttemann, G. (1986). Vorbemerkungen des Herausgebers. In G. Jüttemann (Hg.), Die Geschichtlichkeit des Seelischen. Der historische Zugang zum Gegenstand der Psychologie. Weinheim: Beltz.

Jüttemann, G. (1987). Franz Kiener: Das Wort als Waffe. Zeitschrift für Klinische Psychologie, Psychopathologie und Psychotherapie, 35, 2, 174f.

Kiener, F. (1956). Kleidung, Mode und Mensch. München/Basel: Ernst Reinhardt.

Kiener, F. (1971). Über die Aggressivität der Baiern und Franken. Psychologische Beiträge, 13, 161–220.

Kiener, F. (1976). Zur Psychologie des Fluchens mit besonderer Berücksichtigung der Baiern und Franken. Psychologische Beiträge, 18, 330–353.

Kiener, F. (1983). Das Wort als Waffe. Göttingen: Vandenhoeck & Ruprecht.

Kropf, D. (1987). Relationstheoretische Depressions- und Lithiumforschung. Neue methodologische und empirische Ansätze. Habilitationsschrift Freie Universität Berlin.

Pawlik, K. (1978). Umwelt und Persönlichkeit: Zum Verhältnis von Ökologischer und Differentieller Psychologie. In C. F. Graumann (Hg.), Ökologische Perspektiven in der Psychologie (S. 112–134). Bern, Stuttgart, Wien: Hans Huber.

Historische Aspekte in der Psychologie von Hans Thomae

Ursula Lehr

Probleme der Allgemeinen Psychologie und Persönlichkeitspsychologie

Als Schüler von Erich Rothacker (1888–1965), einem der bedeutendsten Vertreter der Geschichts- und Kulturphilosophie der ersten Hälfte des 19. Jahrhunderts, ist Hans Thomae die historische Dimension psychologischer Probleme von Anfang an bewußt gewesen (Wahl, 1983). In seiner Dissertation zum Bewußtseinsproblem, die er unmittelbar vor dem Ausbruch des 1. Weltkrieges als damals 24jähriger fertiggestellt hatte, wird die Bedeutung der Reflexion u. a. unter Berufung auf kultur- und religionsgeschichtliche Quellen belegt. Im Anschluß an Wilhelm v. Humboldt und dessen Arbeit über die Aufgaben des Geschichtsschreibers wird von Thomae die These formuliert: „Somit stellt sich für uns das Selbstbewußtsein als ein notwendiges Organ der menschlichen Kulturentwicklung dar, über dessen Bedeutung zu streiten ebenso müßig wäre als wenn man den Wert der Atmungsregulierung in Zweifel zöge. Dabei ist aber die Reflexion keine ausschließliche Reflexion des ‚Betrachtenden‘. Hat sie doch eminent nahe Bezüge zum geschichtlichen Leben und gehen aus konsequenten Selbstbesinnungsakten von wenigen Einzelnen doch die weltbewegendsten Ereignisse hervor: Man denke nur an Luthers Reflexion über sich und seinen Zustand in Beziehung auf Gott, die das ganze Abendland entscheidend gestaltete" (Thomae, 1940, S. 635).

Auch in dem Begriff des „Lageschemas" (Thomae, 1943, 1944, 1958; siehe auch Rothacker, 1934, 1942) werden Bezüge zu der sozialen und historischen Situation hergestellt, in der das Individuum steht. Dabei wird mit dem Begriff des „Lageschemas" ausgedrückt, daß menschliches Erleben und Verhalten immer auch beeinflußt ist von der Grundeinstellung des Individuums gegenüber der Vergangenheit, der Gegenwart und der Zukunft, gegenüber seinem Dasein als Ganzem sowie gegenüber den Möglichkeiten und Grenzen seines Lebens.

Als Beispiele werden von Thomae das „Selbstbild" sowie das „Körperschema" bei behinderten Menschen (siehe auch Hambitzer, 1962 u. Kruse, 1986) angeführt. – Die soziale und historische Situation beeinflußt – als „ojektiver Faktor" (Thomae, 1943, S. 138) – insofern das individuelle Lageschema, als sie die eigenen Möglichkeiten und Grenzen mitbestimmt, auch wenn sich das Individuum dieser Faktoren nicht mehr bewußt ist.

Historisch orientiert ist auch die Deutung der Persönlichkeitsgenese. So geht Rothackers Lehre (1938) von der Verankerung augenblicklichen Erlebens und

Verhaltens in entwicklungsgeschichtlich weit zurückliegenden Epochen der Anthropogenese in Thomaes Skizzierung einer dynamisch-genetischen Charakterologie ein: „Charakterliche Strukturen sind zunächst einmal als Fixierungen spezifischer Frontstellungen jenes einen Lebensgrundes im Menschen zur Welt aufzufassen" (Thomae, 1943 b, S. 184). Diese Skizze wird bald nach dem Kriege zu einer „dynamischen Interpretation der Persönlichkeit", die nachweist, „daß fast alles, was Form und gewonnene Struktur am menschlichen Charakter ist, einmal Geschehen war – und daß Vieles, was jetzt Geschehnis ist, einmal Form, Haltung, Anlage, Bereitschaft, Triebkraft werden kann" (Thomae, 1951 u. 1955, S. 1). Außer klinisch-psychologischen Belegen bilden kulturhistorische Dokumente – wie Biographien über Beethoven, Florence Nightingale, den schlesischen Maler F. B. Werner (1690–1778) oder Robert Bosch – die Basis seiner Argumentation. In der gleichen Zeit wurde die Anwendung der biographischen Methode als eine Synthese von Geschichtswissenschaft und Psychologie (Romein, 1949) historisch belegt und systematisch kodifiziert (Thomae, 1952). Die Unterschiede zwischen historischer und psychologischer Biographik werden herausgearbeitet (Thomae, 1951, S. 448).

Konflikt- und Entscheidungsforschung

Eine weitere wichtige Forschungsrichtung, die von Thomae begründet bzw. stark gefördert wurde, stellt die psychologische Analyse des Konflikt- und Entscheidungsgeschehens (1960, 1974 u. 1986) sowie die in diesem Zusammenhang vorgenommene Untersuchung der anthropologischen Kategorien „Verantwortung", „Freiheit", „Sinn" und „Schuld" dar (1968). In dieser Analyse wird auch deutlich, wie stark historische, kulturelle, politische und ethische Aspekte in den individuellen Konflikt- und Entscheidungsprozeß miteingehen.

Die biographischen Dokumente vermitteln u. a. einen unwiederbringlichen Eindruck von dem politischen und historischen Geschehen vergangener Generationen. Dabei gelangt Thomae auf empirischer Grundlage und unter präziser phänomenologischer Analyse zu einer allgemeinen Phänomenologie des Entscheidungsprozesses (1960, S. 51 ff.).

Thomae zeigt, wie stark in individuelle, aber auch in kollektiv-politische Konflikte zwei wesentliche Faktoren hineinspielen, die auch grundlegend für die von ihm entwickelte „kognitive Theorie der Persönlichkeit" (1970 u. 1971) sind: nämlich die „kognitive Repräsentanz der Situation" sowie die „Motivationslage" des Individuums.

Die Feststellung, daß „motivational bedingte Verzerrungen der Bestandteil des Konfliktgeschehens von Anfang an sind" (1974), wurde von Janis u. Mann (1977) im Zusammenhang mit einer Analyse des Entscheidungsgeschehens bei der Watergate- und Pearl Harbour-Affäre gezeigt. –

Der Begriff der „Freiheit" wird ebenfalls im Zusammenhang mit der Entscheidungsforschung untersucht. „Freiheit" wird hier interpretiert als „Offenheit" gegenüber einer multivalenten Situation im existentiellen Sinne. Diese „Freiheit" – als Möglichkeit, existentielle Entscheidungen zu treffen – , wird jedoch nicht als ein Vorgang verstanden, den das Individuum beliebig herbeiführen könnte. Vielmehr stellt eine solche Situation ein „schicksalhaftes Geschehen" dar, so daß gesagt werden kann: „Der Mensch als ein dem Sinn schlechthin geöffneter ist in der Entscheidung frei; es steht ihm aber nicht frei, in den Zustand der Entscheidung zu gelangen. Freiheit als Offenheit für den Sinnhintergrund des eigenen Daseins widerfährt ihm als Resultat einer vielleicht einmaligen Konstellation" (1960, S. 281).

Geschichte und Psychologie der Lebensspanne

Die Einbindung in ein großes empirisches Forschungsprojekt, auf Initiative von Wilhelm Hagen ins Leben gerufene Längsschnittstudie an 3000 Kindern der Geburtsjahrgänge 1944/45 und der Geburtsjahrgänge 1939/40 (Coerper, Hagen & Thomae, 1954), von 1952–1961 durchgeführt, hat das historische Interesse von Thomae scheinbar einige Zeit in den Hintergrund treten lassen. Der von ihm vorgeschlagene Titel „Deutsche Nachkriegskinder" stellt jedoch die ursprünglich konstitutionsbiologisch, epidemiologisch und entwicklungspsychologisch orientierte interdisziplinäre Studie in den historischen Rahmen, der durch die untersuchten Kohorten definiert ist. In der Schriftenreihe, die später Resultate dieser Studie veröffentlichte (Hagen & Thomae, 1961 ff.), wurde u. a. der Entwicklungsverlauf von „Flüchtlingskindern" (Brandt, 1964) behandelt und somit unmittelbar gewonnenes zeitgeschichtliches Quellenmaterial aufgearbeitet.

Geschichtliche Einflüsse, die Folgen des zweiten Weltkriegs bilden auch den historischen Rahmen für mehrere von Thomae in den fünfziger Jahren angeregten Dissertationen, so jene von Hambitzer (1962), der, selbst als junger Mann schwer verwundet und behindert, kaum mehr replizierbare historisch biographische Dokumente über die Auseinandersetzung mit körperlicher Behinderung in den Jahren des Zusammenbruchs und des beginnenden Aufbaus in der Bundesrepublik erarbeitete. Haupt (1959, S. 35–64) gewann Biographien von Heimatvertriebenen, welche die Nöte und die Bewältigungsformen dieser nicht kleinen Bevölkerungsgruppe in der Zeit von 1945 bis 1955 widerspiegeln.

Die Analysen von mehreren hundert explorierten Autobiographien von Männern und Frauen der Geburtsjahrgänge 1885 bis 1940 unter dem Gesichtspunkt des Auftretens und der Häufigkeit von Konflikten und seelischen Belastungen in den verschiedenen Abschnitten menschlichen Lebens führte zu der Feststellung, daß alle verallgemeinernden Stufen- und Phasentheorien, wie sie von Bühler (1933, 1959), Moers (1953), Erikson (1950) und anderen aufgestellt worden sind, revisionsbedürftig sind. Denn neben sehr individuellen Begegnungen und Erlebnissen sind es historische Ereignisse, welche die Strukturierung des menschlichen Lebenslaufs bestimmen (Lehr & Thomae, 1965; Thomae & Lehr, 1986). Je nach dem Zeitpunkt bzw. dem Lebensabschnitt im Berufs- und Familienzyklus, in dem ein Mensch mit zeitgeschichtlichen Ereignissen (wie dem 1. Weltkrieg, Gefangenschaft, Inflation, wirtschaftlicher Depression, Machtübernahme durch die Nationalsozialisten, der Kristallnacht, dem 2. Weltkrieg, Ausbombung, Flüchtlingsschicksal, Gefangenschaft, der Währungsreform und der Nachkriegszeit) konfrontiert wurde, werden diese Ereignisse unterschiedlich erlebt und erfahren, rufen unterschiedliche Reaktionsweisen hervor und werden in sehr verschiedener Weise als prägend erlebt.

Historische und psychologische Biographik

In der Zusammenfassung seiner Bemühungen um eine genetisch-dynamische Persönlichkeitstheorie hat Thomae (1968) als Ergebnis seiner umfassenden Sichtung unterschiedlichster Ansätze die Forderung erhoben, die Persönlichkeitspsychologie müsse zurück zu ihren Quellen finden. Diese sieht er in systematisch erhobenen Biographien und unternimmt den durchaus gelungenen Versuch einer Systematik der „Psychologischen Biographik". Da diese eine Synthese zwischen nomothetischer und idiographischer Persönlichkeitspsychologie schaffen soll, wird der methodische Unterschied zur historischen und kulturhistorischen Analyse von Biographien deutlich hervorgehoben. In Geschichte, Literatur und Kunstgeschichte bleibt die Darstellung der *einmaligen* historischen Erscheinung das erklärte Ziel. „In der Psychologie dagegen ist die Analyse des Individuums nur Etappe auf dem Wege zu einer wie immer gearteten Generalisierung" (Thomae, 1968, S. 105). – Ein weiteres Problem in der Verwendung historischer Biographien sieht Thomae in der mangelnden Kompetenz des Psychologen, deren Authentizität zu beurteilen. Vor allem aber müsse sich die Psychologie dem „Durchschnittsmenschen", dem „Mann auf der Straße", zuwenden, während für die Geisteswissenschaften – ganz im Sinne der Akademierede von Dilthey (1894, S. 139–237) – das „große" Individuum, die Menschheit in ihren „höchsten Exemplaren" das eigentlich wichtige Studienobjekt sei. – Als eine der Quintessenzen auch der psychologischen Biographik hebt Thomae die Einsicht hervor, „daß Verhalten ‚historischen Charakter' hat, daß es also auf bestimmte temporäre oder chronische Nachwirkungen früherer Geschehnisse verweisen kann und daß es sich darüber hinaus auf Form, Gehalt und Richtung künftigen Geschehens auswirkt" (Thomae, 1968, S. 585 f.).

Zeitgeschichte und Psychologie

Die Schwierigkeiten, die Thomae bei der Verwendung historischen und kulturhistorischen Quellenmaterials durch den Psychologen sah, veranlaßten ihn einmal zur Sammlung jener Autobiographien, deren Analyse zu einer Revision gängiger Stufenmodelle der Lebensspanne führten, indem sie die Bedeutung zeitgeschichtlicher Einflüsse auf die Entwicklung der Persönlichkeit deutlich werden ließen.

Eine weitere Gruppe von Untersuchungen war von Anfang an auf den Zusammenhang zwischen Zeitgeschichte und menschlichem Erleben und Verhalten gerichtet. So wiederholte Thomae unmittelbar nach Aufnahme seiner Lehrtätigkeit als Privatdozent an der Universität Bonn im Jahre 1949 zusammen mit H. Engels die von Mathilde Kelchner Ende der zwanziger Jahre in Berlin durchgeführte jugendpsychologische Studie zum Thema „Schuld und Strafe". Dabei wurden freie Aufsätze von Schülern und Schülerinnen der verschiedenen Schulgattungen gewonnen und mit den von Kelchner (1932) entwickelten Kategorien einer Inhaltsanalyse unterzogen. Während die meisten Formen der Auseinandersetzung mit dem Thema „Warum wird Schuld bestraft?" bei den Jugendlichen der Weimarer Zeit und im Jahr der Gründung der Bundesrepublik sich wenig voneinander unterschieden, mußten Thomae und Engels (1950) jedoch eine Kategorie einführen, welche sie als „relativierende Schuldinterpretation" bezeichneten. Diese Kategorie bezog sich auf Argumentationen, die auf bestimmte zeitgeschichtliche Erfahrungen und Ereignisse gerichtet waren (wie z.B. „Schuld, das konnte man früher genau wissen, was das ist. Aber ist das Schuld, wenn eine Mutter es nicht mehr ansehen kann, wie ihre Kinder hungern und frieren und im kalten Winter Kohlen und Nahrungsmittel von den Zügen der Besatzungsmacht klaut?"). Eine solche kritische und die Geltung bestimmter Normen relativierende Auseinandersetzung mit dem Schuldproblem fand sich im Jahre 1949 in mehr als einem Viertel der Niederschriften, in der Mitte der 50er Jahre (Thomae, 1956) nur noch bei 5%, zu Beginn der 60er Jahre fehlten ähnliche Äußerungen vollends. Allerdings zeigte sich Anfang 1986 wieder stärker eine solche relativierende Schuldinterpretation in fast 10% der Niederschriften (Schlicht, 1986). – Das unterschiedliche Vorkommen solcher relativierender Auffassungen von Schuld bei Jugendlichen in verschiedenen zeitgeschichtlichen Epochen läßt historische Entwicklungen deutlich werden.

Im Rahmen seiner Bemühungen zur Erfassung des Einflusses sozialer und historischer Veränderungen auf menschliches Erleben und Verhalten ließ Thomae noch weitere Studien über Jugendliche aus den 20er und frühen 30er Jahren wiederholen (vgl. Thomae, 1969). In den 1951 und 1961 durchgeführten Wiederholungsuntersuchungen der Studie von Regnet (1932) zur Arbeitsmotivation Jugendlicher fand er eine große Ähnlichkeit in der prozentualen Verteilung der Motivgruppen. Dominant blieb stets eine Sicht der Arbeit, welche diese als materielle Voraussetzung des Lebens betrachtete. Eine Zunahme zeigte sich allerdings in jenen Kategorien, denenzufolge Arbeit als ein Ausdruck „inneren Bedürfnisses" gesehen wurde. Die Wahrnehmung von Arbeit als „harter Notwendigkeit" war stets sehr gering repräsentiert (Thomae, 1956). Eine spätere nochmalige geplante Wiederholung dieser Studie war leider nicht möglich (und auch das ist ein Beitrag zu historischen Aspekten in der Psychologie), da die Deutschlehrer der Jahre nach 1968 das Thema „Warum arbeiten wir?" als pädagogisch nicht vertretbar ansahen. So können bestimmte zeitgeschichtlich bedingte Änderungen in den Ansichten und Einstellungen bestimmter Gruppen psychologische Forschung beeinträchtigen.

Psychologiegeschichte als Sozialgeschichte

Die Abhängigkeiten psychologischer Forschung und Theorienbildung von sozialen Faktoren und ihrem historischen Wandel ist ein weiteres Thema, das auf spezifische historische Aspekte der Arbeiten von Hans Thomae verweist. Die außerordentlich große Gegensätzlichkeit bzw. Unterschiedlichkeit von Definitionen des Bewußtseinsbegriffes, die er bei seinem Versuch einer „Systematisierung des Bewußtseinsproblems" (1940) antraf, versuchte er zu bewältigen, indem er die philosophischen bzw. wissenschaftsgeschichtlichen Wurzeln der verschiedenen Positionen bis auf Descartes, die englischen Sensualisten, auf Herbart, aber auch auf Ursprünge der Psychiatrie des 19. und 20. Jahrhunderts zurückführte. Wissenschaftsimmanente Präferenzen für bestimmte Kategorien des Erfassens werden als Determinanten vieler inhaltlicher Aussagen angesehen: „Während der Philosoph und phänomenologisch eingestellte Psychologe über die Problematik der spezifischen Seinsweise und Form an die Frage des Bewußtseins herantritt, der Psychiater und deskriptive Psychologe die verschiedenen Weisen des Bewußtseins zu erfassen sucht, sucht der Naturwissenschaftler ... von der Frage nach den Bedingungen des Bewußtseins dessen Wesen zu erfassen" (Thomae, 1940, S. 583).

Der Entwurf einer Motivationstheorie, die Thomae als 27jähriger in seiner Habilitationsschrift 1942 (erschienen 1944) vorgelegt hat, beginnt mit der Forderung, die Mannigfaltigkeit solcher Versuche zu sichten und zu analysieren, wobei er bis auf die Vermögenspsychologie von J. G. Feder aus dem Jahr 1785 und die Kritik von J. G. Herder an dieser zurückgreift, vor allem aber auf Diskussionen und Theorieansätze im 19. und 20. Jahrhundert. Allein der Blick auf diese geschichtliche Entwicklung ermögliche „die Distanzierung von dem, was naheliegt, d. h., was allgemein menschliche Denknotwendigkeiten, Erziehung, Schulung und allgemeine Interessenrichtung an unmittelbaren Gegebenheiten anbieten. Allein die Historizität menschlichen Seins bricht dessen Relativität." (Thomae, 1944, S. 11).

Das Prinzip der systematischen Sichtung unterschiedlicher Zugangsweisen zum Gegenstand in ihrer historischen Entwickung wird von Thomae in seiner Persönlichkeitspsychologie (1968) befolgt, wobei er u. a. die Rolle soialer und biologischer Normen in der „objektiven Forschung" (1968, S. 27) hinterfragt. Thematisiert wird das Problem wissenschaftsimmanenter und nicht-immanenter Determinanten der Psychologiegeschichte in den beiden 1969 (zus. mit Feger) und 1977 vorgelegten Monographien. In Thomaes „Psychologie in der modernen Gesellschaft" (1977) vertritt er die These, daß Entstehung und Entwicklung der modernen Psychologie „nicht nur durch wissenschaftimmanente Faktoren gefördert oder behindert" wurde. „Gegenstand und Methode konstituieren sich zwar als Resultat einer ganz bestimmten geistesgeschichtlichen Konstellation, doch hing diese ihrerseits stets ab von Einstellungen, Erwartungen und Gruppenprozessen in den bestehenden Institutionen, die teils sachlich, teils aber soziopolitisch motiviert waren" (Thomae, 1977, S. 17). Die sozialhistorische Dimension von Wissenschaftsgeschichte wird an dem Beispiel der Historiographie, der Gründung des Leipziger Instituts, aber auch an der Entwicklung des Behaviorismus und an den Schicksalen der Psychoanalyse aufgewiesen. „Nur auf einer historisch fundierten Basis kann aber auch das Thema ,Psychologie und Gesellschaft' angemessen behandelt werden: nicht als Berührung oder Zusammenstoß zweier homogener Blöcke, sondern als ein komplexes Interaktionsgefüge von institutionalisierten, mehr oder minder ideologiegeleiteten methodischen, theoretischen, sozialen und politischen Gruppierungen und/oder Strukturen" (Thomae, 1977, S. 21).

In dieser Weise nahm Thomae die Mahnung von M. Wertheimer (1980) vorweg, daß „psychologische Forscher sich stets der Zusammenhänge ihrer gegenwärtigen Forschung mit den sozialen, intellektuellen und politischen Rahmenbedingungen bewußt sein sollten, damit sie nicht in unkontrollierbarer Weise durch solche Faktoren beeinflußt werden. Implizite Annahmen, Ansätze, Werte und Orientierungen, die zu jedem Zeitpunkt in der Entwicklung einer Disziplin als selbstverständlich hingenommen werden, sind einflußreiche Determinanten dessen, was als wissenswert angesehen wird, was geforscht wird und was schließlich als Durchbruch angesehen wird. Es gibt mächtige nicht-rationale Determinanten der Entwicklung von Gedanken" (Wertheimer, 1980, S. 15 f.).

So gesehen ist eine Sozialgeschichte der Psychologie ein wichtiges Instrument in der Auseinandersetzung einer am Menschen und seiner Eigenart orientierten Psychologie mit den herrschenden Schulen, in denen diese Eigenart statistischen Modellen oder methodenideologischen Normen geopfert wird. Dies ist für Thomae letzten Endes das Motiv gewesen, sich mit Psychologiegeschichte zu beschäftigen. Die Beschäftigung mit historischen Aspekten psychischen Geschehens aber ergab sich aus den Zielen einer am Menschen und seiner Eigenart orientierten Psychologie, zu der als bedeutsamer Zug die Geschichtlichkeit gehört.

Literatur

Brandt, U. (1964). Flüchtlingskinder. In W. Hagen & H. Thomae (Hg.), Wissenschaftliche Jugendkunde, 6. München: J. A. Barth.

Bühler, C. (1933). Der menschliche Lebenslauf als psychologisches Problem. Leipzig: Hirzel, 2. Aufl. Göttingen: Hogrefe 1959.

Coerper, C., Hagen, W. & Thomae, H. (Hg.) (1954). Deutsche Nachkriegskinder. Methoden und erste Ergebnisse der deutschen Längsschnittuntersuchungen über die physische, psychische und soziale Entwicklung im Schulalter. Stuttgart: Thieme.

Dilthey, W. (1894). Ideen über eine beschreibende und zergliedernde Psychologie. Verhandlungen der Preussischen Akademie der Wissenschaften. Gesammelte Werke, Bd. 5 (S. 139–237). Berlin: Teubner 1923.

Erikson, H. E. (1950). Growth and crises of the healthy personality. In M. Senn (Hg.), Symposion on the Healthy Personality (pp. 91–146). New York: J. Macey-Foundation.

Hagen, W. & Thomae, H. (Hg.) (1962). Wissenschaftliche Jugendkunde. Ergebnisse und Dokumente. München: J. A. Barth.

Hambitzer, M. (1962). Schicksalsbewältigung und Daseinsermöglichung bei Körperbehinderten. Bonn: Bouvier.

Haupt, K. (1959). Formen der sozialen Eingliederung Vertriebener. Vita Humana, 2, 35–64.

Humboldt, W. v. (1820). Über die Aufgaben des Geschichtsschreibens. Abhandlungen der Berliner Akademie der Wissenschaften, Jg. 1820/21, 305–322.

Kelchner, M. (1932). Schuld und Sühne jugendlicher Arbeiter und Arbeiterinnen. Zeitschrift für Angewandte Psychologie, Beiheft 63, Leipzig: J. A. Barth.

Kruse, A. (1986). Strukturen des Erlebens und Verhaltens bei chronischer Erkrankung im Alter. Dissertation. Universität Bonn.

Lehr, U. & Thomae, H. (1965). Konflikt, seelische Belastung und Lebensalter. Opladen: Westdeutscher Verlag.

Regnet, R. (1931). Das Arbeitserleben des jugendlichen Werktätigen in der industriellen Großstadt. Zeitschrift für Angewandte Psychologie, 39.

Romein, J. (1949). Die Biographie. Bern: Francke.

Rothacker, E. (1930). Geschichtsphilosophie. In A. Bäumler (Hg.), Handbuch der Philosophie. München: Beck.

Rothacker, E. (1934). Geschichtsphilosophie. Leipzig: Berzen.

Rothacker, E. (1942). Probleme der Kulturanthropologie. Bonn: Bouvier.

Schlicht, U. (1986). Stellungnahmen Jugendlicher zur Rechtsordnung. Unveröffentlichte psychologische Diplomarbeit. Universität Bonn.

Thomae, H. (1940). Bewußtsein und Leben. Versuch einer Systematisierung des Bewußtseinsproblems. Archiv für die gesamte Psychologie, 105, 533–636.

Thomae, H. (1943). Die existentielle Lage im Sinngefüge des menschlichen Handelns. Zeitschrift für Angewandte Psychologie und Charakterkunde, 63, 121–160.

Thomae, H. (1943). Antriebszentrum und Persönlichkeitszentrum: zugleich ein Beitrag zur Frage des Spezialisierungsgrades der dynamischen Konstanten. Zeitschrift für Psychologie, 155, 129–184.

Thomae, H. (1944). Das Wesen der menschlichen Antriebsstruktur. Leipzig: J. A. Barth.

Thomae, H. (1951). Biographie und Psychologie. Die Sammlung, 6, 443–455.

Thomae, H. (1951/55). Persönlichkeit. Eine dynamische Interpretation. Bonn: Bouvier.

Thomae, H. (1952). Die biographische Methode in den anthropologischen Wissenschaften. Studium Generale, 5, 163–177.

Thomae, H. (1956). Gegenwartsjugend und Gegenwartsgesellschaft. Zeitschrift für Politik, 3, 166–175.

Thomae, H. (1958). Lage und Lageschema. In G. Funke (Hg.), Konkrete Vernunft. Festschrift für E. Rothacker (S. 289–297). Bonn: Bouvier.

Thomae, H. (1960). Der Mensch in der Entscheidung. München: Barth.

Thomae, H. (1968). Das Individuum und seine Welt. Eine Persönlichkeitstheorie. Göttingen: Hogrefe.

Thomae, H. (1969). Ansätze zu einer Theorie der Reifezeit. In H. Thomae (Hg.), Vita Humana. Ansätze zu einer Genetischen Anthropologie (S. 213–237). Frankfurt/M.: Athenäum.

Thomae, H. (1974). Konflikt, Entscheidung, Verantwortung. Stuttgart: Kohlhammer.

Thomae, H. (1977). Psychologie in der modernen Gesellschaft. Hamburg: Hoffmann & Campe.

Thomae, H. & Engels, H. (1950). Schuld und Sühne im Urteil jugendlicher Arbeiter der Gegenwart (S. 361 f.). Unsere Jugend, 2.

Thomae, H. & Feger, H. (1969). Hauptströmungen der neueren Psychologie. In C. Graumann (Hg.), Einführung in die Psychologie, Bd. 7. Frankfurt/M.: Akademische Verlagsgesellschaft.

Thomae, H. & Lehr, U. (1986). Stages, Crises, Conflicts, and Life-Span-Development. In A. B. Sorensen, F. E. Weinert & T. Sherrod (Hg.), Human Development and the Life-Course (S. 429–444). Hillsdale, N. J.: Lawrence Erlbaum Associates.

Wahl, H. (1983). Philosophische Probleme der psychologischen Konzeption von Hans Thomae. Dissertation. Humboldt-Universität Berlin.
Wertheimer, M. (1980). Historical Research — Why? In J. Brozek & L. J. Pongratz (Hg.), Historiography of Psychology. Toronto: C. J. Hogrefe.

Von der „kognitiven Wende" zur „Ära sozialer Repräsentationen"? Die Soziopsychologie Serge Moscovicis

C. Michael Sommer

Serge Moscovici[1]) gilt als einer der führenden Köpfe einer europäischen Sozialpsychologie und als prominentester Vertreter der französischen „Soziopsychologie". Doch reicht sein Werk über die Grenzen dieser Wissenschaft weit hinaus. Aus der Fülle seiner Publikationen lassen sich als Hauptthemen herauslesen: Die Frage des sozialen Wandels, die (Psycho-)Soziologie des Wissens, die Wissenschaftsgeschichte, das Verhältnis Mensch und Natur, die Kommunikation.

Man kann sagen, daß Moscovici den in diesem Band thematisierten „psychokulturellen Ansatz" gleich in mehrfacher Hinsicht realisiert: Als Historiker des Psychischen, als Soziopsychologe des sozialen Wandels, der historische Interpretation und experimentelle Methodik komplementär eingesetzt hat — vor allem aber auch als Wissenschaftler, der all dies — von der Metatheorie bis zur Analyse von Einzelproblemen — in seinem Werk integriert hat und über die kritische Analyse hinaus auch selbst innovativ tätig geworden ist.

In seinen Arbeiten über die „menschliche Geschichte der Natur" (Moscovici, 1972b, 1974, 1982b) hat Moscovici überzeugend dargelegt, daß die exklusive Gegenüberstellung von Natur und Gesellschaft, von biologischen und sozialen Prozessen eine Illusion ist. „Immer wenn man solche ‚Naturen' näher betrachtet hat, hat man eine Gesellschaft entdeckt" (1974, S. 198). Es gibt keinen biologischen Urzustand, von dem wir uns durch ein immer mehr an Gesellschaft zunehmend entfernen. Die Gesellschaft ist nichts der Natur Aufgepfropftes, Sekundäres, sondern ebenso primär wie etwa die Materie. Der sogenannte Übergang von der Natur zur Gesellschaft ist für Moscovici nur der Übergang von einer ersten Naturgeschichte des Menschen, wo „die Gegenwart des Menschen keine merklichen Vorteile im Verhältnis zu zahlreichen anderen Gattungen hatte, in ein Reich der Natur, wo sie solche Vorteile hat; in ein Reich, in dem die Arbeitsteilung und die Hierarchie von Gruppen und kollektiven Austauschprozessen über Institutionen, gesprochene Sprache und Symbole hergestellt werden" (1982b, S. 53). Biologische und soziale Evolution sind komplementäre Prozesse, wobei die Naturprozesse die aktive Grundlage für die Gemeinschaftsaktivitäten sind, deren Einfluß sich wiederum in den natürlichen Faktoren niederschlägt. Auch die Natur hat ihre Geschichte. Für die Wissenschaft heißt das, daß, „was es fortan zu verfolgen gilt, nicht in einem ‚Buch der Natur' niedergelegt ist, das schwer zu erschließen aber abgeschlossen wäre, und das wir nur zu entziffern brauchten. Tatsächlich müssen wir einen Rahmen, der uns als gegeben erschien, durch einen Rahmen ersetzen, den wir selbst gestaltet haben" (1982b, S. 20).

Serge Moscovici hat sich in seiner Arbeit nun insbesondere dafür interessiert, wie das, was zu einer Epoche als „natürlich" galt, gemacht wurde und seinerseits von einer neuen Sichtweise abgelöst wurde. Die dabei zentralen Begriffe sind „soziale Vorstellungen" und „sozialer Einfluß": Wie entstehen solche Vorstellungen, welchen Einfluß haben sie auf das Denken und Handeln von Individuen und Gruppen, wie werden sie von einem gesellschaftlichen Bereich auf einen anderen, von einer gesellschaftlichen Gruppe auf eine andere übertragen, welchen Veränderungen unterliegen sie dabei?

In diesen Fragen finden wir den roten Faden für die vielfältigen Themen und Zugangsweisen im Werk Moscovicis, in den Begriffen „soziale Vorstellung" *(représentation sociale)* und „sozialer Einfluß" den Kern seiner „Soziopsychologie"[2]), die er dem individualistischen Reduktionismus der zunächst vom Behaviorismus, heute vom Kognitivismus geprägten Mainstream-Sozialpsychologie entgegensetzt.

Konfrontiert man die traditionelle Sozialpsychologie mit dem in Moscovicis „menschlicher Geschichte der Natur" enthaltenen Programm, so treten ihre Unzulänglichkeiten deutlich hervor: Zoomorphismus und Individualismus.

Gab es für Wilhelm Wundt noch zwei Psychologien, nämlich die allgemeine, individuum-zentrierte, (quasi-)physiologische Experimentalpsychologie auf der einen und die supra-individuelle, im Experiment nicht realisierbare Sozialpsychologie („Völkerpsychologie")[3] auf der anderen Seite, so definierte J. B. Watson 1913 die gesamte Psychologie als „vollkommen objektiven, experimentellen Zweig der Naturwissenschaft" (Watson, 1968, S. 13), während F. H. Allport 1924 (Allport, 1967) explizit auch die Sozialpsychologie als individuum-zentriert festschrieb.

Die in dieser Tradition entstandene Sozialpsychologie könnte man mit Moscovici — pointiert — folgendermaßen charakterisieren:

Die einseitige Festlegung auf experimentell-naturwissenschaftliche Methoden, die gleichzeitige Vernachlässigung theoretischer Aktivität, die Reduzierung sozialer Prozesse auf individuelle Reaktonen führte zu einer systematischen Vernachlässigung der sozialen Realität, zur synchronen wie diachronen Koexistenz arbiträrer, inkompatibler, eindimensionaler Mini-Theorien, welche von „Furcht vor Spekulation" geprägt und damit zur fortwährenden Re-Produktion von common sense verdammt sind.

In diesem Kontext wird das Individuum als biologische Einheit gesehen, welche durch eine vorgegebene, mehr oder minder unveränderliche (Lern-)Umwelt sozialisiert wird. Seine Reaktionen sind eher passiver Natur und werden als ängstliche Schritte hin zu einer möglichst gelungenen Anpassung an die eine oder andere, stets aber fraglos gegebene Gruppe interpretiert.

So „erscheint Konformität als *sine qua non* des sozialen Systems und menschlicher Interaktion mit der Umwelt" (Moscovici, 1979, S. 11). Dementsprechend wurde sozialer Einfluß in der klassischen Sozialpsychologie nur unter den Aspekten Konsens, soziale Kontrolle, Konformität untersucht.

Diesem „funktionalistischen" Ansatz stellte Moscovici seinen „genetischen Standpunkt" entgegen, der jede Gruppe (oder jedes Gruppenmitglied), ob Mehrheit oder Minderheit als potentielle Quelle oder potentiellen Empfänger von Einfluß ansieht, soziale Veränderung ebenso als Ziel von Einfluß in Betracht zieht wie soziale Kontrolle. Moscovici hat diesen Standpunkt in einer Reihe von sophistizierten Experimenten auch empirisch untermauert und damit eine ganze Forschungstradition initiiert, welche die Einflußbeziehungen zwischen Minderheiten und Mehrheiten weiter zu erhellen sucht (vgl. etwa Maass & Clark, 1984).

Moscovici hat die Sozialpsychologie auf diesem Gebiet vorangebracht, weil er offene Augen für die gesellschaftliche Realität hatte – in den sechziger und frühen siebziger Jahren traten Minderheiten zunehmend selbstbewußter auf und konnten auch gewisse Veränderungen durchsetzen –, weil er es wagte, die Bahnen des gewohnten Denkens zu verlassen und den passiven „Objekten" sozialer Kontrolle auch Aktivität und mögliche Einflußnahme zuzugestehen. Die in diesem Kontext durchgeführten Laborexperimente ergaben denn auch nicht eine neuerliche Anhäufung belangloser Fakten, sondern erfüllten die Funktion, die Moscovici ihnen trotz seiner Kritik an der Überbewertung experimentell-naturwissenschaftlicher Methoden zuspricht, nämlich „neue Konsequenzen für eine Theorie zu finden und zu validieren oder unerwartete Effekte zu produzieren" (1972a, S. 38).

Man hat Moscovicis „Psychologie der aktiven Minderheiten" in der Sozialpsychologie als brillant und bahnbrechend eingeordnet und in die Lehrbücher aufgenommen, aber es scheint ihm mit seiner Innovation ähnlich ergangen zu sein wie den von ihm untersuchten aktiven Minderheiten: Die Botschaft wirkt nicht da, wo sie wirken soll, ihre Wirkung ist nur indirekt, und die Mehrheit absorbiert sie nur unter dem Preis der Entschärfung. Moscovicis Ziel war es keineswegs, dem Forschungsgebiet „Konformität" noch ein weiteres Gebiet „Minderheiteneinfluß" entgegenzustellen, wie das häufig gesehen wird. Sein Ziel war es vielmehr, beide Phänomene als Momente ein und desselben übergeordneten Bezugssystems, nämlich des „sozialen Einflusses" zu etablieren.

Für den Wissenschaftshistoriker Moscovici wäre ersteres ein typischer Fall aristotelischer Epistemologie, welche zwischen Abwärtsbewegungen, Aufwärtsbewegungen, Kreisbewegungen und geraden Bewegungen unterscheidet und jede Bewegung mit einer separaten Theorie erklärt. Moscovicis eigener Zugang dagegen wäre analog dem Galileis, welcher alle Formen der Bewegung theoretisch vereint und über das ihnen zugrundeliegende Prinzip, nämlich die Schwerkraft, erklärt.

Auch das zweite Kernstück von Moscovicis Soziopsychologie, das Konzept der „sozialen Repräsentation", soll die Halde der „lonely paradigms" nicht um eine weitere isolierte Mini-Theorie erweitern, sondern nichts weniger als die gerade für die Sozialpsychologie so problematische „kognitive Wende" durch eine „soziopsychologische Wende" (oder gar Revolution?) ablösen, welche uns eine „Ära der sozialen Vorstellungen" (Moscovici, 1982a) bescheren soll.

Auch nach der kognitiven Wende (vgl. hierzu Graumann & Sommer, 1984a, 1984b) gilt Allports Devise „Only within the individual (we can) find the behavior mechanisms and the consciousness which are fundamental in the interactions between individuals" (1967, VI). Das Soziale folgt weiterhin den Gesetzen der allgemeinen Psychologie, statt denen von Reiz und Reaktion nun denen der Informationsverarbeitung. Der Mensch ist lediglich vom Organismus zur „denkenden Maschine" umgedacht worden. Der Mensch als Informationsverarbeiter ist nicht handelndes Subjekt im Kontext von anderen Subjekten, von Geschichte, von Normen und Werten, sondern einsamer Beobachter in einer Welt von inputs, die nichts weiter fordern als verarbeitet zu werden. Dieser Solipsist wird zum Gegenstand der Sozialpsychologie, wenn er „soziale Information", das heißt input in Form von Personen und Ereignissen, verarbeiten muß.

Personen und Ereignisse haben für den Informationsverarbeiter dabei weder dingliche noch soziale Realität. Als input sind sie wie andere Informationen auch Teil des monadischen kognitiven Systems, welches sie in vorhandene „kognitive Repräsentationen" eingliedert. Diese Repräsentationen repräsentieren nichts mehr; das, wofür sie stehen, kommt in der „sozialen Kognition" nicht mehr vor. Das Wort „Kognition", von William James in die moderne Psychologie als „relation of the mind to other things" (James, 1950, S. 216) eingeführt, hat seine zentrale Bedeutung, nämlich „Erkenntnis", eingebüßt.

In dieser eingeschränkten Bedeutung wird es nun allerdings allen Erscheinungsformen des Psychischen übergestülpt. Der Mensch im kognitivistischen Universum ist ein leidenschaftslos neutraler Logiker. Seine Emotionen, Motivationen sind zu bloßen Zusatzinformationen neutralisiert. Vom Wissenschaftler oder vom Computer unterscheidet er sich nur dadurch, daß er nicht immer die Gesetze der Logik im Griff oder die richtige Information zur Hand hat.

Das Konzept der „sozialen Kognition" scheint somit in seiner Verkürzung sowohl des Sozialen wie des Kognitiven als Kernstück einer Sozialpsychologie denkbar ungeeignet. Für Moscovici, der eben diese Aspekte — nicht zuletzt mit seiner Theorie der „sozialen Repräsentation" (Moscovici, 1961, 1981) — nun schon viele Jahre einem behavioristischen Individualismus entgegengehalten hatte, mußte das Aufkommen eines mit den Labeln „soziale Kognition" und „Repräsentation" versehenen Paradigmas gleichwohl eine Herausforderung bedeuten.

Vielleicht ist das mit ein Grund, weshalb die Theorie der sozialen Repräsentation — von Moscovici 1961 formuliert und an der sozialen Vorstellung der Psychoanalyse exemplifiziert, von seinen Schülern seit den frühen siebziger Jahren auf andere Themen übertragen — in den letzten Jahren verstärkt vorgetragen und empirisch umgesetzt wird (Hewstone et al., 1982; Moscovici, 1981, 1982a, 1983, 1984b; als Überblick Jodelet, 1984).

Soziale Repräsentationen sind überindividuelle Wissensbestände über bestimmte, in einer Gesellschaft relevante Themen — wissenschaftliche Theorien (etwa Psychoanalyse), soziale Rollen (Frau, Kind) oder Begriffe wie „Kultur", „Krankheit", über die verschiedene gesellschaftliche Gruppen in unterschiedlicher Weise verfügen. Sind sie bei Durkheim (von dessen *représentations collectives* Moscovici den Begriff entlehnte) noch eher autonome — soziologische — Gegebenheiten, so sind sie für Moscovici selbst Explananda, deren Struktur, Entstehung, Wirkungsweise und Veränderung zu untersuchen Aufgabe der Sozialpsychologie ist. Betont Durkheim mit dem Adjektiv „kollektiv" den Gegensatz zwischen dem Kollektiven und dem Individuellen, so rückt Moscovici mit dem Adjektiv „sozial" das fortwährende Ineinandergreifen beider Aspekte in den Fokus.

Er unterscheidet dabei drei Strukturaspekte sozialer Repräsentationen:

Das Vorstellungsfeld umfaßt Inhalt, hierarchische Struktur und Geltungsbereich der sozialen Repräsentation.

Die Informiertheit steht für Quantität, Qualität und Differenziertheit der Kentnnisse zum Thema.

Die Einstellung bezeichnet die Bewertung des Vorstellungsgegenstands.

Die sozialpsychologische Relevanz sozialer Repräsentationen beruht allerdings in erster Linie auf ihrer Dynamik:

Die beiden hierbei zentralen Prozesse nennt Moscovici Objektivierung und Verankerung.

Bei der Objektivierung werden zunächst aus dem allgemeinen Wissensbestand (etwa dem der Psychoanalyse) bestimmte, „eingängige" Elemente herausgelöst und in spezifischer Elaboration zu einem neuen kohärenten, „figurativen Schema" zusammengefügt. So besteht etwa das figurative Schema der Psychoanalyse aus dem Gegensatz zwischen Bewußtem und Unbewußtem, dem dazwischengeschalteten „schädlichen Mechanismus" der Verdrängung sowie dem daraus resultierenden „Komplex".

Der in der Psychoanalyse zentrale und für die Gesellschaft konfliktträchtige Begriff der „Libido" hingegen hat in diesem Schema keinen Platz. Die derart entschärfte wissenschaftliche Theorie kann nun ihre Karriere als gängiges Interpretationsmuster im Alltagsleben beginnen.

Hier durchläuft sie die zweite Stufe der Objektivierung. Das zunächst abstrakte, hypothetische, figurative Schema wird zunehmend konkretisiert und ontologisiert, in Moscovicis Worten „naturalisiert". Das heißt, das Schema wird zu einem „Wahrnehmungsding", „das Subjekt ‚perzipiert', so glaubt es, um sich herum bedauernswertes Unbewußtes, im Entstehen begriffene Verdrängungen und alte Komplexe" (Herzlich, 1975, S. 392).

Im Prozeß der Verankerung wird die soziale Vorstellung schließlich zum funktionalen Interpretationsmuster, das Typologien für Personen und Ereignisse bereitstellt, die Bildung von sozialer Identität und Abgrenzung, aber auch das Verhalten von Gruppen und Individuen wesentlich beeinflußt. Bei diesem Prozeß wird die soziale Repräsentation allerdings auch selbst mit den je geltenden Normen und Ideologien und anderen Faktoren konfrontiert, welche dafür sorgen, daß das um sie herum entstandene „Netz von Bedeutungen" in Bewegung bleibt.

Es wird deutlich, daß diese *„représentation sociale"* mit der *„social cognition"* wenig gemein hat. Die Menschen bei Moscovici sind nicht informationsverarbeitende Systeme, sondern aktive Subjekte im sozialen und historischen Kontext. Die Welt, in der sie leben, ist nicht eine Quelle von Information, sondern von Bedeutung. Diese Bedeutung wird von interagierenden und kommunizierenden Individuen kollektiv geschaffen und dient den Einzelnen wiederum dazu, „sich in ihrer sozialen und materiellen Umwelt zu orientieren und auf sie einzuwirken" (Moscovici, 1969). Denken ist dabei essentiell sozial, es referiert nicht nur auf Realität, es verändert sie auch. In dem Sinne, daß der Einzelne im Kontext sozialer Vorstellungen lebt, ist Denken sogar selbst Umwelt (Moscovici, 1983).

Der „Laie" denkt in diesem Kontext nicht wie ein Wissenschaftler oder wie eine Maschine mit kleinen Mängeln. Seine „Attributionsfehler" − „Personalismus" etwa, „the fundamental error" − sind keine logischen Fehler, sondern von einer spezifischen sozialen Repräsentation ausgehende, durchaus richtige Schlußfolgerungen zu praktischen Zwecken.

Aus dieser Sicht ist die strikte Trennung von abstrakten, universellen Prozessen und beliebigen, zuweilen eben sozialen Inhalten des Denkens (vgl. etwa Kruglanski, 1980) nicht aufrechtzuerhalten und ein Hindernis für die Weiterentwicklung der Sozialpsychologie. Die Gesetze der Logik haben nicht in allen Kulturen und auch im Alltag nicht die Bedeutung, die ihnen da zugeschrieben wird, zudem gibt es auch Inhalte mehr oder weniger universellen Charakters (z. B. „Heros"). Das soziale Denken kennt keine inhalts- und kontextfreien Mechanismen. Die es konstituierenden sozialen Repräsentationen sind in einem je spezifischen Kontext kollektiv produzierte, wertbesetzte „Mixturen aus Begriffen, Bildern und Wahrnehmungen" (Moscovici, 1982 a, S. 129).

Aufgabe der Sozialpsychologie ist es nun, Struktur und Dynamik dieser sozialen Repräsentationen zu analysieren. Ihr Gegenstand wären dann nicht mehr ihres historischen und sozialen Kontexts beraubte Individuen, das heißt die Beziehung „individuelles Subjekt − Objekt", aber auch nicht das von der Soziologie abgedeckte Feld verselbständigter sozialer Strukturen („kollektives Subjekt − kollektives Objekt"). Als Soziopsychologie hätte sie Struktur und Dynamik sozialen Denkens, Kommunizierens und Handelns bei Individuen und Gruppen, das heißt die Beziehung „individuelles Subjekt − „soziales Subjekt − Objekt", zu konzeptualisieren und zu untersuchen (vgl. Moscovici, 1984 b, S. 9).

Dazu wird eine Vielfalt von Methoden einzusetzen bzw. noch zu entwickeln sein. Moscovici plädiert hier für eine Mischung aus Beobachtung, Experiment und komparativen Methoden. Das Laborexperiment wird dabei nicht mehr die Rolle spielen, die man ihm heute zuschreibt, doch wird es für die Untersuchung bestimmter, isolierbarer Einzelphänomene weiterhin unentbehrlich sein.

Die Hauptarbeit ist allerdings, so Moscovici, noch auf theoretischem Gebiet zu leisten. Denn Konzept und Anwendungsbereich seien zwar schon ein gutes Stück, aber längst nicht hinreichend präzisiert. So bemängeln denn auch Kritiker, die sich mit Moscovici im Ziel einer „Sozialisierung" der Sozialpsychologie durchaus einig sind, die „Vagheit" des Ansatzes (vgl. etwa Potter & Litton,

1985). Sie problematisieren dessen Konzeptualisierung von Gruppen (Harré, 1984; Potter & Litton, 1985) und vermissen die Spezifizierung der unterstellten sozialen Prozesse (Semin, 1985; Shotter, 1986) oder eine angemessene Berücksichtigung sprachlicher Aspekte (Potter & Litton, 1985).

Ob die zur Zeit von einigen europäischen Sozialpsychologen — trotz oder wegen dieser Kritik — in das Unternehmen „soziale Repräsentation" investierte theoretische und empirische Mühe[4]) tatsächlich eine „Ära der sozialen Repräsentationen" bringen wird, ist somit keineswegs gewiß. Doch das dabei angestrebte Ziel einer wirklich „sozialen" Sozialpsychologie scheint den Versuch wert zu sein.

Anmerkungen

*) Ich danke Ernst Weimer für die kritische Lektüre einer ersten Fassung.

[1]) Moscovici, geb. 1928, ist Directeur d'Etudes an der Ecole Pratique des Hautes Etudes sowie Direktor des Europäischen Laboratoriums für Sozialpsychologie, beides in Paris.

[2]) In Frankreich wird meist der Begriff „Psychosociologie" gebraucht, da aber damit eine spezifische Konzeption der Sozialpsychologie angesprochen ist, scheint es angebracht, von „Soziopsychologie" zu sprechen.

[3]) Eine andere in der modernen Sozialpsychologie gleichfalls verdrängte frühere Tradition der Sozialpsychologie, die „Massenpsychologie" Le Bons und seiner Nachfolger, unterzieht Moscovici in seinem „Zeitalter der Massen" (1984c) einer kritischen Neubewertung. Dazu mag die weitere Literaturempfehlung, die nicht zitiert ist, dienen: C.M. Sommer (1986). Vom Aufstand der Massen zum Aufstand der Minderheiten. Ein Gespräch mit Serge Moscovici. Psychologie Heute, 3, 46–53.

[4]) In der Bundesrepublik etwa versucht eine Heidelberger Gruppe um Lenelis Kruse die Theorie der sozialen Repräsentation (des Mannes) besonders auch in ihren sprachlichen Aspekten zu präzisieren und empirisch umzusetzen.

Literatur

Allport, F.H. (1924). Social Psychology. Boston: Houghton Mifflin 1967.

Graumann, C.F. & Sommer, C.M. (1984a). Schema and inference: models in cognitive social psychology. In J.R. Royce & L.P. Mos (eds.), Annals of Theoretical Psychology, Vol. 1 (S. 31–76). New York: Plenum Press.

Graumann, C.F. & Sommer, C.M. (1984b). Perspectives on cognitivism: Reply to commentators. In J.R. Royce & L.P. Mos (eds.), Annals of Theoretical Psychology, Vol. 1 (S. 101–110). New York: Plenum Press.

Harré, R. (1984). Some reflections on the concept of „social representation". Social Research, 51, 927–938.

Herzlich, C. (1975). Soziale Vorstellung. In S. Moscovici (Hg.), Forschungsgebiete der Sozialpsychologie I. Frankfurt/M.: Athenäum.

Hewstone, M., Jaspars, J. & Lalljee, M. (1982). Social representations, social attribution and social identity: The intergroup images of „public" and „comprehensive" schoolboys. European Journal of Social Psychology, 12, 241–269.

James, W. (1950). The Principles of Psychology, Vol. 1. New York: Dover.

Jodelet, D. (1984). Représentation sociale: Phénomènes, concept et theorie. In S. Moscovici (ed.), Psychologie Sociale. Paris: P.U.F.

Kruglanski, A. (1980). Lay-epistemo-logic-process and contents: Another look at attribution theory. Psychological Review, 87, 70–87.

Maass, A. & Clark, R. D. III. (1984). Hidden impact of minorities: Fifteen years of minority influence research. Psychological Bulletin, 95, 428–450.

Moscovici, S. (1961). La psychanalyse, son image et son public. Paris: P. U. F.

Moscovici, S. (1969). Préface à C. Herzlich, Santé et Maladie. Analyse d'une Représentation Sociale. Paris: Mouton.

Moscovici, S. (1972a). Society and theory in social psychology. In J. Israel & H. Tajfel (eds.), The Context of Social Psychology. London: Academic Press, 17–68.

Moscovici, S. (1972b). La Société contre Nature. Paris: Union Générale d'Editions.

Moscovici, S. (1974). Hommes domestiques et hommes sauvages. Paris: Union Générale d'Éditions.

Moscovici, S. (1979). Sozialer Wandel durch Minoritäten. München: Urban & Schwarzenberg.

Moscovici, S. (1981). On social representations. In J. P. Forgas (ed.), Social Cognition: Perspectives in Everyday Understanding.

Moscovici, S. (1982a). The coming era of representations. In J.-P. Codol & J.-P. Leyens (eds.), Cognitive Analysis of Social Behavior. The Hague: Nijhoff, 115–150.

Moscovici, S. 1982b). (1977) Versuch über die menschliche Geschichte der Natur. Frankfurt/M.: Suhrkamp.

Moscovici, S. (1983). The phenomenon of social representations. In R. M. Farr & S. Moscovici (eds.), Social Representations. Cambridge: Cambridge University Press.

Moscovici, S. (1984a). The myth of the lonely paradigm: A rejoinder. Social Research, 51, 939–967.

Moscovici, S. (ed.) (1984b). Psychologie Sociale. Paris: P. U. F.

Moscovici, S. (1984c). Das Zeitalter der Massen. München: Hanser.

Potter, J. & Litton, I. (1985). Some problems underlying the theory of social representations. British Journal of Social Psychology, 24, 81–90.

Semin, G. R. (1985). The ‚phenomenon of social representations: A comment on Potter & Litton. British Journal of Social Psychology, 24, 93–94.

Shotter, J. (1986). A sense of place: Vico and the social production of social identities. British Journal of Social Psychology, 25, 199–211.

Watson, J. B. (1968). Behaviorismus. Erg. durch den Aufsatz „Psychologie, wie sie der Behaviorist sieht" (1913). Köln: Kiepenheuer & Witsch.

IV.

Relevante Entwicklungen
von zeitlich übergreifender Art

Der dialektische Ansatz und seine Bedeutung für die Psychologie

Jens Brockmeier

1. Was ist der dialektische Ansatz in der Philosophie?

Vor dem Hintergrund gesellschaftlicher Umwälzungen, die politisch und ökonomisch in der französischen Revolution und der industriellen Revolution kulminieren, stellt sich dem Betrachter die Entwicklung des menschlichen Wissens in der zweiten Hälfte des 18. Jahrhunderts und der ersten Hälfte des 19. Jahrhunderts als eine Tendenz dar, die man als *Historisierung des Weltbilds* charakterisieren kann. In den Naturwissenschaften verfolgen wir eine Historisierung des Kosmos (von Kant bis Laplace), der Erde (von Hutten bis Lyell) und schließlich des organischen Lebens (von Lamarck bis Darwin). In den Gesellschaftswissenschaften reflektieren die Geschichtstheorie der französischen Aufklärung und die englische Politische Ökonomie das Werden der bürgerlichen Gesellschaft. Geographen, Kulturhistoriker und Anthropologen vergleichen unterschiedliche geschichtliche und soziale Wirklichkeiten und ordnen sie in einen zeitlichen Entwicklungszusammenhang ein. Dieser Prozeß verändert das Denken und Erkennen der Menschen in vielfältiger Hinsicht.

In der Philosophie finden diese Historisierungen der Weltsicht ihre entfaltetste Fassung in den dialektischen Theorien von G. W. F. Hegel und K. Marx, die beide, wie nur wenige andere, ihr Denken auf die neuen Erkenntnisse gründen. Beide markieren zugleich zwei Extreme des denkenden Begreifens der Geschichtlichkeit menschlicher Wesenskräfte. Diese sind nicht nur in zwei verschiedenen sozialhistorischen Konstellationen innerhalb der allgemeinen Veränderungsprozesse entstanden (in der Welt der deutschen Kleinstaaten zwischen Spätabsolutismus und Napoleonischer wie Metternichscher Neuordnung im Falle Hegels, im Zentrum des britischen Kapitalismus und Kolonialismus im Falle Marx') entstanden, die zwei verschiedene wissenschaftshistorische Erkenntnisstände (in der Biologie etwa die Auffassungen von Buffon bis Lamarck im Falle Hegels und die Charles Darwins' im Falle Marx') repräsentieren. Sie stehen auch für zwei gegensätzliche Traditionen der philosophischen Denkgeschichte, die gemeinhin mit den Begriffen Idealismus und Materialismus charakterisiert werden. Dennoch zeichnen sich beide unter den philosophischen Konzeptionalisierungen dieses historischen Paradigmenwechsels durch den besonderen *dialektischen Ansatz* ihres Denkens aus.

Die Spezifik dieses Ansatzes läßt sich — in einer für das Begreifen der *historischen Dimension des Psychischen* relevanten Zuspitzung — dahingehend zusammenfassen, daß er das geschichtliche Werden der Menschen aus der für gesellschaftliche Individuen eigenartigen Vermitteltheit ihrer Lebensprozesse heraus zu begreifen sucht. Wie sind die Individuen in ihrer gesellschaftlichen Naturauseinandersetzung und dadurch untereinander verbunden? Durch welche natur-, gesellschafts- und individualgeschichtlichen Vermittlungen entwickeln sich ihre materiellen und ideellen Potenzen, entwickelt sich ihre praktische und intellektuelle Handlungsfähigkeit? Hegel konzipiert im Denkhorizont des deutschen Idealismus diese Prozesse unter der Form der Historizität einer zeiträumliche Dimensionen übergreifenden ideellen Subjektivität. Die Natur- wie Menschengeschichte stellt sich ihm letztlich als Erkenntnisproblem, genauer: als Problem der Selbsterkenntnis des geistigen ‚Gehalts' des Geschichtsprozesses. Marx dagegen sucht in der Tradition der französischen Geschichtsphilosophie, der klassischen Politischen Ökonomie und der deutschen dialektischen Philosophie die geschichtlichen Gesetzmäßigkeiten dieser Vermittlung gerade in der Konsequenz der Negation eines jeden ideellen wie überhistorischen Subjekts und bemüht sich insofern um die Untersuchung der materiellen Organisationsformen der menschlichen Gesellschaft. Die Geschichte stellt sich ihm letztlich als praktische Frage des sozialen Handelns für die Emanzipation der „wirklichen, sinnlichen Individuen". Wie Hegel die geschichtliche „Substanz" aus der Selbstentfaltung eines tätigen, als Geist „arbeitenden" Subjekts begreifen will, so will Marx den geschichtlichen Prozeß aus der Selbstorganisation des Verhaltens realer Individuen rekonstruieren. Beide kommen jedoch darin überein, daß das konkrete Individuum nur im prozessualen Kontext seiner natur- und gesellschaftsgeschichtlichen Vermitteltheit begriffen — sei es in der Hegelschen Gedankenform der „Reflexion", d.h. der „Selbstvermittlung durch Anderes", oder in der Marxschen Bestimmung als „ensemble der gesellschaftlichen Verhältnisse" — und so auch erst in seinen besonderen psychischen Aspekten wissenschaftlich betrachtet werden kann.

Die folgende Darstellung ist auf einen Gesichtspunkt eingeengt, der jedoch Gemeinsamkeiten wie Unterschiede des dialektischen Ansatzes bei Hegel und Marx in ihrer Bedeutung für ein historisches Paradigma in der Psychologie besonders deutlich macht: der Frage nach dem *Verhältnis Individuum — Gesellschaft*, die, indem sie mit der nach der Phylo- bzw. Sozio- und Ontogenese der menschlichen Psyche verbunden ist, sich sowohl als *entwicklungstheoretisches* Problem wie als Problem des Zusammenhangs von *Natur- und Menschen*geschichte stellt[1]).

2. Hegel

1. Hegels Versuch, die individuelle Dimension der menschlichen Wirklichkeit auf den verschiedenen Ebenen ihrer Vermitteltheit mit einer übergreifenden geschichtlichen Dimension philosophisch zu begründen, ist u.a. als das Bemühen zu verstehen, die mit der Kantschen Philosophie aufgeworfenen Probleme zu lösen. In der Konsequenz der seit Descartes' Unterscheidung von *res cogitans* und *res extensa* für die neuzeitliche Philosophie maßgeblichen Polarisierung

von Idealität und Materialität sowie Subjektivität und Objektivität war Kant zu einem transzendentalen (aller besonderen Erfahrung vorhergehenden) Begriff von Bewußtsein gelangt. Als gnoseologisch-ontologisch ambivalente Grundkategorie für alle Welterfahrungen des Individuums markiert das transzendentale Bewußtsein den Höhe- und Wendepunkt eines Subjekt-Objekt-Denkens (als der erkenntnistheoretischen und -psychologischen Zuspitzung einer bestimmten Sicht des praktisch-materiellen Individuum-Welt-Verhältnisses), weil es einerseits das Bewußtsein zu einem ahistorischen transzendental-konstitutiven Subjekt hypostasiert. Andererseits wird aber damit an herausragender Stelle die Frage nach dem Zusammenhang von Subjektivität und Objektivität, Sinnlichkeit und Verstand, Einzelnem und Allgemeinem gestellt — wenngleich als Frage nach der internen Aufgabe dieses autonomen Bewußtseins. Diese Aufgabe kann es jedoch, so Hegels Kritik, nicht lösen; sie übersteigt vielmehr den Bereich dessen, was das „endliche" Bewußtsein überhaupt zu leisten vermag.

Zwar begreift auch Hegel wie die gesamte klassische bürgerliche Philosophie den Individuum-Welt-Zusammenhang unter der Form allein ideeller Bestimmungen, also als Reflexionszusammenhang. Aber er geht dabei von einem anderen Ausgangspunkt aus. Statt das individuelle Bewußtsein als Folie eines reflektierenden Verstandes zu denken, verfolgt er die Idee eines den Verstand als sein inneres Moment übergreifenden Entwicklungszusammenhangs, den er, weil er nicht mehr relativ auf das endliche Bewußtsein bezogen ist, als absolut denkt. Gleichzeitig grenzt er sich dagegen ab, dieses „Absolute" als eine bloß formelle und abstrakte Substanz zum philosophischen Vermittlungsprinzip zu erklären: „Es kommt ... alles darauf an, das Wahre nicht als Substanz, sondern ebensosehr als Subjekt aufzufassen und auszudrücken" (3, 22/23)[2]. Indem so nicht die Dichotomie kategorial „verendlichter" und als unvermittelbar erscheinender Elemente, sondern die Einheit eines universalen Prozesses als Gegenstand des philosophischen Begreifens entwickelt wird, eröffnet sich die Frage nach dem Vermittlungszusammenhang von vornherein als Frage nach „seinem inneren Leben und der Selbstbewegung seines Daseins" (3, 49) bzw. nach seiner inneren Entwicklung als dem „Werden seiner selbst" (3, 23). Da die „Substanz an ihr selbst Subjekt" ist, beschränkt sich das philosophische Erkennen darauf, der inneren Selbstbewegung des historischen Vermittlungszusammenhangs nur „zuzusehen". Aufgabe ist allein, sie in die „Selbstbewegung des Begriffs" (3, 65), in die logisch-begriffliche Ordnung der Sache und ihrer Erkenntnis zu übersetzen.

2. Hegels Name für diesen Vermittlungszusammenhang ist „Geist". Dieser ist, je nach seiner Funktion als übergreifendes Subjekt, System, Prozeß oder Ziel der ganzen Entwicklung, verschieden bestimmt. Als *Geistphilosophie* zielt die Hegelsche Theorie auf den gedanklichen Nachbau aller wissenschaftlichen und philosophischen Erkenntnis. Darin gründet ihr in der neuzeitlichen Philosophie beispielloser Anspruch, den Gesamtzusammenhang von Natur-, Gesellschafts- und Denk- bzw. Kultur*geschichte* in einem einheitlichen begrifflichen System darzustellen. Darin gründet aber auch die Problematik des identi-

tätsphilosophischen Denkens, das in der teleologischen Darstellung der begrifflichen (Selbst-)Erkenntnis des Geistes und ihrer inneren Logik auch die realgenetischen Bewegungen und die Logik − „Sein", „Wesen" und „Begriff" − der wirklichen Geschichtsprozesse auszudrücken sucht (vgl. Brockmeier, 1987).

Zu dem konkreten Individuum und seiner empirischen Subjektivität bietet dieser geistphilosophische Entwicklungszusammenhang einen zweifachen Zugang. Es wird erfaßt sowohl als *Moment* eines Ganzen wie als *Agens* eines Prozesses, d. h., sowohl in seiner objektiven Bestimmtheit wie in seiner individuellen Subjekthaftigkeit. Das ist möglich, weil das Individuum ja ebenfalls zur Selbstwerdung und -erkenntnis des Geistes beiträgt, also nicht nur als ein bloß Besonderes in die Allgemeinheit des über es hinweg verlaufenden Geschichtsprozesses abstrakt eingegliedert ist, sondern dieser Prozeß nur durch seine Tätigkeit als einem konkreten (in der Einheit seines Seins und Wirkens existierenden) Einzelnen, nur durch es „hindurch" realisiert wird.

3. Diese dialektische Doppelbestimmtheit des konkreten Individuums, die später auch für die von Marx ausgehende Problemtradition bis in die Psychologie des 20. Jahrhunderts hinein grundlegend wird (Wygotski, 1934; Leontjew, 1975 u. 1982, S. 84f.; Holzkamp, 1978, S. 219f.), ist für Hegel Konsequenz wie Voraussetzung des ganzen Aufbaus seines philosophischen Systems. Das deutet sich schon in der *Selbstanzeige* an, in der Hegel seine erste große Veröffentlichung, die *Phänomenologie des Geistes* (1807), vorstellt:

„Dieser Band stellt das *werdende Wissen* dar. Die Phänomenologie des Geistes soll an die Stelle der psychologischen Erklärungen oder auch der abstrakteren Erörterungen über die Begründung des Wissens treten ... Sie faßt die verschiedenen *Gestalten des Geistes* als Stationen des Weges in sich, durch welchen er reines Wissen oder absoluter Geist wird ... Ein *zweiter Band* wird das System der *Logik* ... und der zwei übrigen Teile der Philosophie, die *Wissenschaften* der *Natur* und des *Geistes* enthalten" (3, 593).

Der so konzipierte Entwicklungszusammenhang beginnt mit den ersten Anschauungsgehalten, die uns noch vor allem wissenschaftlichen Denken in der „sinnlichen Gewißheit" und der „Wahrnehmung", den ersten Stufen der *Phänomenologie des Geistes*, gegeben sind, verfolgt die Erfahrungen, die das Bewußtsein hiervon ausgehend in seiner Individual- wie Gattungsgeschichte mit sich selbst macht, bis es im „absoluten Wissen" zu den reflektiertesten Erkenntnissen seiner eigenen Tätigkeit gelangt. In diesem Ziel hat der „sich als Geist wissende Geist" (3, 591) all seine Erfahrungen als Erinnerungen entäußert (vgl. Brockmeier, 1988). Die „Wissenschaft des erscheinenden Wissens", die Phänomenologie des Geistes, mündet somit in einem Typ von Wissen, der über das Erfahrungswissen des Bewußtseins hinausgeht. Dies ist die *Wissenschaft der Logik* (1812–1816), das „reine Denken" der begrifflichen Abstraktionen. Diese in die logische Selbstbewegung der „objektiven Gedanken" übersetzten Abstraktionsresultate der „Wissenschaften der Dinge" werden dann weiter verfolgt als Entäußerungen der logischen Idee in ihr „Anderssein", in die *Realphilosophie*, die ihrerseits aus den Natur- und Geisteswissenschaften besteht. Damit schließt sich der Kreis des Systems, denn hier kehrt der Geist in Form der Wissenschaften seiner selbst zu sich zurück. Dabei wird die Phänomenologie, der ursprüngliche Ausgangspunkt der Hegelschen Systemkonstruktion, wieder eingeholt und nun als ein Resultat der Selbstentwicklung des Geistes in das Gesamtsystem integriert.

In den Geisteswissenschaften (der „Philosophie des Geistes" im engeren Sinne)[3]) wird die eigentliche Sphäre der individuellen und sozialen Geschichte und ihrer Institutionen untersucht. Hierhin gelangt der Geist im Resultat seiner Entwicklung in der Natur („Naturphilosophie"), die er nun zu seiner Voraussetzung weiß, aus deren Gesetzen er in seiner wesentlichen gesellschaftlich-kulturellen Bestimmung jedoch nicht erklärbar ist. Besitzt er doch spezifische, eben nur aus seiner eigenen Geschichte begreifbare Konkretionen. Zu diesen gehören die konkreten Formen individueller Subjektivität. Die Schwierigkeiten ihrer Rekonstruktion sieht Hegel daher darin,

„daß wir es dabei nicht mehr mit der vergleichsweise abstrakten, einfachen logischen Idee, sondern mit der konkretesten, entwickeltesten Form zu tun haben, zu welcher die Idee in der Verwirklichung ihrer selbst gelangt" (10, 9).

4. Die *Philosophie des Geistes* gliedert Hegel in drei Bereiche, den subjektiven, objektiven und absoluten Geist. Als *subjektiven Geist* untersucht er drei Gegenstandsbereiche. A) Die *Anthropologie*. Diese betrachtet die „Seele" in ihrer Beziehung zu natürlichen Gegebenheiten (wie Lebensalter, Geschlecht, „Naturell", „Temperament" und Charakter, sowie körperlichen, psychophysiologischen und affektiven Besonderheiten usw.) sowie ethnischen, nationalen und anderen soziokulturellen Eigenarten. B) Die *Phänomenologie des Geistes*. Diese verfolgt die Entwicklung des Bewußtseins, die intellektuelle Entwicklung der Seele, die ihre Erfahrungen dabei selbst reflektiert, dadurch zu neuen Erfahrungen gelangt und so ständig über sich hinausgetrieben wird[4]). Die drei Stufen des hier „erscheinenden Geistes" sind das Bewußtsein, „welches einen Gegenstand als solchen hat", das Selbstbewußtsein, „für welches *Ich* der Gegenstand ist", und schließlich die Vernunft, als Einheit von beidem, in der „der Geist den Inhalt des Gegenstandes als sich selbst ... anschaut" (10, 204). C) Die *Psychologie*. Nach der Seele (dem natürlich-funktionellen Aspekt des Psychischen) und dem Bewußtsein (dem gnoseologischen Aspekt des Psychischen) wird nun der „Geist" thematisiert, und zwar als Entfaltung solcher „Vermögen", wie sie die Seelenlehre des 18. Jahrhunderts verhandelte und von der sich Hegel kritisch absetzt und seine eigene Entwicklungskonzeption etwa von Fähigkeiten des „theoretischen Geistes" (wie Anschauung, Vorstellung, Erinnerung, Denken) darlegt, also von Gegenständen, die heute den Kernbestand der Allgemeinen Psychologie bilden[5]).

Die zweite Abteilung der Philosophie des Geistes ist der *objektive Geist*. Er bezeichnet das Gebiet der *Philosophie des Rechts*, in der die ökonomischen, politischen und juridischen Verhältnisse des menschlichen Zusammenlebens analysiert werden. Er gliedert sich in A) Eigentums-, Vertrags- und Zivilrecht; B) Moralität, worunter Hegel die Möglichkeiten und Formen der Selbstbestimmung des *einzelnen* Willenssubjekts versteht; und C) Sittlichkeit, unter der die

Bereiche der Familie, der bürgerlichen Gesellschaft und Ökonomie und vor allem der Staat (dessen Wirken die „Volksgeister" in die Weltgeschichte überführt) dargelegt werden.

Aber die Weltgeschichte ist noch nicht das Medium, in der der Geist schließlich völlig zu sich zurückkehrt und zum wahren Wissen seiner selbst gelangt. Dieses wird erst erreicht in der dritten Abteilung, dem *absoluten Geist*. Er umfaßt A) die Kunst, B) die Religion und C) die Philosophie. Hier, in den kulturgeschichtlichen Manifestationen des menschlichen Geistes, die in der Philosophie und den Wissenschaften zusammengefaßt werden und dort wiederum in Hegels System selbst ihren höchsten Ausdruck finden, vollendet sich die Selbsterkenntnis des Geistes (vgl. Theunissen, 1970; Peperzak, 1987).

5. Schon aus diesem Aufbau seiner Entwicklungskonzeption geht hervor, daß Hegel, seinem „geist"philosophischen Ansatz zum trotz, den Menschen als psycho-physische Einheit begreift. Diese hat anthropogenetische Naturvoraussetzungen und ist auch in ihrer spezifisch menschlichen, und d. h. für Hegel geistig-intellektuellen Eigenart, immer auch körperlich-natürlich bestimmt (insbesondere bis zur psychophysiologischen Entwicklungsstufe der „Empfindungen", 10, § 391–402, sowie etwa bei den „Krankheiten des Psychischen", die „ungetrennt des Leiblichen und Geistigen" auftreten, vgl. 10, § 408). Das Psychische ist also nicht identisch mit dem Bewußtsein, letzteres ist nur seine für den Menschen spezifische Entwicklungsform.

Hegels Konzeption des *subjektiven Geistes* widerspricht allen Auffassungen, die den Menschen als isoliertes Einzelindividuum in seinen wesentlichen Eigenschaften für erkennbar halten. Daß dem nicht so ist, zeigt sich für Hegel schon auf der elementarsten Stufe der anthropologischen Entwicklung aufgrund ihrer spezifischen gesellschaftlichen Organisiertheit. Daher beinhaltet Hegels Anthropologie auch Ethnologie sowie Völker- und Sozialpsychologie. Individuelle Fähigkeiten sind von daher genauso historisch-genetisch zu spezifizieren wie die geschichtlichen Verhältnisse selbst, die ihrerseits als Resultate des konkreten Einwirkens handelnder Individuen betrachtet werden müssen.

„So waren z. B. das Volk und die Zeit, auf welche die Tätigkeit Alexanders und Cäsars als auf ihren Gegenstand wirkte, durch sich selber zu dem von jenen Individuen zu vollbringenden Werke fähig geworden; die Zeit schaffte sich ebensosehr jene Männer, wie sie von ihnen geschaffen wurde; diese waren ebenso die Werkzeuge des Geistes ihrer Zeit und ihres Volkes, wie umgekehrt jenen Heroen ihr Volk zum Werkzeug für die Vollbringung ihrer Taten diente" (10, 24).

Andererseits geht der *objektive Geist* nicht in dem (geistigen) Gehalt überindividueller gesellschaftlicher Institutionen auf. Zu ihm gehört auch das, was Hegel als „Moralität" definiert: das subjektive Extrem psychischer Befindlichkeit (etwa der individuelle Wille), das eben nicht aus einer abstrakten subjektiven Innerlichkeit heraus verstanden werden kann, wenngleich es sich dort äußern mag.

Auch der *absolute Geist* ist keineswegs ein über den menschlichen Individuen schwebendes Wesen allgemeinster und ewiger Wahrheiten, sondern stellt die

Konzeption eines geschichtlichen Prozesses dar, in dem sich die Menschen zum Bewußtsein bringen, was der Geist, den sie ja selbst mit schaffen, ist und wie er sich entwickelt. Während der absolute Geist so die Gattungsgeschichte der menschlichen Kultur erkenntnisgenetisch darstellt, untersucht Hegel im subjektiven Geist komplementär dazu, wie in der Ontogenese die Einzelindividuen in die Lage versetzt werden, an diesem Prozeß teilzuhaben und sich auf dem Stand der Gattungsgeschichte zu „vergesellschaften". Die *Phänomenologie des Geistes*, jenes Buch, von dem Marx feststellte, daß es unter der Form abstrakter Begriffsbewegungen

„die Selbstzeugung des Menschen als einen Prozeß faßt, ... und den gegenständlichen Menschen, wahren, weil wirklichen Menschen, als Resultat seiner *eigenen Arbeit* begreift" (E I, 574; vgl. Arndt, 1985 a),

ist zugleich ein Buch über das Verhältnis der individuellen zur gattungsgeschichtlichen Entwicklungsrealität des Bewußtseins. Es beinhaltet auch ein Konzept der individuellen Aneignung, das an die psychogenetischen Rekapitulationsvorstellungen der französischen Aufklärung (von Rousseau bis Condorcet) und der deutschen Pädagogik (von Tetens bis Pestalozzi) anknüpft.

„Der Einzelne muß auch dem Inhalte nach die Bildungsstufen des allgemeinen Geistes durchlaufen, aber als vom Geiste schon abgelegte Gestalten, als Stufen eines Wegs, der ausgearbeitet und geebnet ist; ... wir ... werden in dem pädagogischen Fortschreiten die wie im Schattenrisse nachgezeichnete Geschichte der Bildung der Welt erkennen" (3, 32).

Diesen Prozeß der individualgeschichtlichen Reproduktion des „bereits erworbenen Eigentums des Geistes" (dessen innerer Zusammenhang in der Entwicklung seiner Inhalte, nicht seiner formellen Mechanismen oder Strukturen aufgedeckt wird) von Seiten der Gesellschaft zu unterstützen, ist für Hegel, der ja auch Pädagoge war, die Aufgabe der *Bildung*. Erst wenn die wissenschaftliche Philosophie durch die „bildende Bewegung" erklären kann, wie der Einzelne auf der Ebene des historischen Bewußtseins zu einem handlungsfähigen Individuum wird, kann sie ihre selbstgestellte Aufgabe der „Einsicht des Geistes in das, was das Wissen ist" (3, 33) erfüllen (vgl. Pleines, 1986; Beyer, 1982; Nicolin, 1955). So steht für Hegel auch bei der Frage nach dem Verhältnis von Onto- und Phylogenese des Bewußtseins, wie allgemein bei der nach dem Verhältnis von Individuum und Gesellschaft, Freiheit (des Einzelnen) und Notwendigkeit (der geschichtlichen Bedingungen) im Vordergrund das Problem, ein dialektisches Vermittlungsverhältnis auf Grundlage eines bestimmten Tätigkeitsmodells zu begreifen und die dafür nötigen neuartigen begrifflichen Mittel zu erarbeiten.

3. Marx

1. Wenn wir in dem Bemühen um eine begriffliche Rekonstruktion des praktischen und theoretischen Entwicklungszusammenhangs von Natur-, Gesellschafts- und Individualgeschichte eine Gemeinsamkeit des dialektischen Ansatzes bei Hegel und Marx sehen können, so macht sich schon an der Form des

jeweiligen Ansatzes ein signifikanter Unterschied fest: Während für Hegel diese Form die eines geschlossenen Systems, das allein durch die Philosophie zu begründen ist, sein soll, kann hiervon bei Marx keine Rede sein. Weder hat er eine solche einheitliche Theorie ausgearbeitet noch die traditionelle Philosophie als Organ dazu angesehen. Eine Entwicklungstheorie des Zusammenhangs von Natur, Gesellschaft und Denken schien ihm allein als aus den empirischen Wissenschaften und ihren unabschließbaren Erkenntnisprozessen erwachsend denkbar. Und auch er selbst hat die zahlreichen der von ihm bearbeiteten Problemfelder ohne philosophischen oder empirischen Systemanspruch untersucht und nur auf einem Gebiet, dem der Ökonomie der bürgerlichen Gesellschaft, eine, wenngleich auch hier keineswegs abgeschlossene Untersuchung auf systematischem Niveau durchgeführt. Dennoch lassen sich in seinem Werk in sich systematische Theoriezusammenhänge verfolgen, die ihre Kohärenz nicht zuletzt aus der Stringenz der Arbeit an (in ihrer historischen Entwicklung als offenen verstandenen) Problemzusammenhängen gewinnen und nicht aus der Abgeschlossenheit ihrer Lösungen (vgl. Arndt, 1985).

Das gilt insbesondere für das Problemfeld Individuum − Gesellschaft, das Marx zwar nicht als separates behandelt hat, das er jedoch in fast all seinen Arbeiten berührt. Marx' Denken vollzieht sich in einer durch Brüche und Sprünge charakterisierten Entwicklung, in der sich nicht nur seine Forschungsfelder verschieben und überlagern, sondern auch seine Ansichten und die intellektuellen Mittel ihrer Begründung verändern (vgl. Rubel, 1963; Mehring, 1967; Arndt, 1985; Sève, 1972). In dieser Entwicklung ist für uns von besonderem Interesse die empirische und philosophische Konkretion, die der Begriff der Tätigkeit erfährt, dem ja in seiner abstrakt-allgemeinen Fassung auch bei Hegel als Vermittlungskategorie des historischen Entwicklungszusammenhangs eine wesentliche Bedeutung zukam.

Generell gilt für die Entwicklung Marx', daß ihr das Bemühen zugrunde liegt, die Entwicklung und die Einheit dieses Zusammenhangs in der Analyse ihrer materiell-gegenständlichen Vermittlungsstrukturen zu erfassen und über diese auch den inneren Zusammenhang der (einzel-)wissenschaftlichen Disziplinen von Natur und Gesellschaft zu reflektieren. Grundlage dafür war Marx' Auffassung von der sich wechselseitig bedingenden Geschichtlichkeit ihrer Gegenstände. Die angestrebte „einzige Wissenschaft, die Wissenschaft von der Geschichte", kann insofern

„von zwei Seiten aus betrachtet, in die Geschichte der Natur und die der Menschen abgeteilt werden. Beide Seiten sind indes nicht zu trennen; solange Menschen existieren, bedingen sich Geschichte der Natur und Geschichte der Menschen gegenseitig" (3, 18).

2. Daß Marx schon in seinen ersten Schriften wie den *Ökonomisch-philosophischen Manuskripten* (1844) vom Begriff eines gesellschaftlichen Individuums ausgeht, daß er dieses als ein natur- und sozialkulturgeschichtlich gewordenes versteht, kann für einen Hegel-Schüler nicht überraschen. Ebenfalls nicht, daß der Feuerbach-Schüler Marx die Hegelsche Verhimmelung des menschlichen

Wesens in ein Moment des Geistes vom Standpunkt des „wirklichen sinnlichen Menschen" kritisiert und sie in der Perspektive seiner *Kritik der Hegelschen Rechtsphilosophie* (1843) als Verselbständigung einer Abstraktion zu einer mit eigenem Leben begabt erscheinenden Wesenheit diagnostiziert. „Die *wirkliche* Vermittlung ist bloß die *Erscheinung einer Vermittlung*, welche die Idee mit sich selbst vornimmt" (1, 206). Oft übersehen wurde bei den „Frühschriften", die für die Marx-Rezeption des 20. Jahrhunderts eine privilegierte Rolle spielen[6]), jedoch etwas, was Marx selbst durchaus bemerkte (ohne allerdings schon über die begrifflichen Mittel und empirischen Kenntnisse zu verfügen, um daraus sofort Konsequenzen ziehen zu können): Die strukturelle Analogie der von ihm benutzten philosophischen Allgemeinbegriffe wie „Gattungswesen", „Mensch", „totales Individuum" mit Hegels „absolutem Geist" begrenzt seine ‚Überwindung' der Hegelschen Philosophie allein auf ihre ‚Umstülpung'. Seine Konzepte von individuellem und gesellschaftlichem Subjekt, Geschichte, Tätigkeit, Arbeit ergeben sich weitgehend allein aus einem materialistischen Vorzeichenwechsel der Hegelschen Konstruktionen. Die Kritik der Hegelschen Dialektik verbleibt so bei einer nur positionellen Negation und die Kritik des Privateigentums als Grundlage der Entfremdung letztlich moralisch. Aus der Arbeit als Selbstzeugung des Geistes wird die Arbeit als Selbstzeugung der Gattung, ungesehen ihrer subjektiv-teleologischen Struktur. So verläuft die Geschichte dieses Gattungssubjekts strukturell wie die vom Kopf auf die Füße gestellte *Phänomenologie des Geistes* als Entfaltung von „Wesenskräften" „des Menschen" innerhalb eines vorgegebenen Geschichtshorizonts, der mit dem „Kommunismus" als der „Aufhebung aller Entfremdung" und als „vollständige ... Rückkehr des Menschen für sich ... als eines menschlichen Menschen" (E I, 536/7) abgeschlossen ist. Dennoch werden schon jetzt neue Gewichtungen erkennbar, die über den Feuerbachschen Materialismus hinausreichen und die weitere Entwicklung andeuten: Der Begriff der spezifisch menschlichen Tätigkeit, der Arbeit, wird in seiner realhistorischen Bedeutung für die Psycho- und Bewußtseinsgenese exponiert. Die Tätigkeit des Menschen und ihre gegenständlichen Produkte ist „Vergegenständlichung seiner selbst" (E I, 541). Damit ist seine „Natur" in seiner gesellschaftlichen Tätigkeit als Veränderung und Aneignung der „äußeren Natur" (und damit „seiner eigenen") konkretisiert. Während sich der Arbeitsbegriff der „Frühschriften" später grundlegend verändert, hält sich diese Auffassung bis ins *Kapital* (vgl. etwa 23, 192).

Indem die Arbeit als (biologische) Gattungsbesonderheit des Menschen und ihre Geschichte als Lösung des „Geheimnis" seines gesellschaftlichen Werdens verstanden wird („*wie* die Gesellschaft selbst den *Menschen* als *Menschen* produziert, so ist sie durch ihn *produziert*"; E I, 537), erscheinen das Subjektive und das Objektive als zwei Aspekte *eines* Zusammenhangs. Die Geschichte der Ausbildung der menschlichen Wesenskräfte ist ineins die Geschichte ihrer Veräußerung und Verobjektivierung. Die subjektiv-objektive Welt dieser materiellen Vergegenständlichungen, „die Industrie", vor allem die Mittel der Arbeit und des sozialen Verkehrs, bestimmen die jeweilige historische Funktion und

Struktur der psychischen Natur des Menschen sowie ihrer geistig-kulturellen Manifestationen. Ihre Untersuchung ist die „exoterische Enthüllung der menschlichen Wesenskräte" (E I, 543).

So erscheinen die psychischen Fähigkeiten des Menschen in der Perspektive einer empirischen Historizität, die dem „spekulativ-idealistischen" Vokabular (so Marx selbst 2 Jahre später; 3, 543) ebenso widerspricht wie einzelne Einsichten der Pariser Manuskripte. „Es ist vor allem zu vermeiden, die ‚Gesellschaft' wieder als Abstraktion dem Individuum gegenüber zu fixieren. Das Individuum *ist* das *gesellschaftliche Wesen*"; (E I, 538). In dieser Anordnung stellt sich das „gegenständliche Dasein" der Geschichte der gesellschaftlichen Produktionskultur als das „aufgeschlagene Buch der menschlichen Wesenskräfte" dar. „Eine Psychologie, für welche dies Buch, also grade der sinnlich gegenwärtigste, zugänglichste Teil der Geschichte zugeschlagen ist", kann nicht zu einer wirklichen Wissenschaft werden (E I, 543). Indem die Herausbildung der menschlichen Psyche in einer funktionalen Einheit mit der Entwicklung der gegenständlichen Tätigkeit begriffen wird, wird sie auf die Basis einer *historischen Empirie* gestellt. Damit gewinnt auch die Marxsche Hegel-Kritik eine Orientierung, die über die bloß positionelle Ablehnung hinausweist. Werden die Gestalten des Bewußtseins und ihrer sinnlichen Grundlagen als konkrete Produkte, als Arbeitsresultate verstanden („die Bildung der 5 Sinne ist eine Arbeit der ganzen bisherigen Weltgeschichte"; E I, 541), bedeutet, sie materialistisch zu untersuchen, die gegenständlichen Vermittlungen der gesellschaftlichen Arbeit in ihrer jeweiligen historischen Spezifizierung als *Reproduktionszusammenhang* zu rekonstruieren. So ist ein Forschungsprogramm eröffnet, das jeder teleologischen (und damit jeder profanisierten theologischen) Entwicklungsvorstellung der Menschengeschichte „den Todesstoß versetzt"[7]).

Damit ist zugleich die These von der objektiven und gegenständlichen Mittelbarkeit des Psychischen (vgl. Rubinstein, 1934) aufgestellt: Weder in der Betrachtung der introspektiv unmittelbar gegebenen psychischen Befindlichkeit, dem reinen Bewußtsein oder Erleben, noch in der des reinen, vom Bewußtsein getrennten Verhaltens[8]), noch in der eines rein intersubjektiven Kommunikationshandelns, sondern in der Untersuchung der psychischen Aspekte der Weltvermittlung konkreter Individuen in ihrem gegenständlichen Handeln realisiert sich die Psychologie. In ihren (auf Hegel bezogenen) erkenntnistheoretischen Konsequenzen für das Verhältnis Individuum — Gesellschaft heißt das, dieses Verhältnis nicht in der Beziehung zwischen Denken, Bewußtsein, Geist und dem entsprechenden Gegenstand kategorial zu situieren, sondern es zu entwickeln aus der genetischen Erfassung der Wechselbeziehung zwischen bestimmten Individuen als praktischen und theoretischen Handlungs*subjekten* und dem gegenständlich-sozialen Horizont ihrer Handlungen, in dem sie sich ihre Welt als ihren Gegenstand aneignen (Röhr, 1979; Keiler, 1983) und in dem sich die für ihren gesellschaftlichen Lebensprozeß relevanten Welttatbestände als psychische Bedeutungen konstituieren.

„Naturwissenschaft wie Philosophie haben den Einfluß der Tätigkeit des Menschen auf sein Denken bisher ganz vernachlässigt, sie kennen die Natur einerseits, Gedanken andererseits. Aber gerade die *Veränderung der Natur durch den Menschen*, nicht die Natur als solche allein, ist die wesentlichste und nächste Grundlage des menschlichen Denkens, und im Verhältnis, wie der Mensch die Natur verändern lernte, in dem Verhältnis wuchs seine Intelligenz ..." (20, 498).

3. Diese allgemeine Konzeption des historischen Materialismus formulieren die *Deutsche Ideologie* und die *Thesen über Feuerbach* 1845/46 zum ersten Mal explizit, und zwar als empirisches Forschungsprogramm (das *Kapital* wird später *einen*, auf die bürgerliche Gesellschaft bezogenen Verifikationsversuch vorstellen). Auch das Verhältnis Individuum – Gesellschaft wird dabei neu gesehen. So müssen zunächst die kategorialen Voraussetzungen, die ja den Untersuchungsgegenstand erst als solchen definieren, historisch-empirisch begründet werden. Ausgangsvoraussetzungen dazu sind die „wirklichen Individuen, ihre Aktion und ihre materiellen Lebensbedingungen, sowohl die vorgefundenen, wie die durch ihre eigene Aktion erzeugten" (3,21). Elementarste Voraussetzung ist die Existenz menschlicher Individuen als Naturwesen, ihre „körperliche Organisation ... und ihr dadurch gegebenes Verhältnis zur übrigen Natur", d.h. alle vorgefundenen (geologischen, klimatischen usw.) Naturbedingungen. Aber diese existieren, wie alle Natur, nicht unmittelbar für den Menschen. Sie sind im Laufe der Geschichte durch die gesellschaftliche Produktion modifiziert und überlagert und damit, wenngleich immer noch „natürliche Grundlagen", doch nie unabhängig von historischer Bestimmtheit „gegeben", weder in ihrer bewußtseinsunabhängigen Beschaffenheit noch in der Art, in der sie wahrgenommen und angeeignet werden (ebd.). Es ist dies ein „gesellschaftlicher Naturprozeß", in dem es kein übergreifendes Subjekt gibt. Es sind allein die konkreten Individuen, die hier als Subjekte sich zu sich selbst und zur übrigen Natur produktiv verhalten. In diesem Verhalten entwickeln sie zugleich die bestimmten sozialen Formen ihrer Selbstorganisation.

Die gesellschaftliche Gliederung und ihre Institutionen, der Staat usw., gehen somit „beständig aus dem Lebensprozeß bestimmter Individuen hervor" (3, 25), und nicht umgekehrt wie bei Hegel, wo das empirische Subjekt als das Prädikat eines imaginären Subjekts erscheint. Mit Hegel kommt Marx jedoch darin überein, daß er die abstrakte Gegenüberstellung Individuum – Gesellschaft auflöst, indem er die Wirklichkeit des „menschlichen Wesens", das ja nur im Lebensprozeß der konkreten Individuen existiert, selbst schon als „ensemble der gesellschaftlichen Verhältnisse" (*6. Feuerbachthese*; 3, 6) (vgl. Röhr, 1979, S. 137 f.; Sève, 1972; Tomberg, 1982) bestimmt. Statt dessen tritt ein Verhältnis in den Vordergrund, in dem sich das konkrete Verhalten der Individuen entwickelt: die Dialektik von subjektiver Bestimmung („Wie die Individuen ihr Leben äußern, so sind sie") und objektiver Bestimmtheit („Was die Individuen also sind, das hängt ab von den materiellen Bedingungen ihrer Produktion"; 3, 21; vgl. auch die *3. Feuerbachthese*: „Umstände" – „Erzieher"; 3, 5). Diese Dialektik ist in keiner allgemeinen Formel anzugeben, ihr Geheimnis liegt im „wirklichen Leben", es enträtselt sich nur durch „wirkliche, positive Wissenschaft, die Darstellung der praktischen Betätigung, des praktischen Entwicklungsprozesses des Menschen" (3, 27). Die Basis dieser Dialektik ist die wirkliche Historik im gesellschaftlichen *und* im individuellen Lebensprozeß.

4. Mit seiner Konzeption der „sinnlich-menschlichen Tätigkeit, Praxis" sucht Marx, indem er an die *„tätige* Seite" des Hegelschen Idealismus anknüpft, den „Hauptmangel alles bisherigen Materialismus" (die menschliche Wirklichkeit nur unter der Form des *Objekts* und nicht subjektiv gefaßt zu haben) zu überwinden. Diese in der *1. Feuerbachthese* (3, 5) erstmals formulierte Perspektive enthält als „Keim" (Engels) das historisch Neuartige der Marxschen Konzeption des Verhältnisses Individuum − Gesellschaft: Nicht nur der Positionswechsel zur materialistischen „Anschauung" des Menschen, sondern die Sicht auf die *„gegenständliche* Tätigkeit" konkreter Individuen. Die Dominante der „Praxis" in diesem Wechselverhältnis weist auf das spezifisch menschliche Gattungsmerkmal der werkzeugvermittelten Produktion („Sie selbst fangen an, sich von den Tieren zu unterscheiden, sobald sie anfangen, ihre Lebensmittel zu produzieren"; 3, 21), die zugleich eine neue methodische Orientierung für die historische Rekonstruktion wie für die theoretische Kritik bildet (vgl. Brockmeier, 1983a). Denn in der gesellschaftlichen Naturvermittlung wird als ein wirklicher Zusammenhang erfaßt, was in der (spekulativ-philosophischen) Abstraktion als getrennt erscheint: das (vereinzelte) Individuum und die (ebenfalls als Einzelwesen verselbständigte) Gesellschaft, Subjekt und Objekt, Tätigkeit und Produkt, Bewußtsein und bewußtseinsunabhängige Wirklichkeit, das Erleben der Unmittelbarkeit sinnlicher Daseinsvergegenwärtigung und das der Kontinuität des geschichtlichen Zeitflusses. Die Ausdifferenzierung dieser Momente eines einheitlichen Prozesses vollzieht sich mit der Ausdifferenzierung der Arbeitsteilung, mit der sich zugleich Trennungen und Verselbständigungen einzelner Momente gegeneinander fixieren (3, 31 f.). Die Abstraktionen der Philosophie, Wissenschaft und Ideologie verfestigen dann nur *sui generis* den realen Schein dieser Verselbständigungen, z. B. des Gesellschaftlichen gegenüber dem Individuellen (etwa in der „illusorischen Gemeinschaftlichkeit" des Staates; 3, 30).

Von hier fällt auch ein neues Licht auf den Hegelschen Ansatz. Er bildet die zunehmende Komplexität dieses, nur als offene Entwicklung wirklicher Widersprüche begreifbaren materiellen Vermittlungszusammenhangs als ein letztlich rein geistiges Reflexionsgefüge und damit als abgeschlossenen Binnenzusammenhang ab. Verhältnisse realer Extreme werden so zu ideellen Selbstverhältnissen. „Verhältnis für die Philosophen = Idee. Sie kennen bloß das Verhältnis des Menschen zu sich selbst, und darum werden alle wirklichen Verhältnisse ihnen zu Ideen" (3, 63).

5. Hegel sah die Entwicklung des Gesamtzusammenhangs von Natur, Gesellschaft und Bewußtsein ebenso wie jedes seiner Momente geschichtlich. Aber diese Geschichte stand unter dem Paradigma universeller Teleologie, das einem Modell organismischer Entwickung entsprach: Entfaltung ursprünglicher Anlagen, die sich in einem *telos* vollenden (z. B. 10, 14). Da der Möglichkeitshorizont dieser Entwicklung durch invariante Anfangsbedingungen von vornherein

stabilisiert ist, reproduziert sich die Ausgangstotalität im Resultat zwar auf einem höheren Niveau, bringt aber wie in einem anamnetischen Erkenntnisprozeß kein eigentlich Neues hervor, sondern nur ein „In-sich-Reflektiertsein" der Ausgangsbedingungen. Die Abwehr dieses teleologischen Konzeptes in der *Deutschen Ideologie* organisiert die späteren empirischen Studien von Marx, die sich in verschiedenen Arbeiten niederschlagen, in veröffentlichten wie der *Kritik der politischen Ökonomie* (1859), dem 1. Band des *Kapitals* (1867), sowie erst posthum erschienenen, etwa dem umfangreichen Gedankenlaboratorium der *Grundrisse der Kritik der politischen Ökonomie* (1857–58, ersch. 1939/41) oder den zahlreichen, vor allem im letzten Lebensjahrzehnt entstandenen Kommentaren und Exzerpten, etwa den *Ethnologischen und anthropologischen Exzerptheften* (1880–82; ersch. 1972) (Krader, 1972). Denn mit der Ablehnung einer Auffassung, die Geschichte „phantastisch als Selbsterzeugung der Gattung (die ,Gesellschaft als Subjekt') gefaßt" (3, 37) hat, beginnt erst die eigenständige Ausarbeitung einer Konzeption, in der Geschichte „nichts als die Aufeinanderfolge der einzelnen Generationen" (3, 45) ist, die sich beständig neu „ein historisch geschaffenes Verhältnis zur Natur und der Individuen zueinander" (3, 38) überliefern und es dabei, wie sich selbst, weiter verändern. Es treten also mit immer neuen Generationen von Individuen immer neue Entwicklungsfaktoren auf, die im Rahmen der ihnen durch die jeweiligen Umstände ermöglichten und zugleich aufgenötigten Eigenständigkeit auf ,ihre' Verhältnisse einwirken können und müssen, wenngleich immer unter „Priorität der äußeren Natur" (3, 44). Eine in diesem Sinne von den Individuen ,gemachte' Geschichte mitsamt ihren Widersprüchen und Unvorhersehbarkeiten in offenen Entwicklungsfeldern verliert unabhängig von den jeweiligen Handlungskontexten der Individuen jeden „aparten Zweck",

„während das, was man mit den Worten ,Bestimmung', ,Zweck', ,Keim', ,Idee' der früheren Geschichte bezeichnet, weiter nichts ist als eine Abstraktion von der späteren Geschichte, eine Abstraktion von dem aktiven Einfluß, den die frühere Geschichte auf die spätere ausübt" (3, 45; vgl. auch den Brief an Annenkow v. 28.12.1846; 27, 452/53).

Das Modell der individuellen Entwicklung (vgl. dazu auch *Grundrisse ...*, 386f.), das sich vor dem Hintergrund eines solchen Modells allgemeiner geschichtlicher Entwicklung abzeichnet, verschränkt sich mit diesem ebenso wie das Individuum mit der Gesellschaft in der Bestimmung des „ensembles der gesellschaftlichen Verhältnisse". Statt der Vorstellung der endogenen Entfaltung vorgegebener Anlagen oder milieu- bzw. sozialisationstheoretischen Determinationskonzepten stellt sich auch die Entwicklung des Einzelnen als nicht-finalistische Resultante der Bewegung von subjektiver Bestimmung und objektiver Bestimmtheit dar. Die Dominante ist dabei ebenfalls durch die gegenständliche Tätigkeit formiert, die zur Erweiterung der individuellen Handlungsfähigkeit in diesem Feld gegensätzlicher Bestimmungen treibt, also durch das konkrete Handeln des Einzelnen, der — wie widersprüchlich auch immer — seine Verfügung über sich und seine sozialen Weltbeziehungen zu erweitern sucht. Marx hält daher für das Individuum fest, daß sein „wirklich geistiger Reichtum ... ganz von dem Reichtum seiner wirklichen Beziehungen abhängt" (3, 37), daß die wirkliche psychische Individualentwicklung also abhängt von der aktiven Ausweitung „wahrhaft menschlicher", d.h. nicht-entfremdeter und selbstbestimmter Lebensverhältnisse[9]).

Anmerkungen

[1]) Nicht thematisiert wird so u. a. die für das dialektische Denken ebenfalls zentrale Widerspruchsproblematik. Vgl. dazu Wolff (1981; die Studien des Autorenkollektivs Berlin (1974, 1980); Arndt (1985, bes. Kap. 5; 1987); Ruben (1978); Beyer (1974) und als Gesamtdarstellung von Hegels Werk und Entwicklung Taylor (1975).

[2]) Zitierweise Hegel: Band (nach Hegel, G. W. F.: Werke in 20 Bänden, Theorie Werkausgabe, Frankfurt 1971) und Seitenzahl; Marx: Band (nach Marx-Engels-Werke, Berlin 1956 f.) und Seitenzahl (dabei ist E I = MEW Ergänzungsband I).

[3]) Die „Philosophie des Geistes" bildet den dritten Teil der „Enzyklopädie der philosophischen Wissenschaften", der abgeschlossenen Systemfassung der Hegelschen Philosophie (1827, 2. Aufl. 1830). Den ersten Teil bildet die Logik, den zweiten die Naturphilosophie. Innerhalb der Theorie Werkausgabe sind sie als Bände 8, 9 und 10 erschienen.

[4]) Im 20. Jahrhundert hat J. Piaget ein vergleichbares Entwicklungsmodell der „Intelligenz" ausgearbeitet, das insbesondere hinsichtlich seines Konzeptes der „reflektierenden Abstraktion" mit dem Hegelschen Ansatz mehr als nur strukturelle Ähnlichkeiten aufweist. Vgl. Damerow (1980), Kesselring (1981), Brockmeier (1983).

[5]) Vgl. zu Hegels Konzeption des subjektiven Geistes: Nicolin (1960); Drüe (1976); Fetscher (1970). Zu den wenigen Psychologen, die sich explizit mit Hegel auseinandergesetzt haben, gehört Karl Bühler (1927), der sich an Hegels Gliederung von Anthropologie, Phänomenologie und Psychologie orientiert. Wilhelm Wundts „völkerpsychologischer" Methodenansatz (1896, 1921) repräsentiert am ehesten eine ausgeführte einzelwissenschaftliche Fortsetzung der Hegelschen Überlegungen.

[6]) Das gilt insbesondere für die ‚westeuropäischen' Sozialwissenschaften und Anthropologie(n), etwa die Studien der Frankfurter Schule, H. Marcuses, E. Blochs, E. Fromms, deren Marx-Rezeption wie die der Budapester und der jugoslawischen Praxisschule vor allem durch G. Lucács orientiert sind. Das gilt aber auch für die sowjetische Psychologie, etwa bei S. L. Rubinstein (1934, 1959). Auch für die *Kulturhistorische Schule* stellt die Marxsche Theorie, insbesondere in ihrer methodischen, historisch-genetischen Orientierung einen wichtigen Bezugspunkt dar (vgl. Wygotski, 1927; Leontjew, 1959). Zur Geschichte der Auseinandersetzungen um eine marxistische Psychologie in der Sowjetunion vgl. Jaroschewski, 1974, S. 381 f. sowie Budilowa, 1972, Teil II u. III. Zum gegenwärtigen Stand der psychologischen Theoriebildung auf Grundlage des Marxschen Ansatzes in Westeuropa vgl. Holzkamp, 1983; im angelsächsischen Kulturraum allgemein Tolman, 1986; Cole & Wertsch, 1986, sowie im Anschluß an die Wygotski-Rezeption Wertsch, 1985, 1985a; vgl. auch Schnewly & Bronckart, 1985.

[7]) Mit diesem Programm sucht Marx der Darwinschen Entwicklungsauffassung eine ihr in ihrer antiteleologischen Stoßrichtung entsprechende Theorie der menschlichen Entwicklung und ihrer gesellschaftlichen Formen zur Seite zu stellen. Da Darwin ohne die Annahme von Zweckursachen die Entwicklung der Natur funktional-genetisch, aufgrund biologischer Gesetzmäßigkeiten erklären konnte, verstand Marx „On the Origin of Species" (1859) als seine „naturwissenschaftliche Unterlage", in der „zuerst der ,Teleologie' in der Naturwissenschaft nicht nur den Todesstoß gegeben, sondern der rationelle Sinn derselben empirisch auseinandergelegt" sei (Brief an Lasalle v. 16. 1. 1861; 30, 578). Vgl. dazu Rheinberger (1980), McLaughlin & Rheinberger (1984) sowie Vidoni (1985).

[8]) Vgl. zu dieser Charakterisierung wissenschaftstheoretischer Entwicklungsphasen der Psychologie über ihre entsprechende Gegenstandsbestimmung C. F. Graumann (1965).

[9]) Trotz seines hier an einem exemplarischen Punkt umrissenen psychologischen Bedeutungsgehalts hat der dialektische Ansatz in der Philosophie auf die Entwicklung der akademischen Fachpsychologie kaum Einfluß ausgeübt. Die *Main stream psychology* hat sich in ihrer Ausrichtung an Methodologie und Aufbau der klassischen Naturwissenschaften philosophisch vor allem am Empirismus Lockes und Humes bzw. am Positivismus des 19. Jahrhunderts sowie (im Zusammenhang mit der funktionalistischen Wende in der Psychologie) am Pragmatismus (Peirce, James, Dewey) orientiert. Ausnahmen wie Wundt und Krueger blieben folgenlos, bzw. trotz gewisser Gemeinsamkeiten ohne ausdrückliche Bezugnahme auf den dialektischen Ansatz (wie Freud oder *mutatis mutandis* Piaget) oder reduzierten ihre Dialektik-Rezeption um die allerdings, wie hier dargelegt wurde, zentrale historische Dimension wie Riegel (1976, 1978). Vom Standpunkt der Main stream psychology sind natürlich auch jene Traditionen, die sich wie etwa die Kulturhistorische Schule (Wygotski, 1927, 1934; Leontjew, 1959, 1975; Luria, 1976, 1979; Galperin, 1980) und die darin anknüpfende Kritische Psychologie (Holzkamp, 1978, 1983; vgl. dazu den Beitrag von Markard in diesem Band) dem dialektischen Ansatz verbunden sehen, indem sie sich um eine historisch-genetische Rekonstruktion des Psychischen bemühen, wie alle anderen Ansätze einer historisch orientierten Psychologie bislang nur periphere Ausnahmen.

Literatur

Arndt, A. (1985). Karl Marx. Versuch über den Zusammenhang seiner Theorie. Bochum: Germinal.

Arndt, A. (1985a). Zur Herkunft und Funktion des Arbeitsbegriffs in Hegels Geistesphilosophie. Archiv für Begriffsgeschichte, Bd. XXIX.

Autorenkollektiv (1974). Geschichte der marxistischen Dialektik. Berlin (DDR): Dietz.

Autorenkollektiv (1980). Die klassische deutsche Philosophie. Berlin (DDR): Dietz.

Beyer, W. R. (Hg.) (1974). Hegel-Jahrbuch. [Periodikum].

Beyer, W. R. (Hg.) (1982). Die Logik des Wissens und das Problem der Erziehung. Hamburg: Meiner.

Brockmeier, J. (1983a). Marx' Affe. Zur anthropologischen Deutung der menschlichen Arbeit und ihrer Kritik aus anthropogenetischer Sicht. Forum Kritische Psychologie, 11.

Brockmeier, J. (1983). Die Mittel der kognitiven Entwicklung. Zum Zusammenhang der individuellen mit der historischen Entwicklung des Bewußtseins bei Piaget und Wygotski. Forum Kritische Psychologie, 12.

Brockmeier, J. (1987). Vorüberlegungen zu einer Kritik der teleologischen Denkform. In H. Kimmerle (Hg.). Das Andere und das Denken der Verschiedenheit. Amsterdam: Grüner.

Brockmeier, J. (1988). Die Entäußerung und die Erinnerung der Objektivität. Zum Subjektivitäts- und Entwicklungsbegriff bei Hegel. In Hegel-Jahrbuch.

Budilowa, J. A. (1972). Philosophische Probleme in der sowjetischen Psychologie. Moskau, Berlin (DDR): Deutscher Verlag der Wissenschaften 1975.

Bühler, K. (1927). Die Krise der Psychologie. Jena: G. Fischer.

Cole, M. & Wertsch, J. V. (1986). Preliminary Remarks on the Soviet Socio-Cultural Approach to Mind and Psychological Research in the U.S. In 1. Internationaler Kongreß zur Tätigkeitstheorie. Berlin: Hochschule der Künste.

Damerow, P. (1980). Handlung und Erkenntnis in der genetischen Erkenntnistheorie Piagets und in der Hegelschen ,Logik'. In P. Furth (Hg.). Arbeit und Reflexion. Zur materialistischen Theorie und Dialektik: Perspektiven der Hegelschen Logik. Köln: Pahl-Rugenstein.

Drüe, H. (1976). Psychologie aus dem Begriff. Hegels Persönlichkeitstheorie. Berlin, New York: de Gruyter.

Fetscher, I. (1970). Hegels Lehre vom Menschen. Stuttgart-Bad Cannstadt: Frommann-Holzboog.

Galperin, P. J. (1976). Zu Grundfragen der Psychologie. Moskau. Berlin (DDR): Volk u. Wissen 1980.

Graumann, C. F. (1970). Bewußtsein – Erleben – Verhalten. Ruperto-Carola-Mitteilungen, 17. Universität Heidelberg.

Hegel, G. W. F. (1971). Werke in 20 Bänden. Theorie Werkausgabe. Frankfurt/M.: Suhrkamp.

Holzkamp, K. (1978). Gesellschaftlichkeit des Individuums. Köln: Pahl-Rugenstein.

Holzkamp, K. (1983). Grundlegung der Psychologie. Frankfurt/M.: Campus.

Jaroschewski, M. (1974). Psychologie im 20. Jahrhundert. Moskau. Berlin (DDR): Volk und Wissen 1975.

Keiler, P. (1983). Das Aneignungskonzept A. N. Leontjews. Entstehungsgeschichte, Problematik, Perspektiven. Forum Kritische Psychologie, 12.

Keselring, Th. (1981). Entwicklung und Widerspruch. Ein Vergleich zwischen Piagets genetischer Erkenntnistheorie und Hegels Dialektik. Frankfurt/M.: Suhrkamp.

Krader, L. (1972). The ethnological notebooks of Karl Marx. Assens (München: Hanser).

Leontjew, A. N. (1959). Probleme der Entwicklung des Psychischen. Moskau. Frankfurt/M.: Fischer Athenäum 1973.

Leontjew, A. N. (1975). Tätigkeit, Bewußtsein, Persönlichkeit. Moskau. Köln: Pahl-Rugenstein 1982.

Luria, A. R. (1976). Cognitive Development. Cambridge/Mass.: University Press.

Luria, A. R. (1979). The Making of Mind. Cambridge/Mass.: University Press.

Marx, K. (1939 u. 1941). Grundrisse der Kritik der Politischen Ökonomie. Rohentwurf. Moskau. (Berlin/DDR: Dietz 1953).

Marx, K. (1956–). Marx – Engels – Werke. Berlin (DDR): Dietz.

McLaughlin, P. & Rheinberger, H.-J. (1984). Darwin's experimental natural history. Journal of the History of Biology, Vol. 17, 3.

Mehring, F. (1967). Karl Marx. Geschichte seines Lebens. Berlin (DDR): Dietz.

Nicolin, F.(1955). Hegels Bildungstheorie: Grundlinien geisteswissenschaftlicher Pädagogik in seiner Philosophie. Bonn: Phil. Diss.

Nicolin, F. (1960). Hegels Arbeiten zur Theorie des subjektiven Geistes. In Erkenntnis und Verantwortung. Festschrift Th. Litt. Düsseldorf: Pädagogischer Verlag Schwann.

Peperzak, A. (1987). Selbsterkenntnis des Absoluten. Grundlinien der Hegelschen Geistesphilosophie. Stuttgart: Klett-Cotta.

Pleines, J.-E. (Hg.). Hegels Theorie der Bildung. Bd. I u. II. Materialien und Kommentare. Hildesheim, Zürich, New York: 1986.

Rheinberger, H.-J. (1980). Zur Herausbildung und Problematik des wissenschaftlichen Begriffs der Entwicklung in Natur- und Menschengeschichte. In P. Furth (Hg.). Arbeit und Reflexion. Zur materialistischen Theorie und Dialektik – Perspektiven der Hegelschen ‚Logik'. Köln: Pahl-Rugenstein.

Riegel, K. F. (1976). The dialectics of human development. American Psychologist, Bd. 31/1976.

Riegel, K. F. (Hg.) (1978). Zur Ontogenese dialektischer Operationen. Frankfurt/M.: Suhrkamp.

Röhr, W. (1979). Aneignung und Persönlichkeit. Berlin (DDR): Akademie-Verlag.

Rubel, M. (1963). Karl Marx, Oeuvres, Economie I, chronologie. Paris (München: dtv 1983).

Ruben, P. (1978). Die materialistische Dialektik und ihre Grundgesetze. In ders. Dialektik und Arbeit der Philosophie. Köln: Pahl-Rugenstein.

Rubinstein, S. L. (1934). Probleme der Psychologie in den Arbeiten von Karl Marx. In ders., Probleme der Allgemeinen Psychologie. Moskau. Berlin (DDR): Volk und Wissen 1979.

Rubinstein, S. L. (1959). Zu den philosophischen Grundlagen der Psychologie. Die Frühschriften von Karl Marx und die Probleme der Psychologie. In ders., Probleme der allgemeinen Psychologie. Moskau. Berlin (DDR): Deutscher Verlag der Wissenschaften.

Schnewly, B. & Bronckart, J. P. (Hg.) (1985). Vygotsky aujourd'hui. Lausanne: Delachaux et Niestlé.

Sève, L. (1972). Marxisme et théorie de la personnalité. Paris (Frankfurt/M.: Marxistische Blätter 1972).

Taylor, Ch. (1975). Hegel. Cambridge. Frankfurt/M.: Suhrkamp 1983.

Theunissen, M. (1970). Hegels Lehre vom absoluten Geist als theologisch-politischer Traktat. Berlin: de Gruyter.

Tolman, Ch. W. (1986). Überblick über marxistische Positionen in der Anglo-Amerikanischen Psychologie. In Marxistische Studien, Jahrbuch 10, Frankfurt/M.: Institut für Marxistische Studien und Forschung.

Tomberg, F. (1982). Der Mensch — ganz allgemein. Bemerkungen zu einem Forschungsproblem des historischen Materialismus in Auseinandersetzung mit Althusser, Sève, Lorenzer, Kofler, Holzkamp. Forum Kritische Psychologie, 9.

Vidoni, F. (1985). Natura e storia. Marx et Engels interpreti del darwinismo. Bari: Daedalo.

Wertsch, J. V. (Ed.) (1985). Culture, communication, and cognition: Vygotskian perspectives. New York: Cambridge University Press.

Wertsch, J. V. (1985a). Vygotski and the social formation of mind. Cambridge/Mass.: Harvard University Press.

Wolff, M. (1981). Der Begriff des Widerspruchs. Eine Studie zur Dialektik Kants und Hegels. Königstein/Ts.: Hain.

Wundt, W. (1896). Grundriß der Psychologie. Stuttgart: Kröner, 11. Aufl. 1913.

Wundt, W. (1921). Völkerpsychologie: Eine Untersuchung der Entwicklungsgesetze von Sprache, Mythos und Sitte. Stuttgart: Kröner, 4. Aufl.

Wygotski, L. (1927). Die Krise der Psychologie in ihrer historischen Bedeutung. Moskau. In ders., Ausgewählte Werke, Bd. 1. Köln: Pahl-Rugenstein 1985.

Wygotski, L. (1934). Denken und Sprechen. Moskau. Frankfurt/M.: Fischer 1969.

Neukantianismus: Historische Subjektwissenschaft als Ergänzung zu einer naturwissenschaftlichen Psychologie

Helmut Hildebrandt

Die Einordnung der Psychologie zwischen Natur- und Geisteswissenschaften, ihre Rolle im Verhältnis zur historischen und sozialen Forschung sind wesentliche Themen, die die intensive Auseinandersetzung um die erkenntnistheoretische und methodologische Neubestimmung der Einzelwissenschaften in der zweiten Hälfte des 19. Jahrhunderts prägen. Im Jahre 1859 feiert einer der zeitgenössisch bekanntesten Psychiater, C. F. Flemming, daß durch die Etablierung der Psychiatrie die Psychologie endgültig der Philosophie entrissen worden sei und zu einer Disziplin der Medizin geworden sei (Flemming, 1859). Nur ein Jahr später werden von G. Th. Fechner in den „Elementen der Psychophysik" experimentelle und mathematische Grundlagen für die Erklärung der Bewußtseinsvorgänge gefordert und teilweise gegeben (Fechner, 1860). Die Gründung des ersten psychologischen Instituts durch W. Wundt (1879) und die bald darauf folgende Anwendung experimenteller Methoden auf höhere psychische Prozesse durch H. Ebbinghaus (1885) zeigen deutlich die wachsende Tendenz, die Psychologie im Sinne einer Naturwissenschaft aufzufassen (Ebbinghaus, 1885). Erfolge einer physikalisch orientierten Physiologie (H. Helmholtz; E. du Bois-Reymond; Radl 1913; Galaty, 1979) und wachsende Rezeption der Evolutionstheorie in den verschiedensten Einzelwissenschaften tragen zusätzlich zu einem naturalistischen Verständnis der Psychologie bei.

Neben den genannten innerwissenschaftlichen Prozessen spielen dafür gesellschaftliche Entwicklungen eine mindestens gleichbedeutende Rolle. Die Entstehung der Sozialversicherungen, der Planungs- und Entscheidungsbedarf in den Stadtgemeinden und auf Reichsebene über soziale Einrichtungen wie Krankenhäuser, Schulen usw., aber auch über Maßnahmen öffentlicher Hygiene, sowie Auseinandersetzung um die effektivsten Formen der Sozialpolitik schaffen ein starkes Bedürfnis nach exakten medizinischen und sozialwissenschaftlichen Erkenntnissen, die mittels der an der Philosophie orientierten Wissenschaftspraxis kaum gewonnen werden können (vgl. Grotjahr, 1908; Hale, 1980; Weber, 1904). Später gesellen sich diesen Fragestellungen Probleme, die aus wachsender Größe der Betriebe und neuen Produktionstechniken erwachsen, hinzu (Jäger & Stäuble, 1981).

Auf philosophischer Ebene kulminiert diese Tendenz, deren Charakter allgemein durch wachsendes Methodenbewußtsein, Empirismus und psychologistische Erkenntnistheorie beschrieben werden kann, in der Entstehung einer starken positivistischen Strömung, die unter dem Namen des „Empiriokritizismus" beginnt, philosophische Grundpositionen zum Schwanken zu bringen (Avenarius, 1888; Mach, 1886). In drei Anläufen formuliert R. Avenarius, der theoretisch exponierteste Vertreter des Empiriokritizismus, welche Konsequenzen aus dieser philosophischen Richtung für die Einteilung und Auffassung der Wissenschaften folgen (Avenarius, 1888, 1881; 1894–1895). Jedem Erkenntnisakt liege eine empiriokritische Prinzipialkoordination zugrunde, die aus „mechanischem Umgebungsbestandteil" und „amechanischem Ichanteil" besteht. Für die wissenschaftliche Betrachtung des „amechanischen Ichanteils" ist es wesentlich, wenn man nicht dem erkenntnistheoretischen Fehler der „Introjektion" verfallen wollte (1891), daß statt Bewußtseinsprozessen die physiologischen Veränderungen des Nervensystems zu betrachten sind. Psychologie mündet derart notwendigerweise in Physiologie, umgekehrt gibt es keine Philosophie, die nicht in der Psychologie ihre Grundlage hätte. „Was ist Philosophie? Wir erkennen jetzt, daß das Wesen aller Philosphie in einer bestimmten Reaktionsweise des psychophysischen Organismus auf die Gesamtheit aller Eindrücke beruht" (1877, S. 483). Konsequenz aus dem Empiriokritizismus ist aber nicht nur ein an der Physiologie gebildetes Erkenntnisideal für die Philosophie, sondern auch ein verstärktes Methodenbewußtsein, das seine Ursache darin hat, daß psychologische Forschung in sehr viel höherem Maße in Form einer prinzipiellen Trennung in Subjekt und Objekt des Erkenntnisprozesses projektiert und gefordert wird (Külper, 1893; vgl. Danziger, 1980).

Schon einige Jahre vor dem berühmten Aufsatz von W. Dilthey (1894 bzw. 1924) über „beschreibende und zergliedernde Psychologie" finden sich im Umkreis des Neukantianismus kritische Äußerungen zu einer Verengung des Wissenschaftsideals auf eine naturalistische Auffassung von Psychologie und Philosophie, die in den folgenden Jahrzehnten zu einer erkenntnistheoretischen und empirischen Neubegründung von Sozialwissenschaften und Teilen der Psychologie für die Geschichtswissenschaften, aber auch für aktuelle soziale und psychologische Untersuchungen führen (Natorp, 1888; Windelband, 1911). Will man diese Neubegründung, die aus unterschiedlichen Gesichtspunkten erfolgt, in ihren allgemeinsten Grundzügen charakterisieren, so stehen, teilweise direkt im Gegensatz zur hermeneutischen Tradition von Dilthey, folgende Prinzipien im Vordergrund:

1. Der Neukantianismus bezweifelt nicht die Möglichkeiten einer naturwissenschaftlichen Psychologie, auch ohne Hilfen oder Anleihen bei den Geisteswissenschaften Bewußtseinsprozesse zu erklären. Im Gegenteil dazu wird die Halbherigkeit z. B. von W. Wundt (1880 u. 1882, 1896, 1897, 1910), Anschluß an Naturwissenschaft und besonders an die Physiologie zu gewinnen, kritisiert.

2. Eine naturwissenschaftliche Betrachtung des Psychischen ist nur die eine „Hälfte der Wahrheit". Aus erkenntnistheoretischen Gründen ist ein Betreiben der Psychologie auf Grundlage von Verstehen, Einfühlen und Interpretierens im gleichen Maße geboten wie auf naturwissenschaftlicher Grundlage.

3. Die Beschreibung von geschichtlichen Prozessen wird natürlicherweise eher in der ersteren Form geschehen müssen als in Form einer naturalistischen Psychologie.

4. Naturwissenschaftliche Psychologie und psychologische Anteile einer umfassenden Geschichts- und Sozialwissenschaft werden in ihrer Durchführung zu sehr verschiedenen Wissenschaftsgebäuden führen. Allgemein entsprechen letztere mehr einer fundierten „Menschenkenntnis", d. h. sie sind weniger systematisch und nur ein Hilfsmittel unter anderen für die Kulturwissenschaften. Anders ausgedrückt: Der Neukantianismus ist skeptisch gegenüber einer Verallgemeinerung psychologischer „Gesetzmäßigkeiten" aus der Kenntnis historischer Vorgänge, obwohl gleichwohl individuelle und soziale Bewußtseinsprozesse als *Basis* der geschichtlichen Entwicklung angesehen werden.

Für die konkrete Durchführung einer nichtnaturalistischen Psychologie sieht H. Rickert (und mit ihm der südwestdeutsche Neukantianismus) in der Dichotomie zwischen Einzelnem und Allgemeinem als erkenntnisleitende Prinzipien das entscheidende Moment, weswegen geschichtliche und kulturelle Prozesse nicht durch naturwissenschaftliche Gesetze erklärbar sind (Rickert, 1896–1902, 1921; 1928). In ihrer Untersuchung steht das jeweils Besondere, die einmalige Persönlichkeit oder die einmalige geistesgeschichtliche Situation im Vordergrund, die ihm einen herausragenden Wert verleihen. Eine Subsumtion unter allgemeine Gesetze würde damit genau das Erkentnisinteresse der Kulturwissenschaften zerstören. Gleichzeitig widerspricht die Behauptung der Möglichkeit einer solchen Subsumtion dem Charakter der wissenschaftlichen Begriffsbildung. Diese trifft auf eine faktisch unendliche „Rhapsodie der Anschauung", die durch theoretische Modelle niemals vollständig erklärbar ist. Deswegen gibt es eine prinzipielle Schranke naturwissenschaftlicher Erklärungen in den Geschichts- und Kulturwissenschaften, die wiederum vermittelt über das Erkenntnisinteresse Methoden verstehender Einfühlung und typisierender Unterscheidung rechtfertigt. Später hat M. Weber diesen Ansatz zu seiner Theorie des „Idealtypus" als erkenntnisleitendes Prinzip ausgebaut (1904).

Der naturwissenschaftliche Gesetzesbegriff und die unmittelbare Erfahrung sind die beiden Pole, an denen der Marburger Neukantianismus seine Kritik an der Einseitigkeit einer naturalistischen Psychologie entfaltet. Neben der historisch notwendigen Tendenz zur „Objektivierung" besteht die Aufgabe, eine subjektivierende Wissenschaft aufzubauen, die den Absichten, Zielen und der Reflexivität von Menschen innerhalb von kulturellen und sozialen Zusammenhängen gerecht wird (Natorp, 1888, 1892 u. 1912). Interessanterweise ist innerhalb dieser Tradition die Grundtatsache der Intentionalität, wie sie seit 1874 von F. Brentano (1874) und später von E. Husserl (1900) definiert und entwickelt worden ist, für H. Münsterberg (Hildebrandt & Scheerer, 1985) eines der wichtigsten Argumente, auf das sich die „subjektivierenden" Wissenschaften stützen können, denn die intentionale Beziehung auf ein Objekt in den Akten des Fühlens, Wollens und des Vorstellens sperrt sich einer nur naturalistischen Psychologie (1900, 1908; vgl. Giegel, 1969). Das gilt gleichermaßen für den Tatbestand der Kommunikation, in dem die Verständigung über die Wortbedeutung wechselseitige Akzeptanz von Regeln und Absichten unterstellt, die mit einer rein kausal beschreibendeen Psychologie nicht erschöpfend erklärt werden können (Münsterberg, 1900, S. 49 ff.; vgl. Habermas, 1979; Tugendhat, 1976). Infolgedessen sind innerhalb der „subjektivierenden" Geschichtswissenschaft Methoden des Verstehens, Nachempfindens und des Interpretierens notwendig, die erst die historischen Prozesse erschließen helfen. Aus ihnen sind die dauerhaften kulturellen Normen und Werte, die bestimmend auf die Entwicklung eingewirkt haben und sich gleichzeitig definierend für die differentielle Gruppenzugehörigkeit einzelner Individuen der Gesamtgesellschaft auswirken, je nach geschichtlicher Situation zu entwickeln und im Zusammenhang mit gegenwirkenden Tendenzen darzulegen. Dabei muß streng darauf geachtet werden, daß dem gewählten Modus der Wissenschaft treu geblieben wird, denn allzu leicht verfällt der Geschichtsforscher der Versuchung, ins Lager der erklärenden Wissenschaft zu wechseln, welches zwar prinzipiell auch als Betrachtungsweise taugt, aber eine andere Perspektive benötigt. Sozialgeschichtliche Fakten ökonomischer oder anderer Natur aber determinieren nicht gesellschaftliche Prozesse, sondern sie sind nur die Rahmenbedingungen, zu denen sich spezifisch verhalten werden kann (Münsterberg, 1900). Allerdings führt diese Abhängigkeit der Geschichtsforschung von den hermeneutischen Methoden und einer nichtnaturwissenschaftlichen Psychologie notwendigerweise zu einem zentralen Mangel gegenüber letzterer. Denn da Verstehen und Interpretieren von der eigenen Persönlichkeit des Forschers abhängig ist, versagt sie an der Stelle, wo kulturelle Unterschiede auftauchen, die unüberbrückbar erscheinen. Eine Konsequenz daraus kann sein, daß jede Analyse bei zentralen gesellschaftlichen Veränderungen in der Jetztzeit der Forschung ihre Gültigkeit verliert und neu geschrieben werden muß (Münsterberg, 1900, S. 128 f.; Rickert, 1921, S. 155 ff.).

Was eine „subjektivierende" Geschichtswissenschaft entgegen zeitgenössisch naturalistischer Erklärung bedeuten kann, hat H. Münsterberg — im übrigen zeitlich parallel zu seiner Wendung zur Psychotechnik, für die er heutzutage bekannt ist (Münsterberg, 1914; vgl. Hale, 1980) — anhand einer sozialwissenschaftlichen bzw. sozialpsychologischen Studie über die USA zum Beginn des 20. Jahrhunderts gezeigt (Münsterberg, 1904). Politische und ökonomische Verhältnisse der USA, Bildung und Bildungseinrichtungen sowie soziale Segmentation bilden vier Bereiche, in denen er kulturelle Prinzipien analysiert, die seiner Meinung nach leitend für deren konkrete Gestaltung gewesen sind. Ein interkultureller Vergleich mit den Verhältnissen im deutschen Reich dient als Folie, auf der Besonderheiten der amerikanischen Entwicklung interpretiert werden, sowie als Vorabinformation über erkenntnisleitende Prinzipien der Untersuchung, die in Münsterbergs Bestreben zu suchen sind, für wissenschaftliche Kooperation zwischen den USA und dem deutschen Reich zu sorgen (vgl. Hale, 1980). Gleichzeitig erschließt sich aus der vergleichenden Betrachtung die offensichtliche Beschränkung einer naturalistischen Erklärung der Verhältnisse: Gemäß der damalig gängigen Ansätze hätte diese entweder für die vorherrschenden kulturellen Unterschiede in den beiden Ländern „Rassendifferenzen" oder Differenzen in der Produktionsbasis unterstellen müssen. Beide Hypothesen scheiden aber aus, z. B. weil sich die amerikanische Bevölkerung zu einem großen Teil aus Europäern zusammensetzt und weil die Produktionsverhältnisse identisch sind. „Gewiß ist es wahr, was das rassenkundige Sprichwort sagt: Blut ist dicker als Wasser; das Volk der Amerikaner in seiner Geisteseinheit versteht aber der nur, der begreift, daß Druckerschwärze noch dicker ist als Blut" (Münsterberg, 1904, S. 5). Übrig bleibt die Notwendigkeit, gesellschaftliche Prozesse auf dem Hintergrund verinnerlichter kultureller Normen zu studieren, die wesentlich zu ihrer konkreten Gestalt beitragen. Münsterbergs praktische Umsetzung in seiner Studie über die USA zeigt, daß er hierin, trotz der vor ihrer Veröffentlichung geäußerten Kritik von M. Weber, er vereinseitige die Willenszusammenhänge gegenüber den materiellen Prozessen (1903–1906), nicht weit von der von Rickert und Weber initiierten Wissenschaftstradition liegt, auch wenn seine wissenschaftstheoretische Argumentation, gemäß seiner Rolle als Experimentalpsychologe, eher auf Naturwissenschaftler gezielt sein dürfte. Ob er, wie die gesamte neukantianische Tradition, nicht doch die Bedeutung der materiellen und gesellschaftlichen Verhältnisse für geschichtliche Entwicklungen und Bewußtseinsformen unterschätzt, steht auf einem anderen Blatt.

Literatur

Avenarius, R. (1877). Über die Stellung der Psychologie zur Philosophie. Vierteljahreshefte für wissenschaftliche Philosophie, 1, 471–483.
Avenarius, R. (1888). Kritik der reinen Erfahrung. Leipzig: Reisland.
Avenarius, R. (1891). Der menschliche Weltbegriff. Leipzig: Reisland.
Avenarius, R. (1894–1895). Bemerkungen zum Begriff des Gegenstandes der Psychologie. Vierteljahreszeitschrift für wissenschaftliche Philosophie, 18, 400–429; 19, 1–18.
Bois-Reymond, E. du (1867). Über die Grenzen des Naturerkennens. In ders., Reden I. (1886). Leipzig: Veit & Co.
Brentano, F. (1874). Psychologie vom empirischen Standpunkt. Hamburg: Meiner 1955.
Danziger, K. (1980). The history of introspection reconsidered. Journal of the History of the Behavioral Sciences, 16, 241–262.
Dilthey, W. (1894). Ideen über eine beschreibende und vergleichende Psychologie. In ders., Gesammelte Schriften V. Leipzig, Berlin: Teubner 1924.
Ebbinghaus, H. (1885). Über das Gedächtnis. Leipzig: Duncker & Humblot.
Fechner, G. Th. (1860). Elemente der Psychophysik. Leipzig: Breitkopf & Härtel.
Flemming, C. F. (1859). Pathologie und Therapie der Psychosen. Berlin: Hirschwald.
Galaty, D. (1979). The philosophical basis of midnineteenth century german reductionism. Journal of the History of Medicin, 29, 295–316.
Giegel, H. J. (1969). Die Logik der seelischen Ereignisse. Frankfurt/M.: Suhrkamp.
Grotjahn, A. (1908). Krankenhauswesen und Heilstättenbewegung im Lichte der sozialen Hygiene. Leipzig: F. C. W. Vogel.
Habermas, J. (1979). Theorie der Gesellschaft oder Sozialtechnologie. Frankfurt/M.: Suhrkamp.
Hale, M. (1980). Human science and social order. Hugo Münsterberg and the origins of applied psychology. Philadelphia: Temple University Press.
Hildebrandt, H. & Scheerer, E. (1985). Hugo Münsterberg: Frühe Schriften. Einleitung. Report 17. Research Group on Perception and Action at the Center for interdisciplinary research. University of Bielefeld.

Husserl, E. (1900). Logische Untersuchungen. Halle: M. Niemeyer.

Jaeger, S. & Stäuble, J. (1981). Die Psychotechnik und ihre gesellschaftlichen Entwicklungsbedingungen. In F. Stoll (Hg.), Arbeit und Beruf, Bd. 1. Reihe Die Psychologie des 20. Jahrhunderts. Weinheim: Beltz.

Külpe, O. (1893). Grundriß der Psychologie. Leipzig: Engelmann.

Mach, E. (1886). Analyse der Empfindungen. Jena: Fischer.

Münsterberg, H. (1900). Grundzüge der Psychologie. Leipzig: Barth.

Münsterberg, H. (1904). Die Amerikaner, 2 Bde. Berlin: Mittler.

Münsterberg, H. (1908). Philosophie der Werte. Leipzig: Barth.

Münsterberg, H. (1914). Grundzüge der Psychotechnik. Leipzig: Barth.

Natorp, P. (1888). Einleitung in die Psychologie nach kritischer Methode. Freiburg: Mohr.

Natorp, P. (1892). Zu den Vorfragen der Psychologie. Philosophische Monatshefte, 30, 580–615.

Natorp, P. (1904). Sozialpädagogik. Stuttgart: F. Frommann.

Natorp, P. (1912). Allgemeine Psychologie. Tübingen: Mohr.

Radl, E. (1913). Geschichte der biologischen Theorien der Neuzeit. Leipzig: Engelmann.

Rickert, H. (1896–1902). Die Grenzen der naturwissenschaftlichen Begriffsbildung. Tübingen: Mohr.

Rickert, H. (1899). Kulturwissenchaft und Naturwissenschaft. Tübingen: Mohr, 4. Aufl. 1921.

Rickert, H. (1892). Der Gegenstand der Erkenntnis. Tübingen: Mohr, 6. Aufl. 1928.

Tugendhat, E. (1976). Vorlesungen zur Einführung in die sprachanalytische Philosophie. Frankfurt/M.: Suhrkamp.

Weber, M. (1903–1906). Roscher und Knies und die logischen Probleme der historischen Nationalökonomie. In ders., Gesammelte Aufsätze zur Wissenschaftslehre. Tübingen: Mohr 1973.

Weber, M. (1904). „Ojektivität" sozialwissenschaftlicher und sozialpolitischer Erkenntnis. In ders., Gesammelte Aufsätze zur Wissenschaftslehre. Tübingen: Mohr 1973.

Windelband, W. (1911). Präludien. Freiburg i. Br.: Mohr.

Wundt, W. (1880–1882). Logik. Stuttgart: Enke.

Wundt, W. (1896–1897). Über naiven und kritischen Realismus. In ders., Kleine Schriften I. Leipzig: Engelmann 1910.

Karl Jaspers, Hans W. Gruhle und die „Verstehende Psychologie"

Franz van der Haak †

Kaum eine andere Disziplin ist zur Zeit derart lebhaft und interessiert mit der Aufarbeitung und Erforschung ihrer eigenen Geschichte befaßt wie die Psychologie. Darin ist sie übrigens vergleichbar mit ihrer medizinischen Schwesterdisziplin, der Psychiatrie. Von den somatisch oder naturwissenschaftlich orientierten Kollegen mit milde verächtlichem Lächeln bedacht, vorwiegend dem Vorwurf der „Unwissenschaftlichkeit" ausgesetzt, suchen sowohl die Psychologie als auch die Psychiatrie seit Beginn ihrer Geschichte nach Identität und Standort.

Ihrer Natur entsprechend, nämlich mit dem Anspruch, den Menschen als leib-seelische Ganzheit betrachten zu wollen, sind beide empfindlich und empfänglich für die Anregungen der verschiedensten Nachbardisziplinen. Gleichwohl stellt sich dem Betrachter ein merkwürdig ambivalentes Bild von heutiger Psychologie und Psychiatrie dar. Obwohl beide Fächer in ihrer Geschichte Strömungen und Tendenzen der verschiedensten Färbungen und Provenienz ausgesetzt waren, treten die unterschiedlichen Traditionen und sich verfeinernde Methoden kaum in eine produktive Konkurrenz. Jeder professionell psychiatrisch, psychologisch, pädagogisch oder sozialfürsorgerisch Tätige findet — je nach Ausprägung der eigenen Sensibilität — diesen fortwährend unterschwellig schwelenden Konflikt. Seelisches — so scheint es — fügt sich keiner in sich schlüssigen Theorie vollständig. Zwar sind die Zeiten sich heftig befehdender Parteien innerhalb der „Seelenkunde" Vergangenheit, und es hat sich ein Zustand toleranten Nebeneinanders eingestellt, doch scheint über aller Harmonie stets ein „noli me tangere" zu schweben.

In Anlehnung an Bühler, der bereits 1927 von einer „Krise der Psychologie" gesprochen hatte, formulierte der Psychiater Janzarik 1974 die These von der „Krise der Psychopathologie". In beiden Fällen handelt es sich nicht um Krisen der neueren Zeit, sondern es spiegelt sich in ihnen eine Entwicklung, die mit der Geschichte der beiden Fächer seit ihrer Entstehung und Etablierung von Anfang verbunden war. Die Historie der Psychologie und Psychiatrie ist von Beginn an geradezu gekennzeichnet von heterogenen, ja konträren Auffassungen, was Gegenstand und Grenze der Lehre von Seele und deren Erkrankung und Variationen sei.

Wer gewillt ist, sich dieser Thematik zu stellen, ist notwendig auf das Studium der wechselvollen Geschichte beider Fächer verwiesen. Erst historische Betrachtung entschärft die Kontroversen und bietet Ansätze zu Lösungsmöglichkeiten.

Wer mit Schmitt (1980) die Psychiatrie als „Irrgarten" und mit Tellenbach den Psychiater als „Methodenchamäleon" empfindet — mutatis mutandis gilt das auch für den Psychologen —, der wird Erhellung nur dann finden, wenn er die Wurzeln jener Methodenvielfalt aufsucht.

Der Siegeszug der Naturwissenchaften im 19. Jahrhundert war so groß, daß ihre Begriffsbildung und ihre Methodik allmählich auf alle Wissenschaften, auch auf die Geisteswissenschaften, übergriffen. Die von der Leipziger Schule Wilhelm Wundts geprägte naturwissenschaftliche Ausrichtung der Psychologie war so dazu angetan, Freunde zu gewinnen, da sich die mit den Naturwissenschaften einmal begrifflich verknüpfte Klarheit, Sicherheit und Verbindlichkeit mit vermeintlich geisteswissenschaftlichen Methoden erlangen ließ. So entstand zu Beginn des 20. Jahrhunderts eine Gegenbewegung in der Psychologie, die ihre wesentlichen Anregungen zwei Psychiatern verdankte, die der sogenannten „Heidelberger Psychiatrieschule" angehörten. Zunächst wird die Rede sein von Karl Jaspers (1963, 1973 u. 1977), der für die Entwicklungsgeschichte der Heidelberger Psychiatrie, auch der klinischen Psychologie, eine herausragende Stellung einnimmt, obwohl er eigentlich zu den Außenseitererscheinungen dieses Hauses gehört: Gemeint ist Karl Jaspers, der im heutigen Bewußtsein sehr viel populärer als der Begründer der deutschen Variante der Existentialphilosophie bekannt ist, denn als Psychiater. Wenn von „Verstehender Psychologie" hier die Rede ist, so ist damit jener Begriff gemeint, den Karl Jaspers in Anlehnung an Wilhelm Dilthey in seinen frühen psychopathologischen Schriften und schließlich in seiner „Allgemeinen Psychopathologie" (Jaspers, 1973) näher klassifiziert hat.

Des weiteren wird von einem Werk des Heidelberger Psychiaters und Psychologen Hans W. Gruhle (1913, 1948) die Rede sein, dessen Hauptwerk „Verstehende Psychologie" erstmals im Jahre 1948 erschien.

Karl Jaspers, der seit 1908 an der Heidelberger Universitätsnervenklinik als Assistenzarzt beschäftigt war, erhielt auf Anregung des damaligen Oberarztes der Klinik, Wilmanns, den Auftrag, eine Methodenlehre zusammenzufassen, die den Grad allgemeiner Verbindlichkeit innerhalb der Psychiatrie und in gewissem Sinne auch Psychologie erhalten sollte.

Das naturwissenschaftliche Modell in der Psychologie wurde in den Jahren zwischen 1890 und 1920 weiter zurückgedrängt durch den Einbruch hermeneutischer bzw. phänomenologisch-verstehender Ansätze aus der Philosophie und durch die Heraufkunft der Psychoanalyse. Aus der experimentellen Physiopsychologie entwickelte sich die Psychologie zur verstehenden, phänomenologischen Ganzheitspsychologie. Unter dem Einfluß der Philosophie Kants, vor allem aber in Anlehnung an Dilthey, Max Weber und den frühen Husserl (Hermes-Handlexikon, 1983 u. Peters, 1984) ging Jaspers in seiner „Allgemeinen Psychopathologie" davon aus, daß es keine systematische Grundlage und keine umfassende Theorie der Psychopathologie geben kann. Das Seelenleben ist immer nur partiell mitteilbar und erkennbar. Zwar ist das Ganze des Seelenlebens als Intention psychologischer und psychopathologischer Erkenntnis angestrebt, allenfalls aber ist es in Teilzusammenhängen wissenschaftlich erfaßbar, und zwar soweit, wie die angewandten Methoden tragen. Psychologische Erkenntnis vom Menschen wird stets begrenzt bleiben, das Ganze des Menschen bleibt Gegenstand der Philosophie. Jaspers gelangt in Anlehnung an die oben angeführten Vorbilder zu einem Methodendualismus. Im „Erklären" sucht Jaspers die physischen Grundlagen alles Seelischen zu begreifen und beobachtet objektivierbare, kausale, regelhafte, psychische Zusammenhänge. So ist das kausalpsychologische Denken aus Elementen zusammengesetzt, die sich wie Ursache und Wirkung verhalten.

Im Gegensatz zum „Erklären" übernimmt Jaspers von Dilthey den Begriff des „Verstehens" als eine einfühlende Vergegenwärtigung seelischer Phänomene, wobei an die Stelle kausaler Ableitung der Begriff der „Evidenz" tritt. „Evidenz" ist somit der nicht weiter hinterfragbare Grundsatz allen psychologischen Verstehens, hat also vergleichsweise axiomatischen Charakter. In diesem Zusammenhang ist bei Jaspers immer wieder die Rede von „verständlichen Zusammenhängen" bzw. „einfühlbaren" oder „psychologischen Zusammenhängen". Dabei entlehnt Jaspers den Begriff des „Idealtypus" von Max Weber. Weber schreibt über den „Idealtypus": „Er wird gewonnen durch einseitige Steigerung eines oder einiger Gesichtspunkte und durch Zusammenschluß einer Fülle von diffus und diskret, hier mehr, dort weniger, stellenweise gar nicht vorhandenen Einzelerscheinungen, die sich jenen einseitig herausgehobenen Gesichtspunkten fügen, zu einem einheitlichen Gedankengebilde. In seiner begrifflichen Reinheit ist dieses Gedankengebilde nirgends in der Wirklichkeit empirisch vorfindbar, es ist eine Utopie, und für die historische Arbeit erwächst die Aufgabe, in jedem einzelnen Falle festzustellen, wie nah oder wie fern die Wirklichkeit jenem Idealbild steht. Für den Zweck der Erforschung und Veranschaulichung aber leistet jener Begriff, vorsichtig angewendet, seinen spezifischen Dienst" (1973).

Folgerichtig entwickelt sich aus der Jaspersschen Methodendichotomie von „Verstehen" und „Erklären" eine Scheidung seelischer Zusammenhänge in „Entwicklungen" und „Prozesse". Unter „Entwicklungen" versteht Jaspers grundsätzlich jede Möglichkeit des verstehbaren Zugangs zu seelischen Zusammenhängen, während der Begriff des „Prozesses" dem naturwissenschaftlichen Kausalitätsprinzip verhaftet bleibt. Allgemein gilt, daß die Grenze des Verstehens dort liegt, wo seelische Zusammenhänge nicht mehr in die Entwicklung einer Persönlichkeit integrierbar sind und wo eben der „Prozeß" beginnt, oder anders ausgedrückt: Psychologisches Verstehen endet an der Grenze der kausal wirkenden biologischen Mechanismen. Ein solcher Methodenentwurf setzt unabdingbar genaue Deskription aller psychologisch faßbaren Phänomene voraus. Erst eine gneaue phänomenologische Betrachtungsweise erlaubt eine spätere Interpretation derselben.

Besonders das „Evidenzkriterium" hat schon zum Zeitpunkt des Erscheinens der „Allgemeinen Psychopathologie" im Jahre 1913 und auch später bis auf den heutigen Tag zu heftiger Kritik Anlaß gegeben. „Evidenz" als subjektives Kriterium lieferte immer wieder Angriffspunkte verschiedener psychologischer und psychiatrischer Schulen gegen die Jaspersche Methodenlehre. Im klinischen Alltag der Psychiatrie jedoch hat sich die Jasperssche Sichtweise weitgehend durchgesetzt, wenn sie auch heute unter dem Einfluß daseinsanalytischer Philosophie und der Psychoanalyse abgeschwächt bzw. relativiert erscheint. Jaspers selbst hat seinen Entwurf niemals als Entwicklung einer wie auch immer gearteten „Theorie" verstanden. Für ihn blieb wichtig: „Synthese, nicht Vermischung aller nur möglichen Wege der Erkenntnis mit hellem Bewußtsein der Methode bei jedem Schritt."

Rund 35 Jahre später erschien ebenfalls aus dem Kreis der Heidelberger Psychiatrie das wichtigste und umfangreichste Buch des Heidelberger Psychiaters Hans W. Gruhle. Gruhle nannte sein Werk in Anlehnung an den Weber-Jaspersschen Begriff „Verstehende Psychologie (Erlebnislehre)" (1948).

In Kapitel I der Einleitung wird gesagt, daß die Psychologie, sofern sie es mit der besonderen Kategorie des verständlichen Auseinanderhervorgehens zu tun habe, weder Natur- noch Geisteswissenschaft sei, sondern nur sie selbst. Es gelte, das Seelische und seine Zusammenhänge, d. h. seelisches Sein und Verbundensein, zu verstehen, indem man sich in es hineinversetze. Die kausale Verbundenheit bleibe der sogenannten naturwissenschaftlichen Psychologie überlassen. Während also grundsätzlich eine verstehende und eine kausal erklärende Psychologie unterschieden wird, nimmt das Buch unzweideutig die Haltung ein, daß die auf die subjektive Gegebenheit gehende verstehende Psychologie allein die wirkliche Psychologie sei. Wenn in diesem Buch kurzerhand von Psychologie die Rede ist, ist immer diese verstehende Psychologie gemeint. Die Aufdeckung kausaler Zusammenhägne wird grundsätzlich der Naturwissenschaft zugeordnet.

Gruhle hält im folgenden II. Kapitel am Begriff der „Phänomenologie" fest, obschon dieser Begriff wegen seiner Mißverständlichkeit um die Zeit seines Erscheinens von den Psychopathologen aufgegeben worden war. Bei Gruhle ist die elementare Erlebnispsychologie eine Phänomenologie. Sie hat es mit dem allgemeinen, weiter nicht rückführbaren „Letzten" zu tun.

Das III. Kapitel ist „Psychologisches Verstehen. Einfühlung" überschrieben. In diesem Kapitel findet sich eine ausführliche Würdigung der Entwicklungspsychologie. In der „Theorie des Verstehens" unter dem Kapitel „Intuition" wird auch das Unbewußte behandelt. Es gibt laut Gruhle keine urtümlichen Triebe und Erfahrungen im Unbewußten, sondern das, was in ihnen wirkt, ist erst im individuellen Leben hineingekommen, wie so manches ursprünglich Erlernte. Es wird angenommen, daß in dem Unbewußten sich dauernd Vorgänge real vollziehen.

Im IV. Kapitel „Einblick in die Persönlichkeit" werden die Begriffe Charakter, Temperament und Intelligenz voneinander unterschieden, wobei sich Gruhle den Begriff des Typus, den er von Max Weber übernimmt, den er aber „Prägnanztypus" nennt, zu eigen macht.

Den größten Teil des Buches nimmt das Kapitel „Psychologie und Einzelwissenschaften" ein. Auffällig ist, wie stiefmütterlich Gruhle die Philosophie und deren Bedeutung für die Psychologie und Psychiatrie einschätzt. Er widmet diesem Kapitel nicht mehr als eine halbe Seite. An dieser Stelle hat eine methodologische Kritik des Werkes anzusetzen. Eine Psychologie bzw. Psychiatrie ohne philosophischen Hintergrund ist schlichtweg nicht denkbar. Auch arbeitet Gruhle in seinem umfangreichen Werk häufig mit philosophischen Begriffen und Voraussetzungen. Ergänzend sei an dieser Stelle das Zitat eines bisher unveröffentlichten Briefes Gruhles an Jaspers vom 9. 3. 1945 eingefügt. Anläßlich der bevorstehenden Neuauflage der „Allgemeinen Psychopathologie" schreibt Gruhle: „Es hätte mich natürlich auch gefesselt, Ihre heutigen Meinungen über psychiatrische Probleme zu hören, über die wir uns vor einem Menschenalter den Kopf zerbrochen haben. Meine Meinungen haben sich inzwischen nicht wesentlich gewandelt, aber Sie selbst werden ja das Manuskript ganz umgestaltet haben, hoffentlich nicht so, daß es in Zukunft für den psychiatrischen Fachmann zu schwierig geworden ist. Wenn ich selbst immer wieder einmal auf das stoße, was man so moderne Philosophie nennt, und wofür außer Ihnen immer Heidegger und Nicolai Hartmann angeführt werden, so steigert sich leider, wenn sich der Tag geneigt hat, immer mehr meine Hilflosigkeit. Nichts scheint mir verbindlich, nichts förderlich. Augenblicklich stoße ich wieder auf solche Gedanken bei der Lektüre von Bollnows ,Stimmungen'. Litteratur! (sic!, Anm. F. v. H.). Wenn man häufig hört, daß der alt Werdende mehr der Geschichte und der Philosophie zuneigt, so trifft das bei der Geschichte auch auf mich zu. Ich habe jetzt den Misch (Georg Misch, Philosoph, 1878–1965, Professor in Marburg und Göttingen, Anm. F. v. H.) über die Selbstbiographie und manches andere zu diesem Thema der Biographik mit großem Interesse gelesen und selbst über die Biographie geschrieben. Aber wenn ich nun denke, daß ich mich auch mit Philosophie beschäftigen sollte, so könnte mir nur vorschweben, es sei reizvoll zu sehen, wie ein Denken alles kenntlich in ein System geordnet hätte, ein System, das vielleicht von vornherein aus den Angeln zu heben, aber doch in sich folgerichtig sei. Ein sich selbst beständig Infragestellen wird von mir offenbar mißverstanden als eine grundsätzliche Skepsis. Obwohl ich aber ein solches Mißverständnis annehme, kann ich keine anderen Gedanken an die Stelle setzen. Ich habe immer erstaunt zugehört, wenn jemand anders, den ich nicht für klüger halte als mich selbst, über Existentialphilosophie redet. *Ich* habe nie verstanden, was das ist. Aber mir ist etwas bange, wie das denn bei Leuten sein soll, die weniger über solche Probleme nachgedacht haben als ich. Ich habe schon seit den Zeiten, in denen ich noch Windelbands Seminar besuchte, immer angenommen, daß es Leute gibt, die sofort alles verstehen und über alles vollkommen fehlerfrei reden können und die doch von nichts eine Ahnung haben. Aber es kann ja auch sein, daß bei mir da etwas verschüttet ist."

Über die Abschnitte „Geschichtswissenschaft", „Religionswissenschaft" und „Kunstwissenschaft" kann hier nur am Rande referiert werden. Eine ausführliche Würdigung dieser umfangreichen Abschnitte, die vom Alter und der ungeheuren Belesenheit des Autors zeugen, muß wegen der kursorischen Kürze dieses Beitrags unterbleiben.

Im Kapitel „Rechtswissenschaft" steht nun Gruhle auf seinem eigenen Gebiet. Durch jahrelange Tätigkeit als forensischer Gutachter hatte er sich ausführlichst mit dieser Materie beschäftigt.

Zum Schluß müssen noch einige kritische Anmerkungen, die die Gesamtleistung des inhaltlich so reichen Werkes betreffen, angefügt werden. Vorrangig kritisch zu bemerken ist die Einengung des Verstehensbegriffs sowohl bei Gruhle als auch bei Jaspers, wobei beide Autoren sich am Empiriebegriff Max Webers orientieren. Auch hat die Stellung des Unbewußten, wie die Psychoanalyse und ihr verwandte Geistesrichtungen es verstehen, bei Gruhle und Jaspers einen völlig anderen Stellenwert. Der bewußte Mensch, so heißt es bei Gruhle, ist der wesentliche, der eigentliche Mensch. Das Bewußtsein ist das, worauf es am Menschsein letztlich ankommt. Gruhle meint, daß Psychogenetiker und Neurosologen keine Menschenkenner seien – ja sein könnten – , denn wie könne man ein Menschenkenner sein, wenn man in allem Bewußten, in allem unmittelbar verständlich Nahen nicht das Eigentliche sehe, sondern mehr oder weniger nur eine Täuschung, der man nicht trauen darf.

Ein weiterer Kritikpunkt bezüglich Jaspers' und Gruhles Konzept der Verstehenden Psychologie ist die ebenfalls von Max Weber im Sinne des Wissenschaftsbegriffs herausgearbeitete sogenannte „Wertfreiheit der Erfahrungswissenschaft". Hier erliegen Gruhle und Jaspers einem logischen Mißverständnis. Wertfreiheit von Psychologie und Psychiatrie kann es nicht geben. Jede psychologische Wahrnehmung und Erfahrung ist gefiltert durch den Erfahrungshorizont des Beobachters bzw. des Untersuchers. Der Psychiater Kurt Schneider formuliert das folgendermaßen: „Die Wertungen sind die Handlaterne, deren Schein dem forschenden Wanderer den Weg durch das Dunkel der Erfahrungen bricht" (1949).

Wie wäre also von einer verstehenden Psychologie, wie sie von der Heidelberger Schule um Gruhle und Jaspers geprägt wurde, aus heutiger Sicht Wesentliches zu erfahren?

Die Heidelberger Psychologenschule geht neben der eben erst erwachten Freudschen Psychoanalyse und den theoretischen Konzepten der Tübinger Psychiaterschule in ihrer Zeit einen ganz eigenen Weg, der sich zum Teil in scharfem Gegensatz zu den oben erwähnten Schulen und der experimentell-naturwissenschaftlich ausgerichteten Psychologie befindet. Kennzeichnend dafür ist Gruhles häufiger Rückgriff auf Zitate Wilhelm von Humboldts. Gruhle zitiert ihn am Schluß seines Buches: „Ich gehe immer auf die inneren Stimmungen der Seele und immer auf das Allgemeinste aus. Ich fühle, daß in jedem Menschen alles in einem Punkt zusammenstrebt, daß es einen Punkt gibt, aus dem sich seine Gestalt, sein Tun, seine Werke, sein Leben, seine Jugend und sein Alter, kurz sein Wesen in allen Modifikationen und allen Zeiten seines Daseins zugleich und harmonisch übersehen läßt; und diesem einen Punkt gehe ich überall nach. Man darf die physische und physiognomische Beschaffenheit eines Subjekts niemals geradezu als eine Erkenntnisquelle für den inneren Charakter betrachten; aber man muß dieselbe genau und vollständig studieren, um auf anderen Wegen erhaltenen Resultate Schritt für Schritt mit derselben zu vergleichen und durch sie teils zu berichtigen, teils genauer zu bestimmen. Das innere Spiel der Kräfte muß aufgedeckt, die Beziehungen derselben müssen gezeigt, die Triebfedern der Handlungen auseinandergelegt werden. Nur nach dieser Urgestalt müßte man Charaktere schildern."

Zur Rezeptionsgeschichte insbesondere von Gruhles „Verstehender Psychologie" (1948) sei als letztes Zitat ein bisher noch unveröffentlichter Brief Gruhles vom 27. 12. 1950 an den nach Südafrika emigrierten Psychologen Ernst Jokl veröffentlicht. „Von meiner ‚Verstehenden Psychologie', von der Sie so freundliche Worte schreiben, hatte ich freilich nicht erwartet, daß sie bis Pretoria kommen und dort verständnisvoll aufgenommen würde. Hier in Deutschland war die Aufnahme verschieden. Kurt Schneider, Heidelberg, schrieb in einer freundlichen Kritik, das Buch sei ein Vermächtnis, er meinte ein Vermächtnis alter wissenschaftlicher Gesinnung. Der Schweizer Kunz (1950/1951) spricht in einem Referat in der ‚Psyche' von Sterilität, Nüchternheit, erschütternder Dürftigkeit. Aber die Mehrzahl der Leser fand, wie mir scheint, in dem Buche eine Psychologie, die keine Dezimalstellen errechnet, sondern mit der Wirklichkeit des Lebens zu tun hat. In den USA scheint man ganz ablehnend dazu zu stehen. Ich freue mich sehr, daß Sie an dieser Psychologie Gefallen gefunden haben. Die experimentellen Psychologen verharren kühl, da sie bei mir das Experiment vermissen. Die Philosophen lehnen ab, da ich die Philosophie möglichst meide. So muß sich das Buch seinen eigenen Leserkreis suchen."

Um die Jasperssche Psychologie wird der heutige Psychologe nicht fürchten müssen, daß sie in Vergessenheit gerate. Die „Allgemeine Psychopathologie" ist bis 1973 in 9 Auflagen erschienen und wird heute noch unverändert häufig rezipiert und heftig kritisiert. Das Gruhlesche Werk hingegen verdiente trotz der oben angeführten Methodenkritik eine Wiederbelebung, insbesondere da es durch den Rückgriff auf die Zeit der vor-naturwissenschaftlich-experimentell orientierten Psychologie eine alte, vielleicht heutzutage erneut zu bewertende Rezeption verdiente.

Biographien

Karl Jaspers, geb. am 23. 2. 1883 in Oldenburg, gestorben am 26. 2. 1969 in Basel.

Der Psychiater, Psychologe und Philosoph Karl Jaspers legte eine „Psychologie der Weltanschauungen" und eine „Allgemeine Psychopathologie" vor, arbeitete über psychologische Typologie, leitete neben einzelnen Beiträgen zur Psychopathologie eine Grundlegung dieser Disziplin und wandte sich schließlich der Existenzphilosophie zu. Von 1902 bis 1908 Studium der Medizin in Berlin, Göttingen und Heidelberg. Promotion 1909 mit der Arbeit „Heimweh und Verbrechen" als Assistenzarzt an der Heidelberger Psychiatrischen Klinik und Habilitation 1913 für Psychologie mit dem Werk „Allgemeine Psychopathologie". 1916 in Heidelberg Extraordinarius für Psychologie, 1920 für Philosophie.

1948 Ruf auf den Lehrstuhl für Philosophie nach Basel. Zahlreiche psychologische Arbeiten zu Religion, Sprache, Kunst, Ethik, Sozialordnung und anderen Themen.

Hans Walter Gruhle, geb. am 7. 11. 1880 in Lübben, gestorben am 3. 10. 1958 in Bonn.

Schüler und Promovent Kraepelins, bei dem er sich 1906 mit einer Arbeit über „Ergographische Studien" promovierte. Von 1913 bis 1919 Honorarprofessor, ab 1919 außerordentlicher Professor für Psychologie und Psychiatrie in Heidelberg. 1934 kurzfristige Übernahme des Lehrstuhls für Psychiatrie in Bonn. Durch Einspruch der Nationalsozialisten Verlust dieses Amtes. 1936 bis 1945 Leiter der Heil- und Pflegeanstalten Zwiefalten und Weissenau. 1947 Übernahme des Lehrstuhls für Psychiatrie an der Universität Bonn. 1954 Emeritierung, 1955 erneute vorübergehende Übernahme des Lehrstuhls bis 1956. Gruhle gilt neben Jaspers als Hauptvertreter einer Verstehenden Psychologie und Psychopathologie.

Literatur

Gruhle, Hans W. (1913). Die Bedeutung des Symptoms in der Psychiatrie. Zeitschrift für Gesamte Neurologie und Psychiatrie, 16.
Gruhle, Hans W. (1945). Brief an Karl Jaspers vom 9. 3. 1945 (Privatbesitz).
Gruhle, Hans W. (1948). Verstehende Psychologie (Erlebnislehre). Stuttgart: Thieme, 2. Aufl. 1956.
Gruhle, Hans W. (1950). Brief an Ernst Jokl vom 27. 12. 1950 (Privatbesitz).
Hermes Handlexikon (1983). Die großen Psychologen, hg. v. Werner F. Bonin. Düsseldorf: Econ.
Jaspers, Karl (1963). Gesammelte Schriften zur Psychopathologie. Berlin, Göttingen, Heidelberg: Springer.
Jaspers, Karl (1973). Allgemeine Psychopathologie. Berlin, Heidelberg, New York: Springer, 9. Aufl.
Jaspers, Karl (1977). Philosophische Autobiographie. München: Piper.
Kunz, Hans (1950/51). H. W. Gruhle, Verstehende Psychologie, Buchbesprechung. Psyche, 4.
Peters, U. H. (1984). Wörterbuch der Psychiatrie und medizinischen Psychologie. München: Urban & Schwarzenberg, 3. Aufl.
Schmitt, Wolfram (1980). Die Psychopathologie von Karl Jaspers in der modernen Psychiatrie. In Die Psychologie des 20. Jahrhunderts, Bd. X (S. 46–62). Hg. von U. H. Peters. Zürich: Kindler.
Schneider, Kurt (1949). Referat über H. W. Gruhles Verstehende Psychologie. Nervenarzt, 20, 233–235.
Weber, Max (1922). Gesammelte Aufsätze zur Wissenschaftslehre. Tübingen: Mohr, 4. Aufl. 1973.

Kulturrelativismus

Wolfgang Rudolph

Die Theorie des Kulturrelativismus wurde in der US-amerikanischen Ethnologie (cultural anthropology) entwickelt. Ihre Anfänge liegen in Ansichten über Voraussetzungen, Methoden und Aussagemöglichkeiten der Ethnologie, die von Franz Boas (1911 u. 1940) seit dem Ende des 19. Jahrhunderts vertreten wurden. Grundlegend dabei ist seine Ablehnung des ethnologischen Evolutionismus, insbesondere in der Version von L. H. Morgan (1877). Gegenüber dessen Theorie, die die Entwicklung der gesamten menschlichen Kultur als (positiv bewerteten) Fortschritt interpretiert, vertrat Boas die Auffassung von einer nicht in ein solches Entwicklungsschema einzuordnenden Eigenständigkeit und Eigenwertigkeit der verschiedenen, historisch herausgebildeten Kulturen. Seine Kritik richtete sich vor allem gegen die evolutionistische „vergleichende Methode". Er bemängelte, daß hier gleiche oder ähnliche Komponenten verschiedener Kulturen ohne Prüfung als homolog, also auf gleichen Ursachen beruhend, angesehen würden, während sie häufig nur analog, also äußerlich gleich, und in ihrer Bedeutung und Funktion nur im Gesamtzusammenhang einer jeweiligen Kultur zu erkennen wären. Dies sei nur durch induktive Analysen zu erreichen, d. h. die Einordnung solcher Einzelheiten in ein vorgefaßtes, deduktives Schema sei wissenschaftlich unzulässig. Damit verbanden sich die Annahmen von einer „psychischen Einheit der Menschheit", wurzelnd in einer über die Zeiten hin global gleichen menschlichen Natur, und von der profunden Prägbarkeit ihres konkreten Ausdrucks durch diejenige Kultur, deren Einfluß die Menschen während ihres Lebens ausgesetzt sind. Für das Gebiet vergleichender Bewertungen von Kulturen zog Boas daraus den Schluß, daß es dafür keine Grundlage gäbe, weshalb prinzipiell eine weitgehende interkulturelle Toleranz geboten sei.

Die Ausarbeitung dieser Maximen zu einer mehr oder weniger geschlossenen Theorie erfolgte erst in den 30er und 40er Jahren des 20. Jahrhunderts, und zwar ohne Boas' direkte Beteiligung. Sie ist insofern nicht völlig einheitlich, als es verschiedene Ansätze gibt. Von ihnen sind diejenigen von Ruth Benedict (1934) und Margaret Mead (1930, 1935) am bekanntesten geworden, und zwar auch außerhalb der Ethnologie, sicherlich (mit-)bedingt durch eine gewisse „Vorreiterrolle" dieser beiden Ethnologinnen. Es gibt aber auch andere wichtige Beiträge, bis hin zur Beteiligung von Fachpsychologen, so in den Forschungen des von einer modifizierten Psychoanalyse ausgehenden Psychoanalytikers Kardiner (1945) in Zusammenarbeit mit den Ethnologen Linton (1947) und DuBois (1937). Allgemein ist festzustellen, daß in dem angegebenen Zeitraum die meisten bekannteren amerikanischen Ethnologen in irgendeiner Art zur Diskussion des Kulturrelativismus beigetragen haben. Die unmittelbar-konstruktiv darauf bezogenen Ansätze unterscheiden sich vor allem methodisch, stimmen aber in vielen wesentlichen Folgerungen überein. Im Unterschied zu den gewöhnlich mit einer gewissen Vorsicht formulierten Äußerungen des überzeugten Empiristen Boas ist mit dieser Theorie, besonders bei ihren kompromißloseren Vertretern, ein grundlegender und umfassender Interpretationsanspruch verbunden, der — über die Ethnologie i. e. S. hinausgehend — eine allgemein-anthropologische Dimension besitzt.

Die Grundzüge der Theorie des Kulturrelativismus sind folgendermaßen zu umreißen. Sie baut auf zwei nicht notwendigerweise miteinander zusammenhängenden Konzeptionen auf, die als ihre (kultur-)pluralistische und ihre (kultur-)milieutheoretische Komponente bezeichnet werden können. Erstere fußt auf der globalen ethnographischen Situation einer Vielzahl und Vielfalt von Kulturen in Vergangenheit und Gegenwart. Sie geht von der empirischen Feststellung aus, daß verschiedene Kulturen ein sehr verschiedenes Erscheinungsbild zeigen (können), wofür kulturhistorische Gründe — im weitesten Sinne — verantwortlich gemacht werden. Damit verbindet sich die weitergehende Hypothese, daß Kulturen integrierte, bedeutungshaft und funktional in sich abgestimmte Ganzheiten sind. Ihre dafür wesentlichen Bestandteile bzw. Züge sind deshalb nicht ohne weiteres zu verändern oder durch andere zu ersetzen. Dadurch bilden sie für ihre Angehörigen einen relativ feststehenden und somit für deren psychische Orientierung sicheren Bezugsrahmen.

Daran knüpft nun die milieutheoretische Komponente an, der die erwähnte Hypothese einer psychischen Einheit der Menschheit zugrundeliegt. Auch sie geht von einer empirischen Feststellung aus, nämlich daß bei den Menschen je nach Kulturzugehörigkeit systematisch-typisch intrakulturelle Ähnlichkeiten und interkulturelle Unterschiede zu erkennen sind. Hier gibt es also unbestreitbare kulturbedingte Relativitäten, was — jedenfalls in der Ethnologie — allgemein anerkannt ist. In der gewissermaßen verabsolutierenden Art aller Relativismen geht der Kulturrelativismus aber über das empirisch Belegbare hinaus, indem er die psychische Einheit als mehr oder weniger substanzlos ansieht. Daraus wird gefolgert, daß jene Ähnlichkeiten und Unterschiede so gut wie völlig auf Einflüsse der jeweiligen kulturellen Umgebung zurückgehen, die auf eine unbegrenzt formbare menschliche Psyche einwirken. So werden z. B. auch *direkte* Einflüsse der natürlichen Umwelt nicht anerkannt. Auch sie gelangten stets, bis in die Bereiche von Wahrnehmung, Erfahrung und Erkenntnis hinein, auf dem Umweg über die Kultur, von der sie gleichsam gefiltert werden, in die menschliche Psyche. Dementsprechend, und häufig mit besonderer Akzentuierung, werden Wertvorstellungen und Beurteilungsstandards als total kulturrelativ angesehen. Eine außerdem oft vertretene Weiterung ist, daß auch Normalitätskriterien kulturrelativ sind. Abgesehen von offensichtlichen organischen bzw. psychosomatischen Defekten, die die kulturelle Einpassung in *jede* Gesellschaft verhindern, sei dasjenige normal, was kulturell jeweils vorgesehen, gefordert oder gebilligt ist, das davon Abweichende abnorm (siehe z. B. Ackerknecht, 1943).

In Zusammenfassung besagt der Kulturrelativismus also, daß der Mensch von Geburt an fundamental formenden Einflüssen seiner Kultur ausgesetzt ist, wodurch bereits seine Erkenntnis*fähigkeit* kulturell relativiert wird. Das hat eine kulturelle Standardisierung seiner gesamten Gefühls-, Gedanken- und Vorstellungswelt und damit auch seiner Entscheidungen, Urteile und Wertungen zur Folge. Diese Kurzcharakterisierung ist allerdings unvermeidlich überprägnant. Genaue Analysen von Äußerungen der verschiedenen Autoren ergeben diese oder jene Einschränkungen, Akzentverschiebungen u. ä. (siehe Rudolph, 1968). Der Kern der Theorie, um den herum sich die einzelnen Beiträge bewegen, ist aber zutreffend wiedergegeben. Das zeigt sehr deutlich das umfassende, zur Gänze ausdrücklich auf dem Kulturrelativismus beruhende Werk in der amerikanischen Ethnologie, „Man and His Works", mit dem Untertitel „The Science of Cultural Anthropology" von M. J. Herskovits (1947/48). Dieser hat hier u. a. zur Bezeichnung der Formung der menschlichen Psyche durch Kultur eigens den Terminus „Enkulturation" eingeführt und damit als kürzeste Fassung des Prinzips des Kulturrelativismus formuliert: „Judgements are based on experience, and experience is interpreted by each individual in terms of his own enculturation" (1947/48, S. 63).

Im Anschluß hieran kann erwähnt werden, daß vom „Executive Board" (1947) der „American Anthropological Association" unter der Federführung von Herskovits ein „Statement on Human Rights" ausgearbeitet wurde. Es basiert konsequent auf den zentralen Thesen des Kulturrelativismus, daß alle Menschen von ihrer Kultur fundamental geprägt seien und daß es generelle Maßstäbe zur vergleichenden Bewertung von Kulturen nicht gäbe. Menschenrechte seien somit nicht aus Vorstellungen in *einer* Kultur darüber abzuleiten, weshalb sie auch mit Bezug auf Individuen nur durch interkulturelle Toleranz gewährleistet werden könnten. Diese Stellungnahme wurde in dem führenden Fachorgan „American Anthropologist" veröffentlicht und der Kommission für Menschenrechte bei den Vereinten Nationen zur Berücksichtigung zugeleitet. Wenngleich sie in der dortigen Erklärung über die Menschenrechte (10. 12. 1949) so gut wie völlig ignoriert wird, zeigt dieser ethnologisch einmalige Vorstoß in die Weltöffentlichkeit den damals überragenden Einfluß des Kulturrelativismus in der amerikanischen Ethnologie und darüber hinaus.

Aus dem bisher Dargelegten ergibt sich deutlich die schon erwähnte allgemein-anthropologische Dimension kulturrelativistischer Interpretationen. Angesichts der seit langem bestehenden fachlichen Spezialisierungen der Wissenschaften vom Menschen müßte man deshalb erwarten, daß interdisziplinäre Kooperation bei der Erarbeitung der Theorie eine wichtige Rolle gespielt hat. Das ist jedoch nur fragmentarisch der Fall. Neben Ethnologen sind nur Vertreter einiger psychologischer Richtungen daran beteiligt gewesen, wozu außer der genannten modifizierten Psychoanalyse Sozial- und Wahrnehmungspsychologie gehören (z. B. Hallowell, 1953). Im übrigen gehen besonders hierauf bestimmte Einwände, Modifikationen u. ä. zurück. Zwar argumentieren schon Benedict (1934) und Mead (1930, 1935) teilweise psychologisch (bzw. psychologisierend), doch ist das mangels fachlicher Vorbildung unbefriedigend, bei ersterer mit einem kursorischen Bezug auf die Gestaltpsychologie und bei letzterer in ganz eklektischer Art. Eine intensivere Zusammenarbeit mit sonstigen Disziplinen hat es nicht gegeben und überhaupt keine mit der Biologie, die durch die grundlegende Annahme einer mehr oder weniger substanzlosen und dadurch unbegrenzt formbaren „menschlichen Natur" sozusagen *a priori* ausgeschlossen wurde.

Letztlich hat dieser Mangel dazu geführt, daß die Theorie des Kulturrelativismus schon bald nach dem Höhepunkt ihres Einflusses nicht mehr aufrechterhalten werden konnte. Ein Eingehen auf Einzelheiten ist im vorliegenden Zusammenhang räumlich nicht möglich. Es sei nur angedeutet, daß auch in der Ethnologie mit der Herausarbeitung sogenannter kultureller Universalien, d. h. in den Kulturen aller Gesellschaften vorhandener homologer Sachverhalte, z. T. Bezug auf biologisch vorgegebene Faktoren genommen wurde (siehe z. B. Murdock, 1945; zum Normalitätsproblem siehe u. a. Wegrocki, 1953). Von fachbiologischer Seite ist die Konzeption des „Biogramm" von E. W. Count (1958, 1973) bedeutsam, in der − u. a. unter Heranziehung von Ergebnissen der Ethologie (Tierverhaltensforschung) − allgemeinmenschliche *konkrete* Determinanten der menschlichen Existenz präzisiert werden. Schließlich gibt es außer sachbezogenen auch theoretisch-grundsätzliche Kritiken von erkenntnis- bzw. wissenschaftstheoretischer Seite, in denen logische Engpässe und Inkonsistenzen nachgewiesen werden (z. B. DeLaguna, 1942). Dies alles hat dazu beigetragen, daß der Kultur*relativismus* inzwischen als widerlegt anzusehen ist. Die Kultur*relativität* vieler menschlicher Lebensäußerungen wird davon nicht berührt, d. h. sie bleibt eine durch ethnologische Untersuchungen empirisch detailliert belegte Tatsache.

Literatur

Ackerknecht, E. H. (1943). Psychopathology, primitive medicine and primitive culture. Bulletin of the History of Medicine, XIV, 30−67.
Benedict, R. (1934). Patterns of culture. London: Routledge & Kegan Paul (Reprint 1971).
Boas, F. (1911). The mind of primitive man. New York: Mac Millan.
Boas, F. (1940). Race, language and culture. New York: Mac Millan, 6. ed. 1959.
Count, E. W. (1958). The biological basis of human sociality. American Anthropologist, 60, 1049−1085.
Count, E. W. (1973). Being and becoming human: Essays on the biogram. New York: Van Nostrand Reinhold.
DeLaguna, G. (1942). Cultural relativism and science. The Philosophical Review, LI, 141−166.
DuBois, C. (1937). Anthropological perspectives on psychoanalysis. Psychoanalytical Review, XXIV, 246−263.
Executive Board (American Anthropological Association) (1947). Statement on Human Rights. American Anthropologist, 49, 539−543.
Hallowell, A. I. (1953). Culture, personality, and society. In A. L. Kroeber (Ed.), Anthropology Today (pp. 597−620). Chicago: The University of Chicago Press.

Wolfgang Rudolph

Herskovits, M. J. (1947–1948). Man and his works. New York: Knopf.

Kardiner, A. (1945). The psychological frontiers of society. New York: Columbia University Press.

Linton, R. (1947). The cultural background of personality. London: Routledge & Kegan Paul.

Mead, M. (1930). Growing up in New Guinea. New York: Blue Ribbon Books.

Mead, M. (1935). Sex and temperament in three primitive societies. New York: William Morrow.

Morgan, L. H. (1877). Ancient society. New York: Holt.

Murdock, G. P. (1945). The common denominator of cultures. In R. Linton (Ed.), The science of man in the world crisis (pp. 123–142). New York: Columbia University Press.

Rudolph, W. (1968). Der Kulturelle Relativismus. Berlin: Duncker & Humblot.

Wegrocki, H. J. (1953). A critique of cultural and statistical concepts of abnormality. In C. Kluckhohn & H. A. Murray (Eds.), Personality in nature, society and culture (pp. 691–701). London: J. Cape.

Die Existenzphilosophie von Kierkegaard und Sartre und die Historische Psychologie. Die Verzeitlichung psychischer Funktionen und Strukturen

Günter Zurhorst

1. Zwei Motive für eine Historische Psychologie

Das Vorhaben, Wegbereiter für eine Historische Psychologie ausfindig zu machen, ist notwendig von der Frage bestimmt, was denn überhaupt Historische Psychologie sei, d. h. welcher wissenschaftlich zu behandelnde Gegenstand und welche dazu erforderliche Methodologie auf der Tagesordnung stehen. Die Kennzeichnung dieses Gegenstandes als „Sozialgeschichte des Psychischen" erscheint auf den ersten Blick als zu eingeengt und weitläufig gleichermaßen: zu eingeengt, weil damit die Naturgeschichtlichkeit des Psychischen entfallen oder zu kurz kommen könnte; zu weitläufig, weil die kritische Intention einer besseren Aufklärung heutiger Lebensgeschichten und Lebensprobleme im Strudel aller möglichen Geschichten des Gefühls, der Kindheit etc. versanden könnte.

Aus der Fülle von Motiven, die Jüttemann für das Projekt einer Historischen Psychologie detailliert ausführt (Jüttemann, 1983, 1985, 1986), sollen hier nur zwei — allerdings entscheidende — hervorgehoben werden, die unmittelbare Bezüge zur Existenzphilosophie Kierkegaards und Sartres aufweisen: Zum einen handelt es sich um die „Alltagsrelevanz", zum anderen um das „historische Bewußtsein" der Psychologie als Wissenschaft. Beide unterhalten mannigfache Verbindungen zueinander. Was die „Alltagsrelevanz" angeht, so hat z. B. Dietrich Dörner beklagt, daß die empirische Psychologie so gut wie nichts beiträgt zur Klärung existentieller Sorgen und Nöte der Bevölkerung (er nennt z. B. jugendliche Aussteiger, Sinnprobleme, Rüstungswettlauf, Gewalt, Kriminalität) und daß statt ihrer die eher „unwissenschaftliche" Tiefenpsychologie sich dieser Probleme bemächtige (Dörner, 1983, S. 13). Daß dieser Sachverhalt der Einseitigkeit des vorherrschenden psychobiologischen Ansatzes und seiner experimentellen Ausrichtung geschuldet ist, wird niemand verwundern. Demgegenüber hätte eine Historische Psychologie sich zuvorderst um solche wichtigen Lebensprobleme zu kümmern, denn was sollte das Wort „historisch" anderes bedeuten, als ein Interesse an gelingender Identitätsbildung *mittels Vergegenwärtigung (lebens-)geschichtlicher Vorgänge?* Geschichte, so führt Nietzsche in seiner Schrift „Vom Nutzen und Nachteil der Historie für den Menschen" aus, kann man zwar heroisch-monumentalisch oder auch verstaubt-antiquarisch betreiben, „lebensdienlich" wird sie damit aber nicht (Nietzsche, 1874, S. 73–143). Diesem Analytiker des persönlichen wie gattungsmäßigen Selbstbetruges kommt es darauf an, die angeblich unmittelbar gegebenen Bewußtseinstatsachen der Zunftpsychologen als nur *scheinhaft* unmittelbar zu entlarven, da sie in Wirklichkeit das Ergebnis der Einverleibung einer langen Vorgeschichte moralischer Werturteile sind.

Historische Psychologie müßte sich also insofern durch eine hohe Alltagsrelevanz ausweisen, als sie sich zentral mit Problemen der *Selbstwerdung* von Menschen befaßt. Selbstwerdung aber ist *das* Thema der Existenzphilosophie Sören Kierkegaards.

Was das „historische Bewußtsein" angeht, so ist hierunter zu verstehen, allgemein akzeptierte Selbstverständlichkeiten in der Psychologie ideololgiekritisch auf ihre Scheinhaftigkeit zu überprüfen, wobei insbesondere die ungemein weit verbreitete Überzeugung gemeint ist, daß „der Mensch" in seiner psychischen Beschaffenheit durch die Jahrtausende hindurch immer derselbe gewesen ist. Zwei Varianten dieser Überzeugung hat kürzlich Michael Sonntag eindrücklich kritisiert: zum einen die objektivistische Variante, der zufolge der Gegenstand von Psychologie immer „der Mensch", „der Organismus", „das Verhalten" oder „der psychische Apparat" gewesen sei; zum anderen die ideengeschichtliche Variante, der zufolge die (psychologische) Verstehbarkeit von Menschen aller Zeiten und Kulturen durch so etwas wie „Geist" oder „Bewußtsein überhaupt" garantiert sei (Sonntag, 1986, S. 116–142). In beiden Fällen, so Sonntag, werde hier jedoch in einem „ewig murmelnden Diskurs des Stetigen" mit zeitlosen Kontinuitäten argumentiert, die jeder realgeschichtlichen Überprüfung widersprächen. Sonntags Gewährsleute sind vor allem Kuhn (1973), Jacob (1982) und Foucault (1971).

Eine dritte Variante der Überzeugung von der zeitlosen Beschaffenheit des Psychischen stellen universelle, quasi-naturhafte entwicklungspsychologische Stufenkonzeptionen dar, die z. B. von August Nitschke mit Recht des Ethnozentrismus (oder Eurozentrismus) verdächtigt werden. Seiner Ansicht nach kann die Psychologie eines Volkes oder einer Kultur nur von nicht-psychologischen Formen der jeweiligen Zeit- und Raumgebundenheit her verstanden werden. Erst wenn man weiß, „wie für die Menschen die Zeit strukturiert oder wie für sie der Raum gegliedert war und wie sie daher sich und andere sahen" (Nitschke, 1986, S. 43), kann man dann die Psychologie ableiten, die ihnen gemäß war.

So einsichtig von Nitschke und vor allem von Sonntag Argumente gegen falsche Kontinuitäten ins Feld geführt werden, so problematisch ist es aber auch, Diskontinuitäten überzubetonen. Konsequent zu Ende gedacht, würde eine *prinzipielle* Diskontinuität eine prinzipielle Nicht-Verstehbarkeit früherer oder anderer Kulturen bedeuten, die dann allen möglichen Vorurteilen und den damit verbundenen politischen Konsequenzen ausgesetzt wären. Worauf es vielmehr ankäme, wäre, an der Verstehbarkeit des Fremden festzuhalten und das Andere *als Anderes* ernstzunehmen, d.h. es keinem Identitätszwang zu unterwerfen (Heinrichs, 1985). Anders gesagt brauchten wir eine psychologische Wissenschaft, die endlich auch uns selbst als Fremde für die Anderen berücksichtigte. Dies ist aber nur dann möglich, wenn Anthropologie und Geschichte, die schon lange Zeit nebeneinander herlaufen, wieder so miteinander vermittelt werden, daß die conditio humana sich als jeweils geschichtliche genauso erweist wie umgekehrt die Geschichte nur auf der Grundlage einer conditio humana möglich ist. Genau dies ist der Ansatzpunkt der Philosophie Jean-Paul Sartres: nämlich eine historisch-strukturelle Anthropologie zu begründen in Form einer Synthese von Kierkegaard und Marx (Sartre, 1964).

Sehen wir uns die beiden geschilderten Motive der Alltagsrelevanz und des historischen Bewußtseins noch einmal an, so zeigt sich trotz aller Verschiedenheit aber auch eine wichtige Gemeinsamkeit, die durchaus als der Kernpunkt Historischer Psychologie angesehen werden kann: gemeint ist die Einführung der *existentiell-geschichtlichen* Zeit in den Gegenstand der Psychologie. Der psychobiologische Ansatz kennt bis heute lediglich die *lineare* Zeit der Physik, ein unterschiedsloses Kontinuum des Früher/Später. Geschichte wie Lebensgeschichte dagegen kann unmöglich auf eine strenge Chronologie der Ereignisse reduziert werden, sondern lebt, wie Koselleck eindrücklich dargelegt hat, in entscheidender Weise von der Spannung zwischen vergangenem Erfahrungsraum und zukünftigem Erwartungshorizont (Koselleck, 1979). Es ist also die *dimensionierte* Zeit von Vergangenheit, Gegenwart und Zukunft, die Geschichte erst zur Geschichte macht, und je nachdem, wie das *Verhältnis* von Vergangenheit und Zukunft oder von Erfahrung und Erwartung beschaffen ist, haben wir es auch mit sehr unterschiedlichen Vorstellungen von *Geschichte* zu tun (Koselleck, 1979, S. 349 ff.; Seibt, 1983). Psychologisch gewendet heißt dies: Erst dadurch, daß das objektive „Vergehen der Zeit", erfahrbar durch die objektive, *lineare* Zeitkonzeption wie auch durch die objektive, *dimensionierte* soziale Geschichtszeit, subjektiv in Form der Dimensionierung der Zeit gelebt und bewältigt werden muß, kann es Lebensgeschichte und somit auch eine *Historische* Psychologie geben. Alle psychischen Vorgänge, Prozesse und Strukturen müßten in ihrem Verhältnis von linearer und dimensionierter Zeit verstanden werden, was nichts anderes heißt, als die Psyche des Menschen als sich zeitigende oder sich-verzeitlichende zu begreifen (Zurhorst, 1986). Und genau dies ist die Leistung der Existenzphilosophie von Kierkegaard bis Sartre: nämlich zu untersuchen, wie die Selbstwerdung oder die Verzeitlichung eines Menschen unter seinen vorgefundenen Lebensverhältnissen vonstatten geht.

Im Folgenden soll unsere Hauptthese, daß das Historische an der Historischen Psychologie allein in der Einführung der existentiell-geschichtlichen Zeit in den Gegenstand der Psychologie und folglich auch Methodologie begründet liegt, anhand der Philosophie Kierkegaards und Sartres näher ausgeführt werden. Beide Philosophen stellen das Problem der Selbstwerdung bzw. des Sich-Verzeitlichens in den Mittelpunkt ihrer höchst komplexen Theorien; doch während für den Theologen Kierkegaard der Prozeß der Selbstverwirklichung — streng konform der theologischen Lehre von der Erbsünde — ein Prozeß der

Vernichtung des natürlichen Menschen, genauer: der „Selbstvernichtung" vor Gott ist, um sich als übernatürlicher Mensch von Gott her schließlich höchst subjektiv selber zu verwirklichen (Gabriel, 1968, S. 278), ist Selbstwerdung für den Atheisten Sartre — wesentlich historisch bewußter und konkreter — die individuelle wie kollektive Auflehnung gegen die Entfremdungsstrukturen bürgerlicher wie „sozialistischer" Klassengesellschaften (Sartre, 1980). Dies zeigt, wie extrem unterschiedlich beide Philosophen orientiert sind: der erstere befangen in einer rein individuell-lebensgeschichtlichen und theologischen Perspektive, der letztere ungemein weitsichtig die jeweils gesamten bestimmenden gesellschaftlichen Lebensverhältnisse einbeziehend und ideologiekritisch durchdringend. Beginnen wir mit Kierkegaard.

2. Kierkegaards entscheidender „Augenblick"

Sören Kierkegaard wurde 1813 in Kopenhagen geboren und starb 1855 bereits mit 42 Jahren. Karl Jaspers sah in ihm — neben Nietzsche — den größten Psychologen des 19. Jahrhunderts, stellte ihn damit vom Rang her weit über Freud und bezog sich in seiner „Allgemeinen Psychopathologie" zumindest seit der vierten Auflage 1946 in ausgezeichneter Weise auf Kierkegaards Schriften (Jaspers, 1913). In der Tat: Die wichtigsten Analysen dieses dänischen „subjektiven Denkers" sind den Phänomenen Melancholie, Angst, Furcht, Verzweiflung, Trotz, Schuld und Sünde gewidmet, allesamt auf der Schattenseite des Lebens angesiedelt, was direkt zur Biographie Kierkegaards hinführt.

Kierkegaard wuchs in einer strengen, pietistisch-religiösen Familie auf, die vom Vater und dessen tiefem Sündenbewußtsein absolut dominiert wurde. Rückblickend schrieb Kierkegaard: „Als Kind war ich strenge und mit Ernst im Christentum erzogen, menschlich gesprochen, auf wahnsinnige Weise erzogen: bereits in der frühen Kindheit hatte ich mich verhoben an den Eindrücken, unter denen der schwermütige alte Mann, der sie auf mich gelegt hatte, selber zusammensank — ein Kind, auf wahnsinnige Weise dazu verkleidet, ein schwermütiger alter Mann zu sein. Fürchterlich! Was Wunder denn, daß Zeiten kamen, da mir das Christentum vorkam als die unmenschlichste Grausamkeit ..." (1950, SS, 75). Zu dieser eigenen Schwermütigkeit kamen einerseits eine schwache körperliche Konstitution sowie eine Mißbildung in Form eines Buckels hinzu, andererseits aber auch eine enorme Einbildungs- und Reflexionsfähigkeit, die Kierkegaard schon früh ein Gefühl der Andersheit, später Genialität verschaffte (Rohde, 1959).

Es war nicht zuletzt dieses selbsterlebte starke Leiden, das ihn von vornherein in scharfen Gegensatz zu jeder idealistischen Philosophie, insbesondere derjenigen Hegels, brachte und ihn zu jenem „Einzelnen" machte, der in allen begrifflich-dialektischen Versöhnungsunternehmungen pure Heuchelei am Werke sah. Was ihn, den einzelnen leidenden Christen, interessierte, war nicht ein schönes, abgehobenes Denksystem, folglich auch nicht, als Christ bloß zu *denken*, son-

dern als solcher auch wirklich zu *leben*, d. h. zu existieren. Für Kierkegaard erfüllt sich erst in der Existenz, daß eine Erkenntnis wahr ist, denn in ihr wird
sie erst wahr „gemacht"!

Dieser Ansatz bei der Existenz, von Kierkegaard zu einem philosophischen
Grundkonzept radikalisiert, wird von Gabriel so formuliert: „Die Existenz
kann nicht abgeleitet werden, sie kann nicht rational begründet, nicht aus
einem Begriff deduziert und nicht als Objekt konstituiert werden. Ich existiere
nicht auf Grund eines Begriffes, auf Grund der Definition des Menschen. Ich
existiere nicht auf Grund eines mittelbaren oder unmittelbaren Wissens, als
Idee oder System, auch nicht auf Grund meines Selbst-Bewußtseins: ich bin
und *daher* ist mein Denken und das Bewußtsein meiner selbst möglich und in
konkreten Fällen wirklich. In der Transzendenz des Ursprungs ist das ‚Ich-bin'
unableitbar" (Gabriel, 1968, S. 281).

Mit diesem Ansatz zielt Kierkegaard also auf die je einzelne Existenz oder
auf die Subjektivität und möchte herausfinden, worin diese Existenz genauer
besteht und wie sie sich entwickelt. Zu diesem Zweck entwirft Kierkegaard eine
„Existenzdialektik", die beides umfaßt: sowohl eine Dialektik der Existenz-
weise schlechthin, als auch eine Dialektik der auseinander hervorgehenden Stadien menschlichen Selbstwerdens, das für Kierkegaard nur im Christsein enden
kann. Provokativ setzt er seine Analyse der menschlichen Existenz, die den Anspruch erhebt, „einen vollständigen Abriß der allgemeinen menschlichen Exi-
stenzmöglichkeiten zu geben" (Theunissen & Greve, 1979, S. 24) und von Kierkegaard in einem System pseudonymer Schriften ausgearbeitet worden ist,
unter das starke Motto: „Die Subjektivität ist die Wahrheit" (UN I, 198). Es
war vor allem dieser Satz, der ihm bis heute den Vorwurf des Irrationalisten
eingetragen hat. Doch wie Perkins gezeigt hat, geht Kierkegaard damit keineswegs gegen einen empirischen Wahrheitsbegriff vor, demzufolge Wahrheit in
einer approximativen Übereinstimmung von Denken und empirischem Sein besteht, sondern Kierkegaard möchte die Besonderheit des Wahrheitsbegriffes im
Hinblick auf die menschliche Existenz erweisen (Perkins, 1973, S. 385–407).
Diese Besonderheit liegt darin, daß hier die *Wahrheit des Selbstbezuges* eines
Individuums thematisch wird, die Frage nach einem „der Wahrheit gemäßen
Leben" oder die Frage nach der *Wahrhaftigkeit*. Die Wahrheitsfrage dieses
Selbstbezuges kann aber weder im Sinne des Idealismus, der alles Sein auf Erkennen bzw. Erkanntsein reduziert und damit die entscheidende Nicht-Identität
von Leben und Erkennen aufheben möchte, gelöst werden, noch mit irgendwie
gearteten Modellen einer Subjekt-Objekt-Relation, wie Tugendhat überzeugend
belegt hat (Tugendhat, 1978). Bei der Wahrhaftigkeit des Selbstbezuges geht es
vielmehr um, wie Kierkegaard sagt, „Interesse" und „Entscheidung", was später bei Heidegger ausgeführt ist, als daß es dem Einzelnen immer schon „um
sein Sein geht" (Entwurf) *und* um sein „Zu sein-haben" (Gewordenheit) und
dies entweder im Modus der Uneigentlichkeit oder der Eigentlichkeit (Heidegger, 1927). Diese existentiellen Fragen wie: „wer will ich sein?" oder „wer bin
ich in Wahrheit?" oder „wie will ich sein?", die ja keine wirklich *erkenntnis-*

theoretischen Fragen sind, sondern vielmehr *praktische Forderungen* nach Selbst„erkenntnis", werden schließlich von Kierkegaard in seiner diesbezüglich reifsten Schrift, nämlich in „Die Krankheit zum Tode" aus dem Jahre 1849, in Begrifflichkeiten einer Selbsttheorie gefaßt, die für unser Problem, nämlich was es bedeutet, die geschichtliche Zeit in den Gegenstand der Psychologie einzuführen, höchst bedeutsam ist. Michael Theunissen, der wohl profundeste Kenner Kierkegaards, hebt daran vor allem zwei Momente hervor, die für die (heutige) Psychologie relevant sind: Zum einen Kierkegaards *Theorie des Selbst*, die nicht nur Karl Jaspers, sondern z.B. auch Heinz Kohut, Karen Horney, Rollo May, Ronald D. Laing sowie Hubertus Tellenbach wichtige Anstöße gegeben hat; zum anderen Kierkegaards *inhaltlicher und methodologischer Negativismus* (Theunissen, 1979, S. 496ff.; Theunissen, 1981, S. 381ff.). Unter „inhaltlichem Negativismus" ist zu verstehen, daß Kierkegaard *ausschließlich* über negative Phänomene wie Verzweiflung, Schwermut, Angst, Trotz etc. Entscheidendes über menschliche Existenz glaubt ausfindig machen zu können. Der „methodologische Negativismus" besteht darin, daß nach dem historischen Verlust aller positiven Bestimmungen des Menschen Kierkegaard als erster Philosoph *systematisch* damit rechnet, daß die so oft beschworene „Normalität" des normalen Staatsbürgers in Wirklichkeit eine *psychopathologische* Normalität sein kann. Das hat zur Konsequenz, daß Kierkegaard nicht etwa eine positive Theorie des Selbst entwirft, um von da aus die verschiedenen Verzweiflungsformen als Abweichung zu definieren, sondern Kierkegaard untersucht das Phänomen Verzweiflung, um *daran* zu zeigen, was das Selbst ist. Methodologisch ist dazu eine Kombination phänomenologischer und (negativ-)dialektischer Verfahren notwendig, auf die hier nicht eingegangen werden kann (Theunissen, 1981, S. 396ff.). Der Weg führt also von der Krankheit bzw. durch die Krankheit hindurch zu einer *möglichen* Gesundheit und nicht umgekehrt!

Der Status des Selbst ist, wie gesagt, negativ, was zum einen bedeutet, daß es *dauernder Prozeß* ist, ohne Substanz und Abschluß, zum anderen, daß Selbstwerdung nur als dauernde *Vernichtung von Verzweiflung* gedacht werden kann, daher niemals als wirklich positiv.

Kierkegaard entwickelt drei wesentliche Bestimmungen der Existenz bzw. des Selbst:
1. die Existenz besteht in einer Synthese von Unendlichkeit/Endlichkeit, Zeitlichkeit/Ewigkeit und Freiheit/Notwendigkeit
2. das Selbst ist ein Sichverhalten zu dieser Synthese
3. das Selbst ist durch ein(en) Dritte(s)n gesetzt.

Was die Synthesen angeht, so weist Theunissen im einzelnen nach, daß allen genannten Synthesen die Temporalität als Beziehung zwischen der Zukunft, die jeder Mensch zu jeder Zeit vor sich hat, und der Vergangenheit, die jeweils hinter ihm liegt, zugrundeliegt. Und da das Selbst im Sichzusichverhalten, d.h. in dem ständigen Zusammenhalten der Momente dieser Synthesen besteht, muß auch der Vollzug dieses Zusammenhaltens selber als zeitlich verstanden werden oder, in Kierkegaards Worten:

„... eben dies ist die Größe des endlichen Geistes, daß ihm die Zeitlichkeit angewiesen ist. Die Zeitlichkeit ist ... um des Menschen willen da und ist die größte aller Gnadengaben. Darin nämlich liegt die ewige Würde des Menschen, daß er Geschichte bekommen kann, darin liegt das Göttliche in ihm, daß er selbst, so er will, dieser Geschichte Kontinuität geben kann; denn die gewinnt sie erst, wenn sie nicht der Inbegriff dessen ist, was mir geschehen oder widerfahren ist, sondern meine eigene Tat, so zwar, daß sogar das mir Widerfahrene durch mich von Notwendigkeit in Freiheit gewandelt und übergeführt worden ist" (1950, EO II, S. 266f.).

Alles kommt also darauf an, daß das zeitliche Zusammenhalten der Synthesen in Akten der Selbstwahl so gelingt, daß die Lebensbewegung des Einzelnen nicht im starren Festhalten am einen oder anderen Moment der Synthese zum Stillstand kommt.

Es würde hier zu weit führen, die ganze konkret-psychologische Typologie von Verzweiflungsformen auszuführen, die Kierkegaard anhand des Scheiterns der zeitlichen Synthesen entworfen hat, und daß für ihn alles darauf ankommt, im entscheidenden „Augenblick", d. h. in der „erfüllten Gegenwart", die Chance der Selbstwerdung in Form einer „ethischen Wahl" zu ergreifen. Nur an einem kleinen Beispiel sei gezeigt, wie Kierkegaard — im Jahre 1849! — somatogene von psychogenen Krankheiten am Kriterium der Zeitlichkeit abgrenzt:

„Sieh, man spricht davon, daß ein Mensch sich eine Krankheit zuziehe, z. B. durch ·Unvorsichtigkeit. So tritt denn also die Krankheit ein, und von dem Augenblick an macht sie sich geltend und ist jetzt eine *Wirklichkeit*, deren Entstehung mehr und mehr etwas *Vergangenes* wird. Es wäre zugleich grausam und unmenschlich, wenn man in einem weg fortführe zu sagen ,in diesem Augenblick ziehst du, der Kranke, dir deine Krankheit zu', das heißt, wenn man in einem jeden Augenblick die Wirklichkeit der Krankheit auflösen wollte in ihre Möglichkeit. Es ist wahr, er hat sich die Krankheit zugezogen, aber das hat er nur einmal getan, die Fortdauer der Krankheit ist eine einfache Folge davon, daß er einstmals sie sich zugezogen, ihr Fortgang ist nicht in einem jeden Augenblick auf ihn als auf die Ursache zurückzuführen; er hat sie sich zugezogen, aber man kann nicht sagen, er *zieht* sie sich zu. Anders mit dem Verzweifeln; ein jeder wirkliche Augenblick der Verzweiflung ist zurückzuführen auf Möglichkeit, jeden Augenblick, den er verzweifelt ist, *zieht* er sich das Verzweifeltsein zu; der Augenblick ist fort und fort die gegenwärtige Zeit, welche nicht etwas wird, das in Beziehung auf Wirklichkeit zurückgelegt und vergangen wäre; in einem jeden wirklichen Augenblick der Verzweiflung trägt der Verzweifelte alles Vorhergehende in der Möglichkeit als ein Gegenwärtiges. Das kommt daher, daß Verzweiflung eine Bestimmung des Geistes ist ...." (1950, KT, S. 12).

Was ergibt sich aus alledem für eine Historische Psychologie?

Wenn es stimmt, wie Kierkegaard sagt, daß das Grundmerkmal menschlicher Existenz in der Zeitlichkeit liegt, dann müßten folglich *alle* psychischen Vorgänge wie Wahrnehmen, Denken, Fühlen, Erinnern, Sprechen, Handeln etc. als *sich-zeitigende* verstanden werden. Doch davon ist die bisherige Psychologie noch meilenweit entfernt. Einige wenige Ansätze (z. B. Hartocollis, 1972) gehen zwar z. B. auf Probleme der Affektbestimmtheit der Zeit ein, so gut wie gar nicht dagegen auf die Zeitbestimmtheit der Affekte. Nicht zufällig ist dies einer der stärksten Vorwürfe, die Sartre in der Nachfolge Kierkegaards der zeitgenössischen Psychologie gemacht hat (Sartre, 1962, S. 163ff.).

3. Sartres historisch-strukturelle Anthropologie und ihre Bedeutung für eine Historische Psychologie

Die Bedeutung Sartres (1905–1980) für die Psychologie, insbesondere für eine zu entwickelnde Historische Psychologie, ist kaum zu überschätzen. Gewiß darf man seine philosophischen Hauptwerke „Das Sein und das Nichts" aus dem Jahre 1943 (Untertitel: „Versuch einer phänomenologischen Ontologie") sowie „Kritik der dialektischen Vernunft" aus dem Jahre 1960 (Untertitel: „Theorie der gesellschaftlichen Praxis") nicht umstandlos zu *psychologischen* Werken erklären. Wohl aber ist es gerechtfertigt, diese Werke als eine (sozial-)philosophische Belehrung der psychologischen Wissenschaft zu betrachen; mehr noch: viele Werke Sartres sind tatsächlich explizit psychologischer Natur, wie z. B. „Skizze einer Theorie der Emotionen" (1939), „Die Imagination" (1948), „Das Imaginäre" (1940) oder die Biographien über Baudelaire (1946), Genet (1952) und schließlich das Monumentalwerk über Flaubert (1971/72). Schon in „Das Sein und das Nichts" hatte Sartre im Gegenzug zu seiner dortigen Kritik an der empirischen Psychologie, Psychoanalyse und Psychiatrie (Sartre war Mitübersetzer der „Allgemeinen Psychopathologie" von Jaspers) eine eigene „existentielle Psychoanalyse" angekündigt:

„Sie (die existentielle Psychoanalyse – GZ) ist eine Methode, die dazu bestimmt ist, in streng objektiver Form die subjektive Wahl ans Licht zu ziehen, durch die jede Person sich zur Person macht, das heißt sich verkünden läßt, was sie ist. Da das, was die Methode sucht, eine *Seinswahl* und gleichzeitig ein *Sein* ist, muß sie die einzelnen Weisen des Sichverhaltens auf die Grundrelationen zurückführen, die sich in jenen Weisen des Sichverhaltens ausdrücken, und zwar nicht auf die Grundrelation einer Sexualität oder eines Willens zur Macht, sondern auf die *eines Seins*. ... Das Kriterium des Erfolges wird für sie die Anzahl der Tatbestände sein, die ihre Hypothesen zu erklären und auf einen Nenner zu bringen erlaubt, wird aber auch die evidente unmittelbare Erkenntnis der Unzurückführbarkeit des erreichten Endgliedes (gemeint ist der gesuchte „grundlegende Entwurf" – GZ) sein. Zu diesem Kriterium kommt in allen Fällen, wo es möglich ist, das enscheidende Zeugnis des Subjektes. Die so erreichten Ergebnisse – das heißt die letzten Zielsetzungen des Individuums – können dann Gegenstand einer Klassifizierung werden, und auf dem Boden der Vergleichung dieser Ergebnisse können wir allgemeine Betrachtungen anstellen über die menschliche Realität, insofern sie empirische Wahl ihrer eigenen Ziele ist. Die mittels dieser Psychoanalyse untersuchten Verhaltensweisen werden nicht nur die Träume, die Fehlleistungen, die Besessenheit und die Neurosen sein, sondern auch und vor allem die Gedanken des Wachzustandes, die erfolgreichen und passenden Handlungen, der Lebensstil usw. Diese Psychoanalyse hat ihren Freud noch nicht gefunden; höchstens kann man ein Vorgefühl für sie in gewissen, besonders geglückten Biographien finden. Wir hoffen, an anderer Stelle den Versuch machen zu können, zwei Beispiele dafür zu geben: Flaubert und Dostojewski" (Sartre, 1962, S. 722 f.).

Nun, Sartre ist selber dieser Freud geworden. Dies belegt mehr als hinreichend seine Studie über Flaubert, mit der er die Einseitigkeiten existenzphilosophischer „Schriftstellermoral", nämlich die Vernachlässigung der biologischen Natur des Menschen einerseits, seiner objektiven gesellschaftlichen und historischen Bestimmtheiten andererseits gründlich revidiert hat. In einer nochmaligen Auseinandersetzung mit Kierkegaard, dessen Philosophie der Existenz Sartres „exisentielle Psychoanalyse" noch zu sehr verhaftet geblieben war, kritisierte er die Grundlagen dieser Philosophie radikal: zunächst, daß Kierkegaard die *Geschichte* verfehle, weil er zu sehr auf Geschichtlichkeit aus sei; sodann, daß Kierkegaard die *Praxis* verfehle, die nicht einfach nur paradox ist, sondern durchaus rational und einem verstehenden Wissen zugänglich; weiterhin, daß Kierkegaard zu sehr das *Wissen* bekämpft, um dem *Glauben* Platz zu machen; schließlich, daß Kierkegaard zu stark den Zufall betont habe und nicht gesehen habe, daß es gesellschaftliche Strukturierungen von Möglichkeitsfeldern gibt, die die subjektiven Handlungsmöglichkeiten weitgehend beeinflussen (Sartre, 1964 a). Doch bis zu dieser historischen Kritik an der Geschichtlichkeit des Existentialismus war es ein weiter Weg, von dem Sartre in seiner Autobiographie „Die Wörter" aus dem Jahre 1964 brillant Rechenschaft ablegt.

Wie schon angedeutet, hat sich Sartre in seinen späteren Schriften sehr um eine Synthese von Kierkegaard und Marx bemüht, weil er den einzelnen Menschen nicht nur subjektiv, sondern auch objektiv, also in seiner Vollständigkeit verstehbar machen wollte:

„Ein Mensch ist nämlich niemals ein Individuum; man sollte ihn besser ein *einzelnes Allgemeines* nennen: von seiner Epoche totalisiert und eben dadurch allgemein geworden, retotalisiert er sie, indem er sich in ihr als Einzelnheit wiederhervorbringt. Da er durch die einzelne Allgemeinheit der menschlichen Geschichte allgemein und durch die allgemeinmachende Einzelnheit seiner Entwürfe einzeln ist, muß er zugleich von beiden Enden her untersucht werden. Dazu ist eine geeignete Methode notwendig" (Sartre, 1971/72, Bd. 1, S. 7).

In diesen wenigen Sätzen ist praktisch das gesamte Programm einer Historischen Psychologie enthalten. Deutlich ist zunächst, daß Sartre *jede* Konzeption des Menschen als eines Individuums, also damit wohl *die* Grundüberzeugung der akademischen wie nicht-akademischen bürgerlichen Psychologie, für blanke Ideologie erklärt. Psychologie, wenn sie wirklich Historische Psychologie sein will, hat sich der Ideologiekritik des „historischen Bewußtseins" zu stellen (Lenk, 1972).

Sodann weist Sartre in den zitierten Sätzen darauf hin, daß es eine Spannung zwischen subjektiver Einzelnheit und objektiver Allgemeinheit gibt, denen unterschiedliche Ebenen der Verzeitlichung entsprechen: Mit Kierkegaard hat Sartre die subjektive Synthetisierung der zeitlichen Dimensionen im Blick; mit Marx sieht er die Ebene der objektiven, geschichtlich-sozialen Zeit, deren Ablauf nur *struktur*geschichtlich zugänglich wird. Die Zukunft des technischen Fortschritts z. B. ist von der zeitlichen Struktur her etwas ganz anderes als die Zukunft meiner einzelnen Lebenspläne, schon deswegen, weil die unerhörte Beschleunigung dieses Fortschritts, die mit einer immer stärkeren Entwertung der Vergangenheit einhergeht, völlig im Kontrast zu meiner höchst subjektiven Suche z. B. nach besserer Aussöhnung mit meiner Vergangenheit stehen kann. Und doch hängt diese subjektive Suche entscheidend von jener objektiven Beschleunigung ab. Oder um ein anderes Beispiel zu nennen: Wie Max Weber gezeigt hat, erforderte eine bestimmte historische Situation, nämlich die Zukunft der kapitalistischen Erwerbswirtschaft, objektiv eine bestimmte religiöse Weltanschauung, nämlich die protestantische Ethik (Weber, 1920). Das was objekiv die Zukunft der Gesellschaft in Form einer stetigen, in sich zyklischen Kapitalakkumulation ausmachte, wurde von den Einzelnen subjektiv in Form einer asketischen Zukunftshaltung verinnert, mit den bekannten Dichotomien von Pflicht und Neigung, Arbeit und Lust, Interesse und Gefühl, Nützlichkeit und Sinnlichkeit etc., die ja allesamt heute wie Invarianten der psychischen Natur des Menschen erscheinen.

Schließlich betont Sartre im oben angeführten Text, daß die Verzeitlichung, subjektiv wie objektiv, als ein Vorgang der *Totalisierung* gesehen werden muß. Diese umfaßt wesentlich mehr als Kierkegaards subjektives „Zusammenhalten der Synthese" in Form einer Selbstwahl, auch mehr als Sartres „existentielle Psychoanalyse" subjektiver Entwürfe von 1943. Am Beispiel Flauberts erläuterte Sartre 1960 seinen neuen Begriff des *totalisierenden*

Entwurfes, „durch den sich Flaubert, um dem Kleinbürgertum zu entgehen, durch verschiedene Möglichkeitsbereiche auf die entfremdete Objektivation seiner selbst stürzte und sich absolut und unabweisbar zum Autor der ‚Madame Bovary' und zu diesem Kleinbürger machte, der zu sein er sich weigerte. Dieser Entwurf hat *einen Sinn*, er ist nicht einfach Negativität, Flucht; durch ihn zielt der Mensch auf die Produktion seiner selbst in der Welt als einer bestimmten objektiven Ganzheit. Es ist nicht einzig und allein die abstrakte Wahl zu schreiben, die das Einzigartige an Flaubert ist, sondern die Wahl, auf bestimmte Art und Weise zu schreiben, um sich derart in der Welt zu manifestieren; es ist, kurz gesagt, die einzigartige Bedeutung — im Rahmen einer zeitgenössischen Ideologie — , die er der Literatur als Negation seiner ursprünglichen Lage und als objektive Lösung seiner Widersprüche gibt. Um den Sinn des ‚Sichlosreißens auf ... hin' wieder aufzufinden, lassen wir uns von der Erkenntnis aller Bedeutungsschichten leiten, die er durchschritten hat und die wir als Spuren entschlüsselt haben, die uns bis zur endgültigen Objektivierung führten. Wir haben eine Reihe vor uns: die materiellen und sozialen Bedingungsverhältnisse bis zum Werk; es handelt sich darum, die *Spannung* zu finden, die zwischen Objektivität und Objektivität waltet, das Aufbaugesetz zu entdecken, demgemäß eine Bedeutung *durch* die folgende überschritten wird und das diese in jener fortleben läßt. Es handelt sich nämlich darum, eine Bewegung zu erfinden, sie wieder zu erschaffen: doch die Hypothese ist unmittelbar verifizierbar; denn nur diejenige kann gültig sein, die in einer schöpferischen Bewegung die transversale Einheit *aller* heterogenen Strukturen verwirklicht" (1964, S. 117f.).

Die Methodologie, die Sartre zur Rekonstruktion solcher totalisierender Entwürfe entwickelt hat, nennt er „progressiv-regressive Methode", kann aber aus Platzgründen hier nicht dargelegt werden (Zurhorst, 1982, 1985). Ebenfalls aus Raumgründen ist es kaum möglich, ein angemessenes Bild der enormen Erklärungskraft von *Sartres Historischer Psychologie als totalisierender Verzeitlichung* zu vermitteln. Nur ein einziges Beispiel, ein klinisch-psychologisches, sei zitiert, in dem Sartre einen psychogenen Kopfschmerz Flauberts als Verzeitlichungsproblematik begreift. Dieses Beispiel kann gut mit dem Beispiel Kierkegaards über den Unterschied von somatogenen und psychogenen Krankheiten verglichen werden, wobei zugleich die Kontinuität wie Unterschiedlichkeit beider Philosophen sichtbar wird.

Ein Freund Flauberts, Ernest Chevalier, hatte Flaubert einen Brief geschrieben, auf den Flaubert u. a. so antwortet: „Ich hatte Kopfschmerzen, als vor einer Viertelstunde Dein Brief ankam, und die Kopfschmerzen sind vorüber: ich bin froh, entzückt, begeistert." Sartre kommentiert diesen Vorgang folgendermaßen:

„Klarer kann man es nicht ausdrücken: er leidet, weil er sich ganz in der Verneinung der Dauer verspannt und diese innere Verneinung den Fluß der sozialen Zeit nicht aufhält. Ernest Chevalier kündigt ihm eine gute Nachricht an: in zwei Wochen werden sie sich sehen (in dieser Zeit ist ihre Freundschaft noch lebendig); das ist der Grund, sich zu entspannen, das heißt, eine kurzfristige Zukunft zu akzeptieren, um, soweit wie möglich, den sozialen Fluß der Zeit und die innere Dauer übereinstimmen zu lassen. In den ablaufenden Tagen wird er nicht mehr eine unerträgliche Gewalt sehen, die ihn auf ein verfluchtes Schicksal hintreibt (nämlich Staatsanwalt werden zu müssen – GZ), sondern eine Zeitlang wird er sie ungeduldig zählen, weil er in ihnen nur eine geregelte Momentfolge sehen will, die ihn Ernest Chevalier näherbringt. Sofort verschwinden die psychischen Kopfschmerzen" (1971/72, Bd. 3, S. 1049).

Der Kopfschmerz entsteht also aus einem ganz bestimmten Widerspruch von linearem und sozialem Zeitablauf und Flauberts Unfähigkeit, diesen Ablauf selber subjektiv als dimensionierte Zeit zu zeitigen.

Zum Schluß sei noch auf ein wichtiges Anliegen verwiesen, das sich unmittelbar aus Sartres Ansatz totalisierender Verzeitlichung ergibt, nämlich eine *Begriffsgeschichte* der Psychologie zu entwickeln, die nur eine differentielle sein kann und sich zu einer *Sozialgeschichte* des Psychischen in produktiver Spannung befindet. Denn ohne genaue Klärung der Begrifflichkeiten, in denen Sozialgeschichte dargestellt wird, müßten sich grobe Mißverständnisse ergeben, die in einem naiven Kurzschluß vom Wort auf die Sache und umgekehrt begründet lägen. Der Gewinn für eine so belehrte Sozialgeschichte wäre groß. Koselleck umreißt diesen für das Gebiet der Geschichtswissenschaften so:

„Gerade indem die Optik streng diachronisch auf Dauer und Wandel eines Begriffs eingestellt wird, wächst die sozialhistorische Relevanz der Ergebnisse. Wieweit hat sich der intendierte oder gemeinte Inhalt ein und desselben Wortkörpers durchgehalten – wie sehr hat er sich geändert, daß mit der Zeitabfolge auch der Sinn eines Begriffs einem geschichtlichen Wandel unterlegen ist? Nur diachronisch können Dauer und Geltungskraft eines sozialen oder politischen Begriffs und dem korrespondierende Strukturen in den Blick kommen. Durchgehaltene Worte sind für sich genommen kein hinreichendes Indiz für gleichbleibende Sachverhalte. So ist das gleichlautende Wort ,Bürger' bedeutungsblind, wenn nicht der Ausdruck ,Bürger' in seinem Begriffswandel untersucht wird: vom (Stadt-)Bürger um 1700 über den (Staats-)Bürger um 1800 zum Bürger (= Nichtproletarier) um 1900, womit nur ein grobes Raster genannt sei" (Koselleck, 1979, S. 116).

Leicht könnte hier das Wort „Bürger" ersetzt werden durch psychologische Wörter wie „Seele", „Emotion", „Bedürfnis", „Motivation", „Organismus", „Bewußtsein", „Ich", „Selbst" etc.

Literatur

Dörner, D. (1983). Empirische Psychologie und Alltagsrelevanz. In G. Jüttemann (Hg.), Psychologie in der Veränderung. Weinheim, Basel: Beltz.

Foucault, M. (1971). Die Ordnung der Dinge. Frankfurt/M.: Suhrkamp.

Gabriel, L. (1968). Existenzphilosophie. Wien, München: Herold.

Hartocollis, P. (1972). Time as a dimension of affects. Journal of the American Psychoanalytic Association, 20, 92–107.

Heidegger, M. (1927). Sein und Zeit. Tübingen: Niemeyer, 15. Aufl. 1979.

Heinrichs, H. J. (Hg.) (1985). Das Fremde verstehen. Frankfurt/M.: Fischer.

Jacob, F. (1982). Die Logik des Lebenden. Frankfurt/M.: Suhrkamp.

Jaspers, K. (1913). Allgemeine Psychopathologie. Heidelberg, Berlin, New York: Springer, 9. Aufl. 1973.

Jüttemann, G. (Hg.) (1983). Psychologie in der Veränderung. Weinheim, Basel: Beltz.

Jüttemann, G. (Hg.) (1985). Qualitative Forschung in der Psychologie. Weinheim, Basel: Beltz.

Jüttemann, G. (Hg.) (1986). Die Geschichtlichkeit des Seelischen. Weinheim, Basel: Beltz.

Kierkegaard, S. (BA). Der Begriff Angst. Gesammelte Werke, 11./12. Abtlg. Düsseldorf, Köln: Diederichs 1950.

Kierkegaard, S. (EO II). Entweder/Oder, Zweiter Teil. GW 2./3. Abtlg. a.a.O.

Kierkegaard, S. (KT). Die Krankheit zum Tode. GW 24./25. Abtlg. a.a.O.

Kierkegaard, S. (SS). Die Schriften über sich selbst. GW 33. Abtlg. a.a.O.

Kierkegaard, S. (UN I). Abschließende unwissenschaftliche Nachschrift zu den Philosophischen Brocken, Erster Band. GW 16. Abtlg., Bd. I. a.a.O.

Koselleck, R. (1979). Vergangene Zukunft. Frankfurt/M.: Suhrkamp.

Kuhn, T. (1973). Die Struktur wissenschaftlicher Revolutionen. Frankfurt/M.: Suhrkamp.

Lenk, K. (Hg.) (1972). Ideologie. Darmstadt, Neuwied: Luchterhand.

Mannheim, K. (1964). Wissenssoziologie. Neuwied, Berlin: Luchterhand.

Nietzsche, F. (1874). Vom Nutzen und Nachteil der Historie für den Menschen. In ders., Unzeitgemäße Betrachtungen (S. 73–143). München: Goldmann 1964.

Nitschke, A. (1986). Die Voraussetzungen für eine Historische Psychologie. In G. Jüttemann (Hg.), Die Geschichtlichkeit des Seelischen (S. 31–45). Weinheim: Beltz.

Perkins, R. L. (1973). Kierkegaards erkenntnistheoretische Präferenzen. In M. Theunissen & W. Greve (Hg.), Materialien zur Philosophie Sören Kierkegaards (S. 385–407). Frankfurt/M.: Suhrkamp 1979.

Rhode, P. (1959). Kierkegaard. Hamburg: Rowohlt.

Sartre, J. P. (1939). Skizze einer Theorie der Emotionen. In ders., GW in Einzelausgaben. Die Transzendenz des Ego. Hamburg: Rowohlt 1982.

Sartre, J. P. (1940). Das Imaginäre. Reinbek: Rowohlt 1971.

Sartre, J. P. (1946). Baudelaire. Hamburg: Rowohlt 1978.

Sartre, J. P. (1948). Die Imagination. In ders., GW in Einzelausgaben. Die Transzendenz des Ego. Hamburg: Rowohlt 1982.

Sartre, J. P. (1952). Saint Genet, Komödiant und Märtyrer. Reinbek: Rowohlt 1982.

Sartre, J. P. (1962). Das Sein und das Nichts. Hamburg: Rowohlt.

Sartre, J. P. (1964). Marxismus und Existentialismus. Reinbek: Rowohlt.

Sartre, J. P. (1964a). Das singuläre Universale. In ders., Mai '68 und die Folgen II. Reinbek: Rowohlt, 1975.

Sartre, J. P. (1971/72). Der Idiot der Familie, 5 Bde. Reinbek: Rowohlt 1977–1980.

Sartre, J. P. (1980). Die Linke neu denken. In Freibeuter, 4 (S. 37–50); Freibeuter, 5 (S. 1–22). Berlin: Wagenbach.

Scheler, M. (1960). Die Wissensformen und die Gesellschaft. München, Bern.

Seibt, F. (1983). Die Zeit als Kategorie der Geschichte und als Kondition des historischen Sinns. In A. Preisl & A. Mohler (Hg.), Die Zeit. München, Wien: Oldenbourg.

Sonntag, M. (1986). „Zeitlose Dokumente der Seele" − Von der Abschaffung der Geschichte in der Geschichtsschreibung der Psychologie. In G. Jüttemann (Hg.), Die Geschichtlichkeit des Seelischen (S. 116−142). Weinheim: Beltz.

Theunissen, M. (1979). Das Menschenbild in der „Krankheit zum Tode". In M. Theunissen & W. Greve (Hg.), Materialien zur Philosophie Sören Kierkegaards (S. 496−510). Frankfurt/M.: Suhrkamp.

Theunissen, M. (1981). Kierkegaard's Negativistic Method. In J. H. Smith (ed.), Kierkegaard's Truth: The Disclosure of the Self. New Haven London: Yale University Press.

Theunissen, M. & W. Greve (Hg.) (1979). Materialien zur Philosophie Sören Kierkegaards. Frankfurt/M.: Suhrkamp.

Tugendhat, E. (1978). Selbstbewußtsein und Selbstbestimmung. Frankfurt/M.: Suhrkamp.

Weber, M. (1920). Die protestantische Ethik und der Geist des Kapitalismus. In ders., Die protestantische Ethik. Hamburg: Siebenstern 1973.

Zurhorst, G. (1982). Gestörte Subjektivität. Frankfurt/M.: Campus.

Zurhorst, G. (1985). Die progressiv-regressive Methode. In G. Jüttemann (Hg.), Qualitative Forschung in der Psychologie. Weinheim: Beltz.

Zurhorst, G. (1986). Zur Methodologie der historischen Rekonstruktion des Psychischen. In G. Jüttemann (Hg.), Die Geschichtlichkeit des Seelischen (S. 79−97). Weinheim: Beltz.

Die Historizität des Psychischen –
Kritische Psychologie als Ausarbeitung des historischen Paradigmas der Psychologie

Morus Markard

1. Die Historizität der Psychologie

Hat nicht historisches Denken längst in die Psychologie Einzug gehalten? Sind es nicht soziale, also sich verändernde Reize, deren Wirkung auf Menschen untersucht wird; ist nicht die Entwicklungspsychologie schon vom allerersten Verständnis ihres Gegenstandes her gezwungen, historisch zu denken; verfolgt nicht auch die Persönlichkeitspsychologie, zumindest in wichtigen Ausprägungen, die personale Geschichte der Individuen? Selbst wenn dies alles nur in Ansätzen realisiert wäre, kommt es dann nicht nur darauf an, diese Ansätze zu verstärken – anders gefragt: Was soll demgegenüber das Besondere des im Titel angesprochenen „historischen Paradigmas" sein?

Um zur Beantwortung dieser Fragen einen Zugang zu gewinnen, will ich von dem Umstand ausgehen, daß Psychologie als ein System von theoretisch-methodischen Aussagen und (beruflich-)praktischem Handeln selber in einen historischen, den gesellschaftlichen Prozeß nämlich, eingebunden ist. Die, für sich genommen, triviale Aussage, daß Psychologie nur in einer Gesellschaft statthaben kann, wird dann theoretisch und praktisch bedeutsam, wenn man dabei einbezieht, daß Gesellschaften in historisch bestimmten Formen existieren, die gemäß der hier vertretenen marxistischen Auffassung nach der Art und Weise zu charakterisieren sind, in der die Produktion gesellschaftlich organisiert ist: Für unsere, die kapitalistische („bürgerliche") Gesellschaft bzw. Produktionsweise bedeutet dies, daß der für diese Gesellschaft grundlegende (Interessen- oder genauer: Klassen-)Widerspruch zwischen Kapital und Arbeit (den ich hier natürlich nicht genauer auseinanderlegen kann) in unsere Überlegungen einbezogen werden muß. Damit aber stellt sich die Frage nach der Gesellschaftlichkeit der Psychologie als Frage danach, welcher Klasse sie nütze: der, die die wirtschaftliche und damit politische Macht ausübt, oder den Menschen, auf deren „Kosten" diese Machtausübung vonstatten geht, also der von relevantem Einfluß auf die gesellschaftlichen Lebensverhältnisse und damit verbundenen personalen Entwicklungsmöglichkeiten ausgeschlossenen Masse der Bevölkerung.

Die nun *so* gestellte Frage nach der gesellschaftlichen Funktion der Psychologie enthält, bezogen auf das *Erkenntnis*system Psychologie die Alternative, ob dieses den gesellschaftlichen Widersprüchen gegenüber *wertneutral* und damit die Psychologie, je nach Standort des Psychologen, beliebig funktionalisierbar sei, oder ob im begrifflichen System der Psychologie selbst eine Parteilichkeit für die herrschenden Verhältnisse enthalten sei — und somit eine andere Psychologie gefordert wäre. — Geht man von der in der zweiten Variante enthaltenen Hypothese aus, so ist damit gleichzeitig gesagt, daß diese „andere" Psychologie jene menschlichen Möglichkeiten auf den Begriff zu bringen hätte, die in der traditionellen Psychologie begrifflich unterschritten und in der bürgerlichen Gesellschaft real unterdrückt würden.

2. Das „Paradoxon" der gesellschaftlichen Natur des Menschen und die gesamtgesellschaftliche Vermitteltheit seiner Existenz

Aber selbst, wenn man diese Sichtweise teilt: Wie kann man dann, ohne sich wie Münchhausen am eigenen Schopf aus dem Sumpf ziehen zu wollen, einen gegenüber den vorfindlichen realen und begrifflichen Restriktionen allgemeinmenschlichen Standpunkt gewinnen, von dem aus diese Restriktionen als solche erkennbar werden können, wo einem doch die psychischen Erscheinungen (kognitive Strukturen, Eigenschaften, Einstellungen etc.) schon immer als *in* diese Gesellschaft eingebunden entgegentreten?

Es ist genau diese Problematik, an der die *Notwendigkeit* des historischen Herangehens für die Konstituierung einer wissenschaftlichen Psychologie zu verdeutlichen ist: Weder „der Mensch" noch „die Gesellschaft", in der er lebt, sind „vom Himmel gefallen". Die wissenschaftliche Erklärung der Existenz beider muß ihre *Genese* mit umfassen. Es muß also — in unserem Zusammenhang *psychologisch* konkret — erklärt werden, wie es aus dem Prozeß der Naturgeschichte heraus zur Entstehung des gesellschaftlichen Menschen bzw. der menschlichen Gesellschaft kommen konnte. Anders: Ziel ist die wissenschaftliche Abbildung der Einheit von Natur-, Gesellschafts- und Individualgeschichte unter dem Aspekt des Psychischen.

Global (und unter Absehung von vielen theoretischen und methodischen Zwischenschritten) gesprochen, wurde die Realisierung dieses Ziels im Anschluß an entsprechende Überlegungen der kulturhistorischen Schule und vor allem A. N. Leontjews (1973) zum Programm der Kritischen Psychologie, das zum ersten Mal — und exemplarisch — von Klaus Holzkamp (1973) am Gegenstand der menschlichen Wahrnehmung eingelöst wurde. Weitere die Ausarbeitung der Kritischen Psychologie voranbringende Arbeiten zur Rekonstruktion der Geschichte des Psychischen wurden vor allem von Volker Schurig (1975a u. 1975b, 1976) und Ute Holzkamp-Osterkamp (1975 u. 1976) vorgelegt. Der derzeitige Stand der diesbezüglichen Forschungen ist in Holzkamps „Grundlegung der Psychologie" (1983) repräsentiert.

Diese Forschungen der Kritischen Psychologie konzentrierten sich bislang vor allem auf die methodisch begründete Gewinnung von psychologischen

Grundbegriffen („Kategorien"), womit gleichzeitig grundsätzlich ein Vorschlag unterbreitet ist, psychologische Begriffs*bildung*, für die die traditionelle Psychologie (deren Methodenkanon sich allein auf die Überprüfung von Theorien bezieht, vgl. Holzkamp [1977]) keine methodischen Kriterien besitzt, wissenschaftlicher Diskussion zugänglich zu machen.

In dieser, den Ansatz der Kritischen Psychologie fundierenden Forschungsphase ging es also darum, Begriffe zu erarbeiten, in denen die *Gesellschaftlichkeit* des Menschen (und diese wiederum als Produkt der Naturgeschichte) begreifbar werden soll. Dazu mußten Fachgrenzen der Psychologie durch Hereinnahme u. a. biologischer, ethnologischer, anthropologischer Konzeptionen überschritten werden, um das *empirische* Material dieser Wissenschaften unter den für die Rekonstruktion des Psychischen relevanten Gesichtspunkten nutzen zu können. Ansatzpunkte dieser *historisch-empirischen* Rekonstruktion des Psychischen sind die vorfindlichen psychologischen Begriffe, da es ja die in ihnen enthaltenen Erkenntnisgrenzen sind, die überwunden werden sollen; in diesem Sinne hat Holzkamp sie als „Vorbegriffe" (1983, S. 48 ff.) gekennzeichnet. Ob bzw. mit welchen Modifikationen die (Vor-)Begriffe übernommen werden, ist erst im Resultat der jeweiligen Analysen auszumachen (vgl. etwa bezüglich des Begriffs „Motivation" und der zentralen Begriffe der Psychoanalyse Freuds Holzkamp-Osterkamp [1975 u. 1976], bezüglich des Begriffs „Einstellung" Markard [1984]). Um den ungeklärten wissenschaftlichen Gehalt der psychologischen Begriffe und deren Beziehungen untereinander im historischen Verfahren empirisch aufklären zu können, sollen die Begriffe und Entwicklungsprozesse so aufeinander bezogen werden, daß dem entwicklungslogisch Vorgeordneten der *allgemeinere* Begriff entspricht. Dabei geht es nicht um den Nachvollzug der gesamten Realgeschichte, sondern um die Herausarbeitung jener Schaltstellen, an denen sich jeweils neue Niveaus des Organismus-Umwelt-Zusammenhangs herausbildeten. (Diese Analysen sind, da auf das empirische Material z. B. der genannten (Hilfs-)Wissenschaften bezogen, *empirie*haltig; wir bezeichnen sie deshalb als „historisch-empirische Analysen" im Unterschied zur „Aktual-Empirie", mit der jene auf aktuale Prozeßabläufe bezogenen Analysen gemeint sind, die in der traditionellen Psychologie den einzigen systematischen Empiriebezug darstellen.)

Bei der Skizzierung der dabei erzielten Forschungsresultate muß ich mich hier auf das für die Bestimmung der menschlichen Besonderheit des Psychischen (im Unterschied zu allen anderen Lebewesen) grundsätzliche Problem des Verhältnisses von „Natur und Gesellschaft" beschränken, dessen Lösung ja gerade für eine explizit historisch sich verstehende Psychologie unverzichtbar ist. Das Begreifen der Besonderheit des Psychischen ist nach dem Gesagten gleichbedeutend damit, seine Entstehung zu rekonstruieren, die, wie die einschlägigen Forschungen der Kritischen Psychologie (vgl. Holzkamp, 1983, S. 159 ff.) ergeben haben, selber auf zwei Ebenen gefaßt werden muß. (Vorausgesetzt ist dabei ein tierisches phylogenetisches Entwicklungsniveau, dem gemäß „individuelle" Lerngeschichten und individuell neue Verknüpfungen zwischen Umweltgegebenheiten und Aktivitäten im Rahmen tierischer Sozialeinheiten mit einfachen Funktionsteilungen möglich sind.)

Ansatzpunkt ist, daß die Individuen beginnen, aktuell zwischen sich und die Umwelt Mittel einzuschalten, deren Verwendung schließlich in dem Sinne verallgemeinert wird, daß sie nicht nur für den augenblicklichen Gebrauch verwendet, sondern für die Fälle, in denen sie gebraucht werden könn(t)en, hergestellt und verwahrt werden. Dieser sich in langen evolutionären Zeiträumen entwickelnde Prozeß bedeutet für die Entwicklung der sozialen Beziehungen, daß die verallgemeinerten Mittel strukturierendes Moment der interindividuellen Beziehungen werden − m. a. W. die Koordination der einzelnen Individuen über derartige Mittel gesteuert wird. In unserem Argumentationszusammenhang ist dabei zentral, daß die damit gegebenen Anfänge einer gesellschaftlichen Arbeit selber noch einen *biologischen Selektionsvorteil* bedeuten, sich also die biologischen Entwicklungsmöglichkeiten dieser Individuen vergesellschaften, m. a. W. sich (womit die erste Ebene der Menschwerdung thematisiert wäre) eine biologische Potenz zur Vergesellschaftung oder die *gesellschaftliche Natur* des Menschen (vgl. dazu auch Maiers, 1985) herausbildet.

Damit ist die Menschwerdung aber nicht abgeschlossen, weil der Gesamtprozeß noch von biologischen Gesetzmäßigkeiten bestimmt ist, denen gegenüber sich erst allmählich die Anfänge gesellschaftlicher Lebenserhaltung verselbständigen (zweite Ebene). Erst über den Zusammenhang der angesprochenen biologischen Potenzen zur Vergesellschaftung mit diesem für die menschliche Besonderheit des Psychischen bestimmenden „Dominanzwechsel" von der biologischen Anpassung an die Umwelt zu deren Anpassung an die Lebensnotwendigkeiten der Menschen ist nach unserer Auffassung das Problem der Menschwerdung angemessen zu begreifen.

Um nun die mit dem Dominanzwechsel verbundenen (neuerlichen) Qualifizierungen des Psychischen erfassen zu können, bedarf es des methodischen Zwischenschritts, zunächst die allgemeinsten Charakteristika dieses − neuen − gesellschaftlichen Gesamtprozesses zu bestimmen, als dessen psychische Aspekte sie ja in Frage stehen. Wesentlich ist hier, daß mit zunehmender arbeitsteiliger Struktur der unmittelbare Zusammenhang zwischen der Schaffung und Nutzung von Lebensmitteln bzw. -bedingungen durch ein und dasselbe Individuum durchbrochen wird, so daß zwischen den Beiträgen der einzelnen und dem Erhalt des gesamten Systems auf den ersten Blick kein Zusammenhang mehr besteht. Die „gesamtgesellschaftliche Vermitteltheit" (Holzkamp, 1983) individueller und gesellschaftlicher Reproduktion ist sogar derart „lose", daß der darin enthaltene Zusammenhang von Individuum und Gesellschaft in der traditionellen Psychologie begrifflich überhaupt nicht auftaucht.

Im Kontext der Frage nach den damit verbundenen psychischen Aspekten gesellschaftlicher Lebensgewinnung ist hervorzuheben, daß mit der geschilderten Entwicklung die Ursache für eine Identität von gesellschaftlichen Notwendigkeiten und subjektiven Notwendigkeiten des Individuums entfällt: Bedeutungen − gefaßt als Welttatbestände (einschließlich anderer Personen), so wie sie für das einzelne Individuum gegeben sind — sind nun nicht mehr als Handlungs*determinanten* im strengen Sinne zu begreifen, sondern als Handlungs*möglichkeiten,* zu denen sich das Individuum bewußt verhalten kann. Es ist zwar in einen gesamtgesellschaftlichen Systemzusammenhang einbezogen, in dem Bedeutungs*strukturen* die Handlungen markieren, die, insgesamt gesehen, von den Gesellschaftsmitgliedern ausgeführt werden müssen, sofern der gesellschaftliche (Re-)Produktionsprozeß vollzogen werden soll. Im Einzelfall jedoch hat das Individuum die Möglichkeit der Alternative; diesen Umstand hat Holzkamp in der Kategorie der „Möglichkeitsbeziehung" zum Ausdruck gebracht. Die grundlegende Kategorie, mit der in Berücksichtigung dieses Zusammenhangs individueller und gesellschaftlicher Reproduktion die subjektiven Notwendigkeiten des Individuums hinsichtlich der Verfügung über seine Daseinsbedingungen gefaßt werden soll, ist die der „Handlungsfähigkeit". — (Ich komme darauf zurück.)

3. Das historische Paradigma in der Psychologie als Überwindung der Fragestellung, ob das Psychische biologisch *oder* kulturell ist

In den bisherigen Darstellungen sollte deutlich werden, daß mit dem skizzierten historischen Herangehen an die Frage biologischer Entwicklungsvoraussetzungen menschlicher Gesellschaft(lichkeit) empirisch unentscheidbare abstrakt-begriffliche Vergleiche (der Art: Ist das Psychische biologisch oder kulturell?) in empirisch beantwortbare Fragestellungen umgewandelt werden konnten, wobei sich gleichzeitig erwies, daß „Natur" nicht als quasi außergeschichtliche Konstante und damit „der" Organismus nicht als bloß abstrakter biologischer Träger zu denken sind, sondern nur in ihrer jeweiligen konkreten historischen Qualifizierung begriffen werden können. Diese hier unter psychologischen Fragestellungen vorgetragene Sichtweise auf das Problem biologischer Existenz trägt jener (natur-)wissenschaftlichen Entwicklung in der *Biologie* Rechnung, die Schurig (1985, S. 38) als ihre „wichtigste und revolutionärste Neuerung" charakterisiert: die Durchsetzung der darwinistischen Evolutionstheorie.

Es ist dieses *naturwissenschaftlich* fundierte Naturverständnis, das eine historisch orientierte Psychologie um den Preis der Verfehlung (wesentlicher Aspekte) ihres Gegenstandes nicht hintergehen darf, und das der *Behaviorismus* — aller reklamierten (Natur-)Wissenschaftlichkeit zum Trotz — unterschreitet. In Verarbeitung der Erkenntnisse der Verhaltensforschung (Ethologie) hat Ute Holzkamp-Osterkamp (1975, S. 146 f.) auseinandergelegt, daß der Behaviorismus zwar Entwicklungsunterschiede zwischen Arten von Organismen zur Kenntnis nehmen muß (wer konditioniert schon Schnecken?), diese Unterschiede aber nicht in ihrer qualitativen Besonderheit erfaßt, sondern sie auf bloß quantitative Unterschiede der Lernkapazität reduziert: Die „,Umwel-

ten' der Versuchstiere werden ... unter dem Gesichtspunkt der Quantifizierbar-
keit des Reizangebotes konstruiert, wobei Zugeständnisse, die man an die Versuchstiere im Hinblick auf arteigene Umweltmerkmale machen muß (etwa ‚La-
byrinthe' für Ratten), in den theoretischen Aussagen sich nicht niederschlagen.“
Diese theoretischen Reduktionen werden durch „rigorose Verhaltensrestriktio-
nen im Experiment“ methodisch *durchgesetzt*, womit die Voraussetzungen
dafür geschaffen werden, entsprechende Hypothesen empirisch bestätigen zu
können. Aus all dem ergibt sich, daß die Unterschreitung des naturwissenschaftlichen Naturbegriffs nicht nur eine angemessene theoretische und methodische Gegenstandsbewältigung verhindert. Sie schränkt auch eine Kritik am
Behaviorismus ein, der — trotz aller Versuche seiner Überwindung — aufgrund
der Isomorphie des unangefochtenen Variablenschemas mit dem S-R-Schema
zumindest methodologisch nach wie vor in der Psychologie dominiert: Eine
Kritik, die den Behaviorismus des Biologismus zeiht, fällt selber hinter *biologische* Einsichten zurück und gräbt sich so vor allem selber das Wasser ab, die
eigenen psychologischen Konzeptionen mit dem historischen Stand biologischen Wissens in Übereinstimmung zu bringen. Vor allem aber sind damit reale
Biologisierungen menschlicher bzw. gesellschaftlicher Existenz, wie sie z. T. in
der Ethologie unter Vernachlässigung eigener wissenschaftlicher Standards vorgenommen werden (vgl. Holzkamp-Osterkamp, 1975, S. 337f.), nicht theoretisch und empirisch begründet zu kritisieren. Ohne eine naturwissenschaftlich
tragfähige Konzeption der natürlichen Potenzen des Menschen hängen damit
auch all jene Positionen quasi „in der Luft“, die in schlichter Negation des Umstandes, daß der gesellschaftliche Mensch auch Naturwesen ist, das Psychische
als „sozial“, „kulturell“ o. ä. zu definieren versuchen. Daß all den genannten
Positionen *derselbe* unhistorische Naturbegriff eigen ist, macht die gegenseiti-
gen Debatten um die Bestimmung des Psychischen so fruchtlos wie unent-
scheidbar: Es handelt sich dabei nämlich letztlich um *Setzungen*, auf welcher
Ebene (biologisch oder kulturell) man den Gegenstand angehen zu müssen
meint. Dagegen ist es, wie gezeigt, das Bemühen des historischen Ansatzes,
diese fruchtlose Alternative in das historisch-empirische Programm der Erforschung der gegenwärtigen Historizität des Psychischen zu überführen (zu den
hier im einzelnen natürlich nicht darstellbaren inhaltlichen Ergebnissen dieses
Programms vgl. vor allem die genannten Arbeiten von H.-Osterkamp, 1975,
1976 und Schurig, 1975a, 1975b, 1976 u. 1985).

4. Die Konstituierung historisch orientierter Psychologie als Subjektwissenschaft

Damit, daß im Ansatz der wissenschaftlichen Reproduktion der Einheit von
Natur-, Gesellschafts- und Individualgeschichte der abstrakte Gegensatz „biologisch“ vs. „kulturell“ aufgehoben wird, sind auch die Voraussetzungen für

eine Klärung der über dieses Verhältnis hinausgehenden Fragen nach den besonderen *gesellschaftlichen* Bestimmungsmomenten des Psychischen geschaffen. Die oben aufgeworfene und in der Sicht auf vorfindliche psychische Erscheinungen ja (wie die Frage „biologisch/kulturell") grundsätzlich nicht beantwortbare Frage danach, was denn an diesen Erscheinungen allgemeingesellschaftlich sei und was Ausdruck bürgerlicher Lebensverhältnisse, wird im historischen Verfahren der Kritischen Psychologie so angegangen, daß die allgemeinen Bestimmungen der gesamtgesellschaftlichen Vermitteltheit individueller Existenz *und* die sich aus gesellschaftstheoretischen Analysen sich ergebenden konkret-historischen Momente der gesellschaftlichen Lebenswelt auf ihre psychischen Aspekte hin analysiert werden.

Wenn ich dies abschließend kurz erläutere, ist dabei jene „Möglichkeitsbeziehung" näher zu qualifizieren, die ich als mit der gesamtgesellschaftlichen Vermitteltheit individueller Existenz grundsätzlich gegebenes Spezifikum menschlicher Welt- und Selbstbegegnung dargestellt hatte. Da aufgrund der Möglichkeitsbeziehung Handlungen nicht mehr eindeutig von außen determiniert werden, muß der Mensch selber entscheiden, welche Handlungen unter den jeweils gegebenen Bedingungen in seinem Interesse sind, d.h. er muß (dies ist nicht normativ, sondern implikativ gemeint) seine Handlungen – vor sich selbst und gegebenenfalls anderen – *begründen* können. Damit ist gleichzeitig die grundsätzlich subjekthafte Qualität menschlicher Handlungen thematisiert, der in psychologischem Denken und Tun theoretisch und methodisch Rechnung getragen werden muß: Während in nomothetisch-bedingungsanalytischen Ansätzen Begründetheit negiert und Bedingtheit verabsolutiert wird, wird in Konzeptionen, die, wie etwa der Symbolische Interaktionismus, der Begründetheit des Handelns gerecht werden wollen, dessen Vermittlung mit seinen Prämissen, den Bedingungen verfehlt. In beiden Fällen geht u.E. die gezeigte Spezifik des Mensch-Welt-Zusammenhangs verloren.

Eine psychologisch konkrete Lösung dieses Problems des Verhältnisses von Determination und Freiheit muß sich darin bewähren, daß es gelingt, die Vielfalt und Vieldeutigkeit der Erscheinungsformen des Psychischen aufzuklären, die unter Rückgriff auf objektive Zusammenhänge allein planiert werden und unter Vernachlässigung dieser Zusammenhänge „in der Luft hängen". Nach dem Gesagten ist der Lösungsweg gleichbedeutend damit, daß Handlungsgründe unter Aufklärung ihrer Prämissen *verständlich* werden. Mit dem Begriff der intersubjektiven Verständlichkeit von Handlungen ist *nicht* gesagt, daß wir die mit dem Verstehensbegriff verbundene Auffassung teilen, im Bereich des Psychischen sei objektive Erkenntnis nicht möglich. Im Gegenteil gehen wir davon aus, daß bei Kenntnis der Bedingungen bzw. Prämissen menschlicher Handlungen deren Gründe (bzw. „subjektive Funktionalität", siehe unten) unter Rückbezug auf psychische Erscheinungsformen der zentralen Lebensinteressen eindeutig rekonstruierbar sind (vgl. dazu Holzkamp, 1983, S. 344ff., S. 533ff., Holzkamp, 1986).

Wenn wir hiermit einige der allgemeinsten Bestimmungen menschlicher Subjektivität (als psychische Aspekte gesamtgesellschaftlicher Vermitteltheit) und einer diese angemessen erfassenden Psychologie angedeutet haben, sind damit aber noch nicht die psychischen Aspekte der Lebensbewältigung in der *bürgerlichen* Gesellschaft angesprochen, soweit sie kategorialer Analyse zugänglich sind. Die begriffliche Fassung *dieser* psychischen Aspekte ist deshalb so wichtig, weil nur auf diese Weise der Kardinalfehler aller traditionellen Ansätze, *vorfindliche* psychische Erscheinungen als *allgemeine* auszugeben, vermieden werden kann. Es geht also hier um die Konkretisierung der *allgemeinen* Bestimmungen menschlicher Subjektivität auf eine bestimmte historische gesellschaftliche Form. Diese allgemeinen Bestimmungen abstrahieren ja von den Lebensverhältnissen konkret-historischer Gesellschaftsformationen. Sie dürfen zwar als allgemeine nicht verlorengehen, müssen aber mit historisch konkreten Besonderheiten der betreffenden Gesellschaftsformation, hier: der bürgerlichen Gesellschaft vermittelt, auf sie hin konkretisiert werden. Wenn ich im folgenden den Weg dieser Konkretisierung kurz skizziere, will ich damit gleichzeitig die Richtung andeuten, die u.E. eine psychologisch konkrete Antwort auf die Frage nach dem „Kulturellen" einschlagen muß, die gegenüber der kapitalistischen Klassenwirklichkeit die Perspektive menschlicher Emanzipation (gegen einen begriffslosen kulturellen Relativismus), damit eines wissenschaftlichen Humanismus verfolgt.

Dabei gehen wir davon aus, daß in Klassengesellschaften Handlungsmöglichkeiten nicht ungebrochen, sondern immer nur in einem widersprüchlichen Verhältnis zu Handlungs- und Entwicklungsbehinderungen gegeben sind. Damit läßt sich die Möglichkeitsbeziehung so spezifizieren, daß das Individuum vor der Alternative steht, bloß vorgefundene oder zugestandene Möglichkeiten zu nutzen oder aber diese — gegebenenfalls im Zusammenschluß mit anderen — zu erweitern: „doppelte Möglichkeit". Dabei stellt sich — vor dem Hintergrund des fundamentalen Widerspruchs der bürgerlichen Gesellschaft: Ausschluß der Masse der Produzenten von der Bestimmung über ihre Lebensverhältnisse — grundsätzlich das Problem, daß das Bemühen um Überwindung der Grenzen und (damit) um Erweiterung der Handlungsmöglichkeiten und der Lebensqualität das Risiko des Scheiterns bzw. noch weiter einengender Rückschläge in sich birgt. Die begrifflichen Pole „restriktive"/„verallgemeinerte" Handlungsfähigkeit" sollen nun dazu dienen, die beschriebene Alternative auf die subjektiven Handlungsgründe hin analysierbar zu machen. Bezüglich restriktiver Formen der Lebensbewältigung zielt dies auf die Beantwortung der Frage, worin der Verzicht auf die Erweiterung von Handlungsmöglichkeiten subjektiv begründet („funktional") ist. (Dabei setzen wir — einziges materiales Apriori der Kritischen Psychologie — voraus, daß niemand *bewußt* gegen seine eigenen Interessen handelt.) Scheint dem Individuum eine weitgehende Risikovermeidung sicherer zu sein, so sind restriktive Lösungen des genannten Grundkonflikts der doppelten Möglichkeit mit dem Widerspruch belastet, daß das Individuum, indem es, dem äußeren Druck nachgebend, sich unmittelbar, quasi defensiv, abzusichern sucht, gleichzeitig die Bedingungen bestätigt, durch die der Druck zustandekommt, und damit gegen seine wirklichen Lebensinteressen handelt, sich „selber zum Feinde wird".

Das wesentliche Merkmal restriktiver Problemlösungen ist die Ausklammerung jener übergreifenden gesellschaftlichen Zusammenhänge, in denen meine Probleme gründen. Dies ist deshalb naheliegend (und ideologisch nahegelegt!), weil die gesamtgesellschaftliche Vermitteltheit meiner Existenz ja kein mir unmittelbar gegebener Erfahrungstatbestand ist, sondern ein Umstand, der gleichsam gegen den Strom der unmittelbaren Erfahrung, die mir etwa meine Probleme als meine Unzulänglichkeit allein spiegelt, gedanklich erfaßt werden muß.

In vielfältigen Analysen sind diese globalen Bestimmungen der restriktiven/verallgemeinerten Handlungsfähigkeit differenziert und auf die Funkionsaspekte Kognition (Deuten vs. Begreifen), Emotion (emotionale Innerlichkeit vs. verallgemeinertes emotionales Engagement) und Motivation (innerer Zwang vs. Motivation) konkretisiert worden, womit sich auch mannigfache Ansätze einer Kritik bzw. Aufhebung vorfindlicher Begriffe ergaben (vgl. dazu Holzkamp, 1983).

Kategoriale Bestimmungen haben grundsätzlich die Funktion, die Totalität der Realitätsaspekte zu strukturieren; sie sind Grundlage dafür, was an der Realität ich überhaupt wahrnehmen kann. Insofern beanspruchen die im historischen Verfahren gewonnenen Grundbegriffe/Kategorien eine neue — fachwissenschaftliche (!) — Sichtweise auf psychologische Problemstellungen zu eröffnen (wie ich es hier — entsprechend der Grundfragestellung dieses Bandes — am Beispiel der „traditionsreichen" Fragen nach dem Verhältnis von „Biologischem" und „Gesellschaftlichem" bzw. „Kulturellem" zu exemplifizieren versuchte). Die sich mit dieser neuen Sichtweise einer subjektwissenschaftlich orientierten Psychologie ergebenden methodologischen Probleme aktual-empirischer Forschung konnte ich hier nur andeuten, einzelmethodische Probleme (vgl. dazu Holzkamp et al., 1985; Markard, 1985a, b) überhaupt nicht erörtern. So viel sei jedoch gesagt: Mit den vorgetragenen kategorialen Bestimmungen menschlicher Subjektivität ist — ohne Abstriche vom materialistischen Primat der Außenwelt — eine Psychologie „von je meinem Standpunkt" aus impliziert, ein Umstand, der es unter methodologischen Gesichtspunkten erforderlich macht, in empirischer Forschung die Beteiligten als „Mitforscher" einzubeziehen (vgl. dazu Holzkamp, 1983, Kap. 9; Projekt SUFKI, 1984 u. 1985).

Möglicherweise wirkte die gezwungenermaßen ergebnisorientierte Darstellung der Kritischen Psychologie apodiktisch oder gar so, als seien nun alle Probleme gelöst: In Wirklichkeit fangen sie jetzt erst an — aber auf einem Niveau, auf dem im historischen Herangehen jene in der traditionellen Psychologie gar nicht in den Blick kommende Einheit von Natur-, Gesellschafts- und Individualgeschichte überhaupt erst psychologisch konkret begreifbar werden kann.

Literatur

Holzkamp, K. (1973). Sinnliche Erkenntnis – Historischer Ursprung und gesellschaftliche Funktion der Wahrnehmung. Frankfurt/M.: Campus.

Holzkamp, K. (1977). Die Überwindung der wissenschaftlichen Beliebigkeit psychologischer Theorien durch die Kritische Psychologie. Zeitschrift für Sozialpsychologie, 8, 1–22 und 78–97.

Holzkamp, K. (1983). Grundlegung der Psychologie. Frankfurt/M.: Campus.

Holzkamp, K. (1986). Die Verkennung von Handlungsbegründungen als empirische Zusammenhangannahmen in sozialpsychologischen Theorien. Methodologische Fehlorientierung infolge von Begriffsverwirrung. Zeitschrift für Sozialpsychologie, 17, 216–238.

Holzkamp, K., Markard, M. & Ulmann, G. (1985). Bericht an die DFG über den „Fortgang der Arbeiten" – Abschlußbericht. In Projekt SUFKI, 1985, 51–71.

Holzkamp-Osterkamp, U. (1975). Grundlagen der psychologischen Motivationsforschung 1. Frankfurt/M.: Campus.

Holzkamp-Osterkamp, U. (1976). Motivationsforschung 2. Die Besonderheit menschlicher Bedürfnisse – Problematik und Erkenntnisgehalt der Psychoanalyse. Frankfurt/M.: Campus.

Leontjew, A.N. (1973). Probleme der Entwicklung des Psychischen. Frankfurt/M.: Athenäum Fischer.

Maiers, W. (1985). Menschliche Subjektivität und Natur. In W. Maiers, Methodologische Implikationen des Leontjewschen Tätigkeitskonzepts. Forum Kritische Psychologie, 15, 114–128.

Markard, M. (1984). Einstellung – Kritik eines sozialpsychologischen Grundkonzepts. Frankfurt/M.: Campus.

Markard, M. (1985a). Projekt „Subjektentwicklung in der frühen Kindheit" – Begründung eines Antrags auf Gewährung einer Sachbeihilfe durch die DFG. In Projekt SUFKI, 1985, 72–101.

Markard, M. (1985b). Konzepte der methodischen Entwicklung des Projekts Subjektentwicklung in der frühen Kindheit – Ergänzung zum Antrag auf Gewährung einer Sachbeihilfe durch die DFG. In Projekt SUFKI, 1985, 101–120.

Projekt SUFKI (Subjektentwicklung in der frühen Kindheit) (1984). Theoretische Grundlage und methodische Entwicklung der Projektarbeit. Forum Kritische Psychologie, 14, 56–81.

Projekt SUFKI (1985). Projekt „Subjektentwicklung in der frühen Kindheit": Der Weg eines Forschungsprojekts in die Förderungsunwürdigkeit. Forum Kritische Psychologie, 17, 41–125.

Schurig, V. (1975a). Naturgeschichte des Psychischen 1. Psychogenese und elementare Formen der Tierkommunikation. Frankfurt/M.: Campus.

Schurig, V. (1975b). Naturgeschichte des Psychischen 2. Lernen und Abstraktionsleistungen bei Tieren. Frankfurt/M.: Campus.

Schurig, V. (1976). Die Entstehung des Bewußtseins. Frankfurt/M.: Campus.

Schurig, V. (1985). Das biologische Defizit der physiologischen Psychologie. Forum Kritische Psychologie, 17, 25–40.

Historische Anthropologie

Rolf Sprandel

Seit den 1970er Jahren ist das Stichwort Historische Anthropologie in der deutschen Wissenschaftsterminologie mehr und mehr üblich geworden. Sein Inhalt unterscheidet sich sowohl von der biologischen Anthropologie als auch von der ethnologischen Kulturanthropologie (Mühlmann & Müller, 1966)[1]), ebenso von der anthropologie des französischen, der anthropology des englischen Sprachraumes[2]). Auf die speziellen Bedeutungen dieser Worte ist hier nicht einzugehen. Die historische Anthropologie sammelt, gruppiert, vermittelt ein Wissen vom Menschen, das jenes der Biologie in einer sozialgeschichtlichen Richtung ergänzt. Die Ethnologie der eben genannten Kulturanthropologie wird gewissermaßen mit einbezogen, bekommt aber einen spezifischen Stellenwert dadurch, daß die historische Anthropologie die Gesellschaften der Hoch- und Industriekulturen mit erfaßt.

Die historische Anthropologie beschäftigt sich mit Geburt und Tod[3]), Kindheit, Jugend, Alter (Conrad & Kondratowitz, 1983, S. 491 ff.), der Krankheit und der Geschlechtlichkeit und Geschlechterrollen. Notwendige Überschneidungen gibt es mit altetablierten Bereichen wie der Wirtschafts- und Technikgeschichte, aus der insbesondere Ernährung, Kleidung, Wohnen interessiert, und der historischen Demographie. Problematischer ist es, wenn man Themen der allgemeinen Sozial-, Verfassungs- und Rechtsgeschichte unter der Überschrift der historischen Anthropologie behandelt findet. Immerhin gehört zum Menschen sein sozialer Charakter. Die Gestaltung der oben genannten Lebensphasen z. B. ist sozial bestimmt. Aber vielleicht sollte man die Geschichte der Sozialordnung wie die der Mentalitäten als benachbarte, jedoch eigene Fragestellungen von der historischen Anthropologie getrennt halten. Die Ausbreitung in die allgemeine Sozialgeschichte ist für die historische Anthropologie nur insofern berechtigt und notwendig, als die gesellschaftliche Determination, z. B. der Jugendphase, erhellt werden soll.

Historische Anthropologie ist Wissen vom Menschen in einer doppelten Weise: einerseits das heute wissenschaftlich gesicherte Wissen darüber, wie in früheren Epochen Lebensphasen gestaltet und -probleme gelöst wurden, andererseits das Menschenbild früherer Epochen und Gesellschaften. Beides fällt praktisch irgendwie zusammen, denn z. B. die Gestaltung des Sterbens in einer Gesellschaft verwirklicht das Menschenbild dieser Gesellschaft. Aber die Frage nach dem Menschenbild früherer Epochen hat ihre Tücke und kann leicht aus der historischen Anthropologie herausführen. Theologische Anthropologie ist z. B. schon lange ein Thema der Geschichte der Theologie. Als Teil herkömmlicher Geistes- bzw. Dogmengeschichte weist sie jene Grenzen auf, die die neuere historische Anthropologie überwinden möchte: die Beschränkung auf einzelne

Denker, die stillschweigende Voraussetzung einer ideengeschichtlich immanenten Entwicklung u. a. Der historischen Anthropologie geht es demgegenüber eher um das Menschenbild der großen Zahl, das aufsitzt auf sozialen Strukturen und sich mit diesen wandelt. Ohne ganz auf die Verbalisierung des Menschenbildes durch große Denker zu verzichten, wendet sich die historische Anthropologie mehr an seine Verwirklichung in den gesellschaftlichen Verhaltensweisen.

Wir haben gesehen, daß die historische Anthropologie eine fächerübergreifende Fragestellung ist, die sich von zahlreichen anderen Fragestellungen älterer und neuerer Art abgrenzt. Wir haben sie selbst als neuere Fragestellung bezeichnet, was der neueren Ausbreitung des namengebenden Stichwortes entspricht. Trotzdem ist sie nicht so neu wie ihr Name, hat ihre Vorgeschichte und Vorarbeiten. Vor allem ist darauf zu verweisen, daß die Wegbereitung zu allgemeiner Anerkennung nicht in Deutschland, sondern in Frankreich erfolgte, wo insbesondere die Arbeiten von Philippe Ariès über Kindheit und Sterben (Ariès, 1960, 1973), trotz allem, was man gegen sie methodisch mit Recht eingewandt hat, das eigentliche Paradigma geschaffen haben, das auch in Deutschland gewirkt hat. Philippe Ariès und seine Freunde sprachen nicht von historischer Anthropologie, sondern setzten eine Tradition der Schule der „Annales" fort, die in die Zeit von etwa 1900 zurückreicht. Die Annales wurden zwar erst 1929 begründet. Aber in denselben Schulzusammenhang gehört die 1913 inaugurierte Reihe Evolution de l'humanité und sogar die 1900 von Henri Berr eröffnete Revue de synthèses. Diese Schule hat in Deutschland eine Berühmtheit erlangt[4], die sehr rezeptionsfördernd war, auch für die Arbeiten der Schule in dem Bereich, der in Deutschland dann historische Anthropologie genannt wurde.

In einer Studie über Zugänge zum Forschungsstand der historischen Anthropologie (Sprandel, 1976)[5] wurde auf einige Beiträge der Annales zum Thema hingewiesen. 1961 wurde eine große Enquête über das materielle Leben und das biologische Verhalten eröffnet und bis 1968 fortgesetzt. 1969 und 1972 erschienen Spezialnummern über Familie und Gesellschaft, 1975 über die Geschichte des Konsums. Die einschlägigen Arbeiten der Annales konzentrierten sich also sehr um die Schwerpunkte Familienstruktur und Ernährung, Problemkreise, die gewissermaßen an der Grenze der historischen Anthropologie zur Biologie, zur allgemeinen Sozialgeschichte und zur Wirtschaftsgeschichte angesiedelt sind.

Mit einigen Worten sollen diese Arbeiten näher erläutert werden. Zunächst zu der Ernährung. Das Ziel der 1961 eröffneten Enquête, die sich noch über einen Teil der Spezialnummer von 1969 erstreckte und ihre Krönung in jener von 1975 fand, war die Analyse konkreter repräsentativer Speisezettel verschiedener Räume, Zeiten und Schichten. Zunächst wurde die Frage nach den Kalorien gestellt. Unter 2500 Kalorien ist das Leben nach heutigen medizinischen Kenntnissen kaum dauerhaft möglich. Die Kalorienzahl wurde in Europa im Spätmittelalter und im 16. Jahrhundert offenbar überall erreicht. Dann setzte eine Abwärtsbewegung ein, die in den Städten stärker als auf dem Lande zu beobachten ist. In Frankreich ging es spätestens in der 2. Hälfte des 19. Jahrhunderts wieder bergauf. Die günstige Nahrungskonjunktur in Europa im Spätmittelalter und in der frühen Neuzeit war eine Funktion der Bevölkerungsverluste bei ständiger Steigerung von Handel und Gewerbe. Im Nahen Osten ist zwar die gleiche Tendenz zu beobachten, aber auf einem viel niedrigeren Niveau. Für die ungelernten Arbeiter in Kairo nimmt man vom 11. bis zum 15. Jahrhundert einen Anstieg der Kalorien von etwa 1000 auf 2000 an. Bei Facharbeitern allerdings waren die Ernährungsmöglichkeiten ausreichend. Neben der Kalorienmenge der Nahrung wurde auch ihr Gehalt an Proteinen, besonders tierischen Proteinen, mit der lebensnotwendigen Aminosäure untersucht. Im spätmittelalterlichen Europa gibt es eine vorübergehende Phase hohen Fleischkonsums. Danach hat erst in der 2. Hälfte des 19. Jahrhunderts in den fortschrittlichsten europäischen Ländern wie Frankreich der durchschnittliche Fleischverbrauch einen solchen Umfang angenommen, daß dadurch in befriedigender Weise Protein der Nahrung zugeführt wurde. Davor konnte Gemüse in mehr oder weniger ausreichender Weise den Ersatz bieten. Gemüse als das „Fleisch der Armen" enthält Aminosäure ähnlich wie die tierischen Proteine.

Diese Bemerkungen sollen in etwa die Problemlage der Arbeiten der Annales zur Geschichte der Ernährung andeuten. Man wird wahrscheinlich den Begriff des Lebensnotwendigen, den die heutige Biologie besitzt, im Gespräch mit ihr von der historischen Anthropologie her noch mehr in Frage stellen. Die Menschheit hat überlebt auch unterhalb des Lebensnotwendigen. Aber unausweichlich ist die Erkenntnis, daß die Höhe und Art der Ernährung in langen Perioden und für viele Menschen eine große körperliche Anfälligkeit und den Zwang zur körperlichen und geistigen Einschränkung mit sich brachte.

Werfen wir noch einen Blick auf den Schwerpunkt Familienstruktur, der insbesondere in den Spezialnummern von 1969 und 1972 zur Geltung kam. Die Familienstruktur ist einerseits eine Funktion von Erbrecht und Heiratsregeln und andererseits des Umfangs und Rhythmus der Geburten. Der Einfluß aus dem zuerst genannten Bereich läßt sich auf einige Regeln reduzieren, die immer wieder bestätigt werden. In der Stadt verstärkt sich mit wachsendem Reichtum eine Tendenz zur Kleinfamilie. Im bäuerlichen Bereich ist es umgekehrt. Größerer Reichtum bedeutet mehr Land, das zur Ausnutzung seine Arbeiter braucht. Von daher ist eine größere Familie durchaus willkommen. Vermögensfragen zwingen in Stadt und Land dazu, bei der Verheiratung der Kinder die Standesgleichen zu suchen und vielleicht einige der Kinder unverheiratet zu lassen, ins Kloster zu schicken. Die unterschiedliche Behandlung der Kinder im Erbrecht, etwa im Erstgeburtsrecht, hat besondere Bedeutung dort, wo eine Familie politische Macht besitzt, die in einer dynastisch verstandenen Familie Kontinuität haben soll. Für grundherrlich abhängige Bauern des 18. Jahrhunderts haben auf Polen gerichtete Studien gezeigt, wie die Familien ganz und gar von den grundherrlichen Anforderungen in ihrer Struktur geprägt wurden. Die auf einem abhängigen Hof lebende Familie z. B. mußte groß genug sein, durfte aber nicht zu groß sein, um die grundherrlich gewünschten Erträge zu erwirtschaften.

Das bäuerliche Erbrecht wurde aber nur in wenigen Gegenden so stark von herrschaftlichen Interessen geprägt. Daneben hat man den Einfluß regionaler Kulturströmungen auf das Erbrecht in Rechnung zu stellen. Es ist nicht durch herrschaftliche Einflüsse zu erklären, wenn es in Frankreich im 16. Jahrhundert mehrere Zonen des Erbrechts gibt, u. a. eine westliche mit der Gleichheit der erbenden Kinder und eine andere Zone, die ebenso im Süden Frankreichs wie in Wallonien ausgebreitet ist, wo ein einzelner Sohn beim Erbe bevorzugt wird. Hier dürfte jeweils das Vorbild der Nachbarn, die Konformität mit dem Dorf, der wichtigste Faktor für die Erbregelung gewesen sein.

Zahl und Rhythmus der Geburten werden von den Richtbildern für Struktur und Größe der Familie mitgeprägt. Man unterscheidet zwei große weltgeschichtliche Perioden der Geburtlichkeit, jene der Reproduktion entsprechend der natürlichen Kapazität der Frau und jene der Familienplanung. Anläufe zu einem Übergang von der älteren zu der neueren Periode sind bereits in früheren Hochkulturen erkennbar. Vor allem in der byzantinischen Spätantike kamen religiöse asketische Strömungen und Auswirkungen der wirtschaftlichen Lage breiter Schichten zusammen, um die Nachkommenschaft klein zu halten. Bezeugt sind neben der asketischen Enthaltsamkeit Kindesaussetzung, Kindstötung, präventive Getränke und die Beobachtung der sterilen Perioden der Frau.

Im Vorfeld der neuzeitlichen Familienplanung befinden sich auch die kontrazeptionellen Techniken des Mittelalters und der frühen Neuzeit. In mehreren Gegenden Europas, wie Frankreich, ist die eigentliche Zeit des Durchbruchs zu einem neuen Verhältnis zur Fortpflanzung das 18. Jahrhundert. In vielen Gegenden der Dritten Welt lebt man heute noch in der älteren Periode. Bei der Frage nach der Ursache des Durchbruchs gerade im 18. Jahrhundert muß man nun wieder auf die kulturellen und sozialen Faktoren hinweisen. Der französischen Revolution und ihrer langen Vorbereitungszeit kommt große Bedeutung zu.

Die Annales sind nicht als Zeitschrift der historischen Anthropologie gegründet und geführt worden. Wenn man ihr Programm bezeichnen will, kommt man am ehesten auf die Aufwertung der Strukturen gegenüber der Ereignisgeschichte und auf eine gewisse sozialrevolutionäre Tonalität, die ein Erbe des französischen Geisteslebens von 1789 her ist. Wir haben aus dem breiten Spektrum der Annales einiges ausgewählt, was bis in die Mitte der 70er Jahre für eine historische Anthropologie in Frage kommt. Das meiste andere enthält reiches Material für sie, müßte aber umgeschrieben bzw. neu gelesen werden, um einbezogen werden zu können. Sicherlich ist nach 1975 entsprechend dem allgemeinen Trend die Beschäftigung mit der historischen Anthropologie auch in den Annales breiter geworden. In den Zusammenhang dieser Ausbreitung gehört dann die Entstehungs- und Wirkungsgeschichte der Bücher von Philippe Ariès.

Wir haben nicht die Absicht, diese Bücher hier wiederzugeben, die eine große Bekanntheit besitzen, obwohl es verlockend wäre, z. B. die anregenden Gegenüberstellungen in der Geschichte des Sterbens zu evozieren: der öffentliche Tod und der private Tod, der Tod in der Familie und der verkirchlichte Tod und dann der Ausblick auf die Situation der Gegenwart mit der innerlich hilflosen Abwehr des Todes, seiner Verdrängung.

Statt dessen wollen wir noch einen Blick werfen auf Vorarbeiten, Anfänge der historischen Anthropologie außerhalb Frankreichs, soweit sie dem Durchbruch der historischen Anthropologie in der Mitte der 70er Jahre vorangehen. Als Beispiele seien zwei Reihen bzw. Zeitschriften genannt, eine aus Belgien, die andere aus Amerika. Für beide gilt dasselbe wie für die Annales: Sie sind nicht zentral auf die historische Anthropologie ausgerichtet, bieten aber von ihren Programmen her besondere Möglichkeiten, um einerseits der historischen Anthropologie Material zuzuführen, andererseits ausgesprochen anthropologische Themen in ihre Arbeit einzubeziehen.

Die Société Jean Bodin ist eine 1935 in Brüssel gegründete Vereinigung von Rechtshistorikern, die sich nach dem großen Geist des 16. Jahrhunderts benennt, um seine naturrechtlichen Gedanken in einer universalen und vergleichenden Rechtsgeschichte zur Geltung kommen zu lassen. Naturrechtsgeschichte hat zu tun mit den Lebensproblemen des Menschen und ihren Lösungen, denen — sofern sie Zukunftsbedeutung haben — ein normativer Gehalt innewohnt. Vieles von dem, was die Société Jean Bodin veranstaltet und veröffentlicht hat, ist einer allgemeinen Verfassungs- und Rechtsgeschichte zuzuordnen und muß besonders zurecht gemacht werden, um für eine historische Anthropologie brauchbar zu sein. Voll einschlägig sind jedoch die großen Sammelbände über die Rollen von Frau und Kind im historischen Wandel (Société Jean Bodin, 1959–1962, 1975–1977).

Mit einigen Worten sei die Frauenforschung im Rahmen der Société erläutert. Die Stellung der Frau befindet sich gewissermaßen an einem Kreuzungspunkt von Erbschafts- und Heiratsregeln und verschiebt sich in dem Maße, wie sich diese Regeln verändern. Beide Regelkomplexe werden nur z. T. von der Einschätzung der Frau, ihrem Vergleich mit dem Mann geprägt, zum anderen Teil von Fragen wie Teilbarkeit oder Unteilbarkeit des Erbgutes, ständischen Eheschranken, Definition der Sippe usw. Man muß bei der Betrachtung von Erbschafts- und Heiratsregeln zwischen Einschränkungen unterscheiden, die in diesen Regeln den Männern genauso wie den Frauen auferlegt werden, und solchen, die die Frauen deutlich diskriminieren. Für letztere läßt sich eine Typologie aufstellen, die nun allerdings vom Ausschluß der Töchter vom Erbe, von der Polygamie und der Kaufehe bis zur Gleichberechtigung reicht. Die Endpunkte der Typenreihe befinden sich in der archaischen Zeit und in der Gegenwart. Die Betrachtung der ägyptischen Kultur macht deutlich, daß ein entscheidender Schritt in dieser Entwicklungsreihe in den Hochkulturen gemacht wurde. Rückschritte waren allerdings immer zu erwarten.

Im angelsächsischen Raum gibt es eine Zeitschrift, die mit den Annales vergleichbar ist: die Comparative Studies in Society and History (CSSH). Sie wird von einer 1958 in Chicago gegründeten Society for Comparative Studies in Society and History herausgegeben. Damals wurde ihr ein Geleitwort mitgegeben, in dem gewissermaßen als sympathisches Motto zu lesen ist: „Lebendigkeit und Weite der Interessen unserer Autoren spiegelt ein letztes Ziel unserer Rolle als Intellektueller wider: Die Ausweitung der gewöhnlichen Vorstellung über das, was ein Mensch mit seinem Leben in der Gesellschaft machen kann." Die Beiträge der CSSH zerfallen in Serien. Darunter sind Sachgruppen mit Themen wie Bürokratie, Karikatur usw. zu verstehen, die durch alle Jahrgänge hindurch mit oder ohne Abstände in Einzelbeiträgen aus einzelnen Kulturen und Zeiten weiterbehandelt werden. Zur spezifischen Organisation dieser Studien gehört es außerdem, daß mehrfach zwei Artikel zu demselben Sachthema aus zwei verschiedenen Kulturen und Zeiten unmittelbar aneinandergereiht werden. Im ganzen ist die Methode des Vergleichs in hohem Maße entwickelt. Allerdings befindet sich die Mehrzahl der Themen (bis 1973) im allgemeinen sozialgeschichtlichen Bereich und nicht in dem der historischen Anthropologie.

Zwei Themengruppen haben aber erhebliche Bedeutung für die historische Anthropologie: 1. Gesellschaftliche Strukturen im Wandel und 2. Kultische und kulturelle Systeme in der funktionalen Verknüpfung mit anderen Systemen. Aus letzterem seien zwei Beispiele genannt, erstens eine vergleichende Betrachtung der sozialen Umgebung von Martin Luther, der Wählerschaft Hitlers und der Jugend in unterentwickelten Ländern der 60er Jahre unseres Jahrhunderts. Sie zeigt die Bedeutung des demographischen Übergewichts der Jugend innerhalb einer Gesellschaft für die Tendenz zum kulturellen und gesamtgesellschaftlichen Wandel. In einer genaueren Analyse wird die japanische Jugend nach dem Zweiten Weltkrieg untersucht. Die Einbildungskraft einer durch Katastrophen von der Vergangenheit gelösten Jugend schwankte hin und her zwischen Transformationismus und Restaurationismus (Moller, 1967/68, S. 237–306; Lifton, 1963/64, S. 369–383). Das zweite Beispiel ist eine Studie über die Swazi in Südafrika, die die Bedeutung der Kleidung als Spiegel und Stütze bei der Rollenverteilung und für die soziale Solidarität untersuchte (Kuper, 1973, S. 348–367). Auch diese beiden Beispiele gehören nicht eigentlich zur historischen Anthropologie, sondern zu einer Analyse von Sozialstrukturen, die stark mit kulturellen Implikationen rechnet. Aber die Beispiele machen besonders deutlich, daß solche Studien verwertbar sind. Man muß die Studie über Martin Luther, Adolf Hitler und Japan gewissermaßen umdrehen und bekommt dann eine Studie über die Jugend unter vergleichbaren historischen Bedingungen.

In Deutschland wurde am häufigsten unter dem Titel Historische Anthropologie durch Wissenschaftler veröffentlicht, die zu dem Kreis der Herausgeber des Saeculum-Jahrbuch für Weltgeschichte gehören und 1975 in Freiburg i. Br. das Institut für Historische Anthropologie gründeten. Der erste Geschäftsführer des Instituts war Oskar Köhler. Man ließ sich dabei sicherlich beeinflussen von einer Wendung der deutschen Gegenwartsphilosophie hin zu einer „experimentellen Anthropologie". Die Anthropologie will „testen, was am Menschen und menschlichen Verhalten unveränderlich ist und was durch eine Änderung gesellschaftlicher Zustände modifiziert werden kann"[6]).

Von dem Freiburger Institut sind inzwischen vier voluminöse Bände einer Reihe veröffentlicht, die sich Historische Anthropologie nennt (Schipperges, 1978; Fikentscher, 1980; Müller, 1985; Martin & Nitschke, 1986). Unter diesen vier Bänden ist nur bei dem zweiten über Entstehung und Wandel rechtlicher Traditionen die Zugehörigkeit zu einer historischen Anthropologie problematisch. Er gehört zu ihrer Fragestellung nur in dem von uns oben erörterten weiteren Sinn. Die drei anderen Bände führen demgegenüber tiefer hinein in die historische Anthropologie als alles, was wir bisher aufgezählt haben, und begründen eine neue Sicherheit über die Identität der Forschungsrichtung: 1. Krankheit, Heilkunst, Heilung, 3. Geschlechtsreife und Legitimation zur Zeugung, 4. Zur Sozialgeschichte der Kindheit. Die jeweils zusammengefaßten Arbeiten zeichnen sich durch zeitliche und geographische Universalität aus. Gleichzeitig wird überall ein systematischer Zugriff versucht. Im 1. Band etwa ist ein großer Teil „Thematischen Durchblicken" gewidmet, die das historische Material sei es zusammenfassen, sei es unter dem Lichte medizinischer und soziologischer Problembegriffe neu lesbar machen: Primärerfahrungen von Not und Hilfe, kollektive Erfahrungen der Notwendigkeit medizinischer Fürsorge, Motivation und Legitimation ärztlichen Handelns, die konzeptionelle Überformung der individuellen und kollektiven Erfahrung von Kranksein, die Professionalisierung (der Medizin) und ihre Folgen.

Man kann die historische Anthropologie heute als eine etablierte Fragestellung ansehen, die auch dann noch ihre Identität besitzt, wenn sie, wie im Ausland, unter anderen Namen auftritt. Die Unsicherheit über die Umgrenzung war am Anfang sehr groß, ist geringer geworden, ohne ganz verschwunden zu sein. Wir sprachen oben von den Abgrenzungen zu benachbarten Fragestellungen. Kehren wir zum Abschluß noch einmal dahin zurück.

Die historische Anthropologie ergänzt das biologische Wissen vom Menschen in einer sozialgeschichtlichen Richtung. Die seitherigen Ausführungen haben uns gezeigt, daß diese Ergänzung nicht nur eine additive ist. Die Begriffe des Lebensnotwendigen z. B. und der Krankheit lassen sich allein nicht durch Sozialgeschichte gewinnen. Sie werden gegeben und problematisiert zusammen mit Biologie bzw. Medizin. Diese Begriffe, aber auch solche Kategorien, wie sie Philippe Ariès verwendet: das öffentliche Sterben, das Sterben in der Familie usw., oder etwa die „Modelle des Alterns", die in der europäischen Tradition nachgewiesen wurden, geben der historischen Anthropologie die Möglichkeit, sich über die Grenzen der Sozialgeschichte hinaus in Richtung auf eine Systematik zu entwickeln. Dabei kommt dann auch wieder zum Tragen, daß der Gegenstand der historischen Anthropologie der Mensch mit seiner Daseinszeit und seiner je individuellen Entwicklung ebenso zur Sozialgeschichte gehört, wie aus ihr herausragt.

Man kann eine Ähnlichkeit mit der historischen Psychologie konstatieren. Wir sprachen oben von der Mentalitätengeschichte. Diese ist eine Sache der Sozialhistoriker und läuft darauf hinaus, daß man alle Überlieferungen von Einstellungen und Verhaltensweisen einer Gruppe registriert. Indem Mentalitätengeschichte zur historischen Psychologie wird, verändert sich der Forschungsgegenstand. Er wird einer von der Psychologie herkommenden Systematisierung ausgesetzt. Freilich ist dieser Gegenstand viel weniger evident und konkret greifbar als jener der Anthropologie.

Anmerkungen

[1]) Die Kulturanthropologie von Mühlmann & Müller erscheint in etwas anderer Ausprägung als Bd. 4 in der von Gadamer & Vogler herausgegebenen Neuen Anthropologie (1973).

[2]) Schmitt (1981, S. 334–348) mit Hinweisen auf Arbeiten von A. Burguière, E. E. Evans-Pritchard, M. Mauss und vielen anderen. Schmitts Gebrauch des Wortes Anthropologie ist auch den westeuropäischen Sprachgewohnheiten verhaftet.

[3]) Wie weit einige dieser Themen ausgearbeitet worden sind, verrät beispielsweise Brückners Forschungsbericht über die historische Thanatologie (1984, S. 75–108).

[4]) Die Literatur, die in Deutschland die Annales vorstellen will, ist unübersehbar und wächst fortgesetzt. Vgl. bes. M. Erbe (1984, S. 19–31).

[5]) Der Vergleich dieser älteren Arbeit mit dem hier vorgelegten Text zeigt, daß jetzt ein engerer Gebrauch des Begriffs „historische Anthropologie" bevorzugt wird.

[6]) Marquard (1973, S. 141 f.). Diese Zitate sind aus einer Arbeit von W. Lepenies übernommen. Die Arbeit gibt einen Überblick über die neue Anthropologie.

Literatur

Ariès, Ph. (1960). L'enfant et la vie familiale sous l'Ancien Regime. Paris: Editions du Seuil 1973, 1975.

Ariès, Ph. (1973). L'homme devant la mort. Paris: Editions du Seuil 1977.

Brückner, W. (1984). Das alte Thema Tod. Bayerische Blätter für Volkskunde, 11, 75–108.

Conrad, Ch. & Kondratowitz, H. J. v. (1983). Bibliographie zur Sozialgeschichte des Alters. In Gerontologie und Sozialgeschichte. Wege zu einer historischen Betrachtung des Alters (S. 491–510). Berlin: Deutsches Zentrum für Altersforschung.

Erbe, M. (1984). Historisch-anthropologische Fragestellungen der Annales-Schule. In Hans Süssmuth (Hg.), Historische Anthropologie. Der Mensch in der Geschichte. Göttingen: Vandenhoeck & Ruprecht.

Fikentscher, W. (Hg.) (1980). Entstehung und Wandel rechtlicher Traditionen. In Historische Anthropologie, Bd. 2. Freiburg, München: Aeber.

Gadamer, H. G. & Vogler, P. (Hg.) (1973). Neue Anthropologie. Stuttgart: DTV-Thieme.

Kuper, H. (1973). Costume and identy. Comparative Studies in Society and History, 15, 348–367.

Lifton, R. J. (1963–1964). Individual patterns in historical change: imagery of japanese youth. Comparative Studies in Society and History, 6, 369–383.

Marquard, O. (1973). Schwierigkeiten mit der Geschichtsphilosophie. Frankfurt/M.

Martin, J. & Nitschke, A. (Hg.) (1986). Zur Sozialgeschichte der Kindheit. In Historische Anthropologie, Bd. 4. Freiburg, München: Aeber.

Moller, H. (1967–1968). Youth as a force in the modern world. Comparative Studies in Society and History, 10, 237–306.

Mühlmann, W. E. & Müller, E. W. (Hg.) (1966). Kulturanthropologie. Köln, Berlin: Kiepenheuer & Witsch.

Müller, E. W. (Hg.) (1985). Geschlechtsreife und Legitimation zur Zeugung. In Historische Anthropologie, Bd. 3. Freiburg, München: Aeber.

Société Jean Bodin (1959–1962). La femme. Reçueils de la Société Jean Bodin, 11 u. 12. Bruxelles: Editions de la librairie encyclopedique.

Société Jean Bodin (1975–1977). L'enfant. Reçueils de la Société Jean Bodin, 35–39. Bruxelles: Editions de la librairie encyclopedique.

Schipperges, H. (Hg.) (1978). Krankheit, Heilkunst, Heilung. In Historische Anthropologie, Bd. 1. Freiburg, München: Aeber.

Schmitt, J. Ch. (1981). Menschen, Tiere und Dämonen. Volkskunde und Geschichte. Saeculum, 32, 334–348.

Sprandel, R. (1976). Historische Anthropologie. Zugänge zum Forschungsstand. Saeculum, 27, 121–142.

V.
Ansätze von unmittelbarer Bedeutung für die Entstehung der Historischen Psychologie

Zur Historisch-Soziologischen Psychologie von Norbert Elias

Peter Reinhart Gleichmann

1

„Für den Seelenaufbau des Einzelnen ebenso wie für den geschichtlichen Wandel im Gepräge von aufeinanderfolgenden Generationen wird man erst dann ein volleres Verständnis gewinnen, wenn man besser, als es heute möglich ist, über lange Generationsketten hin zu beobachten und zu denken vermag", schreibt Norbert Elias im Jahre 1939 (1939, Bd. 2, S. 451)[1]).

Die *Langzeitpsychologie* von Norbert Elias bleibt nicht nur Programm. Sie wird mit empirischen Studien begonnen, deren Belege für Wandlungen des menschlichen Verhaltens und Empfindens sich über rund sechs Jahrhunderte erstrecken. Darin bereits unterscheidet sich seine Vorgehensweise von den meisten psycho-historischen Versuchen gegen Ende des 20. Jahrhunderts[2]). Die richten sich oft allein auf punktuelle geschichtliche Ereignisse; sie vernachlässigen beim Verknüpfen historischer Befunde fachpsychologische Interpretationen oder sie suchen umgekehrt eine gesellschaftliche Grundlegung der Psychologie ohne Auseinandersetzung mit geschichtlichen Belegen zu beginnen. Das *Modell* des „Seelenaufbaus des Einzelnen", wie es Elias in den dreißiger Jahren des 20. Jahrhundertes besonders in „Über den Prozeß der Zivilisation" skizziert, nimmt in Abgrenzung von der Philosophie, zumal der neokantianischen, *verschiedene* Überlieferungsstränge der zeitgenössischen Psychologie auf; es ist ein integrierter Bestandteil eines *Mehrebenenprozeßmodells* langfristiger gesellschaftlicher Entwicklungen. Damit steht es auch in einer universalgeschichtlichen Tradition. Untersucht wird die Interdependenz der einzelnen Menschen auf der Ebene einer Figuration und wiederum deren Verflechtung mit Menschen, die auf einer anderen Ebene eine Figuration bilden, also etwa „höfische Gesellschaft" und „Staat". Die Veränderungen der Machtgewichte, die Wandlungen der *Machtdifferentiale* zwischen diesen zwei (oder mehr) Ebenen und deren Einfluß auf die einzelnen Menschen bzw. auf die *Muster individueller Selbstregulierung* (1987). Eine allgemeine *Machttheorie* (1969 u. 1983) bildet den Hintergrund dieses gesellschaftlichen Entwicklungsmodells. Die *Machtzentren* der jeweiligen gesellschaftlichen Überlebenseinheiten (1985) bilden die eigentlichen psychosozialen „Prägeinstanzen". Aus den Machtdifferentialen zwischen ihnen wird der soziale Habitus, werden die Wandlungen der *Wir-Ich-Balance* (1987, S. 207 ff.) beeinflußt, werden Ab- oder Zunahme des Prozesses der Individualisierung bestimmt. Elias' Modell des „Seelenaufbaus des Einzelnen" ist eine originale Leistung des *Synthesenbildens* (1984) von beträchtlicher Allgemeinverständlichkeit. Ein empirischer (historischer) Befund und dessen modelltheoretische Erörterung, analysierende und synthesenbildende Denkschritte wechseln sich fortwährend einander ab. Die eigentlichen *„theoretischen"* Sätze sind daher über das gesamte Werk hin verstreut. Dieses für Elias charakteristische Verfahren ist so im Ergebnis keiner bestimmten (sozial-)wissenschaftlichen Traditionslinie zurechenbar; als Verfahren jedoch ist es ohne die vorausgehenden und gleichzeitigen Versuche kaum denkbar.

Elias' psychologische Arbeitsweise wird bestimmt davon, *„daß gesellschaftliche Bildungen nur als Ganzes verstanden werden können. Es ist der Einzug der Ganzheitsbetrachtung in die Soziologie"*, erkennt der Neurologe und Gruppentherapeut S. H. Fuchs, alias Foulkes 1941 in seiner Rezension des 2. Bandes von „Über den Prozeß . . ." Und diese auf das Zusammenfügen von analytisch Trennbarem, doch in der Sache Zusammengehörendem hin ausgerichtete Vorgehensweise wird später noch verstärkt. Zum Beispiel beziehen sich die Begriffe Engagement und Distanzierung „nicht auf zwei getrennte Gruppen psychischer Ereignisse". Durch deren Gebrauch „verweist man also auf wechselnde Balance zwischen zwei Typen von Verhaltens- und Erlebensimpulsen, die in den Beziehungen von Menschen zu Menschen, zu nicht-menschlichen Objekten und zu sich selbst (. . .) mehr zum Engagement oder mehr zur Distanzierung hindrängen". Und Elias erläutert (1983, S. 65 f.): „Es ist noch immer vorherrschender Usus, psychische und soziale Eigentümlichkeiten von Menschen nicht einfach als verschiedene, sondern in letzter Instanz getrennt existierende und unabhängige menschliche Aspekte zu behandeln . . . Begriffe wie ‚engagiert' und ‚distanziert', ‚involviert' und ‚detachiert' machen es möglich, zum Ausdruck zu bringen, daß soziale und psychische Wandlungen unterscheidbare, aber untrennbare Vorgänge sind." Und dies gilt erst recht für die Beziehungen zu nicht-menschlichen Gegenständen. „Insbesondere in der philosophischen Tradition ist es üblich geworden, Erörterungen über die Beziehung des menschlichen ‚Subjekts' zu den nicht-menschlichen Natur‚objekten' scharf gegen alle Erörterungen über die psychischen Aspekte des ‚Subjekts' abzusichern. Als Orientierungsmittel sind Begriffe wie ‚engagiert' und ‚distanziert' anderen, gebräuchlicheren vorzuziehen, die uns — wie etwa die Begriffe ‚subjektiv' und ‚objektiv' — eine statische und unüberbrückbare Kluft zwischen zwei verschiedenen Wesenheiten, ‚Subjekt' und ‚Objekt', vorspiegeln." — Immer wieder weist Elias mit Nachdruck alle modelltheoretischen Vorstellungen zurück, „daß das Erklärungsmodell, wonach Untersuchungen der Eigenschaften von Teileinheiten den Schlüssel für die Probleme des Ganzen liefern oder eines Tages liefern werden, ein Universalmodell sei". Tatsächlich handle es sich dann aber meist nur um Teileinheiten, die für das Untersuchen von Einheiten auf relativ niedrigen Organisationsniveaus angemessen seien. Ob im Streit zwischen Mechanisten und Vitalisten oder in der Auseinandersetzung über die Beziehung dessen, was gewöhnlich „Körper" und „Seele" genannt wird (1983, S. 70): „Auch in diesem Fall sind Lösungsvorschläge in rein physikalischer und in rein metaphysischer Richtung gewöhnlich Repräsentanten ein und desselben Denkstils und gleich ungeeignet. Ob monistisch oder dualistisch, ob sie der ‚Seele' Qualitäten der ‚Materie' zuschrieben — alle diese Ansätze versuchen, eine zusammengesetzte Einheit aus ihren Teileinheiten zu erklären."

2

Der Hauptbeitrag im engeren Sinne von Elias zu einer „historischen Psychologie" läßt sich stichwortartig skizzieren. Manche seiner Einsichten sind wegen ihrer epigrammatischen Kürze längst geläufig, andere wegen der immer noch schwer zugänglichen Texte (in anderen Sprachen) weniger bekannt geworden. Wir greifen diese prägnanten Formeln hier heraus. Die ungewöhnliche Anschaulichkeit vieler seiner Darstellungen — ganz im Unterschied zum vorherrschenden Charakter „theoretischer" Texte in der Psychologie oder Soziologie — beruht ja gerade auf der ständigen Vermischung, dem Wechsel von dargebotenem *Tatsachenbeispiel* und unmittelbar folgendem, erläuterndem *Zusammengangswissen*. Alle Ereignisverläufe werden, soweit dies die Sprache überhaupt zuläßt, durch *prozessuale Begriffe* ausgedrückt. Psychischer und sozialer Aspekt werden stets gleichzeitig betrachtet, scheinen völlig miteinander verschmolzen. Beinahe alle Begriffe in diesem Zusammenhang können konsequenterweise als solche zugleich in der überkommenen Psychologie *und* der Soziologie verwendet werden. Alle nicht *auf Menschen bezogenen Begriffe* werden nach Möglichkeit vermieden. Im Gegensatz zu den vorherrschenden soziologischen Theorien, in denen etwa die Begriffe mit Vorliebe allein auf „Sinnsysteme" oder auf „sprachliche Kommunikation" philosophisch reduziert werden, erleichtert „die prozeß-soziologische Konzentration auf Menschen" die *Integration* geschichtlicher Zeugnisse und psychologischer Befunde.

1. *„Der gesellschaftliche Zwang zum Selbstzwang"* und die *„Ausbreitung des Zwangs zur Langsicht und des Selbstzwangs"* (1939 u. 1976, Bd. 2, S. 312 ff.) — , beide Theoreme bezeichnen Ergebnisse und Teilprozesse des menschlichen Zivilisierungsprozesses, wie sie auch über fünfzig Jahre nach ihrer Formulierung weder bestritten noch widerlegt worden sind. Zuvor war der Begriff des „Zwanges" meist allein einzelfachlich gebräuchlich; in der Psychiatrie und der Psychoanalyse etwa für Zwangserscheinungen, die als dem eigenen Ich zugehörig doch als fremd empfunden werden und Angst erzeugen, falls ihnen nicht stattgegeben wird; oder in der Jurisprudenz und der Soziologie für organisierte Gewaltanwendung, etwa den Zwangsapparat oder die Zwangsmaßnahmen des Staates (M. Weber). Nun sind beide Bezugsebenen theoretisch verbunden.

Elias kann jetzt zeigen, „daß die Modellierung des Trieblebens, auch der Zwangsfiguren in ihm, eine Funktion der gesellschaftlichen Abhängigkeiten und Angewiesenheiten ist, die sich durch das Leben des Menschen hinziehen. Diese Abhängigkeiten oder Angewiesenheiten des Einzelnen haben nach dem Aufbau der menschlichen Beziehungen jeweils eine andere Struktur. Den Verschiedenheiten dieser Struktur entspricht die Verschiedenheit des Triebaufbaus,

die wir in der Geschichte beobachten können" (1939 u. 1976, Bd. 1, S. 323).
Und fünfzig Jahre später (1986) faßt er zusammen. „Der gesellschaftliche
Zwang zum *Selbstzwang* und das Erlernen einer individuellen Selbstregulierung
im Sinne wandelbarer gesellschaftlicher Zivilisationsmuster sind *soziale Universalien.*" Wenn man allein die kontinuierliche Zunahme und Verstärkung der
Selbstzwänge als Kernstück des Modells des Zivilisationsprozesses annimmt,
wie es vereinfachend oft geschieht, übersieht man, daß auch in weniger differenzierten Gesellschaften Selbstzwänge von großer Härte auftreten können
(1984, S. XXXIV); kennzeichnend ist dort aber vor allem deren ungleichmäßiger, oft diskontinuierlicher Charakter.

2. Eine historisch-soziologische *Machttheorie* durchdringt das gesamte
Eliassche Werk. Sie vermeidet die Annahmen vom „amorphen" Charakter der
Macht (Max Weber) und geht stattdessen vom *polymorphen* Charakter
menschlicher *Machtquellen* aus, von körperlicher Stärke und Gewalt, vom Beschaffen der Existenzmittel, von den Verfügungsmöglichkeiten in bestimmten
Positionen, von den affektiven Valenzen menschlicher Bindungen und vom
Wissen. Sie vermeidet auch die Auffassungen älterer „Machtlehren", die sich
etwa allein auf die „Gewalt", in den Organisationswissenschaften nur auf
„Entscheidungen" oder in der Psychologie vornehmlich allein auf „Leistung",
„Einfluß" oder „Motivation" gründeten. Wenn wegen der großen Machtungleichheiten zwischen Menschen die meisten Machttheorien *Machtasymmetrie-Modelle* darstellen, heißt das noch nicht, daß Machtbeziehungen deshalb nur
aus einer Richtung gesehen werden können. Macht ist keine Sache, sondern eine
Struktureigentümlichkeit jeder menschlichen Beziehung.

3. Das *Etablierten-Außenseiter*-Theorem bildet einen Sonderfall der Machttheorie. Es ist mehrfach untersucht worden, in Studien über eine Arbeitergemeinde (1965), über die Denkestablishments der Physiker (1982) und in einer
ausführlicheren theoretischen Fassung (1976, S. 7–46). Es bezieht sich vor
allem auf Fälle von *Machtungleichheit,* in denen wirtschaftliche Unterschiede
die bestehenden Gegensätze kaum mehr begründen können. Es ist ein für Psychologen besonders anschauliches Theorem. Die überlegenere Gruppe schöpft
ihre *Machtquellen* aus einer Art selbstgeschaffenem *Gruppencharisma.* Sie vermag die unterlegene Gruppe daher vor allem durch *kollektives Stigmatisieren*
anhaltend zu bekämpfen. Elias sieht hierin eine Fortentwicklung des Marxschen Klassentheorems.

4. In dem Prinzip von der *Triade der Grundkontrollen* (1970, S. 173f.) artikuliert Elias seine implizit in „Über den Prozeß ..." angewendete Mehr-Ebenen-analytische Arbeitsweise noch einmal prägnant. Den Psychologen wird
hier auch die ganz integrierte Einfügung der psychischen Dimension in sein
Prozeßmodell verdeutlicht. Den historischen Soziologen sucht er „ein Beispiel
für den Typ der Meßbegriffe zu geben, mit deren Hilfe man verschiedene Stufen
sehr langfristiger gesellschaftlicher Entwicklungsreihen bestimmen kann. Zu
den Universalien der Gesellschaft gehört die *Triade der Grundkontrollen.* Der
Entwicklungsstand einer Gesellschaft läßt sich bestimmen 1. nach dem Aus-

maß ihrer Kontrollchancen über außermenschliche Geschehenszusammenhänge, also über ... ‚Naturereignisse‘ ...; 2. nach dem Ausmaß ihrer Kontrollchancen über zwischenmenschliche Zusammenhänge, also über ... ‚gesellschaftliche Zusammenhänge‘ ...; 3. nach dem Ausmaß der Kontrolle jedes einzelnen ihrer Angehörigen über sich selbst als ein Individuum, das, wie abhängig es immer auch von anderen sein mag, von Kindheit an lernt, sich mehr oder weniger selbst zu steuern." – Mit den weiteren Angaben zur Interdependenz und relativen Autonomie dieser „Kontrolltypen" wird modelltheoretisch noch einmal hervorgehoben, wie der Generationen währende allmähliche „Seelenaufbau des Einzelnen", wie die Entstehung sozialer Muster der Individuation *gleichrangig* neben der Entwicklung der „Gesellschaften" und der der „Naturkontrollen" zu beachten sind. Verglichen mit der Mehrzahl der gegen Ende des 20. Jahrhunderts hochformalisierten sozialwissenschaftlichen „Evolutionstheorien" wird dieser Prozeß der Entwicklung des „Verhältnisses zu sich selbst" weit stärker betont und viel offener formuliert, ist daher auf die wissenschaftliche Integrierung der Zufälligkeiten des Geschichtswissens besser vorbereitet.

5. Mit dem Theorem von der Balance zwischen *„Engagement und Distanzierung"* (zuerst 1956) wird praktisch eine Lerntheorie entworfen, die die tiefe Affektgebundenheit und den starken Phantasiegehalt menschlichen Wissens und die im Laufe der langen Menschheitsentwicklung verschiedenen erreichten *Distanzierungsniveaus* zum Ausgangspunkt mehrerer zivilisationstheoretischer Fragen macht. Aber neben dem wissenssoziologischen Aspekt dieser Studie sind deren wissenschaftssoziologische Folgerungen wenig beachtet worden. Die Eliassche Forderung an die „Menschenwissenschaftler", das Verhältnis ihres Engagements und ihrer Distanzierung gegenüber ihren Untersuchungsfeldern besser zu kontrollieren, ist auch ein origineller Beitrag zu den theoretisch weithin ungelöst gebliebenen Fragen des sogenannten Werturteils- oder Positivismusstreites.

6. Die Studie *„Über die Zeit"* (1984) ist eine „Untersuchung über die Zeit, aber nicht über die Zeit allein", sondern vor allem über die Fähigkeiten der Menschen, *Synthesen bilden* zu können, und über den langen sozialen Prozeß der Menschheit, Schritt für Schritt aus Ereignissen der menschlichen wie der unbelebten Natur, die unsere Sinnesorgane nur unverbunden registrieren, ein *Zusammenhangswissen* über das faktische Naturgeschehen zu generieren, das es erlaubt, die verschiedenen *„Wandlungskontinuen"* allmählich bewußter als relationale Maßstäbe einsetzen zu können. Die Studie der „sozialen Zeitzwänge" ist auch ein Muster für die Untersuchung „zivilisatorischer Zwänge". Ihre Reichweite überragt die zahlreichen „Zeit"studien von Sozialwissenschaftlern im 20. Jahrhundert. Sie wendet sich auch mit Nachdruck gegen verbreitete Vorstellungen (etwa von Physikern oder Technikhistorikern), das Entstehen der menschlichen Zeitzwänge sei vor allem auf die mechanische Weiterentwicklung von Uhren zurückzuführen. – In Kürze (S. XLVI): „Es gibt Ereignisse, die als Ereignisse im Strom des Nacheinander, also in Zeit und Raum, wahrgenommen werden können, ohne daß die Wahrnehmenden den symbolischen Charakter

von Zeit und Raum in Betracht ziehen. Sie sind sich in diesem Falle nicht bewußt und stellen nicht in Rechnung, daß eine erlernte Bewußtseinssynthese durch ordnende Menschen dazu nötig ist, um wahrnehmbare Prozesse als etwas, das in Zeit und Raum vor sich geht, wahrzunehmen."

7. Mit dem Wort von der „*Gesellschaft der Individuen*" (zuerst 1939) faßt Elias seine eigentümliche Zwischenstellung zwischen überkommener „Soziologie" und „Psychologie", seine Synthese von sozialen und psychischen Entwicklungen, pointiert zusammen. Diese Haltung kennzeichnet sein Werk von Anfang an. Sie beginnt mit der philosophischen Dissertation „Idee und Individuum, eine kritische Untersuchung zum Begriff der Geschichte" von 1924. Sie konzentriert sich deshalb darauf, *„Stufen oder Muster der individuellen Selbstregulierung"* herauszuarbeiten, um so „dem Entweder-Oder, das sich so oft in soziologischen Erörterungen des Verhältnisses von Individuum und Gesellschaft findet, zu entkommen". Und das macht „auch verständlicher, warum die alte Gepflogenheit, aufgrund derer man die Begriffe ‚Individuum' und ‚Gesellschaft' oft so gebraucht, als ob es sich um zwei getrennt existierende Gegenstände handle, in die Irre führt" (1987, S. 246f.). So gelangt er in seiner Synthese von historischer Psychologie und Soziologie zu vielen präzisen Resultaten, deren oftmals polemisch gemeinter Unterton gegenüber vorherrschenden Auffassungen meist kaum noch zu verspüren ist. „Es gibt keine Ich-Identität ohne Wir-Identität. Nur die Gewichte der Ich-Wir-Balance, die Muster der Ich-Wir-Beziehung sind wandelbar." Oder (S. 90): *„Die Gesellschaft ist nicht nur das Gleichmachende und Typisierende, sondern auch das Individualisierende."* Oder auch (1986): *„Sozialisierung* und *Individualisierung* eines Menschen sind daher verschiedene Namen für den gleichen Prozeß."

Elias' Hauptbeitrag im weiteren Sinne zu einer „historischen Psychologie" liegt in seiner *Arbeitsweise* und in seinem *Modell langfristiger Prozesse* begründet. Sein Vorgehen, seine Systematik, kennzeichnet er als „empirisch-theoretisch". Er konstruiert *keine* Modelle im voraus, verfährt nicht gesetzeswissenschaftlich und nicht normativistisch; bindet seine Arbeitsweise nicht von vornherein an einen bestimmten empirischen Zugang zur Wirklichkeit. Seine Verfahren sind kontinuierlich *vergleichend.* Das gilt vor allem für sein Prozeßmodell. Er hat es im Jahre 1986 noch einmal zusammengefaßt skizziert (1986). Es ist weniger abstrakt und weit beweglicher als die meisten vorherrschenden „evolutionistischen" Modelle. Vor allem fehlen ihm die oft allein aus dem Professionalisierungsinteresse heraus entwickelten Neigungen zu unbedingter Abgrenzung eines „akademischen Faches". Seine eher antiprofessionalistische, fächerintegrierende und universalistische Haltung ist eine Voraussetzung für alle Versuche, zu umfassenderen wissenschaftlichen Synthesen zu gelangen; darin ist Elias den Arbeitsweisen des später „Frankfurter Schule" genannten Kreises von Denkern nahe. Er begründet aber seine Haltung mit ganz bestimmten Zusammenhangsvorstellungen vom „Modell der Modelle", von einem *mehrdimensionalen Modell der Wissenschaften* überhaupt (1983). Solche Konzepte sind im Zeitalter der dominant *analytischen* Wissenschaftslehren manchen Fragen ausgesetzt, worin etwa ihre Reichweite, Relevanz und Genauigkeit (Goudsblom, 1979) bestünden. Die Epochen übergreifende und Kulturen vergleichende, dennoch nie spekulative Reichweite dieses Vorgehens ist offenbar; die zunehmenden Übersetzungen in alle Weltsprachen sind ein Anzeiger für das Interesse anderer an der Arbeitsweise. Die Bedeutung dieser Arbeit für andere Disziplinen läßt sich gut an deren „Aufnahme und Kritik" selbst messen. Doch unter „Genauigkeit" wird angesichts vorherrschend philosophischer Wissenchaftslehren meistens das Einhalten formallogischer Regeln sowie das strenge begriffliche Definieren verstanden. Dem steht allerdings, das sollte nicht vergessen werden, die überwältigende Mehrzahl von Geschichtsforschern gegenüber, die sich wenig um eine kontrolliertere eigene Begrifflichkeit bemühen. Mit diesem Dilemma der Verfassung der Einzelwissenschaften hat sich jede „historische Psychologie" praktisch auseinanderzusetzen. Elias hat den von ihm gewählten Weg genau bezeichnet (1984, S. 174f.), eine Betrachtungsweise, „die von philosophischem Absolutismus und historischem Relativismus gleich weit entfernt ist". Größere, „genauere" Gegenstandsadäquatheit bezieht er deshalb vor allem auch auf von anderen häufig ganz vernachlässigte modelltheoretische Züge. Er achtet auf eine *vielperspektivische* Begriffsbildung. Er kritisiert den „Rückzug der Soziologen auf die Gegenwart". Sie ist ja ebenfalls schon alleiniges Arbeitsfeld der meisten Psychologen. Auch Historiker haben sich oft analog ganz auf die „Vergangenheit" zurückgezogen. Und er versucht, der *diachronischen* Sicht bei jenen Wissenschaftlern, die allein synchronische Ereignisverläufe studieren, eine gleichrangige Geltung zu verschaffen, und zwar in Gestalt eines anspruchsvolleren Prozeßmodells.

Allmählich werden wissenschaftspraktische Konsequenzen, die Anregungen zum intensiveren *Dialog* zwischen Psychologen, Geschichtsforschern und Soziologen, wie sie von Elias' Arbeiten ausgehen, deutlicher. Zu den wechselseitigen *Beziehungen zwischen diesen Fächern* hat er sich wiederholt geäußert; regelmäßig, wenn auch über das Werk verstreut, zur Psychologie, systematischer zum Verhältnis von „Soziologie und Psychiatrie" (1972) und kritischer zu „Soziologie und Geschichtswissenschaft" (1969). Diese Kritik ist immer noch gültig. Elias erhebt mit seinem Werk keinen Anspruch, das Gesamtmodell einer derartigen Integration von Fachaspekten zu bieten. Er möchte einen „Beitrag zu einer sozialwissenschaftlichen Zentraltheorie" leisten. Er entwirft zudem ein Modell des „außer„- oder „vor"wissenschaftlichen und natürlich des wissenschaftlichen Synthesenbildens. Es ist weit weniger die besondere Gestalt seiner eigenen Synthese dieser Fächeraspekte hin zu einer historischen Psychologie (samt den persönlichen Zufälligkeiten einer beruflichen Biographie) als vielmehr seine charakteristische Arbeitsweise, etwa seine *Technik des Synthesenbildens*, des Begriffebildens oder -vermeidens, worauf eine spätere historische Psychologie aufbauen kann. Anders gesagt, dem schrittweisen Zusammenfügen von Theoriewissen muß ein ähnlicher Vorgang der *Integration von Tatsachenwissen* entsprechen. Das ist im Zeitalter allein analytischer Wissenschaftslehren von vielen Sozialforschern vergessen worden, wenn sie etwa versuchten, auf den jeweils einmal erreichten Synthesenniveaus früherer Forscher wie etwa K. Marx oder M. Weber weiterzuarbeiten, deren Kategorien gewissermaßen geschichtsfrei übernehmen, ohne das inzwischen auch entstandene empirische Tatsachenwissen mitzuberücksichtigen. So gelangt man zu ungezählten idealen Modellen, mit denen das wachsende Wissen über Einzeltatsachen gar nicht mehr integriert werden kann. Zudem beschleunigt sich das Tempo der Wissensvermehrung in den einzelnen Wissenschaften, wenn auch in unterschiedlichem Maße. Künftige Wissenschaftlergenerationen werden aus dem Gesamtstrom wissenschaftlichen Wissens daher auch neue, eigene Synthesen schaffen. Die *Synthesefähigkeit* der einzelnen und der Gruppen wird daher auch zu einem Maßstab modelltheoretischer Wissensintegration. Wer jetzt ein neues Synthesenniveau zu erreichen trachtet, wird weniger einem bestimmten, einem idealen theoretischen Modell folgen, sondern wird eher aus der „Logik der Situation" und aus allem ihm zugänglichen Wissen heraus neue Synthesenschritte versuchen. Dazu weist Elias originelle Wege.

3

Ein *Vergleich* des Eliasschen Beitrages mit anderen Versuchen einer „historischen Psychologie" wird zuerst nach der Herkunft seiner „Psychologie" fragen. Elias bemerkt dazu in „Über den Prozeß ..." (1939 u. 1976, Bd. 1, S. 324): „Es braucht dabei kaum gesagt zu werden, aber es mag hier einmal ausdrücklich hervorgehoben sein, wieviel diese Untersuchung den vorausgehenden Forschungen Freuds und der psycho-analytischen Schule verdankt. Die Beziehungen sind für jeden Kenner des psycho-analytischen Schrifttums klar, und es schien unnötig, an einzelnen Punkten darauf hinzuweisen, zumal sich das nicht ohne ausführlichere Auseinandersetzung hätte tun lassen. Die nicht unbeträchtlichen Unterschiede zwischen dem ganzen Ansatz Freuds und dem der hier vorliegenden Untersuchung sind ebenfalls hier explicite nicht hervorgehoben worden, besonders da sich vielleicht über sie nach einiger Diskussion ohne allzugroße Schwierigkeiten ein Einverständnis herstellen ließe. Es erschien wichtiger, ein Gedankengebäude möglichst klar und anschaulich aufzubauen, als an dieser oder jener Stelle eine Auseinandersetzung zu führen." — Die „nicht unbeträchtlichen Unterschiede" sind später von Kritikern wohl bemerkt worden, weit weniger jedoch die anderen Einflüsse. Deutlich nimmt Elias, der vor seinem Philosophiestudium einige Jahre Medizin studiert hat, zentrale Einsichten und Konzepte der *physiologischen Verhaltensforschung* auf. Etwa ist von den Höfen als „Prägestätten" des Verhaltens oder von den Universitäten als „Prägestationen des Sprachstromes" die Rede. Die Bemerkungen über die Zivilisation als „eine spezifische Veränderung des menschlichen Verhaltens, die ausgewählten Beispiele selbst sowie vor allem der Begriff des Verhaltens beziehen sich auf *sämtliche Körperäußerungen* und -tätigkeiten. Mit den „ganzheitlichen" Auffassungen ist Elias wenigstens auf zwei Wegen bekannt geworden; durch den Kreis um

Max Wertheimer, der zur gleichen Zeit in Frankfurt lehrt, und durch den Psychoanalytiker und Freund S. H. Fuchs, alias Foulkes. Dieser war ein unmittelbarer Schüler des Neurologen Kurt Goldstein, der durch seine berühmten Untersuchungen an den Hirnverletzten des Ersten Weltkrieges bekannt geworden war. Schließlich schätzte er das frühe Werk von Wilhelm Reich, wie er verschiedentlich bemerkt hat; davon mögen Ausdrücke wie „seelische Panzerung" oder „Modellieren des Affekthaushaltes" zeugen. Die Ausdrücke *Psychogenese* und *Soziogenese* werden vor Elias verschiedentlich gebraucht, sehr intensiv etwa durch Alfred Weber, bei dem Elias Ende der Zwanziger Jahre studiert, und wohl auch bei Wilhelm Wundt. Aber niemand hatte davon zuvor ein so weitreichendes, in sich differenziertes und mit geschichtlichen Beispielen belegtes Mehrebenen-*Modell* entworfen.

Im Vergleich zu anderen Schulen fällt Elias' erkennbare Wertschätzung von Johan Huizingas „Herbst des Mittelalters" (dt. zuerst 1924) auf. Ähnlichkeiten mit der *„Histoire des mentalités"* sind zu erkennen; öfter setzt sich Elias kritisch mit L. Lévy-Bruhl auseinander. Doch die französischen „Mentalitätenhistoriker", die älteren nicht weniger als die jüngeren, verbleiben in ziemlicher sozialer Distanz zu den psychologischen Schulen ihrer Zeit, unterscheiden oft nicht hinreichend zwischen dem Nebeneinander von kognitiven und emotionalen (affektiven) Wandlungen; sie kommen darin eher den Marxschen Basis-Überbau-Vorstellungen nahe. Elias hat in dieser Hinsicht, ausgehend von seiner langen Beziehung mit Karl Mannheim, die *Wissenssoziologie* sein Leben lang weiterentwickelt. Sämtliche seiner Arbeiten sind davon durchdrungen. Wo sich die Mentalitätsforscher in Richtung auf eine *„Histoire totale"* bewegen, bestehen Ähnlichkeiten zu dem Eliasschen „Mehrebenen"-Konzept. Doch ist das Eliassche Modell *sozialer Prozesse* den Vorstellungen einer „longue durée" theoretisch und praktisch überlegen (vgl. Jöckel, 1984).

In Vergleichen mit der *„Psychohistory"*, wie sie später vor allem in den Vereinigten Staaten von Amerika entsteht, wird rasch deutlich, wie sehr bei der Übernahme psychoanalytischer Theoreme jeder Verzicht auf ein Bemühen um Rechtgläubigkeit Wege zu sachgerechteren Modellen öffnen kann und diese zudem bei Bedarf zusammen mit Ergebnissen anderer psychologischer Schulen viel wirklichkeitsgerechter integriert werden können. Eine Neigung zu gesellschaftlicher Langsicht ist bei den Psychohistorikern weniger entwickelt. Eine modelltheoretische Integration mit anderen Untersuchungsebenen, zumal der gesamtgesellschaftlichen Entwicklung beziehungsweise den „Mensch-Natur"-Beziehungen, bleibt undeutlich. Eine Machttheorie fehlt.

Ähnlichkeiten mit der *„Kritischen Psychologie"* findet man in verschiedener Hinsicht; in der konzeptuellen Aufmerksamkeit für die langfristigen Bedingungen der Entwicklung der Individuen oder für deren gesamtgesellschaftlichen Rahmen, auch beispielsweise in der tendenziellen Distanzierung von der vorherrschenden „strukturellen Parteilichkeit variablenpsychologischer Verfahren" (Holzkamp, 1985) und von deren implizit universalem Anspruch, der Standpunkt des Beobachters befände sich stets „außerhalb" der experimentellen menschlichen Situation. Auch könnte Elias etwa der Auffassung ganz beipflichten, daß bereits in den „kategorialanalytischen Bestimmungen", in den begrifflichen Unterscheidungen ein „genuin realitätshaltiger" Erkenntniswert innerhalb der Psychologie enthalten sei. Er spräche hier von der Funktion der Theorien als *Orientierungswissen*. Abweichende Ansichten bestehen in vieler Hinsicht. Wie läßt sich ausdrücklich ein „historisches Herangehen" fordern und zugleich ein eindrucksvolles Gedankengebäude errichten, wenn das eigentliche Geschichtswissen darin kaum verarbeitet wird? Und wie kann ein immer noch hauptsächlich auf „Analyse" und „Handlung" gerichtetes Denken, ein auf die Suche nach den kleinsten Teilchen eines Ganzen hin orientiertes Vorgehen mit dem Marxschen Anspruch nach gesamtgesellschaftlicher Zusammenschau verbunden werden? Analysen ohne Synthesen?

4

Zur *Einführung* in die historisch-soziologische Psychologie von Elias ist „Die höfische Gesellschaft" (1969) nützlich, sein eigentlich erstes Werk. Es eignet sich auch zum ersten Verständnis seiner umfassenden *Machttheorie*. Übersichten über die von ihm bevorzugten oder geprägten *Begriffe*, über seine *Techniken des Begriffebildens* und -vermeidens bietet der von ihm verfaßte *Index* dieses Buches; einen zusätzlichen, authentischen Begriffe-Index enthält auch die niederländische Ausgabe: Elias, Wat is sociologie? (1971) von J. Goudsblom. Die Schlußkapital des Prozeß-Buches, „Entwurf zu einer Theorie der Zivilisation" (1939 u. 1976, Bd. 2, S. 312 ff.) verkörpern in gedrängter Form seinen originellen Beitrag zur historischen Psychologie.

Die historisch-psychologische *Arbeitsweise* erschließt sich am besten bei der Lektüre des ersten Bandes von „Über den Prozeß ..." (1939 u. 1976). Auf dem Hintergrund einer wissenschafts- und wissenssoziologischen Analyse der *Begriffeentwicklung* werden aus unterschiedlichen Quellen *lange Zeitreihen* etwa von „Wandlungen der Einstellung" gebildet; im zweiten Band wird deren Verknüpfung mit anderen „langfristigen Wandlungen der von Menschen gebildeten *Figurationen* oder ihrer Aspekte in einer von zwei entgegengesetzten Richtungen" untersucht, hier zum Beispiel der Prozeß der „Verringerung der Kontraste und der Vergrößerung der Spielarten" des Verhaltens in Beziehung gesetzt zur Entstehung von Gewalt- und Steuermonopolen, den „Staaten".

Als *Kommentare* zur Vorgehensweise können gelesen werden: „Was ist Soziologie?" (1970) zu Fragen des *modelltheoretischen* Zusammenhangs; „Über die Zeit" (1984) zum Verständnis und zur Methodik des Synthesenbildens; und „Engagement und Distanzierung" zum Problem der Forscher in den „Menschenwissenschaften", ihr *eigenes Verhältnis* zu ihren Untersuchungsgegenständen, anderen Menschen, *selbstkontrollierter steuern* zu lernen. Psychologen finden hier — indirekt — Hinweise, wie sie sich stärker von der „Variablenpsychologie", Historiker, wie sie sich deutlicher von ihrem Glauben an eine besondere „Ereigniseinmaligkeit" distanzieren können; das heißt in beiden Fällen, wie sie eine bewußtere *emotionale Distanzierung* von denjenigen Wissenschaftlergruppen erreichen können, die derartige Berufsideale als Gruppenglauben aufrechterhalten; und wie sie dennoch zugleich am Tun der untersuchten Menschen einfühlend involviert, *engagierter*, teilhaben, mögen diese nun in vergangener Ferne oder im Jetzt leben.

Anmerkungen

[1]) Eine vollständige Bibliographie der Eliasschen Arbeiten ist in den „Materialienbänden" enthalten; dort auch die erste Literatur zu „Aufnahme und Kritik" in verschiedenen Ländern; für die Jahre 1983–1986 (TCS, S. 541 ff.).
Zur Biographie: N. Elias ist 1897 in Breslau geboren; beginnt dort mit dem Medizinstudium; Promotion in der Philosophie 1924; Studium der Soziologie in Heidelberg, dann wissenschaftlicher Assistent in Frankfurt; 1933 exiliert; lehrte zuletzt in Leicester/England; nach der Pensionierung ab 1962 in Ghana, in den USA sowie in zahlreichen europäischen Staaten; 1987 lebt er in Amsterdam. Weitere Hinweise sowie autobiographische Angaben sind zu finden bei Gleichmann (1987); Korte (1988); fremdsprachige Arbeiten zu und über Elias in der „Festschrift", bei Goudsblom (1987) und in einer englischen Zeitschrift (TCS).

[2]) Zu den psychologischen Auffassungen von Elias: R. Blomert, Untersuchungen zur Entstehung der Zivilisationstheorie von N. E., Diss. FU Berlin, 1987. Zu den von Elias beeinflußten psychologischen Arbeiten zählen, M. Schröter (1985), „Wo zwei zusammenkommen in rechter Ehe ...“; T. Kleinspehn (1987), Warum sind wir so unersättlich?; C. Wouters & B. van Stolk (1987), Frauen im Zwiespalt. In den Niederlanden besonders: A. de Swaan (1977), Psychoanalytische Aufsätze, deutsch u. a. in der Zeitschrift Psyche; ferner auf niederländisch unter anderem seine Arbeiten zur politischen und medizinischen Soziologie des Wohlfahrtsstaates: A. de Swaan (1982), De mens is de mens een zorg. Amsterdam: Meulenhoff; A. de Swaan (1983), Halverwege de heilstaat. Amsterdam: Meulenhoff. Ferner die sexualwissenschaftlichen Arbeiten von J. M. W. van Ussel (1970) (dt.: Sexualunterdrückung) und B. van Stolk. Ferner Ch. Brinkgreve (1987). Psychoanalyse in Nederland, een vestigingsstrijd.

[3]) In das Literaturverzeichnis ist nur die verwendete Literatur aufgenommen worden. Die oben genannten Werke mögen zur weiteren Information dienen.

Literatur

Elias, N. (1939). Über den Prozeß der Zivilisation, 2 Bde. Frankfurt/M.: Suhrkamp.
Elias, N. (1969). Die höfische Gesellschaft. Frankfurt/M.: Suhrkamp 1983.
Elias, N. (1970). Was ist Soziologie? München: Juventa.
Elias, N. (1972). Soziologie und Psychiatrie. In Soziologie und Psychoanalyse (S. 11–41). Hg. v. H.-U. Wehler. Stuttgart: Kohlhammer.
Elias, N. (1976). Een theoretisch essay over gevestigden en buitenstaanders. In ders. & J. L. Scotson, De gevestigden en de buitenstaanders (aus dem Engl.) (S. 7–46). Utrecht, Antwerpen: Spectrum.
Elias, N. (1982). Scientific establishments. In Sociology of the Sciences Yearbook 1982 (S. 3–69). Hg. v. N. Elias, H. Martins & R. Whitley. Dordrecht.
Elias, N. (1983). Engagement und Distanzierung. Frankfurt/M.: Suhrkamp.
Elias, N. (1984). Über die Zeit. Frankfurt/M.: Suhrkamp.
Elias, N. (1985). Humana conditio. Frankfurt/M.: Suhrkamp.

Elias, N. (1986). Figuration; Soziale Prozesse; Zivilisation. In B. Schäfers (Hg.), Grundbegriffe der Soziologie. Opladen: Leske & Buderich.

Elias, N. (1987). Die Gesellschaft der Individuen. Frankfurt/M.: Suhrkamp.

Elias, N. & Scotson, J.L. (1965). The established and the outsiders. London: F. Cass.

Gleichmann, P.R., Goudsblom, J. & Korte, H. (Hg.) (1977). Human figurations: essays
for/Aufsätze für N. Elias. Amsterdams Sociologisch Tijdschrift.

Gleichmann, P.R., Goudsblom, J. & Korte, H. (Hg.) (1979). Materialien zu Norbert
Elias' Zivilisationstheorie. Frankfurt/M.: Suhrkamp.

Gleichmann, P.R., Goudsblom, J. & Korte, H. (Hg.) (1984). Macht und Zivilisation.
Frankfurt/M.: Suhrkamp.

Gleichmann, P.R. (1987). Norbert Elias – aus Anlaß seines 90. Geburtstages. Kölner
Zeitschrift für Soziologie und Sozialpsychologie, 2, 406–417.

Goudsblom, J. (1979). Soziologie auf der Waagschale. Frankfurt/M.: Suhrkamp, (2. ndl.
Aufl. 1983).

Goudsblom, J. (1987). De sociologie van Norbert Elias. Amsterdam: Meulenhoff.

Holzkamp, K. (1985). Grundlegung der Psychologie. Frankfurt/M.: Campus.

Jöckel, S. (1984). „Nouvelle histoire" und Literaturwissenschaft, 2 Bde. Rheinfelden:
Schäuble.

Korte, H. (1988). Norbert Elias. Vom Werden eines Menschenwissenschaftlers. Frank-
furt/M.: Suhrkamp.

Theory Culture & Society, Explorations in Critical Science, vol. 4, no. 2–3, June 1987;
London: SAGE; special issue: Norbert Elias and Figurational Sociology.

Psychologie als Hilfswissenschaft der Geschichte. Horkheimers Programm eines interdisziplinären Materialismus

Alfred Krovoza

Max Horkheimer (1895–1973), ein jüdischer und marxistischer Intellektueller, der in einem Kreis Gleichgesinnter, dessen Zusammensetzung sich im Laufe der Zeit veränderte, dachte und lebte und in seiner zweiten Lebenshälfte auf die innige Denkgemeinschaft mit Theodor W. Adorno (1903–1969) sich zu beschränken schien, dabei zwischen den Rollen des spiritus rector und des primus inter pares wechselte, besaß eine ursprüngliche Sensibilität für psychologische Fragen und ein spontanes Interesse an den psychologischen Wissenschaften. Jener Kreis von Gleichgesinnten erhielt übrigens post festum den Namen Frankfurter Schule der Soziologie, die für sich beanspruchte, in gemeinsamer wissenschaftlicher Überzeugung eine kritische Theorie der Gesellschaft zu erarbeiten. Sein institutioneller Bezugspunkt war das Frankfurter Institut für Sozialforschung, das auf seiner Flucht vor dem Faschismus in Genf, Paris und London Quartier bezog, um danach längere Zeit in New York zu bleiben und endlich nach Frankfurt am Main zurückzukehren. Frühe, teils autobiographische Schriften Horkheimers („Aus der Pubertät", 1974a), bezeugen ebenso wie spätere, offenbar gewohnheitsmäßig vorgenommene Eintragungen („Notizen 1950–1969", 1974b) die Lust an der Selbstthematisierung. Er konnte nach Herkunft, Bildung und Welterfahrung für eines jener bürgerlichen Individuen gelten, die – der Auffassung jenes Kreises zufolge – die Bedingung der Möglichkeit psychologischer Reflexion bilden, bemerkte Adorno doch einmal, daß die vorbürgerliche Welt Psychologie noch nicht, die nachbürgerliche Welt sie nicht mehr kenne. Fast ebenso ursprünglich wie das Interesse an Psychologie war in diesem Kreis – jedenfalls bei einigen seiner Repräsentanten – der ideologiekritische Verdacht gegen sie.

Horkheimers Vorliebe für die französische Philosophie der Aufklärung hing sicher auch mit der dieser Denkweise inhärenten Kultur psychologischer Reflexion zusammen. Das Frankfurter akademische Milieu, in dem er seine universitäre Ausbildung nachholte, nachdem er zunächst Lehrjahre als zukünftiger Leiter des väterlichen Unternehmens absolviert hatte, bot dem psychologisch Interessierten vielfältige Anregungen, lehrten und forschten hier doch die Gestaltpsychologen Adhémar Gelb, Wolfgang Köhler und Max Wertheimer. Und sein philosophischer Lehrer Hans Cornelius vertrat eine Variante des Neukantianismus, die eine enge Verbindung zur Psychologie hielt. Bei ihm übrigens machte Adorno den Versuch, sich mit einer Arbeit „Zum Begriff des Unbewußten in der transzendentalen Seelenlehre" zu habilitieren, der allerdings zunächst genau so scheiterte wie der einige Zeit vorher unternommene Versuch Horkheimers, mit einem gestaltpsychologischen Thema zu promovieren. Der entscheidende Anstoß allerdings, der dann im späteren Werk auch seine systematische Verankerung erfahren sollte, war die Rezeption der Schriften Sigmund Freuds und, was Horkheimer angeht, der praktische Kontakt mit der Psychoanalyse. Im Kreis dieser Intellektuellen wird dann der Begriff Psychologie ein Synonym für Psychoanalyse werden.

1926 konstituierte sich eine Frankfurter psychoanalytische Arbeitsgemeinschaft, aus der 1928 das Frankfurter Psychoanalytische Institut hervorging, dem seinerseits wieder Horkheimer in den Räumen des Instituts für Sozialforschung Gastrecht gewähren sollte. Zu diesem Kreis gehörten Frieda Fromm-Reichmann, Erich Fromm, Karl Landauer, Heinrich Meng und etwas später auch Siegmund Heinrich Fuchs, alias Foulkes, der in der englischen Emigration die Gruppentherapie begründete. Dieses Institut übrigens stellte eine Variante der Institutionalisierung der Psychoanalyse dar, die historisch nicht zum Zuge gekommen ist, und zeichnete sich gegenüber dem für die Entwicklung der psychoanalytische Bewegung musterhaften Berliner Institut, das Ausbildung und poliklinischen Betrieb in den Vordergrund stellte, durch wissenschaftliche Kontakte zur Universität, Bereitschaft zur interdisziplinären Kooperation und gesellschaftskritisches Engagement aus. Dieses alles wie auch das, was wir über die persönliche Psychoanalyse, der Horkheimer sich unterzog, noch wissen können, ist kürzlich in einer sehr sorgfältigen und quellenkundigen Monographie über Gustav Landauer (Rothe, 1987) veröffentlicht worden. Über die persönliche Analyse Horkheimers sind einige Anekdoten im Umlauf. So soll er, von Alexander Mitscherlich nach ihrem Erfolg befragt, geantwortet haben: „Am Ende war mein Analytiker sehr gebildet und hat etwas von Philosophie verstanden." Ob es sich um eine therapeutische oder Lehranalyse gehandelt hat, ist eine müßige Frage und beruht auf einer erst später standardisierten Trennung. Immerhin verlangte Landauer ein Symptom für den Beginn der Analyse, das Horkheimer nach einer längeren Bedenkzeit unter Hinweis auf die Tatsache, daß er seine Vorlesungen als Privatdozent nicht frei halten könne, sondern langwierige schriftliche Vorbereitungen brauche, um dann ablesen zu können, auch präsentierte, was Landauer wiederum, ebenfalls nach Bedenkzeit, akzeptierte. (Soweit ich ihn noch hören konnte, pflegte er bei seinen Vorlesungen keinen Blick von den Zuhörern zu wenden.) Psychologische Neugier, großbürgerlicher Mangel an Berührungsscheu, die übrigens Adorno in hohem Maße gegenüber der praktische Psychoanalyse bei gleichzeitiger Achtung ihrer Theorie besaß, und vor allem wahrscheinlich der Wunsch, die psychoanalytische Forschungsmethode kennenzulernen, werden Horkheimer zu diesem Schritt veranlaßt haben. An den *Schriften* Freuds muß ihn die eigentümliche Mischung aus Aufklärungs- und Entlarvungsimpuls — er begriff Freud in der philosophischen Tradition der Aufklärung — und Kulturpessimismus — die Liebe zu Arthur Schopenhauer war ein lebenslanges Ferment seines Denkens — fasziniert haben. Gleichwohl gehört Horkheimer, der, an Hegel und Marx geschult, die

Macht und Undurchdringlichkeit überindividueller Bildungen und den Zwangs-
charakter der von den empirischen Subjekten emanzipierten gesellschaftlichen
Verhältnisse kannte, zu den strengsten Kritikern von Subjektivierung, Individualisierung und Psychologisierung, die in aller Regel dem Ideologieverdacht
verfallen. Seine Kritik an Denkern wie Dilthey, Bergson oder Mannheim, die
der Psychologie einen zentralen Platz einräumen, war von dieser Art. Und
immer wieder geriet auch die Psychoanalyse in den Bannkreis dieses Verdachts.
Sein Verhältnis zu ihr war keinesfalls frei von Ambivalenz. Wenn er in den
schon erwähnten „Notizen" die „Psychoanalyse als Ursache ihrer Notwendigkeit" bezeichnet, ist das um nichts weniger boshaft als Karl Kraus' Diktum, die
Psychoanalyse sei die Krankheit, für deren Therapie sie sich halte – es ist allenfalls etwas vornehmer ausgedrückt.

Die ursprünglich politisch-theoretische Option dieses Kreises für den Marxismus und seine tentative Parteinahme für die revolutionäre Arbeiterbewegung
hat, vor allem bei Horkheimer, ihr gleichsam unvermittelt mimetisches Motiv
im je individuellen und empirischen Leiden. Dieses Motiv begründet letzten
Endes und gleichwohl noch diesseits aller Theorie seine Affinität zur Psychoanalyse, die – jedenfalls der Freudschen Idee nach – unverbrüchlich einsteht
für den, der in seiner Neurose an der Kultur leidet. Horkheimers Kritik am Hegelschen Triumphalismus des Überindividuellen und der Verklärung des Bestehenden wie noch seine tiefe Sympathie für Schopenhauer stammen aus dieser
Quelle, aus der auch die ihm unterstellte religiöse Wende der Spätphase begreif-
lich würde.

Sicherlich ist die theoretische und forschungspraktische Integration der Psychologie in Gestalt der Psychoanalyse in das Projekt der kritischen Theorie, die
von Horkheimer programmatisch vorangetrieben und unter seiner Leitung im
Forschungszusammenhang des Instituts arbeitsteilig vorangetrieben wurde,
neben der an Hegel geschulten totalitätsbezogenen Gesellschaftsanalyse *die* dif-
ferentia spezifica der kritischen Theorie zum Marxismus der Zweiten Internationalen und des Parteikommunismus, wofür sie insbesondere vom russisch-
orthodoxen Marxismus scharf attackiert wurde. Und ihr psychologisches Reflex-
ionsniveau bildet sogar noch eine Differenz zum sogenannten westlichen Marxismus (Lukacs, Korsch, Merleau-Ponty, Lefèbvre, Gramsci), dem sie ansonsten
zuzurechnen ist. Diese Integration wird folgerichtig in den großen Monographien zur Frankfurter Schule (Jay, 1973; Wiggershaus, 1986) in prominenten
Passagen gewürdigt. Und in den zahlreichen Sammelwerken (Dubiel, 1978;
Bonß & Honneth, 1982; Honneth & Wellmer, 1986; Schmidt & Altwicker, 1986)
spielen Einzelanalysen zur Rezeptionsgeschichte der Psychoanalyse im Rahmen
der kritischen Theorie, ihre theoretische Relevanz für diese sowie die Bemühungen um ihre empirische Verwendung und forschungspraktische Umsetzung, die
vor allem mit dem Namen Erich Fromm verbunden sind, eine wichtige Rolle.
Dies geschieht überwiegend unter dem Stichwort eines „interdisziplinären Materialismus", mittels dessen sich der Geschichtsmaterialismus in Gestalt der
kritischen Theorie der Analysekapazität der Einzelwissenschaft und insbeson-

dere ihrer empirischen Methoden versichere, sich selber die theoretische Darstellungs- und Integrationsfunktion vorbehalte, um so offenkundige Erklärungsschwächen zu kompensieren, wie sie der zeitgeschichtliche Kontext (s. u.) ohne Zweifel provoziert hat. Das aber reduziert die kritische Theorie auf ein innertheoretisches und innerwissenschaftliches Projekt, für die doch der außerwissenschaftliche Bezugspunkt gesellschaftsverändernder Praxis — „kritische" im Unterschied zur „traditionellen" Theorie — konstitutiv war, jedenfalls ursprünglich, wovon aber noch Phasen der verzweifelten Suche nach der Veränderung gerade dieses Referenzpunktes geprägt waren, wie etwa die der Abfassung der „Dialektik der Aufklärung". Diese Kritik an der wissenschaftsinternen Vermarktung der Kritischen Theorie entfaltet überzeugend Detlev Claussen (1986), ohne gleichzeitig die Kraft aufzubringen, sich endgültig von ihr zu trennen oder ihren außerwissenschaftlichen Bezugspunkt aktualitätsbezogen und konkret zu erneuern. Und jüngst — darauf möchte ich zum Abschluß dieses Rezeptionspanoramas hinweisen — hat Alfred Lorenzer (1986) auf einer wissenschaftlichen Konferenz zum 90. Geburtstag Horkheimers die Psychoanalyse intentione recta zur kritischen Theorie erklärt, dergestalt, daß die Psychoanalyse die kritische Theorie als „Hilfswissenschaft" beiziehen müsse, wie es einst Horkheimer mit der Psychoanalyse für die kritische Theorie getan habe. Erst diese spiegelbildliche Entsprechung vollende das Projekt.

Die Integration einzelwissenschaftlicher Konzepte und Forschungsmethoden, insbesondere aber die von Horkheimer programmatisch empfohlene Beziehung der Psychoanalyse als „Hilfswissenschaft" der Geschichte (1932), sollte die erlahmende Prognosekraft und Erklärungsschwäche der geschichtsmaterialistischen Gesellschaftstheorie in den 20er Jahren kompensieren helfen. Was kritische, nicht parteigebundene Marxisten jener Jahre, aber nicht nur sie, beunruhigen mußte, war neben der Tatsache, daß die erste erfolgreiche sozialistische Revolution entgegen den Vorhersagen von Marx in einem kapitalistisch unterentwickelten Land stattgefunden hatte, sowie neben dem Scheitern der Novemberrevolution in Deutschland und neben der in der Weimarer Republik sich vollendenden Staatsvermittlung der SPD, — die „Verlagerung des revolutionären Gravitationszentrums nach Osten", wie Jay (1973) es ausdrückte — vor allem der Hitlerfaschismus, der seine Schatten vorauswarf. Dieser Bewegung, in der zunehmend mehr Menschen durch aktive Teilnahme oder Duldung gegen ihre objektiven und langfristigen Lebensinteressen verstießen, hatten die Organisationen der Arbeiterbewegung, so ahnten Einsichtige früh, nichts entgegenzusetzen. Dies alles warf die Frage auf, inwieweit sich auf der Grundlage der Kenntnis der ökonomischen Gesetzmäßigkeiten der Geschichtsverlauf überhaupt vorhersagen lasse, was eine eminent politisch-strategische Frage ist, und was eigentlich in den Massen das angemessene Bewußtsein ihrer eigenen Lage wie der historischen Lage insgesamt behindere und verzerre, was für das organisationspraktische und politische Handeln von größter Bedeutung ist. Paul Lazarsfeld, später in der amerikanischen Emigration ein Antipode der „Frankfurter" auf dem Felde der empirischen Soziologie, fand in einem autobiographischen Rückblick auf die 20er Jahre, die er in Wien verbrachte, eine Formel, die wegen ihrer Prägnanz hier wiedergegeben sei:

„Ich war aktives Mitglied der Sozialistischen Studentenbewegung, die sich zu der Zeit immer mehr in der Defensive gegenüber der wachsenden Welle des Nationalsozialismus fand. Wir zerbrachen uns den Kopf darüber, warum unsere Propaganda erfolglos blieb und wollten psychologische Studien durchführen, um diesen Fehlschlag zu erklären. Ich erinnere mich an eine Formel, die ich damals aufstellte: eine beginnende Revolution muß die wirtschaftlichen Verhältnisse auf ihrer Seite haben (Marx); eine siegreiche Revolution braucht vor allem Ingenieure (Sowjetunion); eine erfolglose Revolution bedarf der Psychologie (Wien)" (1975, S. 149).

Im Kontext dieser zeitgeschichtlichen Umstände übernimmt Horkheimer 1929 von dem schwer erkrankten „Kathedermarxisten" (Wiggershaus, 1986) Carl Grünberg die Leitung des von der Frankfurter Universität unabhängigen, aber eng mit ihr kooperierenden Instituts für Sozialforschung und erhält einen Ruf auf den Lehrstuhl für Sozialphilosophie der philosophischen Fakultät, die ihn kurz zuvor erst habilitiert hatte. In seiner Antrittsrede „Die gegenwärtige Lage der Sozialphilosophie und die Aufgaben eines Instituts für Sozialforschung" anläßlich der Übernahme des Lehrstuhls und der Leitung des Instituts, die er am 24. Januar 1931 hält, entwickelt er das Programm des — allerdings erst posthum — sogenannten interdisziplinären Materialismus. Es komme, führt er aus, heute darauf an, „aufgrund aktueller philosophischer Fragestellungen Untersuchungen zu organisieren, zu denen Philosophen, Soziologen, Nationalökonomen, Historiker, Psychologen in dauernder Arbeitsgemeinschaft sich vereinigen", mit dem Ziel, die „aufs Große zielenden philosophischen Fragen anhand der feinsten wissenschaftlichen Methoden zu verfolgen, die Fragen im Verlauf der Arbeit am Gegenstand umzuformen, zu präzisieren, neue Methoden zu ersinnen und doch das Allgemeine nicht aus den Augen zu verlieren" (1931, S. 41). Fürwahr „ein Meisterwerk bedächtiger Stilisierung", diese Rede, wie Wiggershaus (1986, S. 36) anmerkt. Wie Horkheimer überhaupt ein Meister der Mimikry bei der beharrlichen organisatorisch-politischen Sicherung der eigenen Arbeitsbedingungen und der des Instituts war, wie die Emigration erst richtig zeigen sollte. Mit der „Frage nach dem Zusammenhang zwischen dem wirtschaftlichen Leben der Gesellschaft, der psychischen Entwicklung der Individuen und den Veränderungen auf den Kulturgebieten im engeren Sinne" und dem „Vorsatz, die Beziehung zwischen diesen drei Verläufen zu erforschen", stempelt er die Psychologie zur hervorragendsten „Hilfswissenschaft" (1931, S. 43). Ansonsten unvereinbare wissenschaftliche Grundüberzeugungen seien sich allzu oft einig oder ähnlich, „weil sie bewußt oder unbewußt die durchgängige Entsprechung zwischen den ideellen und materiellen Verläufen voraussetzen und die komplizierende Rolle der psychischen Zwischenglieder zu vernachlässigen oder gar zu ignorieren pflegen" (1931, S. 44). Diese wenn auch noch abstrakte Bestimmung läßt ihn wohl am ehesten als einen „Wegbereiter einer historischen Psychologie" erscheinen. Zumal er im sogenannten „Allgemeinen Teil" der „Studien über Autorität und Familie", die 1936 in Paris erscheinen und das Ergebnis einer „dauernden Arbeitsgemeinschaft" sind, für deren empirischen Teil allerdings der ‚Psychologe' Erich Fromm die Hauptlast trug, dieses Programm tendenziell einlöst. Er beschreibt dort, die Funktion der integrierten Darstellung einzelwissenschaftlich erzielter Befunde übernehmend, wie in der Familie als „Agentur der Gesellschaft" jene Disposition zur Autorität erzeugt wird, wie sie unsere Kultur erheischt, nämlich die anonyme, entpersonalisierte Macht der Verhältnisse zu akzeptieren, was speziell auf die modernen Arbeitsprozesse berechnet ist. Gleichzeitig aber, und damit stellt Horkheimer den Doppelcharakter von Familie heraus, deren Dialektik im größeren gesellschaftlichen Zusammenhang allerdings eigentümlich stillgestellt ist, gewährt diese selbe Familie jenes Minimum an Schutz und Befriedigung, ohne das menschliches, d. h. immer auch kulturell überformtes Leben nicht möglich wäre. Er argumentiert auf der Grundlage und in Kenntnis der Freudschen Psychologie, ohne sich deren Terminologie zu bedienen. Aber wie eine Warnung klingt es, wenn er im Vorwort zu den „Studien" anmerkt, daß das Problem von Autorität und Familie nicht in den Mittelpunkt der Theorie der Gesellschaft gehöre, womit sich der Stellenwert von Psychologie deutlich ermäßigt.

Ob allerdings Horkheimer als Wegbereiter einer historischen Psychologie oder gar als Vorläufer eines neuen wissenschaftlichen Paradigmas, das sich eines „psychokulturellen Ansatzes" bedient, gelten kann, wird im Zuge der Konkretisierung seines arbeitsteiligen wissenschaftlichen Programms, jedenfalls was die Psychologie angeht, mit der Abhandlung über „Geschichte und Psychologie" in zentralen Punkten fragwürdig. Diese Abhandlung erscheint 1932 im 1. Jahrgang der „Zeitschrift für Sozialforschung".

Horkheimer geht in dieser Abhandlung von der Frage aus, was denn angesichts des „Gegensatz(es) zwischen den wachsenden menschlichen Kräften und der gesellschaftlichen Struktur" (1932, S. 17) — wiederum ein Beispiel für seine bedachtsame und bedächtige Art der Formulierung, hier des Marxschen Antagonismus von Produktivkräften und Produktionsverhältnissen — in der Gegenwart den Übergang in eine neue Gesellschaft behindere. Es ist die gegebene soziale Struktur mit den ihr entsprechenden Institutionen, und es sind die „verfestigten menschlichen Dispositionen". Die mit dem Rekurs auf den Marxschen Antagonismus zitierte Geschichtsauffassung wird zur „dogmatischen Metaphysik", wenn sie, anstatt in konkreten Untersuchungen historischer Erfahrung sich zu öffnen, als „universales Konstruktionsschema" Verwendung findet. Die in wissenschaftlicher Untersuchung aufklärbaren retardierenden Faktoren liegen — das zeigt die historische Erfahrung der Gegenwart — nicht zuletzt im Bereich des ‚subjektiven Faktors', wie man es später einmal ausdrücken wird. Im Zuge dieser Erfahrung wird die Psychologie „aus der Grundwissenschaft zur freilich unentbehrlichen Hilfswissenschaft der Geschichte", die die Erklärungsdefizite der materialistischen Geschichtsauffassung auszugleichen in der Lage ist: „Ihr Gegenstand verliert im Rahmen dieser Theorie die Einheitlichkeit. Sie hat es nicht mehr mit dem Menschen überhaupt zu tun ..." (1932, S. 18), sondern mit je nach Epochen und Klassenlage unterschiedenen Individuen. Der Gegenstand der Psychologie ist „solchermaßen in die Geschichte verflochten", und er ist nicht bruch- und restlos auf die ökonomischen Strukturen rückführbar. Er gewinnt ein Stück funktioneller Autonomie. Horkheimer ist konsequent genug einzuräumen, daß die Bedeutung der psychischen Verfassung der Individuen für den Geschichtsprozeß so dominant werden kann, daß das eine Veränderung des „Rangverhältnis(ses) von Ökonomik und Psychologie hinsichtlich der Geschichte" zur Folge haben müßte, d. h. daß die Kritik der politischen Ökonomie u. U. durch eine Kritik der politischen Psychologie abgelöst werden müßte — ein Programm, um dessen Einlösung Herbert Marcuse später besorgt sein wird. Diese Auffassung vom Zeitkern der Psychologie und dem historischen Charakter ihres Gegenstandes scheint einer historischen Psychologie den Weg zu ebnen. Und doch bleibt die Psychologie nur „Hilfswissenschaft". Ihre Geltung im soziohistorischen Kontext ist selber nur wieder in einer Theorie von Geschichte und Gesellschaft fundierbar. Ihren dienenden Status kann sie nicht abstreifen, ihr Erklärungspotential ist selber eine Funktion des historischen Prozesses. Bei aller Affinität zur psychologischen Erklärung gibt er den Hegelschen Skeptizismus gegen sie nicht endgültig preis.

Dieser Vorbehalt wird erstaunlicherweise gerade besonders deutlich, wenn Horkheimer sich auf den zeitgeschichtlichen Kontext konzentriert, wie wir ihn oben knapp angedeutet haben. Beruhen schon funktionierende soziale Organisationsformen u. a. auf „psychischen Faktoren", so noch in viel größerem Ausmaße die bereits versagenden. Unter deutlicher Anspielung auf den Nazismus — wir schreiben das Jahr 1932! — und die Lösungsvariante der großen Krise, für die er steht, sagt Horkheimer, daß „das Handeln numerisch bedeutender sozialer Schichten nicht durch die Erkenntnis, sondern durch eine das Bewußtsein verfälschende Triebmotorik bestimmt" sei (1932, S. 20). Hier wird plausibel, inwiefern Psychologie und insbesondere eine „Psychologie des Unbewußten", wie sie inzwischen in der Psychoanalyse vorlag, Erhellendes beisteuern kann: „Je weniger das Handeln aber der Einsicht in die Wirklichkeit entspringt, ja dieser Einsicht widerspricht, desto notwendiger ist es, die irrationalen, zwangsmäßig die Menschen bestimmenden Mächte psychologisch aufzudecken" (1932, S. 20). D. h. doch, um so irrationaler die Lebensverhältnisse und -perspektiven der breiten Massen einer bestehenden Gesellschaft, je eklatanter mit anderen Worten der Widerspruch zwischen Produktivkräften und Produktionsverhältnissen, um so bedeutsamer der Beitrag der Psychologie zur Erklärung des Geschichtsprozesses. Angesichts eines Nicht-Ereignisses, dem Ausbleiben sozialen Wandels und gesellschaftlicher Veränderung, oder auch einer Regression des historischen Verlaufs erreicht Psychologie ihren höchsten Erklärungswert. Je rationaler, d. h. revolutionär gelöster die Lebensverhältnisse, um so geringer der Nutzen der Psychologie. Hier ist ein weiterer und womöglich gravierenderer Einwand als der bereits vorgebrachte gegen einen Horkheimer in der Rolle des Wegbereiters einer historischen Psychologie anzumelden: Die Psychoanalyserezeption der kritischen Theorie und der Stellenwert von Psychologie in dieser Spätform marxistischer Theoriebildung ist vermutlich nicht aus dem Funktionszusammenhang einer Theorie in praktischer Absicht herauszulösen. Der Verzicht auf einen außerwissenschaftlichen und außertheoretischen Referenzpunkt ließe auch die zunächst als einzelwissenschaftlicher Erklärungsansatz assimilierte, dann aber gesamtgesellschaftlich vermittelte Psychologie nicht unberührt. Derart integriert bezieht sie ihren Erklärungswert letzten Endes aus den legitimen Emanzipationsinteressen konkreter Gesellschaftsindividuen, die aus einer „Hilfswissenschaft" gar nicht zu gewinnen sind, oder doch nur um den Preis einer zirkulären Argumentation. Im referierten Text formuliert sein Autor dann Abschließendes zum Verhältnis von Psychologie und Geschichte: „Das Ökonomische erscheint als das Umfassende und Primäre, aber die Erkenntnis der Bedingtheit im einzelnen, die Durchforschung der vermittelnden Hergänge selbst und daher auch das Begreifen des Resultats hängen von der psychologischen Arbeit ab" (1932, S. 26). Ohne Zusatzannahmen, die den im Falle einer historischen Psychologie entfallenden theoretischen Rahmen des historischen Materialismus ersetzen könnten, bliebe das ein unpräziser Ausgangspunkt für ein neues wissenschaftliches Paradigma.

Darüber hinaus könnte sich die Darstellung der Wegbereiterfunktion der kritischen Theorie von nun an nicht mehr auf die Gedanken Horkheimers beschränken — mit der einen Ausnahme seines Beitrags zu den „Studien über Autorität und Familie", der bereits erwähnt wurde. An dieser Stelle müßte sie in eine Darstellung der kollektiven Anstrengungen jenes Intellektuellenzirkels übergehen, der als Frankfurter Schule firmiert, in der Erich Fromm als der erfahrungswissenschaftliche Exekutor des Horkheimerschen Programms in der frühen Phase, Adorno als Mitarbeiter im Team, das in den USA mit beispielgebenden sozialpsychologischen Methoden die „Authoritarian Personality" untersuchte, und Marcuse in seiner philosophischen Freud-Rezeption zu würdigen wären. Und noch das „Gruppenexperiment", eine von der Psychoanalyse inspirierte sozialpsychologisch-sozialwissenschaftliche Forschungsmethode, die im aus der Emigration zurückgekehrten Institut vorgestellt wurde, wäre im Zusammenhang einer solchen Darstellung zu erwähnen, wie auch die zahlreichen Untersuchungen und Abhandlungen zu Antisemitismus, Autoritarismus, Massenkultur, sozialem Vorurteil. Die Problematik einer Wegbereiterschaft der kritischen Theorie für eine historische Psychologie könnte durch eine entsprechende Fortsetzung des Berichts nach meiner Einschätzung allenfalls graduell sich verschieben. In der Gestalt einer historischen Psychologie ist das Projekt einer kritischen Theorie der Gesellschaft nicht umstandslos zu überführen, was uneingeschränkt auch für einzelne ihrer Elemente gilt.

Literatur

Bonß, W. & Honneth, A. (Hg.) (1982). Zum sozialwissenschaftlichen Potential der Kritischen Theorie. Frankfurt/M.: Suhrkamp.
Bonß, W. (1982). Psychoanalyse als Wissenschaft und Kritik. Zur Freudrezeption der Frankfurter Schule. In W. Bonß & A. Honneth (Hg.), Zum sozialwissenschaftlichen Potential der Kritischen Theorie. Frankfurt/M.: Suhrkamp.

Claussen, D. (1986). Abschied von gestern. Kritische Theorie heute. Bremen: Wassmann.

Dubiel, H. (1978). Wissenschaftsorganisation und politische Erfahrung. Studien zur frühen Kritischen Theorie. Frankfurt/M.: Suhrkamp.

Honneth, A. & Wellmer, A. (Hg.) (1986). Die Frankfurter Schule und ihre Folgen. Referate eines Symposions der Alexander-von-Humboldt-Stiftung vom 10.–15. Dezember 1984 in Ludwigsburg. Berlin, New York: de Gruyter.

Horkheimer, M. (1931). Die gegenwärtige Lage der Sozialphilosophie und die Aufgaben eines Institus für Sozialforschung. In ders., Sozialphilosophische Studien. Aufsätze, Reden, Vorträge 1930–1972, hg. v. W. Brede. Frankfurt/M.: Athenäum Fischer 1972.

Horkheimer, M. (1932). Geschichte und Psychologie. In ders., Kritische Theorie. Eine Dokumentation. Bd. 1, hg. v. A. Schmidt. Frankfurt/M.: Fischer 1968.

Horkheimer, M. (1974a). Aus der Pubertät. Novellen und Tagebuchblätter. München: Kösel.

Horkheimer, M. (1974b). Notizen 1950 bis 1969 und Dämmerung. Notizen in Deutschland. Frankfurt/M.: Fischer.

Jay, M. (1973). Dialektische Phantasie. Die Geschichte der Frankfurter Schule und des Instituts für Sozialforschung 1923–1950. Frankfurt/M.: Fischer 1976.

Lazarsfeld, P. (1968). Eine Episode in der Geschichte der empirischen Sozialforschung. In T. Parsons u.a., Soziologie – autobiographisch. Drei kritische Beiträge zur Entwicklung einer Wissenschaft. Stuttgart: Enke 1975.

Lorenzer, A. (1986). Psychoanalyse und Kritische Theorie. In A. Schmidt & N. Altwicker (Hg.), Max Horkheimer heute – Werk und Wirkung .Frankfurt/M.: Fischer.

Rothe, H.-J. (1987). Zur Erinnerung an Gustav Landauer, Materialien aus dem Sigmund-Freud-Institut Nr. 4. Frankfurt/M.: Sigmund-Freud-Institut.

Schmidt, A. & Altwicker, N. (Hg.) (1986). Max Horkheimer heute – Werk und Wirkung. Frankfurt/M.: Fischer.

Studien über Autorität und Familie (1936). Forschungsberichte aus dem Institut für Sozialforschung, Bd. 1. Paris: Alcan.

Wiggershaus, R. (1986). Die Frankfurter Schule. Geschichte, theoretische Entwicklung, politische Bedeutung. München, Wien: Hanser.

Adornos Bedeutung für die Methodologie der wissenschaftlichen Psychologie

Hans-Josef Wagner und Christoph Wulf

1. Biographisches

Bevor wir auf die Bedeutung der kritischen Theorie Theodor W. Adornos für den Gegenstandsbereich der wissenschaftlichen Psychologie eingehen, sei auf einige Daten seiner Biographie verwiesen[1]).

Theodor Ludwig Wiesengrund-Adorno wurde am 11. September 1903 in Frankfurt geboren. Nach seinem Abitur im Jahre 1921 nahm er an der Universität Frankfurt das Studium der Philosophie, Musikwissenschaft, Psychologie und Soziologie auf. 1924 promovierte er bei seinem Lehrer Cornelius über „Die Transzendenz des Dinglichen und Noematischen in Edmund Husserls Phänomenologie". Einer ersten, aber nicht eingereichten Habilitationsschrift, in der es um die Bestimmung des Verhältnisses von Freudscher Psychoanalyse und Kantscher transzendentaler Seelenlehre ging, folgte eine zweite Arbeit mit dem Titel „Kierkegaard. Konstruktion des Ästhetischen", mit der er sich 1931 bei P. Tillich habilitierte.

Eminente Bedeutung erlangte indes das 1923 gegründete Frankfurter Institut für Sozialforschung, in dem Vertreter verschiedener Disziplinen an der Konstitution einer kritischen Theorie der Gesellschaft arbeiteten; Mitglieder des Instituts waren u. a. Max Horkheimer, Erich Fromm, Franz Borkenau, Friedrich Pollock, Otto Kirchheimer, Herbert Marcuse, Franz Neumann, Leo Löwenthal, Th. W. Adorno. 1933 waren alle Mitglieder des Instituts wegen des Hitlerregimes zur Emigration gezwungen. Das Institut für Sozialforschung siedelte zunächst nach Genf und dann in die Vereinigten Staaten um; Adorno ging nach einem mehrjährigen Aufenthalt in Oxford, wo er am Merton College arbeitete, 1938 nach Amerika. Hier entstanden die „Studien zum Autoritären Charakter" und in Zusammenarbeit mit Max Horkheimer die „Dialektik der Aufklärung". Adorno kehrte 1949 nach Frankfurt zurück und lehrte an der Universität Frankfurt Philosophie und Soziologie. 1957 wird er Direktor des Instituts für Sozialforschung, für dessen Neugründung er sich nach seiner Rückkehr aus den Vereinigten Staaten zusammen mit Horkheimer und Pollock engagierte.

In die Zeit nach der Emigration fällt die Veröffentlichung so zentraler Werke wie der „Minima Moralia", der „Negativen Dialektik" und der „Ästhetischen Theorie", deren Gedanken zum Teil schon in seinen frühen Schriften antizipiert sind. Die Bedeutung der Adornoschen Reflexionen für die Methodologie der Sozialwissenschaften wurde spätestens im sogenannten Positivismusstreit in der deutschen Soziologie deutlich, in dem der Autor die Hypostasierung der naturwissenschaftlichen Methodologie in den Sozialwissenschaften – und dazu zählte er auch die Psychologie – einer Kritik unterzog, die in ihrer logischen Stringenz und ihrer begrifflich starken Profilierung bisher nicht wieder erreicht wurde. Die sozialwissenschaftlichen Arbeiten Adornos waren durch das Bemühen gekennzeichnet, Theorie und Empirie sich durchdringen zu lassen. Bis zuletzt suchte er nach einer Verbindung von Theorie und empirischer Forschung; dialektische Sozialforschung, wie Adorno sie verstand, war der Versuch, „die Empirie durch ihre theoretische Entschlüsselung erst ganz produktiv (zu) machen" (1979, S. 545). Adornos Tod am 6. August 1969 auf dem Höhepunkt der Studentenbewegung, die neben anderen hauptsächlich ihm ihr kritisches Argumentationspotential zu verdanken hatte, war ein nicht zu ersetzender Verlust für alles, was für eine reflektierte (Sozial-)Wissenschaft und für dialektisches Denken, die Durchdringung von theoretischem Begriff und Erfahrung, stand.

2. Kritik der Methodologie der wissenschaftlichen Psychologie

Adornos Bedeutung für die wissenschaftliche Psychologie liegt nicht in einer positiven Anleitung, wie denn nun methodologisch und methodisch zu verfahren sei, wenn man das Psychische erkennen will; sie liegt vielmehr in der Selbstreflexion einer bisher wenig reflektierten Methodologie, die ihren Gegenstand, d.i. die Psyche, reduktionistisch behandelt, indem sie deren Geschichte ausblendet. Gehen wir zunächst, soweit dies für unsere Thematik angebracht ist, auf den Zusammenhang von Geschichte und Dialektik bei Adorno ein.

Für Adornos dialektisches Denken ist die Dimension des Geschichtlichen konstitutiv. Alles was geworden ist, unterliegt auch einer möglichen Veränderung. Aufgabe des kritischen Denkens ist es, alle Objekte, die sich als statische, als „naturgegebene präsentieren, in ihrer Gewordenheit zu begreifen" (1968, S. 151). Die Gegenstände, zumal die sozialen und psychischen, sind nicht von Geschichte unberührt; in ihnen hat sich Geschichte sedimentiert. Erkenntnis des Gegenstandes ist deshalb nur möglich, wenn die geschichtlichen Prozesse, die sich in diesen niedergeschlagen haben, aufgeschlüsselt werden. Alles Seiende ist nach Adornos erkenntnistheoretischem Postulat „als Text seines Werdens" zu lesen (1975, S. 62). Erkenntnis in der kritischen Theorie Adornos meint die rekonstruktive Deutung der geschichtlichen Strukturiertheit des Gegenstandes. Man könnte das rekonstruktive Verfahren der Deutung auch als ein objektiv-hermeneutisch-dialektisches kennzeichnen. Adornos Positivismuskritik galt nun wesentlich der unreflektierten Übertragung des nomologisch-deduktiven Modells der Naturwissenschaften auf soziale Phänomene; diese umstandslose Übertragung führt zwangsläufig zur Elimination der geschichtlichen

Dimension jener Phänomene. Die naturwissenschaftliche Methodologie verfährt subsumtionslogisch, indem sie den Gegenständen nach Maßgabe der formalen Logik und impliziter Gesetzmäßigkeiten ein diesen äußerliches Formgespinst überstülpt.

Es geht Adorno um die Selbstreflexion des Primats der naturwissenschaftlichen Methodologie im Bereich der Sozialwissenschaften. Methodologisch angemessen wäre die uneingeschränkte Übernahme des naturwissenschaftlich-nomologischen Modells nur, wenn das Subjekt von Geschichte und Tradition unberührt bliebe. Davon kann aber keine Rede sein; nach der dialektischen Gesellschaftstheorie geht Intersubjektivität der Subjektivität voraus, ist Gesellschaft vor dem Subjekt. „Die Subjekte, welche die Psychologie zu untersuchen sich anheischig macht, werden nicht bloß, wie man das so nennt, von der Gesellschaft beeinflußt, sondern sind bis ins Innerste durch sie geformt. Das Substrat eines Menschen an sich, der der Umwelt entgegenstünde — es ist im Existentialismus wiederbelebt —, bliebe ein leeres Abstraktum" (1969, S. 140). Das Individuum ist bis in seine Psyche durch die gesellschaftliche Totalität und d. h. geschichtlich vermittelt. Die Konstruktion einer Psyche ohne Geschichte wäre nach Adorno ein leeres Abstraktionsprodukt. Ist aber das Subjekt und dessen Psyche historisch-gesellschaftlich vermittelt, dann ist die Verabsolutierung des nomologisch-deduktiven Modells in der Psychologie ungerechtfertigt: „Die Dinghaftigkeit der Methode, ihr eingeborenes Bestreben, Tatbestände festzunageln, wird auf ihre Gegenstände, eben die vermittelten subjektiven Tatbestände, übertragen, so als ob dies Dinge an sich wären und nicht vielmehr verdinglicht. Die Methode droht sowohl ihre Sache zu fetischisieren wie ihrerseits zum Fetisch zu entarten" (1969, S. 95 f.). Die Hypostasierung der nomologischen Methodologie hat zu ihrem Korrelat die Vorstellung eines ahistorischen Subjekts mit einer ahistorischen Seele. Ablesen läßt sich das Dilemma der vorschnell und unreflektiert übernommenen szientifischen Methodologie, die nicht der Erkenntnis der Sache, sondern der bloßen Subsumtion des zu Erkennenden unter den Begriff dient, am Beispiel der operationellen Definition. „Das in der empirischen Technik allgemein gebräuchliche Verfahren der operationellen oder instrumentellen Definition, das etwa eine Kategorie wie ‚Konservatismus‘ definiert durch bestimmte Zahlenwerte der Antworten auf Fragen innerhalb der Erhebung selbst, sanktioniert den Primat der Methode über die Sache, schließlich die Willkür der wissenschaftlichen Veranstaltung. Prätendiert wird, eine Sache durch ein Forschungsinstrument zu untersuchen, das durch die eigene Formulierung darüber entscheidet, was die Sache sei: ein schlichter Zirkel" (1969, S. 86).

Ebensowenig wie das nomologisch-deduktive Modell der experimentellen Naturwissenschaften umstandslos auf die Soziologie angewandt werden kann, kann es auf die Psychologie übertragen werden. Beiden Disziplinen ist die historische Dimension inhärent: Das Subjekt ist Produkt der Gesellschaft wie umgekehrt die Gesellschaft zu ihrer Existenz auf die Subjekte verwiesen ist. Psychologie abstrahiert davon; mit ihrer Orientierung am Primat der Methode und der

Elimination des historisch-gesellschaftlich Gewordenen ist sie zu einer verdinglichenden Wissenschaft geworden. Die Psychologie ist – so Adorno – eine „vergegenständlichende" Wissenschaft, „welcher unter den Händen das von ihr entdeckte Seelenleben zum Ding unter Dingen wird und unter die von der Dingwelt prädizierte Kausalität gerät" (1975, S. 221). Verdinglichung meint in der Adornoschen Theorie das Vergessen der Geschichte des Gegenstandes; Verdinglichung des Seelischen ist demzufolge identisch mit dem Vergessen von dessen Gewordenheit. Einzig Selbstreflexion vermag es, den Verdinglichungs-, der zugleich ein Verblendungszusammenhang ist, aufzubrechen. Dabei zeigt sich, daß zwischen Statischem und Dynamischem zu differenzieren ist; weder ist das Statische noch ist das historisch Wandelbare zu verabsolutieren. Adornos Postulat, die Soziologie müsse auf das Verhältnis von Invariantem und Geschichtlichem, von Statischem und Dynamischem reflektieren, gilt ebenso für die Psychologie. Statisches und Dynamisches – so viel läßt sich vorwegnehmen – stehen sich nicht dichotomisch getrennt gegenüber; sie sind „vermittelt in sich, das eine impliziert das andere" (1979, S. 228).

Adorno faßt das Verhältnis von beiden unter Rekurs auf die Hegelsche Logik: „Nur Insistenz auf einfachen Prädikationen, auf der ‚Statik' eines Sachverhalts, überführt diese ihrer Unzulänglichkeit durch den Nachweis, daß jedem solchen Ist ein Nicht-Ist, nach Hegels Sprache: daß der Identität· die Nicht-Identität innewohnt. ... Nach dem Maß des ‚Ist', dessen alle unreflektiert diskursive Logik sich bedient, enthüllt Sein sich als ein Werden, im Sinne der Ausgangsbestimmungen der dialektischen Logik" (1979, S. 229). Adorno geht mit Hegel davon aus, daß „kein Sein ohne Werden und kein Werden ohne Sein gedacht werden" kann; demnach gilt auch für alles psychisch Seiende, daß es ein Gewordenes ist (1979, S. 228). Der sich daraus ableitenden Dialektik von Identität und Nicht-Identität, von Statik und Dynamik hat sich die Psychologie zu stellen. Für deren Methodologie würde dies bedeuten, daß ein dialektisches Zueinander von empirisch-analytischen und historisch ausgerichteten Verfahren zu suchen wäre. Dabei gilt die erkenntnistheoretische Maxime, daß „die Sache ... in der Methode ihrem eigenen Gewicht nach zur Geltung kommen" muß (1969, S. 135). Hat das Psychische eine historische Dimension, und daran läßt Adorno keinen Zweifel, wenn er im Sinne der Hegelschen Logik alles Sein als ein Werden faßt, so muß diese in der Methode ihren angemessenen Ausdruck finden. Nicht zuletzt dürfte die Irrelevanz und Banalität so vieler empirischer psychologischer Untersuchungen daher rühren, daß das Historische im mathematisch-naturwissenschaftlichen Methodenarsenal, das die Psychologie nach wie vor absolut setzt, nicht mehr vorkommt.

3. Gesellschaft: Der vernachlässigte Bezugspunkt der Psychologie

Wie es die Psychologie vermieden hat, den historischen Charakter der von ihr untersuchten Gegenstände und Zusammenhänge, ihrer wissenschaftlichen Begriffe und Methoden in ihr Selbstverständnis aufzunehmen, hat sie es auch versäumt, die Gesellschaftlichkeit ihrer Untersuchungsfelder, Begriffe und Methoden zu reflektieren. Statt dessen hat sie die mit ihrer Entwicklung als Wissenschaft verbundenen Ausdifferenzierungen unbefragt akzeptiert und fortgeschrieben. Damit hat sie ihren Beitrag zur Festschreibung der Trennung von Gesellschaft und Psyche geleistet: „Die Trennung von Gesellschaft und Psyche ist falsches Bewußtsein; sie vereinigt kategorial die Entzweiung des lebendigen Subjekts und der über den Subjekten waltenden und doch von ihnen herrührenden Objektivität" (1979, S. 44). Diese Trennung hat sich im Rahmen der Entwicklung der bürgerlichen Gesellschaft und der Arbeitsteilung in den Humanwissenschaften herausgebildet und ist nicht einfach zu überwinden. Versuche wie der von Talcott Parsons, im Bewußtsein der Unterschiedlichkeit der Probleme von Psychologen und Soziologen, „die gleichen Begriffe auf verschiedenen Abstraktionsniveaus und in verschiedenen Kombinationen (zu) verwenden", schlagen fehl. Denn sie unterstellen eine begriffliche Harmonie, ein „positivistisches Nachbild der Identität von Subjekt und Objekt, einen vernünftigen Zustand der Gesellschaft ..." (1979, S. 45).

Die Differenz, die sich heute in den Begriffen der Wissenschaften vom Menschen herausgebildet hat, verweist auf gesellschaftliche Ursachen der „Divergenz zwischen dem Allgemeinen und seiner Gesetzlichkeit hier, dem Individuellen in der Gesellschaft dort" (1979, S. 87). Der Unterschied zwischen Individuum und Gesellschaft ist so grundsätzlich, daß er durch keine wissenschaftliche Synthese aufgehoben werden kann; denn beide sind prinzipiell entzweit, und diese Entwicklung hat komplexe gesellschaftliche Ursprünge. Die Erkenntnis der Trennung von Gesellschaft und Individuum und ihrer gesellschaftlichen Ursachen darf nicht dazu führen, daß diese Trennung durch die Psychologie und andere Wissenschaften als gleichsam „natürliche" übernommen und durch die jeweiligen Forschungen fortgeschrieben wird. Denn dann wird unausweichlich falsches Bewußtsein produziert, das die Historizität und Gesellschaftlichkeit der Trennung verdeckt.

Zu vermeiden ist der „Kultus der Psychologie", der die Illusion der Ohnmächtigen ist, „ihr Schicksal hinge von ihrer Beschaffenheit ab" (1979, S. 65). Der von der Psychologie suggerierte Anspruch, der Mensch könne befähigt werden, ein jenseits aller Widersprüche und Verdinglichungen erfülltes Leben zu führen, ist anmaßend. Er suggeriert eine Freiheit des Individuums, die dieses nicht hat. „Das Ziel der gut integrierten Persönlichkeit ist verwerflich, weil es dem Individuum jene Balance der Kräfte zumutet, die in der bestehenden Gesellschaft nicht besteht und auch gar nicht bestehen sollte, weil jene Kräfte nicht gleichen Rechts sind" (1979, S. 65). Das Individuum ist ein „entsprungenes". Es vereinigt in sich die Widersprüche der Gesellschaft, ohne in der Regel sich ihrer bewußt zu sein. Das Individuum kann daher nicht jene „Invarianz für sich behaupten ..., deren Schein es in Epochen einer individualistischen Gesellschaft anahm ..." (1979, S. 91). Es reproduziert mit seinen Konflikten die Konflikte der Gesellschaft, allerdings nicht nur in der Form, daß es diese einfach abbildet, sondern es entwickelt sich als ein von der Gesellschaft Abgespaltenes und verstärkt so noch einmal die „Pathogenese einer gesellschaftlichen Totalität aus sich heraus, über der selber der Fluch der Vereinzelung waltet" (1979, S. 56). Das dialektische Verhältnis zwischen Gesellschaft und Individuum führt dazu, daß mit den verhärteten Verhältnissen der Gesellschaft zugleich eine Verhärtung des Subjekts einhergeht. „Je realitätsgerechter es wird, desto mehr wird es sich selbst zum Ding, desto weniger lebt es überhaupt noch, desto unsinniger wird sein ganzer ‚Realismus', der all das zerstört, um dessen Willen eigentlich die selbsterhaltende Vernunft ins Spiel kam" (1979, S. 60).

Die durch die Psychologie zum Forschungsobjekt gemachte Psyche paßt in eine Gesellschaft, in der die Subjekte „als bloße Bezugspunkte abstrakter Arbeit" verwendet werden. Je stärker losgelöst und selbstgenügsam sich das psychologische Forschungsfeld konstituiert, desto „vollständiger wird Subjektivität entsubjektiviert". „Die auf sich selbst zurückgeworfene, gleichsam objektlose Seele erstarrt zum Objekt. Sie kann aus ihrer Immanenz nicht ausbrechen, sondern erschöpft sich in ihren energetischen Gleichungen. Die streng nach den eigenen Gesetzen studierte Seele wird unbeseelt: Seele wäre erst das Tasten nach dem, was sie nicht selbst ist" (1979, S. 63).

Dadurch daß die Psychologie keinen Begriff von Gesellschaft hat, sich weitgehend der empirisch-analytischen Methodologie der Einheitswissenschaft verschrieben hat, nicht die Frage nach der Geschichtlichkeit der untersuchten Zusammenhänge und der Untersuchungsverfahren stellt und die Frage nach den Entstehungs- und Verwertungszusammenhängen von Wissenschaft und ihren Ergebnissen nicht aufwirft, verengt sie ihr Wissenschaftsverständnis unnötig und unzulässig. Ist es nicht an der Zeit, daß sie sich dieser Kritik öffnet und derartige Perspektiven aufnimmt, die sie aus ihren Verengungen herausführen und die Paradigmenvielfalt ihrer Forschungen vergrößern?

Anmerkungen

[1] Die nachfolgenden biographischen Daten Adornos basieren auf den Angaben von Martin Jay (1976) und Ludwig v. Friedeburg (1983).

Literatur

Adorno, Th. W. (1951). Minimal Moralia. Frankfurt/M.: Suhrkamp.
Adorno, Th. W. (1968). Vorlesung zur Einleitung in die Soziologie, SS 1968, o. O.
Adorno, Th. W. (1969a). Soziologie und empirische Forschung. In ders., Der Positivismusstreit in der deutschen Soziologie. Darmstadt Luchterhand, 5. Aufl. 1976.

Adorno, Th. W. (1969b). Zur Logik der Sozialwissenschaften. In ders., Der Positivismus-streit in der deutschen Soziologie. Darmstadt: Luchterhand, 5. Aufl. 1976.

Adorno, Th. W. (1970). Ästhetische Theorie. Frankfurt/M.: Suhrkamp.

Adorno, Th. W. (1973). Studien zum autoritären Charakter. Frankfurt/M.: Suhrkamp.

Adorno, Th. W. (1975). Negative Dialektik. Frankfurt/M.: Suhrkamp.

Adorno, Th. W. (1979a). Gesellschaftstheorie und empirische Forschung. In ders., Sozio-logische Schriften I. Frankfurt/M.: Suhrkamp.

Adorno, Th. W. (1979b). Über Statik und Dynamik als soziologische Kategorien. In ders., Soziologische Schriften I. Frankfurt/M.: Suhrkamp.

Adorno, Th. W. (1979c). Postscriptum. In ders., Soziologische Schriften I. Frank-furt/M.: Suhrkamp.

Adorno, Th. W. (1979d). Zum Verhältnis von Soziologie und Psychologie. In ders., So-ziologische Schriften I. Frankfurt/M.: Suhrkamp.

Friedeburg, L. v. (1983). Eröffnung. In Adorno-Konferenz 1983, hg. v. L. v. Friedeburg & J. Habermas. Frankfurt/M.: Suhrkamp.

Horkheimer, M., & Adorno, Th. W. (1969). Dialektik der Aufklärung. Frankfurt/M.: S. Fischer.

Jay, M. (1976). Dialektische Phantasie. Frankfurt/M.: S. Fischer.

Talcott, P. (1950). Psychoanalytic and the social structur. The Psychoanalytic Quaterly, XI, 3, 371 ff.

Historische Psychologie gegen den psychologischen Anachronismus: Lucien Febvre

Michael Sonntag

Der französische Historiker Lucien Febvre ist einer der Begründer der in letzter Zeit allmählich auch in Deutschland rezipierten „Geschichte der kollektiven Mentalitäten"[1]) und zusammen mit Marc Bloch der Gründer der Zeitschrift „Annales E. S. C.", aus der diese Art der Geschichtsschreibung wesentlich hervorgegangen ist[2]). Beide gründeten die Zeitschrift noch unter dem Titel „Annales d'histoire économique et sociale" im Jahre 1929. Ihr voraus ging die Gründung der „Revue de synthèse historique" durch Henri Berr bereits im Jahre 1900, der sich Febvre 1907, Bloch 1912 als Mitarbeiter anschlossen.

Die hier ihren Ausgang nehmende Innovation der französischen Geschichtsschreibung stellt u. a. eine Reaktion auf den deutschen Historismus insbesondere in der Tradition Rankes dar, wie er im 19. Jahrhundert auch die französische Historik geprägt hatte (Erbe, 1979, S. 27 ff.; Iggers, 1978). Es handelt sich um eine kritische Reaktion, aber sie gewinnt ihre eigenständige Linie, die bis heute die französische Sozialgeschichtsschreibung bestimmt, nicht aus einer bloßen und vollständigen Ablehnung.

Die Kritik richtet sich gegen die Zentrierung auf die Themen der großen Politik, gegen eine Geschichte der großen Staatsaktionen und gegen eine individualisierende Geschichte der großen Staatsmänner. Infragegestellt wird auch das Programm der Ereignisgeschichte sowie die Betonung des Einzigartigen der geschichtlichen Ereignisse, die jede Generalisierung ausschließt und von jeder historischen Synthese weit entfernt ist. Der Name, den Berr seiner Zeitschrift gibt, ist insofern selbst programmatischer Natur. Von Berr über Febvre bis zu Duby und LeGoff gilt das Verlangen nach und das Bekenntnis zu einer „ganzen", „umfassenden Geschichte, bei der sich materielle Lebensbedingungen und Kultur gegenseitig durchdringen" (LeGoff, 1984, S. 25). Wobei „Kultur" im Sinne des französischen „civilisation" das gesamte geistige, soziale, religiöse, wissenschaftliche etc. Spektrum einer Gesellschaft mitsamt den konkreten Lebensformen ihrer Mitglieder umfaßt.

Zwischen den anderswo einander feindlich gegenüberstehenden Territorien des „Geistes" und der „materiellen Bedingungen" entdeckt die frühe französische Sozialgeschichtsschreibung das sonderbare Reich, in dem beide sich überlagern. Ein Zwischenreich, das von schattenhaften Figuren bevölkert wird; gibt es doch innerhalb einer reinen „Geschichte der Dokumente"[3]) nur blasse Evidenzen für die Rekonstruktion der im obigen Sinne umfassenden „Farbigkeit" einer Epoche. Sie konstituiert sich erst dadurch, daß „die Gesamtheit der Existenzbedingungen einer Epoche in Beziehung (steht mit) dem Sinn, den die Menschen derselben Epoche mit ihren Ideen verbinden. Denn diese Bedingungen überziehen die Ideen — wie alles andere — mit der eindeutigen Farbe einer Epoche und Gesellschaft, sie legen ihre Krallen auf die Ideen wie auf die Institutionen und deren Funktionsweise. Für den Historiker sind Ideen und Institutionen niemals ewige Gegebenheiten, sondern historische Erscheinungsformen des menschlichen Geistes in einer bestimmten Epoche und unter dem Zwang von Umständen, die sich nie mehr wiederholen" (Febvre, 1977, S. 324).

Unverkennbar lebt hier die „umfassende Geschichte" auf, es überlebt aber auch als Erbe des Historismus die Einzigartigkeit jeder geschichtlichen Epoche, ihre Eigenzeitlichkeit, die aus sich selbst, aus dem materialen Fundus der Epoche rekonstruiert werden muß — wenngleich mit den Mitteln des modernen Historikers — und die nicht eingekleidet werden darf in Rückprojektionen, die der fortgeschrittenen Zeit des Historikers entliehen sind. Darin deutet sich auch die Absage an jedwede Geschichtsphilosophie an, die noch für LeGoff „der schlimmste Feind der Geschichte" bleibt (LeGoff, 1984, S. 25), und sowohl im Gegenstand wie in der Methodologie zeigen sich andererseits die Berührungspunkte zum zeitgenössischen soziologischen Positivismus Durkheims. Tatsächlich ist ein und vielleicht das Hauptmoment der Bemühungen der neuen französischen Geschichte in den ersten Jahrzehnten des 20. Jahrhunderts die Integration der Geschichtsschreibung mit der neuen Soziologie zu etwas, was man durchaus als „Sozialgeschichte" bezeichnen könnte[4]).

Für Febvre und Bloch ist wie für Durkheim das einzelne Individuum nur im Zusammenhang einer Gesellschaft zu verstehen. „Die intellektuelle Tätigkeit", sagt Febvre, „setzt das gesellschaftliche Leben voraus. Die Entwicklung ihrer unerläßlichen Werkzeuge (in erster Linie der Sprache) impliziert mit Notwendigkeit die Existenz einer menschlichen Umwelt, denn schließlich ist es ihr Ziel, zwischen den Bewohnern der gleichen Lebenswelt Beziehungen herzustellen" (Febvre, 1977, S. 317f.). Diese Gesellschaft aber drückt sich ebenso wie ihre Individuen in kollektiven Formen aus, die durchaus „von außen" betrachtet werden können. Gewiß sind einzelne Ereignisse und besondere Bewußtseinsinhalte von Individuen nur indirekt, über Aussagen, zu erschließen. Aber die Struktur einer Gesellschaft, wie die der Mentalität ihrer Mitglieder, zeigt sich auch an konkreten institutionellen und materiellen Überresten und Objektivationen. Die schriftlichen Dokumente reichen nicht aus; und sie sind selbst nur „Beobachtungsmaterial", das der Rekonstruktion der Mentalität oder des Handelns in einer bestimmten Gesellschaft zu dienen hat.

Zwar bleibt dabei das „Verstehen" der Vergangenheit das primäre Ziel des Historikers. Aber es handelt sich nicht um das hermeneutisch orientierte „Verstehen" des Individuums bei Dilthey, Windelband, Droysen oder Meinecke dort, wo es vom kausalen „Erklären" explizit abgegrenzt wird und die Spezifität der „geisteswissenschaftlichen" der „naturwissenschaftlichen" Methode gegenüber begründet. Das „comprendre" menschlicher Verhaltensweisen in ihren konkreten Erscheinungen, so Bloch und Febvre, schließt kausale Erklärungen nicht aus, erfordert sie vielmehr. Gleichwohl kann das comprendre niemals auf bloßes Faktenwissen – savoir – reduziert werden: Man muß die Beziehungen zwischen den Fakten erklären. „Eine Sammlung von Fakten", so hatte bereits Berr deklariert, „hat nicht mehr wissenschaftlichen Wert als eine Briefmarken- oder Muschelsammlung" (Berr, 1911, S. 19).

Die Absage an Geschichtsphilosophie bedeutet und beinhaltet also keineswegs eine Absage an Theorie. Für das Bedürfnis nach erklärender, „synthetisierender" Theoriebildung steht der historisch interessierte Philosoph Berr[5]) (Berr, 1911, S. 259), für das Bedürfnis nach einer Methodologie die „Praktiker" Bloch und Febvre.

Nach dem 19. Jahrhundert, nach Hegel, nach Marx, nach dem Historismus ist auch für Febvre die menschliche Lebenswelt nicht als „Natur" der Aufklärung oder des Positivismus, sondern als „Kultur" (civilisation) zu sehen, als vom Menschen auf der Basis natürlich vorgegebener Bedingungen geschaffenes Produkt. Und zugleich muß „der" Mensch aus dieser in historisch je spezifischer Weise geschaffenen Lebenswelt heraus erklärt werden, ist, wie Erbe über Febvre sagt, „ein raum- und zeitgebundenes Wesen und muß aus den Gegebenheiten heraus verstanden werden, in denen er lebt, wobei keiner – weder dem Milieu noch dem geistigen Klima – ein Primat zukommt, sondern der Interdependenz ... zwischen den verschiedenen sich auf menschliches Handeln auswirkenden Faktoren nachgegangen werden muß. Allerdings", fügt Erbe hinzu, „hat – anders als bei Bloch – das Individuum bei ihm eine eigenständige Bedeutung, vor allem wenn es, wie in seinen Büchern über Luther und Rabelais, ein exemplarisches Schicksal widerspiegelt" (Erbe, 1979, S. 94).

Man könnte demnach meinen, Febvre setze das fort, was Berr als historische Psychologie anspricht, wo sie die „wichtige und schwierige Frage der Psychologie" zu behandeln hat, „die Rolle zu erhellen, die das persönliche Element in der Geschichte spielt"[6]) (Berr, 1911, S. 261). Ungeachtet dessen, wie es damit bei Berr sich verhält: wäre also für Febvre „historische Psychologie" doch wieder die „Psychologie historischer Persönlichkeiten"?

Keineswegs. Tatsächlich ist es vielmehr genau diese Art „historischer Psychologie", gegen die Febvre sich mit Nachdruck wendet. „Zu viele Historiker sagen immer noch: ‚Man kann die Psychologie benutzen', nämlich zur Interpretation gesicherter Fakten über den Charakter, die Handlungsweise und das Leben eines großen Mannes, eines jener Männer, ‚welche die Geschichte machen'. Doch was soll unter dieser Psychologie verstanden werden? Etwa jene Sorte leicht philiströser Weisheiten auf der Basis alter Sprichwörter, verblühter literarischer Reminiszenzen und erworbener oder überkommener Lebensklugheit, die unseren Zeitgenossen als Führer in den Alltagsbeziehungen mit ihresgleichen dient?" (Febvre, 1977, S. 323)[7]). Und er vergleicht diese Anwendung von „Psychologie" auf „Geschichte" mit den prunkvollen Trivialitäten des historischen Romans oder mit der professionellen Kleingeistigkeit der Bouvard und Pécuchet, „wie sie im Vollbesitz all der Erfahrungen, die sie aus dem Umgang mit den Putzmacherinnen und Krämerinnen ihres Viertels geschöpft haben, die

Gefühle von Agnes Sorel für Karl VII. oder von Ludwig XIV. für die Montespan so zurechtbiegen, daß ihre Verwandten und Freunde beim Lesen ausrufen: ‚Genauso war es!'" (1977, S. 323). Kurzum: „Es darf" über diese Variante der Interpenetration von Geschichte und Psychologie „gespottet werden".

Folglich interessieren Febvre die historischen Personen, über die er seine Monographien schreibt, nicht als Individuen per se, sondern als exemplarische Konkretionen, an denen sich wie das Licht in einem Prisma die Epoche bricht, in der sie leben, und sich in die Farben ihres Spektrums zerlegt; Farbigkeit der Epoche, durch die besondere Perspektive der Untersuchung. Diese Fläche oder dieser Raum einer Brechung ist auch der einer Reibung zwischen den Individuen und den besonderen Umständen gesellschaftlicher, sozialer, politischer Art, unter denen sie leben, der der letztliche Gegenstand der historischen Analyse ist. Im Luther-Buch etwa ist das primäre Ziel nicht einfach die Rekonstruktion von Luthers ursprünglichen Motiven; wesentlich wird, welche Ereignisse er in Gang setzte, ohne dies bewußt zu intendieren, und wie diese Ereignisse auf ihn zurückwirkten.

Es geht Febvre nicht um Individualpsychologie, auch nicht um deren Anwendung auf Geschichte. Er fürchtet gerade den damit drohenden Anachronismus, den „schlimmsten aller Anachronismen", heutige Vorstellungen und Sichtweisen von Individualität, psychischen Strukturen und Befindlichkeiten auf· die Geschichte rückzuprojizieren. Er fürchtet aber auch den Anthropologismus, der sich darin gefällt, allgemeine menschliche Grundbedürfnisse, kognitiv-emotionale Ausstattungen und Verhaltensmuster durch die Kontinuität der Jahrhunderte und Jahrtausende zu verfolgen. Er will gerade „nicht eine Studie über die Liebe oder die Freude in allen Zeiten, Epochen und Zivilisationen" (1977, S. 331). Denn diese vermeintliche anthropologische Kontinuität „der" Liebe, „der" Freude und dergleichen erweist sich als historiophagisches Phantasma angesichts der tiefgreifenden Unterschiede zwischen den Epochen (und innerhalb einer Epoche zwischen den unterschiedlichen Kollektiven einer Gesellschaft), der historischen Differenz, der Diskontinuität. Anläßlich einer Abhandlung über die „Kunst des Sterbens" im Ancien Régime heißt es: „Nicht einmal dreihundert Jahre sind vergangen; aber welch ein Abgrund zwischen den Sitten und Gefühlen der Menschen jener Zeit und der unsrigen …" (1977, S. 331).

Die Einsicht in diese tiefen historischen Differenzen und damit in die Historizität einer Geschichte, die weder planes Kontinuum noch stetig-geradlinige Entwicklung zum Grundmuster hat, ist eines der Ergebnisse, die Febvre erwartet von einer „Aufnahme einer breitangelegten kollektiven Untersuchung der fundamentalen menschlichen Gefühle und ihrer Ausdrucksweisen" (1977, S. 331). Aber damit erweist sich die historische Analyse auch als auf die Gegenwart gerichtet. So gibt es einen weiteren, zur Zeit der Niederschrift des Artikels über die „Sensibilité in der Geschichte" sehr aktuellen Grund für die Forderung einer solchen Untersuchung. Er ist 1941 erschienen, im Krieg, im besetzten Frankreich, zur Zeit der größten Ausdehnung des Faschismus auf dem europäischen Kontinent. Und nicht zufällig heißt es in der Schlußpassage, „diese ganze Psychologie" ziele „auf die Geschichte. Auf die älteste wie auf die jüngste Geschichte. Auf die der primitiven Gefühle *in situ* wie auf die der wieder durchgebrochenen primitiven Gefühle. Auch auf unsere Geschichte der ständigen Wiederkehr und Wiederauferstehung von Gefühlen. Kult des Blutes, des Blutroten, so animalisch es irgend geht. Kult des machtvoll Elementaren, als Ausdruck der Erschöpfung der vergewaltigten Tiere, die wir sind: erdrückte, ausgelaugte Tiere, plattgewalzt von dem rasenden Lärm, der rasenden Dynamik Tausender von Maschinen, die uns zur Obsession geworden sind. Kompensatorisches Wiederaufleben eines Kults der Mutter Erde. Nicht minder universelles Wiederaufleben eines Kults der nährenden und heilenden Sonne: Nudismus und Camping, selbstvergessenes Gleiten in Luft und Wasser. Verherrlichung primärer Gefühle unter jähem Bruch der Orientierungs- und Wertmuster; Verherrlichung der Härte auf Kosten der Liebe, des Animalischen auf Kosten der Kultur – und zwar einer gegebenen Animalität, die als der Kultur überlegen erfahren wird" (1977, S. 333).

Das kollektive Hervorbrechen archaischer Verhaltensmuster und mentaler Dispositionen im Kontext einer unbewältigten Dialektik der abendländischen Zivilisierung verlangt Aufmerksamkeit für die Rolle dieses „kollektiv-subjektiven Faktors", für die „komplizierende Rolle der Zwischenglieder" zwischen materiellen Verläufen und den Ideen (Horkheimer). Über die Funktion des Beiwerks hinaus, etwa im Sinne der „emotionalen Tönung" anderswo und eigenmächtig ablaufender Prozesse, muß man diesen „kollektiven Mentalitäten" geschichtsmächtige Konsequenz einräumen. Nicht als Ursache, das wäre Psychologismus, sondern als Effekt konkreter materieller und gesellschaftlicher Umstände, wie auch als Instrument der Vergesellschaftung selbst.

Denn warum soll sich der Historiker mit Emotionen beschäftigen? Nicht weil sie das Besondere, „das unabdingbar und unerbittlich Subjektive in uns" sind. „Viel wichtiger ist, daß die Emotionen, wenn sie nicht mit bloßen Reaktionen auf die Außenwelt verwechselt werden, eine besondere Eigenschaft aufweisen, von der jemand, der sich mit dem gesellschaftlichen Leben seiner Artgenossen beschäftigt, diesmal nicht länger abstrahieren kann: *Emotionen sind ansteckend.* Sie implizieren zwischenmenschliche Beziehungen und kollektive Verhaltensweisen. Zweifellos gründen sie in organischen Ursachen, die individuell verschieden sind, und entstehen oft anläßlich eines Ereignisses, das je ein Individuum allein angeht oder zumindest mit besonderer Heftigkeit berührt. Aber ihre Ausdrucksformen sind das Ergebnis einer bestimmten Reihe von Erfahrungen des Zusammenlebens …" (1977, S. 316f.).

Emotionen als Stifter von Sozialität, als „Beziehungsmedium"; die „Psychologie", mit der in die Geschichte gegangen werden kann, ist hier von vornherein als eine „historische Sozialpsychologie" angelegt. Ihr Gegenstand sind die historischen Formen der Beziehungen zwischen Individuen, die Verkehrsformen. Diese aber bilden das Feld einer komplexen und komplizierten Konfrontation. Sie sind ihrerseits weder voraussetzungslos noch unstrukturiert; es gibt keine Beziehungen zwischen menschlichen Individuen und hat sie nie gegeben, die auf der Reinheit psychischer Mechanismen beruhen. Andererseits ist es nicht möglich, sie aus den materiellen Bedingungen etwa ökonomischer Art schlicht und einfach „abzuleiten" (Duby & Lardreau, 1982, S. 111 ff.). Die Verkehrsformen wie die Mentalitäten sind immer organisiert durch eine jeweilige Gesamtheit gesellschaftlicher Einrichtungen, und sie können in ihren historischen Varianten nur aus dieser je epochenspezifischen Gesamtheit erklärt werden, aus den herrschenden Ideen, aus den herrschenden „Institutionen". So wäre das adäquate Gebiet, „das Forschungsgebiet schlechthin" jener historischen Psychologie „das Gebiet der Geschichte der Ideen und der Institutionen"[8]) (Febvre, 1977, S. 324).

Dieses Gebiet aber, und daher die „Konfrontation", befindet sich dort, wo sich „die Existenzbedingungen einer Epoche" überkreuzen mit den Repräsentationsweisen der Individuen von sich selbst und ihrer Welt, mit „dem Sinn, den die Individuen derselben Epoche mit ihren Ideen verbinden". Das Ineinander- und manchmal auch Gegeneinanderwirken dieser historisch-spezifischen materiellen Lebensbedingungen[9]) und der kollektiven Repräsentationsweisen macht die historische Differenz und die Spezifität aus, die die Epochen voneinander scheidet und ihnen ihre je eigene „Farbe" gibt.

Das Unterbrechen einer vermeintlichen historischen Kontinuität, die Aufmerksamkeit für die historische Differenz, der Blick für die „eindeutige Farbe einer Epoche" bleibt nicht ohne Konsequenzen für die prinzipielle Einschätzung der je gegenwärtigen politischen und gesellschaftlichen Verhältnisse. Sie zeigen sich als resultathaft und geschichtlich produziert und vor allem, als jeweils in besonderer, historisch spezifischer Weise produzierte. Es ist dann nicht mehr möglich, sie als erneute − und vielleicht ewige − Wiederkehr eines Immergleichen anzusehen, sei dieses einer Ontologie oder einer Anthropologie verpflichtet.

So erschöpft sich auch „unsere Geschichte der ständigen Wiederkehr und Wiederauferstehung von Gefühlen" (Febvre, 1977, S. 333) keineswegs in einer Abfolge bloßer Wiederholungen, deren zeitgenössisches Exemplar der Faschismus wäre. Wie alles andere kollektiv und gesellschaftlich Hervorgebrachte auch, ist er nicht das Resultat eines periodisch wiederkehrenden Durchbrechens des „Bösen" oder eines Archaisch-Affektiven „im Menschen". Er zeigt vielmehr die Labilität und die Dialektik eines zivilisatorischen Prozesses und seiner Ergebnisse, die nicht in ein eindimensionales und lineares Entwicklungs- oder Fortschrittsschema zu pressen sind, und die zwar menschlich produziert sind, dabei aber nicht vollständig einem planvollen und bewußten rationalen Handeln und einer kompetenten Einsicht in die wirkenden Mechanismen unterliegen. Die Aufgabe des Historikers ist es von daher auch, zur Aufklärung solcher Mechanismen beizutragen. Und auch dies ist ein Grund für die „umfassende" Geschichtsschreibung, die die Komplexität des Bedingungsgefüges historischer Konstellationen und historischen Wandels zu erfassen in der Lage sein muß. Der Faschismus ist also aus der Gesamtheit seiner spezifischen historisch-gesellschaftlichen Bedingungen heraus zu untersuchen, um zu verstehen, wie er bestimmte „affektive" Dispositionen, die ihrerseits Resultate kollektiver historischer Sozialisation sind, nutzen und zu seinen Instrumenten und Effekten machen kann. Daraus folgt dann aber auch, daß es sich um kein „geschichtliches Naturereignis" handelt, daß kollektives politisches Handeln möglich ist und in die Lage versetzt werden kann, Widerstand zu leisten bzw. andere gesellschaftliche Verhältnisse zu schaffen.

Im Bereich einer „mentalitätsgeschichtlichen", „historisch-anthropologischen" oder „historisch-psychologischen" Forschung, der es wesentlich um das konkrete Feld der geschichtlichen Beziehungen von „Basis" und „Überbau", „materiellen und ideellen Verläufen" oder Lebensbedingungen und Repräsentationsweisen geht, hat die Aufmerksamkeit für die historische Differenz ferner erhebliche methodologische Auswirkungen. Die gesamte gegenständliche Begrifflichkeit, soweit sie Arsenal des Historikers ist, soweit sie aber auch die in der Geschichte untersuchten „Dinge" bezeichnen soll, zeigt sich in ihrer eigenen Historizität. Es ist dann auch hier nicht mehr möglich, z. B. den in den Dokumenten über mehrere Epochen hinweg auftauchenden gleichen Begriffen, wie etwa „Freude" und „Liebe" oder auch „Seele", von vornherein eine jeweils gleiche Bedeutung zu unterstellen. Das geschichtliche Ineinanderwirken von Lebensbedingungen und Repräsentationsweisen, das einen ständigen aktiven Prozeß darstellt, läßt die Worte und die damit bezeichneten „Gegenstände" sich historisch gegeneinander verschieben. Die Rekonstruktion einer „Geschichte der Emotion(en)", etwa „der Liebe", „des Todes", „der Barmherzigkeit", „der Grausamkeit", „der Freude" (Febvre, 1977, S. 330), kann also nicht vom heutigen Status und vom heutigen Verständnis dieser Begriffe ausgehen, kann nicht in der Geschichte dasjenige suchen, was wir heute darunter verstehen: Das wäre psychologischer Anachronismus.

Niemand käme auf den Gedanken, die Struktur der mittelalterlichen Gesellschaft oder die damalige Organisation der Produktion sei die gleiche wie heute. Aber viel schwieriger scheint es zu sein, sich vorzustellen, daß von daher auch die kognitive und affektive Ausstattung der Menschen nicht nur inhaltlich, sondern auch strukturell eine andere gewesen sein könnte, ja gewesen sein muß [10]). Die Schranke, die uns an einer solchen Vorstellung hindert, mag damit zu tun haben, daß wir uns in diese „anderen Menschen" nicht hineinversetzen können so, wie wir uns z. B. in eine mittelalterliche Stadt hineinversetzen können. Selbst wenn wir uns gedanklich in dieser Stadt aufhalten, bleiben wir dabei doch dieselben, die wir heute sind. Und unsere gesamte „Wahrnehmung" dieser Stadt konstituiert sich aus unseren heutigen Dispositionen sinnlich-affektiv-leiblicher Art, die wir nicht abstreifen können. Wir können zwar von unseren eigenen historisch-gesellschaftlichen Bedingungen und Gegebenheiten abstrahieren, aber diese Abstraktion bleibt selbst abstrakt, denn man kann eine konkrete lebenslang stattgehabte Sozialisation nicht durch das Phantasma einer anderen ersetzen. Die Abstraktion vom eigenen und die Imagination des anderen Lebens reicht nicht hin, die Leerstelle auszufüllen, die uns umgibt, weil wir die alten, fremden, „ganz anderen" Bedingungen und Gegebenheiten, die Sozialisation und Identitätsbildung bestimmen, nicht am eigenen Leibe erfahren haben und nicht an die Stelle dessen treten lassen können, wovon wir gerade gedanklich — und nur gedanklich — abstrahieren. Es ist etwas grundsätzlich anderes, sich vorzustellen, Fronbauer bei einem feudalen Lehnsherren zu sein, als es tatsächlich zu sein, ein Leben lang, welches nur ein Glied in einer Kette von Generationen ist.

Eine banale Erkenntnis; aber sie hat methodologische Implikationen. Ein „Verstehen" im Sinne eines Schlußfolgerns von äußeren Vergegenständlichungen auf ein inneres Substrat oder ein „Einfühlen" in historisch so weit von uns entfernte Lebensweisen bzw. in ein in dieser Weise „gelebt habendes" Individuum, ob es nun Texte produziert hat oder nicht, ist ein gefährliches Unterfangen, da es notwendigerweise mit projektiven Mitteln arbeiten muß, ohne sich dieser unbedingt bewußt zu sein.

Man muß also, wenn man das Fremde, wenn man die Eigenzeitlichkeit — die „Eigenartigkeit" — des Gegenstandes erhalten will, andere Wege gehen. Man kann die heutigen Standards beiseitelegen und versuchen, in jener Überschneidung von Existenzbedingungen und Repräsentationsweisen einer Epoche herauszuarbeiten, was *ihr* für wirklich zu gelten hat[11]), was die gesamte Erfahrung dieser Epoche ausmacht bzw. wodurch sie sich konstituiert. Man kann dabei nach Evidenzen fragen, denen eine andere Positivität zukommt, als die des Sich-Hinein-Versetzens in andere Zeiten, andere Welten, andere Menschen. Und man kann diese Evidenzen aus dem untersuchten Zeit-Raum selbst gewinnen.

Ein wichtiges Beispiel für eine solche Art der Fragestellung gibt Febvre in seiner Rabelais-Monographie. Rabelais und mit ihm letztlich dem gesamten 16. Jahrhundert war von jüngerer historiographischer Seite „Atheismus" attestiert worden. Febvre, der dies bezweifelt, versucht nun nicht einfach nur, die Frage zu beantworten, ob Rabelais Atheist war. Er stellt noch eine ganz andere Frage, nämlich die, ob in jener Zeit überhaupt jemand „Atheist" sein *konnte*. Gab es im 16. Jahrhundert bereits die sprachlich-gedanklichen Mittel, das „outillage mental", ein Atheist zu sein? Erlaubt das „Material des Denkens", der gegebene Wortschatz und die syntaktischen Möglichkeiten jener Zeit eine Haltung, die man mit Recht als „Atheismus" apostrophieren könnte? Febvre verneint diese Möglichkeit: Mit einer Aufzählung von dafür notwendigen Worten, Begriffen, syntaktischen Wendungen, die erst später entstanden seien und die das 16. Jahrhundert noch nicht kenne, versucht er zu demonstrieren, daß die Zeit Rabelais' einen Atheismus nicht kennen konnte, weil sie ihn nicht hätte sagen können, weil das dazu erforderliche „Werkzeug des Denkens" noch gar nicht vorhanden war.

Eine Richtung der Analyse, die gleichsam nach der Existenz der „materialen Bedingung der Möglichkeit" fragt[12]). Die Annäherung an den Gegenstand erfolgt „von außen", über eine Rekonstruktion jenes „outillage mental"[13]): Welchen Vorrat an Zeichen und welche Regeln ihrer Verkettung gibt es in einer bestimmten Zeit in bezug auf einen bestimmten Gegenstand, und welche Aussagen lassen sich damit denken? Welche kollektiven Praktiken geben uns Auskunft über Einstellungen zu diesem Gegenstand? Mit welchen kollektiven Ritualen wird z. B. der Tod in einer bestimmten Gesellschaft umstellt? Ferner geben uns nicht nur die Worte – in den Wörterbüchern und Lexika, in den Gerichtsarchiven und der Kasuistik oder in den philosophischen, religiösen etc. und sogar den literarischen Texten, wenngleich diese mit besonderer Vorsicht zu behandeln sind – Auskunft, sondern auch die bildlichen Zeichen, die Ikonographie. Philippe Ariès hat später in diesem Sinne die Ikonographie der Grabmale in das Material seiner „Geschichte des Todes" im Abendland aufgenommen (Ariès, 1980)[14].

Tatsächlich ist Lucien Febvre in seiner Wirkung auf die „neue Geschichte"[15] schlechterdings nicht zu überschätzen. Wir haben uns hier nur mit wenigen Beispielen befassen können. Febvre habe die „wegweisenden großen Linien einer Geschichte der Mentalitäten" gelegt, sagt Duby, die bis heute Geltung hätten (Duby, 1961, S. 941). Und Roland Barthes, der sich Febvre verpflichtet fühlt, weil er die bis dahin vernachlässigten Gegenstände (der Literaturkritik) eingeführt habe – das Milieu des Autors, das Publikum, die intellektuelle Bildung beider und die kollektive Mentalität ihrer Zeit –, zieht eine Linie zwischen Febvre und dem Foucault von „Wahnsinn und Gesellschaft"[16]. Wollen wir nicht schließen, ohne einen der wichtigsten direkten Schüler Febvres zu erwähnen, der dessen Bemühungen fortsetzt, nämlich Robert Mandrou mit seinen leider immer noch nicht ins Deutsche übersetzten Arbeiten, etwa seinem „Versuch einer historischen Psychologie" über das Frankreich von 1500 bis 1640[17].

Anmerkungen

[1]) Nur diesen Aspekt des Werkes von Febvre (1878–1956) haben wir hier gemäß gebotener Kürze und Intention des Buches behandelt. Auch auf die Problematik des Mentalitätsbegriffs kann hier nicht eingegangen werden. Vgl. dazu die unter Anmerkung 2 genannte Literatur. Zu biographischen und bibliographischen Zwecken siehe auch H. D. Mann (1971). Zu den wichtigsten Werken Febvres vgl. im Literaturverzeichnis.

[2]) Wobei die „Mentalitätsgeschichte" nur einen Teil der Annales-Aktivitäten ausmacht. Auf die Bedeutung der „Annales Economies, Sociétés, Civilisations" (nach mehrfachen Umbenennungen ist dies der Titel der Zeitschrift ab 1946) für die „nouvelle histoire", die neue französische Sozialgeschichtsschreibung – die Annales und ihre Autoren *sind* die nouvelle histoire –, kann hier nicht näher eingegangen werden. Vgl. dazu U. Raulff (1986); M. Erbe (1979); C. G. Iggers (1978), bes. S. 55 ff.; W. Wüstemeyer (1973); V. Rittner (1980); R. Deutsch (1981) sowie C. Honegger (1977), mit einer Einführung der Herausgeberin: „Notizen zum Werdegang der Annales" (S. 7–44) und einer Reihe ausgewählter Artikel von Annales-Autoren, u. a. Braudel, Furet, M. Bloch, LeRoy Ladurie, Flandrin, Febvre, Vernant, Mandrou, LeGoff, Duby.

[3]) „Charles Langlois' und Charles Seignobos' 1898 erschienene ‚Introduction aux études historiques', die Generationen französischer Studenten als Standardlehrbuch diente, scheint, oberflächlich gesehen, von den deutschen Vorbildern abzuhängen;

die Verfasser betonen, es gebe keine Geschichte ohne schriftliche Dokumente, und sie schrieben genau vor, wie sich der Historiker damit auseinanderzusetzen habe … Trotz ihrer Kritik an den deutschen Vorstellungen von Geschichtswissenschaft, die zu einseitig philologisch in ihrem Ansatz sei und zu weit von jeder historischen Synthese entfernt bleibe, boten diese französischen Historiker Beispiele einer ereignisorientierten Geschichte, die die politische und militärische Geschichte der Staaten Europas aus dem Blickwinkel der Regierenden sah. Darin und auch in dem fast ausschließlichen Auswerten offizieller Dokumente ähnelte ihr Vorgehen dem ihrer deutschen Kollegen" (Iggers, 1978, S. 60).

4) Vgl. Erbe, 1979, S. 29; Iggers, 1978, S. 61 f. Wüstemeyer (1973) betont (Anm. 34, S. 580) „die Bemühung der ‚Annales', nach der positivistischen französischen Soziologie auch dem Strukturalismus die Kategorie der historischen Zeit und den Begriff des Wandels einzupauken".

5) Berr lastet den Historikern zu Beginn des Jahrhunderts an, was heute den Psychologen vorgehalten wird, nämlich das „ängstliche Bemühen, lieber eine ‚gute Methode' anzuwenden, als breite Ergebnisse zu erhalten" (1911, S. 259).

6) Das andere wichtige Element wäre „Sozialpsychologie", d. h. Kenntnis der Grundbedürfnisse, auf die – für Berr – die Institutionen und ihre wechselnden Ausdrucksformen nur Reaktionen sind.

7) Zu den Psychologen, auf die Febvre sich beruft, zählen vor allem Henri Wallon und Charles Blondel.

8) Wobei mit „Institution" nicht einfach nur „Anstalt" gemeint ist, sondern im Prinzip eine jegliche von einer Gesellschaft hervorgebrachte „Einrichtung" wie etwa auch Rituale oder Feste. Febvre spricht auch von den Emotionen bzw. ihrer jeweiligen sozial codierten Form als von „einer Art Institution" (1977, S. 317).

9) Einer der wichtigsten Lehrer Febvres war der Geograph Paul Vidal de la Blache, von dem er noch 1953 sagte, seine Geographie habe die Annales-Geschichtsschreibung „gezeugt" (vgl. Erbe, 1979, S. 35 f.). Vidals Einfluß verdankt sich z. B. Febvres ‚La terre et l'évolution humaine' von 1922. Zu den „materiellen Lebensbedingungen" gehören in dieser Tradition daher immer auch die natürlichen klimatischen und geographischen Gegebenheiten der untersuchten Region. „Das Geschichtsverständnis der ‚Annales'-Historiker", schreibt Wüstemeyer (1973, Anm. 71, S. 582), „wirkt sich in einer typischen Weise dahin aus, daß es stark an geographisch-wirtschaftlichen *Räumen* orientierte Arbeiten hervorbringt …"

10) G. Duby (1961, S. 938) hält den psychologischen Anachronismus von daher wie Febvre für den schlimmsten, zugleich aber auch für den natürlichsten, jedenfalls für den, „der keinen Sinn hat für die historische Veränderung, … für den, der nicht bedenkt, daß die Empfindungen, die Gefühle, die moralischen Werte und selbst die Wege der Schlußfolgerung auch ihre Geschichte haben können. Dieser allgemeine fest verwurzelte Irrtum ist immer zu fürchten".

11) Was natürlich nicht heißt, daß die historische Arbeit bei der rekonstruierten Selbstrepräsentation stehenbleibt. „Man muß immer von den damaligen Worten ausgehen, von dem Klassifikationssystem, das den Menschen der Vergangenheit vertraut war. Ausfindig machen, wie sie sich verstanden. Man muß aber auch zu erkennen versuchen, wie dies wirklich funktionierte, unterhalb der mentalen Vorstellungen, wie es der Ethnologe tut, der die Antworten auf seinen Fragebögen interpretiert" (G. Duby in Duby & Lardreau, 1982, S. 121).

12) Dazu Raulff, 1986, S. 151: „Um also das Feld des seinerzeit Denkbaren (etwa einen denkbaren Atheismus) freizulegen, vermißt Febvre zunächst das Feld des Sagbaren – oder, um der Metaphorik des Werkzeugkastens (die sich drei Jahrzehnte später Foucault zu eigen machen wird) näherzubleiben: Das Feld des mit Wörtern Machbaren. In dieser Auffassung von Sprache als Technik, als geistiger Ausrüstung, die vermutlich von der Ethnologie Marcel Mauss' („Körpertechniken") inspiriert ist, liegt

eine Sicht von außen vorgezeichnet, wie sie im späteren Strukturalismus grundlegend wird, welcher Sprache nicht mehr (im transzendental-idealistischen oder phänomenologischen Sinne) als Entäußerung eines Bewußtseinssubjekts, sondern als Zeichenordnung, Sinn-Baukasten und Archiv begriffen wird."

[13]) „Der Begriff des mentalen Werkzeugs ist mittlerweile in das allgemeine Erbe der Historiker übergegangen; bald zwanzig Jahre, daß er von Lucien Febvre in seinem ‚Problème de l'incroyance' vorgeschlagen wurde, und er wurde aufgenommen, um diese Grundausrüstung zu bezeichnen, die für jede Epoche, für jede Zivilisation rekonstruiert werden muß, vor jedem Versuch, die begrifflichen Anstrengungen, das Leben der Ideen und die Bewegungen des öffentlichen Geistes zu erfassen. Ebenso, wie man die Erforschung der Architektur oder der Webkunst nicht begreifen könnte, ohne zunächst die Techniken zu bestimmen, über die die Handwerker einer zurückliegenden Epoche verfügten, ebenso ist es notwendig, die mentalen Hilfsmittel zu rekonstruieren, über die Berufsintellektuelle und Menschen des Volkes verfügten, um die Welt, die Menschen und Gott zu untersuchen, zu beschreiben und zu erklären" (Mandrou 1961, S. 86).

[14]) Duby listet im Verlauf seines Artikels (L'histoire des mentalités, 1961, S. 952ff.) das Inventar des outillage mental auf: die Sprache, das Vokabular bzw. die (gruppenspezifischen) Vokabulare; die Quantitäten, Zahlen und Maße; die Sinne und die Wahrnehmung; der Zustand des Körpers gemäß sozialem Milieu und Epoche mitsamt den affektiven Äußerungen; Lebensweise, Hygiene, Gesundheit; ökonomische Geschichte; Erziehung im weitesten Sinne (alle „Mittel, durch die der Einzelne die kulturellen Modelle empfängt"); Kindheit, Jugend, Familie; Lebens- und sozialer Raum (z. B. Abgeschlossenheit vs. Durchlässigkeit); die „Gelegenheiten des Zusammenkommens: Messen, Wallfahrten, Kriegs- und Handelszüge etc.); die Mittler der Kultur (Rede, Ansprache, Bericht, Predigt) und die Hilfsmittel (Ritual, Musik, Inszenierung, Dekoration); das Buch und seine Benutzer; Mythen, Glaubensüberzeugungen und Symbole; soziale Etikette: Gesten, Formeln, Ehrenzeichen, das „Zubehör der expressiven Konventionen"; die „Themen des künstlerischen Schaffens" und der Wandel der Ikonographien.
„Aber um wirklich lehrreich zu sein, müssen (derlei Untersuchungen) auch Vorstellungen und Realität vergleichen, Symbole, Riten und in der Gruppe aufrechterhaltene Begriffe den wirklichen Beziehungen gegenüberstellen, die die Verteilung der Macht, des Reichtums, des Prestiges unter den Individuen festsetzen (Duby, 1961, S. 962).
Eine „Geschichte der Mentalitäten" in diesem Sinne ist also auch eine Untersuchung der Beziehungen, der „Unterschiedlichkeiten und Widersprüche" (Duby) zwischen „Basis und Überbau" oder zwischen „Existenzbedingungen" und „Repräsentationsweisen" (Febvre).

[15]) LeGoff, Chartier & Revel, 1978 („La nouvelle histoire"); eine Selbstdarstellung der Annales-Geschichtsschreibung und ihrer Ergebnisse in lexikalischer Form.

[16]) Vgl. G. Schiwy, 1969, S. 63 u. S. 82. Über Beziehungen zum Foucault der „Ordnung der Dinge" und der „Archäologie des Wissens" vgl. M. Sonntag (1985).

[17]) Mandrou, 1961. Ferner u. a. De la culture populaire en France aux XVIIᵉ et XVIIIᵉ siècles, Paris 1964; Classes et luttes des classes en France au début du XVIIᵉ siècle, Florenz 1965; La France des XVIIᵉ et XVIIIᵉ siècles, Paris 1967, 1970²; Magistrats et sorciers en France au XVIIᵉ siècle. Une analyse de psychologie historique, Paris 1968; Les Fugger, propriétaires fonciers en Soabe. Etude de comportements socio-économiques à la fin du XVIᵉ siècle, Paris 1969. In dt. Übersetzung liegt vor das eher konventionelle Staatsraison und Vernunft. 1649–1775 (Bd. 3 Propyläen Geschichte Europas), Frankfurt/M., Berlin, Wien 1982.

Literatur

Ariès, Ph. (1980). Geschichte des Todes. München, Wien: Hanser.

Berr, H. (1911). La Synthèse en histoire. Paris: Michel 1953.

Duby, G. (1961). L'histoire des mentalités. In Ch. Samaranch (Hg.), L'histoire et ses methodes. Paris: Gallimard.

Duby, G. & Lardreau, G. (1982). Geschichte und Geschichtswissenschaft. Dialoge. Frankfurt/M.: Suhrkamp.

Deutsch, R. (1981). „La nouvelle histoire" − Die Geschichte eines Erfolges. Historische Zeitschrift, 233, 110−129.

Erbe, M. (1979). Zur neueren französischen Sozialgeschichtsforschung. Die Gruppe um die ‚Annales'. Darmstadt: Wissenschaftliche Buchgesellschaft.

Febvre, L. (1912). Philippe II. et la Franche-Comté. Etude d'histoire politique, religieuse et sociale. Paris: Flammarion 1970.

Febvre, L. (1922). La terre et l'évolution humaine. Paris: Michel, 2. Aufl. 1970.

Febvre, L. (1928). Martin Luther. Religion als Schicksal. Frankfurt/M., Berlin, Wien: Ullstein 1976.

Febvre, L. (1941). Sensibilität und Geschichte. Zugänge zum Gefühlsleben früherer Epochen. In Claudia Honegger (Hg.), Schrift und Materie der Geschichte. Frankfurt/M.: Suhrkamp 1977.

Febvre, L. (1942). Le problème de l'incroyance au XVIe siècle. La religion de Rabelais. Paris: Michel 1968.

Febvre, L. (1942). Origène et des Periers ou l'énigme du Cymbalum mundi. Paris: Droz.

Febvre, L. (1944). Autour de l'Heptaméron, amour sacré, amour profane. Paris: Gallimard.

Febvre, L. (1957). Au coeur religieux du XVIe siècle. Paris: Sevpen.

Honegger, C. (Hg.) (1977). Notizen zum Werdegang der Annales. In dies. (Hg.), Schrift und Materie der Geschichte. Frankfurt/M.: Suhrkamp.

Iggers, C.G. (1978). Neue Geschichtswissenschaft. München: dtv.

Langelois, Ch. & Seignobos, Ch. (1898). Introduction aux études historiques. Paris: Hachette.

LeGoff, J. (1984). Für ein anderes Mittelalter. Zeit, Arbeit und Kultur im Europa des 5.-15. Jahrhunderts. Frankfurt/M., Berlin, Wien: Ullstein.

LeGoff, J., Chartier, R. & Revel, J. (Hg.) (1978). La nouvelle histoire. Paris: Les Encyclopédies du Savoir moderne, Retz, CEPL.

Mandrou, R. (1961). Introduction à la France moderne. Essai de psychologie historique (1500-1640). Paris: Michel.

Mann, H.-D. (1971). Lucien Febvre. La pensée vivante d'un historien. Paris: Colin.

Raulff, U. (1986). Die Annales E.S.C. und die Geschichte der Mentalitäten. In G. Jüttemann (Hg.), Die Geschichtlichkeit des Seelischen. Der historische Zugang zum Gegenstand der Psychologie. Weinheim: Beltz.

Rittner, V. (1980). Ein Versuch systematischer Aneignung von Geschichte. Die Schule der Annales. In J. Geiss & R. Tamchina (Hg.), Ansichten einer künftigen Geschichtswissenschaft, Bd. I. Frankfurt/M., Berlin, Wien: Ullstein.

Schiwy, G. (1969). Der französische Strukturalismus. Reinbek: Rowohlt.

Sonntag, M. (1985). Die eigenen Historitäten sich artikulieren lassen ... Anmerkungen zu einer Geschichte des Wissens. In G. Dane, W. Eßbach, C. Karpenstein-Eßbach & M. Makropoulos (Hg.), Anschlüsse. Versuche nach Michel Foucault. Tübingen: Konkursbuch-Verlag.

Wüstemeyer, W. (1973). Sozialgeschichte und Soziologie als soziologische Geschichte. Zur Raum-Zeit-Lehre der Annales. Kölner Zeitschrift für Soziologie und Sozialpsychologie, 16, 566−583.

Foucault – Kein „Wegbereiter"?

Gerburg Treusch-Dieter

> „Alle meine Bücher sind Werkzeugkisten. Wenn die Leute sie aufmachen wollen und diesen oder jenen Satz, diese oder jene Idee oder Analyse als Schraubenzieher verwenden, um die Machtsysteme kurz zu schließen ... einschließlich vielleicht derjenigen Machtsysteme, aus denen diese meine Bücher hervorgegangen sind – nun gut, umso besser"
>
> Michel Foucault

Foucault könnte der Historische Psychologe schlechthin sein, schlössen seine Auffassung von der Entstehung und Funktion der Psychologie diese Möglichkeit nicht aus. Dennoch ist Foucault ein „Wegbereiter": doch für einen Weg, der erst zu gehen ist. Mit ihm? Am Anfang dieses Weges steht die Opferung des Erkenntnissubjekts, das Voraussetzung und Gegenstand der Form des Wissens ist, das sich in den Humanwissenschaften manifestiert. Statt diese Wissenschaften einem Humanismus zuzurechnen, der sich der Macht gegenüber immun zu verhalten scheint, ist in ihnen die Wechselwirkung von Macht und Wissen aufzudecken, die sie insgesamt, wie im besonderen die Psychologie, bestimmt. Erst wenn in dieser Weise das vorhandene Instrumentarium des Denkens der Analyse unterzogen ist, kann eine andere Form der Geschichtsschreibung in Betracht gezogen werden – eine andere Form, wie sie auch die Historische Psychologie intendiert? Auf sie ist in diesem Sinn, ausgehend von der Foucaultschen Konzeption, zurückzukommen. Denn möglicherweise gelingt eine Koinzidenz? Wenn sie gelingt, dann allerdings um den Preis der Opferung der Psychologie, die jene des Erkenntnissubjekts einschließt.

Die Opferung des Erkenntnissubjekts

„Jedes Wissen (ist) an wesentliche Formen der Grausamkeit gebunden" (Foucault, 1968), nicht nur das psychologische Wissen, auf das bezogen Foucault diese Feststellung insbesondere trifft (1968). Denn seine Hervorbringung ordnet sich in einen historischen Prozeß ein, in dem das „Wissenwollen", der gesamtgesellschaftlich wirksame „Wille zum Wissen", heute „seine größten Ausmaße annimmt" (1974, S. 107): ohne jedoch imstande zu sein, die drei großen, in der bürgerlichen Philosophie gründenden Versprechen einer universellen Wahrheit, einer vollkommenen Naturbeherrschung und einer Einheit des Erkenntnissubjekts einzulösen. Im Gegenteil, er „vervielfältigt die Gefahren" bis zum Punkt, wo er diese „schützenden Illusionen" zerstört, deren Zentrum jenes Subjekt sein sollte (1974, S. 108). Statt seine geschichtlich beanspruchte Autonomie und

Authentizität zu gewährleisten, versammelt der vor keinem Opfer mehr erschreckende und im Grunde nichts mehr fürchtende „Wille zum Wissen" immer „mehr Gewaltinstinkte in sich", die nicht zuletzt die faktische Auflösung des Subjekts bedeuten (1974), sofern unter ihm das von der bürgerlichen Philosophie postulierte konstitutive und souveräne Bewußtsein zu verstehen ist (1985, S. 137). Die für Foucault daraus folgende prinzipielle Konsequenz ist die „Opferung des Erkenntnissubjekts", das als „„klassisches'" auch dem eigenen Denken immanent ist (1974, S. 108). Nicht nur bezogen auf dieses eigene Denken, sondern auch bezogen auf die historische Analyse ist sein Cogito, sein „Ich denke", methodisch unbrauchbar geworden (1974, S. 19).

Foucault stellt folglich in der historischen Analyse beide Dimensionen in Frage: seine eigene Sprache und diejenige, die seinen Gegenstand konstituiert (1974, S. 13). Statt dessen fordert er, „daß wir mit uns selber experimentieren" (1974, S. 108), um dadurch nicht nur uns selbst, sondern auch „die Historie ... vom Modell des Gedächtnisses zu befreien" (1974, S. 104): vom Modell des Gedächtnisses des Cogito. An seine Stelle hat die vorbehaltlose „Neugier" zu treten (1986, S. 15). Keine allerdings, „die sich anzueignen sucht, was zu erkennen ist, sondern (eine), die es gestattet, sich von sich selber zu lösen" (1986). Die „kritische Arbeit des Denkens an sich selber" und an der Historie verhalten sich wechselseitig (1986). Diese Arbeit ist, wider alle bürgerliche Philosophie, die seit Descartes stets Subjektphilosophie gewesen ist, dennoch mit „philosophischer Aktivität" gleichzusetzen (1986). Mit einer Tätigkeit, die sich nicht als Konstituierung eines Diskurses über die Totalität versteht, sondern als Serie von Akten und Operationen. Das heißt, sie versteht sich als „diagnostische Aktivität" und als „Wühlarbeit unter den eigenen Füßen" (1974, S. 22), oder: als „Krankheitserkennung" und als Problematisierung der Entstehungsbedingungen dieser „Krankheit", die sich dabei in ihre historischen Bestandteile zersetzen läßt.

Im dem Augenblick aber, wo die Konstituierung eines Diskurses über die Totalität ausgeschlossen ist, liegt „die Wahrheit eines Diskurses nicht (mehr) in seiner Systematizität". Sie liegt in seiner Möglichkeit der Zersetzung, der Umfunktionierung, der Entwurzelung (1976, S. 75). Das Wissen „dient nicht mehr dem Verstehen vorhandener Zusammenhänge", es dient „dem Zerschneiden" (1974, S. 98). In diesem Sinn ist, „was der Intellektuelle heute tun kann", nicht mehr, doch auch nicht weniger, als „Instrumente der Analyse zu liefern". Die Rolle des Intellektuellen aber „ist augenblicklich im wesentlichen die Rolle des Historikers" (1976, S. 97). Weil Foucault als Historiker politisch engagierter Intellektueller ist, ist er an keiner von seinem Gegenstand unabhängigen Methode interessiert: „Es besteht kein Grund, warum man zusätzlich zum Buch auch noch das Gesetz des Buches schreiben sollte. Einziges Gesetz sind alle von diesem Buch möglichen Lesarten" (1985, S. 140). Sie aber werden, sofern sie Foucault als Historiker folgen, in der Frage kulminieren, „in welchem Maße die Arbeit seine eigene Geschichte zu denken, das Denken von dem lösen kann, was es im Stillen denkt, und inwieweit sie ihm ermöglichen kann, anders zu denken" (1986, S. 16).

Sollte aber diese Arbeit das Denken von dem lösen, „was es im Stillen denkt", dann nicht darum, weil sie einer „Logik des Unbewußten" gehorcht. Denn der Einfluß der Freudschen Vorgehensweise, der dazu geführt hat, daß in historischen Analysen immer häufiger nach dem „Nicht-Gesagten" oder dem „Verdrängten" gefragt wird (1976, S. 44), ermöglicht es dem Denken eben nicht, „anders zu denken". Da jenes Bewußtsein, das als „Modell des Gedächtnisses" außer kraft zu setzen ist, stets nur das Korrelat dieses Unbewußten ist. Die „Logik des Unbewußten", die sich auf die Frage „der Bedeutung und die Verkettung ihrer Träger" konzentriert, muß durch eine „Logik der Strategie" ersetzt werden, „die den Taktiken mit ihren Ordnungen und Gliederungen den Vorrang einräumt" (1976, S. 45). Statt der kausalen Verknüpfung zwischen Nicht-Gesagtem und Gesagtem, zwischen Verdrängung und Repression, in der die unbeschreibbare Ursache jeweils der Wirkung entspricht, sind beschreibbare Relationen in die Geschichte einzuführen, wie die der Implikation, der Exklusion, der Transformation (1974, S. 15).

Sie werden das „Subjekt" eingebettet in Strukturen zeigen, innerhalb derer es aufhört, „Subjekt seiner selbst" oder „Subjekt – Objekt" zu sein. Da es, auch wenn es diese Strukturen denken und beschreiben kann, nicht das souveräne und konstitutive Bewußtsein derselben ist (1974, S. 16). Die Möglichkeit eines strengen Diskurses über die Struktur wurde durch „die strukturalistische Tendenz" eröffnet, deren Formalismus Foucault jedoch ebenso streng ablehnt: „Ich verstehe Regel nicht als formales System, sondern als wirkliches, alltägliches, individualisiertes Zwangsinstrument. Was mich interessiert, ist der Zwang: wie er auf das einzelne Bewußtsein drückt ... wie er sich in die Körper einprägt ... An diesem Punkt der Berührung, der Reibung und möglicherweise des Konflikts setze ich meine Fragen an" (1976, S. 110).

Wechselwirkung von Macht und Wissen in den Humanwissenschaften

Die Anwendung dieser Fragen auf die Humanwissenschaften heißt, daß ihre Entstehungsbedingungen auf die Erforschung „der Machtmechanismen zu gründen (sind), die Körper, Gesten und Verhaltensweisen besetzt haben" (1976, S. 96–97). Das Unerwartete dieser Verbindung von Humanwissenschaften und Körper, Gesten und Verhaltensweisen, die wirklichen, alltäglichen und individualisierten Zwängen unterliegen, basiert auf einem Zusammenhang, den Foucault, wie er selber konstatiert, zum ersten Mal in seiner ganzen Tragweite aufdeckt: auf dem Zusammenhang zwischen Wissen und Macht. „Die Macht mit ihren umfassenden und detaillierten Strategien und Mechanismen ist niemals wirklich erforscht worden ... noch weniger (aber) hat man sich mit den Beziehungen zwischen Wissen und Macht, mit ihren wechselseitigen Einwirkungen beschäftigt" (1976, S. 37–38). Diese Ausfallerscheinung resultiert aus dem humanistischen Postulat, „daß das Wissen (da) aufhört, wo die Macht beginnt" (1976, S. 38). Statt dessen, so Foucault, „bringt die Ausübung von Macht Wissensgegenstände hervor; sie sammelt und verwertet Informationen ... und umgekehrt bringt das Wissen Machtwirkungen mit sich ... Wissen und Macht sind integriert und man sollte nicht von dem Augenblick träumen, in dem das Wissen nicht mehr von der Macht abhängt" (1976). Von diesem Augenblick wird nicht zuletzt deshalb geträumt, weil „unter Humanismus die Gesamtheit der Diskurse" zu verstehen ist, „in denen man dem abendländischen Menschen eingeredet hat: ,auch wenn du die Macht nicht ausübst, kannst du sehr wohl souverän sein'" (1974, S. 114). Die „Opferung des Erkenntnissubjekts" offenbart ihren politischen Kern: denn „das Herz des Humanismus ist die Theorie vom Subjekt (im Doppelsinn des Wortes: als Souverän und Untertan)" (1974).

Zwei Methoden der „Entunterwerfung" (1974) sind möglich. Der politische Kampf und diejenige, die Foucault wählt: „das Unternehmen einer Dekonstruktion des Subjekts als eines Pseudo-Souveräns" (1974, S. 114–115). Sie schließt den Nachweis ein, daß das „Herz des Humanismus", die „Theorie vom Subjekt", in den Humanwissenschaften als Idee vom „Menschen" wiederkehrt. Diese Idee taucht im Zuge der wissenschaftlichen Diskurse der Moderne im 18. Jahrhundert auf: als anthropologisches Pendant zur „Theorie des Subjekts". Erst mit ihr ergibt sich die Möglichkeit der Konstituierung der Humanwissenschaften (1974, S. 15), die auch als Mythen der Idee vom „Menschen" zu bezeichnen sind (vgl. 1974, S. 30–31 u. S. 15–16). Sie sind „von dem Tag an erschienen, an dem der Mensch sich in der abendländischen Kultur gleichzeitig als das konstituiert hat, was man denken muß, und als das, was zu wissen ist" (1971, S. 414). Er „gehörte also dem Feld der Erkenntnisse als möglicher Gegenstand an und war andererseits am Ursprungspunkt jedweder Erkenntnis" (1974, S. 16). Daraus resultiert, daß „die Seinsweise des Menschen, so wie sie sich im modernen Denken herausgebildet hat, (ihm) gestattet, zwei Rollen zu spielen" (1971, S. 413). Er ist einerseits „die Grundlage aller Positivitäten" oder Erkenntnisse, andererseits ist er „im Element der empirischen Dinge präsent". Wenn auch „auf eine Art, die man", trotzdem er der „Ursprungspunkt jedweder Erkenntnis" ist, „nicht ... als privilegiert bezeichnen kann" (1971, S. 413). Nicht zuletzt diese nicht-privilegierte Präsenz des „Menschen" im Element der empirischen Dinge ist für Foucault der Hebel, von wo aus er „die Dekonstruktion des Subjekts als eines Pseudo-Souveräns" unternimmt, das „kraft seines privilegierten Wesens das Recht auf sich versammelt hat ... die (menschliche) Wahrheit der Wahrheit (des Menschen) zu sein" (1968, S. 132): ein mythischer Erkenntniszirkel, der samt seinen humanistischen Postulaten zu durchbrechen ist.

Um ihn zu durchbrechen, reicht das Mittel der Ideologiekritik nicht aus. Da sie bei ihrem Versuch zwischen Wissenschaft und Ideologie zu unterscheiden, aufgrund ihres Wissenschaftsbegriffs, innerhalb dieses Zirkels verbleibt. Darum stellt Foucault, ausgehend von dem Zusammenhang zwischen Wissen und Macht, die diskurspraktische Frage: Wie wird ein Gegenstand für das Wissen produziert? Eine Frage, die alle Bücher Foucaults konstituiert. Oder auch:

Wie ist der „Mensch" im Element der empirischen Dinge präsent? Sein Ziel bei dieser Ausgangsfrage: „aufzuweisen, daß die Menschheit die Möglichkeit des Funktionierens ohne Mythen zu entdecken beginnt" (1974, S. 31), würde sie sich „ernsthaft" mit den Humanwissenschaften beschäftigen. Denn sie führen keineswegs „zur Entdeckung des ‚Menschlichen', der Wahrheit des Menschen, seiner Natur, seiner Entstehung, seiner Bestimmung. Dasjenige, womit sich die verschiedenen Humanwissenschaften wirklich beschäftigen, ist etwas vom Menschen Verschiedenes, das sind Systeme, Strukturen, Kombinatoriken, Formen usw. Wenn wir uns daher ernsthaft mit den Humanwissenschaften auseinandersetzen wollen, müssen wir uns vor allem der Illusion entledigen, es gelte, den Menschen zu suchen (1974, S. 26). Er ist nicht zu finden, da diese Systeme, Strukturen, Kombinatoriken, Formen usw. in dem Maß zu einem „negativen Diskurs über das Subjekt" führen, wie in ihnen die positiven, die beschreibbaren Diskurse der Macht auftreten, die „Gegenstandsbereiche und Wahrheitsrituale (produziert): das Individuum und seine Erkenntnis sind Ergebnisse dieser Produktion" (1976, S. 250).

Im Zentrum dieser Wahrheitsrituale oder Prozeduren, „die das Individuum als Effekt und Objekt von Macht, als Effekt und Objekt von Wissen konstituieren", in diesem Zentrum „(steht) letzten Endes das Examen" (1976, S. 247) oder die Prüfung. In der Prüfung „verknüpfen sich das Zeremoniell der Macht und die Formalität des Experiments, die Entfaltung der Stärke und die Ermittlung der Wahrheit" (1976, S. 238). In der Prüfung erreicht „die Überlagerung der Machtverhältnisse und der Wissensbeziehungen ... ihren sichtbarsten Ausdruck" (1976, S. 238). Denn „in dieser winzigen Technik steckt ... ein ganzer Wissensraum und ebenso ein ganzer Machttyp" (1976, S. 238). Sie, „jenes kleine Verfahrensschema, das eine solche Verbreitung hat", ist „die Technologie" der Humanwissenschaften (1976, S. 238), der „Wissenshaften, an denen sich unsere ‚Menschlichkeit' seit über einem Jahrhundert begeistert" (1976, S. 238). Jenes „so vertraute Verfahren der Prüfung – bringt es nicht innerhalb eines einzigen Mechanismus Machtbeziehungen zum Einsatz, mit denen Wissen erhoben und gebildet wird" (1976, S. 290)? Macht nicht „die Prüfung ... mit Hilfe ihrer Dokumentationstechniken aus jedem Individuum einen ‚Fall': einen Fall, der sowohl Gegenstand für eine Erkenntnis wie auch Zielscheibe für eine Macht ist"? Denn „der Fall ist das Individuum, wie man es beschreiben, abschätzen, messen, mit anderen vergleichen kann – und zwar in seiner Individualität selbst; der Fall ist aber auch das Individuum, das man zu dressieren oder zu korrigieren, zu klassifizieren, zu normalisieren, auszuschließen hat usw." (1976, S. 246).

Daraus folgt für die Geschichte der Humanwissenschaften: daß zwar im Zuge der wissenschaftlichen Diskurse der Moderne im 18. Jahrhundert die Idee vom „Menschen" auftauchte, daß zwar mit dieser Idee oder ihm, dem „Menschen", die Möglichkeit der Konstituierung dieser Wissenschaften gegeben ist, daß sich ihre „Geburt" aber dennoch „in jenen ruhmlosen Archiven zugetragen (hat)", die aufgrund der Dokumentationstechniken der Prüfung entstanden, und „in denen das moderne System der Zwänge gegen die Körper, die Gesten, die Verhaltensweisen erarbeitet worden ist" (1976, S. 246). Durch sie, jene „kleinen Notierungs-, Registrierungs-, Auflistungs- und Tabellierungstechniken„ der Prüfung, wurde „die epistemologische Blockade der Wissenschaften vom Individuum aufgehoben" (1976, S. 245–246). Durch sie wurde „das Problem des Eintritts des Individuums ... in das Feld des Wissens" gegen Ende des 18. Jahrhunderts gelöst.

Entstehung und Funktion der Psychologie

Was für die Humanwissenschaften insgesamt gilt, gilt insbesondere für die Psychologie: daß sich ihre Konstituierung zum einen auf jenen mythischen Erkenntniszirkel und seine humanistischen Postulate berufen kann, daß sich ihre „Geburt" aber zum andern „in jenen ruhmlosen Archiven zugetragen (hat)". Philosophisch ist „jede mögliche Psychologie" in dem „Verhältnis", der „Mensch" selbst sei „die (menschliche) Wahrheit der Wahrheit (des Menschen) begründet" (1968, S. 131). Historisch jedoch gehen „alle Psychologien, -graphien-, metrien, -analysen, -hygienen, -techniken und -therapien ... von ... Individualisierungsprozeduren aus" (1976, S. 249), in deren Zentrum die Prüfung steht: als „rituelle und zugleich ‚wissenschaftliche' Fixierung der individuellen Unterschiede, als Festnagelung eines jeden auf seine eigene Einzelheit" (1976, S. 247). Die „nackte Tatsache" aber, „daß zum ersten Mal, seit es menschliche, in Gesellschaft lebende Wesen gibt, der Mensch isoliert ... zum Gegenstand der Wissenschaft geworden ist", wird von Foucault als „ein Ereignis innerhalb der Ordnung des Wissens" bezeichnet (1971, S. 414).

Diesem Ereignis korrespondiert eine „historische Wende" (1976, S. 249). Denn die Technologie der Prüfung „zeigt ... das Heraufkommen einer neuen Spielart der Macht an" (1976, S. 247), die vom Kontext des „politischen Systemwechsels", der sich mit der französischen Revolution durchsetzt, nicht abzutrennen ist: Es ist der Typus der „Disziplinarmacht", die sich in dem Augenblick konstituiert, als der mit dem Typus der „Gesetzesmacht" verbundene „Körper des Königs" zugunsten eines „Gesellschaftskörpers" abgeworfen wird (1976, S. 27; vgl. zu diesen beiden Machttypen insbesondere Foucault, 1977). Als „der Übergang von der Bestrafung zur Überwachung" (1976), als insgesamt ein „grundlegender Strukturwandel" zu verzeichnen ist, innerhalb dessen die „Gesetzesmacht" zwar nicht abgeschafft wird, sich aber in die „Disziplinarmacht" zu integrieren beginnt, die im Gegensatz zu jener nicht mehr „über den Gesellschaftskörper wirkt, sondern ganz in ihm (1976, S. 27).

Im Zuge dieser Integration der Gesetzes- in die Disziplinarmacht entsteht eine neue Kategorie: die der Norm (1976, S. 71–72). In ihr verbirgt sich die Macht und gibt sich „als Gesellschaft" (1976, S. 106). Als System der Kontrolle und des Zwangs, in dem die Macht, entsprechend der „Umkehrung der politischen Achse der Individualisierung" (1976, S. 248), von unten wirkt. Denn wenn „in den Gesellschaften, für die das Feudalsystem nur ein Beispiel ist, die Individualisierung ihren höchsten Grad ... am Ort der Souveränität erreicht", sich also „aufsteigend'" verhält, dann verhält sie sich im „Disziplinarregime ... ‚absteigend': je anonymer und funktioneller die Macht wird, um so mehr werden die dieser Macht Unterworfenen individualisiert ... durch Überwachungen ... durch Beobachtungen ... durch vergleichende Messungen ... durch ‚Abstände'" (1976, S. 248). Disziplinarische, dem Verfahren der Prüfung zugehörende Techniken, die sich insgesamt „auf die ‚Norm' beziehen" (1976). Sie „wird zum Kriterium, nach dem die Individuen sortiert werden" (1976), während die „Mechanik der Macht ... bis ... in ... ihr alltägliches Leben vordringt" (1976, S. 27), begleitet von einem „Diskurs ... der die Norm begründet, analysiert und spezifiziert, um sie präskriptiv zu machen ... der die Scheidung in das Normale und das Anormale vornimmt": der Diskurs der Humanwissenschaften (1976, S. 107), insbesondere aber derjenige der Psychologie.

Denn „die am Körper angewendete Disziplinarmacht hat", entsprechend den beiden Dimensionen der Prüfung, die sich auf die Erkenntnis und auf das Verhalten beziehen, „zwei Effekte: eine Seele, die zu erkennen, und eine Unterwerfung, die zu vertiefen ist" (1976, S. 380). In dem Maß, wie die Norm sich im alltäglichen Leben etabliert, in dem Maß wird die Technologie der Prüfung zur Selbsttechnologie: zur Selbstprüfung, die qua Selbstkontrolle und -zwang nicht nur die Selbsterkenntnis, sondern auch das von ihr abhängige Verhalten reguliert. In dieser Selbstregulierung und -normierung „(wird) die Macht tendenziell unkörperlich und je mehr sie sich diesem Grenzwert annähert, um so beständiger ... werden ihre Wirkungen" (1976, S. 260–261). Sie wird Psychologie: „immerwährender Sieg" eines Macht/Wissen-Komplexes, der, weil er Selbsterkenntnis und Verhalten besetzt hat, „jede physische Konfrontation (vermeidet)", da sein psychischer Sieg „immer schon im vorhinein gewiß ist" (1976, S. 261).

Insbesondere zwei Stationen werden von Foucault in dieser Entwicklung hin zu einem Unkörperlichwerden der Macht fixiert. Beide beziehen sich auf die „Besserung" des isolierten Individuums, sei es im Gefängnis oder in der Irrenanstalt. Beide werden von ihm mit der Entstehung der Psychologie in Verbindung gebracht. Dabei bezieht sich die eine, die 1840 gegründete Jugendstrafanstalt von Mettray (1976, S. 380ff.), mehr auf die Dimension des Verhaltens, die andere, die Internierung der Irren zur Zeit der französischen Revolution (1968, S. 108ff.), mehr auf die der Selbsterkenntnis. In beiden Anstaltsformen aber bestimmt sich das, was als Delinquenz oder Geisteskrankheit von der Gesellschaft ausgeschlossen wird, nach dem „großen ... monotonen Gegensatz zwischen Normal und Pathologisch", in den die Disziplinarmacht, genauer, der in ihr sich herausbildende juristisch-medizinische Komplex, „alle alten Positionen unserer Kultur übersetzt" (1974, S. 10). Mettray stellt darum „eine entscheidende Schwelle in der Entstehung und Entwicklung der Psychologie" dar (1976, S. 381), weil die „am Körper angewendete Disziplinartechnik" zu einer „Praxis" wird, „die das Verhalten ... (zwar) zwangsweise normiert", die sich aber gleichzeitig „erlernen und weitergeben läßt". Das heißt, „die Disziplinartechnik wird zu einer ‚Disziplin'" der „Normen(selbst)kontrolle", die Mettray „im Ausbau des die Individuen erfassenden Macht/Wissen-Komplexes ... epochemachend" werden läßt (1976, S. 381–382).

Dagegen hat die „epistemologische Struktur der zeitgenössischen Psychologie ... ihre Wurzel an (jenem) einen Ereignis, das zeitlich mit der Revolution zusammenfällt und das Verhältnis des Menschen zu sich selbst betrifft" (1968, S. 114): Es ist die juristisch-medizinische Internierung des Wahnsinns, die von Pinel, Tuke u. a. auf der Basis der „Befreiung" des Irren von seinen Ketten vorgenommen wird. Durch diese „Befreiung" ist der Wahnsinn, entsprechend seiner Internierung, „in den Bereich der Innerlichkeit verlegt", wodurch er „zum ersten Mal in der abendländischen Welt nach Status, Struktur und Bedeutung psychologisch" wird (1968, S. 112). Dabei ermöglicht die Internierung nicht nur „eine psychologische Analyse des Wahnsinns", sondern in eben dieser „(liegt) insgeheim die Möglichkeit jeder Psychologie begründet" (1968, S. 113). Das heißt, daß „die ... ‚wissenschaftliche' Psychologie ihren historischen Ursprung und ihren Grund in einer pathologischen Erfahrung gefunden" hat (1968): „der homo psychologicus ist ein Nachfahre des homo mente captus" (1969, S. 550).

Diese „pathologische Erfahrung" wird, gleich der Delinquenz, in ein Strafsystem einbezogen (1968, S. 112), in dem es jedoch weniger um die „Besserung" des Verhaltens, als um die der Selbsterkenntnis geht. „Dadurch, daß (der Mensch) seinen Wahnsinn gemeistert hat ... indem er ihn in eine Ecke seiner selbst zurückdrängte, war es (ihm) möglich, schließlich jene Beziehung zu sich herzustellen, die man ‚Psychologie' nennt. Dazu war es notwendig, daß der Wahnsinn aufhörte, Nacht zu sein, und flüchtiger Schatten im Bewußtsein wurde, damit (der Mensch) behaupten konnte, seine Wahrheit zu besitzen und in der Erkenntnis zu entschlüsseln" (1969, S. 15). Doch ist „diese Psychologisierung ... nur die oberflächliche Folge eines unterschwelligen Vorgangs, durch den der Wahnsinn ... in ein Strafsystem einbezogen (wird)" (1968, S. 112), innerhalb dessen der Entmündigte seine Mündigkeit qua Selbstprüfung, -kontrolle und -zwang, unter Strafe der Therapie, zurückzugewinnen hat.

Dabei tritt innerhalb jenes mythischen Erkenntniszirkels, der alle Psychologie philosophisch begründet, ein zweiter Zirkel hervor, innerhalb dessen der „Mensch", der die (menschliche) Wahrheit der Wahrheit (des Menschen) zu sein behauptet, „seine (psychologische) Wahrheit sucht – und verliert" (1968, S. 114). Da „die Psychologie nur die Sprache der Alienation sprechen kann" (1969, S. 550), in die man den Wahnsinn – und die Vernunft – durch die Übersetzung ihres Gegensatzes in den des Normalen und Pathologischen, entfremdete. Die Psychologie wird den Wahnsinn nicht meistern, da sie erst möglich wurde, als er bereits gemeistert war: interniert und pathologisiert (1968, S. 132). „Bis in ihre Wurzeln hinabgetrieben, wäre die Psychologie ... Zerstörung der Psychologie ... und Zutagefördern jenes wesentlichen, nicht psychologischen, weil nicht moralisierbaren Verhältnisses zwischen der Vernunft und der Unvernunft" (1968, S. 115).

Das Projekt einer Genealogie

Foucaults Forderung als Historiker sowohl sich selbst, wie die Historie vom „Modell des Gedächtnisses" des Cogito zu befreien, mündet in den Anspruch: „aus der Historie ein Gegen-Gedächtnis zu machen" (1974, S. 104). Der Anspruch eines Gegen-Gedächtnisses soll auch das eigene Denken von dem lösen, was es im Stillen denkt. Denn die wechselweise Arbeit an der Historie und an sich selbst ist für Foucault konstitutiv. Mit dieser Arbeit ist ein politisches Engagement verbunden. Deshalb hat „die historische Analyse ... die Nichtwissenschaftlichkeit der Wissenschaft beim Namen zu nennen oder vielmehr ... nach der Gewalt einer Wissenschaft zu fragen, danach, wie in unserer Gesellschaft die Wahrheitswirkungen einer Wissenschaft gleichzeitig Machtwirkungen sind" (1976, S. 74). Insofern aber diese Wahrheits- und Machtwirkungen geschichtlich fundiert sind, ist die historische Analyse gegen beide, „gegen die alte und neue Epistemologie aus(zu)spielen" (1976). Das heißt, sie ist in erster Linie ein Instrument „gegen die theoretische Sakralisierung" und „wissenschaftliche Tabuisierung" (1976). Ihr Hauptangriffspunkt ist „das Subjekt als ... Pseudo-Souverän", das sich als „Mensch" schlechthin projektiert. Foucaults Ausweg aus dem subjektphilosophischen oder anthropologischen, immer aber mythischen Erkenntniszirkel und seiner humanistischen Postulate, ob die Methoden innerhalb desselben positivistische, strukturalistische oder psychoanalytische sind, oder ob für eine Affirmation der „alten Epistemologie" plädiert wird (auch Foucault intendiert keine Restauration des griechischen Denkens in dem, was er Ästhetik der Existenz nennt, vgl. 1985), Foucaults „Ausweg" ist „eine Genealogie des modernen Subjekts als einer historischen und kulturellen Realität" (1985, S. 34–35). Da Foucault seine Arbeit auch „eine Analyse der Zivilisationstatsachen (nennt), die unsere Kultur charakterisieren", kann dieses „moderne Subjekt" auch als eine „Zivilisationstatsache" aufgefaßt werden.

Zum „Projekt einer Genealogie" ist prinzipiell zu bemerken, daß sie von vornherein mit einem Ebenenwechsel arbeitet. Sie „(macht) sichtbar, was man bislang nicht gesehen hat", was „bislang historisch nicht relevant" war (1976, S. 37), was „unwiederbringlich weniger als die Geschichte ist. Dieses ,Weniger' müssen wir befragen ... von jedem negativen Indiz befreien" (1969, S. 11). Das heißt, die Genealogie „muß den Ereignissen dort auflauern, wo man sie am wenigsten erwartet ... wo sie keine Geschichte zu haben scheinen" (1974, S. 83). Dabei ist sie eine „mit erbitterter Konsequenz betriebene Gelehrsamkeit", die mit „peinlicher Genauigkeit des Wissens", auf der Basis einer „Vielzahl aufgehäufter Materialien", gegen jede „metahistorische Entfaltung" vorgeht (1974). Denn „die Historie wird ,wirklich' in dem Maße sein, in dem sie das Diskontinuierliche in unser eigenes Sein einführen wird" (1974, S. 97): die Unterbrechung, die Veränderung, das Erlöschen, das Neuerscheinen des „Sinns", den dieses Sein sich gibt (1974, vgl. S. 9–10).

Doch nicht um den „Sinn" und auch nicht um die Bedingungen seines Erscheinens geht es Foucault (1974), sondern um das „Problem", das sich in ihm artikuliert. Weil „das Sein sich ... als eines (gibt), das gedacht werden kann und muß" (1986, S. 19), ist es „die Aufgabe einer Geschichte des Denkens", wenn sie „eine Genealogie des modernen Subjekts als einer historischen und kulturellen Realität" intendiert, „die Bedingungen zu bestimmen, in denen das Menschenwesen, das, was es ist, was es tut, und die Welt, in der es lebt, ‚problematisiert'" (1986, S. 18). Foucault: „Ich möchte gern dahin kommen zu begreifen, warum gewisse Verhaltensweisen zu einem bestimmten Zeitpunkt problematisiert wurden, warum sie Untersuchungen veranlaßten und Objekte des Wissens bildeten" (1985, S. 106). Dabei kommt nicht nur die „genealogische Dimension" ins Spiel, die „auf die Formierung der Problematisierungen" bezogen ist, sondern auch die „archäologische", die „sich auf die Formen der Problematisierung selbst (bezieht)" (1986, S. 19). Beide Dimensionen verhalten sich wie die „diagnostische Aktivität" und „die Wühlarbeit unter den eigenen Füßen" zueinander, woraus sich eine Zugangsweise zur Historie ergibt, die von einer „Sozialgeschichte des Verhaltens" (sei es das wahnsinnige, das delinquente, das sexuelle) ebenso zu unterscheiden ist, wie von einer „historischen Psychologie der Einstellungen" (zum Wahnsinn, der Delinquenz, der Sexualität). Wie sehr sie auch „entziffern", „verstehen" und „klassifizieren", Foucault vermißt bei beiden die Ausgangsfrage des „Projekts einer Genealogie": die Frage der „Problematisierung" (1985, S. 106).

Man könnte diese Frage, vertrauter, auch die „Konstitutionsfrage" nennen. Denn in allen seinen Büchern, die er insgesamt dem „Unternehmen einer Geschichte der Wahrheit" zuschreibt (1986, S. 19), geht es Foucault um „das Verhältnis zwischen Subjekt, Wahrheit und Konstitution der Erfahrung" (1985, S. 134). Bezogen auf die genealogische und archäologische Konstituierung dieser „Erfahrung", die sich in jeweils bestimmten „Praktiken", entsprechend einem spezifischen Sein, Tun und Denken, manifestiert, sind „drei Gebiete ... möglich: Erstens, eine historische Ontologie unserer selbst in bezug auf die Wahrheit, über die wir uns als Erkenntnissubjekte konstituieren. Zweitens, eine historische Ontologie unserer selbst in bezug auf das Machtfeld, über das wir uns als Subjekte bestimmen, die auf andere einwirken. Drittens, eine historische Ontologie in bezug auf die Ethik, über die wir uns als moralisch Handelnde konstituieren" (1986, S. 82).

Alle drei Gebiete entsprechen den Korrelationen, aus denen sich das zusammensetzt, was unter „Erfahrung" als Sein, Tun und Denken, strukturiert durch eine bestimmte „Praktik", zu verstehen ist: Es sind die Korrelationen, „die in einer Kultur zwischen Wissensbereichen, Normativitätstypen und Subjektivitätsformen" bestehen (1986, S. 10). Gemäß diesen Korrelationen wird die „Erfahrung" auf drei Achsen angesiedelt sein: auf derjenigen „der Formierung des Wissens, die sich auf sie bezieht"; auf derjenigen „der Machtsysteme, die ihre Ausübung regeln"; und auf derjenigen der „Formen, in denen sich die Individuen als Subjekte (des Wahnsinns, der Delinquenz, der Sexualität) (an)erkennen können und müssen" (1986). Sowohl den drei Gebieten einer historischen Ontologie, wie den ihnen entsprechenden Korrelationen in der Erfahrung, wie den drei sie strukturierenden Achsen, korrespondieren drei „theoretische Verschiebungen", die Foucault in seiner Arbeit vornahm: statt „den Fortschritt der Erkenntnisse" zu definieren, sah er sich „dazu geführt ... nach den ... Diskurspraktiken zu fragen, die das Wissen artikulieren"; statt die „Manifestationen der ‚Macht'" zu beschreiben, sah er sich „veranlaßt ... nach den ... Strategien und ... Techniken zu fragen, die die Ausübung der Mächte artikulieren"; statt „‚das Subjekt'" zu analysieren, untersuchte er, „welches die Formen und die Modalitäten des Verhältnisses zu sich sind, durch die sich das Individuum als Subjekt konstituiert und erkennt" (1986, S. 12).

Genealogie des Subjekts – Historische Psychologie

Alle drei theoretischen Verschiebungen und die ihnen zugehörenden Gebiete der Wahrheit, des Machtfeldes und der Ethik schließen, ausgehend von der Konstitution der Erfahrung, das Verhältnis zwischen Subjekt und Wahrheit ein. Dennoch kann davon gesprochen werden, daß das Gebiet der Ethik das Zentrum von Foucaults „Genealogie des modernen Subjekts" ist. Denn im Mittelpunkt der Ethik steht „die Art der Beziehung, die man zu sich selbst hat, der Selbstbezug ... der bestimmt, wie das Individuum sich als vermeintliches moralisches Subjekt der eigenen Handlungen konstituiert" (1985, S. 83). Dieser „Selbstbezug" kann nicht unabhängig von einer historischen Ontologie unserer selbst in bezug auf die Wahrheit und das Machtfeld gesehen werden. Gleichzeitig aber gilt, daß der gesamtgesellschaftlich wirksame „Willen zum Wissen" und die mit ihm sich verbindenden Technologien des Selbst, die die „Praktiken" der Individuen strukturieren, letztendlich in diesem „Selbstbezug" kulminieren: darin, welche „Wahrheitsspiele (die Individuen) im Verhältnis seiner selber zu sich" (an)erkennen können und müssen (1986, S. 13), um sich als vermeintliches moralisches Subjekt der eigenen Handlungen zu konstituieren.

Innerhalb dieser „Wahrheitsspiele" und ihrer Selbsttechnologien unterscheidet Foucault mehr und mehr, und zwar in dem Maß, wie er sich, bis in die Antike zurückreichend, mit einer „Geschichte der Sexualität" beschäftigt, zwischen „Techniken der Beherrschung" und „Techniken des Selbst" (1986, S. 35 u. S. 36). Beide „Techniktypen" sind auf die drei miteinander korrelierenden Gebiete der Wahrheit, des Machtfeldes und der Ethik bezogen. Eben deshalb aber sind sie, „will man die Genealogie des Subjekts in der abendländischen Zivilisation analysieren", auch in ihrer „Wechselwirkung ... aufzuzeigen" (1986, S. 36). Doch obwohl aus dieser historischen „Wechselwirkung" beider „Techniktypen" zu entnehmen ist, daß die in die Antike zurückreichenden „Techniken des Selbst" auch heute noch nicht endgültig in die „Techniken der Beherrschung" überführt worden sind, sind doch die ersteren, die „Techniken des Selbst", mit „den traditionell-rituellen Mechanismen der Individualisierung" zu verbinden, die sich „aufsteigend" verhält. Während die zweiten, die „Techniken der Beherrschung", den „wissenschaftlich-disziplinären Mechanismen" angehören, in denen sich die Individualisierung „absteigend" verhält, und die mit den „Wissenschaften vom Menschen möglich wurden" (1976, S. 249 u. S. 248).

Mit der Konstituierung dieser „wissenschaftlich-disziplinären Mechanismen" setzten sich „eine neue Technologie der Macht und eine andere politische Anatomie des Körpers durch" (1976, S. 249): eine politische Anatomie und Technologie, die im Inneren des „Gesellschaftskörpers" wirkt und deren historische Tendenz mit ihrem Einsatz gegen Ende des 18. Jahrhunderts von Anfang an eine „unkörperliche" ist. Bis dann um die Mitte des 19. Jahrhunderts von einer Form des Wissens gesprochen werden kann, die man „Psychologie" nennt. Foucault spricht die Entwicklung dieser Wissensform, die heute den gesamtgesellschaftlich wirksamen „Willen zum Wissen" grundlegend bestimmt, sowohl bezogen auf den Wahnsinn und die Delinquenz, wie bezogen auf die Sexualität an. Denn als er untersuchte, wie diese drei Bereiche unter den Bedingungen jener neuen Technologie der Macht und ihrer politischen Anatomie „wieder in ein bestimmtes Spiel der Wahrheit hineinkommen (konnten)" (1976, S. 134), in einen bestimmten „Selbstbezug" des Individuums im Verhältnis seiner selber zu sich, da führten ihn jeweils alle drei Wege zur Psychologie: nicht nur in „Wahnsinn und Gesellschaft" hat er „die Geschichte dessen geschrieben ... was das Erscheinen einer Psychologie überhaupt (erst) ermöglicht hat" (1969, S. 550), sondern auch „das Einsetzen der Disziplinarpraktiken des Körpers und der Seele" in „Überwachen und Strafen" führten zu ihr hin (1976, S. 381); desgleichen mündet die „Geschichte der Sexualität" heute in einen Punkt, der den Sex zum Maß psychologischer Wahrheit schlechthin werden ließ (1977, S. 185).

Zu eben diesem Punkt ist hinzuzufügen, daß erst die Verbindung von Sexualität und Psychologie, die durch die Freudsche Vorgehensweise, die Psychoanalyse, geleistet wird, die Psychologie zu der Form des Wissens macht, die heute den gesamtgesellschaftlich wirksamen „Willen zum Wissen" grundlegend bestimmt. In dieser Verbindung scheint eine Aufhebung der „pathologischen Erfahrung" gegeben, die nicht nur deshalb als „historischer Ursprung und Grund" der Psychologie gelten kann, weil diese als Effekt der Meisterung des Wahnsinns aus ihr hervorgeht, sondern weil diese „pathologische Erfahrung" stets auch das Paradigma der beiden anderen in die Psychologie eingehenden Bereiche ist: da sich die Delinquenz als abweichendes Verhalten bestimmt, die Sexualität aber durch „die Einkörperung der Perversionen" hervorgebracht wird. In der mit Freud einsetzenden Verbindung zwischen Sexualität und Psychologie scheint eine Aufhebung dieser „pathologischen Erfahrung" deshalb gegeben, weil sich die Position der Sexualität durch die geschichtliche Wende, die sie mit der Psychoanalyse erfährt, innerhalb des Gegensatzes zwischen dem Normalen und dem Pathologischen, hin zum „Normalen" verschiebt: durch ihre psychoanalytische Integration in den „Normalisierungsdiskurs" der Psychologie. Mit dieser Integration scheint nicht nur die philosophische, sondern auch die anthropologische Begründung aller Psychologie vollendet: Sie scheint nicht nur im Augenblick, sondern auch auf die Dauer so vollständig die (menschliche) Wahrheit der Wahrheit (des Menschen) zu sein, daß die „Techniken der Beherrschung", die sie konstituieren, im Sinne einer ebenso vollständigen Verkehrung als „Techniken des Selbst" auftreten: auf dem umfassenden „Markt der Therapien".

Mit dieser „vollendeten Begründung" der Psychologie, in der ihr „historischer Ursprung und Grund" aufhebbar geworden oder aber gar verschwunden zu sein scheint, hat sich eine Historische Psychologie zu konfrontieren, die eben dann an ihre Grenzen stößt, wenn sie die Historie der Psychologie ernst nimmt. Nach Foucault ist die Psychologie entweder nicht imstande, ihren „historischen Ursprung und Grund", jene „pathologische Erfahrung", zu überschreiten, oder aber diese Überschreitung bedeutet die Selbstzerstörung der Psychologie. Sie bedeutet das Zutagefördern jenes „wesentlichen, nicht psychologischen, weil nicht moralisierbaren Verhältnisses zwischen der Vernunft und der Unvernunft", über das „die Übersetzung aller alten Positionen unserer Kultur in den großen … monotonen Gegensatz zwischen Normal und Pathologisch (vermittelt ist)" (1974, S. 10). Dieser Gegensatz zwischen dem Normalen und Pathologischen, der moralisierbar ist, konstituiert die Psychologie als „dünne Haut'" über einer „ethischen Welt" (1968, S. 114), die, trotz dieser „Übersetzung", weiterhin durch den Gegensatz von Wahnsinn und Vernunft fundiert ist, den die Internierung der „Geisteskrankheit" jedoch zum Schweigen brachte.

Wenn aber die Psychologie nur die „dünne Haut'" über einer „ethischen Welt" der Schuld und Strafe, der Internierung und des Ausschlusses ist, dann ist ihre Form des Wissens in eine historische Ontologie der Ethik einzufügen, über die wir uns, in Korrelation zu Wissen und Macht, als moralisch Handelnde konstituieren. Ihre „Wahrheit", zu der es gegenwärtig und auf die Dauer kein „Außen" zu geben scheint, ist dann nur ein spezifisches, innerhalb „einer Genealogie des modernen Subjekts" als „Zivilisationstatsache" hervorgebrachtes „Wahrheitsspiel", mittels dessen der homo psychologicus, weil er der Nachfahre des homo mente captus ist, „seine Wahrheit sucht — und verliert". So daß eine Historische Psychologie nur um den Preis der Opferung der Psychologie und ihres Erkenntnissubjekts möglich ist.

Literatur

Foucault, M. (1968). Psychologie und Geisteskrankheit. Frankfurt/M.: Edition Suhrkamp.
Foucault, M. (1969). Wahnsinn und Gesellschaft. Frankfurt/M.: Suhrkamp.
Foucault, M. (1971). Die Ordnung der Dinge. Frankfurt/M.: Suhrkamp.
Foucault, M. (1974). Von der Subversion des Wissens. München: Hanser.
Foucault, M. (1976). Überwachen und Strafen. Frankfurt/M.: Suhrkamp.
Foucault, M. (1976). Über Strafjustiz, Psychiatrie und Medizin. Berlin: Merve.
Foucault, M. (1977). Geschichte der Sexualität, Bd. 1. Sexualität und Wahrheit. Frankfurt/M.: Suhrkamp.
Foucault, M. (1985). Von der Freundschaft. Berlin: Merve.
Foucault, M. (1986). Geschichte der Sexualität, Bd. 2. Der Gebrauch der Lüste. Frankfurt/M.: Suhrkamp.

Anstelle eines Epilogs

Historische Psychologie in gegenstandskritischer Absicht

Gerd Jüttemann

1. Einleitung

Der Vorgang sowohl der bereits vollzogenen als auch der noch zu vollziehenden Menschheitsentwicklung läßt sich zum Teil als *Zivilisierungsgeschichte*[1]) darstellen. Dahinter steht der Gedanke, daß die Gattung „Mensch" nicht in einem geschichtslosen Zustand verharrt und sich lediglich *biologisch* erneuert und ausbreitet, sondern ein mehr oder weniger ausgeprägtes Bewußtsein von ihrer *geschichtlichen* Gewordenheit besitzt, die als ein Prozeß zunehmender Vergesellschaftung erkennbar ist. Wichtig ist in diesem Zusammenhang die Unterscheidung der *Zivilisierungsgeschichte* von der ausschließlich als evolutionäre Höherentwicklung zu verstehenden, durch spezifische biologische Mechanismen gesteuerten *Naturgeschichte*. Es handelt sich hier um strikt trennbare ·Abläufe, die trotz ihrer Überlagerungen und der sich daraus ergebenden Verknüpfungen zwei grundsätzlich verschiedene Ebenen der menschlichen Entwicklung repräsentieren[2]).

Als *Naturgeschichte* läßt sich beschreiben, wie sich die genetische Ausstattung und damit die Konstitution des Menschen gewandelt hat, und zwar in langfristiger Anpassung an eine zunächst naturgegebene und später in weiten Teilen von ihm selbst konstruierte Umwelt, wobei nicht auszuschließen ist, daß die starken Veränderungen, die diese Umwelt im Rahmen der menschlichen Zivilisierungsgeschichte erfahren hat, auch zu einer Beschleunigung der naturgeschichtlich faßbaren Vorgänge geführt hat. Der Mensch ist in naturgeschichtlicher Hinsicht *mittelbar* sogar „Produzent" seiner selbst, indem er sich nicht mehr an ein relativ starres Biotop, sondern an einen künstlich geschaffenen Lebensraum anpassen muß, der gleichsam als ein „Produkt" des menschlichen Zivilisierungs- oder Vergesellschaftungsprozesses anzusehen ist.

Ein ähnliches, wenngleich *unmittelbares* Produzent-Produkt-Verhältnis tritt auf der Ebene der *Zivilisierungsgeschichte* hervor. Allerdings geht es hinsichtlich der *Konsequenzen* dieses Verhältnisses nicht um eine Veränderung des menschlichen Erbgutes, sondern zum einen um die Erhaltung und Weiterentwicklung *soziokultureller Institutionen* (im weitesten Sinne) und zum anderen um den Prozeß der *historischen Psychogenese*, d. h. um die Wandlung und Differenzierung derjenigen psychischen Strukturen, Strukturanteile und psychisch relevanten Konzepte, die in historischer Zeit bzw. im Laufe des je individuellen Sozialisationsgeschehens vollständig oder teilweise *erworben* werden.

Auf die Zivilisierungsgeschichte bezogen erscheint es zweckmäßig, die so gegenübergestellten Vorgänge als *soziokulturelle* und *historisch-psychogenetische* Zivilisierung terminologisch voneinander zu unterscheiden, obwohl diese beiden Entwicklungsabläufe natürlich sehr eng miteinander verflochten sind[3]).

Dabei ist zu berücksichtigen, daß es innerhalb der etablierten Psychologie eine „historische Entwicklungspsychologie" bis zum heutigen Tage nicht gibt. Es ist vielmehr üblich, die *allgemeine* psychische Genese des Menschen als einen biologischen Vorgang aufzufassen und die Entwicklung *des Individuums* vor allem unter dem Gesichtspunkt ihrer „endogenen Vorprogrammiertheit" (Oerter, 1975, S. 21 ff., S. 27) zu betrachten. Es ist somit ein einfaches *Reifungsmodell*, an dem sich die traditionelle Entwicklungspsychologie in erster Linie orientiert. Daran hat sich auch in der gegenwärtigen „kognitionspsychologischen" Phase nicht viel geändert; denn die Kognitionspsychologie hat die „operationalistische" und „objektivistische" Methodologie aus dem Behaviorismus übernommen (Scheerer, 1985) und fühlt sich deshalb weiterhin einer streng *nomologischen* Vorgehensweise, d. h. einem naturgesetzlichen (und naturgeschichtlichen) Erklärungsansatz verpflichtet.

Das führt dazu, daß sowohl zivilisierungsgeschichtliche als auch biographisch-historische Prozesse der Entstehung psychischer Strukturen in der herkömmlichen Psychologie ebensowenig beachtet werden wie die interessante Frage nach dem Verknüpfungszusammenhang dieser beiden Vorgänge.

Die Ignorierung dieser Thematik hat u. a. damit zu tun, daß sich die traditionelle Psychologie darauf konzentriert, *universelles* Verhalten in *universellen* Situationen zu untersuchen (Jüttemann & Thomae, 1987). Der seit langem bestehenden Forderung, „zu den Quellen" (Thomae, 1968, S. VII) zurückzukehren und den Menschen in seiner Alltagssituation und in seiner biographischen Entwicklung zu erfassen, wird immer noch nicht genügend Beachtung geschenkt. Dieses Defizit ist kürzlich von Seiler (1987) eindringlich kritisiert worden. Seiler kommt dabei zu der folgenden Schlußfolgerung: „Der letzte Grundsatz, den ich aus meinen Überlegungen ziehen möchte, könnte lauten: Psychologische Empirie sollte auch der Entstehungs- und Veränderungsdynamik menschlicher Handlungs- und Denkstrukturen und der sie begleitenden emotionalen und motivationalen Tendenzen gebührend Rechnung tragen. Ich meine damit vor allem den Versuch der systematischen Rekonstruktion der Entstehungsgeschichte, sei es im historisch-kulturellen, sei es — das entspricht der psychologischen Fragestellung — im ontogenetischen Raum.

Die genetische Erklärungsweise stellt einen Versuch dar, diesem Ziel gerecht zu werden. Sie fragt sich: über welche Veränderungsschritte, in der Auseinandersetzung mit welchen systematischen und zufälligen Angeboten und Anregungen sind bestimmte (stets situativ- und bereichsbeschränkte) Fähigkeiten und Reaktionstendenzen entstanden? Was treibt die Veränderungsdynamik voran? Welches sind die universellen Gesetzmäßigkeiten, falls es sie gibt? Und welches sind die kulturspezifischen Regelmäßigkeiten? Eine bloß situative und punktuelle (allgemeinpsychologische) Erklärung, die den Entstehungsprozeß außer acht läßt, greift m. E. im menschlichen Bereich zu kurz" (Seiler, 1987, S. 62).

Die Tatsache, daß sich die „genetische Erklärungsweise" (oder genetische Verfahrensweise), für deren forcierte Anwendung Seiler plädiert, grundsätzlich sowohl auf die zivilisierungsgeschichtliche Entwicklung *des* Menschen als auch auf den *individuellen* Sozialisationsprozeß anwenden läßt, eröffnet die Perspektive einer *historischen Entwicklungspsychologie der korrespondierenden Prozesse*[4]. Damit ist jedoch kein vordergründiger *Parallelismus* gemeint (Jaeger, 1986).

Für eine *historische Entwicklungspsychologie der korrespondierenden Prozesse* ist vor allen Dingen die Frage von Bedeutung, welche psychischen Konzepte und Strukturen (bzw. welche „Anteile" daran) *nicht* als *endogen vorprogrammiert*, sondern — zumindest überwiegend — als *erworben* anzusehen sind. Diese Frage soll als die *gegenstandskritische Frage* bezeichnet werden, und zwar insofern, als sich die traditionelle Psychologie diese Frage nicht oder nicht explizit stellt und ihren Gegenstand insofern unkritisch oder „naiv" betrachtet. Gerade das experimentelle Vorgehen ist es, das die Auffassung begünstigen muß, es handele sich bei dem zu untersuchenden Gegenstand letzten Endes um eine *Naturkonstante*[5].

Gegenstandskritisch heißt in diesem Zusammenhang *nicht* Kritik am Gegenstand, sondern in einem speziellen Sinne: kritische Analyse mit dem Ziel der Gegenstandsklärung, und zwar als Beantwortung der Frage nach dem *Ursprung* des Gegenstands. Dabei drückt sich die Differenzierung zwischen *angeborenen* und *erworbenen* Anteilen in einer Richtungsfeststellung aus, und zwar je nachdem, ob sich eine psychische Struktur „von innen nach außen" entfaltet oder ob sie durch Prozesse der allmählichen Gewöhnung oder der gezielten Einübung u. ä. zustandekommt, die „von außen nach innen" verlaufen. *Historische Psychologie* ist danach nicht oder nicht in erster Linie die Erweiterung der bisherigen Psychologie um eine gleichsam *anwendungsorientierte* historisierende Betrachtung, so z. B. des Denkens, Fühlens und Verhaltens von Menschen früherer Epochen, sondern ein Unternehmen, von dem zunächst die Gewinnung *grundlagenwissenschaftlicher*[6] entwicklungspsychologischer Erkenntnisse erwartet wird. Bemühungen um die Erfüllung dieses Anspruchs sind an drei miteinander verknüpften Zielsetzungen orientiert, die eine psychologische Forschung „in gegenstandskritischer Absicht" kennzeichnen. Diese Zielsetzungen lauten:

1. *Natur* und *Geschichte* werden als theoretisch unterscheidbare Ursprünge des Menschlich-Psychischen einander gegenübergestellt.

2. Die unterschiedlichen Entstehungsprozesse *angeborener* und *erworbener* psychischer Strukturen bzw. Strukturbereiche werden sowohl gattungsgeschichtlich als auch individualhistorisch (sozialisationsspezifisch) herausgearbeitet.

3. Die Zusammenhänge zwischen den *zivilisierungsgeschichtlich* erworbenen Anteilen des Allgemein-Menschlich-Psychischen einerseits und den *sozialisationsspezifisch* erworbenen individuellen Strukturen bzw. Strukturbereichen andererseits werden systematisch untersucht.

Zur Erläuterung der erstgenannten Zielsetzung ist festzustellen, daß es innerhalb der traditionellen Psychologie nicht möglich ist, von „Natur und Geschichte" des Psychischen zu sprechen. Stattdessen werden „Anlage und Umwelt" als Entstehungsbedingungen des Psychischen thematisiert. Eine Besonderheit des dabei verwendeten Umweltbegriffs besteht nun darin, daß er die tatsächlich vorliegenden Verhältnisse vereinfacht und verschleiert. So steht „Umwelt" nicht für „Gesellschaft" oder „Kultur" als Ergebnisse eines Zivilisierungsprozesses, sondern für eine wechselnde Konstellation von auslösenden Reizen oder für gleichsam endogen vorprogrammierte *äußere* Voraussetzungen eines Reifungsvorgangs. Da sich Reifung nur in einer *adäquaten* Umwelt, deren Funktion einem Katalysator gleicht, ungestört vollziehen kann, ist diese Umwelt *indirekt* genetisch fixiert.

Angesichts dieses *biologischen* Umweltbegriffs ist der Gegenwartspsychologie vorzuhalten, daß sie ungesellschaftlich und ahistorisch oder sogar antihistorisch sei. Im Umkehrschluß folgt daraus, daß jener *erweiterte* Umweltbegriff, der sich auf den künstlich geschaffenen und laufend veränderten Lebens- und Kulturraum des Menschen bezieht und von einem rein biologischen Umweltbegriff streng zu unterscheiden ist, innerhalb der Psychologie endlich gebührend beachtet werden muß. Das soll u. a. durch die erste der oben genannten Zielsetzungen sichergestellt werden.

Für die weiteren Überlegungen ist es wichtig, zwei unterschiedliche Definitionen von „Natur" zu präzisieren. Diese lauten:
a) Natur ist *biologische Natur* im Sinne genetisch fixierter evolutionärer Ursprünglichkeit (biologischer Naturbegriff) und
b) Natur ist *psychische Natur* als subjektiv erlebte Ursprünglichkeit (psychologischer Naturbegriff).

Für den psychologischen Naturbegriff ist kennzeichnend, daß das Individuum Impulse, Antriebe, Reaktionen usw., die aus psychischen Strukturen erwachsen, welche im Nervensystem „verankert" sind, subjektiv als *ureigenste* Erlebnisse erfährt, auch wenn die zugrundeliegenden Strukturen als erworben gelten müssen. Dabei entsteht ein *Selbsttäuschungseffekt*, und zwar derart, daß die *psychische* Natur der Erlebnisse den Eindruck suggeriert, es liege zugleich eine *biologische* Ursprünglichkeit vor. Von diesem besonderen Effekt, der sich als *subjektive Unfähigkeit der Unterscheidung* der hier gegenübergestellten „Naturqualitäten" *im Akt des Erlebens* zeigt und „psychogenetischer Effekt" genannt werden soll, wird später noch die Rede sein.

Trotz oder gerade wegen der prinzipiellen Schwierigkeit, erworbene Strukturen oder Strukturanteile im Erleben auch als erworben zu erkennen, ist es sehr wichtig, sie objektiv, d. h. im Rahmen psychologischer Forschungsbemühungen, zu identifizieren. Darauf zielt das Konzept der „Historischen Psychologie in gegenstandskritischer Absicht"

2. Die Entstehung, die Folgen und die Überwindung des Inversionsprinzips

Die Differenzierung zwischen „angeborenen" und „erworbenen" Anteilen psychischer Entwicklung verweist, wie bereits angedeutet, auf Prozesse unterschiedlicher Verlaufsrichtung, und zwar je nachdem, ob sich Verhalten *reifend* aus einer angelegten Struktur *von innen nach außen* entwickelt, oder ob sich eine Struktur *prägend* auf dem Wege längerer Einübungen und Gewöhnungen *von außen nach innen* herausbildet. Es ist vor allem dieses *Unterscheidungskriterium*, das für ein gegenstandskritisches Vorgehen relevant ist. Zugleich wird erkennbar, daß die gegenstandskritische Untersuchung psychischer Entwicklungen und Strukturen insofern auf eine weitgehende methodologische Neuorientierung psychologischer Forschungsarbeit hinauslaufen muß, als der Aspekt des Erworbenen auf *historische* Entstehungsprozesse und damit auf *historisch* zu bearbeitende Fragestellungen zu beziehen ist.

Gegenstandskritische Psychologie bedeutet in diesem Zusammenhang vor allem auch: Aufhebung des *Inversionsprinzips*[7]), d. h. jener unzulässigen Umkehrung des Verhältnisses von Gegenstand und Methode, das die traditionelle Psychologie insofern kennzeichnet, als der Methode ein absoluter Vorrang vor der Gegenstandsbetrachtung eingeräumt und dadurch eine systematische Ableitung von Entscheidungen über eine *gegenstandsangemessene* Methodenanwendung verunmöglicht wird.

Die Gegenwartspsychologie beantwortet die Frage nach der Methode im Sinne einer allgemeinen *monistischen Vorentscheidung*, und zwar in Form eines Entschlusses, grundsätzlich nur eine naturwissenschaftlich orientierte Forschungsstrategie zu akzeptieren, d. h. ausschließlich biometrische Vorgehensweisen[8]) zuzulassen und Psychologie rein nomologisch zu betreiben[9]). Die Folge ist, daß nur diejenigen Aspekte des Gegenstandes erfaßt werden können, die über diesen einseitigen „biologistischen" Zugang erreichbar sind. Interpretiert man dann aber die gewonnenen Erkenntnisse trotzdem im Sinne des *gesamten* Gegenstands, dann gelangt man entweder zu prinzipiell falschen Erkenntnissen oder der Gegenstand erleidet eine Deformation. Die ihrem Anspruch nach hochwissenschaftliche nomologische Psychologie gerät, so betrachtet, sogar in den Verdacht, pseudowissenschaftliche Züge zu tragen.

In der Psychologie kam es dadurch zur „Einführung" des Inversionsprinzips und damit zur Entstehung einer unhaltbaren Situation, daß mit zunehmender behavioristischer Orientierung die ausschließliche Anwendung naturwissenschaftlich-biometrischer Methoden allmählich für verbindlich erklärt wurde. Sucht man deshalb die Wurzel vieler grundlegender Probleme, die die traditionelle Psychologie nicht zu lösen vermag, dann muß man bis zu jenem Programm des Behaviorismus zurückgehen, das Watson formuliert hat. Man wird dann u. a. die beiden folgenden Sätze finden:

1. „Psychologie, wie sie der Behaviorist sieht, ist ein vollkommen objektiver, experimenteller Zweig der Naturwissenschaft."

2. „Bei seinem Bemühen, ein einheitliches Schema der Reaktionen von Lebewesen zu gewinnen, erkennt der Behaviorist keine Trennungslinie zwischen Mensch und Tier an" (Watson, 1913; 1968, S. 13).

Entfällt die Betrachtung der Unterschiede zwischen Tier und Mensch, dann ist der Weg frei für die Etablierung einer Psychologie, die „lediglich" eine Naturwissenschaft sein will. In Anwendung der getroffenen Vorentscheidung wird der Gegenstand der Humanpsychologie nur noch als *Naturkonstante* gesehen und behandelt. Die kulturelle Geprägtheit und der geschichtliche Ursprung des Psychischen geraten dann außer Betracht und das allein angemessene *Veränderlichkeitspostulat* des Psychischen bzw. des menschlichen Verhaltens wird durch ein *Unveränderlichkeitspostulat* ersetzt [10]).

Trotzdem ist es vielleicht nicht gerecht, nur die Behavioristen für die verhängnisvolle „Einführung" des Inversionsprinzips verantwortlich zu machen; denn lange bevor der Behaviorismus seinen beherrschenden Einfluß auch auf die psychologische Forschung in Europa auszuüben begann, hatten sich Einseitigkeiten der wissenschaftlichen Orientierung herausgebildet, die aus heutiger Sicht als Entwicklungsrückschritte angesehen werden müssen. Dieser Prozeß setzte bereits nach dem Tode Wundts ein.

Thomae berichtet in diesem Zusammenhang über den späten Wundt und über die „Sozialisierungswirkungen der geistigen Umgebung, in welche Wundt hineingewachsen war, nämlich die der Philosophischen Fakultät der Universität Leipzig mit ihrer großen Tradition auf den Gebieten Geschichte, Ethnologie und Philologie" (Thomae, 1977, S. 28). Thomae erblickt darin die Ursachen für eine entscheidende „Wendung" im Denken Wundts, d.h. für ein Heraustreten aus der Enge des Laboratoriums, das Wundt — nach einer Bemerkung von H. Henning — „mit dem Jahr 1900 ... endgültig verlassen" hatte (zit. nach Hofstätter, 1984, S. 7; Henning, 1932). Gleichzeitig stellt Thomae bedauernd fest: „Die Anhänger der ,neuen Disziplin' vollzogen diese weitere Wendung größtenteils nicht. Für sie blieb das Experiment die einzige wissenschaftliche Methode und das von ihr erfaßbare Verhalten der eigentliche Gegenstand der Psychologie. Insofern bedeutet die ,Gründung' des Faches ,Psychologie' auf den Fundamenten der Sinnesphysiologie entgegen den Intentionen des ,Gründers' eine deutliche Begrenzung des Themas, das sehr viele Denker und Forscher im 18. und 19. Jahrhundert einer Psychologie zugedacht und zugeordnet hatten" (Thomae, 1977, S. 28). Mit anderen Worten: Das Inversionsprinzip hatte zu diesem Zeitpunkt bereits seine volle Wirksamkeit erlangt.

Es ist somit nicht erst der behavioristische Einfluß, sondern der allgemeine, gerade auch in Deutschland sehr stark spürbare Trend zur Vorherrschaft der naturwissenschaftlichen Arbeitsmethode in der psychologischen Forschung, dem das Inversionsprinzip seine Entstehung verdankt. An dieser Entwicklung haben auch die Ganzheits- und Gestaltpsychologen, die sich ansonsten als strikte Gegner des Behaviorismus verstanden, ihren Anteil. Aufschlußreich ist in diesem Zusammenhang ein von Kurt Lewin in den Jahren 1930/31 verfaßter Aufsatz mit dem Titel: „Der Übergang von der aristotelischen zur galileischen

Denkweise in Biologie und Psychologie" (Lewin, 1930/31). Der Begriff „galileische Denkweise" oder „galileisches Prinzip", den später u. a. G. H. von Wright (1974, S. 17, S. 151), N. Bischof (1981) und D. Dörner (1983, S. 22ff.) im Zusammenhang mit methoden- und positionskritischen Untersuchungen — unter Berufung auf Kurt Lewin — aufgegriffen haben, steht hier für das Bekenntnis zu einer rein naturwissenschaftlichen Arbeitsweise. Die unkritische Anwendung des galileischen Prinzips ist in der Psychologie gleichbedeutend mit der Einführung des Inversionsprinzips [11]).

Die Perfektionierung der naturwissenschaftlich-mathematischen Forschungsstrategie in der Psychologie, d. h. der volle Ausbau der Nomologischen Psychologie und die damit einhergehende Einschwörung auf das Inversionsprinzip gelangen jedoch erst aufgrund der Übernahme der operationalistischen Vorgehensweise einerseits (Scheerer, 1984) und der Orientierung an der von Hempel und Oppenheim präzisierten *Subsumptionstheorie der Erklärung* andererseits (Stegmüller, 1974, S. 75ff.). Der Operationalismus führte u. a. dazu, daß Begriffsdefinitionen und Gegenstandsklärungen in der psychologischen Forschung entbehrlich wurden.

In jüngerer Zeit hat vor allem Theo Herrmann (1976) dafür gesorgt, daß die Außerkraftsetzung des Inversionsprinzips bzw. die Beseitigung seiner unheilvollen Konsequenzen erfolgreich verhindert werden konnte, und dabei hat ihm, ohne dies eigentlich zu wollen, R. Kirchhoff (1976) Unterstützung geleistet, als er in einer vieldiskutierten Auseinandersetzung um die Frage der Gegenstandsbestimmung in der Psychologie seinem „Gegner" Herrmann unterlag. Diese Herrmann-Kirchhoff-Kontroverse fand in den Jahren 1973 bis 1974 (vgl. Eberlein & Pieper, 1976) statt und erlaubte Herrmann u. a. eine Verdeutlichung seiner Auffassung, daß nichts so unwichtig sei wie die Frage nach dem Gegenstand der Psychologie. So formulierte Herrmann, die Auseinandersetzung damit gleichsam abschließend, die Empfehlung, „man möge Fragen danach, wie Psychologie zu definieren ist, ob sie überhaupt möglich oder ob sie etwa fehlkonzipiert ist usf., zugunsten konkreter Forschungstätigkeit ‚begraben'" (Herrmann, 1976, S. 104).

Man ist dieser Empfehlung, die einen konsequenten „Forschungsoperationalismus" (Jüttemann, 1978, S. 299; 1982, S. 286; 1983b, S. 34; 1987, S. 75) begründet, dann tatsächlich auch gefolgt, ohne zu bedenken, daß gerade diese Entwicklung zur Entstehung eines Mißverhältnisses zwischen einem hohen Wissenschaftsanschein auf der einen Seite und einem wesentlich niedriger zu veranschlagenden tatsächlichen Wissenschaftswert psychologischer Forschungsergebnisse auf der anderen Seite führen mußte (Jüttemann, 1986, S. 103).

Behauptet werden soll, daß eine Überwindung des Inversionsprinzips letzten Endes nur auf dem Wege einer Neukonzeptualisierung der gesamten Psychologie im Sinne einer *gegenstandskritischen* Psychologie einschließlich eines forcierten Ausbaus der Historischen Psychologie möglich ist. Das aber würde voraussetzen, daß sich die Vertreter der traditionellen Psychologie in selbstkritischer Weise zu den Fehlern der Vergangenheit bekennen. Leider stellt sich die wissenschaftspolitische Situation innerhalb der gegenwärtigen Psychologie jedoch so dar, daß die Entstehung einer selbstkritischen Haltung dieser Art kurzfristig nicht zu erwarten ist (Jüttemann, 1987, S. 86).

Dennoch kann nicht zweifelhaft sein, daß die Anwendung des Inversionsprinzips in der jüngeren Wissenschaftsgeschichte der Psychologie zu zahlreichen Fehlentwicklungen geführt hat. Dazu gehören einerseits die in den experimentalpsychologisch ausgerichteten grundlagenwissenschaftlichen Teildisziplinen Allgemeine Psychologie, Sozialpsychologie und Entwicklungspsychologie vorliegende Orientierung an einer völlig einseitigen „Bezugsfigur" (Jüttemann, 1983a; 1987, S. 78ff.) im Sinne eines inadäquaten „personalen" Gegenstands und andererseits das Zustandekommen jener Vielzahl der in der Persönlichkeitspsychologie erörterten „Modelle" (Jüttemann, 1988b), die schon deshalb als Fehlkonstruktionen gelten müssen, weil die Dimension des geschichtlichen Ursprungs psychischer Entwicklung unberücksichtigt bleibt.

Damit soll aber keineswegs behauptet werden, naturwissenschaftliche Psychologie sei prinzipiell abzulehnen. Jedoch erscheint die Forderung begründet, eine naturwissenschaftliche psychologische Arbeitsweise nur dort zuzulassen, wo mit Hilfe einer vorausgehenden *gegenstandskritischen* Prüfung geklärt werden konnte, daß genuine Naturprozesse bzw. die „Produkte" derartiger Vorgänge vorhanden sind. Ein solcher Nachweis dürfte in weiten Teilen der Physiologischen Psychologie oder Biopsychologie nicht schwierig sein. In allen anderen Bereichen der grundlagenwissenschaftlichen Psychologie ist jedoch damit zu rechnen, daß die gegenstandskritische Prüfung das Vorliegen sowohl eines *evolutionären* als auch eines *geschichtlichen* Ursprungs ergibt. Vor dem Hintergrund der Erwartung, Grundlagenwissenschaft müsse prinzipiell gegenstands-*analysierend* und nicht gegenstands*konstruierend* vorgehen, wäre dann der Einsatz der experimentellen Methode auf denjenigen „Teil" des Gegenstands zu beschränken, der als biologisch entstandene, genetisch bedingte Natur erkennbar ist und dessen Bearbeitung deshalb unzweifelhaft dem engeren Bereich der naturwissenschaftlichen Psychologie zuzuordnen wäre. Für den anderen „Teil" des Gegenstands würde demgegenüber eine historische Herangehensweise angemessen sein, d.h., es müßte gefragt werden, in welchen geschichtlichen Prozessen (und unter welchen ideologischen Einflüssen) er sich „herausgebildet" hat.

Das aber ist eine Fragestellung der Historischen Psychologie. Zu beachten ist in diesem Zusammenhang, daß auch Historische Psychologie prinzipiell in der Gefahr steht, *ideologiebildende* Wirkungen zu entwickeln, wie u.a. das negative Vorbild der Geschichtsphilosophie (Marquard, 1973) zeigt. Es kommt somit in besonderem Maße darauf an, daß Historische Psychologie als strenge *einzelwissenschaftliche* Forschung betrieben wird und nicht nur darauf Bedacht nimmt, sich von geschichtsphilosophischen Spekulationen, d.h. von nicht genügend belegt oder begründet erscheinenden Interpretationen, freizuhalten, sondern sich auch *explizit* die Aufgabe stellt, ideologie*aufdeckend* vorzugehen.

3. Die Rückständigkeit der Gegenwartspsychologie

Aufgrund des oben Gesagten läßt sich bereits erahnen, in welchem Maße sich die bisherige Psychologie einer Verkennung und Verkürzung jenes Gegenstands schuldig macht, für dessen angemessene und vollständige Erforschung sie — zumindest ihrem Namen nach — zuständig wäre. Dabei geht es um Defizite, die allein den akademischen Vertretern dieser Disziplin vorzuhalten sind. Ein besonders schwerwiegender Kritikpunkt, der gleichsam zusätzlich und sogar *in vierfacher Hinsicht* hervortritt, ist die *Rückständigkeit* der Gegenwartspsychologie. Diese vier Aspekte sind:

1. Es zeigt sich eine besonders stark ausgeprägte Rückständigkeit gegenüber der *Philosophie*, da sich die Philosophen seit mehr als 2000 Jahren mit der Frage beschäftigen, welche Bedeutung jener Anteil des Psychischen besitzt, der — nach einer von Grawe (1984, S. 1326) verwendeten Formulierung — auf „kultureller Rückprägung des Menschen durch die Kultur" beruht und für den ein historischer Wandel der Formen und Bedingungen dieses Rückprägungsprozesses kennzeichnend ist. (Die Frage der Rückständigkeit der Psychologie gegenüber der Philosophie wird später in einem gesonderten Abschnitt des vorliegenden Beitrags noch ausführlicher erörtert; vgl. S. 518 ff.).

2. Eine weitere Rückständigkeit liegt im Vergleich zur *Soziologie* vor. Hier hat Norbert Elias (1939; 1978) schon früh versucht, die historische Dimension der *Soziogenese* aufzuzeigen und anhand einleuchtender Beispiele zu demonstrieren. Elias hat dabei zugleich auf den Vorgang der *Psychogenese* (Bd. 2, S. 369 ff.) verwiesen und die Begründung einer „historischen Psychologie" (S. 385) gefordert. Aber auch die Werke der übrigen im vorliegenden Band vorgestellten Soziologen zeigen zum Teil, daß in der Soziologie die Notwendigkeit, die historische Dimension zu thematisieren, schon wesentlich früher erkannt worden ist als in der Psychologie. Ein derartiger „Vorsprung" der Soziologie liegt auch dort vor, wo man sich — allerdings wenig erfolgreich — um eine Ausdehnung der Psychohistory-Bewegung auf den deutschsprachigen Raum bemüht hat (Wehler, 1971).

3. Die Rückständigkeit der Psychologie gegenüber den *Geschichtswissenschaften* ist ebenfalls sehr auffällig, wenn man bedenkt, in wie starkem Maße etwa in der „Mentalitätengeschichte" (Sprandel, 1972; Honegger, 1977; Iggers, 1978; Erbe, 1979; Hinrichs, 1982; Reichhardt, 1982; Sellin, 1985; Raulff, 1986; 1987) und darüber hinaus in der gesamten „nouvelle histoire" eine Untersuchung von Gegenständen betrieben worden ist, die gleichzeitig zum engeren Zuständigkeitsbereich der Psychologie gehören, so daß einige Historiker durchaus auch als Historische Psychologen bezeichnet werden können[12]), die lediglich *außerhalb* der Psychologie tätig geworden sind. Bemerkenswert ist auch, daß die Ablehnung der Auffassung, die Psyche bzw. die „Natur" des Menschen stelle eine Konstante dar und habe damit als eine universelle und zeitlose Basis jeder geschichtswissenschaftlichen For-

schungsarbeit zu gelten, in den Geschichtswissenschaften schon relativ früh überwunden werden konnte (Nitschke, 1986).

4. Eine besondere Rückständigkeit der Gegenwartspsychologie ist von *intradisziplinärer* Art. Es handelt sich dabei z. T. sogar um eine *Rückschrittlichkeit*. Diese wird offenbar, wenn man die vorliegende Psychologie mit der „älteren" Psychologie in den ersten 30 Jahren dieses Jahrhunderts vergleicht. Diese Gegenüberstellung soll anschließend vorgenommen werden.

Der Beginn einer (partiell) *rückschrittlichen Entwicklung der Psychologie* ist spätestens mit dem Wiedereintritt der psychologischen Forschung in jene monistische Phase anzusetzen, die Wellek (1958) gegen Ende der 50er Jahre konstatierte und als „Rückfall in die Methodenkrise" bezeichnet hatte. Aber auch die Tatsache, daß die von Wundt (1900–1920) begründete „Völkerpsychologie" keine konsequente Fortsetzung erfuhr, und die Feststellung, daß die von Karl Bühler (1927; 1978) unternommenen Anstrengungen, für die Psychologie auf systematischem Wege ein pluralistisches Forschungsprogramm aufzustellen, vergeblich gewesen sind, müssen als Rückschritte oder Rückschläge in der wissenschaftlichen Entwicklung der Disziplin bewertet werden.

Karl Bühler hatte sich vor allen Dingen um eine (gleichzeitige) Berücksichtigung der *drei* Teilgegenstände (1) Erleben, (2) Verhalten und (3) „Korrelationen (von Erleben und Verhalten; d. Verf.) mit den Gebilden des objektiven Geistes" (Bühler, 1978, S. 29 ff.) bemüht. Vor allem der zuletzt genannte Gegenstandsaspekt, der auf den Ausbau einer historisch orientierten Psychologie zielte, wurde in der Folgezeit wenig und 30 Jahre später − nach dem Aufkommen eines einheitswissenschaftlichen (behavioristisch geprägten) Methodenverständnisses − gar nicht mehr beachtet. Insgesamt wurde die von Bühler im Jahre 1927 diagnostizierte „Krise der Psychologie" langfristig nicht im Sinne der von ihm angeregten Methoden*differenzierung* überwunden, auch wenn es kurz danach, nämlich im Jahre 1929, zur Umbenennung der 1904 gegründeten „Gesellschaft für experimentelle Psychologie" in „Deutsche Gesellschaft für Psychologie" kam. Was Wellek dann 1958 als „Rückfall in die Methodenkrise" kritisierte, war der vorerst endgültige Abschied von jener pluralistischen Denkweise, die Bühler systematisch entwickeln wollte.

Die von Wellek ausgesprochenen Warnungen und Empfehlungen führten (natürlich) nicht zu der von ihm erhofften Überwindung der Krise im Bühlerschen Sinne. Statt dessen erfüllte sich seine Befürchtung, daß sich die Wende zum Methodenmonismus möglicherweise als unaufhaltsam erweisen könnte. Welche Rolle bei der Entstehung dieser Situation gerade die sogenannten „Ostertreffen" gespielt haben, die 1959 in Marburg begannen, deutet Thomae an, wenn er ausführt: „Auf Bestreben einer Gruppe von Experimentalpsychologen wurden 1959 die regelmäßig um Ostern stattfindenden Treffen der Anhänger dieser Arbeitsrichtung ins Leben gerufen, die sich ohne Statuten und feste Organisation bald als so durchsetzungsfähig erwies, daß sie die Macht in der Deutschen Gesellschaft für Psychologie übernahm. Gleichzeitig aber verschob sich das Gewicht der Interessen immer stärker auf behavioristische Konzepte, so daß heute nur noch wenig Berührungspunkte zu den Intentionen des Initiators der Ostertreffen, Heinrich Düker, bestehen" (Thomae, 1977, S. 41).

Unzweifelhaft erlebte der Forschungsbetrieb der akademischen Psychologie in der Zeit nach 1959 gerade im deutschsprachigen Raum einen ebenso kolossalen wie ungeahnten Aufschwung, der nicht zuletzt durch den sprunghaften Anstieg der Zahl der Studenten, die sich für Psychologie interessierten, hervorgerufen wurde, auch wenn sich diese Studenten nur in einem sehr geringen Maße für eine akademische Laufbahn im Bereich der experimentellen Psychologie begeisterten, sondern für eine praktische Berufsausübung, und zwar vor allem für eine Tätigkeit als Klinischer Psychologe" (Jüttemann, 1985).

Man interpretiert jedoch den wissenschaftsgeschichtlichen Prozeß, wie er zwischen 1927 und 1959 bzw. seit 1959 in der Psychologie abgelaufen ist, einseitig und gelangt zu einer falschen Bewertung, wenn man nicht sorgfältig zwischen dem tatsächlichen Rückschritt hinsichtlich der im engeren Sinne *wissenschaftlichen* Entwickung einerseits und jenen unverkennbaren „allgemeinen" Erfolgen andererseits differenziert, die die Disziplin im ganzen betreffen.

Zu den Aktiva gehört u. a. die wachsende Anerkennung der *Disziplin* „Psychologie" an den Universitäten, und diese Verbesserung des Ansehens war nicht zuletzt durch jene naturwissenschaftlich geprägte monistische Orientierung bedingt, die Wellek vergeblich zu verhindern versucht hatte. In der *nomologischen* Aufschwungphase wurde die Psychologie mächtig. Den akademischen Vertretern der Psychologie bescherte diese Phase die langersehnte Identität (Ewert, 1983, S. 32 ff.).

Zugleich war aber das Paradoxon einer erfolgreichen und dennoch in rückschrittlicher Weise einseitigen Psychologie entstanden. Diesen Widerspruch zu erkennen, waren die meisten Vertreter der Psychologie allerdings nicht in der Lage, zumal Wissenschaftsgeschichtsschreibung nur im Sinne einer „Geschichte der Sieger" betrieben wurde[13]). So reifte in der Psychologie allmählich die Überzeugung heran, man sei in die Phase einer endgültigen Konsolidierung eingetreten. Diese Auffassung wurde „Bestandteil" der Identität und bestärkte die in Lehre und Forschung tätigen Psychologen in der Motivation, auf dem einmal eingeschlagenen Weg der Expansion und wachsenden Reputation zielstrebig weiterzugehen. Man schloß sich zusammen und kümmerte sich fürderhin weder um Kritiker noch um alternative Ansätze innerhalb der Psychologie[14]).

Allerdings darf die „strukturbildende" Kraft eines einseitigen Wissenschaftsverständnisses und einer dementsprechend einseitigen Sozialisation der nachwachsenden Psychologen nicht unterschätzt werden. Husserl hat den Satz geprägt: „Bloße Tatsachenwissenschaften machen bloße Tatsachenmenschen" (1977, S. 4). Im Hinblick auf das nicht immer nur ungewollt, sondern zum Teil auch absichtsvoll in Richtung eines mechanistischen Erklärungsansatzes hochstilisierte Konzept der Gegenwartspsychologie läßt sich fragen: Hat das starre Festhalten an einer ahistorischen Gegenstandsauffassung nicht möglicherweise einen Typus von Wissenschaftlern hervorgebracht, dem die erfolgreiche Beschaffung und Verwaltung von Ressourcen mehr bedeutet als der Fortschritt der wissenschaftlichen Erkenntnis? Doch es ist sicher nicht nur ein Problem der Psychologie, daß die besten Forschungsmanager nicht zugleich die glaubwürdigsten Wahrheitssucher sind.

4. Gegensätzliche Naturbegriffe in der Philosophie

Läßt sich für die Nomologische Psychologie die Vorherrschaft einer gegenstands*unkritischen* Denkweise generell behaupten, so ist im Hinblick auf die Philosophie, soweit sich diese mit psychologischen Fragestellungen beschäftigt, eher eine gegenteilige Feststellung angemessen, da es immer schon Philosophen gegeben hat, die auf die Notwendigkeit einer gegenstands*kritischen* Differenzierung zwischen angeborenen und erworbenen psychischen Strukturen hingewiesen haben, und zwar insbesondere unter Verwendung der Begriffe „Gewohnheit", „andere Natur" und „zweite Natur".

Diese Bezeichnungen eignen sich vor allem dazu, die *erworbene* „Natur" des Menschen von der *angeborenen* Natur zu unterscheiden und anthropologische oder geschichtsphilosophische Spekulationen damit zu verknüpfen. Möglichkeiten dieser Art wurden vielfältig wahrgenommen, wie die Überblicksdarstellungen von G. Funke (Funke, 1958; 1974; 1984) und N. Rath (Rath, 1984; 1988) zeigen. Die in der Philosophie seit mehr als 2000 Jahren anhaltende Diskussion um die genannten Begriffe wurde zum Teil mit großer Leidenschaft geführt. Die Standpunkte blieben aber stets kontrovers, so daß keine allgemeingültigen Erkenntnisse gewonnen zu werden vermochten.

So ist es den Psychologen zwar nicht zu verdenken, daß sie auf eine direkte Übernahme der Termini bzw. der damit verbundenen, auf spekulativer Basis entstandenen Ansätze der Philosophen verzichtet haben. Aber man kann der Psychologie dennoch mit Berechtigung vorhalten, sie sei dadurch gegenüber der Philosophie in eine rückständige Position hineingeraten, daß sie die Begriffe und die daraus abgeleiteten Theorieentwicklungen einfach ignoriert habe.

G. Funke hat sich vor allem mit dem Begriff „Gewohnheit" und in diesem Zusammenhang mit den Auffassungen auseinandergesetzt, die – in unsystematischer Aufzählung – von Platon, Aristoteles, Plotin, Quintilian, Thomas von Aquin, Vives, Luther, Montaigne, Pascal, Christian Wolff, Berkeley, Hume, Reid, Condillac, Maine de Biran, Ravaisson, Kant, Hegel und Husserl vertreten worden sind.

N. Rath (der in diesem Band mit einem Beitrag über Freud vertreten ist) hat sich vor allem mit dem Begriff „zweite Natur" und – über Funke z. T. hinausgehend – auch mit den Werken von Demokrit, Cicero, Augustinus, Herder, Schiller, Leonardo da Vinci, Goethe, Hölderlin, Schelling, Marx, Nietzsche, Freud, Lukács, Benjamin, Horkheimer, Adorno, Negt und Kluge, Gehlen, Foucault, Lévi-Strauss und Moscovici beschäftigt.

Für Funke wie auch für Rath geht es zunächst um die Bedeutung des Begriffs „Gewohnheit", der seit Demokrit u. a. mit der Erkenntnis verknüpft wird, daß

Erziehung „Natur" erzeugt und daß diese Natur von anderer Art ist als die biologisch bestimmbare, bereitgestellte Natur. Übereinstimmungen *und* Unterschiede der Prozesse „Reifung" und „Erziehung" wurden in diesem Zusammenhang schon früh thematisiert.

So formuliert *Demokrit* (hier und im folgenden zit. n. Funke, 1984): „Natur und Erziehung haben eine gewisse Ähnlichkeit, denn auch die Erziehung wandelt den Menschen um, durch diese Umwandlung aber schafft sie Natur" (S. 484). Der Aspekt der Gewöhnung ist vor allem von *Cicero* hervorgehoben worden, der u. a. bemerkt, „. . . daß durch Gewohnheit gewissermaßen eine andere Natur hervorgebracht wird" (S. 484).

In der frühen Neuzeit hat sich insbesondere *Rousseau* mit dem Gedanken der Unterscheidung zwischen einer ersten und einer zweiten Natur des Menschen beschäftigt. Die erste Natur wird nur durch „Instinkte" repräsentiert, während die „Gewohnheiten" der zweiten Natur zugeordnet werden (S. 486 f.).

Bei *Fichte* erfolgt ein Hinweis auf Gewöhnungsprozesse im Rahmen einer Definition von „Sitte". Fichte versteht darunter „die angewöhnten und durch den ganzen Stand der Cultur zur anderen Natur gewordenen, und ebendarum im deutlichen Bewusstseyn durchaus nicht vorkommenden Principien der Wechselwirkung der Menschen untereinander" (S. 487).

Auch für Hegel beruht das Sittliche auf der Gewohnheit, die er „eine zweite Natur" nennt. Hegel beschreibt mit besonderer Präzision den Vorgang, der aus der erlernten Gewohnheit eine psychische Struktur entstehen läßt: „Die Gewohnheit ist mit Recht eine zweite Natur genannt worden, — *Natur*, denn sie ist ein unmittelbares Sein der Seele, — eine *zweite*, denn sie ist eine von der Seele *gesetzte* Unmittelbarkeit, eine Ein- und Durchbildung der Leiblichkeit . . ." (S. 487). Zweite Natur ist *gewordene* Natur, aber sie ist dennoch Natur, weil die erlernten Reaktionen mit zunehmender Gewohnheit immer spontaner, ursprünglicher, unwillkürlicher, „automatischer" werden. Hegel bringt dies an anderer Stelle in äußerster Zusammenfassung zum Ausdruck, wenn er darauf verweist, daß die Gewohnheit „als uns zur zweiten Natur geworden die Gestalt der Unmittelbarkeit annimmt, aber einer vermittelten" (S. 487).

J. E. Erdmann beruft sich auf den „gesunden Menschenverstand", wenn er von der Gewohnheit behauptet, sie besitze eine doppelte Funktion, da sie „bindet und fesselt, löst und befreit". Daher werde „die Gewohnheit eine zweite oder andere Natur genannt, ‚Natur', weil sie eine Beschaffenheit ist, von der wir uns nicht losmachen können, ‚andere' oder zweite, weil sie eine hervorgebrachte, künstliche ist. Beides zusammen, weil sie keine natürliche Natur ist" (S. 488).

Schopenhauer und *Kierkegaard* (hier und im folgenden zit. n. Rath, 1984) heben hervor, daß vor allem *der Glaube* zur zweiten Natur bzw. zur anderen Natur werden kann und betonen damit nicht nur die umfassende Bedeutung, die eine Weltanschauung für das Verhalten eines Menschen besitzen kann, sondern verweisen zugleich auf die *Hergestelltheit* spezifischer (hier: religiöser) Gefühle (S. 490 f.).

Hatte Hegel die zweite Natur eher unter dem Gesichtspunkt der (sittlichen)

Höherentwicklung des Menschen betrachtet, so bezieht *Nietzsche* eine radikale Gegenposition, wenn er bedauernd feststellt: „Wir pflanzen eine neue Gewöhnung, einen neuen Instinkt, eine zweite Natur an, so daß die erste Natur abdorrt" (S. 491). Zur Erläuterung dieses Prozesses hebt er beispielhaft die Funktion hervor, die der Begriff „Sünde" im Christentum seiner Auffassung nach besitzt, und führt aus: „Der Begriff ‚Sünde' erfunden samt dem zugehörigen Folterinstrument, dem Begriff ‚freier Wille', um die Instinkte zu verwirren, um das Mißtrauen gegen die Instinkte zur zweiten Natur zu machen" (S. 491).

Nietzsche beklagt die Schwächlichkeit der zweiten Natur, findet es jedoch tröstlich „zu wissen, daß auch jene erste Natur irgendwann einmal eine zweite Natur war und daß jede siegende zweite Natur zu einer ersten wird". Hier wird der evolutionäre Hintergrund beleuchtet, vor dem sich historische Veränderungsprozesse psychischer Strukturen vollziehen.

Bei *Lukács* erfährt die zweite Natur ebenfalls eine negative Akzentuierung. Sie ist „Welt der Konvention" und „eine Schädelstätte vermoderter Innerlichkeiten" (S. 492). Hier zeigt sich, wie gut sich der Begriff der zweiten Natur dazu eignet, kritische Betrachtungen über die Menschheitsentwicklung anzustellen. Das Verhängnis besteht für den frühen Lukács vor allem in der Entwicklung der zweiten Natur zur „Fremdheit der Natur, der ersten Natur gegenüber", da „die selbstgeschaffene Umwelt für den Menschen kein Vaterhaus mehr ist, sondern ein Kerker" (S. 492).

Adorno führt die von Lukács entwickelten Überlegungen weiter. Er sieht die erste und die zweite Natur als ineinander verschränkt an, fordert eine dialektische „Theorie der zweiten Natur" und gelangt u. a. zu der Feststellung: „Es ist in Wahrheit die zweite Natur die erste" (S. 493). Natur und Geschichte sind nicht länger als Gegensätze aufgefaßt. Es kommt vielmehr darauf an, „das geschichtliche Sein in seiner äußersten geschichtlichen Bestimmtheit, da, wo es am geschichtlichsten ist, selber als ein naturhaftes Sein zu begreifen." Ferner gilt es, „die Natur da, wo sie als Natur scheinbar am tiefsten in sich verharrt, zu begreifen als ein geschichtliches Sein" (S. 493).

Anknüpfend an Hegel und im Gegensatz zu Lukács gelangt Adorno zu der Folgerung, daß die zweite Natur für den Menschen eine besonders große und im Grunde positive Bedeutung besitzt. Neu sind bei Adorno vor allem die Annahme einer relativen Autonomie der ersten und der zweiten Natur und die Betonung einer dialektisch zu betrachtenden Wechselbeziehung zwischen beiden. Diese Auffassung erinnert an die vor allem für die Psychoanalyse wesentlich gewordene Hypostasierung verschiedener Instanzen, die *in* der Person wirksam sind und u. U. sogar miteinander „im Streit" liegen können. Es muß allerdings fraglich erscheinen, ob eine verdinglichende oder personifizierende Betrachtung verschiedener „Naturen", die als weitgehend autonome „Bestandteile" der Psyche aufgefaßt werden, auf lange Sicht gesehen wissenschaftlich fruchtbringende Konzepte darstellen können.

Fraglich ist auch, ob Versuche, die darauf hinauslaufen, die nur theoretisch vollziehbare Trennung zwischen einer ersten und einer zweiten Natur des Menschen als Begründung für die Notwendigkeit grundlegend verschiedener Wissenschaftsansätze zu verwenden, für die Psychologie Bedeutung erlangen können, auch wenn dabei nicht explizit auf die Begriffe „erste Natur" und „zweite Natur" Bezug genommen wird. So hat etwa Troeltsch (1922, S. 102, 104 ff.; 1924), von dessen Werk u. a. Karl Mannheim sehr stark beeinflußt worden ist, vorgeschlagen, das Wort „Historismus" seiner negativen Bedeutung zu entkleiden, den Begriff dann „in dem Sinne der grundsätzlichen Historisierung alles unseres Denkens über den Menschen, seine Kultur und seine Werke zu verstehen" und *Historismus* und *Naturalismus* als „die beiden großen Wissenschaftsschöpfungen der modernen Welt" zu begreifen. Hier wird also nicht die Bedeutung von Natur *oder* Geschichte gewichtet, sondern es werden fundamentale Untersuchungsansätze einander gegenübergestellt, womit jedoch in letzter Konsequenz auch die Differenz zwischen einer ersten und einer zweiten Natur des Menschen festgeschrieben und überbetont wird.

In einer stark bewertenden Weise unterscheidet Sombart (1956, S. 89 ff.; vgl. Klotter in diesem Band) zwischen Traditionslinien, die er als „Hominismus" und „Animalismus" bezeichnet. Mit Hilfe dieser Begriffe werden allerdings nicht, wie bei Troeltsch, gleichberechtigt nebeneinanderstehende, sondern kontroverse Wissenschaftsauffassungen (bzw. Menschenmodelle) apostrophiert, um die als „Animalismus" charakterisierte Position einer um so schärferen Kritik unterziehen zu können. Nach der Sombartschen Unterscheidung wäre die neuere behavioristisch geprägte Psychologie durch ein extrem „animalistisches" Programm gekennzeichnet.

Die zahlreich unternommenen Spekulationen über das Verhältnis von *erster* und *zweiter* Natur oder über die Notwendigkeit einer Differenzierung analog anzuordnender Wissenschaftstraditionen dürften für die Historische Psychologie jedoch nur eine eher entfernte und mittelbare, gleichsam *anregende* Bedeutung besitzen. Dennoch ist beachtlich, daß auch für die moderne Philosophie mit einer Fortsetzung der Diskussion, d. h. mit einer weiteren Beachtung des Begriffs „zweite Natur" zu rechnen ist. So stellt Rath (1988, S. 317 f.) am Ende seiner ausführlichen Studie über den Begriff der zweiten Natur die Frage nach der Zweckmäßigkeit der Weiterverwendung des Begriffs und gelangt zu der Schlußfolgerung: „Aber warum sollte eine Weiterverwendung ausgeschlossen werden, die sich der Einsicht nicht verschließt, daß mit dem Wandel des Naturbegriffs und der Wertschätzungen des als Natur Bezeichneten *und* mit dem Wandel des Theoriebegriffs die Bedeutung und die strategische Richtung der Formel sich jeweils ändern? Der Begriff der ‚zweiten Natur' wird uns noch eine Weile erhalten bleiben: nämlich so lange, wie das moderne Begriffs- und Auseinandersetzungsfeld noch besteht, innerhalb dessen er seine kompensatorische oder potenzierende, entzweiende und zweideutige Rolle gespielt hat und immer noch spielt."

Die Denkansätze, die in der Philosophie mit dem Begriff „zweite Natur" verbunden sind, besitzen für die Psychologie vor allem einen heuristischen Wert, und zwar insofern, als sie in bezug auf die Frage nach dem Ursprung des Psychischen die Notwendigkeit einer *gegenstandskritischen* Auffassung und Vorgehensweise offenbaren. Das heißt nun nicht, daß die gegenstandskritische Orientierung in der Philosophie ein unmittelbares Vorbild für eine gegenstandskritische Psychologie abgeben könnte. *Historische Psychologie in gegenstandskritischer Absicht*, um die es im vorliegenden Zusammenhang geht, muß vielmehr als strenge Einzelwissenschaft mit *grundlagenwissenschaftlichem* Anspruch gesehen werden (Jüttemann, 1988b). Sie ist weder ein Zweig der Philosophie, noch sollte sie, und zwar im Unterschied zur Psychohistorie, die über die Rolle einer *Angewandten Psychoanalyse* bis heute nicht hinausgelangt ist (Jüttemann, 1988a, S. 289), als *Anwendungswissenschaft* entwickelt werden.

5. „Enkorporation" und „psychogenetischer Effekt"

Die oben geforderte Differenzierung zwischen *angeborenen* und *erworbenen* „Anteilen" des Psychischen erscheint nur vor dem Hintergrund der Annahme verschiedener *Wachstumsprozesse*, die zur Ausbildung psychischer Strukturen führen, leistbar. Hier ist eine entscheidende Voraussetzung für die Entwicklung einer *Historischen Psychologie in gegenstandskritischer Absicht* zu erkennen, da das bisherige Fehlen eines historischen Zugangs zum Gegenstand der Psychologie nicht zuletzt auf eine starke Tendenz zur Verwischung der Unterschiede zwischen den nachstehend näher zu kennzeichnenden, als *gegenläufig* beschreibbaren Wachstumsprozessen zurückzuführen sein dürfte.

Will man die gegenüberzustellenden Vorgänge ganz allgemein charakterisieren, dann könnte man auf der einen Seite von Strukturbildung als *Naturwerdung*, die von außen nach innen verläuft, und auf der anderen Seite von Strukturpräzisierung als *Naturentfaltung*, die von innen nach außen verläuft, sprechen (vgl. die Einleitung zum vorl. Beitrag).

Es darf allerdings nicht übersehen werden, daß die vorgenommene Kennzeichnung insofern auf einer vergröbernden Betrachtungsweise beruht, als *Naturentfaltung* als Reifungsgeschehen immer auch von Prozessen begleitet wird, die von außen nach innen verlaufen; denn der jeweilige „Sinn" der Reifung besteht ja gerade darin, eine Präzisierung der Struktur auf der Grundlage der Umweltberührung zu erreichen. Außenerfahrung wird dabei gleichsam in Strukturbestandteile umgewandelt. Dennoch kann nicht zweifelhaft sein, daß jedes angeborene Verhalten im Kern bereits als Struktur vorhanden ist, wenn der Reifungsvorgang beginnt.

Um die hier unterschiedenen Prozesse etwas genauer zu fassen, sollen für sie die Begriffe „programmiertes Wachstum" und „evoziertes Wachstum" eingeführt werden.

Die Bezeichnung „programmiertes Wachstum" weist darauf hin, daß der Reifungsvorgang – einschließlich der dafür benötigten „Umwelt" – festgelegt ist und der im wesentlichen genetisch determinierte Ablauf letzten Endes *kausal* erklärt werden kann. Das jeweils zugrundeliegende „Programm" entscheidet jedoch nicht nur über den Ablauf der (in der Regel ungestörten) Entwicklung, sondern stellt zugleich die Antriebsdynamik bereit. Vor allem die Instinktsteuerungssysteme der Tiere beruhen ja, wie wir wissen, im wesentlichen auf angeborenen Entwicklungsprogrammen dieser Art.

Demgegenüber vollzieht sich „evoziertes Wachstum" mehr oder weniger unabhängig von spezifischen Anlagen als ein besonderer Lernprozeß, dem vor allem die Termini „Einübung" und „Gewöhnung" adäquat sind. Ein solches Geschehen kann entweder anfänglich sehr stark erzwungen sein, oder es kann auf der Grundlage einer bereits vorhandenen Lernbereitschaft ablaufen. Ein Beispiel für Vorgänge dieser Art ist das von Allport (1937, S. 190f., S. 209ff., S. 224) beschriebene allmähliche Entstehen einer „funktionellen Autonomie der Motive".

Evozierte Wachstumsprozesse beruhen nicht auf spezifischen Programmen, sondern auf „Einflüssen", die zufällig oder normenbedingt entstehen oder aber *Ziele* darstellen, die entweder als Intentionen von Personen (Eltern, Freunde, Vorgesetzte u.ä.) hervortreten oder zur „Aufgabe" von Institutionen gehören, von denen das betreffende Individuum in irgendeiner Form „abhängig" ist. Das Wirksamwerden der Einflüsse ist ein Vorgang, der zunächst nicht kausal, sondern nur biographisch-historisch erklärt werden kann. Ist der Prozeß der Strukturbildung jedoch abgeschlossen, dann ist das Wirksamwerden der Struktur, d.h. ihre spätere aktuelle „Aktivierung" in relevanten „auslösenden" Situationen, wieder eher unter Kausalitätsgesichtspunkten betrachtbar.

Wenn hier von Prozessen strukturbildender Art die Rede ist, dann ist damit gemeint, daß ein Verhalten, das häufig wiederholt wird, zur Begründung von Verhaltenstendenzen führen kann, denen dann offenbar auch neurale Korrelate entsprechen. Indem diese Korrelate relativ „autonom" werden und spezifische Bedürfnisse, emotionale Aktionspotentiale und dergleichen begründen können, repräsentieren sie selbst einen psychischen Ursprung und ihr situationsbedingtes, aber mehr oder weniger plötzliches Inerscheinungtreten wird genauso „ursprünglich" erlebt wie die Aktivierung von Strukturen, die im Wege der Reifung entstanden sind.

In diesem Zusammenhang erscheint es zweckmäßig, weitere neue Bezeichnungen einzuführen, und zwar die Begriffe „Enkorporation" und „psychogenetischer Effekt". Die Unverzichtbarkeit dieser terminologischen Erweiterung resultiert daraus, daß hier auf Phänomene zu verweisen ist, deren Bedeutsamkeit bisher nicht angemessen hervorgehoben wurde.

Die Begriffe sind eng miteinander verknüpft; denn es ist die Enkorporation, die den psychogenetischen Effekt erzeugt. Als „psychogenetischer" Effekt soll nämlich, wie oben bereits angedeutet wurde, das *Selbsttäuschungsphänomen* beschrieben werden, das darin besteht, daß der Mensch *den Unterschied* zwischen seiner ersten und seiner zweiten Natur *nicht* unmittelbar *zu erleben* vermag, d.h. *zweite* Natur gleichsam als *erste* Natur erfährt. So erzeugt etwa die „Vertrautheit" der Gefühle den Eindruck naturgegebener Ursprünglichkeit (i.S. des biologischen Naturbegriffs; s.o., S. 510), der zugleich für die Erkenntnis blind macht, daß diese Gefühle möglicherweise auf enkorporierten Prozessen, d. h. also auf äußeren Einflüssen und damit auf *hergestellten* Strukturen beruhen.

Enkorporation heißt, daß etwas „in Fleisch und Blut" übergegangen oder „zur zweiten Natur geworden" ist. Es handelt sich hier also nicht um Inhalte, die lediglich im Gedächtnis aufbewahrt werden, sondern um eine Transformation von Inhalten in Strukturen und um die „Einlagerung" dieser Strukturen in eine vergleichsweise tiefe Schicht, deren „Tiefe" sich vor allem in der *Somatisierung* und *Unbewußtheit* der entstandenen Strukturen ausdrückt. Die Formulierung „in Fleisch und Blut übergehen" zeigt bereits, daß dabei nicht allein an neurale Strukturen zu denken ist. Mag der Automatismus des Autofahrens hier z. B. lediglich an eine neurale Struktur gebunden sein, deren Unbewußtheit jederzeit wieder in Bewußtheit verwandelt werden kann, so muß das Abhängigwerden von einer Droge notwendigerweise auf den gesamten Organismus bezogen werden. Der Prozeß der Enkorporation geht somit über den in der Soziologie beschriebenen Vorgang der Enkulturation[15]) noch hinaus.

Wenn behauptet wird, die Enkorporation bedinge den psychogenetischen Effekt, dann bedeutet dies, daß der Ursprung des jeweiligen Erlebens oder Verhaltens insofern *unbewußt* ist, als die Struktur, die es trägt, nicht ihrerseits bewußt ist und sich das Hervorgehen des Erlebens aus dieser Struktur mehr oder weniger plötzlich vollzieht. Gerade deshalb erfahre ich aber sowohl dieses Hervorgehen als auch das nachfolgende Erleben als etwas, das in ursprünglichster Weise zu mir selbst gehört und umittelbar „meiner Natur" (i. S. des psychologischen Naturbegriffs) entspringt. Das ist der Grund, warum im Zuge der Enkorporation die Fähigkeit verloren geht zu erkennen, daß es sich um *erworbene* Strukturen handelt. Dennoch ist dieser „Verlust" zunächst nicht beklagenswert. Im Gegenteil: Würde der Mensch z. B. die „Hergestelltheit" seiner Gefühle erleben, so wäre er möglicherweise handlungsunfähig, weil er seine Reaktionen als *fremde* Prozesse erführe, die nicht auf seinem Willen beruhen, sondern automatenhaft an ihm ablaufen.

Insofern ist der psychogenetische Effekt offenbar lebensnotwendig, da er jene Einheit von Ich und Ursprung stiftet, die den Menschen von einem Roboter unterscheidet. Enkorporation bedeutet somit nicht nur „Einverleibung" und nicht nur Umwandlung von *Inhaltlichkeit* in *Beschaffenheit* (Jüttemann, 1986, S. 107ff.), sondern vor allem auch *Naturwerdung* im Sinne der Ermöglichung von Autonomie, d. h. im Sinne der Verwandlung von Fremdsteuerung in Selbststeuerung.

Berücksichtigt man die Tatsache, daß *vollständig* erworbene Strukturen bei Menschen genauso selten anzutreffen sein dürften wie *vollständig* angeborene Strukturen (wenn man hier einmal von reifend sich vollziehenden Strukturpräzisierungen absieht), dann wird verständlich, warum der psychogenetische Effekt *auch* bedingt, daß der Mensch in der Aktualität des jeweiligen Erlebens und Verhaltens nicht *die Frage nach dem Ursprung* stellt. Kann dem „Mann auf der Straße" daraus kein Vorwurf erwachsen, dann gilt das jedoch nur noch mit Einschränkung für die Angehörigen einer Wissenschaft, die, wie die Psychologie, für die Frage nach dem Ursprung des Psychischen bzw. einzelner psychischer Erscheinungen in besonderer Weise zuständig ist. Es fällt zumindest auf, daß diese Frage in der Psychologie kaum beachtet wird. Immerhin läßt sich aber vermuten, daß es der psychogenetische Effekt selbst sein könnte, auf den diese Auffälligkeit zurückzuführen ist. Insofern erklärt der psychogenetische Effekt den psychogenetischen Effekt, d. h. das bisher nicht vollzogene Erkennen seiner besonderen Bedeutung.

Gleichzeitig werden daraus — etwa im Vergleich zur Philosophie — das bisherige Fehlen einer gegenstandskritischen Denkweise in der Psychologie und die mangelnde Einsicht in die Notwendigkeit der Historischen Psychologie plausibel. Die Forderung nach einer beschleunigten Konzeptualisierung und Inangriffnahme eines umfassenden Forschungsprogramms der Historischen Psychologie wäre dann die unausweichliche Konsequenz einer „verspäteten" Einsicht.

6. „Konzepte" und „Strukturen" in historisch-psychologischer Sicht

Für eine sowohl in gegenstandskritischer Absicht als auch (partiell) nach der historischen Methode betriebenen Psychologie erscheint es unverzichtbar, daß sie sich bei der Betrachtung ihres Gesamtgegenstandes an einem Zwei-Ebenen-Modell des Psychischen bzw. der psychischen Steuerung orientiert. Dieses Erfordernis einer Differenzierung zwischen zwei Ebenen ist an anderer Stelle (Jüttemann, 1986, S. 107 ff.) erörtert und begründet worden. Dabei wurde ein Modell vorgeschlagen und umrißhaft entwickelt, dessen Ebenen die Bezeichnungen „Inhaltlichkeit" und „Beschaffenheit" tragen. Ebensogut hätte die Gegenüberstellung mit Hilfe der Begriffe „Konzept" und „Struktur" vorgenommen und dementsprechend von einer *Konzeptebene* auf der einen Seite und einer *Strukturebene* auf der anderen Seite gesprochen werden können.

„Struktur" meint in diesem Zusammenhang nicht nur das, was im Rahmen der bisherigen Ausführungen teilweise mit Hilfe des Begriffs „zweite Natur" umschrieben wurde. Auch die „erste Natur" wäre dieser Ebene zuzuordnen. In beiden Fällen geht es um dasjenige Psychische, das *nicht* als Erlebnis oder *erinnerte* Tatsache „inhaltlich" *in Erscheinung* tritt, sondern die Grundlage oder das Potential derartiger Erscheinungen bildet. Da unstrittig sein dürfte, daß der Mensch über zahlreiche derartige Potentiale verfügt, die jeweils eine spezifische Bedeutung besitzen, besteht die *Strukturebene* dementsprechend aus einer Vielzahl von (mehr oder weniger „vernetzten") Strukturen. Insofern diese Strukturen an physische Korrelate gebunden sind, die sich prinzipiell entdecken und beschreiben lassen, haben sie — in physiologischer Hinsicht — als objektive Phänomene zu gelten, obwohl sie im Sinne einer psychologischen Betrachtungsweise gleichsam „naturgemäß" *unbewußt* bleiben. Da darin aber keineswegs eine besonders hervorhebenswerte Tatsache erkennbar wird, ist es völlig ausreichend, Strukturen als objektiv gegebene – wenngleich möglicherweise schwer nachweisbare – und auf jeden Fall subjektiv nicht erlebbare psychische Potentiale zu kennzeichnen. Es würde dann entbehrlich sein, auf die „Unbewußtheit" dieser Phänomene eigens hinzuweisen.

Unbeantwortet bleibt in diesem Zusammenhang die Frage nach dem Übergang, d.h. die Frage danach, wie aus unbewußten Strukturen bewußte Erlebnisse entstehen. Über den Manifestationsvorgang läßt sich aber sagen, daß er durch die Plötzlichkeit und vor allem durch die Unwillkürlichkeit *der Entstehung* seines Ablaufs gekennzeichnet ist. Es ist ein evidenter Sachverhalt, daß z.B. Wahrnehmungen, Gefühle und Einfälle *plötzlich* da sind: Sie werden nicht *bewußt* produziert, sondern „automatisch" ausgelöst, treten dann aber *als Erleben* in Erscheinung, d.h. sie bilden – im Gegensatz zu den objektiven Strukturen – subjektiv mehr oder weniger bewußte, *inhaltliche* Gegebenheiten.

Diese Beschreibung mag unvollkommen sein, aber sie veranschaulicht vielleicht dennoch in einem vorläufig ausreichenden Maße, was mit der Ebene der *Inhaltlichkeit* gemeint ist. Prinzipiell ist der Begriff „Inhaltlichkeit" auf ein Erleben zu beziehen, da er die Bewußtseinsebene hervorhebt. Dennoch ist zu berücksichtigen, daß z.B. Wahrnehmungen zunächst „objektive" Inhalte darstellen und als solche nicht selbst „psychisch" sind. Ähnliches trifft auf Wissenstatsachen zu, die einem Menschen präsent sind. Als Tatsachen selbst tragen sie objektiv-inhaltlichen Charakter, und zwar selbst dann, wenn es sich um selbstgewonnene Erfahrungen handelt. Deshalb soll hier nicht von psychischen Inhalten oder Konzepten, sondern nur von *psychisch relevanten* Inhalten oder Konzepten gesprochen werden, wobei diese Begriffe sehr weit gefaßt sind.

Eine besondere Bedeutung besitzen diejenigen Inhalte, die einen direkten oder indirekten Einfluß auf das Verhalten eines Individuums ausüben bzw. ausüben können, so zielt der Begriff „Konzepte" vor allem auf *diesen* Aspekt von Inhaltlichkeit. Hier geht es etwa um *Regeln*, so z.B. um Regeln der Kommunikation, des Zusammenlebens der Menschen, der Inanspruchnahme von Institutionen, des Gebrauchs von Werkzeug (Jüttemann, 1987, S. 87ff.), um *Bilder, Vorstellungen, Bewertungen* usw. oder – nach einem in der heutigen Psychologie inflationär verwendeten Begriff – um „Kognitionen", die sich u.a. auf die eigene Person, auf andere Personen, auf den Menschen schlechthin, auf Institutionen, auf das Leben, auf die Welt im allgemeinen u.v.a.m. beziehen können.

Die gegenstandsgerechte Unterscheidung zwischen einer *Konstruktebene* und einer *Strukturebene* erlaubt es vor allem, den Aspekt der *historischen* Vermitteltheit des Seelischen zu präzisieren. Vieles, was von außen an das Individuum herangetragen wird und „inhaltlich" in Erscheinung tritt, wird allmählich zur Struktur. Hierfür wurde oben bereits die Einführung des Begriffs „Enkorporation" vorgeschlagen. Anderes aber bleibt Konzept, übt aber dennoch einen direkten Einfluß auf das Verhalten aus, so daß die Konzeptebene für die historisch-psychologische Forschung ebenso von Bedeutung ist wie die Strukturebene. Der Prozeß, der dazu führt, daß auch *Inhalte* vom Individuum aufgenommen werden, die *keine* Strukturbildung auslösen, könnte „Internalisierung" genannt werden. Insgesamt besitzt die Konzeptebene eine unmittelbare Beziehung zum Alltagsverhalten.

Es ist vor allem *der Wandel* grundlegender Bestimmungsgrößen der Alltagssituation und des Alltagsverhaltens, dessen psychologische Relevanz auf *historische* Weise erforscht zu werden vermag. Auch dort, wo sich nicht eher stabile Verhältnisse *langsam* wandeln, sondern wo der Mensch lernt, sich an *rasch* wechselnde ökonomische und soziale Bedingungen *flexibel* anzupassen, finden Vorgänge statt, die als *Konzeptveränderungen* angesehen werden können und die (auch) aufgrund historischer Untersuchungen erfaßbar sein dürften.

Insgesamt ist zu beachten, daß die anhand der Begriffe „Konzept" und „Struktur" bzw. „Inhaltlichkeit" und „Beschaffenheit" gegenübergestellten Ebenen gleichermaßen Gegenstandsbereiche einer Historischen Psychologie repräsentieren. Auf die Prozesse der allmählichen „Verwandlung" von Inhaltlichkeit in Beschaffenheit und ebenso auf die Prozesse der sich im aktuellen Situationszusammenhang meist spontan vollziehenden „Rückverwandlung" von Beschaffenheit in Inhaltlichkeit kann an dieser Stelle nicht näher eingegangen werden. Diese Abläufe wären jedoch in Zusammenhang mit der Darstellung bzw. Ausführung des Programms einer gegenstandskritischen Psychologie in zentraler Weise zu beachten.

7. Ausblick

Im August 1930 schrieb J. B. Watson (1968), der Begründer des Behaviorismus: „Blickt man auf die Geschichte der behavioristischen Bewegung zurück, seit sie im Jahre 1912 erstmals öffentlich auftauchte, erscheint es auf den ersten Blick unverständlich, warum der Behaviorismus gegen einen unaufhörlichen Sturm der Entrüstung anzukämpfen hatte" (S. 31). Ebenso unverständlich müßte es einem Psychologen, der im Jahre 2005 den heutigen Entwicklungsstand der Historischen Psychologie zu beurteilen hätte, erscheinen, wenn dieser Ansatz, der in gewissem Sinne eine Gegenbewegung zum Behaviorismus darstellt, nur gegen starke Widerstände durchsetzbar gewesen wäre.

So muß es bereits heute Verwunderung auslösen, daß die Resonanz auf historisch-psychologische Veröffentlichungen, so z. B. mentalitätengeschichtlicher Provenienz, im Lager der Psychologen äußerst schwach bleibt. Umso erfreulicher ist die Tatsache, daß derartige Arbeiten *außerhalb* der Psychologie zum Teil eine vergleichsweise große Beachtung erfahren.

Wenn Historische Psychologie nicht als eine anwendungslose Form der Geschichtsschreibung mißverstanden werden oder als bloß historisierende Psychologie bedeutungslos bleiben will, muß sie auf das Konzept einer gegenstandskritischen Psychologie hin ausgerichtet werden und den Anspruch erheben, eine neue, *aufdeckende* Psychologie zu ermöglichen. Erste programmatische

Überlegungen zur Verwirklichung dieser Vorstellungen sollte der vorliegende Beitrag liefern.

Eine besondere Chance der Historischen Psychologie besteht darin, die überall vorfindbaren und zu allen Zeiten epochemachenden Prozesse des Wirksamwerdens von Ideologien (im weitesten Sinne) zu rekonstruieren und dadurch *gesellschaftliche* Bedeutung zu erlangen. Eine Psychologie, für die der historische Zugang nicht zentral wichtig ist oder der die historische Komponente sogar gänzlich fehlt, befindet sich notwendigerweise selbst in Ideologieabhängigkeit. Insofern ist die vorhandene naturwissenschaftliche Psychologie zugleich eine adäquate Bestätigung für jedes (beliebige) gesellschaftliche System.

Ein besonderes Problem grundlagenwissenschaftlicher Psychologie besteht bekanntlich darin, daß ihre Ergebnisse in aller Regel trivial und damit weitgehend anwendungslos sind. Die Einsicht in die relative Bedeutungslosigkeit experimentalpsychologischer Forschungsergebnisse ist jedenfalls nicht neu. Klaus Holzkamp (1973) und Dietrich Dörner (1983), um nur zwei Vertreter einer kritischen Position aus dem Lager *der Psychologen* zu nennen[16]), haben mit besonderer Eindringlichkeit auf dieses Problem hingewiesen. Geändert hat sich jedoch inzwischen nur wenig. Im Gegenteil: die experimentalpsychologische Forschung nimmt an Anerkennung, zumindest aber an Umfang, ständig zu. Die von Oeser (1983) angenommene allmähliche „Selbstvernichtung" jener wissenschaftlichen Produktionszweige, die, wie die Psychologie, eine inflationäre Entwicklung weitgehend unbeachteter Veröffentlichungen aufweisen, ist offenbar noch nicht in Sicht. Die allerdings bereits jetzt erkennbaren *Tendenzen* zur Überproduktion tragen ihre Ursache jedoch nicht in sich selbst, sondern beruhen auf einer Totalisierung jener Position, die man auch als einen richtungslosen Forschungsaktionismus beschreiben könnte. Die unausbleibliche Folge ist ein bereits jetzt spürbarer Isolationismus. So stößt die Vielfalt der anfallenden Ergebnisse psychologischer Forschung außerhalb der eigenen Mauern nur auf geringe Resonanz. Die daraus abzuleitende Funktion der Forschung als Instrument der Selbsterhaltung erfordert besondere Stabilisierungs- und Immunisierungsmechanismen, die u. a. in einer Konzentration auf das Konzept der Nomologischen Psychologie und in der Sicherung bzw. im Ausbau einer einschlägigen Sozialisation mit Hilfe eindimensionaler Diplom-Prüfungsordnungen[17]) bestehen. Das führt dazu, daß Traditionalisten und Dogmatiker in der Gegenwartspsychologie tonangebend sind (Jüttemann, 1987, S. 85f.). Deshalb ist nicht auszuschließen, daß man später einmal von der scholastischen Phase der Psychologie des ausgehenden 20. Jahrhunderts sprechen wird.

Die Überwindung dieser Phase würde voraussetzen, daß Durchblick gewonnen und Selbstkritik möglich wird. Und dazu gehört vor allem die Erkenntnis, daß die konstituierenden Bedingungen des Menschlich-Psychischen „Natur" *und* „Geschichte" heißen und der in der Psychologie gegenwärtig dominierende biologistische Reduktionismus (Jüttemann, 1988b) anachronistisch ist. Aus eigener Kraft wird die Psychologie sich jedoch kaum zu dieser Erkenntnis durchringen können. Somit wird es möglicherweise den Vertretern angrenzender Disziplinen und hier vor allem den Geschichtswissenschaftlern, den Philosophen und den Soziologen vorbehalten bleiben, Bewegungen in Gang zu setzen, die *innerhalb* der Psychologie einem neuen Denken zum Durchbruch verhelfen. Selbst die Biologen können hier mitwirken; denn sie neigen inzwischen weit weniger zu einer biologistisch-reduktionistischen Denkweise als die Psychologen (Markl, 1986, S. 67f., S. 76f., S. 84ff.; vgl. Jüttemann, 1987, S. 91f.).

Abschließend sei hervorgehoben, daß das Konzept einer gegenstandskritischen Psychologie nicht nur zu dem Unternehmen der Historischen Psychologie und zur Idee einer integrativen Psychologie in einer begründenden Weise Beziehungen stiftet, sondern darüber hinaus auch Perspektiven für die Entwicklung spezieller Forschungsprogramme eröffnet. Hierzu gehören vor allem Untersuchungen über den Verlauf von Enkorporationsprozessen und insbesondere über allgemeine oder interindividuell unterschiedliche Auswirkungen des psychogenetischen Effekts. Gerade aus der besseren Kenntnis derartiger Auswirkungen könnten sich jedoch u.U. weitreichende Konsequenzen ergeben, so etwa im Sinne einer Entdeckung von Möglichkeiten für eine zunehmende *Kontrolle* dieser *Selbsttäuschungstendenz*; denn der psychogenetische Effekt ist vermutlich nicht nur als tiefere Ursache für zahlreiche Erschwernisse und Störungen der mitmenschlichen Verständigung (im Alltagsleben ebenso wie in politischen, wissenschaftlichen und sonstigen öffentlichen Bereichen) identifizierbar, sondern bildet auch die Voraussetzung und den Ansatzpunkt für gezielte Beeinflussungsversuche, so z.B. literarischer, pädagogischer oder demagogischer Art, mit denen sich Einstellungs- und Verhaltensänderungen herbeiführen und sogar gefährliche Formen einer ideologischen Begeisterung hervorrufen lassen. Insofern erscheint es dringend wünschenswert, die problematischen Folgen dieses Effekts besser kennen zu lernen, um Gegenmaßnahmen ergreifen zu können, die dann zugleich Beispiele für den potentiellen Anwendungswert von Forschungsergebnissen einer Psychologie in gegenstandskritischer Absicht darstellen würden.

Anmerkungen

[1]) In Anlehnung an das von Norbert Elias formulierte Zivilisationstheorem: vgl. Elias 1939.

[2]) Hier ist lediglich eine Unterscheidung *von Betrachtungsebenen* gemeint. Eine Einteilung in Entwicklungs*phasen* wird damit *nicht* vorgenommen, da beide Entwicklungen andauern. Zur Problematik der Phasenbildung bzw. der Annahme eines zivilisierungsgeschichtlichen *Anfangs* vgl. U. Herrmann (1986, insb., S. 50).

[3]) Vgl. hierzu den Hinweis auf Nietzsche auf S. 520 des vorliegenden Beitrags.

[4]) Wegbereitende Bedeutung besitzen hier u.U. Wilhelm Dilthey, d.h. seine „genetische Entwicklungspsychologie (für die Geschichte des Psychischen) und sein Generationen-Konzept (für die Geschichtlichkeit der Lebenswelt und menschlicher Handlungssysteme in ihr)", ; vgl. U. Herrmann (1986, S. 55ff.), und Krueger (1915, Kap. IX–XI).

[5]) Zu der Auffassung, die Psyche bzw. die Natur des Menschen sei eine „Naturkonstante", vgl. A. Nitschke (1986) und van den Berg (1960, S. 11).

[6]) Zur Begründung der Forderung, Historische Psychologie sei *grundlagenwissenschaftlich,* zu betreiben, vgl. G. Jüttemann (1988 b).

[7]) Der Begriff „Inversionsprinzip" (bzw. „das Inversionsprinzip") wurde im Rahmen Beitrags von Jüttemann (1983 b, S. 94) eingeführt.

[8]) Theo Herrmann (1979, S. 17) stellt zutreffend fest, „daß Psychologie überall in der Welt vorwiegend als eine *nomologische Wissenschaft* betrieben wird".

[9]) Großmann formuliert: „Die psychologische Statistik steht in enger Beziehung zur Biometrie" (1971, S. 291).

[10]) Jan Hendrik van den Berg: „Ist für die Psychologie, die sich auf das Postulat der Unveränderlichkeit stützt, das Leben eines vorigen Geschlechts eine Variation auf ein bekanntes Thema, so gestattet die Voraussetzung, daß das menschliche Leben ein veränderliches Leben ist, den Gedanken, daß frühere Generationen anders, und zwar wesentlich anders lebten. Mit diesem Gedanken ist die *historische Psychologie* im Prinzip gegeben" (1960, S. 11).

[11]) Im Sinne der (ausschließlichen) Konzentration auf der Suche nach „kausalanalytischen" Erklärungen. Bei dieser einseitigen Vorgehensweise an den Gegenstand wird die Frage nach der angemessenen Methode gar nicht erst aufgeworfen, sondern die prinzipielle Adäquatheit der naturwissenschaftlichen Forschungsstrategie unterstellt und damit zugleich angenommen, daß es sich bei dem zu untersuchenden Gegenstand − wie in allen anderen Naturwissenschaften auch um einen (speziellen) „Naturgegenstand" handelt.

[12]) Auch die Begriffe Mentalitätengeschichte und Historische (oder: historische) Psychologie werden teilweise synonym verwendet. Vgl. z. B. das Vorwort zu Raulff (1987).

[13]) In Anlehnung an Ausführungen von Walter Benjamin. Dort heißt es: „Die jeweils Herrschenden sind aber die Erben aller, die je gesiegt haben. Die Einfühlung in den Sieger kommt demnach den jeweils Herrschenden allemal zugut" (1980, S. 254). Vgl. auch Michael Sonntag (1986). Sonntag belegt, daß die Wissenschaftsgeschichte der Psychologie bisher im Sinne einer „Geschichte der Sieger" geschrieben worden ist, und unternimmt den Versuch infragezustellen, daß diese Art der Geschichtsschreibung angemessen ist. Die Historische Psychologie auszubauen, dürfte tatsächlich voraussetzen, den Mächtigen innerhalb der etablierten Gegenwartspsychologie nachzuweisen, daß sie sich nur unberechtigterweise als „Sieger" sehen.

[14]) So blieb z. B. die *Kritische Psychologie* (vgl. u.a. Holzkamp, 1972) bis heute ohne nennenswerten Einfluß auf die traditionelle Psychologie.

[15]) Der Begriff wurde von M. J. Herskovits (1947/48) eingeführt. Vgl. auch den Beitrag von W. Rudolph in diesem Band.

[16]) Klaus Holzkamp als Begründer der Kritischen Psychologie (vgl. K. Holzkamp, 1972, 1973, und die Beiträge von M. Markard (in diesem Band) und Dietrich Dörner (1983) als Kritiker der Ineffektivität einer Experimentalpsychologie, die von falschen Ausgangspositionen ausgeht.

[17]) Mit der 1987 von der KMK verabschiedeten neuen Rahmenprüfungsordnung für den Diplom-Studiengang „Psychologie" wird eine „Studienreform rückwärts" vollzogen, und zwar u.a. insofern, als die experimental-psychologische Orientierung, die aufgrund der Rahmenprüfungsordnung von 1973 relativiert worden war, wieder einseitig in den Vordergrund tritt. Demgegenüber wird der Aspekt der Historizität der psychischen Entwicklung des Menschen in der Beschreibung der Inhalte, so z. B. des Fachs „Entwicklungspsychologie", im Rahmen der „Empfehlungen der Studienreformkommission Psychologie" − verabschiedet in der 24. Sitzung am 19./20.4.85 − (vgl. die Broschüre des Sekretariats der Ständigen Konferenz der Kultusminister, S. 15) nicht einmal erwähnt.

Literatur

Allport, G. W. (1937). Personality. A psychological interpretation. New York: Harper.

Benjamin, W. (1980). Über den Begriff der Geschichte. Wiederabgedruckt in: Illuminationen. Ausgewählte Schriften. Frankfurt/M.: Suhrkamp, 2. Aufl. d. Taschenbuchausgabe.

Berg, J. H. van den (1960). Metabletica. Über die Wandlungen des Menschen. Grundlinien einer historischen Psychologie. Göttingen: Vandenhoek & Ruprecht.

Bischof, N. (1981). Aristoteles, Galilei, Kurt Lewin – und die Folgen. In W. Michaelis, Bericht über den 32. Kongreß der Deutschen Gesellschaft für Psychologie in Zürich 1980, Bd. 1. Göttingen: Hogrefe.

Bühler, K. (1927). Die Krise der Psychologie. Frankfurt/M.: Ullstein 1978.

Dörner, D. (1983). Empirische Psychologie und Alltagsrelevanz. In G. Jüttemann (Hg.), Psychologie in der Veränderung. Perspektiven für eine gegenstandsangemessenere Forschungspraxis. Weinheim: Beltz.

Eberlein, G. & Pieper, R. (Hg.) (1976). Psychologie – Wissenschaft ohne Gegenstand? Frankfurt/M.: Campus.

Elias, N. (1939). Über den Prozeß der Zivilisation. Soziogenetische und psychogenetische Untersuchungen, 2 Bde. Frankfurt/M.: Suhrkamp, 6. Aufl. 1978.

Erbe, M. (1979). Zur neueren französischen Sozialgeschichte. Die Gruppe um die Annales. Darmstadt: Wissenschaftliche Buchgesellschaft.

Ewert, O. (1983). Ansprache zur Eröffnung des XXXIII. Kongresses der Deutschen Gesellschaft für Psychologie. In G. Lüer (Hg.), Bericht über den 33. Kongreß der Deutschen Gesellschaft für Psychologie in Mainz. Göttingen: Hogrefe.

Funke, G. (1958). Gewohnheit. In Archiv für Begriffsgeschichte, Bd. 3. Bausteine zu einem historischen Wörterbuch der Philosophie, hg. v. E. Rothacker. Bonn: Bouvier.

Funke, G. (1974/1984). *Gewohnheit* und Zweite Natur bzw. *Natur, zweite.* In J. Ritter & K. Gründer (Hg.), Historisches Wörterbuch der Philosophie, Bd. 3 bzw. Bd. 6. Basel: Schwabe.

Graumann, C. F. (1968). Vorwort in J. Watson: Behaviorismus. Köln: Kiepenheuer & Witsch.

Grawe, Chr. (1984). Kulturanthropologie. In J. Ritter & K. Gründer, Historisches Wörterbuch der Philosophie, Bd. 4. Basel: Schwabe.

Großmann, K. E. (1971). Biologie und Psychologie. Stichwort. In Lexikon der Psychologie, 3 Bde., Bd. 1, hg. v. W. Arnold, J. Eysenck & R. Meili. Freiburg: Herder.

Henning, H. (1932). Psychologie der Gegenwart. Leipzig.

Herrmann, Th. (1976). (1) Braucht die Psychologie eine Gegenstandsbestimmung? Zu Robert Kirchhoffs Kritik. (2) Zur Bestimmung eines Einheitsgegenstands der Psychologie. Erörterung eines nicht vordringlichen Themas. In G. Eberlein & R. Pieper (Hg.), Psychologie – Wissenschaft ohne Gegenstand? Frankfurt/M: Campus.

Herrmann, Th. (1979). Psychologie als Problem. Stuttgart: Klett-Cotta.

Herrmann, U. (1986). Über den Gang der Geschichte in der Natur des Menschen. – Einführende Überlegungen zur Geschichtlichkeit des Seelischen. In G. Jüttemann (Hg.), Die Geschichtlichkeit des Seelischen. Der historische Zugang zum Gegenstand der Psychologie. Weinheim: Beltz.

Herskovits, M. J. (1947–1948). Man and his works. New York: Knopf.

Hinrichs, E. (1982). Zum Stand der historischen Mentalitätsforschung in Deutschland. In E. Hinrichs & G. Wiegelmann (Hg.), Sozialer und kultureller Wandel in der ländlichen Welt des 18. Jahrhunderts. Wolfenbüttel: Herzog-August-Bibliothek.

Hofstätter, P. R. (1984). Psychologie zwischen Kenntnis und Kult. München: Oldenbourg.

Holzkamp, K. (1972). Kritische Psychologie. Vorbereitende Arbeiten. Frankfurt/M.: Fischer.

Holzkamp, K. (1973). Sinnliche Erkenntnis: Historischer Ursprung als gesellschaftliche Funktion der Wahrnehmung. Frankfurt/M.: Fischer Athenäum.

Honegger, C. (Hg.) (1977). M. Bloch, F. Braudel, L. Febvre. Schrift und Materie der Geschichte. Vorschläge zur systematischen Aneignung historischer Prozesse. Frankfurt/M.: Suhrkamp.

Husserl, E. (1936). Die Krisis der europäischen Wissenschaften und die transzendentale Phänomenologie. Einleitung in die phänomenologische Philosophie, Philosophia, 1. Neudruck, hg. v. E. Ströker. Hamburg: Felix Meiner 1977.

Iggers, C. G. (1978). Die Tradition der Annales in Frankreich: Geschichte als integrale Humanwissenschaft. In C. G. Iggers (Hg.), Neue Geschichtswissenschaft. München: dtv.

Jaeger, S. (1986). Individuelle und historische Entwicklung – Zur Geschichte pädagogisch-psychologischer Parallelismusvorstellungen. In G. Jüttemann (Hg.), Die Geschichtlichkeit des Seelischen. Der historische Zugang zum Gegenstand der Psychologie. Weinheim: Beltz.

Jüttemann, G. (1978). Eine Prädikationsanalyse des Aggressionsbegriffs. Zeitschrift für Sozialpsychologie, 9, 4, 299.

Jüttemann, G. (1982). „Aggression" als wissenschaftssprachlicher Begriff: Versuch einer Explikation. In R. Hilke & W. Kempf (Hg.), Aggression. Naturwissenschaftliche und kulturwissenschaftliche Perspektiven der Aggressionsforschung. Bern: Huber.

Jüttemann, G. (1983a). Zur Beziehung zwischen Differentieller und Klinischer Psychologie. In W. R. Minsel & R. Scheller (Hg.), Brennpunkte Klinischer Psychologie. München: Kösel.

Jüttemann, G. (1983b). Psychologie am Scheideweg: Teilung oder Vervollständigung? In G. Jüttemann (Hg.), Psychologie in der Veränderung. Perspektiven für eine gegenstandsangemessenere Forschungspraxis. Weinheim: Beltz.

Jüttemann, G. (1985). Ätiologisches Wissen als Ziel klinisch-psychologischer Forschung. Zeitschrift für personenzentrierte Psychologie und Psychotherapie, 4, 261–277.

Jüttemann, G. (1986). Die geschichtslose Seele – Kritik der Gegenstandsverkürzung in der traditionellen Psychologie. In G. Jüttemann (Hg.), Die Geschichtlichkeit des Seelischen. Der historische Zugang zum Gegenstand der Psychologie. Weinheim: Beltz.

Jüttemann, G. (1987). Das Allgemeine am Individuellen als Fragestellung der Allgemeinen Psychologie. In G. Jüttemann & H. Thomae (Hg.), Biographie und Psychologie. Berlin: Springer.

Jüttemann, G. (1988a). Historische Psychologie. In R. Asanger & G. Wenninger (Hg.), Handwörterbuch der Psychologie. München, Weinheim: Psychologie Verlags Union, 4., Aufl. 1988.

Jüttemann, G. (1988b). Reduktionismen der Modellbildung in der traditionellen Persönlichkeitspsychologie. In M. Amelang & H.-J. Ahrens (Hg.), Brennpunkte der Persönlichkeitsforschung, Bd. 2. Göttingen: Hogrefe.

Jüttemann, G. & Thomae, H. (Hg.) (1987). Vorwort zu: Biographie und Psychologie. Berlin: Springer.

Kirchhoff, R. (1976). (1) Gegenstandslose Theorie? (2) Warum auch die Psychologie einen bestimmten Gegenstand braucht. Antwort auf Theo Herrmanns Artikel. In G. Eberlein & R. Pieper (Hg.), Psychologie-Wissenschaft ohne Gegenstand? Frankfurt/M.: Campus.

Krueger, F. (1915). Über Entwicklungspsychologie. Ihre sachliche und geschichtliche Notwendigkeit. Leipzig: Engelmann.

Lewin, K. (1930–1931). Der Übergang von der aristotelischen zur galileischen Denkweise in Biologie und Psychologie. Erkenntnis, 1, 421–460.

Markl, H. (1986). Evolution, Genetik und menschliches Verhalten. München: Piper.

Marquard, O. (1973). Schwierigkeiten mit der Geschichtsphilosophie. Frankfurt/M.: Suhrkamp (Taschenbuchausgabe).

Nitschke, A. (1986). Die Voraussetzungen für eine Historische Psychologie. In G. Jüttemann (Hg.), Die Geschichtlichkeit des Seelischen. Der historische Zugang zum Gegenstand der Psychologie. Weinheim: Beltz.

Oerter, R. (1975). Moderne Entwicklungspsychologie. Donauwörth: Auer, 15. Aufl.

Oeser, E. (1983). Die Selbstvernichtung der Wissenschaft. Psychologie heute, 10, 3, 46–57 und in R. Riedl & F. Kreuzer (Hg.), Evolution und Menschenbild. Hamburg: Hoffmann & Campe.

Rath, N. (1984). Zweite Natur bzw. Natur, zweite. In Historisches Wörterbuch der Philosophie, Bd. 6, hg. v. J. Ritter & K. Gründer. Basel: Schwabe.

Rath, N. (1988). Zweite Natur. Begriff und Problem. Unveröffentlichte Habilitationsschrift. Bochum.

Raulff, U. (1986). Die Annales E. S. C. und die Geschichte der Mentalitäten. In G. Jüttemann (Hg.), Die Geschichtlichkeit des Seelischen. Der historische Zugang zum Gegenstand der Psychologie. Weinheim: Beltz.

Raulff, U. (1987). Mentalitäten-Geschichte. Berlin: Wagenbach.

Reichardt, R. (1982). Für eine Konzeptualisierung der Mentalitätstheorie. In E. Hinrichs & G. Wiegelmann (Hg.), Sozialer und kultureller Wandel in der ländlichen Welt des 18. Jahrhunderts. Wolfenbüttel: Herzog-August-Bibliothek.

Scheerer, E. (1984). Operationalismus II (Psychologie; S. 1218–1222). In J. Ritter & K. Gründer (Hg.), Historisches Wörterbuch der Philosophie, Bd. 6. Basel, Stuttgart: Schwabe.

Scheerer, E. (1985). Edmund Husserls Phänomenologie und ihre Perspektiven für die Kognitionspsychologie. In O. Neumann (Hg.), Perspektiven der Kognitionspsychologie. Berlin: Springer.

Seiler, T. B. (1987). Engagiertes Plädoyer für ein erweitertes Empirieverständnis in der Psychologie. In G. Jüttemann & H. Thomae, Biographie und Psychologie. Berlin: Springer.

Sellin, V. (1985). Mentalität und Mentalitätsgeschichte. Historische Zeitschrift, 247–270.

Sombart, W. (1956). Vom Menschen. Versuch einer geisteswissenschaftlichen Anthropologie. Berlin: Duncker & Humblot, 2. Aufl.

Sonntag, M. (1986). „Zeitlose Dokumente der Seele" – Von der Abschaffung der Geschichte in der Geschichtsschreibung der Psychologie. In G. Jüttemann (Hg.), Die Geschichtlichkeit des Seelischen. Der historische Zugang zum Gegenstand der Psychologie. Weinheim: Beltz.

Sprandel, R. (1972). Mentalitäten und Systeme. Stuttgart: Union.

Stegmüller, W. (1969). Probleme der Wissenschaftstheorie und analytischen Philosophie, Bd. 1, Teil 1 (Das ABC der modernen Logik und Semantik. Der Begriff der Erklärung und seine Spielarten). Berlin: Springer, 2. Aufl. 1974.

Thomae, H. (1968). Das Individuum und seine Welt. Eine Persönlichkeitstheorie. Göttingen: Hogrefe.

Thomae, H. (1977). Psychologie in der modernen Gesellschaft. Hamburg: · Hoffmann & Campe.

Troeltsch, E. (1922). Der Historismus und seine Probleme. Aalen: Scientia.

Troeltsch, E. (1924). Der Historismus und seine Überwindung. Aalen: Scientia.

Watson, J. B. (1913). Psychology as the Behaviorist views it. Psychological Review (dt.: Psychologie, wie sie der Behaviorist sieht. In J. B. Watson, Behaviorismus, hg. v .C. F. Graumann. Köln: Kiepenheuer & Witsch 1968).

Watson, J. B. (1930). Behaviorism. New York: Norton (dt.: J. B. Watson, Behaviorismus, hg. v. C. F. Graumann. Köln: Kiepenheuer & Witsch 1968).

Wehler, H.-U. (1971). Soziologie und Psychoanalyse. Stuttgart: Kohlhammer.

Wellek, A. (1958). Der Rückfall in die Methodenkrise der Psychologie und ihre Überwindung. Göttingen: Hogrefe, 2. Aufl. 1970.

Wright, G. H. v. (1974). Erklären und Verstehen. Frankfurt/M.: Fischer Athenäum.

Wundt, W. (1900–1920). Völkerpsychologie (in 10 Bänden). Leipzig: Engelmann.

Autorenverzeichnis

Allesch, Christian G., Dr. phil., Dozent am Institut für Psychologie der Universität Salzburg; Anschrift: Institut für Psychologie, Universität Salzburg, Hellbrunner Str. 34, A-5020 Salzburg. Arbeitsbereiche: Psychologische Ästhetik, Kulturpsychologie.

Angehrn, Emil, Dr., Hochschullehrer an der Freien Universität Berlin; Anschrift: Institut für Philosophie der FU Berlin, Habelschwerdter Allee 30, 1000 Berlin 33. Arbeitsbereich: Praktische Philosophie.

Aschenbach, Günter, Dr. phil., Psychologe; Anschrift: Philosophisch-Psychologische Praxis Dr. G. W. Aschenbach, Dörflaser Weg 44, 8521 Aurachtal-Falkendorf (Erlangen-Höchstadt). Arbeitsbereiche: Therapie-, Konflikt-, Persönlichkeitsforschung, soziale Kommunikation, Handlungs- und Kulturpsychologie, Methodenprobleme kulturwissenschaftlicher Sozialforschung, Philosophie, Wissenschaftstheorie und Wissenschaftsgeschichte der Psychologie.

Baßler, Wolfgang, Dr. phil., Dipl.-Psych., Priv.-Doz., Hochschullehrer am Philosophischen Seminar der Universität Köln, Psychotherapeut; Anschrift: Philosophisches Seminar, Philosophische Fakultät der Universität zu Köln, Albertus-Magnus-Platz, 5000 Köln 41. Arbeitsbereiche: Erkenntnis- und Wissenschaftstheorie, Hermeneutik, Allgemeine und Klinische Psychologie, Grenzgebiete der Philosophie, Psychologie und Psychopathologie.

Behrens, Heike, M. A., Wissenschaftliche Angestellte; Anschrift: TU Braunschweig, Institut für Psychologie, Abteilung für Entwicklungspsychologie, Spielmannstr. 19, 3300 Braunschweig. Arbeitsbereiche: Psycholinguistik: Erst- und Zweitsprachenerwerb, z. Zt. Re-Analyse der Stern-Tagebücher, Entwicklungspsychologie.

Bergmann, Werner, Dr. phil., Soziologe; Wissenschaftlicher Mitarbeiter am Zentrum für Antisemitismusforschung, FB 1 der Technischen Universität Berlin; Anschrift: Technische Universität Berlin, FB 1, Zentrum für Antisemitismusforschung, Ernst-Reuter-Platz 7, 1000 Berlin 10. Arbeitsbereiche: Antisemitismus- und Vorurteilsforschung, Theorie kollektiven Verhaltens, Systemtheorie, „Soziale Zeit", Phänomenologie.

Bittner, Christian, Dipl.-Psych., Wissenschaftlicher Angestellter; Anschrift: TU Braunschweig, Institut für Psychologie, Abteilung für Entwicklungspsychologie, Spielmannstr. 19, 3300 Braunschweig. Arbeitsbereiche: Entwicklungspsychologie, Spracherwerb, Kognitionsforschung.

Brockmeier, Jens, Dr. phil., Dipl.-Psych., Lehr- und Forschungstätigkeit; Anschrift: Institut für Philosophie der Freien Universität Berlin, Habelschwerdter Allee 45, 100 Berlin 33/Institut für Psychologie der Universität Innsbruck, Innrain 52, A-6020 Innsbruck. Arbeitsbereiche: Erkenntnistheorie und Kognitionspsychologie.

Busse, Stefan, Dr. rer. nat., Dipl.-Psych., Wissenschaftlicher Assistent; Anschrift: Karl-Marx-Universität, Sektion Psychologie, Forschungsstelle für experimentelle Persönlichkeitspsychologie und Verhaltensmodifikation, Tieckstr. 2, DDR-7030 Leipzig. Arbeitsbereiche: Persönlichkeits- und Sozialpsychologie, methodologische Probleme der psychologischen Tätigkeits- und Handlungstheorie, methodische und konzeptionelle Zugänge zum Phänomen „Informationsakzentuierung".

535

Castedello, Udo, Dipl.-Psych., freier Schriftsteller; Anschrift: Breisgauer Straße 11, 1000 Berlin 38. Arbeitsbereiche: Geschichte der Wahrnehmung, Geschichte der Psychologie, Wissenssysteme.

Deutsch, Werner, Dr. rer nat., Dipl.-Psych., Professor an der TU Braunschweig, Institut für Psychologie; Anschrift: TU Braunschweig, Institut für Psychologie, Abteilung für Entwicklungspsychologie, Spielmannstr. 19, 3300 Braunschweig. Arbeitsbereiche: Sprachpsychologie (Prozeßmodelle des Sprachgebrauchs und Spracherwerbs), Entwicklungspsychologie (Entwicklungsmechanismen).

Engfer, Hans-Jürgen, Dr. phil., Priv.-Doz.; Anschrift: Technische Universität Berlin, Institut für Philosophie, Wissenschaftstheorie, Wissenschafts- und Technikgeschichte, FB 1, Straße des 17. Juni 135, 1000 Berlin 12. Arbeitsbereiche: Erkenntnis- und Wissenschaftstheorie, Philosophie der Neuzeit, Praktische Philosophie.

Gerhards, Jürgen, Dr., wissenschaftlicher Mitarbeiter; Anschrift: Wissenschaftszentrum Berlin für Sozialforschung, Reichpietschufer 50, 1000 Berlin 21. Arbeitsbereiche: Soziologie der Emotionen, Soziologische Theorien, Gruppensoziologie, Netzwerkanalyse.

Gleichmann, Peter Reinhart, Dr., Dipl.-Ing., Professor am Institut für Soziologie der Universität Hannover; Anschrift: Institut für Soziologie. Universität Hannover, Schneiderberg 50, 3000 Hannover 1. Arbeitsbereiche: Historische Soziologie, Zivilisationstheorie, Stadtsoziologie, Kunst- und Architektursoziologie.

Graumann, Carl Friedrich, Dr. phil., Professor am Psychologischen Institut der Universität Heidelberg; Anschrift: Psychologisches Institut der Universität Heidelberg, Hauptstr. 47–51, 6900 Heidelberg 1. Arbeitsbereiche: Sozialpsychologie, Sprachpsychologie, Psychologiegeschichte.

van der Haak, Franz †, Arzt für Psychiatrie (in der Facharztausbildung), ehemals: Universitäts-Nervenklinik Köln. Arbeitsbereiche: Geschichte der Psychiatrie (einschl. Psychologie).

Hahn, Alois, Dr., Professor für Soziologie an der Universität Trier; Anschrift: Universität Trier, Fachbereich 4, Abteilung Soziologie, Postfach 3825, 5500 Trier. Arbeitsbereiche: Soziologie der Kultur, Religion, Krankheit und des Todes.

Hardt, Stephan, Dr. rer. nat., Wissenschaftlicher Assistent; Anschrift: Karl-Marx-Universität, Sektion Psychologie, Tieckstr. 2, DDR-7030 Leipzig. Arbeitsbereiche: Persönlichkeits- und Sozialpsychologie, sozialpsychologisches Training.

Herrmann, Ulrich, Dr. phil., Professor am Institut für Erziehungswissenschaft I der Universität Tübingen; Anschrift: Institut für Erziehungswissenschaft I der Universität Tübingen, Münzgasse 22–30, 7400 Tübignen 1. Arbeitsbereiche: Theorie- und Wissenschaftsgeschichte der Pädagogik/Erziehungswissenschaft, Historische Sozialisationsforschung und Mentalitätsgeschichte, Sozialgeschichte der Familie, Kindheit und Jugend.

Hildebrandt, Helmut, Dipl.-Psych., wissenschaftlicher Mitarbeiter; Anschrift: Zentrum für interdisziplinäre Forschung, Universität Bielefeld, 4800 Beielfeld. Arbeitsbereiche: Geschichte der neueren Psychologie und Psychiatrie.

Hoefert, Hans-Wolfgang, Dr., Dipl.-Psych., Professor an der Fachhochschule für Sozialarbeit und Sozialpädagogik in Berlin; Anschrift: Fachhochschule für Sozialarbeit und
Sozialpädagogik, Karl-Schrader-Str. 6, 1000 Berlin 30. Arbeitsbereiche: Sozial- und Or-
ganisationspsychologie.

Hubig, Christoph, Dr. phil., M.A., Professor am Institut für Philosophie, Wissenschaftstheorie, Wissenschafts- und Technikgeschichte der Technischen Universität Berlin; Anschrift: Technische Universität Berlin, FB 1, Institut für Philosophie, Wissenschaftstheorie, Wissenschafts- und Technikgeschichte, Straße des 17. Juni, 1000 Berlin 12. Arbeitsbereiche: Praktische Philosophie, Theorie der Sozial- und Geisteswissenschaften, Ideengeschichte.

Jüttemann, Gerd, Dr. phil., Dipl.-Psych., Professor am Institut für Psychologie der
Technischen Universität Berlin; Anschrift: Technische Universität Berlin, FB 2, Institut
für Psychologie, Dovestraße 1–5, 1000 Berlin 10. Arbeitsbereiche: Psychodiagnostik,
Psychosomatik, Methodenkritik, Historische Psychologie (als Sozialgeschichte des
Psychsichen und kritische Wissenschaftsgeschichte).

Klotter, Christoph, Dipl.-Psych., wissenschaftlicher Mitarbeiter am Institut für Psychologie der Technischen Universität Berlin; Anschrift: Technische Universität Berlin, FB 2,
Institut für Psychologie, Dovestr. 1, 1000 Berlin 10. Arbeitsbereiche: Historische Psychologie, Psychosomatik.

Kropf, Detlef, Dr. phil., Dipl.-Psych., Lehrbeauftragter, Habilitant; Anschrift: Freie
Universität Berlin, Institut für Psychologie im Fachbereich Erziehungs- und Unterrichts-
wissenschaften, Habelschwerdter Allee 45, 1000 Berlin 33. Arbeitsbereiche: Klinische
Psychologie, Depressionsforschung, Pharmakopsychologie, Theoretische Psychologie,
Begriffstheorie, Historische Psychologie.

Krovoza, Alfred, Dr. phil., Leiter der Abteilung für Sozialpsychologie des Sigmund-
Freud-Instituts in Frankfurt, apl. Professor am Psychologischen Institut der Universität
Hannover; Anschrift: Sigmund-Freud-Institut, Myliusstr. 20, 6000 Frankfurt. Arbeitsbereiche: Sozialgeschichte und Theorie der Sozialisation, psychoanalytische Sozialpsychologie und politische Psychologie, psychoanalytische Kulturtheorie und interkultureller Vergleich, Wissenschaftsgeschichte der Psychoanalyse.

Kruse, Andreas, Dr. phil., Dipl.-Psych., Wissenschaftlicher Mitarbeiter am Institut für
Gerontologie der Universität Heidelberg; Anschrift: Institut für Gerontologie, Universität Heidelberg, Akademiestr. 3, 6900 Heidelberg.

Kumm, Griseldis, Dipl.-Psych., Wissenschaftliche Assistentin; Anschrift: Karl-
Marx-Universität, Sektion Psychologie, Tieckstr. 2, DDR-7030 Leipzig. Arbeitsbereiche:
Persönlichkeits- und Sozialpsychologie, sozialpsychologisches Training; Spiel im Vor-
schulalter, Förderung von Entwicklung, Beobachtung und Spielverhalten.

Kutzner, Heinrich, Dr. phil., Philosoph, Publizist; Anschrift: Fuggerstr. 4, 1000 Berlin 30. Arbeitsbereiche: Geschichtsanalyse neuzeitlicher Denksysteme und Affektstruk-
turen.

Lampe, Ralf-Henning, Dr. rer nat., Dipl.-Psych., Wissenschaftlicher Assistent; An-
schrift: Karl-Marx-Universität, Sektion Psychologie, Forschungsstelle für experimentelle
Persönlichkeitspsychologie und Verhaltensmodifikation, Tieckstr. 2, DDR-7030 Leipzig.
Arbeitsbereiche: Persönlichkeits- und Sozialpsychologie, methodologische Probleme der

psychologischen Tätigkeits- und Handlungstheorie, sozialpsychologische Trainings- und Interventionsverfahren, Organisationsentwicklung.

Lehr, Ursula Maria, Dr. phil., Dipl.-Psych., Professorin. Anschrift: Gerontologisches Institut d. Univ. Heidelberg, Akademiestr. 3, 6900 Heidelberg. Arbeitsbereiche: Entwicklungspsychologie/Persönlichkeitspsychologie, Lebenslaufforschung, Gerontologie, Sozialpsychologie.

Lück, Helmut E., Dr., Professor für Psychologie mit dem Schwerpunkt Psychologie sozialer Prozesse; Anschrift: Fernuniversität − Gesamthochschule −, FB Erziehungs-, Sozial- und Geisteswissenschaften, Arbeitsbereich Psychologie, Postfach 940, 5800 Hagen 1. Arbeitsbereiche: Prosoziales Verhalten, Geschichte der Psychologie, Methodenprobleme.

Markard, Morus, Dr. phil., Dipl.-Psych.; Anschrift: Nymphenburger Str. 4, 1000 Berlin 62. Arbeitsbereiche: Methodenprobleme subjektwissenschaftlicher Empirie.

Métraux, Alexandre, Dr. phil., Wissenschaftlicher Assistent; Anschrift: Otto-Selz-Institut, Universität Mannheim, Schloß, 6800 Mannheim/Psychologisches Insittut der Universität Heidelberg, Hauptstr. 47−51, 6900 Heidelberg. Arbeitsbereiche: Wissenschaftstheorie, Wissenschaftsgeschichte (Verhaltens- und Sozialwissenschaften), Philosophie.

Miller, Rudolf, Dr. phil., Akademischer Rat; Anschrift: Fernuniversität − Gesamthochschule −, Fachbereich Erziehungs-, Sozial- und Geisteswissenschaften, Arbeitsbereich Psychologie, Postfach 940, 5800 Hagen 1. Arbeitsbereiche: Sozialpsychologie, Ökologische Psychologie, Psychologiegeschichte.

Miller, Stefan, Journalist; Anschrift: Saarländischer Rundfunk, Petersbergstr. 42, 6600 Saarbrücken.

Mog, Paul, Dr., Priv.-Doz.; Anschrift: Universität Tübingen, Deutsches Seminar, Wilhelmstr. 50, 7400 Tübingen. Arbeitsbereiche: Integration von Literaturgeschichte und Historischer Psychologie, Probleme und Konzepte einer Interkulturellen Germanistik, z. Zt.: Leitung des Forschungsprojekts „Tübinger Modell einer integrativen Deutschlandkunde".

Müller, Lothar, Dr. phil., Publizist und freiberuflicher Journalist; Anschrift: Winterfeldtstr. 97, 1000 Berlin 30. Arbeitsbereiche: Literaturgeschichte des 18. Jahrhunderts, Ästhetik und Soziologie der Großstadt um 1900.

Niestroj, Brigitte H. E., Dipl.-Psych., Wissenschaftliche Mitarbeiterin, FU Berlin; Anschrift: Fuggerstr. 4, 1000 Berlin 30. Arbeitsbereiche: Geschichte der Mutter-Kind-Beziehung, Geschichte der Entwicklungspsychologie, Zivilisationsgeschichte, Geschichte des Subjekts, Zum Verhältnis von Erkenntnis und Intimität.

Plaum, Ernst, Dr. rer. nat., Dipl.-Psych., Professor an der Philosophisch-Pädagogischen Fakultät der Katholischen Universität Eichstätt; Anschrift: Katholische Universität Eichstätt, Philosophisch-Pädagogische Fakultät, Ostenstr. 26−28, 8078 Eichstätt. Arbeitsbereiche: Grundprobleme der angewandten Psychologie, psychodiagnostische Verfahren, Leistungsmotivationsforschung, historische Aspekte der Psychologie.

Rath, Norbert, Dr., Hochschulassistent; Anschrift: Institut für Philosophie, Ruhr-Universität Bochum, Postfach 10 21 48, 4630 Bochum 1. Arbeitsbereiche: Ästhetik, Begriffsgeschichte (insbes. „Natur"/„zweite Natur"), philosophische Aspekte der Psychoanalyse, Kritische Theorie, Schizophrenie und Sprache.

Raulff, Ulrich, Dr. phil., Historiker; Anschrift: Joachim-Friedrich-Str. 54, 1000 Berlin 31. Arbeitsbereiche: Psychohistorie, Historische Ästhetik.

Rudolph, Wolfgang, Dr. phil., bis 1983 Professor an der Freien Universität Berlin, Institut für Ethnologie; Anschrift: Veltheimstr. 63, 1000 Berlin 28. Arbeitsbereiche: allgemeine Kulturtheorie (im Rahmen einer umfassenden Anthropologie).

Schneider, Christian, Dr. phil., M.A., Wissenschaftlicher Mitarbeiter an der Universität Hannover; Anschrift: Schleiermacherstr. 4, 3000 Hannover 61. Arbeitsbereiche: Geschichte der Psychoanalyse/Methodische Probleme der Psychoanalyse, insbes. bei ihrer Anwendung auf soziale Sachverhalte, Kulturanalyse, Ästhetische Theorie.

Schnelle, Thomas, Dr. phil., Dipl.-Soz., Berater für Gruppenkommunikation; Anschrift: Institut Metaplan, 2085 Quickborn bei Hamburg. Arbeitsbereiche: Entwicklung von „Wissen", Kommunikative Entwicklungsprozesse von Institutionen und Organisationen.

Sieglerschmidt, Jörn, Dr., Priv.-Doz., Konservator am Landesmuseum für Technik und Arbeit Mannheim; Anschrift: Stiftung Landesmuseum für Technik und Arbeit, Am Ullrichsberg 16, 6800 Mannheim 31. Arbeitsbereiche: Sozial- und Wirtschaftsgeschichte, Rechts- und Verfassungsgeschichte vornehmlich der frühen Neuzeit, Theorie der Geschichtswissenschaft.

Sommer, C. Michael, Dipl.-Psych., Wissenschaftlicher Assistent am Psychologischen Institut der Universität Heidelberg, Publizist; Anschrift: Psychologisches Institut der Universität Heidelberg, Hauptstr. 47–51, 6900 Heidelberg. Arbeitsbereiche: Sozialpsychologie, Sprachpsychlogie, Medien, Populäre Kultur.

Sonntag, Michael, Dr. phil., Dipl.-Psych., Publizist; Anschrift: Giesebrechtstr. 12, 1000 Berlin 12. Arbeitsbereiche: Historische Psychologie, Geschichte der Psychologie und Biologie.

Sprandel, Rolf, Dr., Professor am Institut für Geschichte der Universität Würzburg; Anschrift: Institut für Geschichte der Universität Würzburg, Am Hubland, 8700 Würzburg. Arbeitsbereiche: Wirtschaftsgeschichte, Mentalitätengeschichte des Mittelalters.

Treusch-Dieter, Gerburg, Dr. phil., Autorin und Lehrbeauftragte an der Freien Universität Berlin und der Universität Hannover; Anschrift: Stülpnagelstr. 3, 1000 Berlin 19. Arbeitsbereiche: Kulturgeschichte und -theorie, Schwerpunkt Soziologie der Geschlechterdifferenz.

Wagner, Hans-Josef, Dr. phil., Privat-Dozent an der Freien Universität Berlin; Anschrift: Horstweg 2, 1000 Berlin 19. Arbeitsbereiche: Hermeneutik, Pragmatismus, Strukturalismus, Psychoanalyse.

Wefelmeyer, Fritz, Dr. phil.; Anschrift: Universität Frankfurt, Institut für deutsche Sprache und Literatur II, Graefstr. 76, 6000 Frankfurt 1. Arbeitsbereiche: Selbstreflexion und Individualitätsbewußtsein in literarischen Texten, Kulturtheorie, Erzählforschung.

Weiland, René, M. A., Publizist; Anschrift: Ebersstr. 2, 1000 Berlin 62. Arbeitsbereich: Theorie der Essays.

Wiedemann, Peter Michael, Dr. phil., Dipl.-Psych., Hochschulassistent am Institut für Psychologie der Technischen Universität Berlin; Anschrift: Institut für Psychologie der Technischen Universität Berlin, FB 2, Dovestr. 1, 1000 Berlin 10. Arbeitsbereiche: Qualitative Forschungsverfahren, Planungstechniken, Gemeindepsychologie.

Wirtz, Rainer, Dr. phil. habil., Hauptkonservator und stellvertretender Museumsdirektor am Landesmuseum für Technik und Arbeit in Mannheim; Anschrift: Landesmuseum für Technik und Arbeit, Am Ullrichsberg 16, 6800 Mannheim 31. Arbeitsbereiche: Sozialgeschichte des deutschen Südwesten, Methodenfragen in der Geschichtswissenschaft.

Wulf, Christoph, Dr., Professor am Forschungszentrum Historische Anthropologie; Anschrift: Freie Universität Berlin, FB Erziehungs- und Unterrichtswissenschaften, Institut für Allgemeine und Vergleichende Erziehungswissenschaft, Habelschwerdter Allee 45, 1000 Berlin 33. Arbeitsbereiche: Historische Anthropologie, Geschichte der Seele, Mimesis, Ästhetik.

Zimmermann, Jörg, Dr., Professor für Kunstgeschichte und Kulturwissenschaft am Fachbereich Kunst und Design der Fachhochschule Hannover und Privatdozent für Philosophie an der Universität Hamburg; Anschrift: Bonifatiusplatz 16, 3000 Hannover 1. Arbeitsbereiche: Ästhetik, Hermeneutik, Semiotik, Sprachphilosophie, Wissenschaftstheorie.

Zurhorst, Günter, Dr. phil., Dr. rer. pol., Dipl.-Psych., Dipl.-Politologe, Psychotherapeut; Anschrift: Gesundheitszentrum Gropiusstadt, Lipschitzallee 20/22, 1000 Berlin 47. Arbeitsbereiche: Psychodiagnostik, Psychotherapie.

Personenverzeichnis

Psychologie Verlags Union

Roland Asanger/Gerd Wenninger (Hrsg.)
Handwörterbuch Psychologie
5., neu ausg. Aufl. 1994. ISBN 3-621-27230-5

Hartwig Eckert/John Laver
Menschen und ihre Stimmen
Aspekte der vokalen Kommunikation
1994. ISBN 3-621-27203-8

Serge und Anne Ginger
Gestalttherapie
1994. ISBN 3-621-27227-5

Carroll E. Izard
Die Emotionen des Menschen
Eine Einführung in die Grundlagen der Emotionspsychologie
3., neu ausg. Aufl. 1994. ISBN 3-621-27245-3

Marie Jahoda
Wieviel Arbeit braucht der Mensch?
Arbeit und Arbeitslosigkeit im 20. Jahrhundert
Neu herausgegeben und eingeleitet von Dieter Frey.
(Reprint der 3. Aufl. von 1986. Mit einem Vorwort von Willy Brandt.)
1995. ISBN 3-621-27284-4

Gerd Jüttemann (Hrsg.)
Die Geschichtlichkeit des Seelischen
Der historische Zugang zum Gegenstand der Psychologie
1986. ISBN 3-621-54688-X

Gerd Jüttemann (Hrsg.)
Wegbereiter der Psychologie
Der geisteswisschenschaftliche Zugang
Von Leibnitz bis Foucault
2., neu ausg. Auflage 1995. ISBN 3-621-27299-2

G. Jüttemann/M. Sonntag/Ch. Wulf (Hrsg.)
Die Seele
Ihre Geschichte im Abendland
1991. ISBN 3-621-27114-7

Heinz Meyer
Sexualität und Bindung
1994. ISBN 3-621-27191-0

Josef Rattner
Klassiker der Psychoanalyse
2., neu ausg. Aufl. 1995. ISBN 3-621-27276-3

Wolfgang und Ute Schönpflug
Psychologie
3., vollst. überarb. Aufl. 1995. ISBN 3-621-27270-4

Qualitative Sozialforschung

U. Flick/E. v. Kardorff/H. Keupp/L. v. Rosenstiel/St. Wolff (Hrsg.)
Handbuch Qualitative Sozialforschung
Grundlagen, Konzepte, Methoden und Anwendungen
2., korr. Aufl. 1995. ISBN 3-621-27229-1

Günter L. Huber/Heinz Mandl (Hrsg.)
Verbale Daten
Eine Einführung in die Grundlagen und Methoden
der Erhebung und Auswertung
2., neu ausg. Aufl. 1994. ISBN 3-621-27201-1

Gerhard Kleining
Lehrbuch Entdeckende Sozialforschung
Band 1. Von der Hermeneutik zur qualitativen Heuristik
1995. ISBN 3-621-27285-2

Jürgen Kriz/Rüdiger Lisch
Methoden-Lexikon für Mediziner, Psychologen, Soziologen
1988. ISBN 3-621-27056-6

Siegfried Lamnek
Qualitative Sozialforschung
3., korr. Aufl. 1995.
Band 1: Methodologie
ISBN 3-621-27176-7
Band 2: Methoden und Techniken
ISBN 3-621-27177-5

Philipp Mayring
Einführung in die qualitative Sozialforschung
Eine Anleitung zum qualitativen Denken
2., überarb. Aufl. 1993. ISBN 3-621-27178-3

G. Rudinger/F. Chaselon/E.J. Zimmermann/H.J. Henning
Qualitative Daten
Neue Wege sozialwissenschaftlicher Methodik
1985. ISBN 3-621-14271-1

Anselm Strauss/Juliet Corbin
Grounded Theory:
Grundlagen Qualitativer Sozialforschung
1995. ISBN 3-621-27265-8